长春年鉴

2018

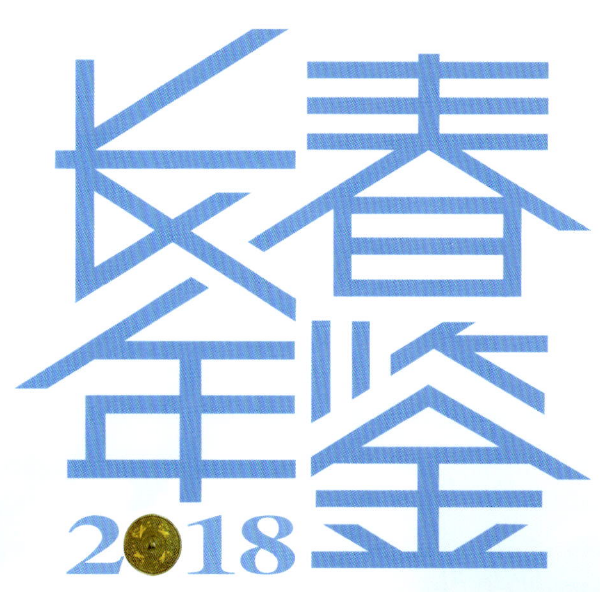

CHANGCHUN ALMANAC

长春市人民政府　主办

长春市地方志编纂委员会 编

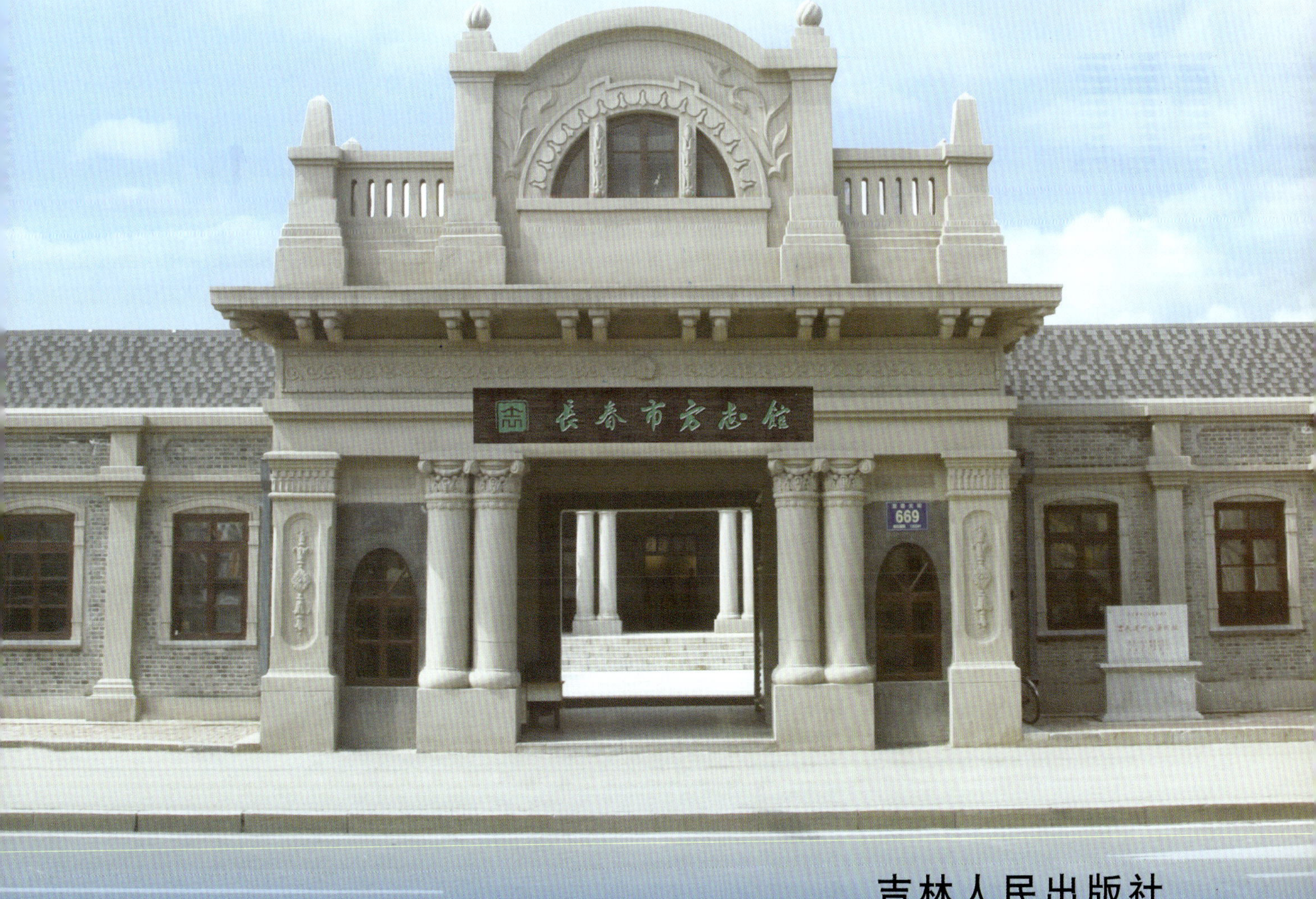

吉林人民出版社

图书在版编目(CIP)数据

长春年鉴. 2018 / 长春市地方志编纂委员会编. --
长春：吉林人民出版社，2018.11
ISBN 978-7-206-15692-2

Ⅰ. ①长… Ⅱ. ①长… Ⅲ. ①长春 - 2018-年鉴
Ⅳ. ①Z523.41

中国版图书馆CIP数据核字(2018)第258113号

长春年鉴（2018）

编　　者：长春市地方志编纂委员会
责任编辑：陆　雨　　　封面设计：祁贵鹏
吉林人民出版社出版 发行(长春市人民大街7548号　邮政编码：130022)
印　　刷：吉林省海德堡印业有限公司
开　　本：889mm × 1194mm　1/16
印　　张：20.25　　字数：690千字　　插页：30
标准书号：ISBN 978-7-206-15692-2
版　　次：2018年11月第1版　　　　印　次：2018年11月第1次印刷
印　　数：1-1500册　　　　　　　　定　价：298.00元

长春年鉴编纂委员会

主　任　贾丽娜

副主任　赵　显　卢福建　姜保忠

　　　　杜　福　王　磊　丁丽君

长春年鉴编纂人员

主　　编　贾丽娜

副 主 编　杜　福　王　磊　丁丽君　王玉宁

编　　辑　齐丽颖　高　鹤　王松原

彩页设计　王玉宁　王松原

版式设计　王玉宁

英文翻译　李　青

特约编审　刘传仁　王玉春　黄思念　段玉才

　　　　　孙百忠　闫　明　祁　航

封面摄影　董泽兴

长春市城区图
N
S
W
E
宽城区
绿园区
高新技术产业开发区(北区)
经济技术开发区(北区)
长东北城市生态湿地公园
兰家镇
合心镇
合心街道
兴隆山镇
团山街道
兴业街道
凯旋街道
柳影街道
群英街道
八里堡街道
青年路街道
林园街道
铁西街道
宽城区政府
地铁一号线
长吉城际铁路
G302
G12
G01
G102
S101
S106
野趣园
乐桃园
君子兰公园
杨家公园
新月公园

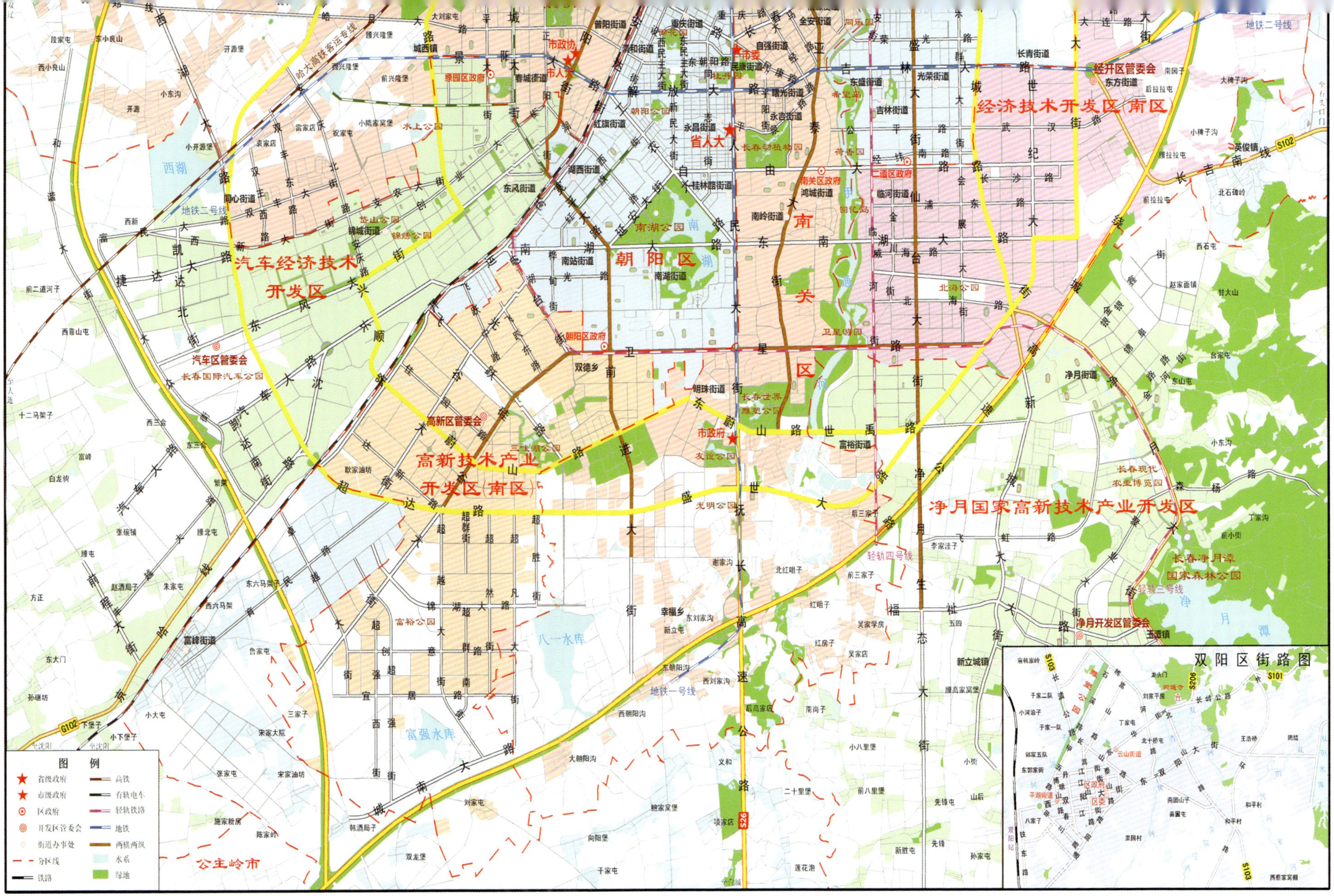

经济技术开发区(南区)
汽车经济技术开发区
高新技术产业开发区(南区)
净月国家高新技术产业开发区
朝阳区
南关区
双阳区街路图
公主岭市
市委
市政府
省人大
市人大
市政协
朝阳区政府
南关区政府
二道区政府
绿园区政府
经开区管委会
汽车区管委会
高新区管委会
净月开发区管委会
南湖公园
长春动植物园
长春世界雕塑公园
长春国际汽车公园
长春净月潭国家森林公园
长春现代农业博览园
八一水库
富强水库
西湖
净月潭
地铁一号线
地铁二号线
轻轨三号线
轻轨四号线
哈大高铁客运专线
图例
省级政府
市级政府
区政府
开发区管委会
街道办事处
分区线
铁路
高铁
有轨电车
轻轨铁路
地铁
两横两纵
水系
绿地

吉S(2014)133号 长春市规划局监制

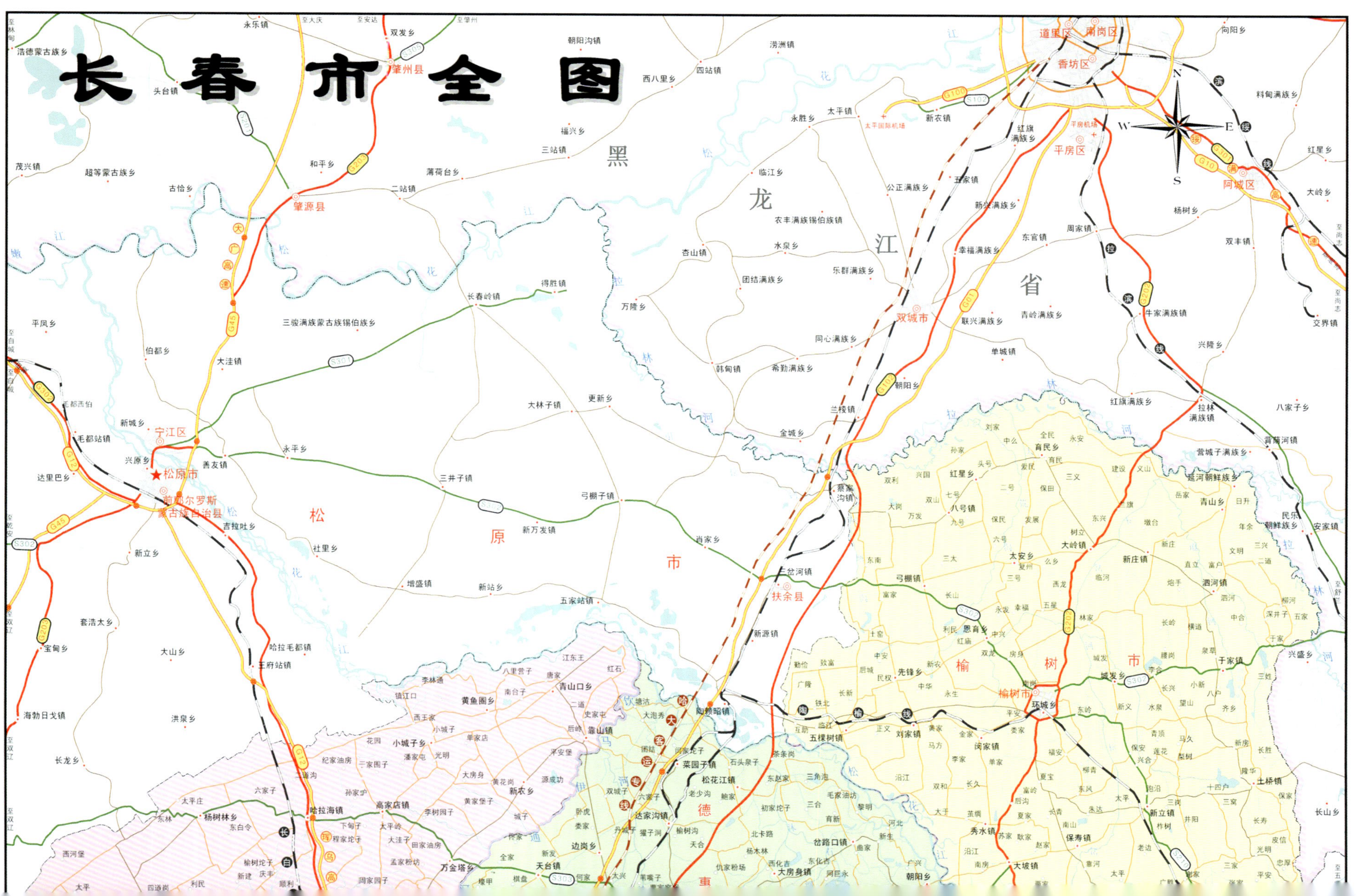

长春市全图
黑龙江省
松原市
榆树市
德惠市
道里区
南岗区
香坊区
平房区
阿城区
双城市
肇州县
肇源县
宁江区
松原市
前郭尔罗斯蒙古族自治县
扶余县
榆树市
太平国际机场
平房机场
三站镇
二站镇
朝阳沟镇
头台镇
永乐镇
新农镇
周家镇
东官镇
牛家满族镇
拉林满族镇
五常镇
单城镇
兰棱镇
三岔河镇
陶赖昭镇
五棵树镇
弓棚镇
大岭镇
新庄镇
于家镇
土桥镇
新立镇
秀水镇
大坡镇
保寿镇
松花江镇
菜园子镇
达家沟镇
岔路口镇
大房身镇
哈拉海镇
高家店镇
黄鱼圈乡
青山口乡
小城子乡
万金塔乡
边岗乡
天台镇

吉S(2014)132号 长春市规划局监制

长春的一天

清晨，长春火车站的钟声打破拂晓的沉寂。在全市20593.5平方公里的大地上，748.9万名辛勤的长春人从睡梦中苏醒，329.5万名工人、农民、知识分子、干部和社会各界人士，129.2万名大中小学生，分别从250万户居民家庭中走出，开始了新的一天生活。

在这一天里，勤劳的长春人民为国家创造生产总值173972.60万元，创造农林牧渔业增加值8884.93万元，创造工业增加值72728.77万元，使财政获得33120.55万元收入，其中地方财政收入12331.51万元。地方财政支出23991.78万元，其中社会保障和就业支出2958.90万元，医疗卫生与计划生育支出1882.19万元，交通运输支出1345.21万元。现在一天生产汽车7737辆，其中轿车5101辆，公路客车7辆，载货汽车430辆；生产铁路客车3辆，拖拉机10台，轮胎10129条，变压器约2万千伏安，工业自动调节仪表与控制系统110台；一天的水泥产量3.74万吨,原煤产量8487.67吨，钢材产量471.23吨,农用塑料薄膜104.11吨；每日发电量6421.92万千瓦时；一天生产精炼食用植物油753.42吨，卷烟4057.53万支，啤酒643.84吨，服装3.87万件，中成药24.04吨，饲料11060.27吨。每日上市蔬菜8306.85吨，牛奶200吨，肉类3101.37吨，禽蛋989.04吨，出栏生猪1.7万头，出栏家禽73.97万只，粮食27208.22吨，其中玉米22282.19吨，水稻3950.68吨。

随着长春投资环境的不断改善，对外开放水平的进一步提高，许多世界著名的大财团、大公司和有实力的港澳台商人在长春投资。每天实际利用外资2032.88万美元，直接利用外资383.56万美元，每天有3556.16万美元的商品出口到世界120多个国家和地区，同时也有22536万美元的商品从世界各地进口到长春。

每天来长春旅游观光的人数达21.45万人次，其中有1274名游客是外国人、华侨和港澳台同胞，创旅游（外汇）收入97.54万美元。

城市建设成绩斐然，平均每天有14.23亿元用于固定资产投资，其中房地产开发投资1.57亿元，新增固定资产10.75亿元。每天销售商品房3.14万平方米，二手房成交面积1.98万平方米。每天金融机构本外币各项存款31.62亿元，贷款28.43亿元，其中城乡住户储蓄存款12.67亿元。每天保险费收入6594.52万元，保险赔付2038.36万元。每日有价证券成交总额48.39亿元，其中股票交易成交额20.65亿元。

长春每日公路完成货运量32.68万吨，铁路发送货物2.24万吨，民航货邮吞吐量243.83吨，有30.56万人次通过公路、铁路、航空运输渠道进出长春。邮电职工每天将3178件特快专递送到千家万户，邮电业务收入2441.10万元，每日有580万户互联网用户在上网。

每天有4265辆公共汽（电）车通过遍布长春纵横交错的245条线路，其中公交专用道36条；15401辆出租车、143.3万辆私家轿车运行在长春市区，每天将出行的长春人民和来长的客人送到各自所要到达的目的地。

科技创新能力日益增强。智慧的长春人民每天专利申请量约41件，其中发明专利申请量17件，每天民营科技企业技术合同成交额5830.14万元，科技管理部门投入经费54.79万元。

城乡人民生活质量明显提高，平均每天社会消费品零售总额8亿元，城镇常住居民平均每天消费性支出39828.50万元，比2016年增长10926.92万元；乡村常住居民平均每天可支配收入11429.22万元，增长553.9万元。

惠民政策温暖城乡千家万户，每天建设保障性住房19套，建筑面积937平方米，建设资金支出206.37万元；改造棚户区住宅37套，回迁安置居民30户。日均新增农民合作社、家庭农场等新型农业经营主体52户，31户农民工返乡自主创业，扶贫专项资金支出279.45万元。善良的长春人民每天社会福利彩票收益355.62万元，为社会募集善款6.76万元，支出善款4.77万元，救助困难群众69人次。

每天有177名新生儿在长春降生，有94人因各种原因而离开人世。有201对新人喜结良缘，有106对夫妇准予离异。有139人迁出长春，有147人来长春落户发展。

每天新增绿化面积约0.3公顷，植树面积112平方米,市本级园林绿化支出82.20万元。空气质量逐步改善，城区空气首要污染物细颗粒物（PM2.5）日均每立方米46微克，二氧化硫日均每立方米26微克，比2016年下降2微克；二氧化氮日均每立方米40微克。日均淘汰小锅炉15台、黄标车294辆，转移危险废物349.65吨、废桶310只。

午夜零点，当人们开始进入梦乡时，来自全市各水厂、电站和煤气站的计量表显示，全市日供水能力123万吨，日售电量5212.60万千瓦时，液化石油气日供气量125吨、天然气日供气量170万立方米。

(邱志华)

主要城市荣誉

国家历史文化名城
全国文明城市
国家森林城市
全国绿化模范城市
中国最具幸福感城市
中国国际形象最佳城市
全国双拥模范城市
国家卫生城市
国家新型城镇化综合试点城市
全国绿色有机农业示范市
中国优质粳米之都
中国制造业名城
“中国制造2025”试点示范城市
中国十佳品牌会展城市
中国节庆会展名城
最佳避暑旅游城市
中国十佳冰雪旅游城市
最美中国·文化魅力旅游目的地城市
全国法治宣传教育先进城市
全国和谐社区建设示范城市

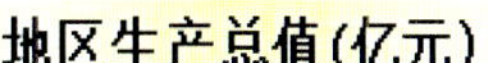
地区生产总值(亿元)

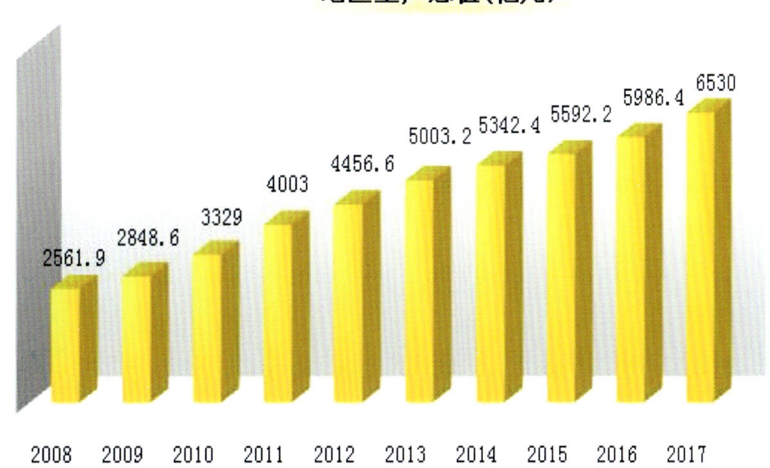

全市总人口（万人）

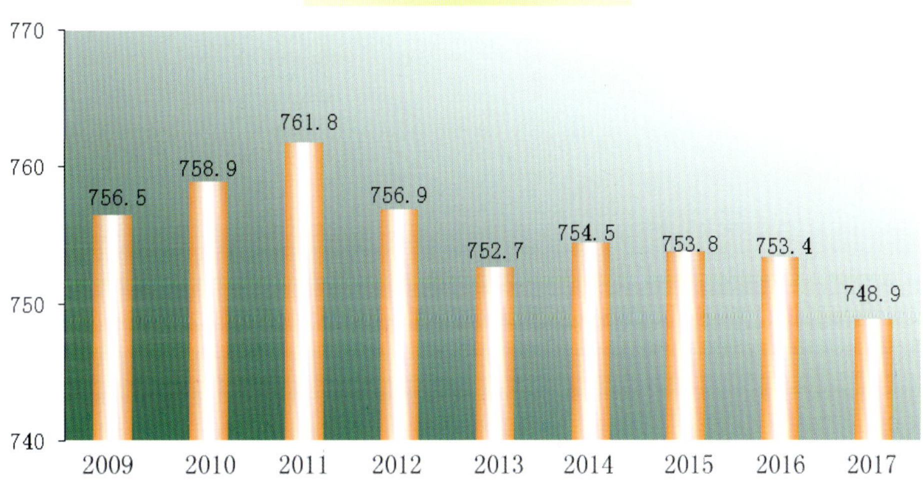

规模以上工业总产值（亿元）

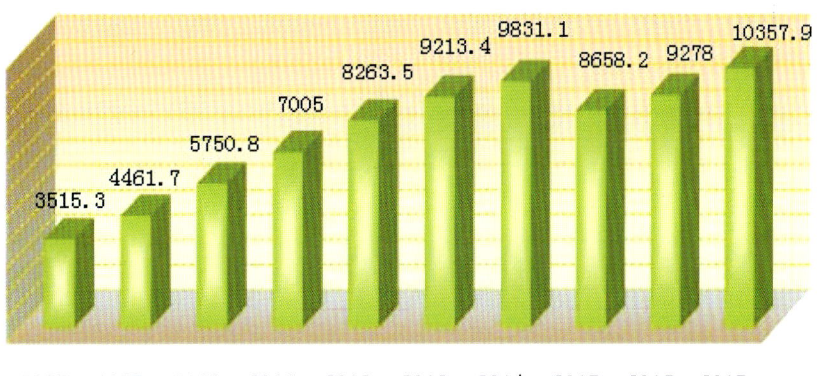

固定资产投资总额及增速（亿元、%）

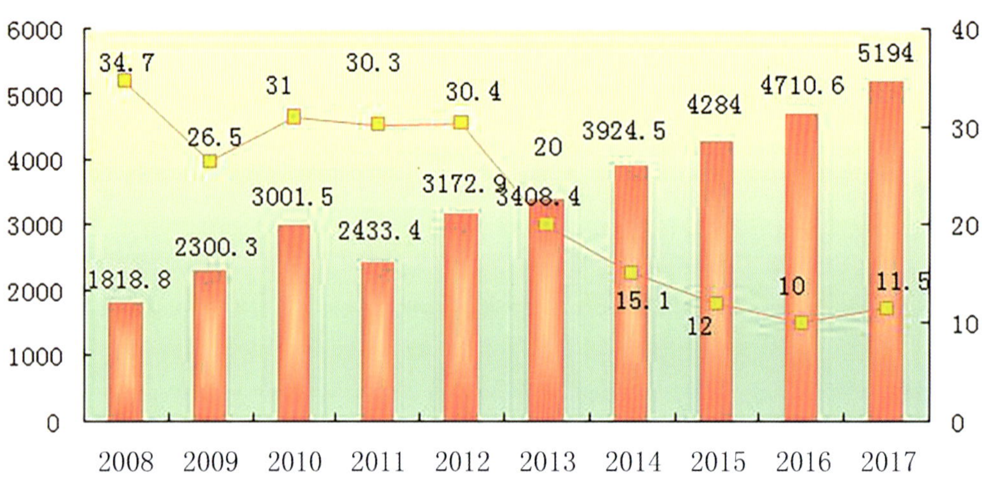

社会消费品零售总额（亿元）

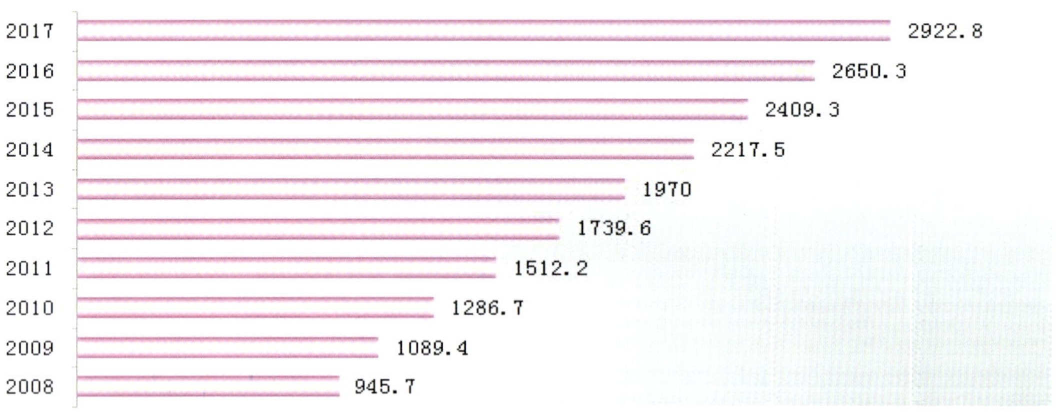

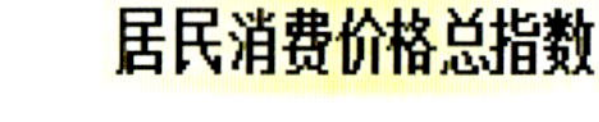

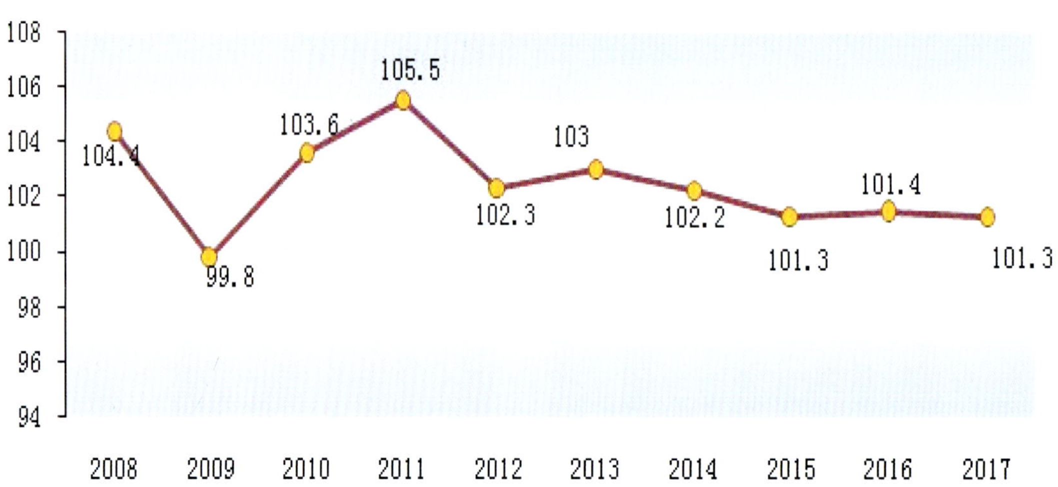

▶ 净月潭风光

▲ 劳动公园

▲ 长春德苑园内一景

▲ 长春世界雕塑公园全景

台北大街快速路高架桥

万达广场购物中心夜景

长春市规划及文化综合展馆

长春解放纪念碑

长东北城市生态湿地公园

▲ 百木园

▲ 百花园

◀ 长春地质宫

11月28日，中共长春市委十三届三次全体会议

2月21日，全市推进“中国制造2025”试点示范城市建设暨工业转型升级工作会议

2月16日，长春市召开2017年建设幸福长春大会

6月5日，长春市召开深化全国文明城市创建工作会议

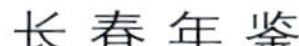

7月31日，市委、市政府主要领导慰问一线消防官兵

9月6日，省委常委、市委书记王君正会见美国驻华大使布兰斯塔德

4月26日，长春市院士专家联合会正式成立

11月13日，庆祝长春龙嘉机场年旅客吞吐量突破1000万人次

华为公司长春
云计算数据中心

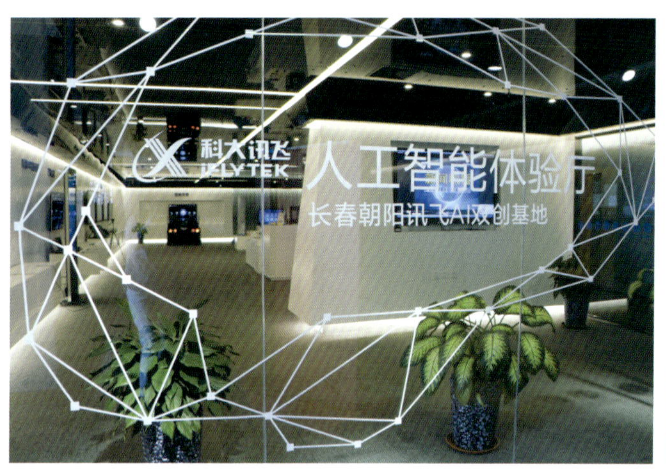

科大讯飞·人工智能体验厅

浪潮·长春云计算大数据中心

11月21日12时50分，中国在太原卫星发射中心用长征六号运载火箭，成功发射吉林一号视频04、05、06星

长春兴隆综合保税区

▲ 建设中的长春新区航天信息产业园

▲ 长春文化印刷产业开发区

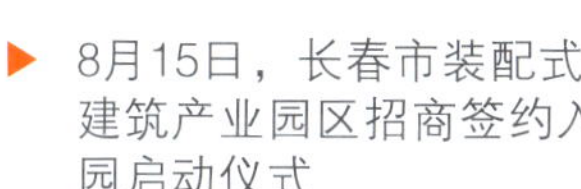

8月15日，长春市装配式建筑产业园区招商签约入园启动仪式

一汽轿车股份有限公司

一汽轿车生产车间

中车长客生产车间

10月17日，由中车长春轨道客车股份有限公司研制的首批美国波士顿橙线地铁车下线

9月18日，长春市举办“长春大米全球发布”活动

长春大成实业集团动力车间

粮食加工企业收购现场

▶ 商务综合体·新城吾悦广场

▲ 商务综合体·欧亚新生活

◀ 6月26日，传化智联长春城市物流中心奠基仪式

第十一届中国-东北亚博览会

▲ 第十六届中国长春国际农业食品博览（交易）会内景

▲ 第十四届中国长春国际汽车博览会

▲ 中国·长春第十三届君子兰节 ▶

2017消夏避暑全民休闲季暨第十一届中国长春消夏节

第五届中国长春世界雕塑大会开幕式现场

2017中国长春冰雪旅游节暨净月潭瓦萨国际滑雪节

南湖大桥改造工程

城市小区改造前

城市小区改造后

自由大桥改造工程

长春地铁1号线人民广场站

前进大街共享单车存放处

11月18日，中国长春人力资源产业园正式投入使用

北人民大街贯通工程
(宽城区互联网中心)

▲ 省委常委、市委书记王君正接见长春市第六届道德模范

▲ 2月8日,李万君当选“感动中国”2016 年度人物颁奖现场

▲ 3月7日，省委常、长春市委书记王君正为获得“长春最美女性”特别荣誉奖的长山花园社区党委书记、主任吴亚琴颁奖

▲ 10月13日，话剧《黄大年》在长春市艺术剧场上演

编辑说明

《长春年鉴》创刊于1988年，是由长春市人民政府主办、长春市地方志编纂委员会编纂、吉林人民出版社出版的大型综合性资料年刊，每年编辑出版一卷，此书为第31卷。旨在连续记述长春市改革开放、经济建设和社会发展的历史进程，为各级领导了解市情、实施科学决策，为各行各业查询资料信息、推动事业发展，为国内外广大读者全面、系统、翔实地了解、研究、认识长春市提供服务。

《长春年鉴》2018卷记述2017年长春市政治、经济、社会发展等方面情况。采用分类编辑法，主体内容分类目、分目和条目3个层次。《长春年鉴》2018卷在内容和体例上基本与2017卷年鉴保持了相对的连续性和稳定性，根据《吉林省地方综合年鉴编纂规范》要求，全书类目做了局部调整，设专辑、大事记、长春概貌、中国共产党长春市委员会、长春市人民代表大会、长春市人民政府、中国人民政治协商会议长春市委员会、纪检监察、民主党派、群众团体、军事、法治、综合经济管理、城建环保、对外经济贸易、农业、工业、民营经济、交通、信息产业、商业旅游业会展经济、金融、教育、科学、文化、卫生体育、社会生活、县（市）区概览、开发区、人物、文献、附录等32个类目。书前设全书英文目录，书后附主题索引。

《长春年鉴》2018卷所载稿件内容由长春市各县（市）区，市直各部门，中央、省驻长有关单位及驻长部队撰（供）稿，并经各有关单位领导审核，主要统计数据由长春市统计局审核认定。

《长春年鉴》2018卷在编纂过程中得到全市各有关单位和吉林人民出版社的热情支持，在此深表感谢。全书文字虽经多次审校，仍难免有差错和疏漏之处，敬请读者批评指正。

目　　录

专　　文

大　事　记

长春概貌

·自然概况·

·气象　水文·

·行政区划·

·人口情况·

·国民经济和社会发展·

·精神文明建设·

中国共产党长春市委员会

·重点工作·

·组　织·

·宣　传·

·长春市消费者协会·

军　事

·长春市警备区·

·武警长春市支队·

·人民防空·

·消　防·

法　治

·政法委及综治·

·政府法制建设·

·公　安·

·检　察·

·法　院·

经济调节与监管

交　通

·铁　路·

·公路运输·

·民用航空·

·城市公共交通·

·物　流·

信息产业

·综　述·

·中国邮政集团公司 长春市分公司·

·中国联合网络通信有限公司长春市分公司·

·中国移动长春分公司·

·中国电信长春分公司·

商业　旅游业　会展经济

・商贸流通・

・供销合作社・

・粮食流通・

・旅游业・

・会展经济・

金　融

・综　述・

中国人民银行长春中心支行・

中国工商银行吉林省分行营业部・

・中国农业银行股份有限公司长春分行・

・中国建设银行股份有限公司吉林省分行・

・中国交通银行股份有限公司吉林省分行・

·科技活动·

·防震减灾·

·社会科学·

文　化

·文化产业·

·文学艺术·

·群众文化·

·长春报业·

开　发　区

人　物

文　献

附　录

主题索引

CHANGCHUN ALMANAC
TABLE OF CONTENTS

FEATURES

CHRONICLE FOR IMPORTANT EVENTS

A GENERAL SURVEY OF CHANGCHUN

CHANGCHUN MUNICIPAL COMMITTEE OF THE CPC

THE STANDING COMMITTEE OF THE PEOPLE'S CONGRESS OF CHANGCHUN MUNICIPALITY

THE PEOPLE'S GOVERNMENT OF CHANGCHUN MUNICIPALITY

CHANGCHUN COMMITTEE OF THE CHINESE PEOPLE'S POLITICAL CONSULTATIVE CONFERENCE

DISCIPLINE SUPERVISION AND ADMINISTRATIVE SUPERVISION

DEMOCRATIC PARTIES AND INDUSTRY AND COMMERCIAL FEDERATION

MASS ORGANIZATION

LOCAL ARMED FORCES

POLITICS AND LAW

COMPREHENSIVE ECONOMIC ADMINISTRATION

URBAN CONSTRUCTION AND ENVIRONMENTAL PROTECTION

FOREIGN ECONOMIC RELATIONS AND TRADE

AGRICULTURE

INDUSTRY

TRAFFIC

INFORMATION INDUSTRY

COMMERCE , TOURISM AND EXHIBITION ECONOMY

BANKING

EDUCATION

SCIENCE

CULTURE

HYGIENE & SPORTS

A GENERAL SITUATION OF DISTRICS AND COUNTIES

DEVELOPING AREAS CONSTRUCTION

FIGURES DOCUMENTS

APPENDIX

SUBJECT INDEX

幸福长春建设综述

十八大以来，长春市坚持以人民为中心，把保障和改善民生作为“指南针”，适应新时期民生工作的新变化、新趋势，实现由改善民生向建设幸福长春的转型升级。2012年以来，通过滚动实施“民生行动计划”和“建设幸福长春行动计划”，为群众办实事562件，群众幸福感、满意度逐年攀升。

一、工作回顾

2012年，市民生办联合政研室和市委党校，对长春市建设“幸福城市”的相关问题进行系统调研。9月，市政府主要领导在全市民生工作推进会上，详细论述了“为什么建设幸福长春”“建设什么样的幸福长春”“怎样建设幸福长春”以及“我们建设幸福长春的可行性”“幸福长春与改善民生的关系”“建设幸福长春要做那些准备工作”等重要问题，为启动幸福城市建设奠定基础。在年底召开的市十二次党代会上，长春市委正式做出“建设幸福长春”的战略部署。

2013年，为落实市第十二次党代会部署，满足全市人民过上美好生活新期待，全市民生大会上印发《关于建设幸福长春的实施意见》《2013年建设幸福长春行动计划》《关于印发〈幸福长春指标体系〉的通知》等文件，正式启动幸福长春建设工作，实现民生工作的转型升级，实现从“特惠保障”向“普惠提升”、从满足“生存需求”向满足“发展需求”、从“政府主导”向“全民参与”、从“政绩考核”向“群众评价”的转变。

2014年～2016年，为加快推进“幸福长春”建设，市委市政府采取“先重点攻关、再全面铺开”策略，摒弃属于部门常规工作的、过去已经干过的、内容没有创新的实事，每年只选取少量有创新、有特色、有突破的实事，通过集中力量抓大事，解决一批影响群众幸福感提升的热点、难点问题。

2017年，细化幸福实践，全方位提升群众幸福感，《行动计划》再次回归“十大方面、百件实事”模式，总投资达到空前的447亿元。开展“走遍民生一线，落实惠民实事”活动，督办民生实事、查找民生短板、解决民生问题，全市建设幸福长春工作又上新台阶。

二、主要成绩和亮点

1.设立“民生惠民超市”并发放“幸福惠民卡”，提高低保家庭生活质量。2012年，长春市将“在各城区、开发区设立‘民生惠民超市’，为低保户发放‘民生惠民卡’”列入《民生行动计划》，市民生办、民政局、财政局共同制定《关于在城区、开发区实施“幸福惠民卡”的意见》，为市区4.9万户低保家庭发放“幸福惠民卡”，为其中2.9万户分类施保家庭发放购物补贴。在欧亚集团等企业支持下，“幸福惠民卡”为低保家庭提供购书（购药、配镜）优惠、减免部分水电气费和发放购物补贴等惠民政策。政策实施以来，全市每年投入资金1000万元左右，几十万低保对象从中受益，群众好评不断。

2.加大“万户特困户结对救助”活动力度，帮助困难群众高兴过年。自2008年起，将每年春节前的“万户特困户结对救助”活动纳入《民生行动计划》，发放彩电、棉衣、洗衣机、电饭锅和米面油等生活用品。2013年启动幸福长春建设后，再度提高并统一救助标准，每年固定地为每个家庭发放1000元节日补助金。截至2017年年底，投入资金近1亿元，帮扶救助对象十几万户次，让困难群众在节日期间充分感受党和政府的温暖。

3.开展“幸福长春·圆梦助学”活动，帮助贫困学子实现求学梦想。2012年，整合全市助学资源，重新明确市教育局、总工会、团市委、残联、红十字会、慈善会等助学责任单位的任务分工和救助标准，集中开展“幸福长春·圆梦助学”活动，首次将4（县）市高考生纳入救助范围。2013年设立“应急助学资金”，对突发意外情况导致升学困难的非低保家庭学生进行帮扶，助学体系得到完善。2017年，长春市实现从幼儿园到大学，乃至研究生阶段的助学“全覆盖”，构建起“政府主导、社会参与”的相对完善的助学体系，解除困难学子后顾之忧。

4.推出失能人员医疗照护保险制度，解决困难失能人员看护难题。2015年，长春市通过《建设幸福长春行动计划》，在全国率先推出“失能人员医疗照护保险”制度，将日常照料和医疗护理纳入补偿范围，在医疗保险和医疗护理之间搭建全新载体，实现生活照料护理与疾病治疗无缝对接。2017年，全市35家定点医疗照护服务机构平均月支出305万元左右，有46.8%的长期失能人员和2.1%的短期失能人员享受待遇，平均报销比例在85%左右。该政策得到国家人社部充分肯定，并在全国多地推广。

5.实施“暖房子”和“洁白楼道”工程，改善群众居住环境。2010年政府实施“暖房子”工程后，市政府决定以“区出资为主、市以奖代补”方式，在全市实施“洁白楼道”工程，对无物业管理的散旧楼宇的楼道进行粉刷，连续进行3年，改善居民生活条件，百姓反响较好。

6.建设“两横三纵”快速路，破解交通拥堵难题。2012年，长春市将“启动‘两横两纵’西半环快速路建设”列入《民生行动计划》，后又调整为“两横三纵”快速路系统建设。“两横三纵”快速路全长84.5公里，以慢进快出为设计理念，全程以高架式为主，设计时速60公里～80公里，总投资240亿元，工期3年。“两横三纵”快速路建成后，有效缓解了中心城区交通压力，成为带动周边功能区发展，实现区域开发重要纽带。绕城高速以内“一环、两横、三纵”的快速路体系就此形成。

7.出台创业就业扶持政策，为高校毕业生和就业困难人员创业就业提供保障。2012年以来长春市连续出台创业小额担保贷款、财政贴息贷款、一次性奖励补贴、一次性创业扶持资金、注册资本“零首付”、创业项目无偿资助、免费经营场地等一系列创业扶持政策。打造具有长春特色的创业实训、孵化、服务“一体化”工作平台，举办“中国·长春创业就业博览会”，强化政府与高校、高校与企业的良性互动，构建“订单式”“定向式”“转型式”就业培训模式，建设基层“一公里”就业服务圈，全市创业、就业局势保持稳定。年均实现城镇新增就业13万人、劳务输出100万人次。

8.把脱贫攻坚作为1号民生工程，全面推进扶贫工作。2016年，长春市开始将扶贫工作纳入行动计划。通过建档立卡“回头看”，实现贫困人口动态精准在册；组织市、区（县）数万名干部走进贫困村、贫困家庭开展对接；建立“养老机构+托管”模式，帮助病残人口脱贫；落实各教育阶段优惠政策，帮助因学致贫人口脱贫；发挥基层党组织和包保部门作用，帮助自身发展动力不足人口脱贫；创建保险补偿基金，以融资业务帮助缺资金的贫困人口脱贫；推行农村低保标准与扶贫标准“两线合一”，实现社会保障兜底脱贫。2017年，8万多户贫困人口逐步摆脱贫困。

9.推出系列便民服务举措，为百姓日常生活提供更多便利。从2014年起，在《建设幸福长春行动计划》中陆续出台一系列便民举措，为群众生活提供便利：市直窗口服务单位实行“一次性告知”制度，午休时间安排专人办理业务；小学实行“弹性放学”；市、区医疗机构对急救患者实行“三先一后”；大型超市、农贸市场设立“食品药品便民服务站”；国税、地税业务“一窗通办”，发票网上申领邮政寄递；简化户政和身份证办理程序，下放出入境证件受理权限；编制出台惠民政策清单，让群众清晰掌握所享受的惠民政策；推进“一门式、一张网”政务服务综合改革，实现行政审批和公共服务“一号申请、一窗受理、一网通办”等。

2008年～2017年，长春市连续10次入选新华社《瞭望东方周刊》“中国最具幸福感城市”，其中，2013年获“中国形象最佳城市”桂冠，2014年获“中国最具文化软实力城市”大奖。2012年和2016年，2次获得CCTV经济生活大调查“最具幸福感城市”。

（李　强）

奏响改革时代强音激发振兴内生活力

——新一届长春市委推进全面深化改革综述

2017年，省委常委、市委书记、市委全面深化改革领导小组组长王君正主持召开市委深改组全体会议7次，审议重要改革议题30余项，将习近平总书记治国理政新理念新思想新战略和新时代中国特色社会主义思想，转化为长春加快振兴的改革实践、具体行动。市委深改办调度全市各级各部门，主动回应中央的改革顶层设计和省委工作部署，开展116项具体改革探索。

一、强化顶层设计，画好改革“路线图”

2017年新一届市委全面深化改革领导小组召开的第一次全体会议上，王君正提出：“我们要坚持以习近平总书记系列重要讲话精神统揽改革全局，全面跟进中央和省委改革部署，确保改革方向不偏、举措不乱、力度不减！”。审议通过《中共长春市委全面深化改革领导小组2017年工作要点》，明确要坚持“四个有利于”，即多推有利于增添经济发展动力的改革、多推有利于促进社会公平正义的改革、多推有利于增强人民群众获得感的改革、多推有利于调动广大干部积极性的改革的工作导向，确定年度重点改革任务。就推动改革举措“精准”落地，王君正强调，要努力做到“三个聚焦”——“聚焦党代会部署，深化系统性改革”“聚焦发展短板，深化专题性改革”“聚焦民生热点，深化探索性改革”，结合长春实际，把上级改革部署实化、细化、具体化。

全年7次深改组会议，构成一条清晰的改革主线，勾勒出长春深化改革路线图。结合2017年工作要点及任务，凿实改革时间表、路线图和责任主体，从顶层设计上建立全市改革工作总框架。在全面贯彻中央和省委改革部署、改革精神的基础上，研究通过经济发展、社会治理、生态环境等方面30项改革方案。

全市改革工作强调“改革要坚持问题导向，接茬发力，务求实效”，要“大兴调查研究之风”，加大在基层、一线的调研力度，真正做到有的放矢，让改革政策好使管用。市委改革办到全市9个县（市）区、开发区和市直部门开展专题调研，理清长春市改革工作面临的基本情况、主要矛盾和工作思路，就规范改革组织机构、抓好重点工作、加强上下衔接等重点问题做出具体部署。

二、加强统筹协调，下好改革“一盘棋”

2017年，长春市围绕推进改革、督导落实、检验成效，探索出一系列推进改革新办法、新路子，总结规律性，将具体实践探索抽象为推进工作的长效机制。

1.确立“清单制+责任制”运行机制

明确专项小组、牵头部门、配合部门、地方党委的责任职能，建立以工作要点落实实施规划、以改革台账落实工作要点的运行机制，将每项改革任务分解落实到具体部门。各专项小组定期召开专题会议，研究推进各阶段工作，建立跨领域、跨部门的重大改革问题联席会议机制，统筹推进本领域改革任务的职能作用得到发挥。各地各部门主动作为，建立完善责任落实机制，为推进改革落地生根提供有力保障。

2.探索“项目化”督察管理机制

制定印发《长春市2017年全面深化改革重点督察工作方案》，对所有改革事项实行“项目化”管理，定期调度改革工作推进情况，确保按期保质完成各项任务，确保各项改革举措相互配套、相互衔接。开展3次全市范围内改革督察，通过全面督察、专项督察方式，发挥改革督察在打通关节、疏通堵点、提高质量、追效问责中作用，促进各项改革举措落准落细落实。

3.实施成效与绩效评估挂钩机制

严格奖惩制度，将改革成效纳入县（市）区、开发区和市直部门绩效考核重要范畴，与年终评优和绩效工资挂钩，激发各级干部抓改革的动力和热情。出台《关于建立党员干部干事创业担当负责容错免责机制的实施办法》《长春市推进领导干部能上能下实施细则（试行）》，鼓励和保护改革创新、干事创业干部，形成“为敢于担当者担当、为实干创业者负责、为改革创新者撑腰鼓劲”良好氛围。发挥领导小组“智囊团”和“参谋部”作用，围绕全面振兴发展，建设东北亚区域性中心城市战略目标，坚持发展取向、民生指向、问题导向，系统谋划、突出重点、狠抓落实，深化改革呈现出向纵深发展、群众获得感显著增强的良好局面。

三、突出问题导向，打好改革“当头炮”

全市改革工作全面发力、实现多点突破，一些重要领域和关键环节的瓶颈制约正在打破，改革举措逐项推进，改革成果次第花开。

1.深化供给侧结构性改革，在构建创新发展新优势中跑出转型升级的“长春速度”

2017年，市委深改组会议围绕推进供给侧结构性改革和综合经济体制改革，做出一系列部署。围绕创新驱动发展和去产能、去库存，审议科技大市场建设、农业供给侧结构性改革、集聚人才创新发展等重点议题，强化创新发展的要素服务保障支撑，增添“争当现代农业建设排头兵”发展动力。在市委深改组推动下，长春“人才新政20条”暨招才引智“万人计划”重磅推出，极具含金量的招人、留人、用人新政，吸引一批青年才俊，投身到长春老工业基地全面振兴发展的创新实践中来。推进长春科技大市场建设，2017年全市技术合同成交额200亿元，比2016年翻一番，长春成为全国技术交易活跃地区。围绕“去杠杆”，深改组会议审议通过《关于深化政府投融资体制改革的实施意见》《改组组建国有资本投资运营公司试点方案》，从新常态下更好地发挥投资重要引擎的关键作用的角度，加快构建市场化、可持续的城市投资体系和融资模式，在合理控制政府性债务规模、防止发生金融风险的基础上，更好地发挥政府和市场作用，服务城市建设发展。

2.以“放、管、服”为核心深化政务服务改革，用政府权力“减法”，换取市场活力“加法”

长春以改革为先导，努力营造市场主体与“东北水土”有机结合的体制机制，以期创造出新的生产力，真正实现“1+1>2”的效果。民营经济综合配套改革示范区、“一门式、一张网”政务服务综合改革、商事制度改革暨“双随机、一公开”等重点改革议题，从决策转为行动，“进一个门办多件事”“办事群众与审批人员不见面”“行政审批和公共服务事项全程网上运行”等政府服务的新变化，挤压寻租空间、优化政务服务环境、方便办事企业，真正用政府权力的“减法”换取市场活力的“加法”。政法机关通过深化改革提升服务效能、为城市发展保驾护航。审议通过《关于充分发挥审判职能作用为建设东北亚区域性中心城市提供司法服务和保障的意见》，以及全市公安机关“服务民营经济30条”，提升政法机关服务效能，规范服务标准。一系列改革举措，让“华为26天落位”的长春速度，在更多项目上延续。2017年长春取消、下放和调整行政审批项目679项，市本级非行政许可实现“零审批”，基本建设项目审批时限由302个工作日压缩至51个。全市实际利用内外资分别增长17%和14%，日均新设企业超百户，经济增速可望保持前三季度8%左右的较高增速。

3.以提升城市综合承载能力为抓手，全面提升城市规划、建设和管理水平

规划是引领城市科学发展的“龙头”。“多规合一”试点工作取得重大突破，包括规划基础、空间发展战略、产业发展布局、历史文化保护等11个方面的规划成果，统一了以往各类规划之间的矛盾，达成用地属性唯一性，在空间规划综合信息平台上存储、共享和应用，实现“一本规划、一张蓝图”，让城市未来发展更加有章可循。着眼提升城市生态建设水平和城市建设管理能力，会议审议《长春市生态环境保护工作责任规定（试行）》，推广朝阳区城市基层管理模式等改革创新经验。2017年，“河长制”全面推行，推进大气污染防治、水环境治理、土地污染治理措施，长春市可持续发展根基更加牢固。

4.以满足人民群众对美好生活的向往为目标，建设“幸福长春”

市委深改组坚持从百姓呼声最强烈、需求最迫切的民生问题入手，既关注食品药品安全、城市执法体制改革等事关城市管理“面”上的重要议题，更关注从“点”上发力，从推进“课后学生管理模式改革”等具体议题入手，努力从点滴中提升市民的幸福指数。2017年暑假后新学期开始，长春市城区小学全面实施“蓓蕾计划”，全市182所学校、20万小学生获得政府提供的90分钟免费校内课后托管，解除群众后顾之忧。伊通河综合治理、旧城改造提升两大工程按期实现主体工程完工，长春城市面貌实现历史性改变。在城市“硬件”建设提升基础上，建设幸福长春行动计划、城乡居民就业增收“暖流计划”全面发力，一系列围绕提升群众幸福感、获得感、满意度的软措施协同推进。

2017年12月，“2017中国最具幸福感城市”调查结果在北京揭晓，长春第10次蝉联“中国最具幸福感城市”，获“2017中国最具幸福感城市人民获得感案例奖”。发展永无止境，改革永不停滞。市委深改办奔赴南京、上海、南宁等地，带着长春全面深化改革的新目标、新任务，开始了新的改革探索与取经之旅，真正把“立足吉林、放眼全国、走向世界”看长春的要求落到实处，真正做到以更大的格局和坐标系谋划和推进长春市改革工作。

（李卫国　杨宝迪）

驻长中省直国有企业职工家属区“三供一业”分离移交工作

吉林省国有企业职工家属区“三供一业”分离移交工作（“三供一业”分离移交是指国企，含企业和科研院所，将家属区水、电、暖和物业管理职能从国企剥离，转由社会专业单位实施管理的一项政策性和专业性较强、涉及面广、操作异常复杂的一项管理工作）国家要求2018年年底前基本完成，2019年起国有企业不再以任何方式为职工家属区“三供一业”承担相关费用。按照长春市政府安排部署，市国资委作为牵头部门，与市公用局、市房地局等相关部门协同配合，各项分离移交工作进展顺利。

一、加强领导，明确职责

成立工作机构，明确责任分工。市国资委组织成立驻长央企“三供一业”分离移交工作推进组，由市国资委分管副主任任组长，相关单位分离移交工作负责人任推进组成员。移交企业和接收企业分别成立专项工作组，明确项目责任人，由一名副总任组长、负总责。细化任务，明确目标，落实责任，每项工作都落实到部门、落实到人头。制定办法，提供工作遵循。按照上级文件要求，到2018年底前基本完成“三供一业”分离移交工作，长春市涉及分离移交和维修改造量大，情况复杂，时间紧迫，任务艰巨。为加快推进分离移交工作，市国资委印发关于加快推进驻长央企“三供一业”分离移交工作有关事项的文件，明确责任分工，按照时限，推进工作。

二、加强督导，强力推动

开展调查，统计移交情况。2017年，长春市上报分离移交国有企业40户，其中央企36户，涉及供水用户77327户，供电84220户，供热125904户（面积1308万平方米），供气70254户，物业38739户（房屋建筑面积273万平方米）；省属企业4户，共涉及供水用户337户，供电446户，供热494户（面积4.7万平方米），物业1127户（面积8.4万平方米）。摸清底数，为分离移交工作奠定基础。

加强日常调度，及时了解进度。需要由市国资委协调事项，立即组织协调。组织召开会议，推动工作落实。市国资委多次组织召开供水、供热、物业分离移交协调调度推进会，重要事项报政府组织召开专题会研究，按照国务院国资委、省国资委要求完成时间节点，强力推进分离移交工作。

三、敢于担当，破解难题

2017年3月至5月，市国资委会同相关单位赴20家驻长中省直国有企业开展调研，现场办公，为企业破解难题，得到央企的认同。在没有可复制样本、没有可借鉴经验的情况下，重点解决了以下问题：一是民营企业供热问题，按照文件规定，供热接收主体应为国有独资企业，不能移交给现供热的民营企业，经市国资委、市公用局共同研究决定，由国投公司作为平台接收其供热相关资产，待维修改造后移交给供热企业并承担后续维修维护管理。二是资金支付问题，一汽集团等央企提出向接收企业支付“三供一业”分离移交改造资金后，需要接收企业开具发票，市国资委通过与有关部门共同研究，提出了解决办法。按此资金支付方式，际华集团已将第一期供水移交维修改造专项资金79万元支付给市国资委，市国资委已将此项资金拨付给水务集团二次供水公司。各项分离移交工作取得显著成效。2017年，长春市国有企业职工家属区“三供一业”分离移交涉及移交项目96个，签订协议78个，协议签订率81%。一汽集团车轮厂、长客厂供热分离移交及一汽集团供气分离移交3个项目全部完成。一汽集团供水、供电、供热分离移交、长客厂“三供一业”分离移交、东北工业集团物业分离移交与相关接收方签订正式协议，正在做项目维修改造施工前准备工作。2017年6月16日，长热集团与沈阳铁路局签订沈铁吉林省内职工家属区“三供一业”分离移交正式协议。

（市国资委　孟繁雁）

大　事　记

1月

3日

省委常委、市委书记王君正主持召开新一届市委第1次常委会会议。

同日

长春市15个县（市）区、开发区政务服务中心，115个街道（乡镇）公共服务中心，130个实体办事大厅试运行，开门接待企业和群众办事。“一门式、一张网”试点经验在全市推广。

4日

2017中国长春冰雪旅游节暨净月潭瓦萨国际滑雪节开幕。

同日

2017长春净月潭瓦萨国际滑雪节经贸洽谈会在净月益田喜来登酒店举行。净月高新区22个合作项目签约，签约额628亿元。

同日

《长春市爱国卫生条例》公布，自2017年2月1日起施行。

同日

2017中国长春冰雪旅游节启幕。来自30多个国家和地区的1000余名运动员参赛，17个国家和地区全程同步直播，77个国家和地区观众可观看赛况。

5日

《长春市动物诊疗机构管理条例》公布，自2017年2月1日起施行。

6日

《长春市市容和环境卫生管理条例》公布，自2017年2月1日起施行。

6—10日

中国人民政治协商会议长春市第十三届委员会第一次会议在吉林省宾馆开幕。省委常委、市委书记王君正发表重要讲话，政协主席崔杰代表政协长春市第十二届委员会常务委员会向大会做工作报告。会议协商讨论《政府工作报告》和《关于长春市2016年国民经济和社会发展计划执行情况与2017年国民经济和社会发展计划草案的报告》《关于长春市2016年预算执行情况和2017年预算草案的报告》《长春市中级人民法院工作报告》《长春市人民检察院工作报告》，通过《政协长春市第十三届委员会第一次会议决议》。

7—10日

长春市第十五届人民代表大会第一次会议在吉林省宾馆开幕。本次大会执行主席、主席团常务主席李树国主持开幕会和第一次全体会议。长春市市长刘长龙代表市人民政府向大会作政府工作报告。会议选举钱万成为长春市第十五届人民代表大会常务委员会主任，选举刘长龙为长春市市长，王路、贾丽娜、白绪贵、贾晓东、周贺、吕锋为副市长。

13日

中国科学院长春分院与吉林省泰华电子股份有限公司签署联合研发协议，将实验室技术与企业应用层面进行对接，实现科技成果的转化。

18日

第三届长春市商标成果展开幕式暨2016年度长春市十大服务业著名商标奖励大会在农博园举行。欧亚龙图形、净月潭、中东新天地购物公园等10个新认定的“2016年长春市十大服务著名商标”获市政府奖励。

同日

第八届吉林冬季农业博览会暨净月潭新春大集开幕。

19日

浪潮长春云计算大数据中心项目正式落成。

2月

5日

长春德生金融财富中心落成仪式暨长春新区创新项目资本对接会在长春市举行。

16日

2017年建设幸福长春大会召开。省委常委、市委书记王君正出席会议并讲话。市委常委、常务副市长王路出席会议并就《2017年建设幸福长春行动计划》和《长春市增加城乡居民收入“暖流计划”（2017年）行动方案》作说明。

21日

长春市推进“中国制造2025”试点示范城市建设暨工业转型升级工作会议召开。省委常委、市委书记王君正在会上强调，牢牢抓住“中国制造2025”试点示范城市机遇，加快转方式、调结构、努力促进老工业基地振兴发展。

同日

长春市第3批300余项“一门式、一张网”服务项目进网上线。至此，在全市“一门式、一张网”政务服务综合改革中，有1505项事项进网上线运行。

24日

第八届亚冬会花样滑冰比赛在日本札幌举行，长春市选手王诗玥、柳鑫宇夺得冰舞金牌。

27日

全国旅游规划发展工作会议在北京举行。长春世界雕塑公园正式被国家旅游局授牌为国家AAAAA级旅游景区。

28日

长春市十五届人大常委会第一次会议召开。会议任命张敬安为副市长，赵显为市政府秘书长。

3月

2日

长春市委全面深化改革领导小组召开2017年第一次全体会议。会议审议并原则通过《中共长春市委全面深化改革领导小组2017年工作要点》。

8日

全市农村工作会议召开。

13日

省委常委、市委书记王君正到白城市开展对口合作系列考察对接活动。与白城市市长李明伟签订两市《建立合作发展关系框架协议（2017—2020）》。

16日

中国医药集团与长春新区医药健康产业战略合作项目在北京签约。

23日

省委常委、市委书记王君正会见法国驻华大使顾山、法国驻沈阳总领事马克·拉米。法国客人此行主要是推动法国与长春在经贸、文化、教育、旅游等领域的合作。

31日

长春兴隆综合保税区与青岛前湾保税港区签署战略合作框架协议，双方将联合建立“一带一路”自贸驿站，开展全方位合作。

4月

5日

《长春市城市公共交通基础设施管理办法》发布，自2017年5月15日起施行。

8日

2017长春建筑装饰及材料博览会在长春国际会展中心开幕。主打环保的新技术、新材料、新产品成为人们关注的热点。

同日

长春市伊通河北段综合治理项目开工。施工人员将进行河道清淤、微地形整理、绿道建设等施工作业。

9日

长春市十一高中北湖学校建设项目正式开工。

13日

一汽解放自主研发的“无人驾驶”智能卡车首次开放演示在一汽技术中心农安试验基地获得成功。这款卡车具备信号灯识别、障碍物识别、超车、跟车、远程遥控等5大智慧功能。

同日

中车长客股份公司与洛杉矶县大都会交通局在洛杉矶地铁联合车站正式签订红、紫线项目总金额12.3亿元人民币的地铁车辆销售合同。

15日

2016中国城市引才十强暨“魅力中国—外籍人才眼中最具吸引力的中国城市”评选结果揭晓，长春市获评“中国城市引才十强”。是东北地区唯一入选城市。

16—18日

全国政协常委、全国政协教科文卫体委员会主任张玉台到长春市调研深化科技体制机制改革、优化创新环境等工作。

19日

2017上海国际汽车工业展览会开幕。中国一汽携旗下红旗、奔腾、骏派、森雅4大品牌17款车型参展。其中骏派CX65和红旗H5为全新首发。

20日

东北亚知识产权大数据中心在长春科技大市场正式启动。

21日

长春世界雕塑公园国家AAAAA级旅游景区正式揭牌。

22日

长春市公共自行车慢行系统正式运行。54个站点2000辆自行车向公众开放。

24日

长春市在推动实施“中国制造2025”、促进工业稳增长和转型升级方面成效明显，获得国务院通报表扬。

26日

长春市五一国际劳动节大会召开。大会对获得首届“吉林工匠”和全国、省、市五一劳动奖状、奖章及“工人先锋号”的先进集体和个人进行表彰。

同日

长春市院士专家联合会正式成立。省委常委、市委书记王君正与张洪杰院士共同为长春市院士专家联合会揭牌。

28日

长春市事业单位面向北京高校2017届毕业生现场招聘会在中国人民大学世纪馆北大厅举行。省委常委、市委书王君正鼓励参会大学生到长春发展、建功立业。

5月

2日

长春新区与东北师范大学举行基础教育合作签约仪式，东北师大将与长春新区合作办学，建设明达学校、慧仁学校等2所学校。

4日

团市委“青春携手·助力振兴”津长两地青年交流合作大会在长春市召开。团中央统战部全国青联办公室主任朱松华，团省委副书记牟大鹏，副市长贾丽娜出席会议。

9日

宽温域镍氢电池生产线在长春市正式投产。该生产线采用中国科学院长春应化研究所宽温动力镍氢电池技术，具有使用寿命长、安全系数高、原材料无污染等特点。

10日

省委常委、市委书记王君正会见法国驻华大使顾山、驻沈阳总领事马克·拉米。

15日

人社部正式批复长春人力资源服务产业园为国家级产业园区，这是国家批准的第9个国家级产业园区，也是东北地区首个国家级人力资源服务产业园。

16日

吉林亿联银行股份有限公司正式在长春市开业。这是东北地区首家获批筹建、开业的民营银行。

21日

2017长春国际马拉松赛开赛。来自全国各地及美国、英国、加拿大、日本、澳大利亚、德国等21个国家和地区的3万名选手参赛。来自厄立特里亚的Tsegay和来自埃塞俄比亚的Denioliksa分别获得男子组和女子组冠军。

25日

中共中央总书记、国家主席、中央军委主席习近平近日对吉林大学黄大年先进事迹作出重要指示指出，黄大年秉持科技报国理想，把为祖国富强、民族振兴、人民幸福贡献力量作为毕生追求，为我国教育科研事业作出了突出贡献，他的先进事迹感人肺腑。

27日

省委常委、市委书记王君正会见白俄罗斯驻华大使鲁德。明斯克市副市长多莫拉茨基，副市长贾丽娜、张敬安参加会见。

28—31日

第十三届中国（长春）国际动漫艺术博览会在长春农博园开幕。千余名展商参展、观展8.9万人次、成交额1200万元。

31日

长春市自由大桥旧桥面通过爆破方式拆除。随后大桥翻建工程全面启动。

6月

8日

长春市政府召开全市食品药品安全委员会第一次全体（扩大）会议暨深入开展创建国家食品安全示范城市工作会议。

9日

长春中欧班列迎来单批次最大规模整车出口—由北汽集团出口的150辆长城哈弗H6汽车在长春国际陆港口岸装箱。这是“长满欧”班列运行以来，首次在长春国际陆港口岸区域自行装箱的出口整车班列。

9—11日

以省委常委、市委书记王君正为团长的长春市经贸友好代表团到古巴考察访问，助推重点合作项目，推动长春以更高水平拓展开放新空间。

11日

长春市南湖大桥成功爆破。

12—16日

省委常委、市委书记王君正率长春市经贸友好代表团到美国硅谷等地，开展系列交流活动，助推重点项目，深化创新合作。

14日

《长春市餐厨垃圾管理暂行办法》发布，自2017年7月15日起施行。

15日

“吉林大学中外高层次人才引进基地”正式揭牌。这是国家外国专家局与高校合作共建的首个高层次人才引进基地。

同日

国务院办公厅发布《关于建设第二批大众创业万众创新示范基地的实施意见》，公布3大类92个示范基地。长春有3类4个基地榜上有名。长春新区入选区域示范基地；吉林大学、中国科学院长春光学精密机械与物理研究所入选高校和科研院所示范基地；长春国信现代农业科技发展股份有限公司入选企业示范基地。

16日

长春市全面实施河长制工作会议召开。

同日

中国一汽自主品牌—奔腾B30、X40、B50乘用车、佳宝V60微型车等产品在埃及上市仪式在开罗举行。

20日

长春新区、中建科技公司、长春润德集团在京签署三方合作协议，在长春新区打造装配式建筑产业示范基地。

21日

“精彩吉林·凉爽夏日”旅游品牌发布会暨2017消夏避暑全民休闲季启动、第11届中国长春消夏节开幕。

同日

庆祝中华职业教育社成立100周年纪念大会在省宾馆举行。全国人大常委会副委员长、中华职业教育社理事长陈昌智代表中华职业教育社出席会议并发表重要讲话。

22日

由中车长客股份公司研制的新能源城际电动车组运抵内蒙古草原开展试验。这是中国首款实现电网供能、电池供能两种动力模式转换的动车组。

23日

全国爱卫会发布《全国爱卫会关于2016年国家卫生城市（区）和国家卫生县城（乡镇）复审结果的通报》，长春市再次获得“国家卫生城市”荣誉。

24日

第十九届中国科协年会在长春开幕。中共中央政治局委员、国家副主席李源潮出席开幕式并讲话。全国政协副主席、中国科协主席、科技部部长万钢出席开幕式并致辞。

30日

长春地铁1号线开通运营。1号线全长40.10公里，一期设车站15个。

7月

4日

全国人大常委会副委员长艾力更·依明巴海到长春市检查固体废物污染环境防治法贯彻实施情况。

8日

第三届中国避暑旅游产业峰会在贵州省安顺市举办。长春市再次获得"最佳避暑旅游城市"称号。

11日

省委常委、市委书记王君正会见欧盟驻华代表团斯洛伐克驻华大使杜尚·贝拉一行，就推动长春市与欧盟在文化、经贸等领域开展务实合作进行交流。

12日

省委常委、市委书记王君正与滨州市委书记、市人大常委会主任张光峰会见。

同日

长春市气象探测中心正式成为世界气象组织首批百年气象站。

14—23日

第十四届中国长春国际汽车博览会在长春国际会展中心开幕。有67.5万人观展，销售车辆3万台，成交额突破60亿元。

21日

彭祖述艺术馆在长春开馆。

同日

第46届南丁格尔奖章颁奖大会在人民大会堂举行。长春吉大二院副院长兼护理部主任殷艳玲等6名中国护理工作者获奖。

23日

中共中央追授吉林大学地球探测科学与技术学院原教授黄大年"全国优秀共产党员"称号。

8月

2日

中共中央组织部副部长高选民在中国第一汽车集团公司中层以上管理人员大会上宣布党中央、国务院关于中国第一汽车集团公司主要领导变动决定：徐留平任中国第一汽车集团公司董事长、党委书记；徐平任中国兵器装备集团公司董事长、党组书记。

3—7日

第十届中国（长春）国际民间艺术博览会在长春国际会展中心开幕。51万人观展，成交额2.6亿元。

8日

长春至白城至乌兰浩特（长白乌）铁路正式开通运营。

9日

全国政协常委、港澳台委员会副主任喻林祥，全国政协委员、港澳台委员会副主任赵阳到长春市考察侨务工作。

11日

中央第一环境保护督察组进驻吉林省开展环境保护督察。督察组督察吉林省工作动员会在长春市召开。

同日

长春市第六届道德模范颁奖典礼在长春广播电视台1号演播大厅举行。黎莎、郑亮等10名"道德模范"受到表彰。

11—20日

第十六届中国长春国际农业食品·博览（交易）会在农博园开幕。参展参会174万人次，达成各类经贸合作项目602项，签约金额435.3亿元，为历届农博会之最。

15日

长春市政府与中粮集团签订战略合作框架协议。双方将在加快长春玉米深加工业的产业升级、创新发展、推动农业产业化和农业供给侧结构性改革上共同发展。

17日

《长春市预防和制止家庭暴力条例》公布，自2017年10月1日起施行。

18日

第十三届中国国际会展文化节在山东临沂举办，长春市被评为"2016—2017年度中国会展名城"，长春国际会展中心被评为"2016—2017年度中国会展标志性场馆"，长春收获2项"金海豚"奖。

19日

"2017东北振兴论坛"在长春召开。

同日

东北虎豹国家公园国有自然资源资产管理局、东北虎豹国家公园管理局在长春正式挂牌。标志着中国第一个由中央直接管理的国家自然资源资产和国家公园管理机构正式建立。

同日

2017首届在长异地商会联合大会暨中外企业家走进长春项目对接会在南湖宾馆举行。

22日

省委常委、市委书记王君正开展专题调研，实地督办中央环保督察组交办重点信访案件，与群众面对面交流，检查"河长制"落实情况。

24日

2017年中国民营企业500强发布会暨民营经济发展峰会召开，长春欧亚卖场首度进入中国民营企业500强榜单。

25日

由长春市地方志编纂委员会编纂的《长春市志（1989—2000）》出版发行。

26日—9月3日

2017年长春书展开幕。本届书展展出图书10万余种，吸引17万人次参与，销售码洋200万元。

27日

中国科学技术大学与中科院长春应化研究所合作共建的中国科学技术大学应用化学与工程学院在长春应化所揭牌。

31日

省委常委、市委书记王君正会见中国驻日本大使程永华。

9月

1日

第十一届中国—东北亚博览会开幕式暨第九届东北亚合作高层论坛在长春市举行。中共中央政治局委员、国务院副总理汪洋出席并发表主旨演讲。吉林省委书记巴音朝鲁出席开幕式并致辞，省长刘国中主持开幕式。东北亚各国、世界其他国家和地区政要，国家有关部委、各省（区、市）和重点城市有关领导，世界500强和跨国公司高管，中国央企、500强和知名民营企业高管，中外知名采购商、投资商、参展商等出席活动。

2日

第二届全球吉商大会在长春市开幕。中央统战部副部长、全国工商联党组书记、常务副主席徐乐江，省委书记巴音朝鲁出席大会并致辞。

同日

国内首家克罗地亚国家馆在长春市建成并开馆。

6日

省委常委、市委书记王君正会见美国驻华大使布兰斯塔德。

7日

第五届中国长春世界雕塑大会在长春世界雕塑公园开幕。来自40多个国家和地区的300余位代表参会。

8—11日

第二届中国国际秸秆产业（长春）博览会在长春农博园开幕。300余家企业参展。总成交额5.6亿元，合作签约逾138亿元。

12日

全国农村留守儿童“合力监护、相伴成长”关爱保护专项行动推进会在长春市召开。民政部社会事务司司长王金华、副市长吕锋出席会议。

15日

长春新区开放与发展论坛在北京举行。省委常委、市委书记王君正出席论坛并致辞。

19日

翻建后的长春市自由大桥通车。

23日

新南湖大桥主桥正式通车。

25日

长春市第34届劳动模范表彰大会召开。会议对49个市模范集体、50名市特等劳动模范、445名市劳动模范进行表彰。

29日

长春市直属机关第七届职工运动会在经开体育场举行。

30日

长春市南溪湿地公园对外开放，该园占地约310公顷。

10月

1日

长春市最低工资标准再次调整，提高至每月1780元。

12日

吉林省委第七巡视组专项巡视长春扶贫领域工作情况反馈会在市委召开。

同日

《长春市地方性法规（2017年版）》公开出版发行。

同日

长春博物馆挖掘新石器时代人类文化遗产—农安县五台山遗址成果对外发布，6处新石器时代房址、4处墓葬等为长春地区首次发现。

13日

长春国际港开通暨中欧班列（长春—汉堡）首发仪式举行。省委常委、市委书记王君正出席仪式并宣布发车命令。

14日

吉林省生物医药高峰论坛暨省北湖生物技术公共服务平台启用仪式在长春新区北湖科技园生物医药园举行。

16日

由中车长春轨道客车股份有限公司研制的首批美国波士顿橙线地铁车下线。这是国内首批具有完全自主知识产权的美标地铁车。

20日

2017中国东北亚清洁能源供暖产业博览会开幕。

23日

《长春市节约用水条例》公布，自2017年11月1日起施行。

26日

长春企业云揭牌仪式在浪潮长春云计算数据中心举行。

同日

中国政府网公布国务院相关批复，同意将吉林省长春市列为国家历史文化名城。

27日

“吉林一号”卫星星座新成员—视频4、5、6星正式出厂，并冠名为“佐丹力159吉林一号”。计划于下月发射。

11月

1日

长春市台北大街亚泰大街立交桥实现全面通车。

3日

长春市经开区与长春理工大学签署战备合作协议。副市长白绪贵出席签约仪式。

4日

长春—硅谷国际科技创新项目人才合作研讨会在万易国家级科技企业孵化器举行。

7日

长春市在83个市一级党和国家机关共设立派驻纪检组15个，全体纪检组组长正式履新，实现派驻监督全覆盖。

9日

第六届全国道德模范及提名获奖者名单公布，黄大年当选第六届全国道德模范。

10日

国家重点研发计划数字诊疗装备研发“双光子—受激发射损耗（STED）复合显微镜”项目、“随机光学重建/结构光照明复合显微成像系统研制”项目同时在长春市启动。

13日

长春龙嘉国际机场年旅客吞吐量首次突破1000万人次，成为全国第30家“千万级机场”。

14日

第五届全国文明城市名单和复查确认继续保留荣誉称号的往届全国文明城市名单公布，长春市经复查确认继续保留全国文明城市荣誉称号，实现全国文明城市“三连冠”。

15日

长春市与吉林大学、东北师范大学签署教育合作协议。双方在基础教育领域开展全面合作。

同日

由中车长客股份公司与俄罗斯快速干线股份公司、莫斯科交通大学等单位共同组建的中俄高铁技术联合研发中心在中车长客股份公司揭牌。

同日

市委常委、副市长张敬安在长春香格里拉大酒店会见俄罗斯联邦驻沈阳总领事馆副总领事西拉耶夫·巴维尔。

18日

第六届中国长春创业就业博览会暨人才开放合作交流周在中国长春人力资源服务产业园和长春农博园综合展厅同时启幕。

19日

长春市举行2016年度“长春友谊奖”颁奖仪式。20位在长春工作的外国专家获奖。

20日

长春市启用新能源汽车专用号牌。专用号牌号码增加1位，由5位升为6位。

21日

在太原卫星发射中心，搭载着“吉林一号”视频04、05、06星的长征六号运载火箭成功发射。

23日

中车长客宣布在澳大利亚墨尔本设立亚太总部及轨道车辆工程研究中心。将为亚太区域内的轨道车辆项目提供技术支持。

26日

《长春市人民政府关于修改和废止部分政府规章的决定》发布施行。

27日

长春市经开区与中粮集团生化平台签署战略合作协议，计划投资75亿元的中粮长春玉米产业园项目正式启动。

28日

中共长春市委十三届三次全体会议在市委召开。全会由市委常委会主持。省委常委、市委书记王君正做工作报告。审议通过《关于高举习近平新时代中国特色社会主义思想伟大旗帜，加快长春老工业基地全面振兴发展的意见》和全会决议。

12月

6日

长春市空间规划（多规合一）试点工作领导小组会议召开。省委常委、市委书记王君正在会上要求，以空间规划为引领，加快推动老工业基地全面振兴发展。

7日

“2017中国最具幸福感城市”结果在北京揭晓，长春市连续第10次获得“中国最具幸福感城市”荣誉。获“2017中国最具幸福感城市人民获得感案例奖”。长春市委常委、常务副市长王路在北京出席2017中国城市幸福论坛并做主旨发言。

8日

2017年度中国稀土科学技术奖颁奖仪式在北京举行。中科院长春应化所廖伍平研究员等完成的成果“稀土资源中伴生钍资源的回收与核纯化”获2017年中国稀土科学技术奖一等奖。

9日

首届中国汽车企业创新大会暨中国汽车创新指数发布会上，一汽解放汽车获中国汽车（卡车）企业创新排行榜第一名。

12日

市委常委、常务副市长王路在南湖宾馆会见欧洲货币机构投资者集团亚太区首席执行官史托尼。

13日

长春地铁2号线一期工程全线贯通。

14日

经国务院国资委批准，中国第一汽车集团公司正式更名为中国第一汽车集团有限公司。

16日

吉林省地理信息科技产业孵化基地揭牌启动仪式在长春新区北湖科技园举行。

20日

长春汽车零部件检测认证产业联盟举行成立仪式。

同日

榆树正大肉鸡产业化项目的屠宰及食品加工厂正式投产运营。

22日

“2017中国信息产业经济年会企业家年会”在北京举行，长春市绿园区获“2017中国智能制造产业创新发展奖”，这是东北地区首次地方政府获得智能制造产业大奖。

25日

长春市颁发第一本“林权不动产权证书”。

30日

中车长客研制的北京燕房线地铁列车正式投入运营。这是中国内地首批达到最高自动化等级（GOA4）的地铁车辆。

（常 颖）

长春概貌

自然概况

【位置境域】　长春市位于北纬43° 05′ ~45° 15′ 、东经124° 18′ ~127° 05′ ，居北半球中纬度北温带，地处中华人民共和国东北地区中部、京哈与珲乌2条交通线交会处，是吉林省的政治、经济、文化中心。长春市面积20593.5平方公里，西北与松原市毗邻，西南和四平市相连，东南与吉林市相依，东北同黑龙江省接壤，规划区面积7293平方公里，其中主城区位于松辽平原腹地的伊通河台地之上。辖3县（市）7区，包括榆树市、农安县、德惠市和朝阳区、南关区、宽城区、二道区、绿园区、双阳区、九台区。截至2017年年底，市区中心城区建成区面积361.22平方公里。

【地质地貌】　长春市属天山—兴安地槽褶皱区吉黑褶皱系松辽拗陷的东部边缘，城区下部分布着深厚的白垩系泉头组，为一套红色较粗粒碎屑岩（页岩、泥岩、细砂岩和砂页岩互层），均为不透水层或含水性极微层，地层深厚（500米尚未穿透），岩层致密，倾角很小（5摄氏度~10摄氏度）。第四世纪沉积相当普遍，洪积层上部为黄土状物质，下部为红色粘土或砂砾层。新构造运动以来，地体微升，地表受流水切割，沟谷发育，形成微波状台地平原。二级阶地黄土状亚粘土厚15米~25米，抗压强度20吨~25吨/平方米，是较佳的天然地基。一级阶地（二道区）亚粘土层地基抗压强度8吨~11吨/平方米，但地表下2米~4米深处有一淤泥层，不适于天然地基，下部是砂、砂砾层，抗压强度25吨~35吨/平方米，距地表6米~11米以下是基岩，对大型、特大型建筑基础置于基岩上最为有利。

主要地貌类型为：低山丘陵。分布于市区东南部，属大黑山脉的一部分，略呈东北西南走向，海拔大部分在250米~350米之间，相对高度为50米~100米；东部的大顶子山海拔407米，组成的岩石有花岗岩、安山岩等变质岩系，其中以花岗岩分布面积最广，久经侵蚀，已成浑圆状；山地丘陵面积在市区内所占面积比重甚微，山地丘陵中有森林，低丘之间有些冲积平原和盆地，为农业区；伊通河出大黑山北麓，从南向北穿过市区东部，在狭口处有修筑水库的良好条件。台地平原。城区台地面积约占总面积的70%，并高出伊通河一级阶地10米~20米，地表微波起伏，土质主要由黄土状土构成，海拔在200米~230米之间，最高压245米；浅谷谷坡漫长，市区有近80%的地面坡在10度以下。冲积平原。主要由伊通河冲积作用形成，在河流两岸形成比较宽阔的带状平原，面积近30%，地势低平，海拔多在200米左右；沿河两岸的低洼部分，汛期常被洪水淹没，属河漫滩部分，组成物质多为粗砂或细砂，河漫滩两侧为宽窄不等的高漫滩或一级阶地，宽度一般在4公里~5公里间；一级阶地高出河床3米左右，其组成物质上部是亚砂土、亚粘土，下部是砂砾层，冲积物厚10米左右；二级阶地面积较小，河床两侧可提供建筑用砂；平原上的河迹洼地，因多为淤泥质粘土或亚粘土，并夹灰色砂质透镜体，大多排水不畅，土体抗压性较差，但在大部分台地平原上的沟谷系统则成为城市自然排水通道。火山锥体。台地平原西接松辽分水岭，系第四世纪更新末期沿断裂带呈地垒式隆起，并有火山活动，因此在长春西南的大屯、范家屯一带，火山锥体突起在波状平原之上。多由玄武岩构成，是良好的建筑材料。

【水文气候】　长春市的地表水属松花江水系，松花江、饮马河、伊通河的中下游，还有沐石河、双阳河、雾开河、新开河及卡岔河等流经境内，有波罗泡子、敖宝吐泡子、元宝泡子等主要泡子湖泊7处；市区的地表水，较大的河流为松花江的支流，也是饮马河的支流—伊通河及其支流—新开河等。由于市区的下部基岩为中生代白垩系红色岩系，岩层致密，为一不透水层或含水性极微，因而无深层地下水源，故地下水贫乏。长春市的气候介于东部山地湿润与西部平原半干旱区之间的过渡带，属温带大陆性半湿润季风气候类型。东部和南部虽距海洋不远，由于长白山地的阻挡，削弱了夏季风的作用；西部和北部为地势平坦的松辽平原，西伯利亚极地大陆气团畅通无阻，故气候总的特点是春季干旱多风，夏季温暖短促，秋季晴朗温差大，冬季严寒漫长。春季，地表温度增高，蒙古高压系统势力减弱，这时低压系统自贝加尔湖区侵入，形成东北低压并经常过境，低压前部常出现强大的西南气流，后部有猛烈的西北气流，大风天气多，最大风速可达30米/秒，且低压系统后部引起北方寒流冷气南下，形成寒潮天气。夏季，东南风盛行，有从小笠原状群岛吹来的东南风，也有渤海补充的湿气，自南而来的夏季风极锋锋线位置也移到本地，并有温带气旋过境。平均气温21.9摄氏度，最高气温出现在德惠市，为32.1摄氏度；2017年最大日降水量出现在九台市，为98.8毫米。秋季，贝加尔湖低压系统虽有入侵，但发展的机会不如春季显著，高压在本区停滞的机会较多，因而在秋季可形成持续数日的晴朗而温暖的天气，温差较大，风速也较春季小。冬季，受强蒙古高压系统影响，冷气流经常自北及西北侵入，盛行偏西风，气候寒冷、干燥。天气变化主要取决于高空西风带中的低槽过境：低槽移近时，常有较盛的偏南风入境，形成多云、多雪的阴湿天气；低槽过后，高压脊的前部侵入，致使风向转为西北风，气温骤降，并有时出现雪暴天气，然后高压系统全部占据，天气晴朗、干燥、风力微弱。这种更替，一次大约3、4天，形成冬季“三寒四温”的天气特征。平均气温零下12摄氏度，最低气温出现在农安县，为零下37.2摄氏度。

【自然资源】 长春市地域辽阔，土地资源丰富，有土地面积20593.5平方公里，其中耕地135.04万公顷。土质主要是黑土、草甸土、黑钙土等，分别占耕地面积的34.5%、29.06%和15.28%。土质肥沃，一般黑土层厚达0.6米~1.0米。全市有林地26.5万公顷，森林的组成以东亚阔叶林成分为主，华北系成分、长白区系成分也有渗入，如黑松、樟子松、云杉、冷杉、长白落叶松、侧柏、桧柏、胡桃楸、水曲柳、黄菠萝、花曲柳、山杨、黑桦等。野生植物资源群落中，有森林植物、草甸植物、草原植物等，具有经济价值的野生植物300余种。可供药用的有五味子、大活、党参、苍术等150多种；可做工副业原料的有胡枝子、芦苇、蒙古栎等50多种；可供食用的有蕨菜、黄花菜、山楂、山葡萄等30多种；可做饲料的有碱草、草木樨、小叶樟等50多种。野生动物资源有豹猫、红狐、鸿雁、林蛙、中华鳖、虎斑文蛇、背角无齿蛙等5类34种。长春市的矿产资源，除已探明的煤、油质岩矿、水泥石灰岩矿、水泥粘土矿、珍珠岩砂、膨润土、萤石、铸型用砂矿、铜、银、铁以外，石油、天然气也有一定储量。

（李开天　曾　剑）

气象　水文

【概况】 2017年（1月–12月）长春市总的气候特点是：气温略高，降水略多，日照时数略少。全市年平均气温为6.1摄氏度，比常年高0.5摄氏度；全市年平均降水量为569毫米，比常年556.8毫米多12.2毫米；年平均日照时数为2525.8小时，比常年少5.9小时。整个农作物生长季（5月–9月）气温略高、降水略多、日照略多。

气温　年平均气温主要特征　2017年（1月–12月）气温略高，全市年平均气温为6.1摄氏度，比常年同期高0.5摄氏度，比2016年高0.3摄氏度。其中，长春市区和双阳区分别为7.1和6.4摄氏度；德惠市、农安县和九台区为5.9摄氏度，榆树市为5.3摄氏度。与常年相比，长春市区高0.9摄氏度，德惠市、双阳区、农安县和榆树市分别高0.6摄氏度、0.5摄氏度、0.4摄氏度和0.3摄氏度，九台区高0.1摄氏度。

2017年极端最高气温为34.4摄氏度，5月18日出现在农安县；极端最

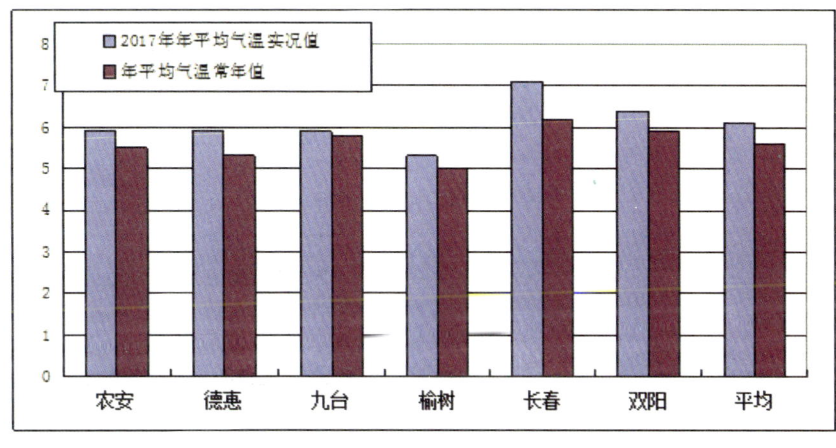

图1　2017年全市年平均气温及与常年对比柱状图（单位：摄氏度）

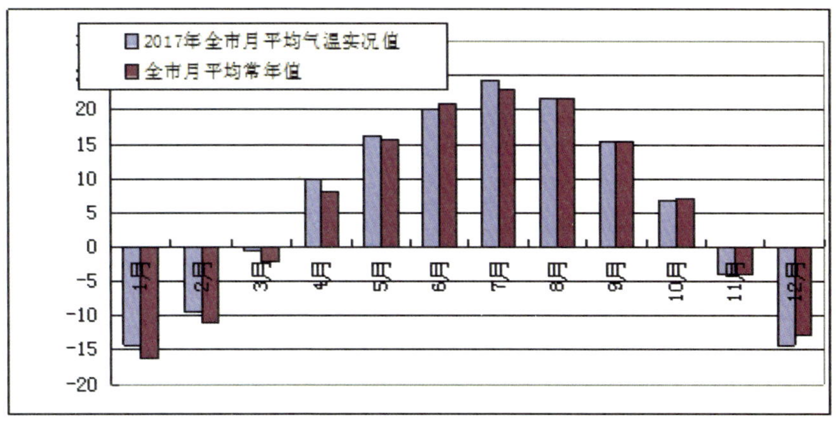

图2　2017年逐月气温变化曲线（单位：摄氏度）

低气温为-27.5摄氏度，1月23日出现在九台。

逐月温度变化如图2，气温高的月份居多。全年只有3个月份（6月、10月、12月）气温低于常年同期，其余各月高于常年同期。3月-10月全市平均气温14.2摄氏度，比常年同期高0.5摄氏度。5月-9月全市平均气温19.6摄氏度，比常年同期高0.2摄氏度。

气温季节变化特征冬季气温略高，春季偏高、夏季略高、秋季偏低。

冬季（1月、2月和12月）气温略高，全市季平均气温为-12.7摄氏度，比常年同期高0.6摄氏度。2017年1月气温偏高，全市月平均气温为-14.3摄氏度，比常年同期高1.8摄氏度；2017年2月气温偏高，全市月平均气温为-9.4摄氏度，比常年同期高1.6摄氏度；12月气温偏低，全市月平均气温为-14.3摄氏度，比常年同期低1.6摄氏度。

春季（3月-5月）气温偏高，全市季平均气温为8.5摄氏度，比常年同期高1.3摄氏度，居历史同期高温第6位。3月气温特高，全市月平均气温为-0.5摄氏度，比常年同期高1.7摄氏度；4月气温偏高，全市月平均气温为9.8摄氏度，比常年同期高1.6摄氏度，居历史同期高温第7位；5月气温略高，全市月平均气温为16.3摄氏度，比常年同期高0.7摄氏度。

夏季（6月-8月）气温略高，全市季平均气温为22.1摄氏度，比常年同期高0.1摄氏度。6月气温略低，全市月平均气温为20.2摄氏度，比常年同期低0.8摄氏度；7月气温偏高，全市月平均气温为24.3摄氏度，比常年同期高1.2摄氏度，居历史同期高温第5位；8月气温与常年持平，全市月平均气温为21.8摄氏度。

秋季（9月-11月）气温略低，全市季平均气温为6.1摄氏度，比常年同期低0.1摄氏度。9月气温与常年持平，全市月平均气温为15.5摄氏度；10月气温略低，全市月平均气温为6.7摄氏度，比常年同期低0.4摄氏度；11月气温与常年持平，全市月平均气温为-3.9摄氏度。

降水 降水量时空分布特征 2017年降水量略多，全市年（1月-12月）平均降水量为569毫米，比常年多2%，比2016年少23.3%。各地年降水量实况如图3，长春市区和双阳区年降水量为694.3毫米和660.8毫米，其他地方年降水量在508.3毫米~526毫米。与常年同期相比，长春市区偏多，多20.3%；德惠市、农安县、双阳区略多1.5%~6.4%，九台区和榆树市略少9.4%和8.9%。

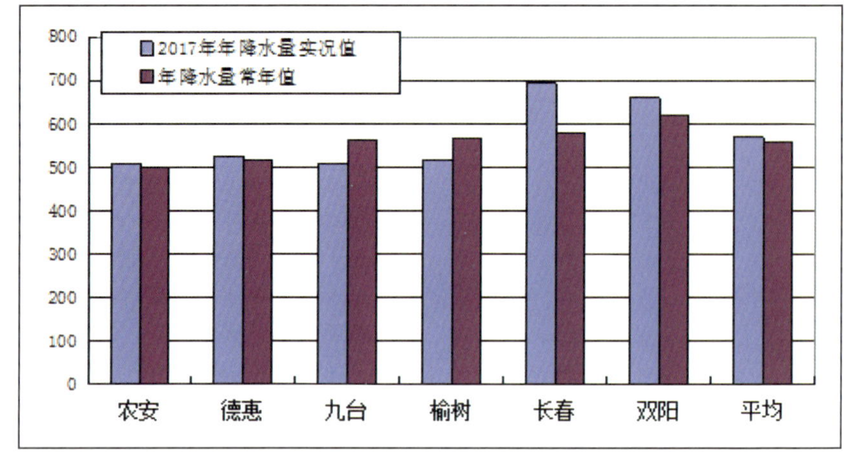

图3 2017年长春市年降水量及常年对比柱状图（单位：毫米）

逐月降水变化如图4，全年中有5个月份（1月、2月、5月、7月和8月）降水量多于常年，其余均少于常年。3月-10月全市平均降水量542.4毫米，比常年同期多2%。5月-9月全市平均降水量527.3毫米，比常年同期多12%。

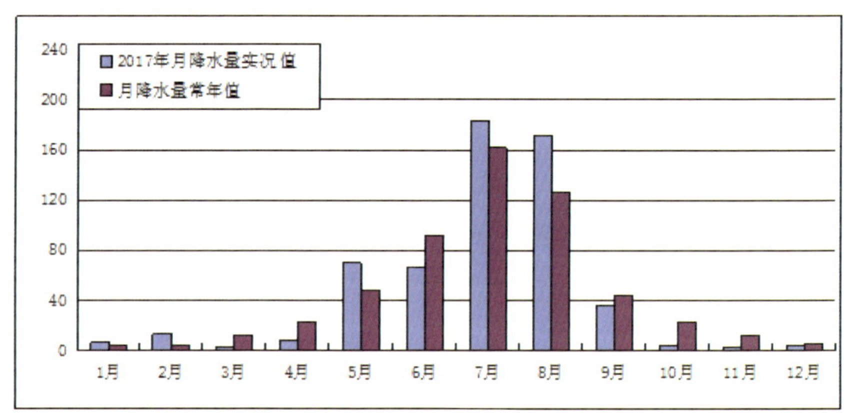

图4 2017年逐月降水量变化图（单位：毫米）

降水季节分布特征冬季降水偏多，春季降水略少，夏季降水略多，秋李降水偏少。

冬季（1月、2月和12月）降水偏多，全市平均降水量为23.2毫米，比常年同期偏多61%。1月降水偏多，全市平均降水量为6.5毫米，比常年同期多55%，居历史同期多雨（雪）的第5位。2月降水偏多，全市平均降水量为13.2毫米，比常年同期多207%，居历史同期多雨（雪）的第5位；12月降水偏少，全市平均降水量为3.5毫米，比常年同期少43%。

春季（3月-5月）降水略多。全市平均降水量80.7毫米，比常年同期少3%。3月降水偏少，全市平均降水量为3.4毫米，比常年同期少63%；4月降水偏少，全市平均降水量为7.5毫米，比常年同期少67%，居历史同期少雨的第9位；5月降水偏多，全市平均降水量为69.9毫米，比常年同期多46%。

夏季（6月-8月）降水略多，全市平均降水量421毫米，比常年同期多11%。6月降水偏少，全市平均降水量为66.8毫

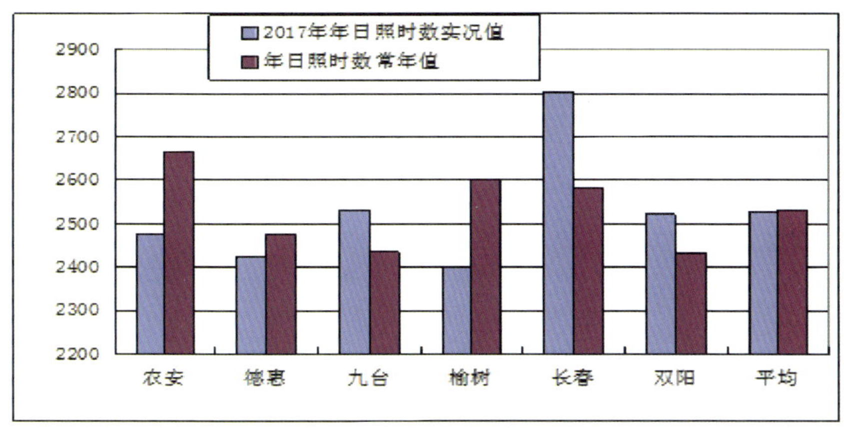

图5　2017年长春市年日照时数及常年对比柱状图（单位：小时）

米，比常年同期少27%；7月降水略多，全市平均降水量为183.3毫米，比常年同期多14%；8月降水偏多，全市平均降水量为170.9毫米，比常年同期多35%。

秋季（9月–11月）降水偏少。全市平均降水量为44.1毫米，比常年同期少45%，居历史同期少雨的第2位。9月降水略少，全市平均降水量为36.4毫米，比常年同期少18%；10月降水特少，全市平均降水量为4.3毫米，比常年同期少81%，居历史同期少雨第2位；11月降水特少，全市月平均降水量为3.4毫米，比常年同期少73%，居历史同期少雨第6位。

日照　2017年日照时数略少，长春市年平均日照时数为2525.8小时，比常年同期少5.9小时，比2016年2433.6小时多92.2小时。地域分布见图5，长春市区最多为2801.6小时，比常年多221.3小时；九台区和双阳区为2529.9小时和2521小时，分别比常年同期多95.3小时和88.9小时；其他地方年日照时数在2401.6小时–2474.8小时，与常年同期相比，少51.1小时–198.4小时。（3月–10月）全市平均日照时数1882.3小时，比常年同期多40小时。农作物生长季（5月–9月）全市平均日照时数1233.1小时，比常年同期多57.3小时。

霜　2017年全市终霜结束时间差异较大，长春市区和双阳区最早4月22日，九台区5月2日，其他地方5月9日。与常年同期相比，长春市区和双阳区早9天，九台区早2天，其他地方晚8天~9天。全市初霜日略晚，为9月27日，与常年同期相比，比常年同期晚2天~6天。全市无霜期平均为148天，与常年同期相比，长春市区和双阳区比常年多11天，九台区多7天，其他地方常年少3天~5天。

【主要气象灾害】　**暴雨**　2017年全市出现9次站次暴雨，6月20日德惠出现暴雨，降水量50.1毫米；7月13日九台出现暴雨，降水量53.9毫米；7月14日双阳出现暴雨，降水量59.4毫米；7月14日双阳出现暴雨，降水量59.4毫米；7月16日长春市区出现暴雨，降水量64.7毫米；7月20日双阳区出现暴雨，降水量70毫米；8月3日长春市区和农安县出现暴雨，降水量77.2毫米和63.2毫米；8月10日双阳区出现暴雨，降水量51.5毫米；8月12日长春市区出现暴雨，降水量64.3毫米。

冰雹　2017年冰雹4站次。其中，榆树市和双阳区各1次、长春市区2次。

寒潮　2017年全市寒潮天气过程频繁，降温幅度大。全市出现寒潮33站次。其中有4次区域性寒潮，分别为2月17日、10月2、10月29日和11月29日。

大风天气　2017年度全市出现大风119站次，比常年偏多。其中九台13次、长春市区和双阳区各16次、榆树市22次、农安县25次、德惠市27次。

大雾2017年出现大雾天气15站次。其中，德惠市1次、九台区2次、农安县3次、双阳区4次、榆树市5次。

（梁衍波）

行政区划

【行政建置】　截至2017年年底，长春市辖朝阳、南关、宽城、绿园、二道、双阳、九台7个区（含长春经济技术开发区长春净月高新技术产业开发区、长春新区、长春汽车经济技术开发区、长春莲花山生态旅游度假区5个开发区）；榆树市、德惠市、农安县由省直辖。辖87个街道，30个乡，57个镇。

【地名管理】　按照国务院《地名管理条例》《吉林省地名管理条例》，民政部《地名管理条例实施细则》《长春市地名管理条例》对地名工作进行管理。

（李　硕）

2017年长春市行政区划统计表

县(市)区名称	街道数（个）	镇数（个）	乡数（个）
朝阳区	10	2	1
宽城区	12	5	1
南关区	16	3	1
二道区	9	3	1
绿园区	9	3	
双阳区	4	3	1

续表

九台区	15	4	2
榆树市	4	15	9
德惠市	4	10	4
农安县	4	11	10
合 计	87	57	30

2017年长春市区（市）、县、街道、镇（乡）区划一览表

朝阳区（街10镇2乡1）	湖西街道　重庆街道　红旗街道　清和街道　永昌街道　南湖街道　桂林街道　前进街道　富锋街道永春镇　乐山镇　硅谷街道（高新代管）　双德乡（高新代管）
宽城区（街12镇5乡1）	新发街道　南广街道　东广街道　站前街道　柳影街道　群英街道　凯旋街道　团山街道　兴业街道　欣园街道　兰家镇　兴隆山镇（经开代管）　合隆镇（农安代管）　米沙子镇（德惠代管）　万宝镇（德惠代管）　奋进乡（高新代管）　北湖街道（高新代管）　长德街道（高新代管）
南关区（街16镇3乡1）	新春街道　长通街道　南岭街道　永吉街道　曙光街道　全安街道　民康街道　自强街道　桃源街道鸿城街道　明珠街道　富裕街道　幸福乡永兴街道（净月代管）　净月街道（净月代管）　临河街道（经开代管）　玉潭镇（净月代管）　新立城镇（净月代管）　新湖镇（净月代管）　会展街道（经开代管）
二道区（街9镇3乡1）	八里堡街道　远达街道　东站街道　东盛街道　吉林街道　荣光街道　东方广场街道（经开代管）　长青街道　英俊镇　泉眼镇（莲花山代管）　劝农山镇（莲花山代管）　四家乡（莲花山代管）　世纪街道（经开代管）
绿园区（街9镇3）	铁西街道　普阳街道　青年路街道　春城街道　正阳街道　林园街道　同心街道　合心镇　西新镇　城西镇　锦程街道（汽开代管）　东风街道（汽开代管）
双阳区（街4镇3乡1）	平湖街道　云山街道　奢岭街道　山河街道　太平镇　鹿乡镇　齐家镇　双营子回族乡
九台区（街15镇2乡2）	九台街道　九郊街道　营城街道　西营城街道　土们岭街道　苇子沟街道　兴隆街道　波泥河街道　纪家街道　卡伦湖街道　东湖街道　龙嘉街道　沐石河街道　城子街街道　兴港街道（长春新区代管）　上河湾镇　其塔木镇　胡家回族乡　莽卡满族乡
榆树市（街4镇15乡9）	正阳街道　培英街道　华昌街道　城郊街道　八号镇　大坡镇　弓棚镇　刘家镇　五棵树镇　闵家镇　黑林镇　保寿镇　秀水镇　新立镇　土桥镇　大岭镇　新庄镇　于家镇　泗河镇　育民乡　红星乡　太安乡　先锋乡　青山乡　延河朝鲜族乡　恩育乡　城发乡　环城乡
德惠市（街4镇10乡4）	胜利街道　建设街道　惠发街道　夏家店街道　郭家镇　天台镇　大房身镇　菜园子镇　松花江镇　布海镇　大青嘴镇　朱城子镇　达家沟镇　岔路口镇　朝阳乡　五台乡　同太乡　边岗乡
农安县（街4镇11乡10）	农安镇　伏龙泉镇　高家店镇　哈拉海镇　开安镇　烧锅镇　靠山镇　华家镇　巴吉垒镇　三盛玉镇　三岗镇　杨树林乡　万顺乡　龙王乡　黄鱼圈乡永安乡　前岗乡　青山口乡　新农乡　小城子乡　万金塔乡　兴农街道　宝塔街道　和谐街道　黄龙街道

人口情况

【总人口及分布情况】 截至2017年年底，长春市有2790085户，7489211人。其中，男性人口3757854人，占人口总数的50.2%；女性人口3731357人，占人口总数的49.8%。市区（南关区、宽城区、朝阳区、二道区、绿园区、双阳区、九台市）人口为4383080人，占全市总人口数的58.5%；县（市）（农安县、榆树市、德惠市）人口为3106131人，占全市总人口数的41.5%。总人口数比2016年减少45073人，增长率为-6.0‰，增长率比2016年下降5.5‰。长春市人口占吉林省总人口数的28.6%。

2017年长春市人口增长及分布情况统计表

单位：人

区、县（市）	2016年末总人口	2017年末总人口	增加人口	增长率‰
全市	7534284	7489211	-45073	-6.0
市辖区	4377882	4383080	5198	1.2
南关区	710364	724736	14372	19.8
宽城区	645916	645461	-455	-0.7
朝阳区	724202	735548	11346	15.4
二道区	576456	577568	1112	1.9
绿园区	660552	657664	-2888	-4.4
双阳区	375579	368245	-7334	-19.9
九台区	684813	673858	-10955	-16.3
农安县	1079889	1061611	-18278	-17.2
榆树市	1254681	1235797	-18884	-15.3
德惠市	821832	808723	-13109	-16.2

【人口自然变动】 2017年，全市出生64711人，出生率为8.61‰，比2016年上升0.37‰。市区出生44897人，出生率为10.25‰，比2016年上升0.33‰。平均每天出生177人；全年死亡112715人（含历年死亡未注销户口人员78444人，实际2017年死亡34271人），死亡率为15.01‰，比2016年上升11.12‰，实际2017年死亡率为4.56‰，比2016年上升0.67‰。市区死亡54595人，死亡率为12.46‰，比2016年上升7.31‰。实际2017年平均每天死亡94人。全市自然负增长48004人，负增长率为6.39‰，比2016年下降10.75‰，市区自然负增长9698人，负增长率为2.21‰，比2016年下降6.98‰。

2017年长春市人口自然变动情况统计表

单位：人

区、县（市）	出生人口		死亡人口		自然增长人口	
	人数	出生率‰	人数	死亡率‰	人数	增长率‰
全市	64711	8.61	112715	15.01	-48004	-6.39
市辖区	44897	10.25	54595	12.46	-9698	-2.21
南关区	9207	12.83	6345	8.84	2862	3.99
宽城区	6420	9.94	8239	12.76	-1819	-2.82
朝阳区	8639	11.84	5840	8.00	2799	3.83
二道区	6509	11.28	7203	12.48	-694	-1.20
绿园区	7249	11.00	6228	9.45	1021	1.55
双阳区	2495	6.71	8067	21.69	-5572	-14.98
九台区	4378	6.44	12673	18.65	-8295	-12.21
农安县	7117	6.65	21474	20.06	-14357	-13.41
榆树市	7370	5.92	20831	16.73	-13461	-10.81
德惠市	5327	6.53	15815	19.40	-10488	-12.86

【人口机械变动】 2017年，全市迁入人口53724人，迁入率为7.17‰；迁出人口50793人，迁出率为6.78‰；机械增长人口增长2931人，增长率为0.39‰，比2016年上升4.50‰。其中，市区的双阳区、九台区；县（市）的农安县、榆树市、德惠市均出现迁出人口高于迁入人口，呈现负增长情况。

2017年长春市人口机械变动情况统计表

单位：人

区、县（市）	迁入人口		迁出人口		机械增长人口	
	人数	迁入率‰	人数	迁出率‰	人数	增长率‰
全市	53724	7.17	50793	6.78	2931	0.39
市辖区	47903	10.93	33065	7.54	14838	3.39
南关区	12690	17.51	7162	9.88	5528	7.63
宽城区	7131	11.05	3252	5.04	3879	6.01
朝阳区	11312	15.38	8561	11.64	2751	3.74
二道区	6714	11.62	4437	7.68	2277	3.94
绿园区	7798	11.86	4162	6.33	3636	5.53
双阳区	858	2.33	1459	3.96	-601	-1.63
九台区	1400	2.08	4032	5.98	-2632	-3.91
农安县	2016	1.90	5905	5.56	-3889	-3.66
榆树市	2152	1.74	7575	6.13	-5423	-4.39
德惠市	1653	2.04	4248	5.25	-2595	-3.21

【人口结构】 2017年，在性别比例上，以女性人口为100，全市性别比例100.7，与2016年相比下降0.4%。在乡村人口与城镇人口的构成上，全市有城镇人口3690335人，占总人口的49.3%，与2016年上升0.5%；有乡村人口3854031人，占总人口的50.7%，与2016年比下降0.5%。县（市）城镇人口德惠（市）略高为18.5%，比2016年下降0.1%；榆树略低为18.1%，与2016年比持平。

2017年长春市人口结构情况统计表

单位：人

区、县（市）	总人口数	性别		性别比例	城镇人口与乡村人口		
		男性人口	女性人口	（女性人口为100）	城镇人口	乡村人口	城镇人口比重%
全市	7489211	3757854	3731357	100.7	3690335	3798876	49.3
市辖区	4383080	2170463	2212617	98.1	3122039	1261041	71.2
南关区	724736	352148	372588	94.5	666440	58296	92.0
宽城区	645461	319915	325546	98.3	426251	219210	66.0
朝阳区	735548	357613	377935	94.6	690779	44769	93.9
二道区	577568	285100	292468	97.5	428040	149528	74.1
绿园区	657664	325532	332132	98.0	618697	38967	94.1
双阳区	368245	186373	181872	102.5	98604	269641	26.8
九台区	673858	343782	330076	104.2	193228	480630	28.7
农安县	1061611	543940	517671	105.1	195068	866543	18.4
榆树市	1235797	632745	603052	104.9	223304	1012493	18.1
德惠市	808723	410706	398017	103.2	149924	658799	18.5

（孟令彦）

【民族】 2017年，长春市有51个少数民族，少数民族常住人口32.8万，占全市总人口的4.3%，少数民族流动人口5.6万人。有满族、回族、朝鲜族、蒙古族、锡伯族5个世居少数民族。其中，满族19.7万人，占60%；朝鲜族5.5万人，占16.7%；回族5万人，占15.2%；蒙古族1.8万人，占5%；锡伯族1498人，占0.4%。有4个民族乡，双阳区双营子回族乡、九台区胡家回族乡、九台区莽卡满族乡、榆树市延和朝鲜族乡。43个少数民族聚居村。有长春市朝鲜族老年协会等7个市级少数民族社团；有皓月集团、老韩头等7家少数民族特需商品定点生产企业；市级朝鲜族群众艺术馆1所；乡级少数民族文化站4所。民族中小学12所；民族医院1所，民族乡医院4所。

（周文庆）

国民经济和社会发展

【概况】 2017年，实现地区生产总值6530亿元，按可比价格计算，比2016年增长8%。分季度看，一季度增长7.9%，上半年增长8%，前3季度增长8%，全年增长8%。分产业看，第一产业增加值315.1亿元，增长3.8%；第二产业增加值3175.2亿元，增长7.5%；第三产业增加值3039.7亿元，增长9%。全市实现社会消费品零售总额2922.8亿元，增长10.3%，比2016年加快0.5个百分点。其中，限额以上零售额1284.6亿元，增长10.5%，排名前30户批发零售企业零售额增长12.6%，增幅高于全市平均水平2.3个百分点。实现进出口总额952.5亿元，增长1.9%，比2016年加快0.5个百分点。其中，进口822.7亿元，增长1.8%；出口129.8亿元，增长2.8%。实际利用外资74.2亿元，增长14.2%。

【农业】 2017年，全市粮食播种面积124.5万公顷，粮食总产量993.1万吨，比2016年增加4.7万吨，增长0.5%，再创历史新高。猪牛羊禽肉产量113.2万吨，比2016年增长0.1%。其中，猪肉产量51.5万吨，增长0.7%；牛肉产量16.9万吨，下降1.0%；羊肉产量0.5万吨，下降9.2%；禽肉产量43.1万吨，增长0.6%。

【工业】 2017年，长春市实现规模以上工业增加值2654.6亿元，增长9%，比2016年提高0.7个百分点。分经济类型看，轻工业实现增加值421.1亿元，增长7.5%；重工业实现增加值2233.4亿元，增长9.3%；民营工业实现增加值588.1亿元，增长12.4%。分3大门类看，采矿业实现增加值37.4亿元，下降15.4%；制造业实现增加值2460.7亿元，增长9.7%；电力燃气及水的生产和供应业实现增加值156.4亿元，增长5%。7大重点行业实现增加值2493.9亿元，增长8.8%。其中，汽车工业增长10.7%，食品工业增长4.5%，装备制造业增长9.2%，医药工业增长19%，电子工业增长15.3%，建材工业增长3%，能源工业下降1.6%。地方工业加速成长，实现增加值1061.1亿元，增长10.3%，高于全市工业1.3个百分点，中小微企业实现增加值857.8亿元，增长9.5%。

【服务业】 2017年，服务业增加值3039.7亿元，增长9%，增速高于GDP 1个百分点，占GDP比重达46.6%，比2016年提高1.4个百分点，服务业对经济增长的贡献率达50.2%。分季度看，一季度增长9%，上半年增长9.6%，前3季度增长8.9%，增长9%。其中，批发和零售业增加值增长6.4%，交通运输、仓储及邮政业增长7.1%，住宿和餐饮业增长6%，金融业增长2.3%，房地产业增长6.5%，其他服务业增长12.6%。1月–11月，全市规模以上重点服务业企业营业收入增长33.2%。其中，互联网和相关服务增长142.8%，商务服务业增长28.8%，软件和信息技术服务业增长36.3%。

【项目建设】 长春市完成固定资产投资（不含农户）5194.8亿元，增长11.5%，比2016年提高1.5个百分点。其中，工业投资2537.8亿元，增长9.9%；服务业投资2613.7亿元，增长12.8%。房地产开发完成投资573.8亿元，下降3.8%。商品房销售面积1147.2万平方米，增长12.7%。2017年完成项目投资4621.1亿元，增长13.8%。亿元以上项目1084个，比2016年同期增加100个，百亿元项目达7个，增加1个。

【经济运行】 全社会用电量完成224.8亿千瓦时，增长7.2%。其中，工业用电量119.2亿千瓦时，增长7.7%；服务业用电量60.1亿千瓦时，增长8%。12月份，全市CPI上涨1.5%，全年CPI上涨1.3%。2017年，规模以上工业企业主营业务收入实现10551.9亿元，增长10.4%，连续12个月保持2位数增长，增速比2016年加快2个百分点。利润总额实现772亿元，增长3.8%，增速比2016年加快2.5个百分点。钢铁、水泥等产能持续下降，全市水泥产量下降15.9%。规模以上工业企业每百元主营业务收入中的成本为82.69元，比2016年减少0.75元。

【货币信贷】 全市地方级财政收入450.1亿元，增长8.3%，增速比2016年加快1.3个百分点。其中，税收收入340.1亿元，增长9.8%；非税收入109.9亿元，增长4.1%。财政支出完成875.7亿元，增长13.6%。2017年金融机构人民币存款余额11467.6亿元，比年初增长3.9%；贷款余额10341.9亿元，增长4.2%。

（黄思念）

精神文明建设

【全国文明城市创建】 6月5日，召开全市深化全国文明城市创建工作推进大会，省委常委、市委书记、市文明委主任王君正提出要做到“六个坚持”，把深化文明城市创建的过程，变成增强群众幸福感、获得感的过程，把长春建成“本地人自豪、外地人向往”的幸福城市。7月，聘请专业调查机构对长春市创建全国文明城市工作进行模拟测评，测评项目52个、点位1260个，发放调查问卷400张，查找出创建薄弱环节12处。8月1日，市委召开常委会专题研究全国文明城市创建工作，提出争创全国文明城市“三连冠”工作目标。9月20日，召开市文明委成员单位联席会议，落实创建责任。5月23日，在市委党校举办“长春市精神文明建设教育基地”揭牌仪式，精神文明建设作为必修课正式走进党校（行政学院）教学课程。8月，中央文明委副主任郭金龙、中央文明办专职副主任夏伟东视察长春市全国文明城市创建工作。6月23日，市委常委、副市长、市文明委副主任张敬安代表长春市在吉林省创建全国文明城市经验交流会上作经验介绍，长春市的创建模式在全省推广。

【公民思想道德建设】 联合市财政局、市人社局、市教育局、工青妇等11家部门，制定出台《长春好人评选管理暂行办法》，好人评选走上制度化规范化。评选表彰长春好人200名、长春好人标兵20名，有32人获吉林省好人称号、6人获吉林省好人标兵称号，3人获吉林省道德模范称号，黄大年获全国道德模范称号，孙德波、朱丽红被评为全国道德模范提名奖。开展好人关爱行动，组织10位长春好人标兵前往杭州G20会议所在地参观疗养，联合爱心企业为100名长春好人免费体检，分别为每位长春好人、长春好人标兵、长春道德模范发放500元、1000元和1万元现金奖励。春节前夕，对50位生活困难的道德模范进行慰问。在市直媒体开设专题专栏宣传好人事迹，长春电视台每季度举办一次“好人发布厅”活动，放大好人效应。联合长春广播电台举办长春市首届“网红”大赛，倡导社会主义核心价值观，传播社会正能量。5月17日，召开全市志愿服务联合会大会，选举产生长春市联合会组织领导机构，制定下发《关于推进志愿服务制度化的实施意见》《关于支持和发展志愿服务组织的实施意见》《关于公共文化设施开展学雷锋志愿服务的实施意见》，提升志愿服务水平。

【创建群众性精神文明活动】 创建指挥网络体系和监督包保网格体系组成的“双网联动”文明城市创建模式。把全市划分成3000多个网格，每个网格设一名网格长巡查创建工作，发现问题通过信息平台上报，由市、区两级管理部门加以解决，形成“快速发现、快速上报、快速受理、快速解决、快速反馈”的问题发现处理流程。开发VI视觉识别系统，推出文明小卫士、文明城市基础字、标准色等一系列完整、系统的视觉表达体系，设计以“看见长春、看见文明、看见未来”为主题，“七个每一次”为主要内容的公益广告作品，实现文明城市创建和城市形象提升的深度结合。在主次干道、主要商业街、社区、灯杆广告、工地围挡、LED等刊播公益广告6000余块，营造公益广告宣传氛围。依托“文明新长春”微信订阅号研发文明创建互动平台，设计推出市民乐于参与的活动项目，激发市民参与文明城市创建热情，提高创城的知晓率、支持率、参与率。设计研发长春市精神文明建设云平台，对文明城市、文明村镇、文明单位、文明校园等8大创建项目实行动态管理，提高先进集体创建工作水平。全市有9个村镇获评全国文明村镇，13个单位获评全国文明单位。开展“共筑爱心网，建好幸福城”公益活动，命名市级“爱心驿站”100个，各类爱心小屋3000余个，举办各类捐助、关爱活动10余场。联合相关部门开展“最美网格长春”“最美老人”评选活动。获得吉林省农村文化建设专项扶持奖金，有20个贫困村获得省文明办200万元农村文化小广场建设资金。

【未成年人思想道德建设】 围绕立德树人，以构建学校、社会、家庭“三位一体”思想道德建设工作格局为目标，大力实施未成年人思想道德建设“十大工程”，推动社会主义核心价值观、中华优秀传统文化传承等重点工作落地落实。“十大工程”有效整合国家、省、市未成年人思想道德建设工作要求，结合未成年人思想道德建设工作实际进行的有益尝试，活动得到全市各级响应，未成年人思想道德建设工作取得进展。全国人大常委会原副委员长、中国关工委主任顾秀莲在考察长春市解放大路小学社会主义核心观建设后，给予认可。开展文明校园创建活动，开展中华传统美德教育、礼仪礼节教育、诚信教育、节俭教育等，7所校园获评全国文明校园。建好用好乡村学校少年宫，18所乡村学校少年宫获得10万专项彩票公益金支持，已经建成的乡村学校少年宫获得运转补助338万元。在长春广播电视台开办“成长空间”栏目，邀请教育界、心理学界专家走进直播间，拓展未成年人思想教育新领域。10月24日，长春市“整合社会力量注重‘五法并举’扎实推进未成年人心理健康教育”经验在全国未成年人思想道德建设工作培训会上推广。

（吴　军）

中国共产党长春市委员会

重点工作

【经济发展】 2017年，GDP首次突破6500亿元大关，增长8%左右，创4年来最好水平；固定资产投资增长11.5%，落实亿元以上项目1300个，投资主要流向新经济、新产业、新业态；社会消费品零售总额完成2922.8亿元，增长10.3%，发挥消费对经济增长的基础性作用；地方财政收入完成450亿元，增长8.0%，增加占全省比重；工业用电量预计增长7.7%，服务业用电量增长7.9%以上，工业用地出让量增长翻番，增强先行性指标和经济主要指标的协调度。长春市主动应对区域下行压力，实现量质并进，提升在全省经济首位度，在东北4市位居前列，在15个副省级城市中实现争先进位。加快经济结构调整和发展方式转变步伐。优化一产，加快创建全国绿色有机农业示范市，发展特色农业、健康养殖业、农产品加工业，都市休闲农业、壮大农村电商等新产业；抓牢二产，“中国制造2025”试点示范城市建设正式启动，以长春为核心的吉林中部成功入选国家首批12个产业转型升级示范区，全市规模以上工业总产值突破1万亿元，增长10.7%，是新兴产业、地方工业、民营工业、中小微企业增长势头强劲，增强工业经济的稳定性和可持续性；努力提升三产，推进“十三五”国家服务业综合改革试点工作，服务业增速持续高于一产、二产，对经济增长贡献率超过50%，全市3次产业融合发展势头良好，产业结构不断优化。立足开发区、城区、县域战略定位，推进区域协调发展。城区现代服务业集聚效应突出，新增商业商务面积近400万平方米，一批大型城市商业综合体投入使用，省级服务业集聚区24个，占全省总数一半以上，超过4000户企业入驻；开发区改革创新步伐加快，“排头兵”作用凸显，“长春新区”基本实现2年成规模奋斗目标；县域经济特色发展，新型城镇化综合试点稳步实施，推进新农村建设，县域主要经济指标增速持续高于全市平均水平，成为重要的经济增长值。

【改革开放创新】 完成改革任务116项，统筹推进农村综合改革、群团改革、司法体制改革、医药卫生改革、民营经济综合配套改革、财税体制改革、政府投融资体制改革、市属国有企业改革、文化执法改革、出租车改革等重点领域改革，长春市获批民营经济发展改革示范城市等一批国家级试点和示范区，朝阳区“三盟五联”、宽城区“三社联动”城市基层管理改革得到上级肯定。优化投资营商环境，在“一门式、一张网”政务服务综合改革1.0版主体任务基本完成基础上，全面推开“N证联办”“一网管审批”等2.0版新模式，行政效能提升。全市新登记市场主体和民营企业户数均增长20%以上，长春市金融控股集团有限公司挂牌成立，东北地区首个国家级人力资源产业园、首家民营银行、首个知识产权信息“三权合一”大数据平台相继落位长春，改革力度和成效不断展现。加快国家创新型城市建设，实施创新驱动发展战略，抓好产学研协同创新机制示范点建设，推动长春科教资源优势向现实生产力转化。科技创新平台打造取得实质性进展，长春科技大市场技术合同成交额超过200亿元，比2016年接近翻一番，在15个副省级城市中的排名由第14位上升到第8位，长春市成为全国技术交易活跃区。全市认定国家级高新技术企业197户、科技型“小巨人”企业261户，分别是2016年的2.7倍和3.9倍，两类企业超过1000户。“双创”工作成效显著，长春新区等4家单位被国务院批准为第二批国家“双创”示范基地，摆渡创新工场和九台大学生创业园被评为全国创业孵化示范基地，在全省4家全国示范基地中，长春市3家，通过国家创新型试点城市评估专家组验收，创新已成为引领全市振兴发展的新引擎。融入“一带一路”建设，“长满欧”运量实现爆发式增长，辐射范围、服务内容均列东线中欧班列之首；长春铁路综合货场、长春国际港正式运营，中欧班列（长春至汉堡）实现首发，延伸对外开放通道；冰鲜水产品口岸通过国家质检总局验收，成为吉林省内陆地区首个进口冰鲜水产品口岸；完成东北地区首单跨境电商保税备货进口业务，开创东北地区先河。

拓展对内对外合作，壮大中德、中白、中古等国际合作产业园区，津长产业合作园、津长双创示范基地等对口合作项目取得进展。举办农博会、汽博会、东北亚博览会等重大节庆会展活动，美国、英国、欧盟等7国大使相继访问长春市，28个国家46家华人媒体集中采访报道长春市经济社会发展成果，长春市获年度“中国会展名城”，提高对外影响力和知名度。

【城市建设】 建设东北亚区域性中心城市，科学规划城市空间布局，推进城市设计、城市总体规划、“多规合一”空间规划3项国家改革试点工作，城乡规划展览馆正式向社会开放，《长春市土地利用总体规划（2006–2020）》调整全部完成，增强规划的战略引领和刚性控制作用，优化城市空间和生产力布局。实施新区建设和旧城改造提升“双核带动”战略，旧城改造提升工程2年基本完成，316个老旧片区、600条街路、20个商圈得到综合改造，老城区面貌得到改善；发展城市公共交通，推进“公交都市”示范城市创建，公共立体停车场建设取得进展，地铁1号线正式投入运营，2号线顺利推进，长春步入立体交通时代；一批城市道路基础设施新建工程、提升工程、微循环改善工程全面启动，地下综合管廊建设提前完成任务，群众生产生活环境明显改善。提高城市发展的宜居性。把握生活空间和生态空间的内在联系，推进伊通河治理“一号工程”，中段主体工程基本完工，南溪湿地公园实现开园，建成区黑臭水体基本消除，配合中央环保督察工作，办结交办案件3441件，办结率91.5%；以落实“河长制”为重点的水生态治理进展顺利，大气污染治理取得阶段性成果，土壤污染防治工作取得进展，城市生态环境改善，“美丽长春”形象初步显现。注重提高城市发展的持续性。依靠改革、科技、文化三轮，增强城市可持续发展能力。以延续城市历史文脉为重点，推进汽车博览馆建设，举办冰雪旅游节和消夏节，长春市获批国家历史文化名城，蝉联全国“最佳避暑旅游城市”，雕塑公园获批AAAAA级旅游景区，雕塑文化融入城市大街小巷；深化城市管理体制改革，开展“走遍长春”城市精细化管理专项行动，“下沉式”城市治理模式全面铺开，智慧城市建设步伐加快。

【幸福长春建设】 完成“建设幸福长春行动计划”确定的100件民生实事，长春第10次获评“中国最具幸福感城市”，人民群众获得感和满意度显著提升。开展脱贫攻坚，制定《长春市2017年脱贫攻坚工作要点》，推进“单位包村、干部包户、党员参与帮扶”“走遍贫困村、访遍贫困户”等系列活动，构建行业扶贫、专项扶贫、社会扶贫相结合的“三位一体”扶贫工作格局。抓好省委巡视组反馈的扶贫领域4大方面15类问题整改工作，把巡视整改作为检验脱贫攻坚成效、推动任务落实的有效手段。2.7万贫困人口实现脱贫，124个贫困村脱贫出列。扩大增收就业，实施城乡居民增收“暖流计划”，惠及城乡居民893万人次，为城乡低收入群体增收40多亿元，加大就业创业力度，实施高校毕业生就业创业“梦想起航”行动计划、就业创业精准援助计划，开发就业岗位近14万个，城镇登记失业率控制在4%以内。解决拖欠农民工工资问题，在全市推行农民工工资“精准支付行动”，形成长春特色经验，被《人民日报》刊载。社会事业蓬勃发展，统筹推进教育、文化、医疗、体育、住房以及养老、社会救助等各项民生事业，全域通过义务教育均衡发展国家级验收，“蓓蕾计划”让20万名小学生受益；把握意识形态主动权，推进社会主义核心价值观建设，推动文化繁荣发展，推进国家文化消费试点城市建设，举办首届长春国际马拉松，实现“国家文明城市”“国家卫生城市”三连冠；51家城市公立医院全部取消药品加成；完成棚户区改造7644套，161个老旧小区旧貌换新颜；国家食品安全示范城市创建工作推进，老百姓舌尖上的安全更有保障。

【民主法治建设】 支持政协依照章程履行政治协商、民主监督和参政议政职能。发挥各民主党派、工商联、无党派人士服务发展的独特优势，做好民族宗教工作。推进群团改革工作，工会、共青团、妇联等群团组织的职能。加强国防动员和后备力量建设，军民融合发展开创新局面，巩固全国双拥模范城“八连冠”成果。法治政府建设取得明显成效，“七五”普法工作全面推进，开展“法治宣传月”“百姓法律大讲堂”等法治宣传主题活动，举办第二十九届全国副省级城市法治论坛。开展“打击网络电信诈骗行为、净化未成年人文化环境、严厉整治各类非法小广告”等法治建设10件实事，全社会尊法、学法、守法、用法的良好法治氛围更加浓厚。围绕创建国家安全发展示范城市，推进社会治理模式创新，社会治理的网格化、信息化、社会化、精细化、法治化水平不断提升。社会稳定风险评估、突发事件应急处置、涉法涉诉案件化解等机制完善。“平安长春”建设取得进展，推进安全生产领域改革和安全发展示范城市创建工作，长春市安全生产形势总体保持稳定，食品药品安全形势持续向好，以科技强警和公安信息化建设为支撑的社会治安防控体系完善，信访维稳工作成效显著。

【党的建设】 推进“两学一做”学习教育常态化制度化，在全市党员干部中开展“做表率、当先锋”行动，在全市领导干部中开展争做“六个表率”行动，使全市各级党组织、广大干部和党员的先锋行动遍布整个春城；加强领导班子和干部队伍建设，改进干部考核评价办法，实行季度跟踪考核和通报约谈，从严干部管理监督，围绕服务全市大局对领导干部进行系统化、多元化培训，全面提高干部专业化能力，实施“人才强市”战略，出台“20条人才新政”，实施全市招才引智“万人计划”，人才管理改革试验区建设，为老工业基地振兴发展强化人才支撑；推动各领域党组织建设整体跃升，在农村开展创建“五星级党组织”，城市开展创建“精品示范社区”，非公企业和社会组织实施“助力工程”，国有企业开展“五强一创”，机关开展“两锋（风）行动”，实现“品牌化”升级，对全市146名贫困村党组织书记和第一书记、社区书记进行轮训培训，面向社会选聘非公和社会组织党组织书记，村级“一站式”服务群众平台实现全覆盖，在商圈、楼宇、市场等建立党建指导服务站，做好中央巡视组巡视“回头看”反馈意见整改工作，围绕全市重点工程和扶贫领域执纪监督开展专项巡察，开展扶贫领域、软环境、群众身边的腐败问题和“村霸”3项整治行动，开展电视问政活动，真正让基层群众感受到反腐倡廉的实际成果。

【中共长春市委十三届二次全体会议】中国共产党长春市第十三届委员会第二次全体会议于2017年7月25日召开。会议听取并审议中共吉林省委常委、长春市委书记王君正受市委常委会委托所作的工作报告，审议通过《中共长春市委十三届二次全体会议决议》。会议总结分析长春市2017年上半年工作，全面客观分析研判经济社会发展形势，对学习贯彻习近平总书记系列重要讲话精神和治国理政新理念新思想新战略，强化“四个意识”，践行“五大发展”理念，坚持以“五位一体”总体布局和“四个全面”战略布局为统领，贯彻习近平总书记视察吉林重要讲话精神，落实省第十一次党代会、市第十三次党代会安排部署，迎接党的十九大胜利召开作出安排部署。围绕建设东北亚区域性中心城市的发展定位，做好下半年经济社会发展各项工作，开创长春发展新境界。

【中共长春市委十三届三次全体会议】中国共产党长春市第十三届委员会第三次全体会议于2017年11月28日举行。会议听取并审议中共吉林省委常委、长春市委书记王君正受市委常委会委托所作的工作报告，审议通过《中共长春市委十三届三次全体会议决议》。会议全面总结长春市2017年各项工作，分析当前经济社会发展形势，围绕贯彻落实决胜全面建成小康社会、开启全面建设社会主义现代化国家新征程的系统部署，提出全面建成小康社会、加快老工业基地全面振兴发展、建设东北亚区域性中心城市等事关全局的重大战略安排。会议对学习贯彻落实党的十九大精神和省委十一届二次全会精神作出部署要求，并审议通过《中共长春市委关于深入学习贯彻落实党的十九大精神，加快长春老工业基地全面振兴发展的意见（草案）》。

（陈广鸿）

组 织

【干部培训】 全市举办各类培训班次1792期，培训干部17.4万人次。强化培训教育精准化。构建“五位一体”培训格局，探索专业化培训模式，打造研修培训品牌，建立“1+10”网络培训架构，提高干部教育培训针对性、实效性。

【“两学一做”常态化制度化】 推进“两学一做”学习教育常态化制度化，创新学习方式、拓展实践载体、解决实际问题。组织实施十八届六中全会、党的十九大精神2轮集中轮训，在第一时间用中央最新精神统一干部思想、凝聚发展共识。坚持在“做”上深化拓展。开展“做表率、当先锋”行动，实施社区工作日、一线工作日、双岗双责“三项制度”，开展基层党组织和党员“五个先锋群体”创建活动，推进基层党组织“六双”先锋行动，全市各级党员领导干部到基层现场办公7600余次，解决问题10469个，1392名“双岗双责”干部到400余个社区认领服务岗位2604个，党员干部的先锋行动遍布整个春城，助推重大项目、重点工程、重点工作、重要事项有效落实。

【干部监管】 创新考核机制。制定《关于在市管领导班子和领导干部中开展年度目标业绩综合考评工作方案》，实行季度跟踪考核和通报约谈，变结果管理为过程监督、静态掌握为动态跟踪、事后评价为及时纠偏，分季度动态掌握干部敢于担当、主动作为情况和日常工作实绩。全年约谈干部49人次，激发干部“有为”的动力、强化对干部“不为”的约束，激励干部以“跳起来摘桃子的精神”干事创业，营造“凭能力用干部、以实绩论英雄”的浓厚氛围。从严干部监督。制定《党政领导干部谈心谈话暂行办法》，常态化实行“双向谈话”机制，明确组织约谈干部、干部约谈领导的具体情形和操作程序。实行领导班子分片联系制度，干部处室人员相对固定联系地方、单位，通过列席重要会议、参加重大活动等方式，了解班子建设情况。发挥个报核查前置把关作用，防止干部带病提拔、带病上岗。抓好档案造假、“裸官”、违规兼职、违规办理和持有因私出国（境）证件、超职数配备干部等专项整治工作，全市超配的干部全部整改消化。严把干部入口关。实行干部选用预审制度，对拟提拔干部人选进行“四审四看”式预审，2017年，预审43个批次2397名人选。开展空缺岗位储备人选摸底调研工作，坚持在干部工作中走群众路线，掌握干部日常学习、工作、生活情况，力求在基层一线、发展实践中掌握一批年富力强、学历层次较高、群众公认、有发展潜力的干部。着眼于把干部考准考实，制定《关于在干部考察工作中实施“三访十查”的意见》，加强对干部“八小时外”生活圈的了解，力求对人选情况全面掌握。创新培养方式。制定《长春市领导干部交流工作实施办法（试行）》，优化领导班子结构，加大交流力度。开展专业化培训，举办科技创新、政府投融资、大健康产业、先进制造业、产业招商、民营经济等专题培训班，培训领导干部755人。实施“六个一批”优秀年轻干部培养锻炼工程，对150余名优秀年轻干部进行党校培训。选派30余名干部赴杭州市、白城市挂职锻炼。适应长春市发展对紧缺专业人才的需要，招录专业技术选调生83名，招录党政综合类选调生114名。

【基层党组织建设】 落实基层党建责任。开展各级党委（党组）抓基层党建工作述职评议考核。开展品牌创建工作。在农村开展创建“五星级党组织”，在城市开展创建“精品示范社区”，在非公企业和社会组织实施“助力工程”，在国有企业开展“五强一创”，在机关开展“两锋（风）行动”。强化带头人队伍建设。对全市146名贫困村党组织书记和第一书记进行全员轮训，在“吴亚琴学校”对社区书记进行“跟班式”培训。实现村级“一站式”服务群众平台全覆盖，建立园区党群活动服务中心17个，打造20个非公党建示范点，新建精品示范社区20个，打造城市基层党建示范点28个，承办全省城市基层党建工作经验交流座谈会，多家兄弟单位赴长春市参观考察，党建品牌度得到提升。整顿软弱涣散村党组织。抓党建促脱贫攻坚，印发贫困村党支部规范化建设推进办法，对贫困村党支部开展调查摸底和集中整顿，对全市贫困村督查暗访全覆盖。推行村级集体经济“六种模式”。召开全市现场会、举办成果展，总结百个典型案例，全市集体经济收入10万元以上村超过70%，新型村级集体经济实现新提升。推进非公党建工作。健全市非公党工委运行机制，组建8个行业党委，出台非公党建22条及派驻党支部管理细则、党建经费管理办法等12个辅助性文件，形成1+N制度支撑体系，实现非公领域党建新跃升。从严党员教育管理。研究制定《规范落实“三会一课”制度通知》和《支部主题党日活动指南》，推行支部“主题党日”制度，规范基层党组织生活。做好党组织和党员信息采集工作。制定下发留存补交党费使用管理、集中走访慰问困难党员、老党员和特困群众等指导性意见，加强和规范党费管理工作。

【人才政策机制创新】 制定出台《关于进一步聚集人才创新发展若干意见》，围绕人才培养、引进、使用、评价、激励等提出20条措施，引才政策力度进入全国第一方阵。启动招才引智“万人计划”。推动实施专业技术选调生“引进工程”、党政综合选调生基层“储备工程”、事业单位人才“采兰工程”、企业人才“智造工程”、海外人才“海聚工程”五大工程，完善津贴激励、职级待遇、培养使用和服务保障体系，引进储备高素质人才。开展“院士专家长春行”活动。组织97名院士专家对90多户企业进行技术指导，攻关难题76项，有关成果可为相关企业增加利润3亿多元。依托院士专家联合会、长春专家协会以及各级人才服务机构打造“三级服务平台”，举办国情研修班，培训专家296人次，组织市级专家体检137人，为人才解决子女入学、户籍、住房等问题863件次。

【打造模范部门】 巩固“全国文明单位”创建成果，推进两学一做常态化制度化，提升组工干部思想境界和能力素质。强化理论武装。创新固化“党员学习日”等学习载体，开展思想政治教育学习，开展集中学习13次。落实机关岗位责任制。制定《机关工作目标管理考评办法》，激发部机关干事创业活力。开展人文关爱系列主题活动，组织家属座谈会、生日慰问、四必访四必谈等系列活动。

（徐　哲）

7月28日，市委常委、组织部部长郭灵计到二道区东站街道十委社区调研基层党建工作　（徐　哲　提供）

宣　传

【宣传部长会议】 2月17日，全市宣传部长会议在全市党建工作会议后召开，会议传达市委书记王君正在全市党建工作会议上的重要讲话精神，下发《中共长春市委宣传部2017年宣传思想文化工作要点》，市委常委、宣传部部长王庭凯就做好2017年宣传思想文化工作做出安排部署。

【理论中心组学习】 2月10日，市委理论学习中心组第一次学习（扩大）会召开，国家发改委东北振兴司司长周建平作题为《把握机遇、狠抓落实、推动长春在新一轮东北振兴中再创辉煌》的辅导报告，市委理论学习中心组成员参加会议。2月24日，市委理论学习中心组第二次学习（扩大）会召开，学习贯彻习近平总书记在省部级主要领导干部学习贯彻十八届六中全会精神专题研讨班上的重要讲话精神，省委常委、市委书记王君正为全市党员领导干部作专题辅导，市委理论学习中心组成员参加会议。3月18日，市委理论学习中心组第三次学习（扩大）会召开，中央纪委法规室主任马森述围绕十八大以来党的法规制度建设情况，以及《中国共产党党内监督条例》修订的背景、理念、原则、特点和基本内容，市委理论学习中心组成员参加会议。5月19日，市委理论学习中心组第四次学习（扩大）会召开，中央组织部原副部长，原人事部部长、党组书记张柏林围绕《关于新形势下党内政治生活的若干准则》进行专题讲解，市委理论学习中心组成员参加会议。7月8日，市委理论学习中心组第五次学习（扩大）会召开，环保部原总工程师万本太以生态文明建设提出的时代背景、主旨概念结构功能为切入点，对绿色发展的内涵、思路和重点工作作了讲解，市委理论学习中心组成员参加会议。9月19日，市委理论学习中心组第六次学习（扩大）会召开，市委中心组成员围绕“学哲学、用哲学”“制度治党、依规治党”进行交流研讨，市委理论学习中心组成员参加会议。11月13日，市委理论学习中心组第七次学习（扩大）会召开，市委中心组成员围绕“学报告、学党章”进行交流研讨，市委理论学习中心组成员参加会议。11月16日，市委理论学习中心组第八次学习（扩大）会召开，省委宣讲团成员、省委常委、长春市委书记王君正围绕学习贯彻党的十九大精神作辅导报告，市委理论学习中心组成员参加会议。12月5日，市委理论学习中心组第九次学习（扩大）会召开，学习《习近平谈治国理政》第二卷进行交流研讨，市委理论学习中心组成员参加会议。

【理论宣传】 7月28日，由市委宣传部、市民政局、市委党校共同组织开展的“君子兰讲坛·理论拥军”活动启动仪式暨首场报告会在北方陆军某旅举行，市委副书记徐晗出席启动仪式并讲话，仪式由市委常委、宣传部部长王庭凯主持。9月27日，举办以“坚守信仰信念、感受理论温度”为主题的长春市草根宣讲员“微宣讲”大赛决赛，9名选手分获一、二、三等奖，15万余人通过网络投票和网络直播参与此次活动。市委常委、宣传部部长王庭凯出席大赛并为获奖选手颁奖。11月17日，学习贯彻党的十九大精神市委宣讲团、草根宣讲团成立暨宣讲工作动员会召开，全市十九大集中宣讲活动正式启动，市委副书记徐晗出席会议并讲话，市委常委、宣传部部长王庭凯主持会议。11月23日，省委书记巴音朝鲁在长春调研“新时代传习所”并宣讲党的十九大精神，巴音朝鲁对长春市“新时代传习所”工作给予肯定，省领导张安顺、王君正、王晓萍参加活动。

【“抢抓机遇、创新发展”主题实践活动】 拓展解放思想大讨论成果，开展“抢抓机遇、创新发展”主题实践活动，从领导带头、典型引路、群众评议、督查问卷4个方面推动解放思想从思想层面向实践层面转化。推出“电视问政”监督方式，每季度推出1期电视直播节目，每周推出1期“问政进行时”，问作风、问环境、问安全、问发展。播出《电视问政》7期，《问政进行时》75期，征地拆迁、食品安全、冬季供暖、交通、扶贫等领域一大批与市民群众息息相关的实际问题得到解决。组织、指导各地各部门召开先进事迹报告会、座谈会、故事会、主题演讲等139场次，推出各类典型60余人，让典型进社区、进乡村、进学校、进企业。在全市开展窗口行业优质服务竞赛和“我为东北亚区域性中心城市支招”金点子征集活动。

【讲好“长春故事”】 协调中央主要媒体、境外涉外媒体刊播长春市报道265篇（条），数量和质量创历年之最。人民日报一版二题刊发报道《长春经济暖意浓》，新华社发电稿《“老”城焕“新”展活力—供给侧改革的长春答卷》，在全国引起反响；《经济日报》刊发头版头条《再访长春看东北振兴新希望》，成为国内经济界热议话题；中央电视台“新闻联播”播出报道“吉林长春：改革创新引领经济爬坡过坎”，“十一”期间连续2期“焦点访谈”以“创新驱动任我行”“一带一路尽显商机”为题对中车长客、长春兴隆保税区、“长满欧”国际货运班列进行报道，迎十九大特别节目“还看今朝”用半个小时直播长春旧城改造、网格化社会治理等方面内容。邀请国务院发展研究中心、中国经济时报联合调研组来长春市调研采访，在《中国经济时报》推出《突围拓新路——新时代东北振兴长春行》特刊，用40个整版、18.6万字篇幅解剖长春模式，进行专家点评。长春市第10次蝉联“中国最具幸福感城市”，获“2017中国最具幸福感城市人民获得感案例奖”。

【网络管理建设】 以“网聚振兴路，筑梦幸福城”为主线，各大网站和其他宣传平台做好长春市发展成就的网上主题宣传。组织“了不起的城市—发展变化中的长春”系列宣传活动。通过多维度的城市数据盘点深度挖掘城市特色，展示城市的发展成就。开展“长春，幸福城市幸福人，幸福所在—最·长春”活动，以答题闯关的形式，将长春市的发展成就和城市特点编辑成各种类型的问题，组织网民参与回答，打造一场无门槛、零距离、易参与的‘移动互联’全民盛宴。围绕迎接十九大组织属地网站开展网上成就宣传，通过带领普通百姓实地踏访长春市知名经济、文化企业等，感受城市的发展和变化。组织长春新闻网、长春政事儿、看长春等网站和微信公号开设专题，解读党的十九大精神，全面反映全市贯彻落实党的十九大精神，推动改革发展的举措。开展第二届网友节活动，网友们创作了反映长春街景的视频和长春欢迎你的乐曲，在网上推广。

【公民思想道德建设】 打造社会主义核心价值观主题公园、主题街路、主题社区（村）、主题广场、主题小区，有5个县（市）区获得全省示范县市区称号。出台《长春好人评选管理暂行办法》《长春市道德模范及长春好人荣誉称号管理暂行办法》，确保典型的先进性和纯洁性。开展长春好人和道德模范评选表彰活动，评选1500多名长春好人，161位道德模范，其中19人获全国道德模范及提名奖称号。选举成立全市志愿服务联合会大会，下发《关于推进志愿服务制度化的实施意见》，提升志愿服务水平。开展扶贫助残、爱幼助老、公益环保等大型志愿服务活动。以群众性精神文明创建活动为主体，培育良好社会风尚。以“创建文明单位、文明窗口，争当岗位明星”活动为载体，开展行业创建活动。坚持以诚信建设为重点，通过开展优质服务、便民利民活动，提升机场、车站、出租车等窗口行业为民服务水平。在全市启动“共筑爱心网、建好幸福城”大型公益活动，面向交通民警、保洁员、农民工等户外工作群体开展送温暖献爱心活动。开展“我们的节日”主题实践活动，利用中华传统节日和重大纪念日开展以“吉祥中国节”为主题的纪念活动。在全市开展“文明家庭”创建，寻找长春“最美家庭”活动。推进未成年人思想道德教育，开展整合社会力量，助力青少年成长理论研讨活动。推动长春出版社编写青少年传统文化教材，推动社会主义核心价值观进教材、进课堂、进学生头脑，校校有教材，班班有阵地，覆盖全市1535所中小学，影响70余万未成年中小学生。长春市受国家、省彩票公益金扶持的少年宫97个，获得专项扶持资金约2830万元。

【创建全国文明城市】 召开全市创建工作会议，推动全市文明城市创建工作。召开有关城区和部门创城工作推进会，坚持问题导向进行整改。对重点区域进行指导督查，推动创城各项工作发展。统一策划、设计长春市文明城市视觉识别系统，以“看见长春、看见文明、看见未来”为主题，在全市范围内可利用的点位，全方位铺开公益广告。召开公益广告联席会议，形成职能部门落实到位、城区包保补充到位、窗口行业配合到位、文明单位参与到位、各类媒体宣传到位的工作态势。坚持“创城为百姓，百姓共创城”工作理念，创新“双网联动”工作模式，以全市3112名网格长为全市创建千里眼，发现问题，实现无盲区；以各级文明委相关单位为创建工作指挥网络体系，实现高效快捷。长春市的创城工作得到中共中央政治局委员、中央精神文明建设指导委员会副主任郭金龙和全国人大常委会原副委员长、中国关工委主任顾秀莲等各级领导的肯定。5个文明村镇、7所文明校园、13个文明单位受到国家表彰。11月17日，在全国精神文明建设表彰大会上，长春市获得全国文明城市称号。

【文化改革发展】 推动文化产业“做优做强”。9月5日，由中共长春市委宣传部起草的《长春市“十三五”时期文化发展改革规划纲要》（长办发〔2017〕39号）以中共长春市委办公厅、长春市人民政府办公厅的名义印发。东北亚文化创意科技园获得首批国家级文化产业示范园区创建资格，成为东北地区唯一获此荣誉的园区。推动一批文化产业重点项目开工建设，扶持一批知名文化企业打造品牌。推动文艺创作“出新出彩”。精心培育舞台剧《中华赤子》，话剧《黄大年》等8个重点文艺创作项目，纪录片《科恩眼里的中国》在央视播出，获第五届国产纪录片优秀导演奖。儿童剧《大山里的红灯笼》入围第十五届文华奖，参加第十一届艺术节展演。推动文化惠民“扩面”。开展市民文化节、“长春印象”巾帼手工艺创客大赛、“吉祥中国节”“国乐长春”艺术节等系列文化惠民活动。全年组织群众文化活动3000余场，参与人数620万人次，组织文化下基层活动600余次，为社区、农村放映电影2.2万余场。

【干部队伍建设】 3月12–18日，长春市委宣传部、市政府新闻办公室在复旦大学举办长春市首届新闻发言人培训班。包括部分市直部门一把手、市直各部门新闻发言人、各县（市）区常务副县（市）区长、常委宣传部长等70位局级领导参加培训。市委新闻发言人、宣传部常务副部长于迅来作开班讲话。4月26日，市政工职称办首次完成政工专业职务评审委员会人才库的建立工作，建立一支由企业高精尖人才组成的47人的评委人才库。6月23日，长春市“2016年度全市企业政工职称评审会”。11月7日，召开“庆祝第十八个记者节暨长春市第六届‘名记者、名编辑、名主持人’表彰大会”，市委常委、宣传部部长王庭凯参加会议并讲话。评选活动经过初评、终评和评委会审议，最终评选出10位名人。

（王雪松）

统一战线

【学习调研】 学习贯彻十九大精神作为统一战线最重要的政治任务来抓。召开部务会，民主党派、工商联季谈会等传达贯彻会议精神；宣传党外人士对十九大召开的反映；支持非公有制经济、新的社会阶层等各界人士交流学习十九大精神的心得体会；引导长春市党外人士和统战干部将思想和行动统一到十九大精神上来，努力画出长春老工业基地全面振兴发展的同心圆。开展“不忘合作初心，继续携手前进”专题教育、弘扬“爱国爱乡、爱国爱教”传统教育、理想信念主题教育、爱国主义和中华文化教育，净化网络空间教育。全年举办“统战讲堂”“新生代企业家进党校”等教育培训活动60余次。开展“凝心聚力谋发展，建言献策促振兴”调研活动。举办民主党派、工商联季谈会，专题议政会，情况通报会等6次，完成调研课题47个，报送提案、议案400余件。实施“同心惠农”“新阶层有爱”、对乡村个体医一对一结对帮带等公益项目和服务乡村振兴战略活动，开展“百企千岗招聘会”等一系列公益活动。开展创新、创业培训23期，培训人才1200余人，安置就业905人。实施扶贫项目35个，涉及资金600多万元，指导同心服务团队开展社会服务200余次，实现村企结对106对，服务群众2万余人。

7月14日，长春市统战部在绿园区召开县（市）区"同心圆工程"推进会

（胡嘉惠　提供）

【重大决策】 制定《长春市2017年政党协商计划》，对政党协商的内容和形式作出明确规定。开展"三看三谈三听"活动，支持和帮助各民主党派在社区（村）建立"党派之家"，走访基层组织22个、党派成员120人。召开全市宗教工作联席（扩大）会议，开展三级协防巡查，完成10个县（市）区、各开发区和20所高校的巡查工作。加强发现培养，建成200人的新阶层人士数据库。注重团结引导，召开全市新的社会阶层人士统战工作会议，建立新阶层暨新媒体人士统战工作基地，开展交流、培训、议政等活动。开展"城市印象——V观长春""喜迎十九大·话长春发展"等议政调研和思想引领活动，引导新阶层人士建言献策和爱党爱国爱长春。加强对新生代企业家的教育培养，通过开展新生代企业家进党校、走红色之旅、建培养基地等形式开展培训，提高企业家的政治素质和经营能力。建立由市委统战部牵头，14个相关部门参加的非公有制经济代表人士综合评价体系，从思想动态、遵纪守法、纳税情况、经营状况等9个方面，对有政治安排考虑的民营企业家进行评价考核。扩大长春市对外朋友圈，成立海外联谊会加拿大分会。在吉林财经大学等4所高校成立留学人员联谊会。在城区和高校建成"侨胞之家"6个，为归侨侨眷搭建交流联络平台。开展"进台企、话亲情、助发展"活动，与宏汇集团、中华两岸连锁经营协会等知名台企、台湾商（协）会沟通联系，帮助解决实际困难，促进长台经贸交流合作。举办国台办年度重点项目"第十三届中华文化小天使交流体验营"活动，举办在长台籍大学生"迎中秋诗词朗诵会"、第四届"翰墨飘香两岸情"长台书画展等活动，为两岸关系和平发展凝聚人心和力量。培养万名党外人士、千名党外代表人士、百名党外后备领军人物等不同层次要求，对市直有关部门及大厂、大学和科研院所调研。党外代表人士的教育培训，全年举办各级各类培训班100多个，培训党外人士5000多人次；创办"统战学苑"微信公众号，拓宽教育培训渠道和形式。

【调研培训】 2017年，赴基层走访调研30余次，召开工作协调会3次、推进会1次。指导县（市）区成立同心服务团队13支，建立同心驿站、民主党派之家33个，建立同心服务基地15个，举办同心大讲堂8期。举办全市新任统战部长培训班和统战系统机关干部培训班，帮助各级统战干部尽快成为行家里手。加强宣传、调研、信息工作，策划年度主题宣传活动，围绕"携手绘制同心圆·合力共筑长春梦"主题实践活动，集中宣传3次，在中央和省、市各级媒体发表稿件近百篇。在《长春日报》以"找到最大公约数·画出最美同心圆"为通栏标题刊出专版，展示主题实践活动成果。在全省党外知识分子统战工作座谈会上做了题为"抓好六个活动、发挥六个作用，全面系统扎实推进党外知识分子工作"的经验介绍。推进的"携手绘制同心圆·合力共筑长春梦"主题实践活动在全省统战部长会议上，被评为"2017年度优秀工作成果"。

（胡嘉惠）

市直机关党建

【党的建设】 通过开展机关新时代传习所、理论中心组学习、落实双重组织生活制度等形式，组织班子成员和工委干部学习党的十九大和习近平总书记系列重要讲话精神，学习中央和省、市委重要文件精神。落实市委书记王君正批示和调研讲话精神，履行全面从严治党责任。把贯彻落实市委书记王君正重要批示和调研讲话精神作为开展机关党建工作的目标指向，召开专题议党会议26次，定期议党12次，推动各级机关党组织紧扣"服务中心、建设队伍"两大核心任务抓落实。执行班子运行机制，加强工委班子建设。执行机关党工委书记办公会及工委委员会议事决策规则，执行民主集中制，"三重一大"事项均通过书记办公会和工委委员会进行集体领导。

【思想理论建设】 通过召开市直机关传达学习党的十九大精神会议、下发专项通知、举办专题辅导、开展理论知识竞答、笔试、演讲座谈等形式，指导和组织各基层党组织、党员干部立足岗位分层次、分专题学习领会党的十九大精神，成立机关新时代传习所83个，固定场所、专人负责，定期开展主题鲜明的传习活动。开展"砥砺奋进的五年—喜迎党的十九大”主题宣传教育活动，组织市直机关各单位开展宣传教育活动80多场次，收到主题征文投稿340余篇，有110篇获奖。坚持把坚定理想信念、强化“四个意识”教育贯穿机关党建始终，通过理论上的清醒保持政治上的坚定。制定市直机关党员干部理论学习意见，组织机关党员干部学习习近平总书记治国理政新理念新思想新战略和《准则》《条例》。会同市委宣传部开展6次“君子兰讲坛”集中宣讲，2400余人次党员干部参加学习；开展网络竞答活动6次，超过4400余人次党员干部参加竞答；创新“互联网+机关党建”学习方式，推广1900个支部和23000名党员安装使用党员小书包和“长白山先锋-e支部”管理平台应用，提升日常学习教育的针对性和实效性。印制发放《传承红色精神、点亮党性之光—征文选编》1200册，创新改版“长春机关党建网”，编发《彩话长春机关》13期，形成解放思想、竞进作为的浓厚氛围。坚持把研究问题作为加强和改进工作的重要导向，提升机关党建工作水平。发挥机关党建研究会作用，从研究探讨落实全面从严治党要求的理论和实践问题入手，下发调研课题30个，撰写调研报告160余篇，有7篇文章在《中直党建》《紫光阁》上发表，有13篇机关党建调研成果获奖。其中，《发挥信息化优势，走好党建“网红”之路》获2017年全国机关党建信息化调研成果二等奖。创设《长春机关党建工作信息》《机关简讯》，交流经验，推动工作。印发《长春机关党建工作信息》8期，《机关简讯》68期。

【党建服务】 推进“两学一做”学习教育常态化制度化。制定市直机关学习教育实施方案，编印《习近平机关党建言论摘编》，组织机关党员干部进行学习。对市直机关各部门及部分基层单位“两学一做”学习教育常态化制度化工作集中调度3次，督查调研2次，指导和督促各基层党组织聚焦突出问题，抓好整改落实。实施“双带”先锋行动。以“两锋（风）行动”为载体实施“双带”先锋行动，组织和引导机关党组织和党员干部围绕市第十三次党代会提出的目标任务，带头服务振兴发展、带头服务改善民生，收到申报立项82个，通过这些项目的组织实施，推动机关党建工作融入中心，服务中心，保障中心。强化绩效考评“指挥棒”作用。将考核结果真正用起来、标准严起来，制定年度考核办法，明确考核内容及评分标准。开展绩效考评学习调研活动，调整考评赋分比重、考评方式和结果运用方法，在市直机关形成创新、干事、抓落实的鲜明导向。

【党组织建设】 从严落实党建责任。在市直机关全面开展为期1个月的机关党建“灯下黑”问题专项整治，查摆问题2700余条，推动整改落实。建立实施季度工作情况通报机制，一对一反馈各部门机关党建工作落实情况，强化党组织书记“主业主导、主责主抓、主角主动”意识。实施“双述双评”制度，指导机关922个基层党支部高质量开好专题组织生活会，指导支部书记开展谈心谈话，实现机关党员评议全覆盖，推动机关党组织和党支部书记履行职责、发挥作用。下发《关于做好机关党组织设置和基层单位党组织隶属关系调整后相关工作的通知》和《关于配齐配强机关专职党务干事的通知》，与市委组织部、市编办共同做好24个市直部门党组织关系理顺和党员接收工作，召开部门协调会议，实现1100个基层党组织，19855名党员的交接。做好市直部门机关纪检组织设置调整工作，健全和规范市直各部门机关纪委，配齐配强相关人员。考核新任机关纪委书记7人。依托长春机关党建网、机关党建微信群等“互联网+机关党建”新模式，结合运用《党支部工作综合记录本》，督促指导市直机关基层党组织扎实开展“三会一课”，召开“以黄大年为榜样，对照先进找差距，争做新时期合格共产党员”专题组织生活会1916次，开展迎“七一”讲党课学习活动1006场次。其中，市级和局级领导讲党课307场次，支部书记讲党课699场次。推进“党员领导干部参加双重组织生活”制度落到支部，完善机关党务干部预任职报告、初任谈话、述职评价、预离任预报告制度，采用“素描画像”形式考察任用机关专职副书记28人，发展党员474人，培训党务干部300余人。建立基层党组织按期换届提醒督促机制，指导31个党组织进行换届改选。

【纪律作风建设】 开展学做务实作风。按照市委书记王君正的重要批示要求，把学做务实作风作为解放思想大讨论的实践载体和有效延伸，下发专题学习通知、通报和实施方案，召开动员部署会、推进会，制作专题片“改变与唤醒”。学做务实作风开展以来，群众关注度高、社会影响面大的4605个突出问题得到解决。推进换位体验活动。制定下发《2017年市直机关开展“转作风、优服务、促发展”换位体验实施方案》，有5220名党员干部进行换位体验。其中，领导班子成员221人，处级干部1567人，普通党员干部3432人。发现各类问题1100余个，制定对策措施1000余条，整改问题700余个。加强机关作风督察检查。加大警示约谈制度、明察暗访制度、作风建设通报制度的执行力度，召开义务监督员会议，举办专题培训班，对义务监督员集中时间进行专项培训。对96个机关、县（市）区、开发区及窗口单位开展4次纪律作风明察暗访，发现问题26个，进行反馈整改。开展“万人评议机关”，对发现的2423个问题，进行2轮反馈，有效推进问题的整改落实，形成2期《机关作风建设专报》，为市领导决策提供参考。强化监督执纪问责。通过开展廉政知识测试、建立机关党员干部廉政档案、参观廉政教育基地、播放警示教育片等形式，加强机关廉洁文化建设。发挥机关党组织日常监督功能，畅通“信、访、网、电”四位一体的举报方式，综合运用“四种形态”，有效强化监督执纪问责。对47个违反机关工作纪律使用公款购买烟酒、违规使用公车等问题进行反馈整改和核查处理。通过实地调研、专题座谈会、“万人评议机关”、议案提案和媒体热线征集等方式收集256条“电视问政”问题线索，经筛选初核，有15条线索交长春电视台拍摄制作，12月22日，在长春电视台进行播出。

【文化建设】 举办长春市直属机关第七届职工运动会，组织市直机关79个部门4000余名运动员，参与16个大项、94个小项角逐。开展“不忘初心、筑梦前行”主题诵读大赛、“喜迎十九大，唱响主旋律”书画展览等系列主题活动。培育机关正向文化。引导机关党组织凝练部门文化，形成核心理念，通过再版《知行集》，把更多文化元素融入到机关党建工作中。编发“竞进图强”微信公众号200余期，发表原创文章600余篇。党工委创作演绎的“竞进图强”情景剧，在全国党建创新成果展示（竞赛）中获银奖。关心关爱机关职工生活。为67个市直部门及事业单位办理工会会员卡5274张，为2400余名市直机关干部职工进行眼科检查，组织单身职工联谊活动，受到广大职工的欢迎。针对机关困难职工，制定帮扶计划，多方筹措帮扶资金40余万元，在春节、“七一”、国庆节等节日期间，对106名机关困难党员职工进行帮扶。开展扶贫帮困工作。履行对农安县烧锅镇中兴村包保职责，通过开展“电商扶贫、民乐行动”等方式，构建“合作社+企业+农户”模式。建设完成10栋日光温室，开工铺设15公里水泥路，实施200公顷农田土地整理提档升级，申请20万元科技扶贫款，引导群众种植中药材20公顷。

（李小默）

政策研究

【重点课题研究】 完成《质量立市、正当其时——对贯彻落实党的十九大关于质量强市战略的一点思考》，实施质量强市战略被写入2018年全市经济工作会议报告中。完成《关于长春市建筑产业现代化发展问题的调研报告》，促进长春市建筑产业创新驱动、转型升级。完成《关于长春市建立产业发展基金的建议》，助力构建现代产业新体系。完成《关于扩大有效投资的策略研究》，确保投资项目高效推进、振兴长春东北老工业基地具有指导意义。完成《关于加快类金融业态发展推进经济平稳健康发展的建议》，激活金融业发展，创建“金融绿洲”。完成《关于进一步加快我市空港经济发展的策略研究》，为助推空港经济的快速发展提供重要参考。

【专题调研】 开展专题调研，围绕发展现代建筑产业、农业供给侧改革、养老服务体系构建、食品安全、生活垃圾分类处理、大型商圈交通管理、家政服务、共享汽车等问题起草调研报告，为推进改革发展提供智力支持。推动调研成果转化，与市建委等部门合作起草《关于加快推进建筑产业现代化发展的意见》《关于推进建筑产业现代化发展的实施方案》文件。对经济社会基础数据等进行搜集整理，编写《国情、省情、市情基础数据》一书，为了解掌握相关情况提供参考。做好重要文稿起草工作，起草市委主要领导在市委全面深化改革领导小组2017年七次全体会议上的主持稿和讲话，代市委起草《关于高举习近平新时代中国特色社会主义思想伟大旗帜，加快长春老工业基地全面振兴发展的意见》《九台区县域发展中需要市里帮助解决有关问题的回复建议》。

【深化改革】 市委全面深化改革领导小组召开7次全体会议，就推进年度改革任务进行统筹部署，审议40个重点议题和改革方案，并专题听取改革落实情况的汇报，确保上级改革部署在长春市的落实。对改革工作进行调研，印发《关于进一步加强全市深化改革工作的通知》，就规范组织机构、抓好重点工作、加强上下衔接等问题提出明确要求；统筹协调，确保全市改革“一盘棋”。市委改革办印发《关于调整市委全面深化改革领导小组专项小组组成人员的通知》，对10个改革专项小组的具体成员进行调整，完善工作细则和流程。各专项小组建立完善跨领域、跨部门的重大改革问题联席会议机制，统筹推进本领域改革任务的职能作用得到发挥；抓住改革重点，确保重要领域和关键环节改革推进。制定下发改革工作绩效考核办法和督察工作方案，组织3次全面督察和7次重点督察，开展“一门式、一张网”专项督察，形成专项督察报告提交市委深改组2017年第五次全体会议审议。根据年初台账安排的133项改革任务中完成118。强化改革探索，打造有特色和亮点的长春经验。长春市突出发展民营经济综合配套改革示范区建设、朝阳区“纵向下沉、横向归类、智慧支撑”城市基层管理改革、宽城区“三社联动”创新基层社会管理服务等工作，在省委深改组全体会议上作专题汇报，在全省推广经验。对党的十八届三中全会以来改革任务完成情况进行全面总结，形成专题报告报深改组第六次全会，会议审议。

【产业发展研究】 加强联络沟通，强化研究实力。与国内32家智库确定长期合作研究关系，进行实质性合作研究。建立客座研究员制度，聘请国内外各领域的专家，组建24名专家学者组成的客座研究员队伍，其中经济类专家9名，产业类专家15名。破解难题，开展课题研究。与相关部门合作完成《长春经济技术开发区实体经济发展战略研究报告》《长春兴隆综合保税区打造对外开放制高点研究》《重塑河流文化提升城市能级长春市伊通河文化提升策划》。发挥优势，全力推动项目落地。与欧洲、美国等国际机构取得联系并进行对接，并对一批项目进行磋商。与德国、以色列等国的产业转移、长春电影节与英国电影协会伦敦电影节对接合作、德国莱比锡音乐学院在长春设立分院、巴赫音乐节落户长春、以及长春物联网产业园等项目进入方案制定阶段。

【扶贫攻坚】 强化组织领导、落实帮扶责任。成立由政研室领导班子组成的脱贫攻坚领导小组，定期召开会议研究康甲村的帮扶工作，邀请市发改委等部门领导，为康甲村专门召开脱贫攻坚协调会。实施以改善基础设施、改变村屯面貌、建立种养殖产业和加工销售项目为内容的脱贫工作总思路。2017年，投入和协调各类资金（包括物品）1833万元。其中，中央（省级）资金805.9万元、市级458.1万元、县级266万元、部门投入1万元、个人投入303万元。集体经济收入显著增加，引进肉鸡繁殖项目，每年能为村集体创造利润6万元，收益贫困人口569人，米业加工项目和温室大棚项目收入可观。推进安全饮水、水泥路、防洪排涝、文化广场、村小校舍和路灯安装等公共服务、基础设施和人居环境工程，村屯面貌得到改善，群众满意度高。

（曹丽梅）

信　访

【概况】　开展“信访责任落实年”活动，深化信访工作制改革，打造“阳光信访”“责任信访”和“法治信访”坚持源头预防与属地稳控相结合、矛盾化解与责任担当相结合、解决与重点包保相结合的“三结合”原则，解决群众合理诉求切实维护群众的合法权益。

【化解重点案件】　省委常委、市委书记王君正多次批转信访案件，督导重点信访案件办理情况，要求全市各级各部门严格落实信访维稳责任；市委副书记徐晗多次召开全市信访工作会议，安排部署全市信访维稳工作，亲自接待和调度信访疑难信访问题；市委常委、政法委书记李祥亲自起草《关于领导干部包保信访案件工作的实施意见》，推动重点疑难信访案件的有效解决；副市长吕锋强调从源头预防上下功夫，发挥基层群防群治力量，解决群众合理诉求，依法打击信访过程中的违法行为。

【解决信访问题】　把矛盾问题解决在首办首接环节，减少信访积案数量，避免矛盾问题叠加升级。2017年，初信初访办结率为94.2%；推进领导包案工作。市信访联席会议办公室梳理出28件重点信访案件和突出问题，全部由市级领导包案化解，办结6件，有进展的12件。对梳理出的238件信访突出问题，逐案下达督办单，由各级各部门主要领导和分管领导包案解决。开展领导干部接访下访工作。“百日攻坚战”期间，从8月15日至11月1日，有41人次的市级领导参与接访，在市信访接待中心现场接待群众来访代表2375人次，协调信访案件68件，化解31件，37件取得进展。各县（市）区、开发区有436名领导开展领导干部接访下访活动，接待受力群众反映的信访诉求2089件次，化解1176件次。深化信访隐患排查工作。坚持日常排查与集中排查相结合的方式，对征地拆迁、劳动人事、涉法涉诉、房地产纠纷等矛盾易发、高发领域及关系民生和影响社会稳定的热点、焦点问题，全方位、多角度、深层次地开展排查工作，确保隐患问题“发现得早、化解得了、控制得住、处理得好”。组织19次常规和专项信访隐患排查工作，排查梳理出1098件重点信访隐患问题，绝大多数隐患问题得到化解和解决。十九大期间，市信访联席办还对市公安局排查梳理的23件重点隐患问题，下达督办单，要求涉事单位24小时之内上报办理情况，落实稳控工作。

【完善责任机制】　落实稳控责任。整合全市信访、公安和属地三方力量，坚持“三位一体”，共同做好稳控工作，把重点人员吸附在当地，做到守住自己的门，管住自己的人；严格责任追究。制定《信访工作约谈制度》和《全面落实信访工作责任的具体办法》2个制度性文件，经市委常委会审议通过后，以市委、市政府名义印发全市。2017年全国“两会”结束后，市委、市政府对在会议期间信访维稳工作责任落实不到位的7个地区（单位）、10名相关责任领导、13名相关责任人进行问责，相关责任领导和个人给予党内或行政警告，诫勉谈话等处分；十九大召开前，对33人进行责任追究。

【敏感节点稳控工作】　全国“两会”期间，通过公安、信访、铁路、公路、市直有关部门及各县（市）区、开发区等共享的信息通报流转平台，超前预警、即时查找、落地查人，实现省里和市委、市政府提出的“五个确保不发生”和“零群体进京访、零在京极端访”的工作目标；党的十九大信访维稳安保期间，全市开展以“查隐患、促化解、保节点”为核心的“百日攻坚战”。各县（市）区、开发区，市直有关部门加大排查、化解、劝返和稳控力度。市信访局启动战时联动机制，取消休息、休假，保持全员、全时在岗在位，劝返3342人，实现“五个坚决”防止的目标，进京非访零登记和极端个人零上访；中央巡视组对吉林省“回头看”期间，第一时间将到中央巡视组驻地、接待分流场所的上访人员接回属地妥善处置，杜绝大规模集体访、群体性事件和个人极端访行为的发生。

（王毅夫）

老干部工作

【政治待遇】　老干部思想政治建设。开展经济形势通报会、开展参观考察、健康休养等活动30余次，副局级以上老干部参与近千人次，市级老领导参与率90%以上。在全市范围内开展“畅谈十八大以来变化、展望十九大胜利召开”活动，建立活动领导小组39个，指定活动联络员86人，确定老干部活动骨干340人。召开各类座谈会294个，参加畅谈老干部5632人；开展“喝彩新变化、展望十九大”主题有奖征文和“建言十九大、建设新长春”金点子征集活动，收到征文324篇、金点子391条；组织市级老领导参观长春新区、新的交通指挥中心、农安县大项目建设、农博会、新立城水资源地和试乘铁车1号线。组织400余名副局级以上离退休干部试乘地铁1号线，参观长春市规划馆。全市各级组织参观考察活动49次，参与老干部1473人次。组织市、县两级老干部宣讲团和基层老干部宣讲员进机关、进企业、进学校、进部队、进社区、进乡村等，集中宣讲232次，听众3.2万多人。组织老干部网宣员在主流网站点赞加油3700多次，发微博及博客1100多条，组织离退休干部开展书画展览、文艺汇演等活动，举办《我看这五年、喜迎十九大》主题书画展览等12场，《夕阳映党旗、助力中国梦—喜迎十九大》主题文艺汇演等7场，参与老干部2400人次。组织220名老干部，开展20场次的“畅谈建言”活动，长春电视台和《长春日报》宣传各3次，《长春晚报》5次，长春广播电台2次。坚持思想政治工作与服务老干部相结合、与解决老干部实际问题相结合，入户走访离休干部2800多人，为老干部办实事做好事解难事241件。做好老干部信访工作。接待老干部及家属来人来信75人次，接听来电183个，办理国务院督查组热线电话投诉问题6件，做到件件有着落、事事有结果。老干部党组织建设。新组建离退休干部党支部117个，其中，市直部门19个，县（市）区96个，结合市老干部管理服务中心离休干部党员减少的实际，将原来建立的73个党支部，整合调整为52个支部。加强老干部党员骨干培训。举办全市离退休干部党支部书记培训班，邀请有关领导专家作《习近平治国理政新思想新观点新论断》《长春经济发展新常态》《习近平2·13讲话》3个理论辅导，结合落实党建“五个目标”和开展好“畅谈展望建言”活动做专题辅导和部署安排。市直各部门、各城区老干部党支部（含临时）书记、理论骨干、宣讲员、网宣员等220人参加培训。开展创先争优活动，全市离退休干部“好支部好书记好党员”推荐活动，向省里推荐离退休干部好支部9个、好书记9名。

【生活待遇】 落实新出台政策。协调市委组织部、市财政局、市人社局联合转发中组部和省提高离休干部特需经费标准、生活长期完全不能自理离休干部护理费标准，调整离退休干部公用经费标准，离退休干部公用经费使用范围4个文件，离休干部特需经费标准由每人每年500元提高到1000元，生活长期完全不能自理离休干部护理费标准提高到每人每月2500元，离休干部公用经费标准由每人每年800元~1200元提高至1600元~2400元，退休干部公用经费标准提高至每人每年600元~1200元。提高离休干部医疗保障水平。提高离休干部医疗统筹标准，每人提高3000元（从3.3万元~4.1万元提高到3.6万元~4.4万元），农安县提高3000元，达到2万元，其他4个县（市）区没有提高标准（榆树市、九台区1.9万元，双阳区1.8万元，德惠市1.6万元）。与市医保中心联合开展易地安置和异地居住离休干部医疗问题实地走访调研了解到的问题，研究提出2项改进医疗的措施。按照每人每年1000元标准，给易地安置和异地居住离休干部在当地进行健康体检。解决1名临时异地就医离休干部近万元医疗费报销难问题。市中心医院新楼落成后，协调市中心医院设立干部床位123张。开展走访慰问老干部活动。走访慰问14名易地安置离休干部和34名异地居住离休干部。做好特困离休干部帮扶工作。全市发放帮扶资金167.8万元，帮扶特困离休干部359人。组织老干部健康休养。组织5个批次214名市级老领导和局级退休干部赴丹东、北戴河、抚松进行健康休养。

【开展各项活动】 组织老干部学习习近平总书记系列重要讲话、市第十三次党代会精神，发放大会文件汇编、新党章等学习资料700多套，举办老干部党支部书记贯彻党的十九大精神专题辅导班，100名老干部参加学习。征订《长春党建》等20种报刊书籍供老干部学习使用。开展“畅谈展望”活动，召开畅谈座谈会8次，参加老干部228人。组织400名老干部参观市城乡规划展览馆。撰写各类征文70篇、金点子17个，其中10篇征文、5个金点子在市局《情况专报》刊发。整合老干部党支部52个，建立离退休干部党员之家2个，开展老干部联合支部学习活动9次，老干部党组织生活进社区活动2次，164名老干部参加活动。开展“支部书记送学送关爱”活动中，47名支部书记包保81名老干部。推荐省级好支部1个、好书记2人；市级好支部4个、好书记3人、好党员11人。发放离退休费1540.05万元、统筹外费用2672.65万元、抚恤金350.49万元、住房货币补贴8.47万元。建立老干部档案室，归档立卷2500份。走访慰问老干部1133人，帮扶特困老干部132人次，发放帮扶资金110.8万元，解决老干部田和年、陈协玉的住房困难问题。组织

4月19日，离退休干部“畅谈十八大以来变化、展望十九大胜利召开”座谈会

（王媛媛　提供）

老干部健康休养140人次。抓好长春老年教育工作。老年大学新学期招收学员14000人次，新学期开设班级321个。承办全市离退休干部迎党的十九大胜利召开文艺汇演，承办全市老干部喜迎十九大书画展暨书画名家笔会，承办“大手牵小手”公益主题文艺演出，主办全市老年大学庆祝党的十九大胜利召开文艺演出，召开学员“畅谈展望”座谈会。录制2018年网络春节文艺晚会，举办“长春老年大学首届趣味运动会”。打造花园式教学办公环境，绿化项目获2017年度吉林省“园林杯”优质工程奖。组织师生参加《习近平治国理政—新思想、新观点、新论断》《适应新常态、打造长春经济升级版》《旗帜鲜明讲政治、维护党中央权威》《开创新时代的政治行动纲领—学习党的十九大报告精神》等专题辅导讲座的学习。承办全市离退休干部经济形势通报暨春节团拜会。组织城区和市直部门600名局级老干部参观地铁1号线和城市规划展览馆。台球协会举办新年茶话会、参观小合隆白鲨馆等；乒乓球协会组织参观工艺美术馆、东北亚博览会等；钓鱼协会开展户外钓鱼活动；艺术团举办“喜迎十九大团庆30周年”再唱山歌给党听文艺汇演、“庆祝建党96周年”京剧演唱会等。老年书画研究会精心安排活动项目，如“六一”笔会、庆“八一”军民座谈联谊会，举办第26届老年书画展，展出作品402幅，200名老干部参加活动。新建老干部党支部117个，全市离退休干部（临时）党组织829个。

【调研宣传】 协调市委宣传部把“畅谈展望”活动宣传纳入全市大宣传格局。市级新闻媒体对活动进行宣传，《长春日报》和电视台宣传各6次，《长春晚报》5次，长春广播电台4次。建立“长春老干部工作”联络员微信群，指导各地各部门开展畅谈展望活动。编印《离退休干部“畅谈展望”活动情况专报》31期，3500册。上报调研报告4篇，其中2篇获省委老干部局二、三等奖。发布信息160条，总浏览量190万次以上。上报工作信息28篇，有8条分别被《中国老年报》《长春日报》《长春晚报》等新闻媒体采用。编印《长春老干部工作》简报2期。在网站开设“畅谈展望建言”活动专栏，发布信息48条。开设“长春老干部工作”微信公众号，设立工作动态、学习园地、夕阳风采3大版块，发布图文信息43条、视频信息2条，浏览量3342次。

（王媛媛）

保密工作

【保密工作会议】 3月10日，召开市委保密委员会2017年第一次会议。总结2016年长春市保密工作情况，对2017年保密工作进行部署安排。市委常委、秘书长、保密委员会主任赵明就如何做好长春市2017年保密工作做重要讲话。3月14日，召开全市重点涉密单位保密工作会议，传达市委保密委员会会议精神，安排部署2017年保密工作具体任务。

【保密监督检查】 开展全市保密自查自评督查，对保密自查自评工作和督查工作进行全面部署和安排。指导各机关、单位按要求规范开展自查自评工作，并报送自查自评工作情况报告和打分表。对全市172家重点机关、单位自查自评开展情况进行现场督查，对存在问题的单位进行跟踪督导，保证整改工作落实到位。依法开展案件查处，对《保密法》第48条规定的12种违法行为开展经常性的监督和检查，发现并查处严重违规和涉嫌泄密事件15起，5名责任人受到党纪政纪处分，其他责任人受到诫勉谈话和通报批评。

【保密宣传教育】 2月14日，举办涉密人员保密管理培训班，对涉密岗位登记、涉密人员分类确定审查备案等相关内容进行讲解。5月15日至19日，组织本局技术骨干和各县（市）区、开发区保密部门相关人员23人参加网络安全保密技术培训班。9月18日和10月10日，组织京外中管干部3场、省管干部及全市保密系统领导干部25场集中轮训，726人在吉林省保密教育实训平台接受教育、参加考试。王君正、钱万成、綦远方等市领导按要求集体参加保密教育轮训。丰富保密宣传教育形式，开展保密形势教育实地宣讲，为市政协机关、全市统战系统、市国资委系统等重点涉密单位作保密教育专题讲座，3500人受到教育；编发《长春保密信息》15期，编印《保密知识图解（二）》《保密讲堂（二）》各3000册，《领导干部保密工作责任制规定学习材料》2000册；购买《保密依法行政法律法规汇编》《领导干部和涉密人员保密行为手册》《涉密人员手册（内部）》《机关、单位保密管理实务手册（内部）》《漫画信息安全保密》等工具用书，全部免费发放、借阅给机关、单位使用。购买《胜利之盾》保密文献纪录片40部，免费发放给全市161家单位学习使用。推动保密宣传教育转型升级，在全国副省级城市中率先建成保密教育实训平台。实训平台由市委保密委员会、市委党校和市保密局共同建设，分为警示区、观影区、演示区等区域，汇集党的保密传统教育、窃密泄密案例展示、现代信息设备保密防范演示、保密警示教育片展播等内容，综合运用声光电技术、视频播放、现场互动等手段，展示计算机网络窃密、办公自动化和移动通信窃密等技术。2017年，市保密局被市委全面推进依法治市领导小组评选为“六五普法先进工作单位”。

【保密技术防范】 开展非涉密网计算机保密技术防护系统三期工程建设，完成全市党政机关和企业事业单位1500台连接互联网计算机终端监管软件安装工作。启动互联网接入口保密监测平台前端检测器的系统升级改造。建设移动数据库保密检查系统，启动全市保密综合业务网建设工作，通过选址、预算评审、邀标、专家评审等前期准备，完成一期工程建设。建设涉密数据恢复保障中心，实现对各类涉密计算机及存储介质的数据清除和重要数据文件的恢复取证功能。

【保密基础管理】 统一规范长春市定密授权工作报件批件文书的格式内容，设计定密授权操作流程和操作载体，以及按程序组织实施定密授权工作。传达贯彻上级有关定密工作的文件精神和定密依据，将《长春市定密事项一览表》中的内容逐条逐款落实到机关、单位，并汇编成《长春市机关、单位定密事项分布情况明细表》。开展年度定密统计工作，了解掌握各机关、单位开展定密工作情况和存在的问题，履行定密监督职责。加强对机关、单位是否履行定密责任、执行定密程序、规范定密内容等定密管理工作的监督检查，纳入保密工作年度目标考核内容。加强涉密人员管理，按上级要求，开展第4轮涉密人员分类确定和上岗审查工作。完善涉密人员出国（境）保密管理。探索脱密期涉密人员委托保密管理，对委托管理的脱密期涉密人员施行登记备案、保密教育及因私出国（境）证件统一管理等有效管理措施。突出涉密人员在岗保密管理，举办涉密人员保密教育培训班，培训涉密人员989人；指导监督机关、单位落实保密承诺书制度、涉密人员实行重大事项报告制度；对机关单位考核涉密人员履行职责情况进行检查；指导监督机关、单位建立涉密人员保密管理档案。开展全市各级领导干部、核心和重要涉密人员手机木马检测工作，检测智能手机682部。规范保密依法行政工作，推动《关于全面推进保密工作依法行政的意见》（国保发〔2017〕1号）的贯彻实施。编制《长春市保密依法行政监督管理制度》，按照《关于核查、调整权力清单的通知》（长府法发〔2017〕10号）要求，重新调整权责清单。依法向主管部门提请撤销“携运国家秘密载体出境的单位和人员核准”行政许可事项，依法清理和取消了中介服务事项，完成行政审批综合改革“一门式、一张网”入网项目的固化优化工作。开展保密审查工作，完成国家秘密载体印制资质（乙级）审结初审并报请省保密局审批。

（刘为维）

党　校

【干部培训】 2017年，举办各类班次40个，培训干部4475人。其中，举办常规主体班次有县局级领导干部进修班、市直机关正处长进修班、县局级领导干部任职培训班、市直机关正处长任职培训班、优秀年轻干部培训班、乡镇党委书记任职培训班、街道党工委书记任职培训班、第6批专业技术选调生初任培训班等14个，培训干部612人；举办长春市市管主要领导干部学习贯彻党的十九大精神专题研讨班1期375人；举办长春市市管干部学习贯彻党的十九大精神集中轮训班4期688人；举办长春市领导干部专题研修班8期2087人；举办专题培训班有科技创新、产业招商、生态环境保护班等8个，培训干部541人，受省委组织部委托，举办2017年领导干部专题研修培训班2个，培训干部88人，大理州党校系统第八期师资培训班、长白山保护开发区党性教育交叉互培项目培训班等3个，培训干部84人。

【教学工作】 出台《关于精品课建设的实施意见》《党校教师外出讲课备案制度》和《关于加强集体备课会制度的实施意见》等3项规章制度，开设《习近平新时代中国特色社会主义思想》《新时代党建总要求总布局》《中国特色社会主义进入新时代》《以现代化经济体系支撑起伟大梦想》《担负起新时代的文化使命》《加快长春东北亚区域性中心城市建设》《落实省代会精神，加快长春振兴发展》《向“两论”学毛泽东哲学思想》《从政治经济学视角看东北老工业基地振兴》等新的教学专题，新设教学专题、课程47门，专题更新率65.5%，比2016年提升113个百分点。

【科研工作】 获得立项中央党校重点课题2项、国家行政学院课题3项，结项全国党校系统重点课题2项和省社科基金项目2项，在国家一级（或核心期刊）报刊发表文章7篇。

【学员管理】 制定《加强党性教育实施意见》《主体班学员量化考评办法》《主体班学员请（销）假制度》，开展“全面加强学员管理办法与技巧”大讨论；召开学员管理工作经验交流会，开展学员管理现场观摩、相互点评学习活动，对全体班主任进行入学教育、结业总结、管理流程等专题业务能力培训；开展学员“微论坛”活动，举办调研成果交流会、读书交流会、党性教育成果分享会；加强对学员培训期间学习情况、遵章守纪、出勤情况等的考核，对学员实行百分制量化考评，将学员量化考评成绩记入个人培训档案，并将培训成绩反馈给学员所属组织部门及单位，将学员量化考评表及班级量化考评成绩排序表报送市委组织部。

【师资培训】 当选长春市有突出贡献的中青年专家1人；选派教职工参加中央党校、国家行政学院骨干师资培训班等各类师资培训班15人次，选派教学骨干和管理人员出国学习考察12人，安排教研人员赴基层挂职锻炼16人。长春市委党校校委中心组带头重点学习12次，聘请专家教授作专题辅导9场次，开展“两学一做”学习教育常态化制度化；坚持党风廉政学习教育，对全校党员干部进行党风廉政宣传教育；发展党员3人，有2名预备党员按期转正。长春市委党校被评为第五届全国文明单位、长春市先进模范集体、长春市先进妇委会、长春最美青年志愿服务集体，1个处室被评为省“三八”红旗集体，1个处室被评为市直机关巾帼文明岗，1人被评为市直机关“巾帼十杰”称号、2人被评为市直机关“三八”红旗手称号，评选表彰校优秀共产党员标兵4人、优秀共产党员12人、先锋示范岗6个。

【信息化建设】 完成“智慧校园”网上报名、教学管理系统、学员管理系统的调整升级；完善“红色学府网”在线学习功能；完成市委党校重新规划的图书馆、体育馆弱电线路设计；拓展校园WIFI覆盖面；完成信息安全等级保护设计；完成全校信息化设备普查；协助图书馆建设数字图书馆；协助办公室完成保密专线等。

【业务指导】 在完成市县两级党校办学体制改革任务方面，实施全市党校系统教学业务“五统筹”工作的办法提升县（市）区委党校办学水平，促进市、县两级党校办学体制改革；推动党校系统改革发展，创新办学体制，确定5个开发区、5个大部门加挂市委党校分校牌子，探索在乡镇街道建立县区委党校分校，加强基层党员干部的培训教育。10月20日，召开全市党校校长会，部署学习贯彻党的十九大精神。组织全县（市）区党校系统教员教学精品课观摩活动，邀请重庆党校、南京党校获得中央党校精品课的教师来市委党校授课，邀请中央党校党史教研部主任教授罗平汉讲授“新时代新使命新思想新征程”学习十九大精神专题报告会；组织县（市）区党校申报并完成省党校科研课题3项、市委党校科研课题2项；利用新成立的新时代传习所和党性教育展馆开展宣讲活动。

（刘太平）

党　史

【党史研究】 编纂完成《中国共产党长春市第十二届委员会执政实录》，全书图片24幅，180万字；《长春大事记》（2016卷）全书67幅插图，20万字；《中共长春党史人物传》（第十九卷）全书收录20篇人物传记，25万字；《长春党史学习教育参考资料》全书68幅插图，8.4万字。完成中央党史研究室交办的《长春城市雕塑发展历程和基本经验》（1.5万字）和《中国（长春）国际汽车博览会发展历程》（1.8万字）2篇专题撰写任务。

【党史征编】 2017年，征集资料660多万字，主要有：为吉林省委党史研究室《吉林党史人物》（十五卷、十六卷）提供人物传记资料15篇，20万字。为《永远的记忆——社会主义建设时期吉林省基层优秀共产党员先进事迹选编》《永远的记忆——改革开放以来吉林省基层优秀共产党员先进事迹选编》提供人物传记31篇，15.5万字。征集30位对长春市有贡献的党史人物，2万字，形成《长春市党史先进人物代表》（内部资料），为县（市）区党史办、各相关单位提供开展党史人物宣传教育的基础资料。征集《中国共产党长春市第十二届委员会执政实录》文字资料300余万字，图片200余幅。征集《长春大事记》（2016卷）文字资料100余万字、图片115幅。征集《中共长春党史人物传》（第十九卷）党史人物传记28篇，35万字。征集《中共吉林省委执政实录》2016卷涉及长春地区稿件4万余字，征集《中国共产党吉林历史大事记》2016卷涉及长春地区资料1.2万余字。开展抗战时期有关资料征集。按照《关于开展抗日战争口述资料征集的通知》（中史办发〔2017〕20号）要求，整理出抗战期间参加革命健在老干部名单140人；整理并上报抗战老战士回忆录49人次，文字量为17万字；整理上报抗战老战士口述资料13人，文字量3.3万字。按照《中共吉林省委办公厅关于印发〈吉林省东北抗日联军历史资料征集研究工作实施方案〉的通知》（吉厅字〔2016〕21号）要求，开展东北抗日联军历史资料征集工作，征集到部分书籍、画册、记录片等相关资料。编纂的《长春市经济政策选编》收录长春市近5年来出台的20份重要政策文件，12.2万字，下发给500户企业。

【党史资政】 完成《长春市“十三五”时期党史工作总体设想研究报告》转化为《中共长春市委办公厅关于转发市委党史研究室〈长春市2016—2020年党史工作规划〉的通知》（长办发〔2017〕10号）文件；完成4个重要课题：完成的《牢固树立五大发展理念推动长春市战略性新兴产业快速发展》调研报告被《长春信息》采纳，报送市领导，供决策参考。与市旅游局组成联合课题组完成的《关于加快长春市红色旅游发展问题研究报告》，为长春市发展红色旅游提供有价值的参考。完成市直机关党建课题《关于加强长春市机关党员干部理论教育工作问题的研究》。向中央党史研究室报送《党的十八大以来长春市党史工作新变化情况报告》。在《长春日报》《当代长春》等报刊上发表文章18篇。

【党史宣教】 开展长春市党史示范单位创建和命名工作。按照《中共长春市委办公厅关于转发市委党史研究室〈长春市2016—2020年党史工作规划〉的通知》（长办发〔2017〕10号）的要求，命名40家“长春市中共党史教育示范单位”，发挥示范带动作用，促进党史教育在基层落地生根。发挥党史教育基地作用。全市有市级党史教育基地16处、省级党史教育基地3处，接待600家参观单位，70万人次，发挥党史教育基地宣传阵地作用，拓宽党史宣传教育覆盖面。推进宣传工作，构建中央、省、市三级党史网络宣传平台，向上级党史部门报送各类工作信息，被中央党史研究室网站采纳3篇、中央党史研究室《党史工作简讯》采纳3篇，被吉林省委党史研究室网站采纳9篇。抓好中国共产党长春历史网、春城党史微信公众平台建设，发布重要信息55次。春城党史微信公众平台2017年推送信息389条。喜迎党的十九大召开，撰写反映党的十八大以来全市党史工作取得的新成绩的《谱写长春“红色记忆”》文章发表在《长春日报》上。举办《铭记历史珍爱和平纪念全民族抗日战争爆发80周年图片展》，面向市直机关干部进行展出。改版《春潮》期刊，丰富栏目内容，增加党史资政内容。出2期机关宣传板报，宣传长春市第十三次党代会主要精神内容，在党的十九大召开后宣传党的十九大精神主题。开展党史服务基层活动。将1000本党史书籍和期刊送到基层单位，为基层开展党史教育活动提供基础资料。指导基层推进党史惠民工作，建立一大批党史图书角等。面向企业群体开展3次政策宣讲活动，为市直机关效能义务监督员、部分民营企业家400人进行经济政策解读。

【业务指导】 落实中央、省委、市委决策部署。4月19日，向市委常委会汇报全国、全省党史研究室主任会议精神及长春市贯彻落实意见，吉林省委常委、市委书记王君正就做好长春市党史工作提出具体要求。4月27日，召开全市党史办公室主任会议，会议传达中央、省委、市委关于党史工作精神，总结和部署全市党史工作。召开3次县（市）区委党史办主任工作专题座谈会，落实中央、省委、市委各项工作会议精神。制定《长春市2016—2020年党史工作规划》（长办发〔2017〕10号），为全市党史工作开展提供政策保障。基层单位开展调研指导工作60余次。

（都　鹏）

档　案

【档案服务】 2017年，举办《深入推进“两学一做”学习教育制度化常态化专题展览》，成为全市党性教育活动的重要宣传阵地。与省档案局联合举办《铭记历史警钟长鸣—爱国主义教育档案图片展》。“档案文化进车厢”活动。车厢展览已拓展9个线路200多辆公交车。在农博会上举办“长春史话”档案展览，再现城市成长轨迹。编辑完成国家重点档案保护与开发项目《长春历史地图集》。编辑完成《长春档案文献》1950年—1957年卷。服务经济建设。依托馆藏档案资料，为全市40余家单位开展2次地名普查工作提供原始凭证。市档案馆查档大厅推出承诺、挂牌和限时服务，采取委托办理、电话查询以及“一门式、一张网”档案公共服务等多项便民措施，为百姓查阅档案提供便利。接待查档3886人次，调阅档案22941卷（件），利用资料214册，复制档案50090张，提供远程利用档案280例。

【档案业务管理】 落实全省档案工作专项督查反馈意见，坚持问题导向，加大馆舍建设整改力度。德惠市新档案馆落成，榆树市、农安县和双阳区档案馆建设通过国家发改委项目审批，双阳区档案馆于2017年9月开工建设；朝阳区新馆建设纳入2018年建设项目计划；宽城区、九台区新馆建设纳入“十三五”规划；南关区、二道区、绿园区新馆建设纳入区委区政府议事日程。明确各级各类档案馆收集档案范围，做好档案接收、征集工作。各级综合档案馆归档立卷11万卷件，档案数字化扫描近400万页，接收进馆20多万卷件。全市各级综合档案馆馆藏总量322万卷件。加强档案业务管理。加强专业档案规范化管理。制定《长春市精准扶贫档案管理工作实施细则》，形成《长春市精准扶贫文件材料归档范围及档案保管期限清单》，为开展精准扶贫档案管理工作提供实践依据。加强重大建设项目档案管理。国家档案局检查组对长春地铁一号线一期工程、长春轨道客车完善动车组制造平台建设、一汽集团技术中心动力总成实验室等重点建设项目档案予以肯定。开展长春新区、伊通河治理、地名普查、土地确权等重点领域档案监督指导。推进档案安全管理。2017年，市档案局投入资金50万元对局（馆）高清监控、红外报警、自动消防等设备设施进行更新改造。建设完成与国家档案局涉密网的专线联通工作，完成与省档案局涉密网络铺设工作。完成国家档案局《涉俄档案目录》《涉俄档案情况调查表》上报工作。

【档案法治宣传】 市档案局采取双人验收方式对各单位年度文件材料及电子数据进行验收；对破产企业主动上门服务，开辟绿色进馆通道；印发《关于再生育指标审批档案实行集中统一管理的通知》，明确再生育指标审批档案的规范化管理要求。提高依法行政能力。做好档案法律法规变更执行工作。针对《档案法》和《档案法实施办法》法条修改和删除等变化，市档案局及时更新网站档案法律法规栏目内容，取消相关行政许可审批事项，并指导各县（市）区进行更正执行。执法队伍管理。对执法人员进行动态管理，对工作调动、退休等执法人员及时进行信息更新。组织执法人员参加执法培训，2017年，参加执法培训14人。档案执法检查。3月，对县（市）区档案局（馆）、开发区档案管理部门落实全市档案工作会议精神情况开展检查。7月，对全市落实省档案工作专项督查反馈意见整改情况进行先期复查。档案法治宣传。制定《长春市档案“七五”法治宣传教育规划》，组织参加国家和省档案局纪念档案法颁布30周年活动，全市100余名档案工作者参加法律法规知识竞赛答题。市档案局代表长春地区参加全省档案法律知识竞赛取得成绩。开展“两学一做”常态化制度化教育活动。市档案局举办全市档案系统“不忘初心·筑梦前行”主题诵读大赛。档案培训，提升档案队伍业务素质。市档案局组织全市档案工作者参加数字档案室建设业务培训，为档案事业发展提供坚强人才保障。全市各级档案管理部门有12人被评为吉林省高级专家及中青年业务骨干。

（汤　明）

长春市人民代表大会

重点工作

【概况】 2017年，召开常委会会议6次，主任会议10次，主任办公会议7次，专委会会议42次，审议制定修订地方性法规3件、修改7件、废止1件，听取审议“一府两院”专项工作报告18项，开展视察、检查和调研21次，执法检查2次，作出决议、决定8项，任免“一府两院”工作人员170人次。

【长春市第十五届人民代表大会常务委员会会议】 2月28日，市十五届人大常委会举行第一次会议。会议听取审议《长春市第十五届人民代表大会常务委员会关于设立代表资格审查委员会的决定（草案）》《长春市第十五届人民代表大会常务委员会代表资格审查委员会组成人员名单（草案）》《长春市人大常委会2017年工作要点（草案）》市政府《关于市十五届人大一次会议议案办理方案的报告》；会议表决通过长春市第十五届人民代表大会常务委员会关于设立代表资格审查委员会的决定；长春市第十五届人民代表大会常务委员会代表资格审查委员会组成人员名单；《长春市人大常委会2017年工作要点》和人事任职议案。会议决定任命张敬安为长春市副市长；决定任命赵显为长春市人民政府秘书长及其他40名“一府两院”工作人员。

4月27日，市十五届人大常委会举行第二次会议。会议听取关于提请审议修订《长春市预防和制止家庭暴力条例》的议案及说明；审议通过《长春市第十五届人民代表大会常务委员会代表资格审查委员会关于个别代表的代表资格的报告》；听取市政府《关于全市“六五”普法完成及“七五”普法推进情况的报告》，表决通过《长春市人民代表大会常务委员会关于深入推进第七个五年法治宣传教育的决议》；听取市政府《关于2016年度环境状况和环境保护目标完成情况的报告》。会议听取和表决市人民检察院检察长盛美军提请的有关人事事项。会议以无记名投票方式，表决通过人事免职辞职事项。

6月28日，长春市第十五届人民代表大会常务委员会举行第三次会议。会议听取审议市人大法制委员会关于《长春市预防和制止家庭暴力条例（修订草案）》审议结果的报告、市政府关于提请制定《长春市节约用水条例》的议案及说明、市政府关于长春市与丹麦约灵市缔结友好城市关系的议案及说明、市人大常委会关于长春市地铁建设和环境保护工作情况的视察报告、市中级人民法院提请的有关人事任免职事项。会议表决通过《长春市预防和制止家庭暴力条例》《长春市人大常委会关于长春市与约灵市缔结友好城市关系的决定》和有关人事任免职事项。

8月28日至29日，市十五届人大常委会举行第四次会议。会议听取市政府关于2017年国民经济和社会发展计划上半年执行情况；关于2016年财政决算和2017年上半年预算执行情况；关于2016年度市本级预算执行和其他财政收支情况的审计工作；关于长春市学前教育工作情况，关于国土资源管理工作情况的报告，听取市人大法制委关于《长春市节约用水条例（草案）》审议结果的报告，市人大财经委关于长春市本级2016年财政决算的审查结果报告，市人大常委会关于市检察院诉讼监督工作情况的视察报告，审议并表决通过市十五届人大常委会代表资格审查委员会关于个别代表的代表资格的报告。会议表决通过《长春市节约用水条例》《长春市人大常委会关于批准长春市本级2016年财政决算的决议》和有关人事任免职议案。会议听取有关人事事项，表决通过有关人事免职辞职事项。

10月30日至31日，市十五届人大常委会举行第五次会议。会议传达学习中国共产党第十九次全国代表大会精神。听取审议市政府关于提请审议修订《长春市燃气管理条例》的议案及说明，审议并表决通过市十五届人大常委会代表资格审查委员会关于个别代表的代表资格的报告，审议并表决通过《长春市第十五届人民代表大会常务委员会关于召开长春市第十五届人民代表大会第二次会议的决定》，听取市人大常委会视察组关于全市重大项目建设情况的视察报告、关于长春市市水源地保护情况的视察报告，听取市政府关于“五大现代农业试验区”建设情况的报告、关于全市外事工作情况的报告、关于全市脱贫攻坚工作情况的报告，听取审议市政府关于长春市老龄工作情况的报告。会议还听取有关人事事项的议案及说明，表决通过有关人事事项。

12月22日，市十五届人大常委会举行第六次会议。会议听取市人大法制委关于《长春市燃气管理条例（修订草案）》审议结果的报告；市政府关于提请审议修改和废止部分地方性法规的议案及说明，表决通过《长春市燃气管理条例》《长春市人大常委会关于修改和废止部分地方性法规的决定》；审议并表决通过市十五届人民代表大会常务委员会代表资格审查委员会关于个别代表的代表资格的报告；关于接受王克成辞去吉林省第十二届人民代表大会代表职务的决定；听取关于筹备召开市十五届人大二次会议的报告；审议并表决通过《长春市人民代表大会常务委员会关于市监察委员会副主任、委员任免办法的决定》；听取市人大常委会视察组关于长春市公安科技强警工作情况的视察报告、关于长春市城建重点工程建设情况的视察报告、关于《长春市人民代表大会常务委员会工作报告（审议稿）》起草情况的说明、市政府关于市十五届人大一次会议议案办理情况的报告和2017年预算调整情况的议案及说明、市人大财经委关于2017年预算调整的审查结果报告；表决通过《长春市人民代表大会常务委员会工作报告（审议稿）》《长春市人民代表大会常务委员会关于批准我市2017年公共预算和政府性基金预算调整的决议》。会议听取有关人事事项的议案及说明，表决通过有关人事任免职事项。

【决定重大事项】　加强预算审查，听取审议预算执行情况、审计工作及整改情况的报告，批准市本级2016年财政决算和2017年预算调整方案。围绕保障和改善民生，作出关于全面推进长春市老龄事业发展的决议，动员全市人民响应市委号召，加快完善老龄事业体制机制、保障经费来源、健全养老服务体系，推动全市老龄事业全面协调可持续发展。围绕推进依法治市进程，作出关于推进第7个五年法治宣传教育的决议，号召全社会学习宣传宪法和法律，推动普法工作的开展，营造尊法守法用法的社会氛围。围绕构建对外开放新格局，作出长春市与丹麦约灵市缔结友好城市关系的决定。

【人事任免】　完成新一届市政府组成人员的任命和市法院、市检察院工作人员的任免工作，为地方国家机关高效运转提供组织保障。任免国家机关工作人员170次。其中，市政府50人次，市法院62人次，市检察院54人次，市人大4次。

立法监督

【立法工作】　构建完备地方法规体系，科学编制立法规划。编制《长春市第十五届人大常委会立法规划》，针对经济发展、社会管理、文化繁荣、生态建设等领域的瓶颈问题，确定51个立法项目，为长春市构建完备地方法规体系提供有力支撑。强化热点问题法治保障，加快立法步伐。注重生态文明建设，制定《长春市节约用水条例》；注重群众权益保护，修订《长春市预防和制止家庭暴力条例》；注重群众生活保障和安全生产，修订《长春市燃气管理条例》。注重立法与改革决策相衔接，对《长春市城市绿化条例》《长春市企业负担监督管理条例》等7件法规进行修改，废止《长春市劳动力市场管理条例》。就制定修订供热管理条例、地下

1月10日，市十五届人大二次会议宣誓仪式　（陶玉坤　提供）

5月24日，市人大常委会主任钱万成视察长春市地铁工程建设情况 （陶玉坤 提供）

管廊条例、文明行为促进条例等10件法规开展立法调研。推动法治宣传教育，创办《人民讲堂》，宣传法治文化、弘扬法治精神、传承中华美德、倾听人民声音，举办6场专题报告，宣传覆盖面达50万人次。创新立法工作体制机制，提高立法质量。落实市委《关于加强党委领导立法工作的实施意见》，立足长春市实际，需求分析，强化焦点研判，创新评价体系。加强规范性文件备案审查，2017年审查规范性文件16件。

【监督工作】 2017年，加强对经济工作的监督。就全市重大项目建设情况进行视察，提出要着力扩大有效投资、高度关注民间投资、破解资源要素瓶颈、不断优化投融资环境。听取审议“五大现代农业实验区”建设情况报告，提出要抓住实施乡村振兴战略的有利契机，加大投入力度，发挥实验区对现代农业建设的引领示范作用。听取审议外事工作情况报告，强调抢抓“一带一路”战略机遇，优化对外开放平台，提升长春市经济外向度。

加强对城市建设工作的监督。结合新一轮城市总体规划修编，开展《城乡规划法》和《城乡规划条例》执法检查。对地下空间规划不足、城乡规划与土地利用规划衔接融合不够等问题，提出新规划要紧扣城市功能定位、扩大公众参与、注重多规协调，提高规划解决实际问题的能力。就长春市地铁建设进行专项视察，提出要探索建管并重新模式，加快构筑现代化立体交通体系。对旧城改造、公用事业、城建重点工程开展视察调研，提出要深化城管体制改革和城建投融资体制改革，加快解决城市建设管理中的突出问题，提升城市管理水平。

加强对改善民生工作的监督。听取审议安全生产工作情况报告，提出要落实责任，完善机制，确保安全生产常抓不懈。为确保打赢脱贫攻坚战，听取审议脱贫攻坚情况的报告，提出要坚持精准扶贫，注重产业扶贫，强化防控返贫，建立造血机制，铸牢兜底根基，建立脱贫长效机制。听取审议学前教育工作报告，对低保救助、华侨权益保护等情况进行调研，提出相关工作建议。

加强对生态文明工作的监督。常委会对生态文明建设，听取审议环境状况和环境保护、国土资源管理等情况的报告。

加强对社会治理工作的监督。听取审议关于法治政府建设情况报告，对公安科技强警、市检察院诉讼监督、市法院执行等工作进行视察和专题调研。

【议案办理】 2017年，通过采取主任会议成员牵头督办重点建议，专门委员会全程跟踪督办，听取审议议案办理方案和办理情况报告，召开调度会、组织代表与承办单位视察检查等方式，强化议案建议督办工作。市十五届人大一次会议大会主席团确定的《关于大力扶持科技“小巨人”企业》和《关试行小学生课后免费托管服务》2件议案，常委会主任会议确定的《关于进一步规范我市地名的建议》《关于扶持我市国有改制企业的建议》和《关于促进文化与旅游深度融合，加快长春市文化旅游产业发展的建议》等9件代表建议确定为重点督办建议以及196件代表建议全部办理完毕。

【政情通报会】 7月18日，市人大常委会组织召开全市政情通报会。会上，市长代表市政府通报上半年全市经济社会发展情况，市中级人民法院负责人、市人民检察院检察长盛美军分别通报市中级人民法院和市人民检察院上半年工作情况，市人大常委会以书面形式通报上半年工作情况。

（陶玉坤）

重点工作

【概况】 2017年，实现地区生产总值6530亿元，按不变价格计算，比2016年增长8.0%。其中，第一产业增加值315.1亿元，比2016年增长3.8%；第二产业增加值3175.2亿元，增长7.5%；第三产业增加值3039.7亿元，增长9.0%。三次产业结构为4.8：48.6：46.6。对经济增长的贡献率分别为2.8%、47.0%和50.2%。人均生产总值86931元（按户籍年平均人口数计算），比2016年增长8.5%，折合13361美元。全市一般预算全口径财政收入1208.9亿元，增长5.1%。地方财政收入450.1亿元，增长8.3%，其中，税收收入340.1亿元，增长9.8%。地方财政支出875.7亿元，增长13.6%。完成固定资产投资额5194.8亿元，增长11.5%。新增固定资产3926.4亿元。城镇常住居民人均可支配收入33167.7元，增长6.8%。农村常住居民人均可支配收入13431元，增长6.8%。

【经济发展】 2017年，实施亿元以上项目1311个、10亿元以上项目313个，分别比2016年增加161个和28个。一汽大众Q工厂、北斗科技小镇、华为云计算中心、浪潮大数据中心等一批重大项目顺利推进，航天信息、亚泰医药、光电和智能装备等新型产业园区形成产业集聚，规模以上工业、高技术产业、战略性新兴产业产值分别增长10%、20%和15%左右。新增工业产值超百亿企业2户、规模以上工业企业150户。长春推动实施“中国制造2025”、促进工业稳增长和转型升级工作获国务院通报表扬。服务业增速持续高于一产、二产，经济增长贡献率突破50%。一批商业综合体建成开业，新增商业商务面积近400万平方米。举办汽博会、农博会、雕塑大会、电商峰会、创业就业博览会和东北振兴论坛，长春获评“中国十佳品牌会展城市”。龙嘉国际机场年旅客吞吐量突破千万人次。东北首家民营银行亿联银行正式开业，新引进两家域外金融机构。3户企业上市，7户企业新三板挂牌。国家文化消费试点成效显著。推进“全国绿色有机农业示范市”创建工作，现代农业5大实验区建设进展顺利。种植业结构稳中调优，粮食生产再获丰收。品牌农业、高效特色农业、都市休闲农业、健康养殖业初具规模。免疫无口蹄疫区建设通过国家验收。农民合作社数量、土地流转面积持续扩大。农机化率稳步提升。

【改革创新】 推进“一门式、一张网”综合改革，进一个门办多件事、办事群众与审批人员不见面、行政审批和公共服务事项全程网上运行成为现实，优化服务环境、方便办事创业。国企国资、投融资、财税、司法、供销社、医疗卫生、公共资源交易机构整合等改革扎实推进，为经济社会发展增添新动力。全面扩大开放，主动融入“一带一路”建设。“长满欧”班列货运量快速增长，中欧班列实现首发，长春国际港开通运营。中粮玉米产业园等一批项目落位，引进央企和国内500强企业5户，实际引进内外资分别增长17%和14%。工业用地出让量、建设用地征收量分别增长42%和62%。推动与天津、杭州对口合作，合作园区建设顺利推进。美国、英国等7国大使相继访问长春市，城市对外影响力和知名度得到提升。全市技术合同交易额突破200亿元，比2016年翻一番。科技进步贡献率比2016年提高0.9个百分点。互联网与各行业加速融合，新产业、新业态快速成长。各类创新创业基地发展到236个，在孵企业超过1.4万户。长春新区等4家单位获批国家双创示范基地。创新型城市试点建设通过国家验收。国家民营经济发展改革示范城市建设全面启动，民营经济总量占全市一半。成立院士专家联合会，举办“院士专家长春行”活动。出台集聚人才“20条新政”，启动招才引智“万人计划”。国家级人力资源服务产业园建成运营。国家7项外籍人才出入境政策在长春新区实施。

【城市建设】 城市设计、城市总体规划、“多规合一”空间规划3项国家试点取得阶段性成果。伊通河中段综合治理基本完成。南溪湿地公园建成开放。为期2年的旧城改造提升工程全面收尾，三环路以内20个商圈、316个老旧住宅区、600多条街路旧貌换新颜。

1100多公里地下管网完成改造。地铁1号线投入运营，地铁2号线一期主体工程全线贯通，轻轨北湖线按计划实施。南湖大桥、自由大桥完成翻建。吉林大路东延长线等一批重要路桥建成通车。打通35条断头路、卡脖路。新建20个立体停车场。启动建设6座城区公园，新建26块大宗绿地，植树造林7598公顷。建成区黑臭水体治理基本完成。新开河、串湖、东新开河等流域治理有序推进。全域255条河流、6个湖泊全面落实河长制，设立各级河长2325名。水生态文明城市建设试点任务基本完成。实施大气、水、土壤污染防治行动计划，狠抓节能减排。关停搬迁重污染企业12户，基本淘汰黄标车和建成区10吨以下燃煤小锅炉。开展“走遍长春”城市精细化管理专项行动。推进道路交通秩序整治。“智慧长春”建设取得新进展。长春获批国家历史文化名城，全国文明城市、国家卫生城市实现“三连冠”。

【民生建设】 幸福长春行动计划全面完成。城乡居民增收“暖流计划”惠及893万人次。城镇新增就业11.4万人，超出年初预期目标。推进脱贫攻坚，又有2.7万贫困人口、124个贫困村实现脱贫。加大就业创业支持力度，城镇登记失业率控制在3.5%左右，就业形势保持稳定。开展农民工工资“精准支付”行动。提高最低工资、城乡低保、养老保险、失业保险、重点优抚对象救助标准。城镇居民、农村居民人均可支配收入增速高于全省平均水平。为3.6万名残疾人提供精准康复服务。7家市级医院专科医疗救助中心为农村贫困患者提供免费治疗。新分配公租房4280套，拆除棚户区119万平方米，完成房屋确权登记1008万平方米。出台中低收入家庭公积金贷款购房新政。创建“公交都市”，新增更新公交车辆546台。新建农村公路640公里，改造农村厕所2.9万户，解决18.2万农村居民饮水安全问题。城市千米社区、农村200平方米以上社区比例分别为75%和80%。长春连续10次获评“最具幸福感城市”。

【社会事业】 2017年，专利申请量14995件，授权量8190件，分别比2016年增长12.5%和16%。其中，发明专利申请量6256件，增长7.8%；发明专利授权量2607件，增长31.5%。登记的科技成果115项。全市有法定产品质量检验机构1家，法定计量技术机构1家。实施市级产品质量监督抽查1784批次，计量校准设备48000台/件，检验各类器具159000台/件。

长春市有各级各类教育学校1557所（不含幼儿园）。其中，在长普通高校40所，成人高校8所，中等职业学校94所，普通高中70所，初中269所，小学1065所，特殊教育10所，工读学校1所。全市各级各类学校招生人数35.2万人。其中，普通高校12万人，成人高校2.4万人，中等职业学校1.7万人，普通高中4.1万人，初中6.8万人，小学6.3万人，特殊教育110人。全市各级各类学校在校人数129.2万人。其中，在读研究生5.4万人，普通本、专科生43.8万人，成人本专科生5.4万人，中等职业学校在校生4.7万人，普通高中在校生12万人，初中在校生18.5万人，小学在校生39.5万人，特殊教育在校生1085人。全市各类教育学校专任教师9万人。其中，普通高等学校2.7万人，成人高校954人，民办机构94人，中等职业学校0.4万人，普通高中0.8万人，初中阶段1.8万人，小学3.1万人，特殊教育365人，工读学校29人。

全市有文化（文物）事业机构265家。其中，艺术表演团体7家，艺术表演场馆5家，公共图书馆12家，艺术馆、文化馆12家，文化站160家，文化艺术科研、科技机构1家，文物保护研究机构1家，文物保护管理机构4家，其他文化事业23家，博物馆23家，文化市场管理机构17家。公共图书馆总藏量565万册，其中少儿图书馆藏量75万册。全市有各类文化经营场所1390家，其中，互联网上网服务营业场所708家，文化娱乐场所307家，演出场所20家，音像制品营业场所90家，古玩（美术品）经营店265家。市区（含开发区）文化经营场所993家。其中，互联网上网服务营业场所501家，文化娱乐场所219家，演出场所9家，古玩（美术品）经营店264家。全市有广播电台6座，节目11套，中波发射台和转播台25座，转播台23座，广播人口覆盖率为100%，电视台6座，节目10套，电视人口覆盖率为100%。

全市有卫生医疗机构4380个，下降0.54%。其中，医院、卫生院296所，比2016年减少0.34%。拥有医疗床位4.99万张，比2016年增长2.32%。卫生技术人员为4.97万人，比2016年增长1.2%。每千人拥有执业医师和执业助理医师2.82人。市辖区建成社区卫生服务中心83家，城区人口覆盖率100%。345.6万农民参加了新型合作医疗，常住人口参合率97.15%，筹集资金21.8亿元，已有165万参合农民受益，支付补偿金20.5亿元，占筹资总额的94.3%。

承办瓦萨国际越野滑雪赛等国际国内大型体育赛事16余项次。开展全民健身活动，完善健身场地设施，改善健身条件，开展各级各类健身活动1326余项次，近100万人次参与活动。长春市输送的运动员参加年度国际和国内比赛70项次、获得世界系列比赛冠军5个，全国冠军61个。在第八届日本札幌亚冬会上，长春市输送的运动员获得2金3银1铜，18人次进入前8名，特别是花样滑冰的冰舞比赛，是吉林省长春市在参加亚冬会历史上获得该项目首枚金牌。体育彩票销售13.48亿元，占全省销售比例的38%。

（房　明）

【接待服务】 2017年，长春市接待办接待各类团组212批次，1650人次。其中，接待中共中央政治局委员、国家副主席李源潮；全国政协副主席林文漪；中央政治局委员、中央文明委副主任郭金龙；全国人大常委会原副委员长、中国关工委主任顾秀莲；全国政协原副主席王忠禹等党和国家领导人5位，省部级领导50位、司局级211位。完成市委72个团组、市人大32个团组、市政府41个团组、市政协31个团组、纪委3个团组的接待任务。接待经贸考察团21

个。8月19日和9月12日，接待“2017年东北振兴论坛”和“津长合作、共赢发展，天津市民营企业家长春行”2个重要经贸活动。完成2个大型团组的接待任务，得到领导和来宾的高度认可和赞誉。参与完成2017中国长春冰雪旅游节暨净月潭瓦萨国际滑雪节、第十四届中国（长春）国际汽车博览会、第十六届中国长春国际农业·食品博览（交易）会、第十一届中国-东北亚博览会等大型会展活动的接待工作。9月初的东博会设立长春市工作组，组长由市接待办主要领导担任，负责国内副省级和省会城市代表团组（包括党政团和经贸团）及指定代表团组的接待工作，接待办派一名接待人员提前到东博会接待部驻会。工作组制定具体的工作方案和实施细则，多次向领导汇报研究接待工作，最终确定安排朝阳区等15个城区、开发区和市直部门为陪同团，负责接待。建立陪同团工作微信群，与邀请单位和代表团的联络人员及省接待部反复对接，与各陪同团单位积极协作、细致沟通，接待广州市等21个党政代表团和经贸代表团，完成接待任务，获得长春工作部授予的第十一届中国—东北亚博览会“突出贡献奖”。9月6日至8日，以市长为团长的政府代表团一行21人赴杭州开展合作交流活动，市接待办主要领导提前赴杭州市，确保领导出访各项活动的开展。

（刘丽芳）

市长公开电话

【概况】 2017年，市长公开电话全口径受理反映的问题362583件。其中，“12345”热线受理336618件、网站受理21575件、读报读网受理1024件、其他途径受理3366件；依法合理答复144039件，转交网络单位办理218544件，办结率99%以上，反馈率95%以上，群众满意率85%以上；举办局长接待日12次，接待人数6999人，受理问题2191件，办结2183件，办结率99.6%。在年度受理交办工作中，未发生一起敏感、热点问题迟报、漏办现象。8月，在中国市场学会服务质量专业委员会组织的全国政府便民热线服务质量暗访调查活动中，长春市“12345”服务热线服务质量首次追平北京市并列排名全国第一；9月，长春市读网工作再次被《人民日报》评为“全国网民留言办理工作”先进单位，连续8年获此殊荣。

【跟踪督办】 统筹谋划办理。2017年初，在对2016年度工作进行全面梳理总结的基础上，明确2017年度工作重点，制定下发工作计划。结合“元旦”和“春节”重要时机，在系统内开展“告别烦心事，放心过大年”主题活动，各网络单位重点围绕供水、供热、供电、燃气、有线电视、交通、困难救助、欠薪、物业、市容卫生等方面存在的直接影响市民过节的问题进行排查，解决问题近1000个。市长公开电话智能化信息综合服务平台经过全新改版升级，于8月全面上线运行，市长公开电话服务能力增强，服务水平提高。加强跟踪督办。召开专项工作调度会议42次、现场跟踪督办45次、专项督办事项53件、重点督办事项67件。

【信息宣传】 编发工作专报、简报、要情周报122期，捕捉社会敏感信息40余件，为领导决策和城市稳定运行做出贡献；通过中央、省、市各级新闻媒体对公开电话工作进行宣传报道近500次，提升公开电话的群众知晓率，增强社会认知度。

（蔡　波）

决策咨询

【概况】 2017年，协助咨询委员完成各类课题、报告、调研材料、意见建议等40件，成稿3余万字；协助法律咨询委员参加论证、专题会议112次、395人次；列席市政府全部常务会议；完成市政府领导委托的法律服务事项98件。其中，规范性文件37件、地方政府规章草案7件、地方性法规草案3件；个案51件（含合同20件）。

【政府规划决策】 对农委起草的农村工作会议提出修改建议；对长春制造2025发展规划提出修改建议；对市政府常务会议规划提出修改建议；参加2017年上半年经济分析会并阐述意见建议；对市政府讨论食品发展责任制社会组织发展等问题提出参考建议。

【法律咨询论证】 长春市政府与古巴共和国生物技术与医药产业集团签订《中古（长春）生物技术国际合作区实施协议》；副市长王路委托市大项目办副主任易贵平召开专题会议，研究“东盟非法集资案受害人要求返还财产信访案件”的有关问题；副市长贾晓东委托研究论证中信鸿泰置业有限公司拒交其承建的农博园产权有关问题；《长春市人民政府渤海银行有限公司金融合作战略协议》《长春市人民政府中星技术有限公司战略合作框架协议（征求意见稿）》；副市长白绪贵专题研究市工信局担保公司违规担保的责任效力等有关问题；副市长周贺批示论证《关于风华美地等26个设项目的处理意见》所涉法律问题。常务副市长王路批示论证长春市统计局《房屋租赁合同》案；中国长春市委长春市人民政府《关于推进防灾减灾救灾体制机制改革的实施意见（送审稿）》《长春市人民政府地方性法规草案和规章制定程序规定（修订草案）》。

【咨询建议】 提出修建长春—九台—伊通河大运河的建议；提出建立大净月国际休闲区的书面建议；建立长春—四平都市绿色经济合作区拟出框架构想；提交关于加快九台区、双阳区2个副中心城区建设规划建议。为榆树五棵树的新区发展提供规划纲要，提出咨询建议；为榆树市农业供给侧改革试点提出新思考建议对莲花山度假区发展研究报告提出修改建议；对发改委发展城镇经济提出咨询建议；为农委构建农业3个体系提出咨询建议。应市委组织部要求，对完善市直机关领导班子领导干部绩效考核提出参考建议；对市委组织部与天津市教育培训对口合作提出咨询建议；对市委党校智库建设提出咨询建议。对市政协保留中东铁路遗存利用提出咨询建议。

【文化软实力发展】 对伊通河古化石提供咨询建议；就提升长春圈楼文化功能建设提供建议；就净月建立戈沙水墨艺术馆向净月管委会提出建议；就民间收藏家孙树林收藏红山文化及本地古文物公共利用提出建议。就民间收藏家王成武藏品公共利用提出咨询建议。

【参与其他地市咨询】 对省长吉图办起草的长春-公主岭合作区实施意见提供修改建议；对省委党校承担的全省旅游转型升给课题提供咨询建议；对延边延龙图一体化示范区意见提出咨询建议；对延边申报国家级发展载体的选择方向提出建议。

（王延文）

民生工作

【脱贫攻坚】 实施农村脱贫攻坚低保支持计划，推进农村低保标准与扶贫标准两线合一，主城区农村低保标准提高到每人每年4920元，双阳区、九台区农村低保标准提高到每人每年3650元。市、县两级职业院校面向“七个重点人群”培训63902人。3390户建档立卡农村贫困户危房改造全部完成。74个贫困村安全饮水主体工程全部完工。为1312名建档立卡60周岁以上失能失智等4类老人每月购买200元居家养老服务券。对建档立卡贫困家庭在园幼儿和学生按每生每年1000元标准、就读大学（含大专、高职）的学生按每生每年2000元标准给予生活补助，2017年发放2911.24万元、帮扶28350人。

【社会保障】 城镇职工基本医疗保险统筹基金年度最高支付限额由12万元提高到20万元，城镇职工大额补充医疗保险年度最高支付限额由20万元提高到50万元。建立重特大疾病医疗保险“特药”保障机制，将价格昂贵、临床必需、疗效确切的医疗保险《药品目录》外的特殊药品纳入医保支付范围。全市新增7家养老机构、5311张床位。城区养老机构实现与市级、区级和社区卫生服务中心等医疗机构的对接，对接率80%以上。在失能人员照护保险试点成功基础上，又将照护保险扩大到中度失能人员。长春市户籍的高校毕业生依据政策以灵活就业身份补缴养老保险费567人。毕业5年以内的高校毕业生进入大学生创业园创办的企业37户。

【社会救助】 主城区重特大疾病住院城乡低保对象，大病保险起付线以上部分政策范围内自付医疗费用救助比例由75%提高到80%，年救助封顶线由2万元提高到3万元；增加艾滋病、血友病等6个特殊疾病救助病种。6月7日，正式启动“爱心圆梦”慈善助学活动，772名低保、低保边缘家庭应届中、高考学生得到资助。扩大助残范围，对441名考入全日制普通高等学校、中等职业学校、高中的贫困残疾人子女给予了助学补贴。10月25日，市公用局、市民政局、市财政局联合发文，对低保户、低保边缘户水费、热费和燃气费补助标准进行大幅度提标。

【教育惠民】 制定《学前教育三年行动计划》，认定普惠性民办幼儿园20所，增加普惠性学位3085个，超额完成年度任务目标。各城区启动义务教育学校新建项目8个，提供优质公办义务教育学位12000个。印发《关于对长春市残疾学生给予营养餐补贴的通知》，按学前阶段3餐12元、义务教育及高中阶段走读生1餐8元、住宿生3餐20元的标准给予补贴，解决全市2579名特殊教育学生（幼儿）的餐费问题。

【文体旅游】 举办文化庙会、市民读书节、冰雪旅游节、消夏节等72项活动。城区“十分钟体育健身圈”成果得到巩固，群众休闲健身更加便捷。全市开展声乐、器乐、舞蹈、绘画、摄影等艺术普及培训班300个班次，培训群众50万人次。放映公益数字电影2万余场，举办各类文化大讲堂80场。

【交通改善】 6月30日，地铁一号线投入试运营，长春市公共交通正式步入“地铁时代”。畅通红旗街商圈等微循环，打通民丰大街等15条断头路、卡脖路，超额完成全年任务，交通拥堵日益减少。吉大东门过街天桥投入使用，开封小学天桥主体完工。新建、改造主城区农村公路556公里主体工程完工。调整公交线路10条，新辟5条公交线路，基本解决南部新城、汽开区和欧亚卖场周边市民的出行难题。在居民区施划停车泊位，加强居民小区内停车场的规划、建设和管理，规范群众停车秩序。

【生态环境】 全市春植绿化比2016年同期增长2倍。花溪、芳草、谢家、兴隆、北海公园二期、安全教育体验六大公园建设同步推进。净水厂原址文化生态园建设全面启动，水生态园、运动活力嘉年华等功能区特色鲜明。伊通河沿河带状绿地新增400公顷，水清、岸绿的景观带初见雏形。黄标车淘汰完成99499台，基本实现淘汰目标。治理重点行业企业燃煤锅炉1261台，超额完成年度任务，有效削减燃煤污染排放。

【宜居建设】 通过新建和货币安置改造棚户区7644套，完成“暖房子”改造任务600多万平方米，超额完成年度任务。汽开区“暖房子”改造任务完成467万平方米。全市改造陈旧供水管网228公里、供热管网281公里、燃气管网212公里，超额完成年度任务。改造和规范三环内电力和通信架空线路165公里。群众反映强烈的西四环路（腾飞大路—长沈桥）路灯问题，安装400余套。

【“平安长春”建设】 启动国家公共安全视频监控建设联网应用工程示范市建设。集中开展养老机构消防安全专项整治活动，整改安全隐患1463处，分流

4783人。打造国家优质安全绿色畜产品生产基地，建设30个龙头企业、农户联动产业园区，推进生猪、肉牛全程可追溯体系建设和中药无抗养猪试点工作，保障肉品安全。推进创建国家食品安全示范城市工作，加强农兽药残留、重金属污染等源头治理，全市2.5万户餐饮服务单位量化分级评定率100%。开展“你点我检”活动，针对10个食品品种制定200个批次的抽检计划并组织抽检。

【便民服务】 全面推进“一门式、一张网”政务服务综合改革，实现行政审批和公共服务“一号申请、一窗受理、一网通办”。5月1日，全市车驾管业务窗口全部实行延时办公制度。身份证办理预约和延时服务全面铺开。开通微信公众号“户政零距离”，方便群众网络预约办证。全市户籍窗口实施非工作时间延时服务。税务部门开通“网上申领发票，邮政寄递服务”系统，最大限度方便纳税人领用发票。全市城市社区“千米社区”比例和农村社区200平方米以上比例均达70%，社区基础设施建设实现新突破。动植物公园、净月公园、雕塑公园、伪满皇宫博物院法定节假日以外时间免费向全市低保户开放。

【城市荣誉评选】 12月7日，由新华社《瞭望东方周刊》主办的“2017中国最具幸福感城市”调查推选活动结果正式发布，长春市再次获得“最具幸福感城市”称号，这是长春市第10次获此殊荣。“中国最具幸福感城市”调查推选活动由新华社《瞭望东方周刊》、瞭望智库共同主办，连续举办11年，9.86亿人次参与公众调查和抽样调查。2017年度调查推选活动以“砥砺奋进 城市中国”为主题，突出展示党的十八大以来，中国城市在综合实力、公共服务能力、社会事业发展、居民生活质量等领域取得的突出成就。长春市被推选为“2017中国最具幸福感城市”。

（李 强）

外事侨务

【外事体制机制改革】 中共中央办公厅、国务院办公厅和吉林省分别下发《关于加强党对地方外事工作领导体制改革的实施意见》，省委常委、市委书记王君正签发“认真学习，深刻领会，抓好落实”意见。制定《长春市重大外事活动规定》，开展2017年外事工作监督检查，对24家单位的外事工作进行督导。领导小组办公室向领导小组对重大外事问题的呈报请示16次，召开外事工作部门协调会27次。

【助推经济发展】 2017年，长春市与中新社联合出版12期《华商月刊》，重点介绍长春市优势产业、优秀人才和优质产品，面向东南亚及港澳台等地区发行。在《华商月刊》中设立“华商风采”专栏。举办“长春全球发布”活动，邀请来自全球22个国家45个华人媒体出席发布活动。《人民日报》、中央电视台、凤凰卫视、新华社、中新社等多家媒体对长春市改革开放取得的成就给予报道。围绕招商引资重点工作，外事部门利用外事资源，协助相关部门做好招商引资工作。3月，举办美国国家推介暨中美双向招商活动，来自美国22个州的政府、企业代表与长春市的相关部门和企业开展双向的推介和招商。4月，长春市举办法国文化周活动，在文化周期间，中法双方共同推动在长春建设“法国中心”合作项目。6月，长春市第二次举办中日韩经贸交流会。7月，在东博会和纪念香港回归20周年之际，举办香港和澳门投资说明会。北车集团在美国和澳大利亚建立研发中心，按美国标准设计制造的地铁已登陆美国。利用友城关系，为吉林通用机械在德国收购研发企业创造条件，北方工业集团在德国和俄罗斯收购汽车配件企业，利用国际展会，长春市一批有国际竞争力的电子、汽配等名优产品行销到海外。

【外事服务】 抓好因公出国的管理和审批工作，整顿从严治党和落实中央“八项规定”的具体内容。严格执行因公出国和经费“双计划”“双审核”“双审批”制度；确定“控制总量、突出重点、保压结合、服务发展”的原则；实施数量控制、地域控制、人员控制、任务控制、邀请控制、预算控制的审批措施；出台出访任务量化、出访成果跟踪规定。计划团组157个，实际执行计划团组78个，其中经贸团组67个。确定的“十大重点支持对外交流领域”，重点组派经济、农业、工业、“一带一路”、城市管理、科技与人才、国际文化交流等7大类综合团组，保证对外重点招商、重点项目合作和重要的对外交流。做好外事管理改革的工作。强化主动服务意识，简化服务流程，提升外事服务水平。在领事服务方面，出台《领事便利服务》；编辑印刷外文版《长春导览图》；在长春市外语网站建立领事服务专栏，建立为外国企业和外国友人服务的“服务联系人制度”，解决企业和友人在长所遇到的困难和问题；协调政府相关部门处理涉外事务25起。为28877位中外人士出具领事认证，保证正常商务活动；市外办与美国、德国、日本、韩国等领事机构建立沟通机制，为长春市企业与市民签证等事项提供保障。

【对外交流】 9月6日，美国大使上任访问的第一个城市就选定长春市。9月15日，英国大使访问长春市，在访问期间推动在长春市开展青少年足球培训合作和在长春市建立职业教育培训基地等2国政府间的合作项目。7月10日，欧盟捷克大使第一次访问长春市，开创长春市与欧盟外交使团建立良好关系。5月26日，白俄罗斯驻华大使率领经贸文化代表团出席长春市举办的中白友谊周系列活动，把长春中白友谊周系列活动纳入到中白2国政府间纪念建交系列活动框架之内。举办中白友谊周、法国文化周、纪念中日邦交正常化45周年纪念活动、纪念俄中友协成立60周年等一系列活动。推动高层互访，提高对外交往的层次。省委常委、市委书记王君正率经贸代表团访问美国、加拿大和古巴，开展系列招商活动，助推企业间的合作项目；市政协主席綦远方率团出席香港“一带一路”高峰论坛，以港澳委员联谊会为平台，促进长春市与港澳地区的紧密合作机制；市委常委、组织部部长郭灵计率团出席国侨办在美国举办的大型人才招聘会，在美、加重要的学校和科研机构开展人才招聘和城市推介；副市长贾丽娜代表长春市政府出席在白俄罗斯首都明斯克市举办的中白友好25周年系列活动，推动中白和白中科技园区的合作。承办美国艺术特使全球演出中国站活动、“梦想中欧”青少年绘画展、英国“灵动青春”青少年足球推介。澳大利亚瓦南布尔市与长春市签订高校战略协议。

【外事协调】　长春新区承办中国（长春）海外人才创新创业项目大赛。经开区通过出访洽谈对接项目16个，签约4个，达成合作意向7个，在韩国举办“东北亚国际合作企业恳谈会”。朝阳区开展教育国际合作，长春市第三十中学访问澳新友城并进行教育交流，与圣马丁女子学校建立友好关系，承办海外华裔青少年“寻根之旅”冬令营开营式，与来自东南亚4个国家7个学校开展校际交流。双阳区区委、区政府促进企业对外交流，为辖区内吉林通用机械公司在德国并购企业并引进技术提供政策支持，使该企业成为吉林省“走出去”的示范企业。市科技局举办2017中国（长春）国际科技创新创业项目对接会，来自海内外的院士专家、行业领袖、企业界代表及省内外科技工作者300名嘉宾参加会议，签署国际科技合作协议4份，与多家机构建立国际合作机制。

【拓展外事领域】　推动“大外事”格局的建立及功效的发挥，外事部门探索开展“外事+”。把单纯的外事活动变为“外事+经贸+文化”等综合活动。举办中日韩高尔夫精英赛；举办法国文化周活动，把法国面包节开在欧亚卖场；承办美国招商路演活动，把长春企业推介和中外企业家联谊结合起来；纪念俄中友协成立60周年的活动中，策划成既有城市经贸交流，俄罗斯商品集贸展销。汽博会期间，邀请德国、美国、日本等汽车强国的领事官员参会。促进长春会展企业与德国汽车会展机构建立联系，促进长春市办会国际水平。农博会期间，利用资源邀请国外机构和企业参会，增加农博会国际化程度。在首届国际民博会中，市外办协助国外招商，有93个国外参展商参展。与教育部门合作，在市少年宫举办欧盟青少年画展，促进学校间的校际交流，朝阳区、南关区分别派出教育代表团对长春市的友好城市进行访问，开展校际交流。促进高校间的合作，促成吉林大学与澳大利亚迪肯大学共同建立材料合作中心。促进体育对外交流，与体育部门合作，参加4个国际友好城市的马拉松比赛，开展中英青少年足球交流，中韩公务员羽毛球交流等赛事。白俄罗斯电影节、日本老电影回顾展、俄罗斯纪念音乐会、中美动漫高峰论坛等多种国际文化交流活动。开展与友城图书互赠活动。与残联开展中美残疾人艺术交流，举办美国艺术特使文艺演出。

【友好城市往来】　2017年，长春市有19个国家20个友好城市，46个友好合作城市。丹麦约灵被国家友协批准为新的友好城市。澳大利亚瓦南布尔市与长春市建立友好城市奖学金，为双方学生留学提供政策支持。韩国蔚山是现代汽车集团所在地，以友好城市为媒介，保持着政府公务员长期交流合作。白罗斯的明斯克市是长春市唯一一个与首都建立的友好城市。中白科技园新园落成并开始全面招商，欧亚集团对在欧亚卖场设立白罗斯商品销售区达成意向。友好城市丹麦约灵与长春市在友城建设过程中促成丹麦水务集团与长春水务集团开展国际节水合作项目。

【涉侨政策】　贯彻国家侨务工作会议精神，做好基层和海外侨务工作。组织学习黄大年先进事迹，开展宣传活动，利用多种形式向海内外华人华侨开展宣讲。利用华人华侨团体来长访问之际开展宣传，在新时期侨界精英团来长春市考察期间，组织“归侨知识分子学习黄大年”主题活动，开展专题讲座，参观黄大年事迹展览。利用长春外语网站介绍黄大年先进事迹。11月，举办第39期华侨华人高端人士归国创业研习班。来自美国、英国、俄罗斯等14个国家和地区的68名华侨华人专业人士来长春市考察和学习。国侨办为传承中华文化，让海外华裔青少年认祖归宗，开展“寻根之

9月6日，省委常委、市委书记王君正会见美国驻华大使布兰斯塔德（厉家磊　提供）

旅”冬令营活动。承办来自印尼、菲律宾、马来西亚、新加坡的100名海外华裔青少年参加的“寻根之旅”冬令营。加强侨务社区建设。落实好“三侨”考生的特殊政策，对华侨华人回国创业人员的子女就学、老人就医、社区服务等方面，社区开展特殊创新为侨工作。2017年，朝阳区二二八社区被评为国家级侨务明星社区，二道区万通社区被评为省级侨务明星社区。长春市有8个明星社区。“侨梦苑”是国务院侨办在国家重大发展战略布局的精华地带挂牌设立和重点打造的侨商产业和海外高端人才聚集区，长春市出台吸引高端人士二十条，新区制定“侨梦苑”引进华人华侨创新创业及项目落地的优惠政策，吉林“侨梦苑”长春北湖科技园、长春海外学人创业园、中俄科技园3个分苑分别建成。进入“侨梦苑”的企业355家。“侨梦苑”集聚“侨资、侨智、侨技”功能得到发挥。

（厉家磊）

地方志编纂

【概况】 2017年，市地方志完成《长春市志1989-2000》出版印刷工作，召开《长春市志》首发式暨第三轮续志资料长编工作启动大会；编纂《长春年鉴》（2017卷）；推进长春市方志馆建设；对县（市）区方志工作进行指导、考核；开展地情研究和长春地情网建设；建章建制，抓好党建和队伍建设。

【《长春市志（1989－2000）》出版】 完成第二轮修志工作，启动第三轮修志资料长编工作。完成《长春市志（1989—2000）》4卷本440余万字的编审印刷和出版任务。8月25日，召开《长春市志（1989-2000）》首发式暨续志资料长编工作启动大会。会议总结全市第二轮修志工作，对续志资料长编工作作出部署。省方志委党组书记、副主任李云鹤，副市长贾丽娜出席会议并讲话。会上下发《长春市人民政府办公厅关于第三轮续志资料长编工作方案》《长春市地方志编纂委员会关于对二轮修志工作先进单位和个人的表彰决定》《长春市地方志编纂委员会关于县（市）区地方志工作评估办法》等材料。

【《长春年鉴》编纂】 完成《长春年鉴2016》出版发行任务。《长春年鉴2016》获得吉林省优秀奖和国家年鉴提名奖。《长春年鉴》《宽城年鉴》和《德惠年鉴》获省级优秀等级，取得国家奖项。《长春年鉴2017》增加突出长春市工作特色内容，如交通整治、城市改造、政务改革创新服务等反映长春市重点工作和改革内容。经省方志委和市文教办审核通过。

【举办历史图片展】 为迎接建党96周年和抗战胜利72周年，推出《我们共同的记忆——走进宽城历史》大型历史图片展，这是市地方志多年来首次牵头以这种方式向机关干部宣传长春历史。以宽城历史为专题，选取突出反映宽城区历史文化、时代特点的代表性照片170幅进行展出，分革命遗址、街路广场公园、历史建筑3个版块60块展板。在市政府市委党校展出，得到主管副市长贾丽娜的肯定。

【理论研究】 《长春市地方志助力“一带一路”战略研究》等2篇论文获吉林省学术研究论文一、二等奖，并入选国家地方志学术研究论文集，这是长春市地方志论文首次被中指组采用。为提高地方志工作人员业务水平，开展进行方志理论研究、论文撰写和开展“读书讲史”活动。在吉林省学术年会上，长春地区报送论文9篇，其中，获得一等奖3篇，二等奖1篇，三等奖2篇。《老长春记忆》一书获全市宣传图书创新奖。

【《2012-2016年主要经济指标比较》数据册出版】 按照“立足吉林看长春、放眼全国看长春、走向世界看长春”的要求，对2012-2016年的全国、副省级城市、省9市州及县（市）区、开发区的经济社会主要指标进行比较分析，形成数据册后报市级领导参阅。

【开展县（市）区方志工作评估】 为推动县（市）区方志工作，出台县区方志工作评估办法。县（市）区二轮修志任务基本完成。最后1部农安县志下厂印刷，按国家规划要求时间提前3年完成。《宽城年鉴》《德惠年鉴》获得吉林省优秀年鉴，并被推荐参加全国优秀精品年鉴工程评选。绿园区和二道区出

8月25日，《长春市志（1989-2000）》首发式暨续志资料长编工作启动大会颁奖仪式 （崔玉恺 提供）

4月12日，长春市副市长贾丽娜、张敬安到长春市方志馆调研指导工作

（崔玉恺　提供）

版首部年鉴。指导九台区《九台地情》刊物创刊，指导出版省资源立项地情书《万宝山事件始末》。

【方志馆建设】　配合省市文物局对工程进行阶段性检查。按照文物维修程序，向市文广新局报送《关于申请吉长道尹公署保护修缮工程阶段性验收的请示》，并配合省、市文物局组织专家对长春市方志馆建设工程进行检查，召开专家论证会。推进布展工程。6月8日，在长春市方志馆施工现场会议室召开布展设计陈列艺术品论证会，以推进布展工作进度。在文物征集工作上，与市财政和润德集团就文物征集经费问题进行沟通，协商解决办法。保护文物安全方面，制定“四防安全”责任制度，将责任落实到人，与消防等部门建立工作联系。完成方志馆内设机构设置和职责分工工作，设置一办两科，责任分工更加明确，各项任务稳步推进。

【长春地情网建设】　为增强网站的可读性，突出宣传功能，提高网站应用率，对网站进行增改栏目和页面美化，增设长春老字号、长春记忆、当代长春、单位机构沿革等新栏目，更新动态信息500条，网站信息更加丰富，点击量逐步提升，服务功能初步显现。

【资政服务】　为市民政局、市财政局、发改委、统计局、文广新局、团市委、民政局、公安局等单位提供志书查阅帮助。配合市民政局完成地名普查工作，负责地名普查所需地方志方面基础资料的提供、协调保障工作。

【依法治志】　加强理论研究。对如何开展依法治志途径进行研究，并撰写8000字的《依法治志路径》建议，该论文通过中国地方志指导小组第一论专家审核。对志与史、法治与法制的一些模糊认识进行分析，撰写论文《辨清关系实现地方志工作法治化的粗浅认识》，论文通过省地方志研究会审核，在《今古大观》刊登。开展《办法》评估工作。抓住法制办组织的全市立法后评估工作契机，进行《长春市地方志管理办法》实施后评估工作。通过问卷调查、走访座谈、公众征求意见等多种形式，了解《办法》实施以来贯彻执行的情况。经过调查了解和县市区的反馈，进行梳理，掌握实施后的现状、存在问题，写出5000余字的实施评估报告。

【业务培训】　开展长春市第三轮续志资料长编业务培训会和县市区资料长编业务经验交流会，形成资料长编作者、年鉴作者及方志理论研究业务队伍，分别建立微信群和QQ群，建立起200人的方志作者队伍，为方志业务开展奠定基础。在机关内开展“读书讲史”活动，委领导带头，以党建、地方志业务等为主题举办讲座，提升地方志工作人员素质，举办8次。有30人次参加市委党校和省方志委举办的业务培训。

【“六进”活动】　9月15日，联合长春市武警支队二大队四支队和长春市儿童公园共同举办“喜迎十九大爱我第二故乡”主题知识竞赛活动，武警战士既学习了党的十八大以来新思想、新观点，又了解长春市情，使武警战士更加坚定理想信念更加热爱第二故乡。

（崔玉恺）

中国人民政治协商会议长春市委员会

重要会议

【全体会议】 2018年1月10日至14日，中国人民政治协商会议长春市第十三届委员会第二次会议召开。中共吉林省委常委、长春市委书记王君正等市领导出席会议并参加分组讨论。会议审议并通过主席綦远方代表政协长春市第十三届委员会常务委员会所作的工作报告、副主席张宝琦代表政协长春市第十三届委员会常务委员会所作的提案工作情况报告。协商讨论政府工作报告，以及长春市中级人民法院工作报告、长春市人民检察院工作报告，讨论长春市2017年国民经济和社会发展计划执行情况与2018年国民经济和社会发展计划草案的报告、长春市2017年预算执行情况和2018年预算草案的报告。会议期间，举行大会发言和主题为“共创美好生活”的委员论坛。审议通过政协长春市第十三届委员会第二次会议决议。市政协主席綦远方主持闭幕会并讲话。

【常委会议】 2017年，召开4次常委会议。1月10日，召开市政协十三届一次常委会议，审议通过政协长春市第十三届委员会副秘书长建议名单；审议通过政协长春市第十三届委员会关于设置专门委员会的决定（草案）；审议通过政协长春市第十三届委员会各专门委员会主任、副主任建议名单。主席綦远方作重要讲话。3月24日，召开市政协十三届二次常委会议，传达全国政协十二届五次会议精神；审议通过《政协长春市委员会常务委员会工作规则（草案）》。7月26日，召开市政协十三届三次常委会议，听取市委常委、副市长王路通报上半年全市经济运行情况及下半年重点工作安排；围绕“实施创新驱动战略，建设国家创新型城市”专题议政，听取专题发言，审议通过《关于实施创新驱动战略，建设国家创新型城市的建议案（审议稿》审议通过《关于刘俊清免职的建议》，同意免去刘俊清政协长春市第十三届委员会港澳台侨和外事委员会副主任职务。9月26日，召开市政协十三届四次常委会议，围绕“为建设幸福长春建言献策”。审议通过《关于王明锐等同志任免职的建议》，同意王明锐担任政协长春市第十三届委员会文化教育卫生体育委员会副主任职务；李淑霞担任政协长春市第十三届委员会港澳台侨和外事委员会副主任职务；马海担任政协长春市第十三届委员会社会法制委员会副主任职务。同意免去李梅政协长春市第十三届委员会人口资源环境委员会副主任职务。

参政议政

【协商议政】 以“实施创新驱动战略，建设国家创新型城市”“为建设幸福长春建言献策”为议题，召开2次专题议政性常委会议；以“助推长春市特殊教育发展”“加快开发区转型升级步伐，打造长春发展新引擎为议题”，召开2次专题协商会；以“中东铁路文化遗存保护利用”“城市少数民主人口服务管理”“加强律师队伍建设，发挥律师在推进法治长春建设中的作用”“促进全市旅游业加快发展”“长春市非物质文化遗产传承与保护”“助力农业供给侧结构性改革”“发挥海外归国留学人才作用，助力长春创新发展为议题”，召开7次协商座谈会。开展11项重点调研和28项调研视察，形成94份调研报告，征集171条社情民意信息，委员们参与各项履职活动1100余人次。

【民主监督】 贯彻落实中共长春市委《关于加强和改进人民政协民主监督工作的实施意见》，重点开展视察监督。开展重大经济项目、城建重点工程、港台及海外华商在长投资企业、地铁工程建设及一号线试运营等视察。落实市委要求，市、县（市）区两级政协联动开展环保监督视察，《人民政协报》《中国政协》《长春日报》相继专题报道，推动相关环保问题得到关注和解决。开展提案监督。运用立体化思维，延伸链条，更加注重提办督三方互动协商。开展提案领办督办，市委、市政府领导领办的13件重点提案，市政协主席会议及主席会议成员督办的8件重点提案均高质量办结，2件提案成果得到直接转化，45件提案的主要建议进入全市相关政策制度或重点工作。开展特约监督。

应党政有关部门、司法机关邀请，选派73名委员担任人民陪审员、特约监督员，通过参与案件陪审、电视问政、价格听证等方式发挥作用。加强内外联动，邀请新闻媒体和社会各界代表人士参与政协民主监督活动，巩固扩大政协民主监督的影响力和公信力。

【提案工作】 2017年，提交提案424件。其中，政协建议案2件，委员提案389件，党派团体提案31件，委员活动小组提案2件。立案356件，转社情民意或工作参考63件，并案5件。立案提案及时转交市委办公厅、市政府办公厅及其他有关部门办理，所有提案都得到办复。经济建设、科技创新方面。关于建设创新型城市、扶持民营经济、完善现代服务业体系、发展旅游产业等建议，为长春市经济转方式调结构，提升产业竞争力提供重要参考。关于创建全国绿色有机农业示范市的建议，被吸纳到《长春市创建全国绿色有机农业示范市规划纲要（2017—2021年）》。在文化、教育、卫生、体育方面。关于成立青少年爱国教育宣讲团、促进冰雪运动发展等建议，列入部门工作计划。关于建设健康医疗大数据服务体系、加强农村基层医疗卫生服务、推进医风医德建设等建议，为长春市探索医疗体制改革提供思路。在城市建设管理、生态环境保护方面。关于加快建设波罗湖湿地自然保护区的建议，相关部门专门组织调研，申请国家生态保护资金，推进保护工作。关于建立装配式建筑产业发展体系的建议，在市政府办公厅印发的《关于加快发展装配式建筑的实施意见》中给予采纳。在法治建设、社会保障、民生改善等方面。关于精准匹配扶贫资源、加强扶贫组织机构建设的建议，为实现长春市在全省率先全面建成小康社会的奋斗目标，提供重要参考。多名委员关注长春市社会养老服务体系建设和食品安全等民生问题，提出许多有益的建议，得到政府部门的重视和采纳。关于加强法律援助工作、规范司法程序解决医患纠纷等建议，从立法、执法、普法层面建言献策，助推依法治市工作。

【立法协商】 成立立法协商法律顾问组。为保证立法协商工作的专业性、连续性，遴选15位专业性强、履职积极性高的委员、专家组成“政协长春市第十三届委员会立法协商法律顾问组”。完成立法协商工作。组织立法协商顾问组成员对《长春市节约用水条例（草案）》《长春市城市公共汽电车客运管理条例（草案）》《长春市燃气管理条例（修订草案）》等3部地方性法规进行立法协商，提出修改意见建议200余条。围绕“加强律师队伍建设，发挥律师在推进法治长春建设中的作用”开展调研论证，从提升律师事务所治理水平、规范政府购买法律服务、加强律师执业权利保障等角度精准发力，相关意见建议成为长春市制定《关于深化律师制度改革的实施意见》的重要参考。

【团结合作】 同各党派团体和各界联系合作。坚持民主协商、平等议事，密切与各民主党派、工商联和无党派人士的经常性联系，支持参与政协各项履职活动，发挥参政议政作用。各民主党派、工商联提交大会发言材料41篇，提出提案31件。加强同民族宗教界代表人士的交流交往。组织民族宗教界委员，开展“看发展、看变化”活动，视察长春市城建重点工程项目，增强对城市发展成就的认知和对全市重大决策部署的认同。召开“推进城市少数民族人口服务管理”协商座谈会，从社区民族工作、少数民族教育、传统文化传承等方面收集整理意见建议28条，助力市委、市政府《关于加强和改进新形势下民族工作的若干意见》的贯彻落实。密切同港澳台侨的团结联谊。发挥港澳委员“双重积极作用”，在深圳举行历届港澳委员交流会，邀请长春新区和各开发区推介重点项目，促成香港委员与经开区签订科技合作园区、产业引导基金等合作框架协议。率团访问香港、澳门，出席香港“一带一路”高峰论坛，取得实质性经贸合作成果

文史研究

【文史编研】 推进市政协文史馆筹划筹建工作，开展域外考察和研究论证，有针对性地踏查选址。借助历史文化研究会等载体，开展国学讲座，举办纪念孔子诞辰2568周年典礼活动。召开溥仪研究会理事会换届会议，参与成立溥仪研究院。依托《往事》征集文史资料40万字，完成《长春解放期间的反饥饿斗争》编辑出版工作。文化一线的政协委员发挥专业优势，主动投身“文化兴市”各项活动之中，在“诗书礼乐进校园”对外书画交流、萨满文化传承等领域施展作为，提升长春文化的传播力和影响力。

【文史保护】 促推铁路遗存保护利用。为协助做好“中东铁路文化遗存保护利用”，组织委员实地走访、调研视察，听取相关部门情况介绍，取得翔实一手资料，召开座谈会专题协商，从统筹编制、整体规划、加大经费投入、整合线性遗产资源、加强宣传普及等方面提出建议，为整体推进文化遗存保护利用献计出力。

（张泗国）

纪律检察和行政监察

纪检监察

【纪委全会】 2017年1月13日，中共长春市第十三届纪律检查委员会召开第二次全体会议。全会贯彻党的十八届六中全会，十八届中央纪委七次全会、省纪委十届六次全会和市十三次党代会精神，总结2016年全市纪律检查工作，部署2017年任务。省委常委、市委书记王君正讲话，对贯彻落实中央纪委、省纪委全会精神及全市党风廉政建设和反腐败工作任务提出要求。市委常委、市纪委书记王长久代表市纪委常委会作题为《忠诚履行职责，强化责任担当，推动全面从严治党向纵深发展》的工作报告。

【机构改革】 完成派驻机构改革。落实《关于加强市纪委派驻机构建设的意见》和《市纪委派驻机构主要职责、机构设置和人员编制方案》，采取单独派驻和综合派驻两种形式，设立15个派驻纪检组，实现对83个市直部门监督全覆盖。推进国家监察体制改革试点工作。拟订《长春市纪委监委机关内设机构和人员编制方案》，设置24个内设机构和机关党委，核定行政编制226名。制定机构人员配置方案，结合干部的教育背景、工作经历、专业特长、岗位意愿，做到人岗相适、人尽其才。指导县（市）区监委组建及人员转隶工作，考察新任监委委员人选24人，取消4名人选资格。

【案件查处】 全市纪检监察机关受理信访举报3205件（次），比2016年下降5%；立案2598件，增长27.2%；处分2681人，增长27.7%。其中，立案审查市管干部36人、县处级干部213人、乡科级干部334人，分别增长56.5%、65.1%和53.9%；涉嫌犯罪移送司法机关处理100人，增长78.6%。开展“三项整治”和“六个一”专项行动，解决损害群众利益突出问题，查办案件1020件，给予党纪政纪处分1147人，移送司法机关处理50人。

行政监察

【党风政风监督】 组织安监局、国土局、水利局、机关局、市容局、建委主要负责人向市纪委十三届二次全会述责述廉。配合市委组织部做好党委（党组）书记基层党建述职暨全面从严治党述责工作。开展约谈提醒。开展市县两级约谈工作，市纪委领导班子成员对市直部门、国有企业、大专院校党委（党组）书记、纪委书记（纪检组长）80余人进行单独约谈，市委对56名新提拔、转任的领导干部进行集体约谈，县（市）区、开发区参照市里做法约谈763人，传导压力，强化“两个责任”。开展长春市推荐的省党代表、人大代表、政协委员人选换届纪律谈话工作，严把党风廉政建设意见回复关，对495人提出廉政审查意见。持之以恒纠正“四风”问题。抓住元旦春节、五一端午、中秋国庆等节点，开展大密度、高频次的明察暗访、突击检查，市县两级发现“四风”问题线索395个，给予党纪政纪处分265人，批评教育、诫勉谈话长春等组织处理178人。开展公务用车制度改革执行情况监督检查，发现中秋国庆期间公车私用问题33个，给予党政纪处分26人、责任单位予以辞退7人。开展党政机关办公用房专项检查，发现办公室面积超标等问题25个。针对中央媒体曝光的政务窗口人员办事拖拉、便民设施闲置等问题加强督导、强化问责。对出租车行业投诉处理中的不作为、慢作为问题线索调查核实。对违反中央八项规定精神、纪律作风建设、生态环境损害、责任追究等方面45起典型案例通报曝光；对公款旅游、公车私用、违规收受礼金问题下发3期专题通报，强化警示震慑。坚持解决问题与建章立制相结合，制定出台《关于进一步规范公务用车使用管理的规定》，提出“四个一律”“七个不准”规定。会同有关室编印落实中央八项规定精神、生态环境损害责任追究等制度汇编。围绕中心抓监督。抓好中央巡视组巡视“回头看”反馈问题整改工作。抓好7项整改任务的落实，加强督导检查、持续巩固深化，督促5个开发区清退并收回违规发放加班补贴1.4亿元。做好环保督察问责工作。强化组织领导、督促指导和责任追究，市县两级问责32批202件455人。协调纪检监察室对6起中央环保督察组转办的重点案件和领导包保案件进行直查直办、快查快结，追责问责12人、处分8人。开展“电视问政”活动。会同市委宣传部、长春广播电视台围绕农村民生、水源地保护、地铁工程与旧城改造、软环境建设与农村扶贫等主题，举办4期“电视问政”直播活动，推出52期“问政进行时”，推动整改问题236件，立案187件，给予纪律处分171人，批评教育、诫勉谈话、组织处理143人，移送司法机关55人。

【廉政教育】 聚焦党的十九大和省市党代会精神、中央和省市纪委全会精神以及纪委亮点工作加大宣传。在中央和省市级新闻媒体刊发稿件1200余篇，其中在《中国纪检监察报》发表文章31篇，在全省名列第一。在《中国纪检监察报》刊发《长春推进干部思想解放促作风转变》《长春执纪审查力度不减尺度不松》和《长春专项整治扶贫领域腐败问题》等文章。打好廉政教育“组合拳”。发挥教育的治本功能，主动融入反腐主战场。开展纪律教育，强化警示教育，做好纪律审查后半篇文章。长春市的警示教育在全省互检中名列前茅，受到省纪委表扬。通过拍摄警示教育片《短板》《没有不受监督的特殊党员》，开展“全面从严治党知识竞赛”，撰写违反八项规定精神典型案例剖析等形式，在全市开展宣传教育活动。推进廉洁家庭建设，组织主题征文，发放家庭助廉倡议书，倡导廉洁家风。开展廉洁作品创作活动，形成一批具有长春特色的廉洁文化精品。拓展文化宣传形式，发布130多个原创的廉政书画、公益广告。全程监控涉腐舆情。编辑“热点网络舆情信息快报”16期，向省纪委报送舆情信息4000余条，向中央纪委报送舆情信息2137条，采用358条，在全国15个副省级城市中排名第一。做好舆论引导。向中央纪委报送网评文章152篇，向省纪委报送网评文章1300篇。强化网络融媒体建设。加强网站建设和运行管理，发布信息3167条。加强《纪检监察工作》月刊采编工作，出刊12期，组稿420余篇、60多万字。开发建立手机客户端和微信公众号“廉洁长春”，形成一刊、一网、一端、一微“四位一体”的新媒体发展格局。编辑出版4本书籍。分别是《“推进全面从严治党”学习体会文章选编》《学习贯彻党的十九大精神体会文章选编》《2017年长春市党风廉政建设和反腐败工作新闻宣传成果集》和《落实中央八项规定精神相关文件及典型案例剖析》。

【制度建设】 制定出台反腐倡廉制度。出台《关于对市管干部进行谈话函询的实施办法》《关于纪检机关对新提拔任职党员领导干部进行廉政谈话的实施办法（试行）》《关于党员干部在征地征收中“六带头”“十不准”的规定》3项制度。根据市政府办公厅《关于开展规范性文件清理工作的通知》要求，对市监察局成立以来制定的规范性文件进行全面清理，决定执行2件，废止9件，失效8件。跟踪检查有关制度执行情况。为确保《长春市部分国有资金投资工程项目采用随机方式定标的实施办法》贯彻执行，多次跟踪、问询《办法》的运行执行情况。针对存在的问题，督促市建委制定《关于进一步推进部分国有资金投资工程项目采取随机方式定标工作的实施方案》。抓好制度廉洁性审查评估。收到市人大法工委、市法制办等有关单位起草的法规、规章和规范性文件32件，有针对性地提出意见建议，堵塞制度漏洞，防范和化解廉洁风险。

【干部监督】 按市纪委《反映纪检监察干部问题线索受理和处置暂行办法》，对反映全市纪检监察干部问题的线索进行处置。与市纪委组织部、案管室、机关党委建立沟通协调机制，建立信访分类等级、线索管理专人、案件主办人等一系列室内工作和管理制度。查办案件，强化内部监督。坚持刀尖向内抓队伍，严肃查办市纪委第一纪检监察室原主任宋成安严重违纪违法案件，解决“灯下黑”问题。落实政治上严、业务上严、作风上严、修养上严的“四严”要求，树立规矩意识和程序意识，加强请示汇报，严格按规定程序办案，严明各项纪律要求，确保业务和管理工作严谨规范、高效有序。

【调查研究】 起草市纪委十三届二次全会、三次全会工作报告，完成全市纪检监察机关监督执纪业务培训动员、市委“抢抓机遇创新发展”主题实践活动访谈、中纪委驻中国社科院纪检组到长春调研座谈、市委就履行主体责任向省委汇报、市委理论中心组学习会、市纪委监委理论中心组学习会、班子民主生活会、扶贫领域执纪信息等20余篇材料。推进课题研究。注重把调查思考的触角深入纪检监察实际，紧盯问题察表象、抓症结、研机理、思良策、当参谋。完成省纪委下达的“筹备省纪委十一届二次全会调研”“落实《监督执纪工作规则》及省纪委《指导意见》情况”“形式主义官僚主义问题查摆分析”等专题调研任务；完成全市优秀调查研究成果申报工作，撰写的《关于党的十八大以来长春市党风廉政建设和反腐败工作情况的调研报告》被评为二等奖，市纪委被评为全市调查研究工作优秀组织单位；在市科技局立项的《把党纪挺在国法前面问题研究》已结题，等待评估验收。参与全局工作。承担纪律检查体制改革专项工作小组日常工作，组织完成沟通协调、情况汇总、信息报送、备案迎检等具体工作；与电教中心、各检查室共同攻关，通过阅卷、访谈方式，收集分析2014年以来市纪委查处的党员领导干部违纪情况，完成《短板》《利剑》2部警示教育片脚本撰写工作；搭建内部交流学习平台，提供24期内部学习资料。

（刘巍巍）

中国国民党革命委员会长春市委会

【参政议政】 市委会领导参加中共市委、市政府和市政协等召开的市委全会、专题议政会、协商通报会、情况通报会等16次。利用《议政专递》"直通车"和《政协委员信息》等形式，就社会的热点难点问题，报送社情民意信息。在各级政府职能部门受聘担任特邀监察员、行风监督员的民革党员，深入基层，倾听民声，参与党风、政风、行风评议和视察活动，提出建设性意见。召开参政议政专家委员会工作会议，研究年度调研选题的重点方向，确定28个调研参考课题下发至基层组织。举办"民革长春市第十一届委员会参政议政工作表彰大会"。评选出十佳参政议政成果，十佳参政议政先进集体和十佳先进个人予以表彰。在市政协"为建设幸福长春建言献策"议政活动中，提交19份提案、建议；在市政协十三届四次常委会议上，《关于加快完善农村空巢老人保障体系的建议》《关于长春市老旧楼房加装电梯的建议》《关于强化婴幼儿发育障碍性疾病早期筛查与干预的建议》等3篇被选为大会发言。在市委召开专题议政会上，主委杜剑代表市民革作《关于推进长春市智能网联汽车产业发展，打造全球领先的智能网联汽车产业的建议》发言。2017年完成调研课题32个，向市政协十三届二次全会报送团体提案7个，向省民革报送13个，市委统战部专题议政会1个。获民革全国参政议政工作先进集体，长春工业大学法学系教授周骁男获民革全国参政议政工作先进个人。《关于加强我市历史文化名城保护与利用的建议》获市政协十三届一次会议优秀团体提案奖。党员朱东、王帆《关于实施"医教结合"，进一步开展特教学校儿童诊断康复的建议》，党员柏洋《关于加强外卖配送车辆监管的建议》，党员兰亚春《关于整合社会力量，实现全力脱贫攻坚的建议》被评为市政协十三届一次会议优秀个人提案奖，党员朱东、刘扬、李娜被评为市政协优秀委员。

5月19日，市民革召开专家顾问委员会工作会议　　（沙　晶　提供）

【社会服务】 开展"中山·同心圆梦"活动，与吉林大学和平校区幼儿园联合爱心企业，向九台、德惠等乡村幼儿园捐赠350个装有服装、书籍、玩具等用品的"爱心捐助箱"。开展"中山助力蓓蕾计划"活动，组织有专业特长的民革党员参与到活动中来。民革绿园区委"同心圆梦、助力中高考"公益心理咨询、民革宽城区委"前事不忘、后事之师"纪念全民族抗战爆发80周年感恩老兵义演和"法律援助团队进社区"、民革二道区"共画同心圆、伴爱母亲节"等活动各具特色。获民革全国社会服务工作先进集体，民革朝阳区委员会主委、吉林省同心教育集团股份有限公司董事长张伟获民革全国社会服务工作先进个人。参与吉林市抗震救灾工作，各级组织和广大党员捐款捐物，向吉林市昌邑桦皮厂镇捐赠豆油、大米、挂面、矿泉水、衣物等救灾物资15万元。民革绿园区委员会在升阳社区举办“金色重阳”关爱特殊家庭公益等主题活动。“中山·用音乐点亮学生们的心灯”九台区饮马河中心校第10站支教活动、“中山·特教学生帮扶活动”等。长春同心创业创新服务联盟所属金融超市2017年服务中小企业近200户，融资1亿元；“同心创新创业基地”，与包括吉林建筑大学等14所高校签署“双创”合作协议并开展相关的“双创”教育实训活动，入驻企业24家，培养创客65名。重阳敬老，弘扬传统美德。号召各基层组织开展重阳节敬老慰问活动。

【自身建设】 人才队伍建设。2017年，民革党员副处级以上党员31人，具有副高及以上职称256人，其中，中组部“青千计划”1人、长白山学者5人、国家千百万人才工程1人，后备干部队伍51人。吉林省同心集团董事长、民革朝阳区委主委张伟当选民革中央企业家联谊会常务理事。基层组织建设。成立金融支部，把专业人才组织起来，开展政策解读、商业路演等活动，扶持中小民营企业发展壮大。全国人大副委员长、民革中央主席万鄂湘一行到长春市调研，对金融支部将民革基层组织工作与专业工作相结合的组织模式及工作成果给予肯定。指导市直支部、长春医高专支部换届。“党员之家”建设。结合“支部进社区”活动，推进“党员之家”建设。有15个基层组织与街道、社区开展共建工作。民革绿园区、二道区、朝阳区、宽城区等基层组织的“党员之家”建设和活动情况得到民革上级组织和统战部门的肯定。举办“中山同心路，健康环保行”大型徒步活动，来自全市各基层组织的400名党员参加活动。建立和完善基层组织和党员基础信息库，对在册党员按照行业、任职级别、政治安排等情况进行分类。编辑《党员通讯录》，完成《长春民革志》初稿。市委会组织处任海燕获民革全国组织建设先进个人。祖国统一和海外联谊工作。加强对台方针、政策的学习，了解台湾形势，深化党员对台湾问题的认识，激发党员做好祖国统一工作的热情。秉持“两岸一家亲”的理念，民革东北师范大学委员会与台湾台中教育大学开展音乐教学交流互访，举办4场音乐教育报告会，促进两岸文化艺术交流。下发《关于民革基层组织认真学习贯彻落实习总书记7·26重要讲话精神的通知》《关于认真学习宣传贯彻党的十九大精神的通知》，指导各基层组织学习贯彻中共十九大精神、习近平总书记7·26等系列重要讲话和治国理政新理念新思想新战略，以及市委全会精神。建立学习阵地，扩大受众群体。创办“长春中山大讲堂”，作为有效推进“不忘合作初心，继续携手前进”和市委统战部“携手绘制同心圆、合力共筑长春梦”主题活动的重要载体，邀请全国各领域民革界别的专家学者为民革党员及社会各界群众讲授民革历史、多党合作制度等理论知识以及经济、文化、生活等各方面的新知识和新变化。在吉林省图书馆举办“不忘合作初心、继续携手前进”民革优良传统首期讲座，民革中央副主席修福金作专题辅导，全市400名民革党员和对民革历史以及多党合作制度感兴趣的各界群众参加，打造民革党员思想教育的平台。11月1日，举办“共庆十九大、携手谱新篇”经典诵读暨书画笔会，来自16个基层组织的30名党员一展风采。开展“观故居、走多党合作之路”优良传统教育，组织基层组织负责人赴浙江、江苏孙越崎、柳亚子等民革前辈故居和统一战线教育基地参观学习。11月12日是孙中山先生诞辰纪念日，组织党员在长春科技学院举办向孙中山铜像敬献花蓝活动。创新培训模式，增强培训实效。“理论授课+实践教学”。举办新党员培训，主委为新党员作《怎样成为一名合格的民革党员》和民革党史专题党课；赴重庆红色教育基地实践教学。宣传典型人物，发挥引领作用。加强“一刊一网一号一屏”宣传阵地建设。优化改版机关网站，推广长春民革微信公众号，激发党员“学先进、争优秀、做合格民革党员”的进取精神。党员姜惠、宫磊被评为“长春十大优秀青年”荣誉称号，党员姜惠被评为长春市特等劳动模范称号，党员吴春鹏获得吉林省优秀志愿者称号。长春民革微信公众号在的全国民革基层组织微信公众号排名中，始终位列前茅。2017年编辑信息、宣传稿件86件，被《团结报》《协商新报》《长春统战信息》等采用43篇。获民革中央《团结报》发行征订工作先进集体（地市）一等奖，市委会宣传处刘莎莎获团结报社优秀特约通讯员。

（沙　晶）

中国民主同盟长春市委员会

【概况】 截至2017年年底，中国民主同盟长春市委员会（以下简称市民盟）有基层组织41个。其中，盟委30个，直属支部11个，盟员总数3161人，平均年龄53.43岁，高中级职称2455人，盟员中担任全国人大代表1人，省人大代表2人，市人大代表9人，市政协委员27人。

【思想建设】 下发《关于学习贯彻中国共产党第十九次全国代表大会精神的通知》，组织市民盟常委、各基层组织负责人、骨干盟员、新盟员和全体机关干部集中学习中共十九大精神，推动中共十九大精神在全市民盟组织中落地生根。利用舆论宣传平台，在《长春盟务之声》和市盟网站上开设十九大理论学习专栏，刊登学习资料和学习体会等40余篇文章。推进“不忘合作初心，携手前进”专题教育，组织60名骨干盟员赴延安参加专题教育培训，组织100名盟员赴四平市参加“传承英雄史，再铸英雄魂”红色教育培训。2017年有23个基层组织和专委会，开展40余次形式多样的专题教育活动。在市盟网站推出专题活动宣传片，将学习贯彻中共十九大精神融入到专题教育之中。市民盟与市委统战部号召开展的“同心圆”工程相结合，开展“不忘合作初心，继续携手前进”喜迎十九大大型诗歌朗诵会暨书画摄影展。长春电视台、《长春日报》对此次活动进行报道，首次创新性地采用网络直播新媒体模式进行宣传，扩大盟组织的影响。举办妇女发展论坛、百人绿色环保行、乒羽友谊赛等特色活动。坚持办好“周末大讲堂”，邀请盟内外专家、学者开展8次专题授课，吸引千余人次参加学习，大讲堂活动被盟省委列为经验活动予以宣传。完善传统宣传平台功能，《长春盟讯》改版为全彩版《长春盟务之声》。加强新时代信息数字平台建设，建立微信公众号和手机网站。注重信息报送工作，向各媒体、刊物报送信息240余篇次，网络平台更新信息300余篇，信息报送和更新量比2016年增加35%。

【自身建设】 2017年，发展新盟员176人，其中“双高”65人，成立民盟榆树市支部，完成对农行系统支部换届中调整暨升级更名工作。建立市级领导班子和基层领导班子后备干部库，组织推荐7人参加全国政协骨干学习班，36人参加省民盟、市委统战部基层负责人培训班、骨干培训班；分别向省委、市委统战部推荐盟内代表人士694人；推荐省卫计委政行风建设义务监督员1人。在全省民盟“创先评优”活动中，丁肇勇等41名盟员被授予“优秀盟员”称号、民盟吉林大学委员会等18个基层组织被授予“先进基层组织”称号。市民盟推进“盟员之家”建设，建立多种形式“盟员之家”19个。市民盟利用自媒体平台创新性地建立网上“盟员之家”，此举在盟中央专题会上做特别汇报。加强“学习型、制度型、服务型、和谐型”机关的建设，贯彻落实机关岗位目标责任制，建立机关干部联系基层组织制度。开展2期公文写作视频学习会，开设“干部讲堂”活动，机关工作水平得到整体提升。

【参政议政】 进行“民主党派成员如何做好参政议政工作”“调查研究的理论与方法”专题讲座和培训，全年培训骨干盟员近150人次。在参政议政工作中成绩突出的经济专委会等5个专委会、南关区盟委等3个基层组织、丁肇勇等25名盟员受到表彰和奖励。组织社区教育和医养结合2个课题组赴成都、广州开展实地考察走访，到长春市卫计委、民政局、教育局、社区、学校等多个单位进行调研，形成调研报告。组织盟内政协委员和医疗专家赴市中医院视察调研，详细了解市民盟《关于扶持市属公立医院开展公益性“体外碎石项目”建议》的落实情况。受市政协委托，邀请盟内外专家代表围绕“挖掘黄龙民族文化，重塑农安千年古镇”主题进行座谈研讨，就市政协文教委“非遗保护”专题调研，组织课题组成员赴农安县实地考察。组织实地调研走访26个部门和单位，为形成切实可行的调研报告提供依据。市民盟征集各类建议70份，其中，报送市委专题议政会发言材料1份，市政协团体提案6份、个人提案14份、社情民意15份、幸福长春专题议政会发言材料3份，市委统战部《议政专递》5份。获市政协十三届一次全会以来团体优秀提案1份，个人优秀提案3份。在市政协十三届二次全会上作《关于进一步完善我市医养结合养老服务体系的建议》大会发言，在民盟全国副省级城市第十三次盟务工作（深圳）联席会议上，提交《加强城际旅游合作，推进旅游全域发展》等2篇交流材料。

【社会服务】 市民盟开展“春风送暖”活动，与长春市晨宇希望中学实现帮扶对接。一汽、二道区、双阳区、长春电大等基层组织，了解贫困地区基础教育现状和县区农村群众教育需求，通过捐助万元资金、100套爱心桌椅、2000册图书等多种方式，履行社会责任。市民盟与吉林农业大学及市直一盟委共同开展“携手绘制同心圆·合力共筑脱贫梦”活动，赴德惠市米沙子镇岫岩村精准扶贫。联合企业家专委会开展“心会跟爱一起走”大型公益演出。同南关区、绿园区盟委等基层组织走进社区，开展帮扶助困、捐资慰问、免费义诊等活动。发挥市民盟书画院、摄影协会优势，联合开展社会公益活动，放大社会服务活动的整体效应。在抚松开展“三下乡”活动，捐款捐物，在抚松建立“民盟长春市摄影协会创作基地”。2017年，市民盟及各基层组织开展帮扶活动20余次，以实际行动践行“同心圆”工程。在2017年市委统战部“携手绘制同心圆·合力共筑长春梦”主题实践活动中获先进单位。

（张　宇）

5月12日，长春市民盟普教专委会“春风送暖”定点支教活动　（张　宇　提供）

中国民主建国会长春市委会

【概况】　截至2017年年底，中国民主建国会长春市委员会有基层组织123个，其中，基层委员会13个，总支部33个，支部委员会和支部76个，小组1个（市委会直属基层组织27个）。市委会设同级监督委员会1个，直属专门委员会6个。会员数1557人，具有高级职称的340人，占会员总数的21.84%，中级职称的566人，占会员总数的36.35%，会员中担任各级人大代表、政协委员职务247人，占会员总数的15.86%。发展新会员85人，平均年龄36.9岁。其中，博士研究生8人，研究生14人；具有高级职称的9人，具有中级职称的15人；高等教育界9人，非公经济界43人；担任各级人大代表、政协委员8人。

【谋划工作布局】　为贯彻落实民建长春市第十三次代表大会精神，市委会召开宣传思想、议政调研、社会服务和组织发展工作推进会，按照省、市“同心圆”活动要求，制定“汇聚民建力量·共谱圆梦篇章”主题活动方案，启动“凝聚广泛共识、助推振兴发展、打造民建品牌、全面激发活力”4个工程。规划基层活动。根据《民建长春市委关于对基层组织工作实行目标管理和量化考核的暂行办法》，确定基层组织全年工作目标和具体任务。

【思想建设】　市委会开展54次学习活动。开展全国两会精神学习体会、“不忘合作初心，继续携手前进”主题教育、中共十九大精神学习体会3次征文活动，收到会员投稿218篇。学习贯彻中共十九大精神。中共十九大胜利闭幕以来，开展19次专题学习活动，网站上传稿件274篇次，其中基层组织通讯员投稿227篇次；编印6期《长春民建》会刊；9月1日，正式开通《长春民建》微信公众号，推送稿件21篇，开辟宣传思想工作新渠道。

【组织建设】　2017年初，为鼓励先进，树立典型，表彰优秀基层组织和优秀会员。南关区、双阳区、绿园区等基层委员会及榆树市总支部被评选为优秀基层组织。11月24日，民建长春市委与长春市社会主义学院联合举办2017年度新会员培训班，90名新会员参加培训。创先争优。12月初，完成5个基层组织的届中调整工作，加强基层领导班子建设。

【参政议政】　市委会领导和骨干会员参与中共市委、市人大、市政府、市政协以及有关部门召开的各类季谈会、协商会、议政会、征求意见会、专家论证会、公众座谈会、电视问政等协商活动23次，提出协商意见和建议120余条。12月6日，主委贾晓东在中共市委召开的专题议政会上，提出加快长春市中国制造2025试点城市建设的建议，受到中共市委的高度重视。9月26日，在市政协十三届四次常委会议暨围绕“为建设幸福长春建言献策”举行的专题议政会议上，副主委肖辉山代表市委会就如何规范快递与外卖车辆交通行为进行大会发言。市委会会员针对2017年1月长春市人民检察院工作报告提出的19条修改建议，全部被该院采纳。确立调研参考方向。围绕中共市委、市政府的中心工作以及热点、难点问题，确定8个类别、66个调研选题，为市委会及各基层组织、专委会提供调研参考方向。提升参政议政能力。邀请市政协社法委副主任、原提案委办公室主任马海做专题讲座，对参政议政骨干会员进行培训。市委会编印《建言2016》参政议政成果汇编，收录市委会人大代表和政协委员50份参政议政成果。注重调研成果质量。确定20个调研课题。11月末，各专委会形成26份调研报告，其中8份调研成果作为民建长春市委团体提案备选。经民建长春市委十三届九次主委会研究决定，确定5份调研成果为团体提案，14份调研成果报送民建中央秋季调研成果征选及民建吉林省委团体提案素材。在2017年1月召开的市两会上，市委会提出6份团体提案，市委会市人大代表、政协委员提出42份代表建议、委员提案。团体提案《关于进一步培育新型农业经营主体的建议》，以及肖辉山委员个人提案《关于加快推进我市夹馅棚户区改造的建议》被采用为大会发言。市委会提出的1份团体提案《关于进一步解决老旧散弃小区物业管理的建议》及肖辉山、孙忠林、陈海涛各自提出的3份委员提案被评为2017年度市政协优秀提案。

【社会服务】　市委会分别在榆树市、双阳区举办2场百企千岗招聘会，组织360户企业，提供8000余个就业岗位，5800多名求职者到场应聘，1780余人达成初步就业意向。推进民营经济发展。市委会企委会举办“顺应趋势发展、助力企业成长”非公企业发展论坛沙龙；一汽基委会组建精益管理专家服务团；吉林农大支部深入生产一线进行农业技术指导；绿园区基委会开展同心创业导师团队新媒介推广传播活动，为长春市民营经济发展做出贡献。脱贫攻坚工作。民建长春市委精准对接贫困村——九台区莽卡乡三道村，主委贾晓东带队对乡村环境设施及致贫原因进行摸底排查。九台区支部的企业家会员代表也到当地开展专场招聘，提供工作岗位40余个，有7名贫困户家庭成员到岗工作，就业扶贫工作取得成效。双阳区基委会通过帮扶实施“旱改水”项目，实施100公顷旱地改造项目，帮助一个村部分贫困村民实现脱贫；绿园区基委会在搞好民建会员之家建设的基础上，拓展社会服务领域，为该区合心镇永跃村捐赠2台价值5万余元的农机设备，助推脱贫攻坚工作。

【创新工作】　民建长春市委以创新驱动发展，打造“1+1”横向到边、“直通车”纵向到底、全覆盖、立体化的工作模式。“1+1”横向到边。由活跃的基层组织，携手会务活动较少的基层组织，共同开展基层会务活动。开展9

次“1+1”活动，覆盖17个基层组织。“直通车”纵向到底。市委会建立机关工作微信群，各处室建立对口工作群，各基层组织建立会务工作微信群。各级最新精神、工作部署等以“直通车”形式，直接传达到每一位会员。创建民主监督模式。市委会朝阳区基委会与朝阳区人民法院结为共建单位，联合开展2次观摩庭审、法官为企业家会员普法宣讲、法院公众开放日等7次活动。民建长春市委带领全市民建各基层组织开展151次会务活动。

（张洪禹）

中国民主促进会长春市委员会

【概述】 截至2017年年底，中国民主促进会长春市委员会（以下简称市民进）下辖地方组织1个，基层委员会12个，26个基层支部，内设8个专门委员会。有会员1940人，其中，教育文化出版等主体界别会员1344人，占69.3%；中上层会员1671人，占86.1%；大学以上学历1492人，占76.9%。会员中有各级人大代表23人，各级政协委员115人，其中全国政协委员1人，省人大代表4人，省政协委员14人，市人大代表13人，市政协委员17人。

【思想建设】 市民进组织40名骨干会员以及全体机关干部观看民进中央在京举行的学习贯彻全国两会精神座谈会的现场直播。学习贯彻中共十九大精神座谈会，召开民进长春市委会民办教育界会员学习十九大精神座谈会。全市各基层组织以座谈会、报告会等形式学习中共十九大精神。市民进加强宣传工作力度，上报各类信息80条，微信公众平台发布信息80余条，长春民进网站更新信息80余条，完成《长春民进》季刊4期的编辑刊发邮寄工作。各类信息被民进中央网站、《协商新报》《统战纵横》《吉林民进》期刊、吉林民进网站及微信公众平台、《长春统一战线》期刊及网站刊登或发布100余次。

【组织建设】 2017年，市民进发展56名新会员，推选出20名新会员参加为期5天的全省民进中青年会员培训班。组织20名各基层组织负责人参加民进吉林省委基层组织负责人培训班。完成市民进长春市第十一届八次全委会的各项筹备工作，最终选举产生参加民进吉林省第八次代表大会45名代表和民进长春市第十二次代表大会120名代表。市民进分别到吉林艺术学院、媒体联合、长春市第五中学、金融及法律4个支部委员会进行实地调研并形成调研报告。整理完成《民进长春市委员会中小学校长会员名单》23人，推荐20名会员加入民进吉林省开明书画社，推荐27名会员加入民进吉林省企业界会员联谊会。

【参政议政】 完成4篇政协大会团体提案的撰写工作。其中《关于制定政策、吸引及留住大学毕业生在长就业创业的建议》做为政协大会发言稿。响应长春市政协“为建设幸福长春建言献策专题常委会”提供建议文稿，《关于增加城市道路交通标识功能，提升城市形象的建议》入选为大会发言稿。为中共长春市委举办的专题议政会精心组织调研，撰写的《关于做大做强“长春冰雪”品牌、打造“东北亚区域冰雪旅游中心”》的建议在专题议政会上做发言。向长春市政协提供社情民意稿件10余篇。其中《关于加强室内儿童游乐设施监管的建议》被选用报送。向省民进提供社情民意稿件等10余篇。其中《关于改善护工市场情况的建议》《关于清理整顿手机赌博游戏的建议》2篇社情民意被全国政协选用采纳。完成本年度统战部“议政专递”民进月刊工作任务，报送建议2篇。其中《关于加强长春市城市少数民族传统文化传承的建议》已经刊发。开展“踏查长春”系列活动，开展踏查活动7次，以大长春历史文化研讨、中东铁路历史建筑保护等为主题召开3次座谈会。

【社会服务】 按照市委统战部《携手绘制同心圆·合力共筑长春梦》主题活动方案的具体要求，结合本党派的界别特点和实际情况，市民进开展“开明同心向党携手聚力圆梦”主题活动作为重要工作。联系双阳区山河中心校，促使与长春市第二实验小学、东北师大附小等市内知名小学签订互帮互助协定，开展“美好双阳同心惠教行动”。启动仪式上，对双阳区山河中心校进行全科送课、家庭教育讲座、送书等活动之后，开展家庭教育辅导讲座、听课研讨、心

12月12日，民进长春市委员会与长春市慈善会联合成立开明同心基金

（王　丹　提供）

理学讲座等活动。山河中心校高校长带领教师来到市二实验小学学习10天听课30余节等。在市民进的沟通协调下，双阳区科技馆“科普大篷车进校园活动”走进山河中心校。民进双阳区委员会联合净月委员会为中心校30名贫困学生捐助1万元的物品，省出版社为孩子们赠书2000册，为该校孩子进行心脏病筛查等健康检查。市民进在与基层组织联合建立“开明同心帮扶基地”的基础上，建立长春民进开明同心基金。自2017年上半年帮扶基地成立以来，为市内一所残障儿童学校资助价值10万余元的康复器材，与省孤儿学校联合，以第二课堂的形式利用周末的时间在该校开设心理咨询课程；全额出资为学校50余名优秀师生赴大连开展夏令营活动等。民进于与长春市慈善会联合建立开明同心基金，成立长春民进开明同心教育帮扶联谊会。

（王　丹）

中国农工民主党长春市委员会

【概况】 中国农工民主党长春市委员会（以下简称市农工党）有基层组织28个。其中，基层工作委员会3个，总支委员会6个，支部18个，小组1个。截至2017年年底，全市党员总数989人，平均年龄49.9岁，其中，医药卫生界533人，占党员总数的53.9%；政府机关、司法机关、民主党派机关的有72人，占党员总数的7.3%；新的社会阶层人士130人，占党员总数的13.1%。具有高级职称的有518人，占党员总数的52.4%；具有中级职称的有244人，占党员总数的24.7%。农工党党员中担任各级人大代表、政协委员的有76人，其中，担任省人大代表的1人，省人大常委1人；担任省政协委员1人。机关有专职干部8人。

【参政议政】 市农工党全年开展5个调研课题，形成《关于我市中医药人才培养与传承面临的问题和建议》《关于提升我市中医药服务能力的建议》《关于加快我市医联体建设的建议》3篇调研文章。其中，《关于提升长春市中医药服务能力的建议》在12月6日中共长春市委召开的专题议政会上作专题发言。市农工党开展关于全市随迁老人养老问题的调研工作，形成《福利多元主义视角下长春市随迁老人异地养老问题与对策》。市农工党组织理论骨干党员以协商民主为题开展调研，形成《我国政党协商实践中制度层面存在的问题及对策探析》。召开2次社情民意工作会议，分别向农工党吉林省委、长春市委统战部上报社情民意50余条，向市政协上报建设幸福长春建议27条。市农工党报送的《新时期加强民主党派协商能力建设探析》的理论文章，获农工党吉林省委理论研究优秀论文一等奖。

【思想建设】 10月18日，市农工党围绕十九大报告中“坚持中西医并重，传承发展中医药事业”开展学习讨论；12月2日，邀请中共长春市委党校教授、长春市党的创新理论宣讲团副团长王健教授，就学习贯彻党的十九大精神进行专题宣讲。12月3日至9日，市农工党组织20余名骨干党员赴重庆市和遵义市开展“不忘合作初心，重走先辈道路”主题学习教育活动。活动围绕信仰的力量、遵义会议精神、枫香镇花茂村精准扶贫等进行专题授课和现场教学；实地参观息烽集中营旧址、遵义会议旧址、红军烈士陵园、苟坝会议会址、渣滓洞、白公馆、红岩魂纪念馆、中国民主党派历史陈列馆等爱国主义教育基地。市农工党围绕“同心圆”工程，向农工党吉林省委、长春市委统战部以及省市各类媒体报送活动信息24条。2017年，被农工党中央评为《前进论坛》征订优秀单位。

【社会服务】 3月3日和10日，市农工党组织医疗、农业、科技、就业的相关专家，在朝阳区乐山镇乐山村、永春镇长春堡村开展“送岗位、送科普、送健康进村镇”公益服务活动。2次活动为近千名村民进行医疗讲座和义诊，发放科普手册、就业信息等3000余份。市农工党将两个村作为“同心同行，共建幸福长春”社会服务示范基地，以长期定点的方式为村民提供医疗、科普、就业等服务，打造具有农工党特色的“医疗+扶贫”双服务品牌活动，助力当地党委政府的民生工程、民心工程。3月，市农工党在宽城区各街道、社区针对60岁以上老人开展“家人帮”公益活动。举办义诊、义剪、法律援助等活动150余场，受益人数700余人。4月初，市农工党在扶余路社区柳影街道办事处开展“名医进社区”活动，为现场100多名社区居民进行免费检查和问诊，受到社区百姓的一致好评。6月5日，市农工党在九台区聂家村开展健康讲座和义诊，义诊人次500余人，发放科普传单千余份。市农工党和市环保局联合在儿童公园正门举办“中国环境与健康宣传周”活动，邀请市医院心内科专家现场为50多位市民进行义诊，并在现场发放大气污染防治、土壤污染防治、辐射安全防护等方面环境保护知识手册200余本。6月21日，市农工党在绿园区正阳街道互助社区开展医疗器械捐赠暨义诊活动，市农工党党员王额日和木为100名糖尿病患者捐赠总价值5万元的血糖仪，并请专家为社区居民进行义诊。6月26日，市农工党党员张春龙为榆树市城发乡李合中学捐赠150套校服，受到校方和学生的欢迎。市农工党二道区支部为开封小学10位贫困学生捐资助学完成求学梦想。6月29日，为庆祝中国共产党建立96周年，市农工党举办“风雨同舟跟党走，同心逐梦行”文艺演出及义诊活动，数百名群众观看演出，义诊100余人次。7月12日，市农工党医疗专家到长春市朝阳区创业创新服务基地，为40余位创业者进行义诊咨询。7月下旬，吉林市因连日暴雨发生洪涝灾害，市农工党二道区总支主委张欣自发组织6台大型挖掘机开赴吉林市相关受灾地区，参与当地的抗洪抢险工作，得到吉林市党政部门和社会各界的一致好评。8月31日至9月2日，市农工党到延边和龙市福洞镇南阳村扶贫义诊70余人次。

9月9日，市农工党在长春公园开展“服务百姓健康行动义诊”活动，受到群众欢迎。9月16日，市农工党在南湖公园组织“全民健身万里行”活动；市农工党组织基层党员参加“徒步走健康，行动促低碳”活动。9月17日，市农工党在幸福乡进行义诊，接治患者300余人次。9月30日，市农工党在长春公园举办“喜迎十九大·爱在金秋，同心共建大健康项目启动仪式”，活动中，为200名社区居民开展健康咨询工作，捐赠100台血糖仪、100个健康药箱和1000册健康手册。11月7日，市农工党组织专家党员，走进吉林电视台为编导工作人员健康服务，义诊咨询百余人次。11月15日，市农工党组织全市骨干党员参观长春市规划馆，倡导生态文明规划，共同为建设美丽长春贡献力量。

【组织建设】 市农工党召开农工党长春市第八次代表大会第一阶段会议，产生了参加农工党吉林省第七次代表大会的会议代表。做好副高及副处极以上党员的基础情况统计工作，配合农工党中央、吉林省委和市委统战部建立人才库，并对所有符合条件的党员进行基础信息和采集及录入工作。11月6日至10日，市农工党组织新党员和骨干党员参加农工党吉林省委在吉林省社会主义学院举办的全省新党员和骨干党员培训班。市农工党指导宽城区委员会制作50块“党员之家”牌匾，送到党员所在单位，并召开座谈会。市农工党推进党务工作数字化、考核云平台和公务员管理信息系统建设，提升机关管理能力和服务水平。

（宗　伟）

九三学社长春市委员会

【概况】 截至2017年年底，九三学社长春市委员会（以下简称市九三学社）有116个基层组织（含21个委员会、18个支社、2个小组），有社员2562人，其中，科技界682人，占26.61%；高教界793人，占30.95%；医药卫生界653人，占25.48%。高级职称者1326人，占51.75%；中级职称者1056人，占41.2%。社员中有省人大代表3人，均为常委，省政协委员11人；市人大代表5人，其中常委1人；市政协员25人，其中政协副主席1人，常委3人。

【参政议政】 在市政协十三届一次会议上，社市委提交集体提案4件，分别是《关于促进我市大数据发展的建议》《关于搭建实体零售行业大数据平台，推进长春市实体零售行业创新转型升级的建议》《关于对失信人处罚及提高公民维权意识的建议》《关于逐步扩大长春市公办幼儿园比例的建议》。其中，《关于促进我市大数据发展的建议》作大会发言。社内政协委员提交个人提案30余件。做好社情民意工作，2017年向有关部门报送信息30余条。市九三学社围绕长春市委、市政府《2017年建设幸福长春行动计划》，组织动员各基层组织建言献策，收到建议30余件，其中《关于提高公益性岗位待遇，增加工资稳定性的建议》在市政协十三届四次常委会上作发言。2017年11月，九三学社东北师范大学委员会被九三学社中央评为2013年—2017年参政议政工作先进集体；翁连海、李晓霞被九三学社中央评为2013年—2017年参政议政先进个人。社市委集体提案《关于搭建实体零售行业大数据平台，推进长春市实体零售行业创新转型升级的建议》《关于在长春市建立农（业）谷的建议》被市政协评为优秀提案。向社省委申报《关于开展校园周边蚕食管理的调研》和《关于吉林省优质深循环地下下水的调研》。2017年，社市委采取异地调研方式，与九三学社天津市委结对调研，通过对天津历史街区的考察调研，结合长春市的具体情况，形成《关于加强我市原沙俄附属地等历史文化街区的保护利用，促进城市建设与旅游开发的建议》的调研报告。参加市政协组织的视察和调研，就长春市重大经济项目建设和重点工程建设情况提出意见建议；参加中共长春市委召开的专题议政会，就长春市农业现代化发展提出在长春双阳区建立农（业）谷的建议，受到市领导重视。

【思想建设】 学习贯彻十八届六中全会精神，习近平总书记在省部级主要领导干部研讨班上的重要讲话，坚决维护以习近平为核心的党中央权威。开展好社章社史学习活动。开展征文活动。社市委组织社员参加社中央、社省委、长春市政协等单位开展的各项征文活动。社市委向社中央提交2篇论文。在社省委开展的第七届文化读书月征文活动中，社市委提交21篇征文。开展向先进人物学习活动。九三学社长春市委组织成员观看学习由九三学社吉林大学委员会提供的黄大年先进事迹展览，基层组织也组织社员观看这个展览。社市委组织基层组织骨干成员听取黄大年事迹报告会和“归来黄大年”主题音乐诗会。加强载体平台建设，提升宣传实效。编印《九三长春社讯》4期，在社市委网站上刊登新闻宣传报道63篇。对外30多个九三学社地方组织进行社刊交流。QQ群、基层组织负责人微信群、微信公众平台，拓宽社务信息交流渠道。社省委网站采用23篇，市委统战部网站采用10篇。社务工作等多次得到《长春日报》、长春电视台、《协商新报》宣传报道。

【组织建设】 2017年，发展社员303名，其中，博士46名，硕士104名，高级职称74名，中级职称166名。有社员2562人，106个基层组织。其中，包括86个委员会，18个支社，2个小组。社市委有15个专门委员会。加强新社员和骨干社员的培训工作。5月，在延安市委党校进行为期6天的骨干社员培训。9月，在长春国际会展中心举办为新社员培训班，2016年—2017年度新社员100余人参加培训。组织基层组织负责人12名，参加市委统战部举办的为期5天的骨干社员培训班。组织骨干社员4名参加市委统战部举办的处级党

11月25日，九三学社长春市朝阳区委员会在全省基层组织现场交流会上介绍工作情况（于帼荣　提供）

外干部培训班。10月，4名社员参加中央举办的新任社省委委员培训班。成立“九三社员之家”，在基层开展同心筑梦活动。2017年，九三学社长春市委在打造“同心圆”品牌工程中，社市委成立8个“九三社员之家”。11月25日，在全省基层组织现场交流会上，“九三社员之家”被中共长春市委评为2017年度“携手绘制同心圆·合力共筑长春梦”优秀载体。

【社会服务】 社市委携同吉林中医肝胆医院走进社区、走进乡村、面向社会，开展肝微检技术肝病普查工作。为2000余名环卫工人和公交集团职工进行大型肝微检免费义诊活动。社市委举办为期1周的《全省农村基本公共卫生服务项目业务骨干培训班》，参加培训人数2000余人次。各基层委员会结合同心圆活动方案开展多种形式的社会服务活动。

（于帼荣）

长春市工商业联合会

【教育培训】 抓好特色培训，开展“企业家进党校”“井冈山革命传统教育”等理论培训，召开“长春智慧城市照明高峰论坛”“中国汽车行业智能制造论坛”“资本大智慧与上市总裁峰会”“香港智慧助力长春企业转型升级研讨会”“文生律师大讲堂”等业务培训，举办经济统战、“四好”商会建设等专题培训，各类培训2000余人次。

【参政议政和调查研究】 引导非公经济人士建言献策，提高参政议政质量，召开市政协工商联界别委员参政议政座谈会，提升政协委员的参政意识和履职能力，《关于推进长春市民营企业“走出去”的建议》获政协优秀提案奖。开展调研，形成《关于吉林省通用机械有限责任公司汽车零部件产业发展模式的调查与思考》调研报告，被吉林省委宣传部《创新创业我的故事》收录；完成全国工商联民营企业降低实体经济综合成本和东北地区民营经济发展环境评估专题调研，召开座谈会，走访考察通用机械、研奥电气、一汽四环、净月包装等企业；连续8年开展全市民营企业生产经营情况固定观察点运行情况调研。做好调研成果转化，《关于对成都、武汉、南京、上海4市工商联学习考察的调研报告》《关于推动民营企业投资PPP项目的建议》分别获省工商联优秀调研成果一等奖和三等奖。

【开展津长对口合作】 抓住津长对口合作发展机遇，组织民营企业参加天津第十一届融洽会和全国知名民企天津行活动，开展天津市民营企业代表团长春行活动，举办“津长合作、共赢发展”推介会和津长两地县（市）区对口考察，吉林德翔牧业有限公司与天津顺通俊海集团有限公司秸秆综合利用等18个项目初步达成合作意向。

【促进民营企业“走出去”】 加快对外开放步伐，组织民营企业赴澳大利亚、新西兰、新加坡、香港、澳门等国家和地区，召开“中澳经贸交流合作洽谈对接会”，参加“第十届亚洲金融论坛”“澳门国际环保合作发展论坛及展览开幕典礼”，拜访悉尼华人专业人士协会、新加坡中华总商会，建立战略合作联盟。

【经贸交流合作】 组织民营企业参加第二届全球吉商大会“吉商荣耀”评选表彰、“选择美国”中国区大型路演、第二届中日韩经贸交流会、“墨西哥洽谈经贸与人才交流合作”、农博会农业项目推介会、“第27届台北国际食品展览会”、俄罗斯投资贸易交流会、“白俄罗斯商品推介会开幕式”等20余次经贸活动。

【基层工商联和商会组织建设】 推进“五好”工商联建设，推荐农安县工商联、绿园区工商联、朝阳区工商联为2017年全国“五好”县级工商联。发展行业商会，成立社区商超、装饰工程、海归华侨企业家、供应链等4家行业商会，指导社区商超、海归华侨企业家商会在民政局完成注册，推进钢铁贸易等8家商会注册登记。加快组建异地商会，着眼于推动“长商联合会”组建，走访国内长春籍企业家，建立“长商”数据库，发展域外“长商”1000余人。推动异地商会组建工

7月3日，天津市工商联、长春市工商联召开对口合作座谈会　（沙显光　提供）

作，加强与长三角、珠三角、环渤海发达地区工商联和域外长春籍企业家的沟通与联络，奠定异地商会组建基础，三亚长春商会和广州长春商会已经成立，上海、重庆、天津、成都等异地商会前期筹备工作顺利推进。与市司法局共同召开全市商会建立民商事纠纷人民调解委员会工作会议，在9家商会建立民商事纠纷人民调解委员会，提升商会依法办会能力。

【建设长春商会大厦】　探索“政企银”战略合作模式，发挥各自职能和优势，按照“企业投资、商会主导、政府支持、社会化运营”的建设模式，推动商会大厦建设，把商会大厦打造成为工商联拓展服务空间的有效平台，打造成全市广大非公有制经济人士的活动阵地，打造成全市非公有制企业加强合作交流、对外宣传的总部基地，实现“政企银”合作共赢。商会大厦由市工商联牵头，工商联副主席会员企业投资购买，委托第三方社会化运营，建立有利于民营企业发展的“集约性”平台，供商会组织、民营企业及中介服务机构等使用，共同开展业务合作，具有办公、商务、服务、培训、活动等多种功能。

【开发综合信息服务平台】　探索“互联网+经济统战”模式，开发网络信息服务平台和APP系统，打造会员管理、项目发布、投资融资、网上办公、教育培训等综合信息服务载体，面向民营企业定期发布招商信息、项目信息、投资信息、融资信息等，对工商联、商会、会员企业信息进行综合管理，掌握真实、详尽的会员基础数据，实现会员信息的精细化、科学化、动态化管理。

【筹建民营企业服务联盟】　整合律师、会计、审计、金融、培训等社会服务机构，组建民营企业服务联盟，为民营企业提供全方位、有针对性服务，初步确定8个行业80户企业为联盟成员单位。

【精准扶贫】　创新精准扶贫模式，九台农商行牵头成立的“精准扶贫联盟”取得实效，在贫困村进行试点。长春市工商联做好市工商联包保贫困村脱贫工作，为农安县巴吉垒镇太平山村争取到农业扶持政策，配备6套大型农机设备；建成宇平工艺人偶、紫玉木兰鞋底2个手工艺品加工项目，2017年增收300余万元。加大扶贫投入力度，投入种羊、药品、生活用品等物资总价值160余万元；动员10个县（市）区工商联协调民营企业共同参与帮扶脱贫工作，有34家民营企业参与帮扶行动。

（沙显光）

长春市总工会

【概况】 2017年，长春市总工会有25项工作受到国家和省、市表彰，有12项工作在国家和省、市相关会议上介绍经验，国家和省、市各级新闻媒体宣传报道长春工会工作865篇。被全国总工会评为财务工作先进单位。

【劳模表彰】 配合省总工会召开吉林省暨长春市庆祝“五一”大会，评选表彰国家和省、市三级五一劳动奖章120人、奖状29个、工人先锋号29个。长春市总工会推荐的长客股份公司工人罗昭强获全国职工职业道德先进个人。代市委、市政府起草《关于做好长春市第34届劳动模范表彰大会推荐评选工作的通知》，制定印发《长春市第34届劳动模范表彰大会推荐评选工作的实施方案》，召开推荐评选工作动员部署会和新闻发布会。市委、市政府表彰50名长春市特等劳动模范、445名市劳动模范和49个市模范集体。全年为国、省、市三级劳模7258人次发放各类补助金1144.6万元；组织3批劳动模范疗休养；会同市广播电视大学开办第三期劳模学历班。

【技能培养】 举办“产业工人与‘中国制造2025’”论坛。会同市人社局制定下发《关于在全市职工中开展“长春工匠师徒结对行动”实施方案》。召开“长春工匠”技能展示暨师徒结对签约大会，命名表彰100名第二届“长春工匠”。启动“百千万”高技能职工培养工程。组织“践行新理念、建功十三五”主题劳动竞赛，全年参赛企业3971户，参赛职工23万人。开展群众性经济技术创新活动，完成技术革新874项，提出合理化建议50余万件。创建“劳模创新工作室”125个，完成创新项目1800余项、获国家专利150余个、创造直接经济效益近亿元。开展地铁工程“五比五创”劳动竞赛，全年新增参赛单位58家、覆盖1.2万名职工，助推地铁一号线如期开通。与市人社局联合印发《长春市2017年职工技能大赛方案》，全年举办3类、28场、31个工种的职工技能大赛，吸引2132个单位的14.7万名职工参赛。与市人社局共同举办“2017年长春市餐饮服务业职工技能大赛决赛”，召开长春市2017年职工技能大赛总结表彰大会，345名职工被授予“职工技术带头人”和“高技能职工”称号，有82人得到技能晋升。

【职工维权】 与市人社局、市法院联合下发《关于构建和谐劳动关系建立劳动争议多元化解机制的意见》，在全市建成“劳动合议庭”10个。全年为职工挽回经济损失和争得经济利益2372万元。会同市人社局、市企业家协会、市工商联下发《关于进一步推进集体协商工作的意见》，推进企业家协会会员单位和驻长世界500强单位集体协商工作。有1.5万户建会企业签订集体合同和工资专项集体合同。在95%以上的企、事业单位组建劳动保护监督委员会并配备监督员，查出职业危害和安全隐患2713个，整改率98%。在朝阳区开展小型非公企业劳动保护“网格化管理”试点工作。国有企业和事业单位职代会、厂务公开建制率分别为99%和96%，区域（行业）小型非公企业联合会职代会实现全覆盖。市总工会被评为“全国推动厂务公开民主管理工作先进单位”，劳动关系监测点建设工作受到全国总工会通报表扬。开展“安康杯”竞赛，有1.3万家企事业单位和53万名职工参赛。市总工会获全国“安康杯”竞赛优秀组织奖。

【职工帮扶】 投入375万元，建成三级服务中心（站）362个，建立户外劳动者服务站303个；全市建档困难职工解困脱困4584人，占建档困难职工总数的41.5%，完成年度指标的103%。各级工会组织119场招聘会，为2.3万人提供免费就业服务，帮助4094个援助对象实现就业，组织2199人参加职业技能培训；开展金秋助学和“会校企”联合助学活动，发放助学款330.3万元，资助在档的困难职工和困难农民工家庭子女1129人；筹集送温暖资金2563万元，帮扶困难职工、困难农民工1.1万人。市总工会投入30万元，设立农民工欠薪应急救助周转金，会同市广播电视大学首

4月25日，市总工会召开长春工匠技能展示暨师徒结对签约大会（王 拓 提供）

次开办农民工学历班。筹集职工互助保障金2656万元，为1.7万人次给付互助金1703万元。新版会员卡实现共享城联一卡通功能，并与职工医保数据自动对接。会员卡发放超过65万张，惠及会员75万人次，回馈金额2800万元；发放在职职工住院医疗补贴547万元，惠及会员1.3万人次。“长春工会”微信公众号关注量超过17万人，阅读量超过300万，被中华全国总工会评为“全国最具影响力工会百家新媒体”，市总工会信息化平台建设工作，在全国工会网上工作会议上介绍了经验。建立女职工“心理健康工作室”243个，“爱心妈咪小屋”12个，市总工会被市政府授予“实施长春市妇女儿童发展规划突出贡献集体”。市工人体育馆主体封顶，并在“2017年幸福长春行动计划”民生工程测评中获得满分；市职工体育活动中心装修工程基本完成。

【基层工会建设】 市总工会召开长春市总工会机关改革动员部署会，制定印发《长春市总工会改革实施方案》及责任清单。加强对县（市）区、开发区工会改革指导，制定印发《长春市总工会关于指导县（市）区、开发区工会改革工作的具体意见》，支持县（市）区、开发区工会推进改革。将全年拨缴经费收入的65%留在县区工会和基层工会，每年对下级工会的经费补助和用于职工活动、维权等方面的支出不低于预算支出的45%等措施，强化基层建设。开展“广普查、深组建、全覆盖”集中行动，制定印发《关于规范工会组织审批管理权限及组建程序的办法》。成立建筑业协会联合基层工会，在农安县合隆镇召开农业专业合作社现场交流会，推动336家农业合作社成立工会。全年新建工会组织1328家。完成会员信息采集81万人，其中农民工12万人，覆盖法人单位2.1万家。

【精准扶贫】 配合市委第一巡察组开展巡察工作，市总工会包保的农安县新开河村20户贫困户全部实现精准脱贫。包保的贫困户周喜获“吉林好人·脱贫攻坚先锋”称号。

（王 拓）

共青团长春市委员会

【概况】 2017年，全市有团组织1.8万个。其中，基层团委677个，基层团工委129个，团总支377个，团支部1.7万个。全市有团员51.7万余人，其中2017年新发展团员1.5万人。全市有团干部4.1万余人。其中，专职团干部1011人，兼职团干部4万人。

【青少年思想引导】 开展十九大会议精神宣讲25场，直接覆盖青年约1万人次，线上传播近7万次。十九大召开期间，组织机关、高校、企业团干部和青年观看大会，开通网上交流空间，制作“青春喜迎十九大”主题表情包，发动青年创作网络文化产品127件。十九大闭幕后，组建理论导师宣讲团、青思学员宣讲团深入基层开展宣讲。开展“青年马克思主义者培养工程”、党史团史专题教育、省情市情形势教育，抓住“五四”“六一”、成人节等时间节点，开展纪念建团96周年纪念活动、“快乐红领巾、幸福伴成长”全市少年儿童主题队日等教育活动，覆盖全市青少年30万多人次。原创《长春青年践行社会主义核心价值观读本》漫画口袋书，传播向上向善的价值取向。开展“长春十大杰出青年”“长春十大优秀青年”评选表彰活动，为广大青年树立榜样；开展“奋斗的青春最美丽”榜样巡讲活动，组织张超凡、胡艳萍等青春榜样巡讲进军营、进机关、进社区、进学校分享先进事迹，覆盖全市青少年2万人次。建立青思俱乐部和长春市青少年党校，采取“青思基金+新媒体+导师团+宣讲团”的运行模式，在青年中开展宣传工作。青思俱乐部和青少年党校成立以来，联系高校团学骨干26名、宣讲团6支、新媒体团队4支，举办活动13次，覆盖青年1.1万人次，线上覆盖青年超过10万人次。

【网上共青团】 2017年，长春共青团微信平台发布图文信息720余条，其中原创作品264余条，开辟好好学习、相亲交友、青年就业专题栏目。官方微信公众号粉丝人数是2016年的5倍。在“五四”“六一”“七一”等时间节点和网络事件中，发布正能量图文信息，平均阅读量1万次以上。在第一届长春国际马拉松比赛期间，开展网上志愿助力长春马拉松活动，吸引8000多网民参与。长春共青团原创网络文化产品获得在全国共青团排行榜第14名的成绩。

【服务创业】 建好“双创”平台，对

5月21日，共青团长春市委员会组织青年志愿者服务2017长春国际马拉松赛

（辛　鑫　提供）

长春青年创业工场正茂园区三期建设进行前期论证及筹备，完成施工总体设计。联合吉林万通税务师事务所、米苏资本等社会团体，免费为园区企业提供税收、金融等方面培训，为创业青年答疑解难。与商务、科技、人社等部门协调，为园区企业的科技部门备案、小巨人企业申报、市级电子商务示范企业申报等政策上开辟便捷渠道。联合FM88.9、FM99.0广播栏目共同制作并播出“创业故事会”节目106期，开展创业经验交流会、创业沙龙、创业座谈等活动20余次，接待各界交流团体40余次，组织青年企业参加2017中国（北京）电子商务大会、2017年吉林省外贸政策解读及跨境电商实务培训班等交流培训活动10余场。举办“双创”竞赛，联合市人社局、高新区共同举办长春市（2017年）青年科技创新创业大赛、长春青年“人工智能+”创新创业大赛、第二届长春市青年信息化精英创新创意设计大赛，征集电子信息、新材料、生物医药等科技创新创业项目679项，吸引全国23省市创业人才2450余名，发放无偿天使创业资金340万元，促进全市青年“双创”示范主体不断涌现。5月4日，在长春市举办津长两地青年交流合作大会，成立津长合作促进会，就实施“津长联培”青商素质提升计划、天津青年企业家赴长经贸考察、津长青年文化联谊、长春青年企业家赴津经贸交流圆桌会、“牵手长春”创业环境推介、津长青年助力扶贫攻坚、建设津长青商合作园、精准脱贫等9项津长青年合作发展规划达成一致。

【社会服务】　在火车站换乘中心设立青年志愿服务岗位8处，志愿者上岗560人次，服务时长4480小时。组织全市1450名青年志愿者参与服务长春国际马拉松比赛。3月5日是青年志愿者日，在全市青年志愿服务队伍中评选最美青年志愿服务集体10个、优秀青年志愿服务集体126个，最美青年志愿者10人、青年志愿服务突出贡献奖10人、优秀青年志愿者445人，提升青年自觉参与志愿服务热情。

【助学帮扶】　开展“芙蓉学子”助学项目，为全市221名建档立卡贫困家庭大学生发放入学助学金22.1万元，为66名高校在校贫困学生发放助学金33万元。为全市71家贫困村中心小学捐助价值7.1万元的体育文化用品。搭建全市单身青年交友平台，全年开展以“激扬青春相约长春”为主题的青年联谊活动12场，1100名单身青年受惠。在全市6所农民工子弟校开展儿童“城市体验一日游”活动，惠及农民工子女500余人。为365名潜在帮扶对象建档，个案结案191个，开展面对面心理疏导1291次，小组和社区活动320场次，服务青少年2500余人次。建立完善青少年事务社工制度，推动社工人员绩效考核、社工活动经费及审批流程、“双工”联动等一批制度性文件的制定和落实，通过团省委阶段性评估和中期评估。长春市助梦社会工作服务中心等3家机构被评为长春市十强社会工作服务机构。

【组织建设】　出台《共青团长春市委十五届九次全会关于全面加强从严治团决议》，对从严治团进行安排部署。制定出台《2017年县（市）区、开发区团（工）委绩效考评工作实施方案》，向全市15个县（市）区、开发区团（工）委下发。举办直属团干部培训班，组织基层团干部开展网络学习，为全市各基层团干部下发《共青团基础团务知识文件汇编》作为工作指南，对学习成果进行监督考核。开展示范入团仪式28场、宣讲会301次、报告会217次、培训班230次，覆盖全市57万余名团员。召开全市“学习总书记讲话，做合格共青团员”动员大会，下发《长春市“学习总书记讲话做合格共青团员”教育实践实施方案》，对全市各级团组织开展“学习总书记讲话，做合格共青团员”教育实践工作做出了全面部署。长春市团市委2017年上半年教育实践工作顺利通过团中央督导组专项督导。在全市87个街道普遍建设区域青年工作共建委员会，在乡镇持续建设直属团组织，通过采用行业建团、产业建团、园区建团等模式，统筹抓好农民工团工委、非公企业团建促进会、青年社会组织团委、新媒体联盟等新型团建工作。

【共青团改革】　落实《共青团长春市委改革方案》，强化基层组织建设、网上共青团建设和社会联络职能。团市委机关配备一挂两兼3名副书记；每个部门增加1名~2名挂职团干部，充实团市委机关工作力量。整合资金180万元购买“社工服务”，将22名青少年专业社工，下派到17个基层阵地开展工作。在全市174个街道乡镇全部启动区域化团建。重点建设农民工团工委、非公企业团工委、青年社会组织团工委、新媒体联盟团工委、青年创业联盟团工委等5个新型团组织，加强对新兴青年社会群体覆盖，6月，完成青联换届。打造“青年之家”202家，12个社区红领巾之家，4个青年创业园，1个青思俱乐部和1个青年交友空间，服务和凝聚青年。建设团属新媒体矩阵，全市团组织新媒体粉丝数42万人。“青年之声”总浏览量100万次，回复青年诉求8192次。协调市委组织部，将团干部培训纳入党的干部教育计划。市财政局在保持原有经费不变的情况下，按照全市青年数量每人每年1元的标准，新增260万经费预算。从5月11日市级共青团改革方案下发以来，32项改革措施有28项取得成果。2017年，全市10个县（市）区全部完成改革实施方案的制定工作。改革后，市辖区团委行政编制都增加到3名以上，外县增加到5名以上。部分县（市）区团组织在改革中增加内设机构。明确街乡团（工）委书记按中层正职专人专干配备，配备街乡团（工）委副书记、委员，充实基层团组织工作力量。各县（市）区团组织全面推动社区“吉青家园”和“青年之家”建设。县（市）区本级按照所辖35岁以下青少年每人每年1元~2元的标准为团组织匹配工作经费，街道按照每年不低于3万元标准配备团的工作经费，市辖区社区按照每年不低于2万元的标准匹配工作经费，外县社区按照每年不低于5千元的标准匹配工作经费。

6月23日，长春市青年联合会第十七届委员会全体会议在省宾馆举行（辛　鑫　提供）

【精准扶贫】　全年帮助西关村协调县级扶贫资金20万元用于农机合作发展项目，机关划拨行政经费20万元用于支持发展木材粗加工项目。与青联企业家共同开发“葡萄种植”“白瓜子种植”等扶贫项目。联合中国建设银行吉林省分行、吉林省阿凡提科技有限公司共同开发“互联网+精准扶贫电商平台”，帮助贫困村拓宽销售渠道。农安县边岗村、榆树市西关村等8个长春市建档立卡贫困村与平台运营商签署结对帮扶协议。对包保的西关村符合条件的建档立卡的7户贫困户进行危房改造。协调当地有关部门，为对口村整修4.23公里村电路、配备体育健身器材。满足17户贫困户的34个微心愿，为贫困户购买电视机、洗衣机、电饭煲等生活电器30余件。整合资金为村内289公顷土地排水沟清淤，帮助村民增产增收。组织机关干部在五一、中秋、扶贫日等节点，开展集中走访慰问活动5次，捐助米面油等生活物资折价6.8万元，贫困户与包户干部的相互知晓率100%。组织市青联成立3个扶贫工作组，青联委员对贫困户开展结对帮扶包保，形成3个对接贫困村107个贫困家庭家家有人帮扶的工作局面。为16户具有一定劳动能力的贫困户提供繁育型仔猪4头、商品鹅770只、商品鸡50只，帮助贫困户增加收入。与天津市青联结对，为农安县孙家炉村引进爱心款项5万元；帮助全市对口援助的白城市307名贫困青少年，发放价值3万余元的爱心物品。

（辛　鑫）

长春市妇女联合会

【概况】　2017年，长春市妇女联合会（以下简称“长春市妇联”）获全国维护妇女儿童权益先进集体、巾帼建功先进集体、全国妇女新闻宣传阵地建设“先进单位”等国家级奖项7个，省“六五”普法先进集体、省未成年人思想道德建设工作先进集体等省级奖项5个以及长春市直属机关巾帼文明岗等市级奖项2个，全国、省、市新闻媒体430次报道市妇联工作。

【妇女创业】　实施“创业创新巾帼行动”，依托非公企业和社会组织创办“创悦空间”10个、依托商业街区开办“创悦市集”12期、依托手工艺品协会开办“创悦课堂”138期、依托互联网创办由9个社会组织构成的“创悦联盟”，在电视台播出《创悦人生》48期，推出女性创业创新典型61人，为女性创客提供创业场所、辅导育成、市场开拓、权益保护等一体化服务。开发草编产业，成立长春市草编协会，发展会员1500人，开发产品种类163个，带动妇女居家灵活就业6200人，年销售额突破7000万元。草编大赛首次走进农博会，以网络直播的方式吸引7200人观看，现场实现销售额13万元，订单22万元。为全市2.2万名贫困妇女免费开展“两癌”检查、新建“儿童之家”118所，实现全市贫困妇女“两癌”检查全覆盖和贫困村“儿童之家”建设全覆盖。

【家庭文明建设】　寻找“最美家庭”活动在党政机关、城乡社区开展，推选市级“最美家庭”典型159户，其中，

3户获全国“最美家庭”称号，1户获“吉林好人·最美家庭标兵”称号，11户获吉林省“最美家庭”称号。组建家庭、家教、家风巡讲报告团，深入237个社区（村）巡讲，参与群众8900人。开展早教公益服务进社区540场次，“早教进社区”公益服务247个社区（村），覆盖247个社区（村），覆盖率64%，2.2万名家长受益。通过新媒体和传统媒体互动的方式，在电台开办“早教360”直播热线49期，平均市场占有率49.43%，周收听人数12.1万，栏目排名始终位居前三。推出“家庭教育360”微信平台48期，原创率超过90%、开设“育儿有方”微课堂21期，1.8万名家长在线参与。连续5年举办长春少儿春晚，获全国春节节目“最佳作品奖”。

【妇女维权】 对《长春市预防和制止家庭暴力条例》进行修订，经市人大常委会通过、省人大常委会批准，8月17日正式出台，在全国率先实现反家暴地方立法。联合公安、民政、司法等部门配套出台实施细则，推动《条例》的贯彻落实。以市政府名义召开全市第五次妇女儿童工作会议，推动市委常委会、市政府常务会专题研究妇女儿童工作。以朝阳区、南关区为试点，在全省率先成立家事调解中心，弥补社会服务在婚姻家庭领域的空缺。选聘16名妇联干部担任家事法院人民陪审员和家事调解员，实现妇联调解和诉讼调解优势互补，促进矛盾纠纷及时解决。开展巾帼司法顾问团走进“FM88.9妇女儿童维权热线”直播间、走进村屯（社区）、走进信访接待窗口“三走进”活动，创新开展信访窗口“处长接待日”活动，建立集普法宣传、纠纷调解、法律帮助、关爱帮扶于一体的综合维权服务模式，依法为广大家庭和妇女群众维权服务。全年市、县（市）区两级妇联接待群众来电来访563件，参与家事纠纷调解121件，推动全省首例人身安全保护令申请等17件典型案件的处理，群众满意率100%。巾帼司法顾问团“三走进”活动被纳入全市法治建设十件实事。

11月10日，全国妇联书记处书记杨柳来长春市宣传十九大精神（张 郧 提供）

【组织改革】 全国妇联对长春市“在非公有制企业建立妇委会，推广‘1+3+X’工作模式”的做法给予高度评价，建议在全国妇联系统推广。长春市妇联成立深化改革领导小组，出台《长春市妇联改革方案》，制定《长春市妇女联合会机关主要职责内设机构和人员编制规定》，实现兼挂职副主席参与分工。调整部门设置和职能分工，市妇联内设机构由7个调整为6个。增替补49名各族各界基层妇女代表为市妇联执委，执委、常委比例分别由74%、47.1%提高到80.49%和63.16%，实现改革目标。两级妇联组织全部出台改革方案，全市163个乡镇（街道）妇联完成区域化建设，占总数的95.3%。全市1680个行政村全部完成“会改联”，新增兼职副主席5038人、执委20719人。在非公企业和社会组织新建妇联组织69个，扩大组织覆盖。推进工作手段创新，两级妇联普遍开通官网、微信、微博、头条号，建立家庭教育、妇女创业、志愿服务、女性电商等各种类型的网群3150个，联系妇女群众32.8万人，在全国率先实现市级妇联工作网上网下同步直播。建立直接联系妇女群众制度，在全市县（市）区以上妇联干部中实施“4+1”工作法，妇联干部每周4天在机关工作，1天联系基层妇女，全年下基层工作时间不少于3个月。在宽城区长山花园社区建立全国首家基层妇女干部实训基地，提升基层妇联干部工作水平。以“抢抓机遇，对标发展”为主题，在南开大学开办妇女工作研修班。成立归国女性人才协会，推动女企业家协会开展项目对接活动6次，合作项目意向资金5亿元；组织女企业家“创悦行”高校巡讲活动4期，输送见习就业岗位2000个。《中国妇女报》头版报道长春市妇联组织改革推进情况。

（张 郧）

长春市台湾同胞联谊会

【概况】 2017年，长春市台湾同胞联谊会（以下简称市台联）有台胞120人，台属2.6万余人。基层组织13个。

【创业服务】 创办“长春市台胞台属青年创业联盟”及“创业联盟大学生联谊会”。7月28日，由市台联与吉林省冀商商会共同创办的“长春市台胞台属青年创业联盟”正式成立。市台联与省冀商商会签订《长春市台胞台属青年创业联盟合作协议书》。5家商会企业被指定为“创业联盟实践基地”并授牌，10名企业家被授予《台胞台属青年创业导师证书》。市台联筹建“创业联盟大学生联谊会”，帮扶台胞台属和冀商学子就学就业。9月8日，由长春市台联、

1月20日，在长老台胞2017年新春团拜会在中日友好会馆召开　（高　萌　提供）

吉林省文联和吉林省美协共同举办的第四届“翰墨飘香两岸情”长台书画展正式在长拉开帷幕，参展作品近百幅。

【思想建设】 3月24日，市台联举办传达学习全国人大十二届五次会议精神报告会。6月27日，市台联召开纪念中国共产党建党96周年座谈会，台胞台属代表30余人参加座谈。5月至9月，市台联结合“两岸一家亲·两地结同心”主题教育活动，开展网络台湾知识竞赛活动。11月1日，市台联下发关于学习宣传贯彻党的十九大精神的通知，学习党的十九大的精髓要义。11月9日，市台联举办“长春市台胞台属学习贯彻十九大会议精神报告会”，各县（市）区、大厂、高校近百名台胞台属参加报告会。

【联谊活动】 1月20日，省、市台联在中日友好会馆共同举办有30余位老台胞参加的“在长老台胞2017年新春团拜会”。2月8日至15日，配合省台联接待“全国台联2017年台胞青年冬令营”。3月7日，省、市台联在雅贤楼茶庄举办“三八”妇女节茶叙会，40余位女台胞台属代表参加活动。6月8日，市台联组织20余位老台胞赴双阳区缘山湖踏青春游。9月27日，市台办、市台联组织在吉大就读的台生开展“迎中秋·话团圆”联谊活动。开展全市台胞台属情况摸底普查。下半年，市台联向全市各县（市）、区、高校党委统战部、各开发区党办等26家单位下发《关于开展全市台胞台属情况摸底普查的函》，对全市各基层党委统战部、台联逐一进行调研走访，了解各基层台联情况，征询对市台联工作的意见和建议。

（高　萌）

长春市归国华侨联合会

【思想建设】 组织3次机关干部学习交流会和2次党员座谈会，以“三会一课”方式推动机关学习。召开市侨联十届五次常委（扩大）会议，组织常委和基层侨联主要负责人集中学习党的十九大精神。组织机关党员干部深入基层侨联和社区“侨胞之家”开展党的十九大主题学习宣传活动。举办“长春市统战、涉侨单位干部培训班”，邀请华侨大学理论专家结合侨联工作实际，对党的十九大报告作专题解读，对40多名侨联干部进行培训。党的十九大召开以来，全市各级侨联组织举办培训班、学习会、宣讲会20余次，参加学习活动的侨联干部、归侨侨眷300余人次。

【宣传活动】 6月21日，与省侨联联合举办学习侨界楷模“黄大年同志先进事迹”主题活动，组织各级侨联干部和归侨侨眷代表110余人参观黄大年生平事迹图片展，观看黄大年事迹报告会的音像视频。元旦、春节前夕，以“讲好长春故事、传播长春好声音”为主题，组织侨界群众开展元旦、春节向海外亲友发送拜年视频活动宣传长春五年来所取得的成就，向海外侨胞发送拜年视频和信息150多条。举办“迎新春、话团圆”全市侨界群众包饺子大赛，播放海外乡亲拜年视频，组织文艺表演、包饺子比赛等活动。组织全市海归、侨界青年参加“侨商杯——我的中国梦·最美青春”全省首届海归手机摄影大赛和第三届世界华侨华人摄影展，报送参赛作品30幅。与省侨联、省侨联青年委员会、凤凰吉林、绿园区侨联组织开展“心系高考·共筑爱心‘侨’梁”公益活动，通过搭建爱心服务亭，免费为考生和家长提供矿泉水、扇子、遮阳帽等物品，发放《侨法宣传手册》。举办全市侨界“爱我中华”羽毛球、乒乓球比赛，同时承办“亲情中华·侨商杯”2017吉林省归侨侨眷乒乓球赛。

【服务经济】 与市委统战部港澳侨处组织部分县区侨联干部赴杭州、南京两地调研侨务经济工作，帮助侨联干部拓展侨联经济工作思路和视野。为7个华侨华人团队来长春市考察洽谈项目牵线搭桥，实现对接。其中，东北师范大学侨联牵线美国好莱坞中文卫视台与东北师大传媒科学院就互设高校人才培训基地进行洽谈；南关区侨联牵线加拿大国际环保集团（EWM公司）亚洲区总裁兼总经理何幼君女士考察吉林省美达园林市政工程有限公司，并就废旧轮胎处理综合回收利用项目与长德新区进行洽谈；英国侨商梁远放团队、美国侨商贺平团队就新能源汽车合作项目与一汽新能源汽车公司进行多次对接洽谈；协助宽城区侨联拜访北京侨商企业国维财富集团等知名商业地产开发企业，为宽城区群英街道所属的11万平方米商业地产项目进行招商。市侨联为宽城区引进瑞典“宜家”商业地产项目开展工作，促进“宜家”地产项目于2017年底与宽城

5月15日，省委常委、市委书记王君正在与来长考察的中国侨商投资企业协会华人华侨企业家代表座谈　（邹　晶　提供）

区签约，总投资10亿元人民币。组织朝阳区侨联按照中国侨联推荐“中国侨联新侨创新创业联盟”要求，推荐3家企业参加评选活动，长春孔辉汽车研究中心入选联盟，并代表长春市侨企赴北京参加联盟项目推介路演活动。帮助二道区侨联争取参与到中国侨联在吉林省举办“中国侨商吉林行”活动之中，组织项目推介会，邀请70位海外侨商参加长春市二道区项目推介会；组织绿园区侨联参与“世界越柬寮华人团体联合会第八届年会暨吉林省旅游经贸投资项目洽谈会”的相关活动，做好项目推介，并向参会的300位海外嘉宾提供绿园区重点招商项目册及政策汇编。联系外阜侨商组织，在长春发起成立东北城市侨商联盟。承办市政府、国务院侨办主办的“第33期华侨华人专业人士回国创业研习班”活动。邀请来自美国纽约东北同乡会贺平团队、芬兰华商会丁晓石团队以及丹麦、法国等9位华商参加活动；组织相关企业进行项目洽谈对接，推选贺平、丁晓石团队的新能源汽车项目、芬兰国别工业园区项目参加重点招商会项目路演推介活动，安排贺平、丁晓石团队对长春新区进行实地考察并洽谈；长春市侨联工作团组出访丹麦、瑞典、芬兰等3国，与芬兰华商总会、瑞典华人总会、瑞华商会、丹麦华人总会签署《缔结友好合作关系协议书》，拓展与北欧交流合作渠道；协助长春市人才工作代表团在美国西雅图市举办“长春市海外招才引智政策推介会”，邀请近60位华人华侨专业人士及西雅图主要侨社团侨领参加招才引智政策推介会。

【参政议政】　3月23日和7月14日，2次组织侨界委员走进企业，开展调研座谈活动。举办代表委员参政议政专题培训班，邀请省委统战部负责提案工作领导为代表和委员讲授写好提案的要点和方法，对市区两级28名侨界人大代表和政协委员进行培训。2017年市区两级侨界政协委员提交建议和提案35件。

【创建“侨胞之家”】　以湖东社区、银融社区创建“精品侨胞之家”为样板，带动“侨胞之家”创建工作开展。2017年创建“侨胞之家”6个（2个正在创建中），其中吉林大学、湖东社区、银融社区的3个“侨胞之家”被省侨联授予“侨胞之家”红旗单位；二二八社区“侨胞之家”被授予省级“侨胞之家”称号。

【侨界帮扶】　开展“献爱心、送温暖”活动。春节期间，走访慰问74户困难归侨侨眷，送去米面油等慰问品；为4位突发重病的老归侨送去慰问金；协助处理侨界信访案5件。基层侨联通过开展“侨帮侨、侨助侨”活动，组织动员侨资企业和侨界爱心人士捐款捐物，对侨界困难群众进行帮扶。2017年，各基层侨联筹集帮扶钱物折合人民币近10万元，帮扶困难侨界群众近百人，资助困难侨生5名。组织开展“侨爱心行动计划”活动，在市侨联倡议下，依托恒客隆超市创建“侨爱心超市”，建立侨界帮扶基地。动员侨界群众利用“侨爱心超市”平台捐助闲置物品，为不同需求的侨界困难归侨侨眷提供帮扶。市侨联利用举行“侨爱心超市”揭牌仪式之机，发起组建第一支全市侨界志愿者服务团队，整合侨界帮扶资源。

（邹　晶）

长春市残疾人联合会

【社会保障】　以长春市人民政府办公厅名义印发《长春市“十三五”加快残疾人小康进程规划纲要》。困难残疾人生活补贴和重度残疾人护理补贴惠及11.5万人，其中投入资金6292.4万元，为6.5万名重度残疾人提供护理补贴。投入资金4833.8万元，为5万名困难残疾人提供生活补贴。给予920名“三无一靠”成年重度残疾人生活补贴。为3344名残疾人提供托养服务，其中居家安养3064名、机构集中托养206名、日间照料74名。为1100余户贫困残疾人家庭进行无障碍改造。城区有3.6万名残疾人免费乘坐公交车。

【脱贫攻坚】　督导落实《长春市脱贫攻坚工作贫困残疾人项目实施细则》，利用资金651.06万元，惠及残疾人近3000人，其中，农村企业和扶贫基地安置贫困残疾人5人（辐射带动20人以上）；政府购买农机服务惠及残疾人388人；发放辅助器具2026件；对561户贫困残疾人家庭进行无障碍改造；投入资金78万元，为3073名纳入建档立卡范围的残疾人免费入户办证。包保村九台区莽卡乡三道村实施农机合作项目和光伏发电项目投入运行。

【就业教育】 实施残疾人精准就业服务工程，落实残疾人创业就业扶持政策，全市新增城镇残疾人就业2570人，培训残疾人6832人。开展省市两级残疾人职业技能大赛，长春市残联代表队获得全省残疾人技能竞赛团体总分第一名。重点打造“善满朝阳”残障人创孵示范园。将扶残助学项目和大龄自闭症青少年救助纳入2017年建设幸福长春行动计划，对贫困残疾人子女由一次性资助扩大到全学段资助，标准提高为本科以上（含本科）6000元、专科3000元、中职2000元和高中1000元，投入296.3万元，资助残疾学生及贫困残疾人子女867名，其中残疾学生408人、残疾人子女459人。投入115.2万元，对96名大龄自闭症、智力障碍青少年给予补贴。实施国家“彩金助学项目”，为101名残疾儿童提供学前教育资助。

【康复服务】 长春市残疾人联合会等6部门印发《长春市残疾人精准康复服务行动实施方案》，确定38项基本康复服务内容，全年投入康复经费1617万元，为3.6万名有需求的残疾人提供精准康复服务，基本康复服务覆盖率70%以上。对483名残疾儿童进行抢救性康复，包括助听器验配和聋儿康复训练21人、人工耳蜗移植救助32人、孤独症儿童187人、脑瘫儿童174人、智力残疾儿童56人、苯丙酮尿症13人。争取中央专项彩票公益金260万元，用于残疾儿童康复机构建设。肢体残疾人居家康复服务2562人，对330名盲人进行定向行走训练。发放各类辅助器具2335件（套）。推进南关区、双阳区全国残疾人精准康复服务行动试点地区培育工作，在全国残疾人精准康复工作研讨会上介绍经验。

【宣传文体】 举办“追梦杯”第五届长春市残疾人艺术汇演，选送优秀作品参加全省残疾人文艺汇演，获一等奖3个、二等奖3个、三等奖1个。与长春市人民政府外事（侨务）办公室、长春市文化广电新闻出版局和长春市精神文明建设办公室共同承办“中美文化艺术特使”演出。长春代表队参加全省第二届残疾人运动会8大类110个项目的比赛，获得金牌47枚、银牌26枚、铜牌9枚，获优秀组织奖和体育道德风尚奖。组建轮椅冰壶队代表吉林省参加2017年全国残疾人冰壶锦标赛，获听障男子组季军。成立长春市残疾人艺术团并举行文艺演出，在长春广播电视台开播手语新闻栏目《长春夜新闻》，为全市1.9万名听障残疾人获取本地新闻资讯提供便利。承办十九大精神进基层“白山松水追梦人”先进事迹巡回报告会和第二届中国残疾人冰雪运动季吉林主会场暨长春市残疾人冰雪欢乐活动，长春市残疾人艺术团与南关区残联结合宣传十九大精神进行2次文艺演出。

5月17日，长春市残疾人福利基金会“集善工程——公益行动”项目物品发放仪式在长春市残疾人联合会七楼大会议室举行 （孙连涛 提供）

【公益助残】 筹集款物人民币1145万元，组织实施10个项目，受益残疾人1200人。发放各类轮椅341台（脑瘫儿童轮椅207辆、普通四轮轮椅100辆、电动轮椅34台），助听器280台，价值850余万元。建立拥军控股脑瘫儿童康复治疗中心，获赠经颅磁脑瘫儿童康复项目治疗仪20台、桌椅板凳20套，总价值10万元。中国银行北京分行捐赠20万元人民币，为长春市100名脊损伤残疾人解决护理用品需求。

【志愿助残活动】 各残疾人专门协会携手盲人按摩志愿者服务队、长春“金手杖”志愿服务队、“长春聋人帮帮团”等社会爱心组织开展志愿助残活动，为残疾人解决困难。完成残疾人基本服务状况和需求信息数据动态更新入户调查和统计上报工作，并配合吉林省残疾人联合会对该项工作进行第三方评估。在全市残联系统中开展“走百户残疾人企业、进千户残疾人家庭”活动，为残疾人解决扶贫、教育、就业、康复、维权等方面问题，走访残疾人企业200余户、残疾人家庭1700余户。

（孙连涛）

长春市红十字会

【爱心救助】 联系上级红十字会和部分企业开展红十字博爱送万家活动，筹措救助物资和救助金10万余元，救助贫困家庭260余户，救助孤寡老人、孤儿、自闭症儿童、困难党员、解放前老兵、器官捐献者家属等560余名。携手爱心人士在六一儿童节为长春育龙特殊教育学校的孩子们送去文艺演出、价值3.7万的食品和玩具等。携手浦发银行南湖大路支行开展“暖春助老公益行”活动，为百余位流浪人员及五保老人购买360套保暖内衣，价值近2万元；携手街控生活电子商务有限公司开展“爱在春天爱老助老公益行”活动，将300个装有床单、被褥、枕套的暖心大礼包和10000元慰问金送到146名困难户手中。完成31名贫困家庭白血病患儿、8名先天性心脏病患儿的申请审核申报和18名贫困家庭白血病与先天性心脏病患儿的救助金拟发放审核工作。与企业合作，筹集价值100余万元的食品、药品，用于发放给残障学生与县乡基层卫生院。使用上级下拨与企业捐赠的救助资金13余万元，救助困难群众与困难家庭大学生35人。争取上级业务部门支持，为全国受灾地区红十字会调拨价值46万余元的救助物资与药品用于救助困难群众。

【应急救护培训】 完成《长春市2017年建设幸福长春行动计划》中“组织千名志愿者救护员和万名群众应急救护培训”的任务。开展应急救护培训“进社区、进农村、进学校、进企业、进机关、进展会”活动，举办应急救护师资培训班1期，培训师资志愿者44名；救护员培训班39期，培训红十字志愿者救护员1540余人；群众性应急救护培训250余场，普及培训群众13900余人。为纪念第69个“5·8”世界红十字日，举办吉林省暨长春市红十字会“生命健康安全教育体验日活动”，朝阳区富锦路小学校的全体师生和蓝天救援队的志愿者参加活动。为纪念第17个“世界急救日”，开展“儿童学急救、急救为儿童”主题活动，来自全省各地的200多名小学生参加应急救护演练。争取全国红十字总会生命安全教育项目，确定在朝阳区实验小学建设生命安全教育体验教室，项目资金32.5万元。组织双阳区红十字会社区救护志愿者代表长春市参加全省第二届应急救护技能大赛，获得总分第二名、救护演讲个人第一名的成绩。

【志愿服务活动】 助力长春国际马拉松赛，培训大学生志愿者、编写马拉松赛常识，组织60多名急救志愿者为大赛提供协助医疗服务，处置大小伤情600余起。连续8年开展中高考志愿者服务活动，在全市各个考点周边设立志愿者服务站，组织红十字志愿者为考生家长提供眼部检查、血压检测、心理疏导、急救药品和物品寄存等便捷服务。组织志愿者在东北亚博览会开展宣传活动，发放应急救护手册和宣传资料4000多份，现场讲座10余场。开展缅怀和纪念遗体（器官）捐献者活动，到九龙源社会公墓遗体捐献者纪念碑进行扫墓和敬献鲜花，组织100多名志愿者在吉林大学新民校区和长春医学高等专科学校为路人发放宣传资料，讲解捐献常识。8月，市红十字会开展系列无偿献血宣传活动，组织志愿者进行集体献血，15名志愿者最终献血成功，平均献血量300毫升以上。完成造血干细胞志愿者入库390人份。9月18日，长春市造血干细胞捐献志愿者孟海艳在中国人民解放军空军总医院成功提取造血干细胞，成为吉林省第一位对香港特别行政区的捐献志愿者。与市外办共同接待澳大利亚瓦南布尔市长凯莉·贾斯顿女士一行到绿园区至爱老年养护院参观交流，并组织志愿者为来宾和老人们进行精彩的文艺表演和急救知识讲座。开展敬老养老系列志愿活动，组织志愿者进行多场义演、健康养生讲座及义务劳动。组织开展防艾健康知识公益讲座，走进长春市医学高等专科学校开展“共担防艾责任，共享健康权利，共建健康中国”防艾健康知识公益讲座，为200多名医高专学生和红十字志愿者讲解艾滋病预防及检测相关知识。

【宣传活动】 与城市晚报报社联合开展宣传活动，通过《城市晚报》和《掌上吉林》刊登红十字科普知识24期。世界红十字日宣传周期间，在人民大街沿线地标和重点企事业单位门口，制作宣传标语12条，宣传《红十字会法》。5月8日，联合吉林省红十字会在欧亚卖场10号门举办“纪念第70个‘世界红十字日’学习宣传贯彻《红十字会法》暨大型公益义诊、应急救护演练、爱心捐赠”活动。邀请吉大一院等6家医院专家进行义诊和免费发放药物。志愿者向群众发放《中华人民共和国红十字会法》、人体器官捐献、造血干细胞捐献等宣传资料，讲解相关知识。组织全市30余家医院、社区、中小学等5万人参加“学习《中华人民共和国红十字会法》暨全国红十字应急救护知识竞赛”活动，市红十字会获得最佳组织奖一等奖。报送国家、省市级报纸及电视电台播报工作信息86条，搜狐网等多家网络主流媒体发稿198篇。《中国红十字报》对市红十字会长春国际马拉松赛志愿服务工作做头版头条专题报道。通过“一官两微”发布工作信息，通过官方网站和微信公众号等自媒体向社会发布信息200余条、捐款公示102笔。正式开通官方微博，粉丝6万余人。官网访问量19万余人次，在线处理人道救助、救护培训和志愿者等业务申请200余条。

（李　力）

长春市个体劳动者私营企业协会

【概况】 2017年，长春市个体劳动者私营企业协会（以下简称市个协）有会员668727户。其中，个体会员498211户，私企会员170516户。协会工作人员7人。机构设置办公室、组织联络部、宣传教育部、会员服务部、党委办公室。所属各区、开发区、直属基层协会16个。

【帮扶助困】 “两节”期间，市个协在全市范围内开展扶贫帮困走访慰问活动，看望慰问敬老院孤寡老人32人，送上过年棉衣等慰问品及慰问金近万元。为“与光同行特殊儿童训练中心”捐赠文具和生活物品、关爱儿童精神世界，举办募捐演出、感恩年会等爱心活动。为患病的汽配党支部党员潘新华捐款捐物。

【非公党建】 截至12月底，全市登

记注册的108家专业市场（大型超市）中，建立党组织105个。其中单独组建35个，派驻组建70个，专业市场党组织覆盖率97.2%。市个私协党委推动外资企业党建工作，成立长春市第一家外资直销企业非公党支部—安利（中国）日用品有限公司吉林省分公司党支部。制定印发《关于在全市推进专业市场（大型超市）非公党建工作的实施方案》，明确工作步骤和要求。3次召开推进会对全系统专业市场（大型超市）非公党建工作进行安排部署。各基层协会成立主要领导任组长的非公党建工作领导小组，明确责任部门，配备专业队伍。建立健全“一岗双责”的责任体系，把非公党建工作纳入议事日程，成立考核督查办公室，对组建工作进行专项跟踪考核，并与年度绩效考核挂钩。组织全系统各基层单位对全市专业市场（大型超市）开展排查，做好市场主体和相关党建信息采集工作。开展查找“口袋党员”和“隐形党员”工作，厘清组织关系。将排查出的578名“口袋党员”和“隐形党员”登记在册，纳入党组织的有效管理。拥有3名以上正式党员的专业市场（大型超市）都单独组建党支部。党员人数不足3名的，按照“地域相邻、辐射带动、便于管理”的原则，灵活建立联合党支部。对于没有党员的采取“派驻组建法”，选派220名工商党员干部，进驻专业市场（大型超市）成立了70个派驻党支部。2017年，发展19名非公党员，全系统非公党员数量增至412名。建立领导联系点、党建指导员、联络员、工作考核等一系列工作制度。建立党建工作指导员队伍，指导辖区内专业市场（大型超市）、非公经济组织选优配党支部书记，通过党员选举、组织考核，选配35名非公党组织书记开展党的工作。2017年，全系统投入50多万元，按照有场所、有设施、有标志、有党旗、有书报、有制度的标准，对42处场所进行非公党建阵地标准化建设。具备条件的专业市场（大型超市）都设有固定党员活动室，不具备条件的依托街道和社区打造活动平台。举办多期非公党组织书记、党务干部培训班，提高党务工作者的党性修养和党务水平；绿新君悦市场非公党支部自制条幅，所有党员佩戴党徽观看十九大开幕会直播。实施“双亮”先锋行动，引导非公党员立足岗位创先争优。绿园区春城市场党支部16名党员，都能坚持常年佩戴党徽从事经营，并在自己摊位的明显位置悬挂“共产党员经营户”标牌，自觉亮身份、亮承诺，接受群众监督。“七一”前夕，对38个先锋示范岗和38名党员标兵进行命名授牌。举办“七一”党课、爱国主义主题教育、非公党员志愿者服务、扶贫慰问等党务活动。市个私协党委、安利（中国）日用品有限公司吉林省分公司党支部会同长春市工商局驻村扶贫工作队，开展一对一帮扶交流活动，在“非公企业+贫困户”“非公党组织+村党组织”和“非公党员+贫困户”精准扶贫工作方面进行了有益探索。长江路个协党总支5名非公党员自发前往永吉县洪涝灾区参与灾后消毒工作。双阳个协引导辖区内农民专业合作社种植生姜，2017年纯利润25万余元。经非公支部宣传推荐，非公企业参与12场银行、企业对接会，实现融资53.8亿元。二道区凯利生产资料市场的丛家橡胶制品有限公司联合党支部主动发挥作用，携手辖区内的工商所、地税所、派出所、律师事务所、银行联合创建了“四所一行”微信服务平台，为市场经营业户和周边企业提供政策咨询、法律援助、贷款融资、购销信息、项目对接等服务。

【服务发展】 开展联手助企促发展活动。在长春青年创业工场正茂园区召开服务青创企业工作会议，助推“银企对接”，倡导“诚信经营”，开展非公企业“一帮一”帮扶活动；大学生创业基地为广大学生创业者提供年报咨询、融资助企相关服务。组织喜迎十九大“光彩服务日”主题活动，7名个体私营企业主参加“不忘服务初心，助力光彩双创”主题演讲比赛。

（贾冠华）

长春市消费者协会

【概况】 2017年，长春市消费者协会（简称“市消协”）受理投诉11543件，挽回经济损失1385.22万元，接待咨询11340人次，编印消费教育教材74000万册，发放宣传材料8.5万册（份），开展消费教育活动59次，发布消费警示76条、消费提示1214条，相关媒体采访及报导46次；发布比较试验报告。依据《消费者满意单位创建活动实施方案》的要求，市消协开展“2016年度消费者满意单位”评选活动，实现“树立一个典型，带动整体提升”。

【“3·15”维权活动】 2017年，市消协以创建“无忧消费在长春”为目标开展“3·15”消费维权活动。全市设立15个主会场宣传点和49个分会场，现场有近百个政府、企事业单位参加现场宣传活动；设置宣传展板230块，发放各类宣传册56450册；宣传品35220余份，悬挂宣传条幅278幅，展示比较真假伪劣商品93种；通过各类媒介发布消费警示、维权专题、消费提示58条；接待消费者咨询10133余人次，受理消费投诉207件，集体投诉4件。由市工商局、市消费者协会主办、市电视台协办的2017年“3·15”电视特别节目——“诚信长春无忧消费”于3月11日在长春电视台大演播厅录制。特别节目以聚焦网络消费、老年人消费、预付费消费等消费维权问题；“以“诚信长春无忧消费”为主题，内容包括发布维权报告、曝光典型案例、现场访谈、案例小品、观众互动、表彰消费维权先进单位及十大维权人物。

【维权宣传】 在长春市各大媒体发布汽车、互联网消费维权报告；发布汽车等16个行业56个典型案例。发布节日消费防陷阱、定制家具中猫腻等系列消费警示76条，消费提示1210余条。制做10幅预防消费陷阱漫画，针对7日无理由退货和老年消费陷阱制做动漫，并通过

1月20日，省委常委、市委书记王君正到长春市部分商业网点，视察节日市场供应

（钟　萍　提供）

宣传展板、公交车、全市街路LED广告屏等形式进行展播。多地消协组织和凤凰资讯、网易等国内知名网络平台转载市消协“维权漫画和动漫警示”。印发74000册“消费维权知识手册”，提升消费者维权意识。市消协印刷3000张维权主题海报，发放到商企和一些服务场所。

【互联网消费教育】 结合“网络诚信、消费无忧”年主题，在全市开展互联网消费教育系列活动。各级消协通过开展“六进”向广大消费者普及网络等有关消费知识；开展争做有良心经营者为主题座谈，通过发布消费警示等形式提示网络消费风险，引导消费者树立正确的网络消费观念。针对《网络购买商品七日无理由退货暂行办法》细化《消费者权益保护法》规定的“七日内无理由退货”制度，市消协将《消法》与《办法》相结合，通过电视节目、报刊、讲做、编印读本等多种形式开展普法宣传。

【弱势群体消费教育】 在全市各级消协组织开展老年消费教育系列活动，市消协在全安街道长大社区举行“老年消费大讲堂”教育活动启动仪式。全市消协组织深入12个社区、2家老年公寓开展老年消费教育活动。组织全市各级消协及义务监督员在全市范围内对60岁以上老年消费人群就老年消费突出问题，以面对面形式开展老年人消费状况评价问卷调查活动，并就调查数据，开展有针对性普照法育，提高教育效果。针对养老机构服务，开展走访体察和调查活动，主要目的提高全社会对老年消费群体关爱，提高老年人生活质量和消费利益保护。在儿童节当天，辖区消协走进公园和旅游景点开展儿童安全消费宣传教育活动，引导广大青少年和儿童树立文明、健康的消费理念，指导消费者规避消费风险。市消协与新文化报联合推出“关爱少年儿童，争当消费维权小志愿者活动”，市消协与向30名小同学颁发小记者、志愿者证书，并以漫画等形式向受聘小记者讲解了消费维权知识。

【监督检查】 2017年，各级消协配合有关行政执法部门对农资商品、家电、保健品、助力车、通信经营门店、收藏品销售、汽配市场3M反光胶膜等商品和服务开展专项检查16次；向政府及有关部门反映情况4次；提出各类建议8条。针对网络平台“虚夸，售后服务不畅”；轻轨公司办卡收取押金，卡内余额不退；老年大学对5000余人乱收费；比对试验中所发现筷子重金属超标隐性侵权问题；公交服务中涉及安全等系列问题及68家汽车四S店加价购车、搭售商品、强制保险等问题开展约谈，督促行业履行责任，开展约谈活动16次。市消协针对商业经营、餐饮服务、摄影服务、汽车销售服务、快递服务、预付款服务及网络经营企业存在的行业性“霸王条款”进行重点点评；督促行业协会作为行业自律组织，引导行业自律。

【消费调查】 全市消协针对21家食品生产经营企业及超市经营服务、餐饮服务、公交服务、旅游服务、洗浴中心、养老机构等开展消费体察和体验式调查活动。组织全市消协开展“走进8家知名电商品牌消费体察月活动”，实地了解企业宣传信息、仓储、物流服务及“落实七日无理由退货”制度情况，强化消协组织对企业商品服务的社会监督作用。市消协对长春市场销售的30余品牌40款儿童眼镜、40个品牌40款木竹质筷子、20个品牌30个陈醋样品、15个品牌34个食盐样品、35个纹胸品牌开展商品比较试验。市消协根据比较试验结果，通过认真调研和分析，撰写指导性报告，向社会全信息发布。

【破解老年人洗浴难问题】 召集全市350余家中小浴池负责人分析座谈会”，通过专家点评进行普法教育，并进行集体约谈。市消协组织各级消协对331家中小浴池拒绝老年人洗浴问题开展暗访回头看监督行动。协调平安保险公司针对老年人洗浴难、浴池怕担责问题，对中小浴池全面放开浴池责任险及免费在此责任险中增加猝死险种，以解决商家后顾之忧。

（钟　萍）

长春警备区

【概况】 2017年，在《解放军报》和《中国国防报》刊发头版头条4篇。投入资金7万元，改造作战值班室，升级指挥控制和视频监控系统，制定下发《机关战备值班工作暂行办法》，修订《作战值班手册》，定期组织值班分队拉动点验。组织本级机关全员全程参加省军区两级首长机关集训，军事素质和指挥能力得到锤炼。长春市民兵应急分队拉动演练图片在军事博物馆“建军90周年主题展览”中展出。协调13个地方委办局，完成重点国防动员潜力资源普查任务。开展“百日安全”活动，2次成立综合检查组，清查出11大类248个问题。严格军车审批派遣和私家车审查报备，开展安全行车法纪教育。组织枪弹清查“回头看”，开展网络安全和涉邪教排查，人人签订责任书。落实军委“十一条”和国防动员部“十条”禁酒令，杜绝违规喝酒现象。协调长春热力集团公司完成机关楼集中供热并网改造，完成换热站新建、供暖管线铺设、烟囱拆除等项工程。完成营房整饰恢复、车辆保养维护、被装发放及新兵起运等保障工作。出台《长春警备区财务管理暂行规定》，对北部战区审计组指出的5类16个问题从严进行整改，对油料和训练费进行专项清查。完成武器装备清理归位和交接，在省军区检查中，获得小组第一名。解决驻长部队自来水并网、土地置换、房屋产权办理等难题，为驻军部队建设发展提供保障。同市民政局协助空军航空大学妥善解决18个具体问题，确保航空开放活动举办。警备区出资10万元，为新建的军转干部创业孵化基地购买办公用品。市委、市政府和警备区联合出台《关于进一步加强新形势下优抚安置的实施意见》。加大社区拥军力度，经验做法在《解放军报》《中国国防报》头版头条刊发。以“感恩长春人民、奉献第二故乡”活动为牵引，协调驻军部队，组织民兵完成植树绿化、环境美化、抢险救灾等任务，参与扶贫工作，筹措和捐助20余万元，包保1个贫困村、帮扶13所贫困小学，全区35名团以上干部一对一包保35名贫困学生。

【战备建设】 按照上级《关于进一步规范情报信息报送工作的有关要求》，组织值班人员对3个方面28类情报信息报送内容进行学习，确保各类报送工作严格规范；制定下发《明确现阶段警备区机关战备值班工作的暂行办法》，修订完善《作战值班手册》，加大对各人武部机关值班检查抽查力度，完成机关作战值班室项目改造和军用自动电话网络调整和号码升位工作；从严落实部队公文格式规定。

【应急抢险】 修订完善指挥所紧急出动预案和抗洪抢险预案，与市、县两级防汛办和气象台建立情况通报机制，按预案启封、检修车辆装备和物资器材，组织对朝阳区、宽城区、绿园区3支民兵分队进行拉动点验，在2小时内完成动员集结。入汛后，组织榆树、农安、德惠、南关人武部6次出动应急分队，完成巡堤护堤、城区排涝等任务，协调40艘冲锋舟、80名操舟骨干随时做好支援吉林方向抗洪抢险准备；组织九台区、农安县2个人武部3次出动现役、民兵310人和冲锋舟协助地方抢险救灾，转移人民群众780人，加固堤坝50米。

【安全检查】 成立安全工作专项检查组，4次对机关、人武部和直属单位进行综合检查，5次对机关办公秩序进行抽查，检查涉密电脑45台，移动载体27个，归档电子文档1000余份，机关投入13万余元更换部分硬件设备，增强营区防卫能力。组织开展消防知识讲座，协调森警对训练基地进行森林防火专业培训，机关建立与绿园民兵应急排、正阳派出所和绿园区消防大队的常态沟通机制；武器库建立与长春武警支队一大队、三道镇派出所、莲花山派出所、英俊镇森林防火指挥部实现联治联防。

【防汛演练】 对朝阳区、宽城区、绿园区3支民兵抗洪抢险分队290人进行拉动演练，远程导调其他7个人武部进行情况处置演练。组织10个人武部各1支民兵应急分队1250人分5批次到民兵训练基地进行集中驻训，强化救援理论、装备操作、救援行动等5个课目训练。

7月13日，警备区相关负责人检查防汛物资　　（陈　建　提供）

会同地方防汛办、应急办、市政等部门修订完善抗洪抢险预案，进行军地预案对接，组织险工险段、病险水库和重点部位现地勘察，了解地方用兵需求，协调地方加强专业装备预储预置，完善抢险物料、机械及车辆等装备器材。与长春市防汛抗旱指挥部、气象局建立“专线电话”，落实汛情、灾情及气象预警通报制度，每日共享松花江支流、低洼易涝点、山洪灾害易发区等危险区域预警信息，实时通报最新雨水情况数据。

【征兵宣传】　开通微信公众平台，组织“征兵宣传进高校”“我爱国防”大学生演讲系列活动，激发大学生参军入伍热情。召开市县两级征兵会，部署征兵任务，组织市县两级征兵办的公安、宣传、卫生计生等业务部门人员50余人集中封闭集训2天，提升各级征兵工作人员业务水平。建立警备区党委常委和长春市领导联合包保征兵单位的共管机制，军地15名党政领导督导检查。建立市、县、乡镇（街道）三级廉洁征兵监督员制度，各级聘请人大代表、应征青年家长等500余人担任监督员。修订下发《长春市廉洁征兵“十三条”禁令》，做到廉洁征兵人人皆知。制作征兵宣传片7部，在主要新闻媒体、征兵网站和繁华地段LED屏滚动播放。建立市县两级“征兵”微信公众平台11个，推送征兵宣传信息500余万条。在主要街路和公交站点设立永久性宣传标志，发放征兵宣传手册30万份，张贴宣传海报5万余张。

【民兵驻训】　7月18日至10月17日，组织民兵集中到训练基地进行驻训，组织15名骨干编写60余份训练教案，邀请7名武警、4名森警、2名矿区救援队教员对7个重难点课目进行示讲示教，对抗洪抢险、应急维稳、矿山救援、森林扑火4种行动样式的救援常识、自救互救本领和组织指挥技能进行重点演练。对不合格人员及时进行复补训，采取室内与室外、理论与实践、讲解与示范、训练与演练“四个相结合”和开展小会操、小考核、小竞赛、小排名“四小活动”，确保民兵训练质量。

【停止有偿服务】　召开停偿对接会、协商会、推进会200余次，解决军地协调、机制对接等难题80余个。协调10个县（市、区）政府和12家驻军单位进行停偿对接，建立“周沟通、月例会”的联席会商机制和工作简报制度，依托信访、政法、公安等部门与驻军单位建立军地维稳联动机制。从驻军单位和地方政府抽调200余名业务骨干，成立综合协调、司法诉讼、项目移交、联合执法4个小组，22个工作专班，对155个停偿项目进行调查摸底，对400余涉停商户进行政策宣讲。155个停偿项目，已有100个关停，3个明确关停时限，关停率64.5%。

【帮扶脱贫】　两级党委实地调研贫困村屯40余次，警备区机关帮扶榆树市闵家镇二十家村10万元，团以上干部每人帮扶1名贫困学生1000元。协调市司法局投入资金20余万元，援建鸡舍、猪舍50余个。联合铁骑力士公司帮助青山乡建立山羊养殖项目。为包保贫困乡村购买电视、电脑100余台，协调学校有关

8月21日，驻军部队全面停止有偿服务部署会在长春市召开　　（陈　建　提供）

方面，为70余名贫困学生减免学费。建立宣讲队，结合十九大精神进行脱贫致富宣讲，并同村支部和部分党员进行座谈，为村党支部购置党建音像书籍。邀请农业大学、农业局专家学者进行专题讲座，有针对性地进行帮扶指导。

（陈　建）

武警长春市支队

【概况】　举办“与信仰同行—习近平的七年知青岁月朗读会”“春城卫士”强军故事会、党史知识竞赛和春节、八一大型文艺汇演。常态化督导“知兵知责知常识”落实，推进军民融合。1名政治指导员被总队评为优秀政治教员，1人被推荐参加长春市人民代表大会，14名战士考入军校。

【备战抢险】　开展“创纪录、当尖兵”比武竞赛活动，投入1200余万元改建训练场地、购买训练器材，完成3期“魔鬼周”极限训练、3次军事比武、11个批次各类集训和全部班长以上教练员资格认证，在总队半年军事考核中，考核成绩全优。完成省市“两会”、东北亚博览会、农博会、电影节、国际马拉松等重要安保任务。7月20日上午，300余名官兵按照抗洪抢险应急预案，赶赴永吉县一拉溪镇灾区，连续奋战7小时，解救受困群众299人。7月21日上午，200名官兵奔赴吉林市丰满区参加灾后重建工作。

【安全管理】　贯彻安全工作规范，开展“条令学习日”、暑期“百日安全”竞赛和安全大检查活动，坚持日督查、周通报、月讲评，全年组织3次正规化管理示范观摩和14次拉网式安全大检查。

【基层建设】　常态化开展蹲点帮建、当兵蹲连活动，连续5年以上未进先进的双阳中队、榆树中队实现突破，基层没有出现后进单位。开展学用《纲要》和大练基本功活动，定期开展“五服务一排查”活动，每逢节假日都看望慰问患病官兵。全年投入8.6万元帮助33名生活困难党员干部度过难关，为家庭遭遇洪涝灾害的9名官兵发放救济金3.3万元，投入9.3万元为困难官兵报销外诊费用并组织全体官兵体检，投入19万元为退役士兵购买纪念品。

【综合保障】　修订完善4类12种预案，6次组织“一组五队”全要素拉动训练，投入150万元补充调整物资储备，建立完善军地协调、需求对接制度体系，与9家单位和公司签订保障协议。每月组织司务长集体办公，分8批次培训150名专业技术人员。完善主副食配送制度，为部队下拨给养器材5个品种200余件，发放服装10万余件，12次调换不合体服装，为42名官兵办理公积金贷款购房。

（周志宇）

人民防空

【基础建设】　2017年，投入资金894万元，完成省市联合预备指挥所信息系统工程建设；投入资金40余万元，加强信息系统和通信装备管理、维护和保养。根据省人防办《人防工程信息化建设要素标准》的方案要求，制定方案、分解任务，开展数据普查和信息化建档工作。协同吉林省专用通信局，及时抢修损坏战备光缆。加强人防警报器三级管理，开展全市警报统控系统及终端设备的自查和维护、调试工作。开展人防警报器管理进入长春市“一门式、一张网”综合改革入网工作，完成数据录入及授课工作。

【组织训练】　2017年，长春市人防办组织6次全市人防机动指挥所训练；4次区县视频会议互联互通；5次基本指挥所、预备指挥所、地面指挥中心信息系统互联互通；5月8日至12日，开展全系统专业人员和车辆参加的集中封闭训练。5月24日至26日，长春市及延边州、延吉市联合组织“协作2017”跨区域训练。7月24日至28日，组织跨区域拉动演练，途径松原、镇赉、齐齐哈尔、大庆4个城市，行程1120余公里，对接警处警、受领任务、组织准备、应急机动、异地开设、互联互通、机动保障等内容进行重点训练。借助“9·18”防空演习，对全市防空警报设施、防空组织指挥能力进行检验。9月18日上午，组织包括7所学校、6个社区和3个人防商场、总参演人员1.8万余人次的全市防空袭演练。

【审批验收】　2017年，长春地区（不含长春新区、农安县）审批符合人防建设规定项目130项，其中，签建人防地下室84项，签建人防地下室面积40万平方米。新开工在监结建地下室36项，面积25万平方米，质量监督率100%。竣工验收人防结建地下室57项，竣工验收面积43万平方米，防护质量专项验收合格率100%。为确保长春市地铁1号线6月30日建成通车，长春市人防办提前介入，协调轨道公司进行前期验收及各项资料准备工作。多次到省人防办，就地铁验收资料、程序、时间等相关工作并配合省人防办全面进行人防专项验收按时完成长春市地铁1号线兼顾人防审批及专项验收工作。

【安全生产】　与市人防办下属7家企事业单位签订安全生产责任状，下发《长春市人民防空工程安全管理规定》。开展“春季安全隐患专项整治”和“百日专项行动”。组织2次安全生产应急演练、30余次安全检查，发现安全隐患9处，及时进行监督整改。投入80余万元资金，对20余项人防工程进行维修。

【扶贫救助】　2017年，完成村内4户贫困户、每户新建60平方米的砖瓦结构住房任务；为村内二次供水泵房更换塑钢窗、安装钢网围墙和大门；协调德惠市广电局，为哈里村村民免交有线电视安装费及机顶盒费用。哈里村全村用水、用电安全以及有线电视全覆盖全部完成。

（石忠华）

消　防

【概况】　2017年，长春市公安消防支队承办提请政府办公厅、防安委发文30份，承办各类政府消防工作会议9次，提请发布通告、公告3份，并结合2016年冬防和夏季检查两大阶段性工作，分别提请市防火安全委员会面向全市下发两次综合性通报，对年初以来各级政府层面各项工作开展情况进行全面总结。联合民政、商务、卫计委、教育等行业部门对养老福利机构、医疗卫生机构、学校、幼儿园、公寓及群租房等6类场所开展专项整治，制定印发各类场所防监督检查口袋书5万余份；联合15个行业部门开展全市公共消防安全评估工作。夏季消防检查期间，重点联合建委、房地、公用、民政、综治、电力等相关行业部门开展为期半年的高层建筑综合治理工作，推进电气火灾防范专项整治工作。提请市局下发文件10份，提请召开各类部署、推进、总结会议8次，组织全体派出所民警针对《关于进一步加强派出所工作实施意见》内容及出租屋、群租房检查要点开展全员培训。完成“汽博会”“农博会”“东博会”等235次重大活动安保工作。

【隐患排查】　2017年长春市公安消防支队开展养老福利机构，医疗卫生机构，洗浴、汗蒸，学校、幼儿园，公寓、群租房，高层建筑，易燃易爆等7项专项整治行动，在养老福利机构专项整治工作中督促整改隐患971项，查封关停取缔278户，罚款45.82万元，拘留3人，分流安置1200余名老人；6月，全市97家重大火灾隐患单位完成整改销案。全市消防部队检查社会单位64988户（次），发现火灾隐患57805项，督促整改火灾隐患55762项，查封单位1440户，责令“三停”单位993户，罚款2317.58万元，拘留375人，未发生一起被上级撤销、被法院判决败诉和行政赔偿的案件。

【消防服务】　长春市公安消防支队调取2017年大型工程项目明细，筛查全市投资5000万元以上项目1310个，研究制定8项具体服务措施，每个大型项目确定支队1名防火干部作为消防服务秘书。提供双休日受理或预约服务466次，组织专家技术会审116次，实行“容缺受理”1125项，提供预审预验488次，对公众聚集场所同步审批消防验收和开业前检查205个；同步审批土建和装修验收工程97个，缩短审批时限近5000个小时。针对市委、市政府55个巡礼大项目现场办公，帮助企业解决问题。支队审核、验收和窗口集体进驻市政大厅，由一名审核人员和一名验收人员组成2人执法组，做到审、验“一体化”。推行窗口工作人员“首问负责制”，公示办事指南、办公流程、时限、设定依据，“一次性”告知审批要件，更加注重服务细节。

【消防宣传】　长春市公安消防支队在党的“十九大”消防安保期间，启动“全民消防我代言”大型公益行动，征集了以乒乓球国手王皓为代表的450人作为长春消防代言人；开展做客直播间活动34次；联合教育部门开展“开学消防第一课”“5·12防灾减灾”“消防进军训”“消防安全示范课征集”活动，为全市28万中小学生印制发放了中小学消防教育读本；将消防安全课程纳入中共长春市委党校消防课程；全市学校新生消防安全课程受训率100%；携手吉视传媒将长春消防提示语画面加入有线电视注册用户的开机画面；开展“快递哥消防宣传公益使者”行动，印制6个版本的消防安全提示贴纸20余万份，在快递员马甲和客户包裹单统一粘贴；创建出25个消防宣传示范社区，进行消防公益宣传7000余次，发放消防宣传材料百万份，公益广告提示21万次，向市民发送安全提示短信700余万条；2017年，支队在中央级媒体上稿23条，省级媒体上稿1564条，支队微信关注12.5万人，发布微博3804条，吸纳微博粉丝18.4万人。

【业务训练】　支队下发包括《2017年灭火救援业务训练方案》及相关奖惩方案等活动，推进全员参训、全员达标工作。开展长春市首届消防运动会、2017年整建制实战化比武竞赛和基础技能考核等活动。开展重点场所、单位的防火演练和数字化预案修订制作工作，全年重点单位演练2922次，开展重点单位“六熟悉”4873次，完成重点单位数字化预案2392份，制定率62%。在执勤实力上政府专职队员859人，企业专职队413，执勤车辆182台，一次性载水量804吨、载泡沫81吨。规范合同制单编消防站轮休执勤模式，开展合同制消防员集中培训，培训人员260人。开展多种形式消防队伍比武竞赛，组织12个城市单编站，536名合同制队员参加，开展运动会科目12个，实战化比武科目4个。2017年，支队受理报警电话18万余次，实警调派4720起，其中火警3202起、抢险救援267起、社会救助1251起，成功处置“8·31”长春市南关区人民大街交南四环保利金香槟工地彩钢房、“10·18”东方广场办事处三道村太阳沟屯库房、“10·27”长春市绿园区翔运街和春郊胡同交会爆炸、“11·21”站前国商百货等火灾。

（曲　琦）

政法委及综治

【维护社会稳定】 2017年，制定出台《关于完善矛盾纠纷多元化解机制的实施方案》，巩固完善“三式联调、四级联动”工作模式，施行“日排查、周调度、月研判”工作制度，开展信访积案攻坚化解行动，协调推进集体访、重复访信访案件10余件，对28件市级领导包保信访案件全部落实稳控措施，全市组建各类人民调解组织3634个，专业调解组织125个，百姓说事点8229个，人民调解员12867人，调解社会矛盾纠纷25921件，调解成功率99.2%。在党的十九大召开前，市政法委牵头举办十九大维稳安保集中督导培训会、视频调度会等会议，建立社会稳定风险评估、突发事件应急处置、涉法涉诉案件化解和维稳指挥调度、督导检查、问责奖惩等28项工作制度，完成全市400余个重大会事、赛事和重要敏感节点的维稳安保工作。

【服务经济社会发展】 围绕伊通河综合治理和城建重点工程，召开2次协调对接会，推动解决涉及土地征拆裁决等14个法律问题。建立服务保障长效机制，推动各级政法机关与全市4147户重点企业建立包保联系机制，建立打击“抢栽抢建抢种”违法活动、涉征拆法律纠纷快速裁决审判等工作机制。市公安局开展“互联网+公安”网上便民利企服务，受理办结网上申请39.6万件，群众满意率99.9%；推动市司法局组建法律服务团队84个，开展企业“法律体检”3027家，协助企业起草审查经济合同1.1万份，避免企业经济损失7.2亿元；推动市法院为当事人提供司法救助7749件，减、缓、免诉讼费1007.47万元，提供免费法律志愿者服务34000余人次；推动市检察院建立服务台账191个，提供专项检察服务156次，帮助相关项目企业堵塞制度漏洞20余项。

【平安长春建设】 推进“雪亮工程”视频监控系统建设，完成18个出入城口点位、102个灯控路口点位、600个反向抓拍球机、10台高点激光瞭望摄像机建设以及16个综治分平台的线路搭建工作，全市建成监控摄像头33.9万个，其中公共摄像头34791个，全部为高清摄像头。开展治安重点地区和突出治安问题排查整治，打击“盗抢骗”“黄赌毒”“黑拐枪”等违法犯罪活动。加强公共安全保障工作，2017年全市火灾事故、交通事故死亡人数比2016年分别下降8.9%和10%，全市524名严重精神障碍患者全部落实“以奖代补”措施，刑满释放人员衔接率、帮教率分别是99%和98.8%。加强基层基础建设，推进平安家庭、平安村屯、平安校园等16个“平安细胞”创建项目，探索依托综治视联网整合综治信息系统与“雪亮工程”视频监控资源的“三网合一”建设，建成乡镇（街道）级综治中心174个，村（社区）级综治中心2113个。2017年全市群众安全感满意率94.09%，比2016年提高0.08个百分点。在全国社会治安综合治理表彰大会上，双阳区获“全国平安建设先进县（市、区）”称号，双阳区综治办被中央综治委评为“全国社会治安综合治理先进集体”。

【法治长春建设】 把司法体制改革任务纳入《长春市全面深化改革任务台账》，完成刑事案件“两统一”和受立案改革和律师制度改革，在全国率先研发行政检察与行政执法衔接平台，相关工作经验在全国智慧检务工作会议上得到推广。启动“七五”普法，落实“谁执法谁普法”责任制，开展“打击网络电信诈骗行为、净化未成年人文化环境、严厉整治各类非法小广告”等法治建设十件实事，举办“贯彻十九大普法在行动”“百姓法律大讲堂”“双百”报告会、“法治文化基层行”等法治宣传主题活动1600余场次，举办第二十九届全国副省级城市法治论坛。

【政法队伍建设】 出台《关于加强党对政法工作领导的实施意见》《关于新形势下加强政法队伍建设的实施意见》，建立健全重大事项报告、重要问题联席会议、工作信息报送等25项工作制度。结合“两学一做”学习教育常态化制度化和“抢抓机遇、创新发展”主题实践活动，推动政法各部门建立健全岗位培训教育体系，完善培训教育机

5月5日，长春市政法委召开全市政法机关服务保障新一轮振兴发展新闻发布会

（赵　彬　提供）

制，开展政法干警轮值轮训、实岗练兵、技能比武等活动；与市委组织部联合举办“贯彻十九大精神提升依法治国能力”培训班，为全市政法系统正处级以上领导干部480余人作专题辅导，组织全市1.5万名政法干警参加中央政法委专题学习讲座；在全市政法系统开展“人民满意政法标兵单位”“人民满意政法干警楷模”评选活动。

（赵　彬）

政府法制建设

【法治政府建设】　落实国家和省法治政府建设部署，出台长春市委、长春市人民政府《关于贯彻〈中共吉林省委、吉林省人民政府关于贯彻《法治政府建设实施纲要（2015—2020年）》的实施意见〉的实施方案》，提出法治政府建设的指导思想、基本原则和目标任务，为长春市法治政府建设规划时间表和路线图。各级政府和部门以《实施方案》为抓手，调整领导小组，确定分解重点任务，明确措施时限，推动工作落实。加强工作考核，市和县（市）区政府都对所属单位进行法治政府建设年度考评，并纳入到本级政府绩效考核。严格执行法治政府建设情况报告制度，市、县（市）区政府、各部门都按要求上报年度报告，并在网上公开。依法行政示范单位创建工作，明确创建范围和标准，对46家市级示范单位进行检查，对18家新申报单位进行考核，新确定南关区教育局等7个基层单位为市级示范单位。加强法制宣传，各级政府和部门通过媒体、展板、宣传单、法制讲堂、深入基层普法等形式，开展法制宣传和咨询服务活动，在《长春日报》、吉林《法治政府》、省法制办网站发稿近千篇，利用法治政府微信平台发布信息100期550余篇。长春市法治政府建设实现进位，在省行政执法检查评定中排名居前，在中国政法大学法治政府研究院组织的中国法治政府评估年度报告中位次前移20名。

【“放管服”改革】　行政审批制度改革，落实国务院调整行政审批事项决定，动态取消、调整行政许可14项。推动上级减放权项目的衔接和落实，做到“接得住，用得好”。深化“一门式、一张网”改革，梳理审核公布入网入厅办理事项1218项，下发《关于规范入网入厅政务服务事项的通知》。落实国家、省、市各项涉企优惠政策，梳理政策性文件292部，细化出优惠项目244项，形成“一册三单”文件汇编。规范县区级政府部门职责权限，下发《关于统一规范全市权力清单目录的通知》并开展工作，完成县区级权力细化、补充目录。推行“双随机、一公开”，编制完成在网上公开随机抽查事项清单，建立行政执法人员和检查对象名录库，细化抽查事项3799条。强化权责清单的动态调整和应用，制定出台权责清单动态管理办法，审核调整部门行政权力990项，加强权责清单在审计、“放管服”“双随机”、执法检查等工作中的应用。

【政府立法】　完成《长春市节约用水条例（草案）》等3部地方性法规和《长春市城市交通基础设施管理办法》等7部政府规章的起草、修改、审核工作，发布《关于对火车站地区秩序进行综合治理的通告》等11件政府通告，回复上级机关征求意见函20件。对实施2年以上的67部政府规章开展立法后评估，形成评估报告，为下步保留、修改、废止奠定基础。梳理现行有效的政府规章81部，编印《长春市政府规章汇编（1991年–2017年）》。提出2018年政府规章制定工作计划。开展法规、规章清理，结合“放管服”改革，清理涉及行政管理方面的地方性法规78部，建议市人大废止1部、修改7部；清理全市现行有效的政府规章84部，废止3部、修改12部。

【规范性文件管理】　规范性文件审查和备案，全市各级法制机构出具合法性审查意见书138份，其中市本级82份；市政府法制办对部门制发的17件规范性文件核发准予编号登记通知书，对县（市）区、开发区制发的22件规范性文件进行备案审查，对现行有效的1234件规范性文件汇编成册。清理全市建国以来规范性文件5945件。其中，市本级1855件，决定保留482件、修改9件、失效855件、废止509件；县（市）区、开发区及市政府各部门4090件，决定保留752件，修改19件，失效和废止3319件。

【行政执法监督】　开展行政执法公示

试点，建立行政执法公示系统，向社会公示行政执法事项3316项，公示行政执法结果3万多条，在全省作经验介绍。全面推行执法全过程记录制度，公安局、食药监局、交通局等80%的行政机关配备使用执法记录仪。依法清理行政执法主体，确认市级行政执法主体105个。严格落实行政执法人员持证上岗和资格管理制度，为16799名行政执法人员换发新版执法证，取消行政执法资格2806人。开展年度行政执法检查和专项督查，对2个县（市）区和15个部门进行重点检查，对其他单位进行书面报备检查。落实行政处罚裁量和重大行政处罚备案制度，各部门备案重大行政处罚案件875件。落实行政执法责任制，制定下发工作方案，重点对各执法部门27项工作制度进行细化完善，新增9项工作制度。

【矛盾纠纷化解】　加强行政复议工作，全市受理行政复议案件1469件，其中市本级1277件。经行政调解的案件3万余件。落实行政应诉规定，各级涉诉机关出庭应诉，履行法院生效的判决，一审行政应诉案件512件。开展“互联网+行政复议”改革试点，依托市“一门式、一张网”综合服务平台，率先在二道区10个办事大厅受理交警处罚复议案件，向全市各城区推开，提供优质便捷的服务。加强案件统计分析，各县（市）区认真报送情况，市法制办完成半年和全年《全市行政复议和行政应诉案件统计分析报告》。发挥仲裁化解民商事纠纷的作用，全年办理国土、房地、金融、交通、医疗等方面的仲裁和调解案件1687件，提供法律咨询服务5000余人次。

【法制培训】　开展法制讲座，邀请吉林大学、中国政法大学教授为全市法制工作人员作“《民法总则》与依法行政”“法治政府建设”专题讲座；市公安局、市财政局等单位邀请知名教授为本系统人员进行法制讲座。县（市）区组织行政执法人员培训班，以法治政府建设、行政执法、行政诉讼方面的知识为重点，全口径培训执法人员15029人。与市委党校的联系，将宪法和依法行政知识列为主体班、公务员轮训班培训内容。各县（市）区、开发区及市政府相关部门均设立了法制处，全市专兼职法制工作人员约300人。

（王凤翔）

公　安

【概况】　2017年，全市完成258项重大活动、148项重要会事、33批次等级警卫任务。“5·21”首届国际马拉松赛等80项重要赛事、东博会等12个敏感节点万无一失。十九大期间实现进京非访“零登记”、极端事件“零发生”。全年破获各类刑事案件6873起，打击“盗抢骗”战果全省第一，抓获各类逃犯2277名，命案破案率98.35%；严抓散装汽油、二手车、易制爆原料、枪支弹药、管制刀具等危险要素管理，严查整治娱乐场所、公交地铁、物流寄递、大型活动、保安押运“五类治安隐患”，严打“黄赌毒”犯罪，全市未发生有影响的案件和事故。制定出台“30条措施”，开通户籍、交管、消防、出入境“绿色通道”，推行“互联网+公安”的公安服务平台。以科技强警推动转型升级，智慧公安全面启动。从年初开始，启动以破解“平台林立、资源壁垒、各自为战、重复建设”为目标的“一号工程”，建成海量数据云上汇聚、秒级运算、全警共享的“数据实战平台”，启动全国视频联网应用示范城市“雪亮工程”建设，全市高清探头3.6万个、社会探头总量28万个，视侦手段实战贡献率突破40%。新建国内一流物证鉴定中心和反电诈中心。长春市局治理养老福利机构、高层建筑、“十小场所”等突出隐患，全市火灾事故比2017年下降8.5%，未发生有影响的特大事故，全市公共安全形势总体平稳。制定爱警惠警和为基层减负“双十条”，全年96个集体、1258人受到表彰奖励，1个派出所被评为“全国公安优秀基层单位”、5名干警被授予“全国优秀人民警察”称号。在中国城市竞争力研究会发布的《2017年中国最安全城市排行榜》中，长春市在全国358个城级以上城市中排名第17位，在全国28个省会城市中排名第二位，在东北四市排名第一位。市公安局被省厅通令嘉奖2次，被评为全省公安机关“迎接十九大忠诚保平安”优秀公安局，被市委、市政府记集体三等功。

【打击犯罪】　2017年，推进“三打击一整治”、命案追逃攻坚、“云端2017”等专项行动，破获各类刑事案件

11月4日，省委常委、市委书记王君正到公安系统调研　（陆亚戈　提供）

6873起，打击“盗抢骗”战果全省第一，抓获各类逃犯2277名，命案破案率98.35%；侦破部督“8·08”特大跨境电信网络诈骗案件，打掉流窜至境外犯罪团伙2个，从境外抓回犯罪嫌疑人10名，带破案件235起，创造了长春市跨境作战的经典战例，全市电信诈骗发案实现首次下降。全市立命案现案115起，破获113起，命案现案破案率98.3%。相继侦破德惠市“2·03”抢劫杀人案、朝阳区“3·02”抢劫杀人案、九台区“3·25”杀人焚尸案、双阳区“4·07”抢劫杀人焚尸案、绿园区“8·12”杀人案、南关区“8·25”杀人案等一批杀人案件，破获命案积案12起。

反电信诈骗犯罪中心实行24小时不间断、全天候一体化运作，拦截阻断诈骗电话2481次，指导各分局、县（市）局为被害人办理紧急止付548笔，止付金额800余万元；返还群众被骗资金157万元；全市破获电信诈骗案件598起；成功侦破“8·08”特大跨境电信网络诈骗案，在缅甸佤邦打掉2个电信网络诈骗犯罪团伙，抓获电信诈骗犯罪嫌疑人10人，收缴作案用笔记本电脑14台，手机30余部，U盾10余个，移动wifi10个，拉卡拉手机收款宝4个，银行卡40余张，现金1万余元。

全市破获拐卖案件及销案31起，解救妇女儿童30人。3月，成功侦破公安部督办的680号、682号涉拐案件，并协助山西省警方打掉一个涉嫌拐卖、强迫妇女卖淫犯罪团伙。

全市公安机关查处涉黄涉赌案件498起、采取刑事强制措施109人，行政拘留745人，行政罚款971人，查处案件数和采取刑事强制措施人数比2016年增加5%和51%。开展动漫游戏场所专项整治行动，收缴赌博机300余台，对37家为黄赌提供条件的场所予以停业整顿，净化了社会环境。

刑侦部门破获刑事案件309起、采取刑事强制措施437人，发动全国集群战役3次，破获部督案件14起，部督案件数比2016年增加55.6%，长春市全年没有发生涉食品药品安全敏感案事件。

全市经侦系统破获各类经济案件436起，打处人犯364名，部级大要案50起。其中，经侦支队打处犯罪嫌疑人53人，破获部督案件2起，抓获“红通”2人，网上逃犯12人（历年逃犯5名）。

全市逮捕、起诉涉毒犯罪嫌疑人509名，破获各类涉毒刑事案件360余起，破获部督毒品目标案件2起、省督案件11起，缴获毒品46.3余公斤，查获吸毒人员2554人，裁决社区戒毒人员591人，裁决强制隔离戒毒人员393人，依法吊销吸毒人员驾驶证690余本。其中，禁毒支队侦破公安部“2017—49”特大团伙制毒目标案件，摧毁了跨吉林、黑龙江、陕西、四川、江苏、广东、天津9省市的利用网络制贩毒网络，抓获犯罪嫌疑人12名，摧毁省内外制毒窝点7处，缴获冰毒29.7公斤、麻黄素25.7公斤、制毒工具1200余件（套）。

2017年，在全市繁华路段启动11块LED屏开展禁毒公益宣传，省市禁毒办联合举办纪念“6·26”30周年文艺汇演，在64路公交线路开展特色禁毒宣传等多项活动，在全市开展青少年毒品预防教育工作。

【安全保卫】 市局出动警力6.7万余人次，保障中国科协年会、省市“两会”、省市“党代会”等党委、政府重要活动145项，首届长春马拉松赛、足球、篮球、演唱会等大型文体活动90项，浴佛节、开斋节等民族宗教活动7项，冰雪节、消夏节、汽博会等大型会展活动131项，重要人员审判、押解等涉法活动2项。

【缉枪治爆专项行动】 2017年，全市收缴各类枪支127支（军用枪1支、仿军用枪1支、猎枪3支、小口径2支、汽枪90支、火药枪12支、其他枪支18支），子弹32006发（其中，收缴军用子弹3704发、猎弹141发、小口径弹100发、气枪铅弹21431发、其他子弹6630发），炸药1322.3公斤（过期报废炸药1218.3公斤），收缴雷管15068枚（过期报废雷管14900枚），收缴导火索3290米；收缴仿真枪154支；收缴管制刀具771把；收缴弩7支；收缴销毁废旧炮弹43枚、航弹8枚、地雷6枚、手榴弹20枚；收缴烟花爆竹2627件；收缴易制爆危险化学品固体6160.879公斤、液体14000毫升。查处涉枪刑事案件16起，刑拘30人，打掉犯罪团伙3个，捣毁窝点2处。涉枪治安案件10起，治安处罚10人。查处涉爆刑事案件7起，刑拘3人。涉爆治安案件49起，治安处罚39人。7月20日，省厅在通化举行“集中销毁枪爆物品活动”，全市没有发生涉枪涉爆敏感案事件。

【道路交通秩序整治】 2017年，完成29.4万个道路停车泊位、30.5万个小区停车泊位、1109条街路、254.5万平方米标志标线施划复划，安装隔离护栏56.28公里，全市道路通行速度提升至31.27公里每小时，黄标车淘汰率96.46%，交通事故死亡人数比2016年下降10%。全市纠正各类交通违法309.6万件（其中酒驾4928件，违停49万件，非机动车行人违法3.01万件）。长春市局协调各开发区管委会投资1.2亿元，升级改造智能信号系统，基本实现全市交通信号统一控制。完成中心城区信号配时优化工作，调整386个路口2443个信号配时方案，全市智能信号控制系统基本形成，次干道单向“绿波带”90%以上，主干道“绿波带”100%。全市道路通行速度由2016年的29.79公里每小时提升到31.27公里每小时。完成高速卡口数据对接，完成《交管综合应用平台》和《公安交通集成指挥平台》数据对接。推进市局“一号工程”信息整合共享工作。推进指挥中心弱电项目及车管所126系统建设。完成监控球机安装180处，高空监控项目外场建设19处，安装违法抓拍球机1154台，声呐抓拍系统建设完成。新建手机APP违法抓拍系统，抓拍违法23.27万件。

【“放管服”改革】 长春市局助力民营经济民营企业振兴发展，制定出台“30条措施”，开通户籍、交管、消防、出入境“绿色通道”，公安行政审批项目办结时限平均缩减71%；推行“互联网+公安”，平台实名注册人数354万人，占全市总人口47%，年内办件39.6万件，及时办结率和群众满意率均为99.9%。

【专业手段建设全面升级】 长春市局新建物证鉴定中心和反电诈中心，4个刑事技术实验室通过国家重点专业实验室现场评审，2个分局入选全国100家示范技术室；长春网络特侦队进入公安部十一局“国家队”序列，新建12个分局网安大队，建成地市级“530”分中心，调剂解决4600平方米的技侦手段业务用房。在高新北湖筹建“大数据云计算中心”，建成全警共享的“数据实战平台”。

【爱警惠警】 长春市局制定爱警惠警和为基层减负“双十条”，增加公安专项编制120个、招录新警276名、事业编68名，全部充实到基层一线；建立特警轮换机制，每年至少轮换50人，实现特警队伍年轻化、专业化；争取56个调研员职数，267名优秀民警走上科级岗位，171名事业编晋升非领导职务，为88名功模民警协调解决子女入学和享受中考加分政策；成立新一届公安民警优抚基金会，帮扶救助民警2457人次；实施“团圆计划”，为8个双警家庭解决两地分居难题。

【出入境管理】 全市出入境窗口受理审批签发中国公民因私出入境证件752106件。其中护照175849件，港澳通行证116371件，台湾通行证54673件，出入境通行证178件，港澳台签注405035件。龙嘉机场口岸办理一次性台胞证16件。受理签发外国人居留许可、签证、出入境通行证、一次性通行证6727件。查处“三非”案件139起，查处“三非”外国人162人，查处非法聘用外国人单位8家，遣送出境16名外籍人员，拘留处罚4人，合计罚款633500元。

【执法资格等级考试】 5月21日下午，全局2130名民警参加2017年基本级和中级执法资格考试。自4月17日开始，开设基本级和中级执法资格等级考试考前视频辅导培训班，参训人数2300余人。按照公安部考点、考场设置要求，确定长春朝阳实验小学、长春市三十中学、长春市九十中学和朝阳实验学校4个标准化考点，设置考场73个，均启动高清无死角监控全程录像。考试期间，抽调市局纪委、督察支队8名人员担任安检员，在每个考点入口处设置安检通道，对进入考场的参考民警逐人进行安检；从法制支队、纪委、督察支队抽调30名民警对各考区进行巡考，严查作弊行为。

【执法监督机制】 长春市局开展日常执法质量考评工作。下发《执法质量考评问题案件核实确认通知书》。全年抽查卷宗3639件。其中，刑事卷宗1814个、行政卷宗1825个。发现问题952个。其中刑事卷宗问题407个、行政卷宗问题545个。对242个执法问题依据《吉林省公安机关执法质量考核评议评分标准》予以扣分。下发各类工作通报11份，启动个案执法监督两批次181起案件和警情。对全局各执法办案单位执法信息化应用和行政案件办理质量进行专项巡查。采取网上抽卷考评的方式，对刑事、行政案件信息化应用以及行政（治安）案件办理质量进行考评。期间，抽查执法卷宗289件。其中，信息化应用方面190件（刑事案件97件，行政案件93件）、行政（治安）案件办理质量方面99件。发现问题24个。其中，信息化应用问题20个、执法办案质量问题4个。

【户口清理整顿】 2017年，全市核对人口信息数据124315条，复查各类户口档案卷宗16822卷，入户人口核查人口130149人，发现并注销双重、虚假户口1874人，纠正人口信息数据错误项目1791条，通过入户走访核查发现出生未落、死亡未销、参军未销、手持证件未落等人员21171人。长春市局摸排各类无户口人员215人，解决落户问题219人（其中包含2016年未解决落户人员）。

【出租房屋清理整顿专项行动】 长春市局从4月15日开始至7月末，在全市派出所开展清理整顿出租房屋专项行动。加强出租房屋管理服务工作、摸清人员底数、完善基础信息。全市摸排出租房屋129998户，暂住人口834099人，通过互联网+出租房屋登记46690户。

【派出所非消防安全重点单位摸排专项行动】 长春市局确保实现派出所非消防安全重点单位“底数清”，全市派出所摸排非消防安全重点单位70837家，其中“十小场所”类41214家，国家机关、团体类1986家，企事业单位类10999家，其他类16638家。组织全市派出所开展针对养老福利机构、“十小场所”、幼儿园、校园、教育培训场所、洗浴、汗蒸、桑拿、足疗等人员密集场所等重点单位的消防安全专项整治，发现消防隐患6534处、整改隐患6076处，三停10家，罚款30.6万元，拘留17人。

【实战训练】 长春市局制定印发《“三懂四会”培训方案》《素质能力岗位大练兵方案》，举办各类培训班188期，培训民警30559人次。探索政治部搭台、各重要警种主导的岗位练兵模式，做精专业技能培训，提升技侦、网侦、视侦、信息核查比对等警务工作实战技能。按照“培训在基层、训练在基层”的思路，制定教育训练大纲，提供教员支撑，开展网络教学。

（陆亚戈　于　玥）

检　察

【服务经济】 制定出台助力长春全面振兴的工作意见，作为重要工作下发全市检察系统实施。对接伊通河综合治理、龙嘉机场二期工程、长春经济圈环线高速公路等重大项目158个，金冠电气、旭阳集团等重点企业168户，建立个性化法律服务台账191个。对征地拆迁、工程招投标、资金管理提供专项

9月28日，市检察院举办2017第二届东北四城市检察机关公诉论辩赛（姜文平　提供）

检察服务156次，帮助相关项目企业堵塞制度漏洞20余项。查办虚假冒领、截留私分、挥霍浪费扶贫资金等职务犯罪142人。

【平安长春建设】　审查逮捕3277件4207人、起诉5448件7080人，批捕故意杀人、涉枪涉爆、“两抢一盗”、拐卖妇女儿童等犯罪1354人，起诉1768人。批捕集资诈骗、非法吸收公众存款等犯罪37人、起诉43人。实现远程视频接访系统四级联通，推进领导干部“一线工作日”、检察长接待日等制度，回应群众来信来访1400余次。十九大期间，实现全市涉检进京非正常访“零登记”。制定出台《关于加强未成年人检察工作的实施意见》，落实未成年人犯罪记录封存等工作机制，联合市教育局开展法治进校园巡讲活动50余场次，受教育学生1万余人次。

【反腐建设】　2017年，查办职务犯罪案件402人，其中厅局级11人，县处级48人。查办大唐国际发电股份有限公司系列案件，为国家挽回经济损失13亿元。与市邮政系统、民政系统联合开展专项预防，促进行业廉政机制建设。启用长春市职务犯罪警示教育基地，与市纪委共同组织百余家党政机关、企事业单位到基地参观，受教育党员干部12000余人。开展行贿犯罪档案查询服务，提供查询13000余次，37家单位和个人因行贿犯罪污点被禁止市场准入，促进社会诚信体系建设。

【诉讼监督】　对有案不立、利用刑事手段插手经济纠纷等问题进行监督，督促公安机关立案61件、撤案88件，提出书面纠正意见262件次。对漏捕、漏诉的，决定追加逮捕102人，追加起诉232人。健全检察环节防冤纠错机制，对不构成犯罪或证据不足的，决定不批捕75人，不起诉93人。强化审判监督，对认为确有错误的裁判，提出刑事抗诉45件，提出或提请民事行政抗诉62件。督促执行财产刑金额4487万元，纠正减刑、假释、暂予监外执行不当698人次。加强对社区矫正的监督，提出监督纠正意见65人次。加强羁押必要性审查，对捕后不需要继续羁押的犯罪嫌疑人，提出变更强制措施建议388人，办案单位采纳370人。

【司法责任制改革】　落实“谁办案谁负责”的要求，制定院领导直接办案、检察官独任制办案等10余项配套制度，通过实行检察官司法档案、专项监督、定期通报、绩效考核等方式，推动司法责任制改革。突出检察官的办案主体地位，将266项案件实体决定权和程序处理权授予检察官独立行使。建立完善案件质量评查和流程监控机制，促进办案质效提升。开展“双走进”活动百余场次，提升人民群众对司法改革的获得感和满意度。

【公益诉讼改革】　贯彻《长春市人民检察院关于加强行政检察监督促进依法行政的实施意见》，在诉前督促相关行政机关履行监管职责175件，促成恢复林地800余公顷，督促治理恢复波罗湖国家自然保护区湿地800余公顷，督促清除违法堆放的生活垃圾31万余吨，清理回收固体废物22万余吨，督促关停、整治污染源5处，追缴国有土地出让金1.3亿余元。对拒不履行职责的提起公益诉讼11件。在全国率先研发行政检察与行政执法衔接平台，与全市46家政府职能部门实现数据对接，通过平台抓取检察机关提起公益诉讼案件线索700余条。在全国智慧检务工作会议上，长春市检察院作经验介绍。

【责任检察】　在全市检察机关开展“责任检察”品牌创建活动，构建政治责任、司法责任、监督责任、社会责任和自身建设责任5大责任体。两级院分别结合实际推进实施“责任检察”子品牌50余个。对5个基层院党组开展首轮政治巡察，对巡察中发现的问题坚决整改到位。谈话函询14人次，诫勉谈话6人次，查处检察人员违反党纪政纪案件3件3人。

【队伍培训】　查摆和整改检察队伍突出问题166个。对检察官、检察辅助人员、司法行政人员开展专题培训、岗位练兵和业务竞赛等分层分类教育培训。开设“检察大讲堂”，邀请全国知名专家学者授课。举办首届专家论坛，提高检察业务研究水平。在第二届东北四市检察机关公诉人论辩赛中，长春地区参赛队伍获得团体第一名、最佳辩手奖等殊荣。在全省检察机关率先探索基层院班子副职交流任职制度，6人异地任职。推进“长检智慧云”平台建设，提升工作效率。

【群众监督】　长春市“两会”之后，市检察院对代表提出的33条意见建议全部按时办结回复。邀请230余名代表委员通过列席检委会、检察开放日、案件公开听证等方式参与检察工作，为代表履职创造条件。开展人民监督员评议案件78件，确保检察权依法规范行使。运用新媒体平台开展案件信息公开工作，发布重要案件信息1299条，公开法律文书5300余份。

（姜文平）

法　院

【概况】　2017年，长春市中级人民法院（以下简称市中院）53个集体和343名个人受到市级以上表彰，受理各类案件128570件，诉讼案件法定审限内结案率99.72%，其中，市中院受理各类案件19641件，诉讼案件法定审限内结案率99.53%。

【惩治刑事犯罪】　全市法院受理刑事案件6861件，其中，市中院受理887件，审结蓝军等37件重大职务犯罪案件。审理“e租宝”、宫万录等集资诈骗、非法吸收公众存款案件。打击各类涉毒品犯罪，判处无期徒刑以上刑罚25人。判处未成年罪犯57人，比2016年减少25.97%，将社会调查报告引入判决，推进刑事诉讼制度改革，启动非法证据排除程序，推动证人、鉴定人出庭作证，依法改变定性案件36件53人。为165名被告人指定辩护律师，保障被告人的诉讼权利。受理减刑假释案件5576件，罪犯减刑案件全部开庭审理，对符合规定的减刑假释案件全部上网、同步公示。

【化解民商事纠纷】　全市法院受理案件78681件，其中，市中院受理8948件。审理一批涉及商品房逾期办理产权的群体性诉讼案件，引导房地产市场平稳健康发展。审结各类知识产权案件1051件；买卖合同、证券交易、股权纠纷等案件6339件、破产清算类案件17件；退市公司高斯达破产重整案；涉动产质押、刑民交叉金融借款、互联网金融等案件413件；审慎处理因“校园贷”、网络投融资等新型融资行为引发的借贷纠纷，营造安全规范的法治环境。

【化解行政争议】　全市法院受理各类行政案件2812件，比2016年上升31.34%，其中，市中院受理725件，上升18.66%。妥善审理涉伊通河、南溪湿地、地铁二号线等重大项目案件。

【结案执行】　全市法院受理各类执行案件33077件，执结28315件，结案率85.6%，执结标的128.63亿元，其中，市中院受理3094件，执结2722件，结案率87.98%，执结标的72.73亿元。全市法院开展执行攻坚专项行动，在市委政法委领导协调下，取得公安、金融、国土、房地等部门强力支持，建立网络查控与人工查询相结合的常态查询机制。创新执行工作机制，推行“执行无忧”悬赏保险机制，建立“拍易融”网拍房产个人贷款融资服务机制，财产保全的经验做法被最高法院专刊介绍。加大失信惩戒力度，纳入失信被执行人名单8917人，限制高消费6043人，罚款281人，司法拘留697人，向公安机关移送涉嫌拒执犯罪47人。市中院执结的建工集团与金盛公司建设施工合同纠纷案件，入围全国法院十大执行案件参评名单。

【服务经济发展】　为“企业法律事务调解中心”设置工作室，主动对接服务重大项目建设。保障涉军停偿工作，化解涉军维权案件，市中院连续2年被评为“北部战区五省（区）涉军维权先进单位”。持续加大红星村脱贫帮扶力度，组织设立特色产业合作社、绿色农产品电商平台，帮助建设村民广场、便民大厅，改造危房91套，硬化村道25.2公里，10名人大代表受邀实地踏查红星村并捐资设立爱心帮扶基金。红星村减贫211户597人，减贫率93.8%。省扶贫办专刊介绍市中院扶贫工作经验。

【服务保障民生】　审结涉土地承包流转、劳动就业、教育医疗、环境保护等案件5965件。城区家事案件统一由经开法院集中管辖，设立家事调查员、家事调解员、心理咨询师，建立财产申报、离婚冷静期及案件回访帮扶等机制。全市法院审结各类婚姻家庭案件8635件，调解、撤诉结案5533件，结案件调撤率64.08%，发出全省首份附有“法官寄语”的家事判决书，开办“幸福家庭学校”，凸显司法人文关怀。

6月22日，65316部队为市法院法官送锦旗　（孙　伟　提供）

【诉讼服务】 巩固立案登记制改革成果，全市法院当场立案率94%。升级线上、线下2个诉讼服务中心，提供网上查询、网上立案等诉讼服务11000余人次。市中院与邮递公司签订合作协议，保障诉讼文书及时有效送达。运用智慧审判系统网上送达6106次，召开云会议2922次，为当事人提供司法救助7749件，减、缓、免诉讼费1007.47万元，提供免费法律志愿者服务34000余人次。

【涉诉信访】 化解多年上访、极端访个案97件，两级法院顺利完成党的十九大等重大会事期间的信访维稳任务。落实省委政法委信访攻坚工作要求，重点信访案件化解率96.04%。

【案件评查速裁】 开展第二轮员额法官动态调整和选任工作，全市法院员额内法官606名，市中院110名。公开招录司法文员71名，市中院审判一线法官、法官助理（文员）配比总体1∶1，形成科学的配置比例。全市法院院庭长办案40951件，占结案总数的34.33%。组建案件评查人才库，对案件质量进行专业评价，重点评查案件46件，决定问责法官11人。全市法官年人均结案196.85件。诉讼案件一审息诉服判率92.53%，生效案件发改率0.08%，案件质效提升。推动道路交通事故纠纷“网上一体化”处理模式，便捷兑现当事人合法权益。开展案件繁简分流机制改革，创新刑事速裁工作机制，审结刑事速裁案件807件，占2017年刑事案件的15.59%，当庭宣判率64.73%。民事案件简易程序适用率74.47%。

【司法公开和宣传】 推进阳光司法机制，全市法院网上公布裁判文书93019份，公开案件流程信息95493件，直播庭审6386次，举办法律咨询等专题普法活动83场。在3所高校设立法学教育实践基地，31名法官受聘担任兼职教师。播出“百姓与法”电视普法节目50期，推送“芳草法治微课堂”17期，拍摄法治微电影11部。腾讯网同步直播全市法院涉知识产权案件集中执行活动，超170万人在线观看。市中院在《法治蓝皮书（2017）》发布的中国司法透明度指数报告中位居全国第五名。

（孙　伟）

司法行政

【司法行政改革】 起草并推动市深改办审议通过《长春市深化律师制度改革意见》，成立“维护律师执业权利中心”和“投诉受理查处中心”；推进公职律师、公司律师试点工作，在35家机关事业单位设立公职律师、18家大型国企设立公司律师；推进法律援助制度改革，举办首届十佳法律援助案件评选活动，长春市公证机构完成行政体制转为事业体制的改革任务，对公证机构执行“五不准”情况进行督导检查；完成“一门式、一张网”综合改革工作，行政审批事项53项入网办理，提前办结率80%；推行“双随机一公开”监管模式，完成“一单、两库、一细则、一计划”，审批平台受理服务事项办结率100%；2017年参与案件办理百余件；完成长春考区国家司法考试组织实施工作，连续6年实现试卷（卡）“零差错”。

【戒毒教育矫治】 推进平安戒毒所创建，举办“6·26”国际禁毒日系列宣传教育活动，开展防脱逃、防暴恐演练12次，探索法律常识、思想道德、康复训练等9个方面教育矫治，戒毒场所持续安全稳定，连续5年实现“五个坚决杜绝”和“六无”工作目标；开展社区戒毒（康复）人员清理核查工作，深化警示教育、传统教育、社区服务、技能培训、安置帮扶等社区矫正“五项工程”，开展社区矫正“双基”活动，启动实施全省首个社区矫正社会工作服务示范项目，举办“社区矫正开放日”主题活动，组织社区服刑人员集中教育培训23期、1150余人次，再犯罪率0.09%，低于全省、全国平均水平。

【维护社会稳定】 建成“五有”调委会1570个，新建51个民商事纠纷人民调解平台、2个医疗纠纷调解工作站。指导县（市）区设立“特色调解室”、诉前调解室；开展排查化解矛盾纠纷专项行动，调处民间矛盾纠纷2.95万件，防止群体性上访95起、民转刑案件8件。市专业人民调解中心积极参与疑难纠纷化解，为部队调解涉企纠纷44件。落实刑满释放人员“必接必送”制度，开展服刑人员基本信息核查会战月，排查、走访和帮扶刑满释放人员近万人，开展安置帮教“三走进、三服务”“百企千岗”安置行动、刑满释放人员安置就业和未成年子女集中帮扶等活动，接收刑满释放人员4382人，衔接率、帮教率和安置率分别是98.9%、98.2%和88.1%。成立市信访法律服务中心，组织律师参与和受理信访案件429件，接待上访群众5000余人次。办理行政诉讼案件9件，受理行政复议案件1件，行政复议案件维持率及行政诉讼案件胜诉率100%；受理人大代表建议和政协委员提案4件，办复率、满意率100%。

【助企惠民服务】 升级改造12348热线服务平台，免费解答法律咨询2.7万人次，比2016年增长28%，群众满意率99.2%；制定实施“助企发展二十项措施”，搭建助企惠企稳企3个平台，组建法律服务团队84个，在法律服务机构设立服务企业窗口425个，在市律协开通企业法律服务绿色通道；跟踪服务省市重大项目81个，涉及标的额超千亿元，为长春新区、伊通河等重大项目办理证据保全、现场监督及转让协议等公证事项2万余件，减免公证费62万元；对接企业3027户、双创基地16个。围绕落实幸福长春行动计划，制定“深化法律惠民行动十五项措施”，出台为80岁以上老人免费办理遗嘱公证、为7类经济困难特殊群体减免费用、开通公证服务绿色通道、实行网上办理、上门服务等惠民举措；推动法律援助便民服务窗口进驻政务中心，法律援助机构办理案

6月14日，长春市启动第四个"法制宣传月"活动　（何　浩　提供）

件3800余件，受援人数增长9.7%；公证机构办理公证21.37万件，增长21%；律师、公证和司法鉴定等法律服务机构为困难群众减免费用1986万元；开展律师进社区、"公益法律服务日""民生法律大讲堂""公证惠民敬老""基层法律服务在身边"等服务活动，提供免费法律咨询3.7万人次。围绕落实全市脱贫攻坚部署，制定5个方面16项工作措施，启动实施危房改造、安全饮水、农村卫生厕所、安全桥梁建设等重点帮扶项目7个，自筹和协调帮扶资金572.6万元。

【普法教育】　实施"七五"普法规划，推动市人大出台第7个五年法治宣传教育的决议，召开全市"六五"普法总结表彰暨"七五"普法动员部署会议，制定出台《关于国家工作人员学法用法的实施意见》《关于加强新闻媒体和互联网公益普法的实施意见》等制度，落实"谁执法谁普法"责任制。开展法治宣传教育活动，组建"七五"普法讲师团，创建法治文化示范点148个，开展"法治宣传月""贯彻十九大普法在行动""12·4"国家宪法日、特定节点专题普法宣传等系列活动1300余场，举办"法律大讲堂"活动325次，发放宪法等法律法规书籍、宣传手册14万余本（份）。开展区域法治创建活动，南关区、农安县被评为全国民主法治示范（县）区，南关区东风社区、双阳区鲁家村被评为全国民主法治示范村（社区）。

【信息化建设】　制定出台《司法行政信息化建设的工作规划（2017—2020）》和《2017年全市司法行政信息化建设工作要点》。召开全市司法行政信息化建设推进会议，成立长春市司法局科技信息化委员会及其办公室，组建司法行政信息化建设专家库、人才库和项目专员3支队伍。华为集团、长春理工大学、中国移动长春分公司等开展合作，入驻华为云数据中心长春基地。启动市司法行政指挥管理服务中心建设，列入"智慧长春"2018年十个重点研发项目。研发上线长春市司法局政务专网和"司法通"移动办公平台，推动办公信息化。

【基层司法所建设】　戒毒场所改造建设项目前期筹划工作，提交市政府会议审议。组建基层工作领导小组，启动"基层四项建设"调研。开展"司法所规范化建设发展年"和"星级法律服务所创建"活动，开展全市112个省级规范化司法所、59个省级示范司法所建设"回头看"，打造省级规范化司法所12个、省级规范化司法所11个和3个"星级法律服务所"。召开全市社区（村）司法行政建设工作现场会，推广宽城区在社区、村建立司法行政法律服务工作站的经验做法。举办全市司法所长论坛、人民调解员和基层法律服务工作者培训班，队伍整体素质得到提升。

【干部队伍管理】　开展戒毒业务、法律知识、警体技能、行政执法人员综合知识等学习培训和岗位练兵活动等专项培训16次、4600余人次，举办首届长春市司法行政系统警体技能大练兵暨干警职工运动会，组织7批次业务骨干外出学习考察，完成81名机关干部公务员网络培训和集中调训。调整局机关内设机构，交流处级干部27名，提拔副局级巡视员1名。开展警务督察工作，选定宽城区司法局、苇子沟强戒所作为全省司法行政系统警务督察试点单位，制定《关于加强机关纪律作风建设的实施意见》，集中整治"慵懒散拖"等问题，开展"换位体验""干警下基层"、窗口单位"七个一"服务规范等工作，开展"规范执法、诚信执业"活动，出台"五项重点执业纪律"标准和执业行为监督管理"七个禁止"要求，法律服务行业和执法单位投诉量比2016年下降36%。落实从优待警政策，成立关爱困难干警职工基金，募集资金200余万元，启动干警职工未就业家属安置工作，提供安置岗位22个，鼓励干警职工参加司法考试，为37人提供培训机会，提高三类岗位人员工资标准。

（何　浩）

经济调节与监管

宏观调控

【概况】 全年地区生产总值实现6530亿元，增长8%左右。其中，第一产业增加值实现315.1亿元，增长3.8%左右；第二产业增加值实现3175.2亿元，增长7.5%左右；第三产业增加值实现3039.7亿元，增长9%左右。固定资产投资实现5194.8亿元，增长11.5%左右。地方财政收入实现450.1亿元，增长8.3%左右。社会消费品零售总额实现2922.8亿元，增长10.3%左右。城镇居民人均可支配收入增长6.8%，农村居民人均可支配收入增长6.5%。城镇登记失业率3.58%。

【项目战略】 围绕保持全市经济平稳运行，出台导向性政策35项，助推年度GDP增长8%，总量首次突破6500亿元。落实亿元以上项目超过1300个，成为拉动长春振兴的主要动力源。争取“十三五”国家服务业综合改革试点，全年规模以上重点服务业增速超过35%，服务业对经济增长的贡献率50%以上。举办东北振兴论坛，吸引政商学界约580名代表参会，论坛受众1.14亿人次。承接国家重大战略，推动与天津、杭州的对口合作取得进展，推动中粮全国最大的玉米产业园落户经开区，在国家发改委主任办公会通过总投资812亿元的第三轮轨道交通方案。争取创建国家产业转型升级示范区，从60个地区中突围，全市重点园区全部纳入其中；全国93个“双创”示范基地，吉林省获批4个全部落位长春。

【重大部署】 出台一批重大政策。为贯彻落实国家和省关于降低实体经济成本的决策部署，制定《关于降低实体经济企业成本的实施意见》；依托长吉图开发开放、哈长城市群等国家战略，出台《长春市落实长春-四平经济带发展规划实施方案》《长春市落实哈长城市群发展规划实施方案》；围绕特色小镇国家政策支持方向，起草《关于加快特色小镇培育建设的实施意见》。谋划一批重大规划。通过向国家和省发改委争取，以市代省开展空间规划试点，形成“四个一”的试点成果，组织相关部门向国家发改委进行专题汇报。作为15个副省级城市的唯一试点，获得国家发改委的肯定，试点经验在全国进行推广。推动一批重大改革。全年协调16个相关部门，完成市委交办的39项改革任务。推进审批制度改革，完成《长春市供给侧结构性改革推进情况报告》，《人民日报》头版以《长春经济暖意浓》为题进行报道。

【精准调控】 综合研判全国、全省和15个副省级城市经济形势，坚持与“十三五”规划相衔接，起草2017年度计划报告和计划草案，研究提出GDP、投资、财政收入、城乡居民收入等导向性目标，为全市经济社会发展提供遵循。发挥运行分析的监测调控作用。完善运行指标数据库，向市委常委会汇报经济运行情况，为市委、市政府科学决策提供依据。发挥绩效考核的激励导向作用。强化绩效考核，制定地区绩效考核方案，助推全市年度目标完成。

【经济决策】 落实市委、市政府“持之以恒做大经济底盘”的决策部署，从市到各县区、开发区，建立领导包保制、服务秘书制、集中审批制和疑难问题解决制等“四个机制”，开展“三早”“三集中促项目落地”“走遍重大项目、落实有效投资”“稳投资、抓招商、上项目”等“四项活动”，全年项目建设取得重大进展，总投资额近万亿元。制定下发《项目谋划生成工作方案》，形成谋划储备一批、重点推进一批、落地转化一批的工作格局。全市开复工亿元以上项目1311个。完成投资5195亿元左右，增长11.5%。在亿元以上项目中一、二、三产数量比重由2016年的1：41：58变为2：36：62，助推全市经济结构加快调整。

【结构调整】 编制《长春市开展“十三五”国家服务业综合改革试点实施方案》，全年服务业增速9%。实施50个投资10亿元以上的服务业重大项目，推动朝阳区的欧亚新生活、汽开区的车城万达广场、宽城区的中东砂之船、净月的环球贸易中心等项目投入使用，全市建成或部分建成的商业综合体18个，新增商业商务面积400万平方米；全市省级现代服务业集聚区24个，占全省总数57%，入区企业超过4500户，解决就业近10万人。制定实施服务业差别化地价政策，保障服务业重点行业、重点领域和重点项目用地需求。开展2017年服务业政策兑现工作，加大对服务业重点企业支持力度。指导企业争取资金扶持，全年市级财政拿出1亿元，争取国家、省引导资金近2亿元。

【开放合作】 推动对外开放和对口合作，放大东北亚区域性中心城市的品牌效应。坚持抓长吉图开发开放。融入国家“一带一路”建设，依托“长吉图”战略，国际通道建设补助资金到位1.8亿元，推动龙嘉国际机场综合交通枢纽、长春新区长吉示范区国际物流园、兴隆综合保税区多式联运中心等项目建设。推进与天津、杭州对口合作，签约合作项目150余个，总签约额500多亿元，“津长产业合作园”“津长双创示范基地”和“吉浙净月服务业发展示范区”建设稳步推进。

【民生建设】 制定《长春市2017年脱贫攻坚工作要点》，开展“走遍贫困村、访遍贫困户”等系列活动，建立行业扶贫、专项扶贫、社会扶贫相结合的“三位一体”格局，推动全市2.7万贫困人口脱贫，124个贫困村实现脱贫出列。抓好巴吉垒镇上河村的包保帮扶，实施扶贫项目4个，总投资493万元，推动52户107人实现脱贫。做好中央环保督查迎检工作，建立24小时盯守值班制度，制定《关于长春市加快推进生态文明建设的实施意见》《长春市能源结构调整暨煤炭控制管理工作实施方案》等文件，开展打击“地条钢”企业专项行动、“禁塑”行动、铁北老工业区搬迁改造。2次下调非居民天然气价格，将污水处理费标准调整纳入水价管理体系，落实电力用户与发电企业直接交易等重点工作。组织科学制定地铁票价方案，开展清费减负“回头看”，加强物业服务、机动车停放服务、旅游景区门票等重点领域价格管理工作。召开全市经济和金融工作会议，召开全市金融工作座谈会，抓好银企对接，为企业搞好服务。

【服务企业】 开展“三走一促县区行”活动，利用新媒体建立服务对象微信群20余个，深入轨道集团、华航物流园等43个企业对象开展“一线工作日”。实地踏查800余个亿元以上项目，帮助68户企业申请专项资金2.5亿元。在市直机关推开“挂牌服务、首问负责”。

（刘百军）

2月28日，长春市与天津市开展东北振兴对接工作座谈会　（刘柏君　提供）

统　计

【统计管理体制改革】 落实中办下发的《关于深化统计管理体制改革提高统计数据真实性的意见》《统计法实施条例》和《统计违纪违法责任人处理办法》，召开党组会、理论中心组学习会，以及辅导培训等提高认识。长春新区、净月区、经开区、汽开区以及莲花山分别设置独立或相对独立的统计机构，增加编制；建立数据质量评估机制，围绕地区生产总值核算、规模以上工业、规模以上服务业、批零住餐业、投资等，制定12项具体工作方案和制度办法，加强数据的审核评估；建立健全统计责任体系，明确各级统计机构主要负责人负第一责任，各级党组负主体责任，纪检监察负监督责任，建立统计机构防范和惩治统计造假、弄虚作假的问责制。

【基层基础建设】 解决基层统计力量薄弱问题，鼓励县（市）区完善乡镇、街道统计机构，建立统计工作站或经贸统计科，建立统计台账，规范统计基础工作，绿园区被国家统计局评为全国基层基础工作先进单位。支持各县（市）区局延伸统计内网专线，部分县（市）区实现统计内网乡镇街道全覆盖，扩大联网直报范围。加强对统计业务的培训，参加国家和省组织的各种业务培训90余人次，市局系统组织专业培训40班次，2万余人参加培训。在全市范围内全面开展数据质量核查工作，成立工作机构，抽调工作人员成立14个组，对全市9169个企业进行核查，其中，核查规模以上工业企业1329户，固定资产投资项目7840个，整改存在的问题。开展统计调研服务下沉基层活动，市局班子成员分别带队，到县（市）区走访调研，帮助基层研究解决实际问题。推进依法治统进程，加强统计法治宣传，搞好统计法律法规培训，推进“双随机一公开”监管工作，对134户企业开展统计执法检查。

【统计改革创新】 探索“三新”统计制度方法、指标体系和工作机制，特别是互联网电商、文化旅游、现代物流、科技服务等行业中的一些新产业、新业态、新模式，提升“三新”经济对全市经济增长的贡献率。推进民营经济统计。《长春市民营经济综合统计报表制度》正式启动，开展数据上报和审核应用工作，为县（市）区的民营经济考核和民营经济发展目标的制定提供参考依据。按时完成投资统计改革试点任务。选取宽城区、九台区进行试点，对500多个项目按财务支出法进行调查，摸清长春市5000万元以下项目投资的底数，为投资统计方法改革奠定基础。妇女儿童年报统计工作取得新突破，建立数据报送渠道。

【统计服务】 在《一季度经济形势分析报告》中提到的“重点企业生产下降、新开工项目偏少、建筑业产值流失严重、少数四上企业入库质量不高”的问题，长春市委书记王君正在市委常委扩大会上引用；在上半年经济形势分析会上，长春市统计局提出的“稳的格局更加巩固，进的动力更加强劲，好的态势更加明显”的观点，被长春市委书记王君正在市委十三届二次全体会上报告采用。报送的《从统计监测看经济运行中存在的主要问题》分析报告，编发《统计快报》和《统计内参》60篇，重点调研课题6篇。

【统计宣传】 在《吉林日报》《长春日报》、长春广播电台，以及新华网、国家和省局内网等主流媒体，第一时间发布和宣传全市最新统计信息和统计分析报导，提高统计服务社会能力。《2016年长春经济和社会发展统计公报》在长春日报全文发表，《从一季度经济数据看长春发展新活力》《长春经济量质并进》《长春经济稳中向好的态势进一步延续》《实体经济转型步伐加快》《我市城镇非私营单位从业人员平均工资分析》等10多篇文章，分别被《吉林日报》《长春日报》、长春广播电视台刊登播报。与省局联合撰写的《为服务发展大局助力》一文被《中国信息报》刊载，《长春等四个副省级城市消费潜力分析》多篇统计分析资料被国家局内网和省局内网采用。2017年，全市各级统计机构撰写各类统计信息、统计分析近300余篇。

【农业普查】 完成第三次全国农业普查各项工作，按国家规定要求按时完成数据上报、核查工作。4月，国家三农普事后质量检查组到长春市抽查，对数据质量给予肯定。榆树市统计局杨萍获得第三次农业普查国家级先进个人。完成全市劳动力月度调查。组织抽样调查400个小区，8000个样本约1.2万人次的调查。开展第四次经济普查试点，组织南关区和朝阳区承接全国试点任务。推进利用“五证合一”工商信息维护更新名录库工作，实现全自动利用工商部门登记信息更新统计基本单位名录库。建立部门R&D投入联席联训联审工作机制，在企业年报不同阶段联合培训、联合审核、联合研讨，提升行业统计管理能力。

（黄思念）

国有资产监管

【概况】 截至2017年年底，国资企业资产总额3011亿元，比2016年增长8.7%；国有权益1308亿元，比2016年增长2.5%；营业收入272亿元，比2016年增长0.4%；国有资本保值增值率102.4%，上缴国有资本收益5813万元。

【国有资本运营】 8月29日，全市首个国有资本投资运营公司国投集团正式挂牌运营。在筛选确定2户省级混改试点的基础上，坚持一企一策，完成10户竞争类子企业混合所有制改革，引入战略投资者14家，引进4.14亿元增量资金。监管的一级企业旭阳集团混合所有制改革经市政府批准挂牌。轨道交通集团主动剥离供热和物业等非主营业务，系统内企业优化布局率先起步。37户驻长央企和省企全部完成“三供一业”分离移交协议签订，维修改造有序实施。欧亚集团实施“商贸+商旅”战略，新建1个大型购物商超和6个购物中心，“欧亚e购”“欧亚到家”网络购物平台运行良好，在全国企业500强排名前移到364位。长发集团加快旧城改造提升，覆盖三环以内166平方公里、涉及

8月29日，长春国投改组为全市首家国有资本投资运营公司并举行揭牌仪式

（李杨兴　提供）

202万人口，路桥工程、地下管廊、双创基地等项目全部开工在建。

【固定资产投资】 全年实施65个固定资产投资项目，完成投资额214.3亿元。轨道交通轻轨3号线和4号线运行平稳，正点率99%，地铁1号线按期平稳运行，地铁2号线和轻轨北湖线一期工程全线贯通。水务集团二次供水外网改造205公里，新建东南、天嘉污水处理厂通水运行。完成公交集团职工股权收购，“都市公交”全面创建，智能调度指挥平台有序建设。长港燃气危旧管网改造100公里，新建配套管网35公里。天然气公司新铺设中压管线45.21公里，长天—长燃天然气管线实现互联互通，联手合作，确保全市冬季平稳度过气荒。供热集团实现高新与新城2个供热热源联网。热力集团新建供热锅炉9个、脱硫塔25座，成立热力产业并购基金，接收铁路系统供热平稳保供。

【企业监管】 分类改革有效推进，区分企业经营类型和功能定位，核定12户出资企业功能类型，明确主业定位和发展方向。完善现代企业制度，建立百名外部董事人才库，对符合条件的10户企业配备外部董事24名，实现全覆盖；经理层中只安排总经理进入董事会，优化董事会结构，提高决策的规范性和科学性；改进外派监事制度，制定外派监事管理办法，提高专业化监督水平。强化法治思维和法治理念，为企业提供法律咨询42件次；严格产权流转、交易登记管理，实行季度和年度财务定期分析调度制度，严把非主业投资项目审核，全年审核指导企业修改完善公司章程12件次；加强企业内部审计，完成审计项目186个，审计专项资金1136亿元。

【优化国有资本布局】 改革制度框架基本搭建完成。出台《优化国有资本布局结构的意见》《混合所有制改革操作指引》等8个配套文件。创新国资运营模式。发起设立汇福智能装备创业投资基金，撬动社会创业资本1.41亿元；成立长热智能服务业基金，引进建行吉林省分行、省股权引导基金等金融机构，分期投入项目资本17亿元，用于省内供热供水设施改造。

（李杨兴）

工商行政管理

【概况】 截至2017年年底，全市辖区内登记注册各类市场主体705442户，比2016年增长18.61%。其中公有制企业13304户，比2016年增长1.58%；私营企业170282户，比2016年增长18.11%；外商投资企业1838户，比2016年增长0.11%；个体工商户499224户，比2016年增长19.91%；农民专业合作社20794户，比2016年增长7.70%。全市新登记市场主体合计153209户，比2016年增长24.92%。其中，公有制企业1093户，比2016年减少10.92%；私营企业36075户，比2016年增长9.50%；个体工商户114178户，比2016年增长32.26%；农民专业合作社1711户，比2016年减少15.0%。外商投资企业152户，比2016年增长14.29%；新登记市场主体注册资本（金）合计5305.71亿元（因币种不同，不含外商投资企业），比2016年增长84.71%。其中，公有制企业注册资本（金）528.36亿元，比2016年减少11.14%；私营企业注册资本（出资金额）4602.5亿元，比2016年增长161.11%；个体工商户资金数额113.89亿元，比2016年增长43.98%；农民专业合作社出资总额60.96亿元，比2016年减少11.78%。新登记注册外商投资企业注册资本（认缴出资金额）14.98亿美元，比2016年增长56.04%；投资总额14.98亿美元，比2016年增长18.89%。

【商事制度改革】 落实商事制度改革各项部署，牵头组织“多证合一”登记改革，推送相关信息1.7万条。为5.6万户市场主体办理“先照后证”注册登记，90%以上新登记企业通过“工商网上登记大厅”实现电子化登记，工商登记融入长春市“一门式、一张网”行政审批体系，指导2872户企业利用简易注销程序顺利退市。名称审批事权全面下放，网上核名一次性通过率99.2%。“卡位注册”“工位注册”“一照多址”“一址多照”等放宽登记条件举措，使超过10万户小微企业和“双创”企业受益。新登记市场主体15.3万户，比2016年增长24.9%，工作日日均登记608户，平均产生企业超过100户。市场主体总量突破70万户，比2016年增长18.6%，在全省占比近四成，在东北四城市位居第一。

【工商职能服务】 出台优化营商环境和支持“双创”的22条措施，全面推行“互联网+工商登记”网上办事新

4月27日，长春市召开深化商事制度改革暨“双随机一公开”监管工作会议

（张杰夫　提供）

模式，梳理并公示50条工商审批事项“易错清单”，推行4类业务“一次不用跑”、12类业务“最多跑一次”，个体工商登记业务进街镇试点方便群众办事。经国家工商总局授权的商标注册申请受理和商标专用权质押融资窗口启动运行6个月，辐射影响周边多个城市。“商标增量工程”稳步实施，培育“九台贡米”地理标志商标，“长白山人参”入围“中国商标金奖”提名，获“2017年中国国际商标品牌节”金奖。“商标品牌培训推广平台”免费为企业培训商标管理人员480人次。利用工商“三大融资平台”帮助中小企业融资535亿元。“广告助农”行动为地方特色农产品播发公益广告6264条次。

【市场主体信用监管】 组织指导全市“双随机一公开”监管改革，建立“一单两库”即检查事项清单3696项，检查对象库1167个、检查人员库907个。362个事涉单位完成对37.6万个检查对象的双随机抽查任务，28177条检查信息公示率100%。对投资、担保、房地产、旅游等行业的1.29万户市场主体进行双随机抽查。推进二道、农安两地跨部门联合双随机抽查试点。履行市场主体信息归集工作牵头责任，组织相关部门录入行政许可及行政处罚信息7.3万条，推进全市信用“一张网”建设。加强年报工作，企业、个体工商户、农民专业合作社年报率高于全省平均水平。规范企业经营异常名录管理，将5.99万户市场主体列入异常名录或标注为异常状态，依法移出或取消异常标注4.16万户。市场主体“一处失信、处处受限”的跨部门联合惩戒信用监管格局初步形成。

【反垄断与不正当竞争整治】 开展整治公用企业限制竞争和垄断行为专项执法行动。把公用企业和独占地位经营者限制竞争和被指定经营者的滥收费用行为作为整治重点，查处供热、公交、有线电视、物业公司限制竞争行为；治理商业贿赂，保护公平竞争。依法查处医药购销、酒类销售以及其他商品采购活动中的商业贿赂案件；打击“傍名牌”等违法行为，保护知识产权；以与人民群众生产、生活密切相关的日常生活用品、农资商品和汽车配件、建材等为重点整治品种，以超市、商场、各类专业批发市场、农村商品集散地、城乡结合部小作坊作为重点整治对象，加大治理力度；开展“三打一治”专项执法行动。集中查处虚假表示和虚假宣传行为，集中治理商业贿赂行为。以建筑材料、汽车配件、成品油、农资等商品为重点，履行流通领域商品质量监管职能，保障消费者生命财产安全。

【打击传销与规范直销】 开展打击传销进社区、进乡村、进校园、进市场、进企业等宣传教育活动，现场宣传66次，发放宣传品6120份，与辖区的297家宾馆等重点场所签订责任书，召开宾馆酒店行业监管行政约谈会。打击网络传销。开展“疾风2017”专项行动，立案10起，全年罚没1370万元。长春市被省考评验收组认定为“无传销城市”。加强直销报备会议督查，规范直销行为，接受直销企业会议报备700余场次；对8家直销企业进行“双随机、一公开”抽查，按要求完成。接到涉及直销行业的举报6件，对4个举报线索立案调查，有效规范直销经营行为。

【消费者权益保护】 在全省率先开展“放心消费”创建活动，推广朝阳、南关两地试点经验，推动建立全市消费者权益保护工作部门联席会议制度。全年抽样检测流通领域重点商品1000个批次，作为省局试点，对12家网店经营的63个批次商品进行质量抽检，不合格商品信息全部公示并依法查处。严格规范服务领域消费侵权行为，落实经营者主体责任，在全市162家大中型商业零售企业实行经营者首问负责和赔偿先付制度。整治针对老年人的消费侵权行为。全系统受理消费咨询投诉3.75万件，立案查处“诉转案”案件326件，为消费者挽回经济损失1855万元。

【市场规范管理】 迎接中央环保督察，清理无照经营3096户，向相关部门抄告无证无照案件线索7305条；开展“禁塑”集中行动，抽检塑料制品600批次；注销危化品市场主体10户，变更经营范围33户；通过督察组煤炭监管工作问询；配合各地各部门办理环保信访案件66件。立案查办各类经济违法处罚案件1446件，收缴罚没款3626.6万元，行政处罚信息公示率100%。推行行政约谈制度。对1685起轻微违法行为给予行政指导。加强重点商品质量监管，“红盾护农百日行动”查处假劣农资案件65件。“双打”行动查办商标侵权案件102件，“2017网剑行动”查处涉网案件113件。查处传销案件12件、合同违法案件251件。监测媒体广告15.4万条次，市属媒体广告违法率仅为万分之一，在全国15个同类城市中最低。通过省政府“无传销城市”创建工作验收。在4个省级“网络市场监管与服务示范区”中长春市占据三席。配合有关部门做好安全生产、综治维稳、扫黄打非、“三禁”、治理大气污染等工作。

【广告监督管理】 2017年，全市广告经营单位发展到12836户，从业人员5.78万人，广告经营额48.85亿元，比2016年分别增长26.4%、10.6%和25.5%。立案查处广告违法案件423件；罚没613.63万元。加强媒体广告监测。针对药品、医疗、医疗器械、房地产、保健品美容和化妆品等广告加强监测力度。国家工商总局监测平台对长春市属媒体发布广告监测37万条次，其中违法广告23条次，违法率不到万分之一，在全国15个同类城市中违法条数和条次最少。实施广告战略，重点打击虚假违法广告。支持吉林省广告产业试点园区统筹发展，广告产业园区入驻相关企业117家，实现广告及关联产值8.2亿元。引导大型广告企业和大专院校建立“双创平台”，长春海和信息公司成为“互联网+双创”平台运营典范。

【商标监督管理】 全系统发放《商标注册维权服务函》88831份，112个工商所引导注册商标318件。“商标增量工程”稳步实施，新培育注册商标431

件，全市注册商标总量5.7万件，比2016年增长21.3%，占全省总量的45.3%。举办第三届“长春市商标成果展”，为企业及地理标志进行宣传，为“长春市十大服务业著名商标”以及全市新认定驰名、省市著名商标及地理标志发放奖励资金595万元。落实商标扶持资金4975万元。落实总局“商标富农”工作部署，推动农产品商标和地理标志注册工作。启动长春市品牌商标培训推广平台项目。经国家工商总局授权的商标注册申请受理和商标专用权质押融资窗口启动运行6个月，受理商标注册申请940件，单日最高受理53件，办理商标质权登记2.4亿元。

【合同监督管理】 开展对重点行业合同格式条款的规范整治。开展房地产、供热、旅游、汽车销售、拍卖等行业的格式条款专项整治和“双随机一公开”检查工作。集中整治群众反映强烈的不平等不合理格式条款，对餐饮、商超、美容美发、健身、洗车等“霸王条款”易发行业进行宣传。组建“长春市合同格式条款评审委员会”。检查各类合同1003份；在经营场所显著位置粘贴宣传海报2.8万份；实施行政约谈企业7次；动产抵押助企融资再创新高。与银行、担保、评估等金融机构协调沟通，将优质企业与农民专业合作社向金融机构推荐，印制“动产抵押服务联系卡”3万张，组织召开银企对接会6场次，办理动产抵押登记227件，抵押额359亿元，融资额351亿元，超额75%完成助企融资指标。开展银企对接活动12场次；办理动产抵押登记256件，抵押额306亿元，助企融资275亿元，超额25%提前完成吉林省工商行政管理局下达的2017年计划指标。开展合同帮农工作。指导涉农工商所全部建立合同帮农指导站示范点，在辖区各村委会建立“合同帮农指导站”。开展“守合同重信用”活动。对申报企业做到逐级严格审查把关，对已公示的企业实施动态监管。在相关重点行业推广合同示范文本，供农民免费查询、使用。

【网络监督管理】 完善主体数据库建设，淘汰冗余数据7942条，实有入库网络经营主体达31594家。开展“亮照亮标”工作，办理营业执照电子链接标识备案的企业3645家，“亮照”企业1500家。拓宽网络监管宣传渠道，加强网络信息宣传。开展朝阳区、绿园区、二道区，3个“网络市场监管与服务示范区”，电商创业园区7个，总面积4万平方米，吸纳企业400余家。建立健全全市网络市场监管工作联席会议工作制度，提升系统内网络市场线上线下一体化监管效能。开展2017网剑专项行动，办结涉网违法案件92件，收缴罚没款153.45万元。

（张杰夫）

物　价

【价格调控】 落实国家和省市的各项改革措施，做好重要商品价格调控，加大市场价格监管力度，依法查处价格违法行为，维护市场价格秩序。2017年，全市居民消费价格总水平上涨1.3%，比全国、全省居民消费价格总水平涨幅低0.3个百分点，完成全市价格总水平调控目标。

【价格改革】 7月和9月，长春市分2次下调非居民天然气价格，每立方米分别下调0.04元和0.09元，2次调价为非居民用户减少负担1733万元。在全国大城市中是第一个率先降低非居民天然气价格的城市，在东北4个副省级城市中长春市非居民天然气价格最低。深化非居民天然气市场化改革。出台允许非居民天然气价格下浮的政策。完善供水价格体系。2017年1月1日，正式执行2016年12月调整的污水处理费标准。落实非居民用电户减容、暂停用电容量收取基本电费和电力用户与发电企业直接交易等政策，对30多户企业逐一跟踪调查，扩大电力直接交易范围，形成合理交易价格、降低电价成本。推进医疗服务价格改革，2月25日，出台《长春市公立医院（部属、省属等）综合改革医疗服务价格调整方案》。调整2799项医疗服务价格。6月，长春市地铁1号线路开始运营，举行长春市地铁票价听证会，确定长春市地铁票制票价，票价水平在全国25个城市中处于中等偏下。11月，长春市出台公共租赁住房租金标准，促进公共租赁住房服务管理健康发展。完善供热价格政策。围绕供热价格14个问题，修改完善《关于规范长春市城区供热价格及有关问题的通知》（长公联字〔2013〕8号）。围绕供热质量不达标问题，与公用局共同研究出台长春市供热不达标退费办法。提出供热企业价格补贴政策。向市政府提交《关于煤炭价格上涨对我市供热企业影响相关情况的报告》，对拟补贴金额3.15亿元，制定补贴办法、补贴标准等相关工作。解决幼儿园经费不足问题。与市教育局共同研究，由市教育局向省教育厅汇报建议提高收费标准，正有序推进。调整长春市公共租赁住房租金价格对困难群体给予优惠政策。出台天然气、自来水、医疗服务价格、地铁票价、民办学校收费等13个规范性文件，对垄断企业“准许成本”问题进行研究，针对服务行业用电价格问题，提出对长春市欧亚卖场电价拟取消“峰谷平”试行试点电价；深入两家燃气企业专题调研燃气成本价格等问题，对燃气成本构成、储气设施建设、购置土地价格政策等3个问题给予解决。

【清费治乱减负】 开展重点行业和部门的收费专项治理，落实国家相关减免行政事业性收费的政策措施。清费减负工作由财政部门牵头，价格主管部门配合。落实国家、省有关清费减负政策，清理涉及长春市行政事业性收费的取消、免征、暂停、降低等收费项目和收费标准，清理规范23个收费项目，减少收费金额20278万元。行政事业性收费取消、降低、暂停等管理权限由国家和吉林省两级管理，市级价格主管部门落实国家、吉林省两级下发的有关清费减负政策，按照吉林省行政事业性收费目录清单在市级财政和价格主管部门对外公布，目录清单以外的行政事业性收费一律不允许收取。

【市场价格监管】 加大价格政策宣传力度，强化节日市场价格监管，在元旦、春节、端午、中秋和国庆等重要节日期间进驻市区大型商超现场办公，指导商家规范价格管理。开展价格欺诈专项检查，重点查处虚构原价、模糊标价、低标高结、不履行价格承诺等价格欺诈问题。在元旦春节、五一、中秋国庆等节日期间，联合各城区价格监管部门成立40余个检查组，出动千余人次，进行市场价格监管工作。加强对“菜篮子”“米袋子”等群众基本生活必需品、节日供应商品价格以及交通运输、旅游景点收费的重点检查。加大药品领域和商品零售、电子商务，特别是网络零售业态以及群众反映强烈的问题进行专项整治，打击价格欺诈、哄抬价格等违法行为。开展涉企价格和收费检查。开展涉企价费专项检查。查处行政机关违规向企业收费或指定服务乱收费，以及中介组织、行业协会等借助行政权力垄断经营、强制服务、强制收费等行为。对28个行业及所属单位进行检查，规范全市涉企价格和收费秩序。

【办理群众诉求】 依托全国四级联网的12358价格举报信息管理系统，确保举报电话畅通。加强重要节日期间的值班值守，做好突发事件预案和处置。完善举报办理工作机制。加强举报数据分析研判，引导和把控舆情。发挥12358价格监管平台、12345市长公开电话平台作用，做到“事事有着落，件件有回音”。全年受理价格举报2237件。群众满意率、反馈率98.6%以上。办结率100%。

【价格监测预警】 做好重要主副食品价格的监测和发布，做好重要节日期间市场价格的监测工作，加强对重要商品价格动态监测，向国家发改委和省价格监测中心采集报送价格监测数据29万多笔，没有发生漏报和错报情况，监测数据上报率100%。对长春市范围内布设的200多个价格监测点，进行规范化管理监督工作。每周向市委、市政府报送长春市粮油副食品价格情况，每月、每季度报送重要商品和服务价格走势分析。通过微博、网站等渠道向社会发布价格信息，发布价格信息6500笔。全市形成市、区、街（乡镇）三位一体的专兼结合的价格监测网络系统，覆盖100个国定监测点，形成包括粮油及主副食品、工农业生产资料、房地产、汽车等17大类400个规格品种的常规性价格监测体系。

【成本调查监审】 加强成本调查监审工作。完善成本调查工作的目标管理和运作机制，设立6区20多个乡村的59个农产品成本调查点，进行粮食、蔬菜、生猪、梅花鹿等9个品种农产品价格成本调查。做好全市农产品成本调查样本轮换工作。对由于经济发展、城市转型造成的调查户种植面积、养殖品种减少，不适合继续做调查点的调查户适时进行调整，为调整农业种养殖结构提供服务和支撑。落实《价格成本监审办法》和《关于公布吉林省政府定价成本监审目录的通知》精神，做到监审结论公开、公正。完成涉及轨道交通、老年公寓、学历教育、停车服务等4个行业18个单位的成本监审，审核成本29.82亿元，核减成本2.34亿元。

【价格认证】 开展价格认定工作。制定《关于贯彻落实价格认定工作质量评查活动方案》，保障纪检监察、司法、行政执法工作的开展。召开全市价格认证工作会议，规范价格认定文书格式。建立重大疑难案件审理会制度。受理价格认定案件1304件，认定金额9722万元。本级复核裁定案件控制在千分之三以内。

【价格创新】 制定《长春市发改委价格监督检查“双随机一公开”实施细则（试行）》，对抽查类型和内容、名单抽取和派发、检查实施、抽查结果公示和运用以及督查考核等进行规范，在市发改委网站公示。建立4个专项检查对象名录库和对应的监督检查人员名录库。完成部门内双随机工作任务，包括随机抽取6个检查组对随机抽取的28家涉企收费单位的检查；随机抽取5个检查组，对随机抽取的50家房地产销售企业进行明码标价检查。依据《关于按要求全面开展“双公示”工作的通知》要求，推进行政许可和行政处罚等信用信息上网公开工作。编制完成长春市价格监督检查局“双公示”事项目录，建立“双公示”数据台账，在市发改委网站进行公示。按照《长春市关于建立行政执法公示制度试点工作的实施方案》要求，对2017年价格行政处罚案卷，在吉林省人民政府法制办公室的政府法制监督平台进行公示。健全价格信息引导和舆情诉求应对机制。完善价格信息员以及重要商品和服务价格信息发布制度。与市财政局等部门沟通，探讨价格调节基金停征后的资金筹集问题，支持长春市节日批发市场的调控和副食品储备工作，初见成效。完成《长春市价格调节资金管理办法》。从资金的规模、调整办法、资金的使用范围、资金的监管、资金的罚则等4个方面做明确规定。完成《如何从地方财政预算中安排价格调节基金》的调研课题。完善舆论引导和监督机制，创新价格法制宣传模式。通过开通消费者价格维权热线，开设经营者价格法制课堂，开展价格社会监督培训，打造诚信经营示范店。开展价格诚信活动，推进价格信用建设。结合节日市场检查、商品和服务明码标价等专项检查，适时宣传价格法律法规。发放《百姓价格消费指南》等宣传资料2万余份。改进宣传模式，制作5万个印有长春市居民基本服务收费价格表及12358价格举报电话的环保购物袋，免费提供给消费者使用，便于消费者了解掌握水、电、燃气等居民基本服务收费标准。

（邵树权）

质量技术监督

6月30日，副市长白绪贵代表长春市参加在杭州举办的“全球可持续发展标准化城市联盟”发起成立大会（张魇魇　提供）

【概况】 2017年，长春市质量技术监督局与英国天祥、德国莱茵等世界著名检测企业和23家国家、省级检测机构形成长春市检验检测认证产业联盟，为长春质量夯实技术基础。出席杭州全球可持续发展标准化城市联盟大会，发挥标准化监管职能。为企业解决质量问题100多项。为71户长春企业申报中国质量奖、吉林省质量奖和吉林省名牌。与广州圣地、台州英克尔集团及滁州市质监局，就汽车“同质配件”打破市场垄断局面，维护长春汽车配件以质取胜的生存环境进行项目调研与合作。专项检查“地条钢”、电线电缆、絮用纤维制品、农资产品企业1300余户，立案调查6户，取缔8户，监督抽查合格率96.4%，立案32起，罚没款87万元。完成地铁1号线152台电梯的检验。为居民鉴定金银珠宝、在用“三表”、空气质量，免费检测家用血压计4000块，液化石油气钢瓶3486只。召开十九大精神宣贯会2次。完成54名处级领导干部调整、副处级领导干部择优竞争及非领导职务公平晋升工作。精准扶贫投入资金121万元，协调资金439万元，发展大棚种植和养殖项目，脱贫48人。

【质量提升】 出台《长春市质量技术监督事业发展“十三五”规划》，完善《长春市市长质量奖评定管理办法》，起草《长春市标准化体系建设发展规划（2018–2020）》等3个文件，完成质量强市战略联席会议职责及组织机构调整，为质量强市战略的开展提供组织保证和政策支撑。长春市作为国内7个发起城市之一，参加在杭州举办的“全球可持续发展标准化城市联盟”大会。指导274户企业的967项标准进行网上公开声明备案，组织2户企业3项采标产品申报，完成3个省级农业标准化示范区项目中期评估和1户企业省级工业标准化良好行为试点工作，对5个市级服务业标准化试点进行重点建设。实施品牌战略，选择147户企业进行试点，开展“质量专家企业行”“质量月”等活动，帮助企业解决质量问题100多个。落实2016年27个名牌产品的270万奖励资金。43户企业43种产品被评为“吉林省名牌产品”，7户企业被评为“吉林省十大服务业名牌”，4户企业被评为“吉林省质量奖”。

6月10日，长春市质量技术监督局领导考察地铁1号线（张魇魇　提供）

【安全监管】 清理完成3万余台电梯数据信息，部分功能正式启用。执行监督检查计划，加强日常监督检查，出动检查人员7128人次，检查使用单位3022家，发现安全隐患设备374台。推进全市“三无”老旧电梯安全隐患综合整治，整治14个小区136台电梯。宣传安全生产知识，举办6期培训班，与市教育局联合开展“特种设备安全进校园”活动，为全市500余所学校发放宣传材料6万余册，提高安全意识。强化生产领域产品质量突发安全事件应急处置能力建设，降低安全风险。建立问题、隐患企业约谈工作机制，健全质量安全和监管档案库，实现“一企一档、一区一账”的动态监管模式。加大对产品质量的监督抽查力度，针对建材、食品包装材料、危化品等高风险产品和重要消费品，监督抽查15类1500余批次，合格率为96.7%。检查农资重点区域17个，企业68户，查处违法企业3户，维护市场秩序。开展流通领域、加油机专项计量和强制性产品认证及检验检测机构企业的监督检查。打击“地条钢”、电线电缆、絮用纤维和“聚乳酸”制品等企业的违法违规行为，排查1900余户企业，立案40余起，罚没款90余万元，取缔违法生产“地条钢”企业8户，净化市场环境。

12月20日，长春市汽车零部件检测认证产业联盟成立启动仪式在长春高新区举行（张魇魇　提供）

【服务经济发展】　落实“中国制造2025”试点示范城市建设和“双创”公共服务平台建设任务，质量强市被市委、市政府确立为重大发展战略。保障全市大项目建设，完成高速公路、轻轨地铁、两横三纵交通工程、农博会、东北亚博览会等检验检测和服务保障任务。推进“放管服”改革，清理行政权力197项，下放审批项目6项，为新区划转行政职能199项。落实“一门式、一张网”政务服务体系要求。搭建“中小微创新型企业标准孵化及标准化体系建设服务平台”，服务全市中小微企业发展。推动产品质量安全追溯平台建设，形成全市产品质量追溯体系。建成“长春市标准检索查询服务系统”，组织制（修）订种养植产业、服务业等标准151项，为全市6700余户企业出具检测报告13万余份。完成地铁1号线152台电梯的检验工作。联合“长春交通之声”、长春电视台，对“空气质量检测”“电梯乘坐安全常识”等内容录制播出8期科普知识。免费为居民开展鉴定金银珠宝和检测在用“三表”、农资、化肥、家装污染等服务活动。落实《2017年幸福长春行动计划》，推进居民自主产权液化石油气钢瓶和家用血压计免费检定公益项目，发放免费检测卡12000余张，免费检测家用血压计3218台、液化石油气钢瓶3486只。推进精准扶贫，投入资金121万元，协调资金439万元，发展大棚种植和养殖项目，解决村域发展和贫困户增收难题。

【保障能力建设】　推进检验检测认证产业园建设。4月10日，产业园项目正式开工。起草《长春市人民政府关于加快发展检验检测认证产业的若干意见》，完成前期准备。与英国天祥、德国莱茵等世界著名认证检测企业和23家国家、省级检测机构达成入驻协议。建立长春汽车零部件检测认证产业联盟。整合检测认证产业资源，服务汽车“全产业链”，打造国际品牌。莱茵认证、中汽认证、通用机械集团等24家权威机构和优势企业，成为首批联盟成员单位。提升国家汽车零部件监督检验中心检验能力，车灯检测项目被国家批准为指定实验室。新建肺功能仪校准装置等3项标准，填补省内检测空白。与江苏省计量院联合编写医用电离辐射源领域国家检定规程，填补国家空白。省珠宝中心通过国家认监委能力验证，省硅藻泥检验中心业务拓展到广东、安徽、辽宁等7个省，被中国质量认证中心确定为建材领域“绿色领跑”指定检验机构。省家具检测中心、清洁能源质检中心和工业锅炉安全与节能测评中心完成设备采购、人员培训等基础性工作。质监系统检验机构业务达24大类1388种产品11526个参数。

【交流合作】　2017年，长春市质量技术监督局到英国天祥、德国莱茵就检验检测认证进行参观交流和洽谈合作；与天津和杭州开展对口合作，赴襄阳、广州、长沙、南京等地考察产业园运行、信息化建设、质量强市等成功做法，到北京、深圳、杭州等地学习标准化战略和技术机构建设等有益经验，分批派出50人到武汉大学质量院进行宏观质量培训。

（张魇魇）

安全生产监督管理

【概况】　2017年，长春市开展安全生产大检查，推进国家安全发展示范城市、全国安全隐患排查治理体系建设示范城市、全国安全文化建设、吉林省遏制重特大事故等国家和省级的4项试点工作。全市发生一般生产安全事故181起，遇难195人，比2016年下降21%和20.4%。没有发生较大及以上生产安全事故，继续保持事故起数、遇难人数、较大事故“三个持续下降”。煤矿、非煤矿山、烟花爆竹、人员密集场所、特种设备、涉氨制冷等重点行业领域“零事故”。市政府在全省安全生产工作目标责任制考核中被评为优秀等次、位列全省第一，市安监局被评为全国安全生产监管监察先进单位。

【安全生产领域改革】 组织市、县两级领导班子和成员单位主要负责人、分管负责人集中解读学习《中共中央、国务院关于推进安全生产领域改革发展的意见》。以市委、市政府名义制定出台《关于推进安全生产领域改革发展的实施意见》，明确7个部分、30个方面、62项具体任务，细化责任单位、完成时限和工作措施。推动市、县两级安全生产监管部门全部列为行政执法机构；24个市直部门增设安全生产监督管理机构；《长春市安全生产条例》立法调研正式启动。

【落实安全生产责任】 严格执行巡查、约谈、定期报告、述职评议、挂牌督办等制度措施，加强工作调度，及时督导各县（市）区、开发区党委、政府和市安委会成员单位严格按照《安全生产法》《长春市安全生产"党政同责、一岗双责"规定》等，履行安全生产法定职责，落实政府外部监管责任。组织15个县（市）区、开发区，26个负有安全生产监督管理职责的部门向市委、市政府递交《安全生产目标责任状》，将属地、行业、专业、综合等政府外部监管责任落实到人头，落实到每一户生产经营单位。

【专项整治行动】 根据安全生产季节特点和规律，突出重点行业领域开展煤矿安全"体检"、危险化学品安全综合治理、建筑施工安全防护治理、涉氨制冷专项治理、电气火灾综合治理等20余项专项整治，组织"铁拳执法""打非治违"监管执法行动，规范安全生产秩序。全市采取"双随机"、联合执法、巡查暗访等措施，检查企业72797户，责令整改7612户，责令停产停业整顿237户，报请关闭30户，执法处罚罚款1408万元，对一般生产安全事故全部挂牌督办，事故调查追究刑责12人，党政纪处分7人。全市提前一年完成国家下达的43处油气输送管道安全隐患专项治理攻坚任务，受到国务院巡查组和省政府的表扬。

【安全隐患排查治理体系建设】 推进国家安全隐患排查治理体系试点建设。全市10.3万户有固定经营场所的生产经营单位全部录入长春市安全生产综合监管平台，加强常态化隐患排查治理。截至12月底，平台有企业端管理人11.69万人、政府端管理人员1.78万人登录，开展隐患查、报、改，实施在线监管。省长刘国中在省安委会第三次全体（扩大）会议上，对长春市通过网格化、信息化监管促进常态化隐患排查治理的做法进行表扬。

【预防机制建设】 4月，召开全市双重预防机制建设推进现场会。全市2.6万户月报企业全部开展双重预防机制建设，771户企业绘制风险分布图、730户企业制定风险管控手册。全市80处重大危险源全部重新进行风险辨识、核查、备案，落实风险管控措施。国家安监总局副局长徐绍川在吉林省调研时，对长春市"对照风险查隐患"等做法给予肯定。省安委办对长春市双重预防机制建设高度认可，将长春市列为全省遏制重特大事故试点地区。

【"五个一工程"建设】 围绕落实省安委会安全生产"五个一工程"建设任务，决定以企业标准化、班组规范化"两化"创建来落实"五个一工程"。即以标准化创建落实"一业一规、一企一标"，以班组规范化落实"一岗一责、一人一卡、一日一醒"，通过"两化"有效撬动企业落实主体责任，提升企业本质安全水平。全市有12个部门制定企业标准化创建方案，119户交通运输"两客一危"企业全部按照三级以上标准运行，77户城市客运企业和112户其他交通运输企业全部通过考评达标，全市所有建筑施工工地开展"标准化工地"创建活动，工贸企业安全生产标准化达标619户。15个部门出台班组规范化创建标准，有28876户企业，36711个班组开展"班组规范化"创建。

【安全生产大检查】 从7月初至11月底，开展安全生产大检查和大检查考核、复查活动。开展自查自改、全面加强监管执法，排查企业25271户，打击严重违法违规行为110起，关闭取缔非法企业71户，停产整顿166户；行政处罚954.68万元，追究刑事责任6人，问责曝光工作不力单位17个，推动企业主体责任、政府外部监管责任以及各项制度措施的落实。国务院和省安委会安全生产大检查督查组6次到长春市督导督

6月16日，长春市开展第16个"安全生产月"咨询日活动　　（梁秋元　提供）

查，对长春市落实政府外部监管责任、建立社会监督公示制度和部署安全生产大检查、有效整改上级督办问题等工作给予肯定。

【安全生产宣教演练】 加大安全生产宣传教育和安全文化建设的投入，宣传教育专项经费由2016年的100万元增加到150万元。计划投入2.6亿元建设的“如意溪”安全文化体验公园完成总承包及监理位的招标工作。在全市3家主流媒体开设长春市安全生产专栏，每周在固定频段、固定版面刊发安全生产内容，全年刊发24期。在各级各类媒体上刊发安全生产稿件1260多篇，《中国安全生产报》对长春市安全生产综合监管平台信息化建设和农安县“党政同责、一岗双责”做法进行整版宣传。长春市被国务院安委会评为“安全生产月”活动先进单位。重点行业领域企业组织开展应急演练活动1200余次，参演4万余人次，提高职工安全意识和逃生自救能力。

【重点战线监管】 煤矿方面，所有生产矿井及有复产意向的矿井全部开展双重预防机制建设、“两化”创建，建立风险清单和风险管控措施，完成标准化、规范化班组创建任务。组织煤矿企业开展安全“体检”和安全生产大检查，查出问题938个，全部整改完毕。指导九台、双阳开展隐蔽致灾因素排查治理，解决羊草煤矿重大水害隐患、丁家煤矿顶板事故隐患等问题，推广液态二氧化碳综合防灭火技术。非煤矿山方面，突出培训教育、机电管理、应急演练等内容，强化细节管理，企业安全生产行为得到规范。非煤矿山连续6年未发生生产安全亡人事故。危险化学品和烟花爆竹方面，开展危险化学品和烟花爆竹冬季安全专项整治、安全生产大检查、危险化学品安全综合治理等活动，对发现的2处重大安全隐患进行挂牌督办。完成整改一处，另一处正在整改之中。分类指导危化企业开展双重预防机制建设及“两化”创建，有380户企业完成双重预防机制建设；对城镇人口密集区高风险危险化学品生产企业进行摸底排查，确定5户企业属于高风险企业，建立企业风险管控措施。职业病防治方面，开展汽车制造、机械制造、矿山、建材、印刷等职业危害严重行业专项治理，以及水泥行业淘汰落后产能安全生产和职业健康执法专项行动，检查用人单位760家，发现问题959项，下达执法文书346份。通过选树典型推动职业病危害治理“百千万工程”，有30家示范创建企业达到优秀标准。在全国率先出台《长春市用人单位职业病危害风险分级管控体系建设指导手册》，推进安全生产与职业健康一体化监管执法，这个课题被吉林省评为安全生产科技进步二等奖。

【依法行政】 对所有规范性文件进行清理，建立安监局权力清单、“双随机一公开”执法检查实施细则。市本级执法检查企业167户次，调查生产安全事故2起，处罚款388万元。严格按照法律法规和全市“一门式、一张网”制度要求，完成行政审批52项。审核“三项岗位”（危险化学品主要负责人、安全管理人员、特种作业人员）8936人。加强综合监管调度，对2017年以来各地区96起一般事故调查处理全部挂牌督办，解除（撤销）挂牌、批复55起，追究刑事责任和党政纪处分22人。

【事故调查】 牵头调查处理长春市绿园区长玲散热器厂“8·14”瞒报一般机械伤害事故。审核县区调查处理的一般事故调查报告和情况报告103起，跟踪全市一般事故调查处理31起。全市生产安全事故调查追究刑事责任和党政纪处分22人，行政处罚370.44万元。

【督查调研】 长春市安监局成立15个督查组深入全市180个乡镇（街道、开发区）和900户企业，对基层落实安全生产责任情况开展拉网式、全覆盖检查调研，将发现的问题全部下发督办通知单，督促各县（市）区、开发区限期完成整改。在推进双重预防机制建设、“两化”创建工作中，班子成员和全体党员干部定点联系企业和班组。2017年，国家和吉林省历时2个月6次到长春市督查检查。

【扶贫攻坚】 局班子及处级以上干部入村28人次，入户75户次，扶贫工作队驻村工作超过200天，走访贫困户300户次。协调落实项目建设资金245万元，进行危房改造3户、建设人畜安全饮水设施10处，完成肉鸡养殖扶贫产业1项。11月29日，第一笔扶贫产业分红发放到贫困户手中。

（梁秋元）

食品与药品监督

【概况】 长春市食品药品监督管理局位于长春市人民大街10111号，有市级行政机关1个、行政直属机构1个、直属参公管理事业单位1个、直属事业单位3个、派出机构12个、所属事业单位12个、所属参公管理事业单位2个。长春市食品药品监督管理局市局机关91人，药品稽查分局27人，直属事业单位126人，派出机构307人，所属事业单位393人，参公管理事业单位56人，工勤人员23人。

【机构调整】 5月12日，完成市食药安委更名及组成人员调整工作，长春市机构编制委员会印发《关于长春市食品安全委员会更名及调整成员的通知》，将原市食品安全委员会更名为市食品药品安全委员会，组成部门由原来的45个增加到59个。制定印发《市食品药品安全委员会工作规则》。做好编制人员、档案信息核对确认等衔接工作，完成职能机构及50个事业编制、60名工作人员的划转接收工作。完成长春市九台食品药品检验中心的33名差额拨款事业编制及29名实有在编人员、1名退休人员划入长春市食品药品检验中心，长春市食品药品检验中心30名全额拨款事业编制、29名差额拨款事业编制在编人员划入市食药监局九台监督管理所划转工作。

6月8日，长春市召开食品药品安全委员会第一次全体（扩大）会议暨深入开展创建国家食品安全示范城市工作会议　　（张　博　提供）

【监督管理】 2017年，全市有药品生产企业75户，通过新修订药品GMP认证75户。医疗机构制剂室22户。药品流通企业4301户，完成药品零售企业新版认证4301户。保健食品生产企业12户，化妆品生产企业9户，保健食品化妆品经营使用单位3000余户。医疗器械生产企业177户，医疗器械经营企业5121户。全市有食品生产企业970户。其中，食品安全风险A级企业315户，B级企业222户，C级企业380户，D级企业53户。食品销售单位31533户，实际从事经营活动的28749户，集中交易批发市场5个，零售市场156个，其中，食品安全风险A级单位15200户，B级单位9554户，C级单位2461户，D级单位447户。餐饮服务单位23869户，其中，A级单位420户，B级单位12397户，C级单位8465户。完成“阳光厨房”建设或改造7619户，其中“信息化阳光厨房”135户，机关事业单位及养老、托幼机构食堂改造升级839户。全年受理咨询与投诉举报4219件，全部办结，办结率、反馈率100%，满意率85%以上。开展学校校园及周边食品安全、网络订餐、食品、保健食品欺诈和虚假宣传、疫苗及生化药品等30余项专项整治行动，查处案件3955件，移送公安机关案件23件，捣毁制假售假黑窝点137个，罚没款8775万元。对沃尔玛、力胜药业等4000余户生产经营单位进行警示约谈。清理、注销失联医疗器械经营企业246户，取消第一类医疗器械产品备案凭证15个。

【国家食品安全示范城市创建】 推进国家食品安全示范城市创建，6月8日，召开市食品药品安全委员会第一次全体（扩大）会议暨深入推进创城工作会议。8月24日，召开创城工作推进会议，就具体工作进行安排部署。委托第三方机构在全市15个县（市）区、开发区开展群众食品安全总体满意度调查，为推进创建工作提供参考和依据。以市委、市政府文件印发《关于全面加强食品药品安全工作的意见》，以市委、市政府办公厅文件印发《关于全面落实食品药品安全责任的规定》，以市政府办公厅文件印发《市食品药品安全工作评议考核办法》，落实各级党委、政府、部门、企事业单位及社会组织的食品药品安全监督管理责任。对15个县（市）区、开发区和市食药安委31个相关组成部门进行食品药品安全绩效考评，促进部门和属地管理责任落实。

【省级食品药品安全示范创建活动】 推进省级食品药品安全示范县（市、区）、食品药品安全示范园区创建，指导相关城区、企业做好创建各项基础工作。二道区、双阳区和宽城区被评为省级食品药品安全示范区，农安县被复核确认为省级食品药品安全示范县。长春市省级食品药品安全示范县（市）、区9个（朝阳区、南关区、宽城区、二道区、绿园区、双阳区、榆树市、农安县、德惠市），食品安全示范园区2个（皓月食品工业园、华正食品工业园）。

【食品生产监督管理】 开展食品生产单位食品安全风险分级管理工作，整合制定《长春市食品生产销售单位食品安全风险分级管理工作方案》，完成全市970户食品生产企业风险分级工作。落实企业主体责任，下发《长春市食品生产企业食品安全管理通用记录表》《关于进一步监督大型食品生产企业落实食品安全主体责任的通知》，要求企业签订《食品生产企业食品安全主体责任承诺书》，督促企业严格落实食品安全主体责任和首负责任，加强食品安全风险过程管控。开展日常监督检查和食品安全专项整治，组织白酒小作坊和散装白酒、食品欺诈和虚假宣传等专项整治，乳制品、肉制品、白酒、调味面制品、食用植物油、食品添加剂六类重点食品安全综合治理。检查食品生产企业2216户，吊销食品生产许可证1户。对373家小作坊进行食品安全排查，取缔“黑窝点”69个。实行靶向监管，下发《关于对2016年度抽检不合格食品生产企业加强重点监管的通知》，对41户抽检不合格食品生产企业后续监管进行部署，对相关企业负责人、食品安全总监和辖区监管人员开展集体约谈。对31户食品生产企业进行飞行检查，将检查结果通报属地监管部门，针对问题生产企业，由辖区监管部门负责监督整改，将检查结果记入企业食品安全信用档案。

【食品销售监督管理】 对全市食品销售者实行风险分级管理，制定并下发《关于加快推进食品销售单位食品安全风险分级评定工作的通知》，召开食品销售单位食品安全风险分级评定工作推进会。开展国家级“放心肉菜示范超市”创建活动，麦德龙、远方超市光谷大街店、欧亚超市东盛店通过初审和省局再审。对欧亚连锁超市、沃尔玛、北京华联、远方、新天地等大中型连锁超市经理、食品安全管理人员进行警示约谈。进行明查暗访，对集中交易市场、大型超市、食品店等食品销售场所进行检查，规范食用农产品市场销售秩序。开展调味品市场专项检查、农村销售环节食品安全专项整治等8个专项整治行动，派出执法人员35645人次、检查食品经营场所112084家次、发现违法违规经营主体209家、立案118件、收缴罚款98万元。

【餐饮服务监督管理】 推进量化分级管理工作，重点打造中小型具有特色、又接地气的A级、B级餐饮服务单位，新增A级、B级餐饮服务单位及时录入“吉林省寻找笑脸就餐APP平台”。统一制作发放食品经营监管信息公示板5730套，窗贴10690套，张贴在餐饮服务单位，实现店内、店外“双公示”，引导消费者“寻找笑脸就餐”。依据《加强学生“小饭桌”食品安全监管工作实施方案》（长食药安办〔2017〕9号），属地食药监管部门与教育部门联合对学生“小饭桌”经营单位进行摸底，发放登记卡。加大“小餐饮”整顿规范工作力度，印发《长春市人民政府关于开展“小餐饮”食品摊贩专项治理的通告》《2017年长春市“小餐饮”食品摊贩整规行动工作方案》，推进“小餐饮”规范化管理工作。推进“阳光厨房”“信息化阳光厨房”建设，完成省局“阳光厨房”改造率20%目标要求，其中，中小学校食堂“阳光厨房”改造率60%以上。加强网络餐饮服务食品安全监管，与网络餐饮服务第三方平台提供者建立相关信息通报机制，加大网络餐饮违法查处力度，依法查处违法违规案件562件。

【药品注册和生产监管】 开展药品GMP跟踪、飞行检查。完成37户药品生产企业的跟踪检查任务，针对飞行检查发现的问题药品生产企业，依法收回其药品GMP证书，规范企业生产经营行为。开展中药提取物专项检查，印发《关于加强中药生产中提取和提取物监督管理的通知》，规范中药提取和提取物管理，保障中药质量。对全市使用特殊药品生产其他品种的30户生产企业进行督导检查。对全市23户高风险类注射剂药品生产企业开展专项监督检查。根据全省药品质量风险警示通报信息，组织对全市9户炎可宁片生产企业进行检查，排查炎可宁片79批，对1户在国家总局检查组检查中发现的黄柏直接生粉入药企业，责令其主动召回已上市销售的炎可宁片，召回药品8批次73533盒。排查胃康灵产品风险，消除质量安全隐患，根据国家总局发布的《胃康灵胶囊中金胺O检查项补充检验方法》公告，明确要求全市生产胃康灵胶囊、胃康灵颗粒品种企业，将该补充检验方法纳入企业内控标准，对近3年生产的胃康灵胶囊产品开展自查。排查企业9户，排查胃康灵胶囊105批次，胃康灵颗粒17批次，染色剂“金胺O”均未检出，检验结果符合标准规定。开展猴头菌专项检查，针对监督检查中发现的个别药品生产企业在胃乐新胶囊生产中以猴头菌粉代替猴头菌干浸膏投料问题，对全市胃乐新胶囊生产企业及含有猴头菌（浸膏、干浸膏、浓缩液、菌丝体）成分药品企业开展监督检查，纠正个别企业的错误做法，降低药品安全风险。

【药品流通监管】 开展中药材、中药饮片专项整治，严厉打击制售假劣中药材、中药饮片违法行为，以饮片批发企业、较大零售药店及医疗机构为重点检查单位，检查饮片经营使用单位1188家，下达责令整改通知书145份，立案38起，移送公安机关查处5起。开展非法销售回收药品、走私药品整治，立案4起，外省市及长春市公安机关集中查获抓捕非法销售假药嫌疑人案件10余起。开展城乡结合部和农村地区药店诊所质量安全集中整治，检查药店570家，诊所1230家，覆盖率100%，撤销25家药店GSP证书，通报人社局中止医保23家。集中整治执业药师“挂证”行为，清理“挂证”38人。调整完善分级管理工作体系，依据《国务院办公厅关于进一步改革完善药品生产流通使用政策的若干意见》（国办发〔2017〕13号），对长春市药品零售企业经营范围进行局部修改：二级药品零售企业增加注射用胰岛素经营范围；三级药品零售企业增加血液制品经营范围；药品零售连锁企业需申请取得第二类精神药品经营范围方可在三级药品零售连锁门店销售第二类精神药品。

【药品认证管理】 完成认证、跟踪检查工作；加强监督管理，将工作重心向廉政转移，形成检查队伍与企业双重廉政态势。全年完成新开办认证药品经营企业587户，不通过检查6户，不通过率1%，限期整改61户，限改率10%，通过检查520户，通过率89%，其中连锁总部通过9户。认证复查63户，专项认证187户，跟踪飞检308户，其中严重违反GSP企业25户，不通过率8%，限期整改276户，限改率90%，跟踪飞检连锁总部限改7户，跟踪复查365户。飞检连锁总部2户，不通过2户，其证书均已被撤销。初审批发企业材料8份，受理新开办企业认证申请484户，审核认证结论817份，审核认证通过和限期整改企业整改材料661份。

【保健食品化妆品监督管理】 对全市保健食品生产企业、化妆品生产企业及保健食品化妆品经营使用单位进行全覆盖监督检查，完成1592家保健食品生产经营单位风险等级评定并进行公示，对64个保健食品品种进行风险评定。推动化妆品生产企业换发许可证工作，对9家符合条件的化妆品生产企业换发许可证，对国家总局通告的300余批次不合格化妆品进行专项核查。开展“关爱健康，科学认识保健食品”保健食品科普宣传进社区活动，深入96个社区对近万名老年人进行科普宣传。

【医疗器械监督管理】 落实国家总局关于全面落实《医疗器械生产经营质量

管理规范》的通知，通过开展无菌和植入医疗器械专项整治等10余项专项检查，重点整治医疗器械高风险产品违法生产经营行为。全年检查医疗器械生产企业、经营企业、使用单位3986家，其中检查生产企业116户，检查经营企业2708户，检查使用单位1162家，出动执法人员15000余人次，对518户企业、使用单位下达责令整改，对36户企业、使用单位的违法行为进行立案查处，罚款183万元。通过两期公示公告，清理、注销失联医疗器械经营企业246户，取消第一类医疗器械产品备案凭证15个。及时对系统内查处的大案、要案进行研究和部署，对使用环节进行重点检查，有效防控医疗器械产品风险。对全市7户三类高风险生产企业进行约谈，督促企业严格按照《医疗器械生产质量管理规范》组织生产。对弗朗医疗科技有限公司等10户医疗器械生产经营企业飞行检查，对存在问题的生产经营企业移交属地监管部门处理。

【食品稽查】 食品稽查分局对食品、保健食品和化妆品生产经营重点区域、重点场所和重点品种实施有效稽查。先后对光复路批发市场、高老三海鲜烧烤等个别餐饮单位违法经营实蛋，贝斯特食品有限公司标注虚假生产日期，永盛淀粉制品加工厂违法使用添加剂等一批违法行为予以曝光和立案查处。在省、市新闻媒体配合下，对多家火锅店进行检查，出动快检车辆现场快速检测。对问题食品追根溯源，向涉案产地监管部门发协查函，通报有关线索。对全市16家三甲医院的19个食堂、14个超市进行专项稽查，对9家单位依法立案查处。集中销毁来自疫区非法流入长春市的进口牛肉产品，总价值40余万元。通过查阅网络平台信息，对“跨境通”等违法从事网络食品经营单位依法进行查处。重点开展面向老年人的会销保健食品专项稽查，对消费者质疑产品送检，对发现的问题依法立案查处。2017年,稽查抽检（包括复检）食品、保健食品53批次，其中生鲜食品11批次、熟肉制品豆制品7批次、饮料18批次、保健食品8批次、果脯类4批次、大米4批次、羊肉1批次，对羊肉挥发性盐基氮超标问题依法立案查处。

【药品稽查】 药品稽查分局惩治各类涉药违法犯罪行为，查处案件54起，其中假药案件5起，劣药案件12起，非法渠道购进药品案件13起，医疗器械案件19起，移送公安机关案件8起。接收不合格药品检验报告书2份，立案查处2起；接收外埠协查函7份，回函率100%。查处“7·01”案、赵云鹤涉嫌经营“保妥适”假药案、长飞医院配制使用“眩晕汤”案、郭东河无证加工义齿黑窝点等一系列大案要案，“7·01”案被总局评为全国15个优秀案例之一。开展中药材及中药饮片、药品零售企业等一系列专项整治，查获各类销售假药、劣药、非法渠道购进药品案、非法出租场地提供证明文件案件20余起，确保公众用药安全。

【食品药品咨询举报】 建立以12331食品药品投诉举报电话、12345市长公开电话2个平台为主，以局长信箱留言、信件投诉、走访投诉、局长接待日接访为辅的多位一体投诉举报受理体系，实行统一受理、统一编码、统一管理工作模式。受理咨询与投诉举报4219件，比2016年增长17%。其中，食品环节3632件，占投诉举报总数86.09%，比2016年增长27.93%；药品环节369件，占投诉举报总数8.74%，比2016年减少17.26%；保健食品环节77件，占投诉举报总数1.83%，比2016年减少，28.03%；化妆品环节97件，占投诉举报总数2.3%，比2016年增长10.23%；医疗器械环节39件，占投诉举报总数0.92%，比2016年减少31.57%；其他方面咨询5件，占投诉举报总数0.12%。

【行政审批】 市食药监局现有药品经营许可（连锁总部）、食品经营许可、食品生产许可、医疗器械经营许可、麻醉药品和第一类精神药品运输证明核发、麻醉药品和精神药品邮寄证明的审批、医疗用毒性药品零售企业批准、第二类医疗器械经营备案、第一类医疗器械备案、第一类医疗器械生产备案10个行政审批及备案项目。按照“放管服”改革工作要求，通过长春市政务服务“一门式、一张网”平台，及时公告各类审批流程。压缩审批时限，将药品连锁总部审批时限压缩到16个工作日；药品批发企业所有初审事项变更为即办件；食品生产企业新办、变更注册地址、变更生产地址、延续压缩到22个工作日，变更法定代表人、企业名称、注销、补证压缩到10个工作日；医疗器械新办、变更注册地址、仓库地址压缩到22个工作日。市局受理各类行政审批服务事项2592件。其中，承诺件1253件，提前办结1253件，提前办结率100%，即办件1339件。实现许可审批的按时办结率、审件正确率、结件归档率、群众满意率4个100%。

【安全监测】 开展日监测、周汇总、月通报、季统计、年分析工作。全年收到合格ADR报告6456份，达857份/百万人口。其中新的和严重的药品不良反应/事件报告2942例，占报告总数45.57%；医疗机构报告6382份，占报告总数的98.86%。收到可疑MDR报告2733份，达356份/百万人口。其中严重病例报告213份，占报告总数的7.8%。医疗机构报告2600份，占报告总数的95.13%。化妆品不良反应报告610份，达79份/百万人口，药物滥用报告972份。

【监督抽检】 全年完成食品抽检8844批次，不合格329批次，合格率96.28%。完成保健食品抽检232批次，不合格1批次，合格率99.57%。完成化妆品抽检273批次，全部合格，合格率100%。完成药品抽验2280批次，医疗器械抽验190批次。完成食品快检126756批次，不合格110批次，合格率99.91%。主动公开抽检信息，在局网站公示。完成新一轮食品抽检承检机构招标工作，采用资质入围形式引入第三方机构，为食品抽检工作开展奠定基础。投资1.2亿元，启动15000平方米的长春市食品药品检验中心大楼项目建设，

2017年年底，主要工程基本完工，检测设备440余台（套）。2017年8月，市食品药品检验中心通过国家认监委联合国家食品药品监督管理总局组织的2017年度食品检验机构资质认定飞行检查。全年申请国家食品药品监督管理总局食品补充检验方法项目1项，中药材地方标准制修订项目16项。药品在原有基础上新扩4个参数，现114个参数；食品、保健食品、化妆品在原有基础上新扩58个参数，现572个参数。

【法制建设】 动态调整权责清单，将权力清单中食品流通许可和餐饮服务许可合并为食品经营许可；将食品加工许可名称改为食品生产许可；新增一项行政强制（查封、扣押不符合法定要求的化妆品及有关证据材料）；新增一项行政检查（对化妆品经营者进行监督检查），将动态调整结果报市法制办备案，在政府和局网站上公开。加强规范性文件管理，对由市食药监局实施制定的规范性文件进行全面清理，对《长春市全面落实食品药品安全责任的规定》《长春市人民政府关于开展“小餐饮”整顿规范的通告》等文件进行合法性审查，报市法制办备案审查，最后由政府公布。强化执法监督检查，开展重大行政处罚案件审查，执行重大案件审核制度，完成食品药品重大案件审核36件，实时完成重大案件备案，上传执法监督平台案卷665件，解答审查行政处罚案件30余件。开展对各单位的执法案卷评查活动，抽查执法案卷145件。办理行政复议案件13件。推进“双随机一公开”，在全市“双随机一公开”监管工作推进会上，市食药监局此项工作位列全市第三。健全完善“谁执法、谁普法”工作机制。建立行政执法人员以案释法制度。通过“长春市食品安全法律知识竞赛暨市级选拔赛”“吉林省食品安全法律知识竞赛”等活动，提高公众对食品药品法律法规的了解。

【应急管理】 按照市政府应急办要求，制定上报政府部门专项预案简本。指导市食药监局朝阳分局开展Ⅳ级食品安全事故应急演练，形成教学片，在全市食品安全应急管理业务培训班上进行点评。开展日报、周报、月报、专报相结合的舆情信息监测工作。细化应急处置流程，指导基层单位做好食品药品安全突发事件应急处置工作，指导基层单位处置应急事件13起，未发生食品药品安全突发事件。

【新闻宣传】 与市委宣传部联合下发《关于加强长春市创建“国家食品安全示范城市”新闻宣传工作的意见》，对全市创建国家食品安全示范城市新闻宣传提出明确要求。在市级以上媒体推出反响较大的先进事迹、先进经验报道，刊发新闻稿件673余篇次。以创建国家食品安全示范城市为主线，抓好新闻与科普宣传。召开创建国家食品安全示范城市推进工作新闻发布会。将创城宣传纳入“健康长春”宣传。开展食品安全“进千家单位入万户家庭”宣传活动。联合市教育局、市妇联开展“大手牵小手，小手拉大手，共创国家食品安全示范城市”食品安全校园行、“美丽长春同心同梦，食安城市同建同享”食品安全社区行之早教专场系列活动。与市文广新局在文化广场举办3场创建国家食品安全示范城市专场文艺演出。在长春净月潭国家森林公园举行“关爱老年人、重阳送健康——2017吉林省暨长春市全国安全用药月、创建国家食品安全示范城市宣传活动”。

【信息化建设】 编制《长春市食品药品智慧监管云平台》整体建设方案，方案通过市信息化领导小组办公室组织的专家论证。推进网络安全工作，完成网络安全主题培训和现有关键信息基础设施安全排查工作。推进信用体系建设，3次对《长春市企业信用联合奖惩实施细则》《长春市社会信用体系建设实施方案》进行意见回复，开展企业信用信息归集公示工作。落实追溯和油水分离器安装使用工作，安装完成追溯终端7270家，油水分离器1508台。开展科技管理工作，完成食品药品监管科技需求和资源调查工作、科技成果登记等。落实食品安全标准相关工作，开展食品安全标准使用意见收集反馈、专项跟踪评价、标准培训、技能竞赛等方面工作，推动食品安全标准问题收集反馈和跟踪评价工作常态化运转。

【教育培训】 提高干部队伍专业素质和业务工作能力，结合食品药品法律法规、日常监管、检验检测、法规案例、分险分级管理等相关内容，进行14个专题授课，参加人员6300余人次。

8月21日，长春市举办创建“国家食品安全示范城市”专场文艺演出

（张　博　提供）

组织在职培训440余人次（其中，组织领导干部网络培训38人次、局级领导进修班1人次，正处长进修班6人次、副处长进修班5人次、更新知识培训390余人次）。组织域外班赴浙江大学培训51人次。组织局系统事业单位人员继续教育培训660余人次。

【组织作风建设】 2017年8月，撤销长春市食品药品监督管理局党委，成立长春市食品药品监督管理局党组，撤销党委办公室，成立机关党委。在食品药品检验中心设立党委，12个区（开发区）分局和食品稽查分局、药品稽查分局设立分党组。各区（开发区）分局、食品稽查分局、药品稽查分局选举成立党总支。市局机关10个党支部、认证中心、监测中心党支部完成换届选举工作。局系统党支部55个，党员621人。接收调入和军转党员11名，按计划、程序发展新党员7名。全年召开党委（党组）会议24次。开展党组织书记抓基层党建工作述职评议考核工作，27名基层党组织书记撰写述职报告，以成绩清单、问题清单和任务清单形式在述职评议会上进行报告。制定下发《2017年全系统党员干部理论学习安排意见》，组织系统17个基层单位召开专题民主生活会和55个党支部组织生活会，开展民主评议党员工作。长春市委、市政府授予长春市食品药品监督管理局系统精神文明建设文明单位5个，文明窗口2个，精神文明建设先进个人5人。开展结对救助活动，重大节日前对19户特困户进行走访慰问活动，送去慰问金及物品价值近2.3万元。局领导带队深入九台区城子街镇烧锅村进行脱贫攻坚工作，洪家桥、牟家桥竣工通车，全村自来水项目建设完成，新建维修住房8间，18.2公里水泥路完成招投标，中草药项目基地建设完成，97.5%贫困人口实现脱贫。

【财务规划】 规范资金管理，明确管理制度。保障系统规范化建设、食品抽检、执法装备配备、宣传及队伍能力建设等重点工作的开展。规范政府采购行为，全年完成373台执法记录仪政府采购任务，执法记录仪配备数量基本达到国家总局配备标准。完善预算编制方法，实行“以调查基础数据为依托，项目绩效管理为重点”的预算编制方法。强化审计监督职责，提高资金风险管控能力，结合市审计局监督检查及系统内部资金管理现状，通过对13大类45项的审计检查项目，加强内部审计力度。

【综合保障】 全年处理来文3000余件，审核制发文件500余件，受理并按时回复政府信息公开申请22件，政务督办22件，回复局长信箱、在线回复投诉举报466件，上传认证公示、行政审批等各类文件122件。保障各类会议、培训百余次。完成市人大、政协专题调研活动，办理各类提案议案14起。2017年市食药监局被评为“长春市先进提案承办先进单位和“长春市信访工作先进单位”。完成公务用车改革工作，上缴车辆35台、调剂11台、报废13台，另为事业单位调剂车辆21台。完成办公设备采购、执法服装、执法车辆标识喷制、系统标识制作等4项政府招标采购工作。

（张　博）

财　政

【概况】 2017年，长春市（含三县、市）一般公共预算收入完成450.1亿元，比2016年增长8.3%。一般公共预算全口径收入完成1208.9亿元，比2016年增长5.1%。长春市（含三县、市）一般公共预算支出完成875.7亿元，比2016年增长13.6%。长春市市本级一般公共预算支出完成310.0亿元，比2016年增长2.5%。

【经济转型】 围绕优化“一产”，及时兑现各项农业支持保护补贴资金，支持创建全国绿色有机农业示范市、农业结构调整、新农村建设、互联网+农业等，促进“三农”发展。围绕抓牢“二产”，通过产业发展专项资金、股权投资、融资担保等方式，支持科技创新和“中国制造2025”试点示范城市建设，推动华为云计算中心等重点项目落地和新型产业园区建设，促进6大战略性新兴产业、中小微企业成长，支持工业稳增长。围绕提升“三产”，安排服务业、金融业、会展业、旅游业等专项资金，支持重点服务业项目和集聚区建设，提高服务业对经济增长的贡献率。

【民生建设】 加大用于教育、文化、社保、就业、医疗等支出，重点支持精准扶贫、幸福长春行动计划、城乡居民增收“暖流计划”实施。围绕建设现代宜居宜业城市，运用PPP模式，支持旧城改造提升、伊通河综合治理、南溪湿地、养老等重点项目建设。支持生态环保、淘汰黄标车和燃煤小锅炉、秸秆综合利用、环卫保洁等。支持地铁、轻轨、公交发展，为老年人、残疾人优惠乘车提供补助。着力建设“公交都市”。围绕创建国家安全发展示范城市，支持食品药品监管、社会治安防控、安全生产等能力提升。

【经济动能转换】 推进供给侧结构性改革，投入奖补资金，支持煤炭、钢铁行业去产能。落实税收优惠和减负降费政策，为企业和社会降低成本。支持“放管服”和“一门式、一张网”政务服务改革，打造务实高效的经济发展软环境。深化政府投融资体制改革，出台《关于深化政府投融资体制改革的实施意见》，出资组建金融控股集团，设立产业引导基金，拓宽城市建设和产业发展融资渠道。支持农村综合改革、医药卫生改革、国企国资改革、公务用车制度改革等改革任务实施。支持招商引资、会展、人力资源产业园建设，推动长春与天津、杭州对口合作等。支持龙嘉机场二期扩建工程、航线运营、“长满欧”国际货运班列等，促进长春新区、兴隆综合保税区加快发展，主动融入“一带一路”。

【财政监督】 制定《市本级预备费管理办法》，修订市级专项资金管理办法。建立专项资金管理清单和网上公开机制，搭建市级财政预决算公开统一平台，集中公开市直预算单位部门预决算，接受社会监督。落实中央“八项规定”和国务院“约法三章”，严控“三公”经费，一般性支出实现只减不增，节约行政运行成本。开展市级财政收入、扶贫专项资金等检查，严肃财经纪律。规范政府举债行为，争取政府债券，支持重点项目建设，降低举债成本和财政风险。

（苗　健）

国　税

【国税收入】 2017年，组织国税收入832.8亿元，占全省国税收入的61.3%，比2016年增收77亿元，增长10.2%。其中，省以下地方级完成296.5亿元，比2016年增收60.3亿元，增长25.5%，市以下地方级155.3亿元，比2016年增收29亿元，比2016年增长23%。全市国税收入首次突破800亿元大关，在全国10个副省级省会城市和5个计划单列市中，长春国税收入总量排在第九位。在东北三省4市中，长春国税收入排名第一。落实国家扶持老工业基地发展和支持“双创”的税收优惠政策，特别是国务院169次常务会议确定的6项结构性减税政策，全年减免退税265.5亿元。

【税制改革】 推进税制改革。围绕营改增“所有行业税负只减不增”目标，做好试点后续管理工作，编写完善《四大行业指引》，开展政策辅导，帮助纳税人用好用全用活政策。深化国地税征管体制改革。加强国地税合作，实现国地税办税服务厅联合办税全覆盖，200多项业务实现“一厅通办”，189项业务实现全省通办。成立全国规模最大、功能最全、技术含量最高的24小时自助办税服务厅，实现国地税联合自助办税、24小时全天候办税、全省业务通办。加强执法合作，与地税部门联合开展税收分析、建筑服务企业外出经营税收管理、欠税清理、大企业税收风险管理、所得税核定管理、税务稽查及打击发票违法犯罪专项行动，统一国地税行政处罚裁量基准并施行“首违不罚”。融入全省政务服务“一张网”工程，加强与地税和政府其他部门数据的互通互认。推进大企业管理创新。在2016年成立实体化运作的大企业税收管理局基础上，将省市局大企业处与大企业局一体化运作，发挥一体化运作优势，强化大企业管理服务。举办全国大企业税收服务与管理工作座谈会。

【依法治税】 发挥依法行政工作领导小组作用，以法治国税示范基地创建为重点，保障纳税人权益。九台区国税局、榆树市国税局被评为全省国税系统法治基地。完善公职律师制度，强化税法宣传。开展行政审批权限下放“回头看”，加强对企业经营行为事中事后监管，严格执行税务稽查“双随机一公开”和“入户执法检查许可制”。开展对税收热点问题和执法高风险领域的执法大督查，加强自查整改。加强欠税“黑名单”管理，有效规范税收经济秩序。

9月7日，国家税务总局党组书记、局长王军到“长春税务”24小时自助办税服务厅视察

（公紫铭　提供）

【税收征管】 推广征管档案信息系统。推进“五证合一，一照一码”和“两证整合”商事制度改革，清理临时税务登记。强化深加工行业农产品增值税进项税额核定扣除试点政策执行，推广增值税电子普通发票。加强消费税监督管理。推进和优化企业所得税汇算清缴和后续管理。做好进出口税收分类管理、备案评定及无纸化办税工作。加强千户集团企业信息采集，开通大企业税企高层直通车。加强车辆购置税管理。加强税收风险团队专业化管理，制定全市风险应对标准，开发“互联网+智能风险应对平台”。

【优化税收软环境】 优化税收软环境。推出“互联网+”十惠纳税人措施。制定下发《长春市国家税务局关于加强税收软环境建设服务经济发展40条》，相关工作被中央国家机关工委《紫光阁》网站、国家税务总局网站、吉林省人民政府网站和省委改革办刊发。开展“便民办税春风行动”，推出5类22项52条便民措施。加快电子税务局建设，推出“吉税通”手机APP应用软件，构建实体办税、网上办税、自助办税、流动办税、掌上办税“五位一体”多元办税新格局。服务“一带一路”倡议，与市地税局联合开发维护“税务专+”手机APP。助力民营经济发展，与省经合局、市地税局联合召开“深化税收改革助力企业发展”全市民营企业共话税收座谈会。开展“假如我是纳税人”换位体验活动。推进实名制办税。深化拓展纳税信用等级评定。

（公紫铭）

地　税

【地税收入】 2017年，完成全口径收

入288.3亿元，占全省地税收入49.7%；增收29.7亿元，增长11.5%，增速比全省快12个百分点；组织市以下地方级213.9亿元，比2016年增加24.5亿元，增长12.9%。全年入库欠税9.26亿元，欠税余额历史性实现负增长，加上纳税评估、税务稽查等措施和手段，挖潜增收35.8亿元。

【税收服务】 2017年，在总局全国纳税人满意度调查中，长春市局在全国26个省会城市中名列第三。制定出台《“推进大服务、优化软环境”工作方案》和责任清单，召开专题会议推动部署。建立“大服务”工作平台，全年发布反馈工作动态和信息1.2万条。建立重大项目咨询制度。对876个重大项目进行动态监控，市局领导班子成员对47个重大项目进行重点包保。对年纳税额500万元以上的507户企业逐一确定联系责任单位和责任人，市局领导班子成员深入一汽、华润、轨道交通、建工集团等34户重点税源企业，解决涉税问题137个。“互联网+服务”体验中心全面覆盖。体验中心集宣传演示、培训辅导、模拟体验和实际操作等功能为一体，推动网上办税服务厅的推广应用。全市14个办税厅、78个办税窗口实现“一窗一人一机双系统”服务模式。市县两级局依托纳税服务智能管理系统，监控办税厅人员上岗率、窗口开通率，纳税人等候时间等18项服务指标，强化整改落实。二道局24小时国地税联合自助办税服务厅，得到总局肯定。高新局办税服务厅获“全国工人先锋号”和“全国巾帼文明岗”称号，汽开局办税服务厅获市直机关“巾帼建功文明岗”称号。全年减免税款44.77亿元，支持“双创”“中国制造2025”等重大发展战略。统一制作“六项减税新政”二维码，推送6万余人次。发放《国务院六项减税新政咋样办》2万册，《大众创业万众创新税收优惠政策指引》3万册，得到总局督导组的肯定。举办12期实体纳税人学堂，订单上菜，专题辅导，培训人数超过1万人次。深化“银税互动”，发放信用贷款2.7亿元。

【税收征管】 开展岗责体系及流程试点工作。组建风险管理团队，识别风险点25.4万个，应对4997户，入库税款9.2亿元。开展大企业风险管理，入库税款3.11亿元。企业所得税汇算清缴补税10.13亿元，12万元以上个税自行纳税申报27.96亿元。清算补缴土地增值税1.24亿元，房产税计税依据评估补缴2.71亿元，印花税查补2.52亿元。代征增值税3.2亿元，代开增值税发票3.3万份，减免增值税12.2亿元。环保税开征准备到位。成立环保税工作领导小组，召开相关会议4次，建立户籍清册3648户。

12月6日，全省地税系统首家新时代传习所成立 （孙雪峰 提供）

【执法督察】 搭建执法公示平台，落实重大税务案件网上审理，建立税务公职律师队伍。朝阳局、高新局、榆树局、稽查二局获省级示范基地，双阳局、稽查二局获市级依法行政示范单位。梳理补充完善内控机制建设工作指引，农安局得到省局主要领导肯定批示，经验全省推广。开展执法督察，及时发现执法过错，对6个基层单位和32人次进行责任追究。稽查401户，入库税款7.4亿元。深化稽查改革，稽查局开展一级稽查，查补1亿元。强化案件稽查，受理举报案件35起，入库5806万元。税警联合办案11起，16人被采取强制措施。

【测评培训】 班子测评优秀率平均为97.7%。选拔配备处级职务3人，科级职务18人，副科级职务55人。增设双向测评指标，设置工作创新加分项目并开展集体评审，考评结果与评先选优紧密挂钩。练兵实现全覆盖，比武活动有30人被授予全国税务系统素质提升115工程专业骨干或岗位能手称号，练兵比武综合成绩获得全省第一名。组织各类培训462期，参加培训1.1万人次。农安局六位一体实训实练工作机制得到省局肯定。市局机关等4家单位通过全国文明单位复检，绿园局、高新局获得全国文明单位称号，南关局被评为“各省（区、市）税务局先进集体”，高新局被评为“第六届人民满意公务员集体”，经开局被评为“第六届吉林省优秀志愿服务组织”。

（孙雪峰）

审 计

【概况】 2017年，长春市审计局完成93个审计及审计调查项目，查出主要问题金额16.1亿元，其中违规金额1.5亿元，管理不规范金额14.6亿元，上交财政755万元，通过固定资产投资审计核减政府投资额7861万元，向纪检监察机关及有关部门移送事项18件。

【政策执行的跟踪审计】 开展统筹盘活财政存量资金政策措施落实情况的跟踪审计。此次审计涵盖本级财政部门、5个开发区及500余家财政直接拨款的预算单位，重点关注财政部门存量资金政策落实、规模结构和统筹盘活等情况，以及财政直接拨款预算单位零余额账户管理使用情况、非零余额账户现状及结存资金规模结构等，揭露财政存量资金管理和执行方面存在的问题，盘活滞留在财政部门、预算单位的存量资金，提高预算管理的完整性和资金使用效益。

【专项审计】 组织两级审计机关开展“放管服”和“抓项目”专项审计和审计调查工作。“放管服”改革政策措施情况跟踪审计主要揭示行政审批改革、投资审批改革、职业资格改革、收费清理改革、商事制度改革、教科文卫体改革、优化政府服务改革、行政执法改革等8个方面政策措施落实不到位问题，提出推动“放管服”改革政策措施深入落实的整改建议，推动两级政府切实转变职能，改善发展软环境。“抓项目”专项审计和审计调查主要是对2017年全市投资审批改革工作任务的落实情况，以及新建和续建总投资额5000万元以上的全市重点项目的总体情况开展专项审计和调查，深入项目现场了解项目规划、施工进度与真实性等基本信息，揭示项目推进建设过程中存在的问题、困难，摸清市重大项目的推进情况。

【预算执行审计】 对市财政局组织市本级预算执行情况及市旅游局、市贸促会、市林业局等10个重点部门预算执行情况开展审计，查出主要问题金额1.61亿元。对市地税系统税收征管情况进行审计，重点关注税收政策法规执行情况，税收计划完成情况和部门预算执行情况等。8月，汇总形成2016年度预算执行审计报告，代表市政府向市人大作汇报。

【政府投资建设项目审计】 组织对市轨道交通集团工程建设项目、长春新区管委会政府投资工程、市政基础设施建设项目、南溪湿地征拆等19个重点投资项目开展审计，审计项目投资额48亿元，涉及单项工程238个。重点关注项目的立项决策、审批、征地拆迁、工程招投标、物资采购、资金管理使用和工程质量管理等环节，揭示工程建设中存在的多计工程款、工程合同内容签订不明确、未按计划按时开工等问题，核减政府投资额7861万元。

【经济责任审计】 对24名领导干部开展任期经济责任审计，对组织部临时委托的10名领导干部开展任前经济责任审计，查出领导干部应负领导责任的问题金额3303万元。审计中，详细了解领导干部贯彻执行经济法规、重大经济方针政策、本部门本单位重大决策及廉政从政情况等内容，全面评价领导干部任期中的履职尽责情况，发挥经济责任审计的作用。

【国有资本审计】 加大对国有企业、国有资本的审计力度。组织对煤炭行业“去产能”奖补资金使用情况开展专项审计调查，重点关注资金管理分配使用、政策目标实现情况等，揭示虚报、冒领、截留、挤占、挪用资金等违法违规问题。组织对水务集团2016年资产负债损益情况进行审计，重点关注执行国家和省、市重大政策措施、资产损益真实合法效益，以及提质增效、风险管控和内部管理等情况，推动健全完善相关制度，促进企业深化改革，实现国有资本保值增值。

【民生审计】 围绕保障性安居工程、市住房公积金、扶贫资金等民生资金的使用管理情况开展审计监督，重点关注政策执行、资金使用、项目实施和效益效果等。长春市审计局组织两级审计机关，派出15个审计组、66名审计人员，对长春地区2016年保障性安居工程的计划、投资、建设、分配、运营及配套基础设施建设等情况进行审计。此次审计涉及长春地区各级政府及所属住房城乡建设、发展改革、财政、国土资源、农垦、林业等有关部门，以及住房保障管理中心、住房公积金管理中心等经办管理机构，延伸调查85个村的258户农村危房改造家庭，检查49个安居工程项目的建设管理情况。8月，长春市审计局派出6个审计组，对榆树、农安等6个县（市）区扶贫政策措施落实情况和扶贫资金分配管理使用情况开展审计，抽查215个项目、66个乡镇，入户调查农户238户，发现扶贫政策措施落实不到位、建档立卡贫困户不精准、扶贫资金发放超范围等方面问题。

【转化审计成果】 向市政府报送审计专报及要情10篇，市领导批示2篇。加大审计信息宣传力度，及时准确、全面客观地发布信息，向上级审计机关及市委、市政府报送审计信息74篇，被中央、省、市媒体采用140篇（次）。

（张龙彪）

综 述

【重点工程建设】 推进伊通河综合治理、道路交通基础设施建设、路面修复，治污、治堵、治粗，着力补齐城市基础设施短板。1月至11月，项目完成投资156亿元，全年可完成投资188.5亿元。推进伊通河综合治理工程建设。10月1日，占地310公顷的南溪湿地公园正式开园，治理河道3.55公里，治理水域40公顷，绿化90公顷，建设市政道路8条，昔日的城市泄洪道已打造成综合性城市湿地公园。伊通河中段主体工程基本完工，自由大桥全线通车，荣光桥等11座桥梁完成加固。开工建设16座调蓄池，9座完成主体封顶。东新开河截污工程、串湖流域截污和清淤工程建设进展顺利。通过治理点源、面源和内源污染，清理垃圾13.2万立方米、清淤疏浚258万立方米、生物残骸及漂浮物11573立方米，建成区黑臭水体治理效果明显。完成海绵型项目38项，铺装透水方砖12.9万平方米，改造积水点5处。推进道路交通基础设施建设。坚持快速路、重要通道、区域道路、卡脖路断头路一齐上，提高道路通达性。"两横三纵"快速路彩宇大街段、东荣大路段、花莲路段开工建设，台北大街互通部分匝道实现通车。绕城高速腾飞立交高速主线、硅谷互通立交桥高速部分实现通车，腾飞大路延长线左幅双向四车道通车。吉林大路东延长线、长吉互通立交桥、南湖大桥实现通车，惠工路机场大道完成年度序时进度。打通北人民大街、民丰大街、常德路、一匡街跨伊通河桥等15条卡脖路断头路，超额完成5条。机场综合交通枢纽方面一期工程正在基础施工。推进路面修复工程建设。完成大中修道路125条、精品化提升主干路23条、道路小修878条。加快地下综合管廊工程建设，建成廊体5.88公里。加强道路挖掘前地下管线综合统筹，严格道路挖掘审批，依法依规管理。

【建筑业发展】 1月至11月，全市建筑业总产值1100亿元，比2016年增长8%；《加快装配式建筑实施意见》经市政府常务会议、市深改组会议审议通过，正式实施；完成《装配式建筑发展规划》和《园区规划》编制。润德集团与中建科技、长春万科、长春亚泰、吉林森工、轨道交通集团正式签订合作协议。润德集团取得106万平方米建设用地，完成园区可研编制。中建科技产业化基地项目一期工程进行园区道路及厂房基础施工。长春亚泰集团建筑工业化制品园建设工程5月投产，可年产装配式混凝土构件8万立方米。长春万科、轨道集团合作项目进行前期准备。在地铁车站、部分市政道路等政府投资项目和长春万科部分商品房项目中开展装配式建筑试点。实施31.1万平方米，超额完成11.1万平方米。与吉林建筑大学、职业技术学院在技术、研发、培训、产业工人培养等方面达成合作意向，制定《长春市装配式建筑研发中心组建方案》。成立装配式建筑专家委员会，研究制定装配式建筑认定工作。组织全国装配式建筑高峰论坛及从业人员培训工作。与发改、国土、规划、财政、房地等部门就项目立项、土地出让、招标投标、规划建设、预售许可、竣工验收等阶段监管工作协调机制达成共识。支持本地企业与中直、省外大型企业组成联合体，承揽市地铁、地下管廊等城建重点工程建设。鼓励本市建筑业企业"走出去"发展，拓展省外、境外市场。全市建筑业企业发展到1427户，从业人员30万人。出台《关于进一步推进部分国有资金投资工程项目采用随机方式定标工作的实施方案》，国有投资5000万元以下符合条件的工程项目全面采取随机方式定标。完成随机方式定标招投标工程项目141个，中标金额8.72亿元，是2016年的11.9倍。严把施工图质量审查关，办理施工图审查备案914项。强化新建建筑执行节能标准的监管，完成节能专项审查2058项、1337万平方米。

【破解征拆和资金难题】 制定下发《关于推进重点工程征收工作的实施意见》，下发2017年度全市重点工程征收清单。通过召开全市政法机关服务保障伊通河综合治理座谈会、服务保障城建重点工程座谈会，建立与政法机关日常联络机制。推动各城区、开发区建立健全征收机制，强化主体责任。朝阳区

“四统一”征收模式、南关区以拆违促征收、二道区开展征收警示教育等一批新机制，推动工作进度。2017年，完成征收25882户，是2016年的1.7倍。加快推进伊通河项目PPP转化。抓住政策窗口期，完成3个可研项目PPP模式整改转化，已签署PPP项目合同。国开行和工行30年期项目贷款均审批通过。工行同步支持的首期30亿元项目资本金已到位。伊通河综合治理工程累计到位资金185.05亿元，其中30年期基准利率的长期项目贷款到位63亿元，保障工程建设资金需求。

【创新体制机制】 下发《关于主城区水污染防治实施方案》，实施主城区水污染防治。开展交通综合研究。成立交通研究院，建成交通大数据平台，完成3项重大交通工程项目研究，开展13项重点项目研究。配合市财政局研究拟定《关于深化政府投融资体制改革的实施意见》；组建市政府投融资管理办公室，对全市投融资与政府债务实行统一管理。启动智慧城建建设。成立智慧城建领导小组及办公室，对24个委办局、企事业单位进行调研。取消、下放行政审批事项9项，取消中介服务项目2项；合并部分审批事项，60项审批事项实现线上审批。创新基本建设项目审批模式，政务服务全面提速。施工许可阶段最快可将时限压缩至23个工作日。启动阳光征收平台建设。初步拟定阳光征收系统软件框架。

【强化行业管理】 开展“走遍长春”专项行动。制定统一的市政设施、建筑工地管理标准；“走遍长春网格化智慧管控平台”局部区域上线启用；在抽调43名机关干部、43名专业技术人员进入工作组。排查问题637件，整改616件，整改率96.7%。通过网格化监管、定期不定期检查，强化污水处理环节管控，确保污水集中处理、达标排放。长春市在全国36个重点城市的考核排名中，由2016年一季度的第34位跃升到2017年三季度的第9位。开展工程质量提升行动，重点对伊通河综合治理、轨道交通、旧城改造、市政基础设施的质量进行监管。全年监督市政在建项目246项、房建在建项目999项。开展建筑施工现场安全隐患排查、专项治理、环境卫生综合整治，坚决做到安全生产不达标不开工、文明施工措施不落实不开工，环境卫生合格率由整治初的63%提升到98%，全市连续15个月未发生较大以上建筑施工安全事故。完成接受中央环保督察工作。成立迎检领导小组，制定迎检方案，对33批次、124件环保信访投诉件做到立接立办、立查立改、边督边改，所有投诉件均全部办结。

【民生工程建设】 建设20个公共立体停车场，年底前主体完工并投入使用10个，超额完成年度任务。吉大东门、开封小学2座天桥建成并投入使用，恒大名都、吉大三院等5座天桥开工建设。加快港湾式停靠站建设。结合道路大中修，18个港湾式停靠站全部完工。全市29800户农村厕所改造任务全部完成，其中市本级改造农村厕所2000户。完成农村贫困危房改造4638户，其中完成建档立卡贫困户3390户。完成15处弃管小区排水设施改造。完成弃管小区、无灯街路功能性照明路灯安装611套，亮化各类道路16.29公里。全年接待群众集体访89批次、个人访81人次，解决蓝星公司139户居民燃气开栓及10件个人访历史遗留问题。加大对合隆镇烧锅岭村项目建设投入力度，投资160万元，安装太阳能路灯225盏、建设完善温室大棚10600平方米、升级改造文化活动广场。全村所有贫困户全部脱贫。

（张九高）

城市规划

【空间规划（多规合一）国家试点任务】 2017年6月，开展空间规划试点。形成“六个一”的试点成果。一张规划蓝图。梳理生态环境、资源能源、城乡统筹、经济产业、公共服务设施、基础设施、历史文化保护7大类空间性规划的核心内容和管控要求，研究提出近期、中期、远期相结合，宏观、中观、微观相结合，生态、农业、城镇空间相结合的系统化、结构化的长春市空间规划体系。一个覆盖全域的“三区三线”。开展部门现状数据与地理国情普查数据校验工作，形成统一的全域数字化现状底图。划定市域“三区三线”（即生态、农业、城镇三类空间和生态保护红线、永久基本农田、城镇开发边界三条控制线）。1套规划成果。试点工作的核心内容实现覆盖全域统筹全局。即“一本规划、一张蓝图”，包括规划文本、图件、说明和数据库。全面摸清长春市全域国土空间自然本底条件。编制《长春市空间规划（2016-2035）》，绘制国土空间开发保护战略格局图、空间规划布局总图等20余幅配套图件。1套技术规程。研究制定空间规划编制办法、用地分类标准、用地差异处理意见、资源环境承载能力、开发强度测算方法、“三区三线”划定技术规程等10项技术规程，实现空间规划编制基础“六统一”（规划期限统一设定到2035年、基础数据统一采用2015年地理国情普查数据、坐标系统统一转换为2000国家大地坐标系、用地类型统一划分为3大类15中类、指标体系统一设置为8大类、管控分区统一划定为“三区三线”）。1个综合信息平台。汇总整理省市县3个层次20余个部门200余项数据资料，建成长春市全域空间信息数据库。按照“统一底版、共建共享，横向协同、纵向贯通，整体规划、分布实施”思路，建成长春市“1161”综合信息平台。1套改革建议。研究提出相关法律法规立改废释和规划管理体制改革创新的具体建议62条。其中涉及《土地管理法》《城乡规划法》等法律法规方面的16条，涉及《城市用地分类与规划建设用地标准》等技术规范方面的26条，涉及体制机制方面的18条，其他方面的2条。形成《空间规划改革建议研究报告》。

【城市设计国家试点任务】 编制《长春市总体城市设计》；编制《长春市新民大街城市设计》；建立城市设计总顾

12月6日，召开市空间规划（多规合一）领导小组会议　　（王　薇　提供）

问制度，聘请教授金广君为“长春市城市设计总顾问”，推进城市设计试点工作；在市城乡规划委员会之下增设城市设计专业委员会，完善城市设计专业审查制度，塑造城市设计全要素管控的城乡规划审批管理流程；同市人大、法制办协商，编制《长春市城市设计管理办法（征求意见稿）》阶段性成果，推动城市设计立法工作；以新民大街历史文化街区、人民广场片区华润万象城地块为空间载体，采用三维激光扫描、无人机拍摄等技术手段开展城市设计全要素测绘与普查工作，为构建精细化的城市三维模型做了前期准备工作。开展城市设计示范区建设工作；以“公益规划师进社区”为契机，开展“走遍长春—公共空间营建计划”系列活动，以南关区田家大院棚户区改造项目为示范；与华润、伟峰国际、万科、恒大以及碧桂园5户大型开发企业就实施型城市设计项目达成战略合作关系，以华润万象城地块作为示范项目，共同探索实施型城市设计的工作机制与管控要素。完成《长春市城市设计试点工作方案》；8月7日，召开长春市城市设计试点工作会议暨战略合作签约会，与各城区、开发区及5大开发企业签署战略合作协议；10月16日，正式得到市政府批示，明确城市设计试点经费的资金来源和拨付方式，为试点工作提供资金保障；联合市委宣传部、新华网（吉林频道）、《中国建设报》以及《长春日报》等媒体，制定《长春市城市设计试点工作宣传策划方案》，结合城市设计试点工作进行宣传报道。

【总体规划编制国家试点任务】　完成“十个一”试点工作初步成果体系，（一个现状评估报告、一套技术规程、一本规划、一张蓝图、一套指标体系、一套考核机制、一个综合信息平台、一套决策机制、一部法规、一套改革建议）。开展《长春市城市总体规划（2011-2020年）》实施评估。从城市职能、空间结构等11个方面启动城市总体规划（2011-2020年）的实施评估工作。启动13个重大专题研究。开展《多视角下的长春价值识别与路径审视研究》《城市群视角下的长春区域格局构建及实施路径研究》《长春市人才吸引机制及人口规模预测研究》《长春市人口结构与公共服务设施配置优化研究》《长春市乡村发展动力机制及农业空间功能区划研究》《创新引领下的长春产业转型升级路径研究》《城市文化提升及空间对策研究》《基于大数据的城市空间绩效评价与动态评估》《长春市市域理想空间格局构建研究》《长春市城市总体规划指标体系研究》《宜居城市品质提升与实施路径研究》《城乡规划编制、审批、实施与督察一体化机制研究》《总体规划“多规合一”信息平台构建》13个专题研究。启动《东北亚区域性中心城市战略目标内涵框架及实施路径》《基于东北亚城市网络的长春市发展现状识别》《新国家战略体系下的长春对外开放格局及政策研究》等专题优化提升工作。完成《〈长春市城市总体规划（2017-2035年）〉编制试点工作方案》。通过2017年长春市第三次规划委员会审议通过。开展新一版城市总体规划成果编制工作。依托市编研中心，引入中国城市规划设计研究院、同济大学、清华大学、北京大学等研究团队，组建长春城市总体规划编制项目组，形成初步成果框架。完成《〈长春市城市总体规划（2017-2035年）〉2017年公众参与工作实施方案》，召开市民与企业家代表座谈会、“高端引智，共谋长春2035”专家咨询会，策划“我的城市我做主，童心描绘2035”活动，常设公众意见征询点等。构建包含1套管理应用机制、3大数据库，3大板块，1套服务体系的“多规合一”空间规划信息平台体系。完成《〈长春市城市总体规划（2017-2035年）初步成果汇报〉》，经市规划委员会2017年第四次全委会审定通过。

【智慧（数字）长春建设】　地下空间信息系统搭建。形成“三个一”成果体系。建立一套地下空间数据库体系。包含基础地理信息数据、地下管线、地下建（构）筑物数据、城市规划数据等。搭建地下空间信息平台。开发建设长春市地下空间信息系统，实现地下空间数据的动态管理。制定编写一系列标准规范。主要包括《长春市地下空间数据标准》《长春市地下空间探测技术规程》《长春市地下空间电子报建数据标准》《长春市地下空间数据库设计》。基础地理信息数据测绘。实施市域基础地理信息数据全覆盖战略。开展中心城区1：500基础地形图动态更新234平方公里，完成包含九台区、长德新区、高新北区、空港区、长春汽车产业开发区及朝阳工业开发区在内的1：500地形图更新310平方公里。处理卫星遥感影像7880平方公里。完成长春新区38.2平方公里三维模型制作和27平方公里三维模型更新。使用无人机完成1.5平方公里空白区倾斜影像采集及三维倾斜模型制作任务。

【编制规划】 编制完成《长春市建设东北亚区域性中心城市目标内涵、战略框架及实施途径体系规划》《长春市开放发展与国际合作实施路径研究》《基于东北亚城市网络的长春市发展现状识别》等战略规划与总体规划前期研究7项；《长春市“多规合一”（二期）》《长春市特色小镇规划研究》等城乡统筹规划3项；《长春市城市修补（旧城改造）专项规划》行业发展与专项规划1项；《新民大街历史街区城市设计及修建性详细规划》《长春市东西轴线整体城市设计深化》城市设计2项；《长春市城市生态环境修复专项规划》及《长春市城市声环境功能区划分》生态保护规划2项；《基于东北亚区域性中心城市的2040长春市道路交通体系规划研究》综合交通规划1项；《长春市地铁、管廊、隧道等地下构筑物交叉节点综合研究及规划设计》市政设施规划1项；《长春市危旧历史建筑测绘（第四批50栋）》及《需求控制导向下的长春市小汽车使用政策研究》城市调查与基础研究2项；《长春市城市总体规划（2011-2020）实施评估报告》及《长春市空间发展年度报告（2017）》等规划评估4项；完成《长春市劝农大街东、世二路北地块规划条件》《长春市规划丙十六路以北、甲七路以西地块控规成果》等规划条件及控规成果类项目约640项。召开市规划委员会全委会4次，规划专委会22次，历史专委会3次，建筑与环境专委会1次，研究120余项议题，审议16个重大事项，破解工作中的矛盾问题。编制《长春市城市修补中融入文化元素的实施意见》。在城市规划建设中体现汽车文化。6月中旬，印发《长春市汽车文化建设实施方案》。6月28日，副市长周贺主持召开汽车文化建设工作推进会。会同汽开区、市旅游局、长春广播电视台，共赴一汽集团，解决汽车文化建设中遇到问题，推进工作落实。

7月4日，召开市规划委员会第二次全体会议 （王 薇 提供）

【创新研究】 围绕2017年城建工作发展思路与重点，推进各市政专项规划的编制工作。利用多规合一综合信息平台实现重要市政规划信息共享。与市建委共同组织由市规划院、市市政院、市测绘院、省交规院、北城院以及国内其他优秀设计机构共同参与，组成综合性的城市交通研究团队。实行项目责任制提供精准规划服务。制定《市政类2017年重大项目规划情况统计表》和《长春市2017年市级领导包保重大项目规划情况一览表-市政类》，明确责任到人、到事、到时限。局领导不定期带领相关人员深入各城区、开发区和建设单位以及工程一线进行对接沟通，解决项目存在问题。派出由市规划院、测绘院、信息中心和审批处室组成的专业技术团队长期进驻项目单位，从项目选址到定位、验线、竣工核实全流程开展跟踪服务。推进并联审批第二阶段（图纸审查）项目联审工作，制定《长春市基本建设项目并联审批第二阶段操作手册（试行）》。推行市政重点项目绿色通道制度，发放《绿色通道》和《消防审查通知书》，保证市政项目及时开工。完善城乡规划法规体系。完善规划法规体系和技术规范体系。制定《长春市地下空间管理条例》的实施细则，对项目落位中存在技术和程序问题，建设单位进行规范设计和及时建设。为重点工程提供全天候测绘服务。抽调专门技术人员成立市政重点工程测绘数据保障小组，利用“长春市卫星综合定位系统”、无人机、移动测量车等先进的测绘硬件装备，为市政重点工程提供测绘服务。

【违法建设整治】 开展“春节”“两会”期间违法建筑排查、“春季违法建筑排查整治”“违法建筑精细化管理”“城镇人口密集区高风险危险化学品生产企业违法建筑摸底排查”“长春市液化气站安全隐患违法建筑排查”等专项行动。按照“走遍长春”城市精细化管理专项行动部署，以严重影响居民居住环境、妨碍公共安全、城市交通、市容景观的违法建筑为重点，对三环路以内区域进行“地毯式”排查。组织违建排查9500余人次，排查安全隐患2307处150414平方米。推行说理式执法模式，以行政处罚案件的合法性审查和案卷评查工作为重点，提高规划执法人员业务水平。

【城市名片】 打造“城市之花”（城乡规划展览馆）。长春市城乡规划展览馆始建于2012年，2017年10月1日正式开馆，面向市民举办“规划大讲堂”“长春城市记忆”大型系列公益讲座。接待宾客61795人，包含857个团体，省市机关单位300余次。打造雕塑公园国家AAAAA级景区。2012年，启动国家AAAAA级景区创建工作，2017年2月27日，晋升国家AAAAA级旅游景区行列。在重庆路、人民大街、文化广场等遍布全市各城区、开发区的20多个点位，展出作品50余尊（组）。在规划展览馆内设立长春市“雕塑城”建设的专题展区，展出16件雕塑作品和若干图片。实施《长春市城市雕塑专项规划》。2017年9月7日至9日，由市政府、文化部艺术司、中国美术馆、中国雕塑学会、中国城市雕塑家协会共同主办的第五届中国长春世界雕塑大会在长春雕塑博物馆召开，来自40多个国家的300余位中外宾客到会参加。打造“长春国家历史文化名城”。长春市历史文化名城申报工作起始于2008年，2017年10月15日，国务院正式批复把长春市列为国家历史文化名城。

【精准扶贫】 发挥规划部门职能优势，精准帮扶。使帮扶对象德惠市同太乡苇子村，生产生活条件大幅改善。为村民铺建一条7.3公里的水泥乡村路。为解决村民的生产生活用水问题，一次性打6眼抗旱水井。帮助村民建通信基站，搭建起电商网络平台。编制《长春市同太乡苇子村村庄规划（2016—2025）》及相关项目的修建性详细规划。带领村民到农业示范基地和先进村屯参观学习，聘请专家进行种养技术培训。修建3022平方米的村文化广场，建设6套贫困户周转用房，完成自来水入户和水洗厕所改造。成立农机合作社，帮助购置46台农机。修建10栋温室蔬菜大棚。联系皓月集团捐赠10头种牛，建起皓月肉牛养殖区。发展多种经营，组织种植高粱，联合附近酿酒厂合作酿酒。扶贫工作事迹《吉林日报》《人民网》、市扶贫办《扶贫通报》《市扶贫网》、市委《长春信息》《中国吉林网》《长春日报》《长春电视台》《吉林人民广播电台》《吉林农村报》进行报道，帮扶对象苇子村被长春市评为2017年度“最美乡村”。

（马柏清　王　薇）

城市建设

【旧城改造】 旧城改造提升主体工程基本完成。对三环以内276条市政道路进行综合改造。改造棚户区住宅7751套，公租房续建主体封顶4249套，基本建成1576套。对全市161个老旧片区、500多个小区进行综合改造。完成15个弃管小区排水设施改造。拆除三环以内违法建筑29794处、85.8万平方米。完成街路架空线路落地改造119.5公里，整理规范架空线1236公里，完成地下管网改造860公里。完成精品化提升主干路19条。新植街路30条，新建绿地26宗，补植街路216条、绿地100宗，超额完成新增100公顷绿地任务。完成10条街路、19.6公里的路灯改造任务。在全市开展“走遍长春”精细化管理专项行动。

【伊通河综合治理】 伊通河综合治理中段主体工程基本完工。截污治污方面，伊通河主河段28个吐口全部改造完毕，建设一批调蓄池、污水处理厂和人工湿地，初步实现污水应截尽截、净化回补和水体自我净化的良性循环。沿岸环境整治方面，完成沿河2万多户居民的棚户区征拆和工程征拆，对腾出空间进行绿化、美化、亮化。生态长廊建设方面，南溪湿地公园建成开放，以北湖湿地公园和南溪湿地公园为两端的滨河带状公园，实现绿化带、绿道和慢行系统基本贯通，建成一批沿河的精品景点。此外，伊通河南南段、北北段和串湖、东新开河、新凯河等水系治理有序推进，建成区内75处黑臭水体进行治理，完工70处。

【交通基础设施建设】 交通基础设施建设和“公交都市”创建加快推进。地铁1号线建成并开通运营，地铁2号线实现洞轨电全线贯通，轻轨北湖线除跨铁路节点外实现高架全线贯通；“两横三纵”快速路续建、吉林大路东延长线、富民大街、腾飞大路等60多条城市重要通道大部分建成通车；北人民大街、民丰大街等47条断头路、卡脖路顺利打通，打开居民区微循环道路836条；施划停车位60余万个；开工建设过街天桥10座、立体停车场20个；启动建设12处公交首末站，新增和更新公交车辆近1000台，开展民营公交线路回收试点。

【建筑业】 建筑市场管理情况。加强建筑市场监察，检查在建工地106项，716栋，在建工程总面积约912万平方

10月19日，改造后的北人民大街　　（张九高　提供）

米。其中包括有施工许可证的56项，无施工许可证的54项，对无证施工行为进行处罚的51项。

建设工程设计管理情况。2017年，办理施工图审查备案914项。其中，房屋建筑办理施工图审查备案820项，总建筑面积660万平方米；市政基础设施工程办理施工图审查备案49项；装饰装修工程办理施工图审查备案45项。

施工招投标管理情况。完成施工项目招标1121个标段，中标金额211.98亿元，比2016年同期增长24.7%。完成监理项目招标313个标段，中标金额3.32亿元。比2016年同期增长11.4%。完成勘察、设计项目招标149个标段，中标金额1.25亿元，比2016年同期增长18.5%。

勘察设计管理。开展勘察设计队伍资质动态抽查检查工作，增强建设工程勘察、设计企业守法自觉性。开展清理工程建设类注册执业人员挂证工作，通过宣传教育和技术控制等手段制止多起挂证行为。注重抓好外埠勘察设计队伍入长登记管理工作，实施外阜勘察设计队伍两级登记制度，全年办理外阜企业单项工程入长登记37项。

建设工程监理情况。开展2016年度监理信用评价工作，按照申报资料对94家监理企业进行信用评价初审，将初审意见及时报送省监理协会。开展2016年度监理统计工作，对长春地区92家监理企业的资质、人员、业务、财务等情况进行审核、汇总。根据省厅《关于组织开展清理工程建设类注册执业人员挂证工作的通知》（吉建管〔2017〕2号）开展对挂证注册监理工程师的清理工作，清理监理单位挂证人员38人。对长春地区92户监理企业的资质、人员、设备、质量运行体系、承揽业务情况等进行监督检查，下发整改通知单18份。进行监理合同备案282项，在吉林省建筑市场监管公共服务平台上审核补录监理项目信息1732项。

城市建设档案情况。长春市城市建设档案馆接收工民建、市政、管线、轨道交通工程合格纸质档案138709卷，电子档案同步移交，接收工程声像档案760卷。上架率、著录率百分百。档案总馆藏量为65.2万余卷。提供城建档案查询服务2836人次，调阅档案1.6万余卷。复印档案文字5.7万张、图纸2.9万张。

建筑工程质量监管。监督在建项目999项，总建筑面积946万平方米。进行监督执法抽查1051次，现场抽检建筑原材料32次，下发质量问题整改通知单717份，全部整改完毕。监督竣工验收228次，其中监督房建工程竣工验收210次，工程总数1100项，建筑面积922万平方米，其中一次性通过竣工验收工程1065项，验收一次性通过率97%；监督市政基础设施工程竣工验收18次，工程总数74项，全部一次性通过竣工验收。

建设工程施工安全监管情况。深化建筑施工安全生产标准化建设。结合杭州等先进城市经验，提出长春标准，编制《长春市建设工程施工现场安全生产文明施工标准化图集》（试行）。紧抓施工现场安全文化体验园建设，提出“一企一园、一区多园”的工作要求，建立园区20余处，组织近3000余人进行体验。在2017年度“哈尔滨、长春、沈阳”三市文明施工联检活动评选中，长春市获21项金牌、8项银牌，有62个工程项目获省级标准化管理示范工地殊荣。在福山路调蓄池召开吉林省暨长春市建筑施工标准化管理现场会，全省各地市州1000余名建筑施工安全生产战线的施工、监管人员参会。强化安全生产应急教育体验。结合“安全生产月”“防灾减灾日”等活动，组织演练90余次，参演2000余人。在复华未来世界项目部，举办预防高处坠落应急演练现场会。严肃查处生产安全事故。对发生事故的区域及项目部及时下达督办函、事故执法建议书，责成属地建设主管部门协同相关部门成立事故调查组，查明事故原因，对辖区内所有在建工程排查隐患进行整改。开展隐患排查治理和专项整治，在春季复工前对停建拟复工项目进行排查。成立5个督查组对在建的84个施工现场进行督查巡视，查处一般隐患118条，停工17处，组织开展“回头看”检查，确保开工源头无隐患。开展专项督查活动。对深基坑、模板支撑系统、脚手架、地下暗挖等危险性较大分部分项工程试行分级管控，对全部87项危大工程施工方案进行专家论证。开展预防坍塌、高处坠落、起重机械伤害、火灾、防汛等事故的安全专项整治活动，抽查在建工程150项，查处一般隐患317条，隐患问题全部整改完毕。结合住建部质量安全提升行动和六部委高层建筑消防整治行动，对各县市（区）、开发区住建局大检查情况进行严格督导。各县市（区）、开发区住建局自查自改一般隐患1334条；市安监站成立7个督查检查组，抽查施工现场74个，督促整改隐患162条。加强对各县（市）区、开发区安全生产文明施工的监督指导。举行专项督查、交叉互检7次，对存在突出问题的部位进行警示约谈，组织各县（市）区、开发区监督机构人员参加住建部、省住建厅培训学习。

（张九高）

城市管理

【旧城改造提升】 改造161个片区的居民楼、排水管线、小区道路、公共设施等，改造面积3210公顷。对452条市政道路进行综合改造，打通断头路、卡脖路36条，打开居民小区微循环道路583条，改造老旧地下管网860公里，2583公里严重影响市容的电力和通信架空线进行落地或规范。新植高大乔木7.3万棵，灌木33.8万丛，新建绿地面积261万平方米，绿化小品、口袋公园在大街小巷随处可见。对37片区域和86条街路进行亮化，亮化楼体1454栋，新增或更新路灯4622盏。新建港湾式公交停靠站18个，更新公交站亭902个、站牌50个，新建充电桩153个，施划停车泊位27.8万个，对395条街路进行标准化交通标线施划，设置交通护栏49公里。更新改造公厕235座，建设移动式垃圾中转站189个，增设果皮箱6000个。对107条主要街路的楼体立面进行整饰，整饰楼体1929栋，面积68.7万平方米，规范更新牌匾1.13万块，规范台阶踏步1.85万米，对万福街、桂林路（津门风情街）等14个商圈进行立体式综合改造。对机场高速沿线进行景观提升，栽植乔木1.8万棵，全部拆除172块市管区域内的擎天柱广告。对长春站、西客站的环境和设施进行提档改造。完成夹馅棚户区改造征收1359户，完成投资7.5亿元。拆除违法建筑3.9万处，282万平方米。在主要街路、重点区域和居民小区增设280个高品质雕塑作品。推广朝阳区城市基层管理经验，推进城市管理重心下沉，完成城市管理体制改革工作，大城管体制基本形成。

【“走遍长春”专项行动】 4月，全市建设系统全面启动“走遍长春”城市精细化管理专项行动。组织建口相关部门190名骨干，组成43个工作组深入街道社区，实施综合治理。查找各类城市管理问题4753件，完成整改4666件，整改率98.17%。省市及中直的主要媒体对活动进行专题报道，新华网、新浪网、中国吉林网等网络媒体也纷纷转载。

【城市环境综合治理】 开展非法广告治理，清理覆盖非法广告2496万处，追呼非法广告号码3546个，抓获违法行为人1840人，立案处罚45人，捣毁制贩假证团伙1个，设置公益宣传栏、张贴板4.4万块。开展露天烧烤专项整治，发放宣传单13.3万份，签订《杜绝露天烧烤责任书》2.8万份，开展执法行动419次，收缴违法经营物品3.4万件，取缔占道经营及烧烤排档9119处。开展铁路沿线环境整治，清除各类垃圾3.2万立方米，拆除违法建筑77处，1.4万平方米，清理废品收购站130余户。针对机场高速公路两侧擎天柱广告牌无序泛滥的问题，全部拆除机场高速两侧市管区域内的172块擎天柱广告牌，提升长春机场迎宾大道的形象。

【会事会展保障】 承担汽博会、东博会等3个大型会展的保障工作。出动执法人员2575人次、车辆805台次，维护场馆周边市容环境秩序；提供拖挂式移动公厕12座次，保证参会人员的如厕需求；利用40块大型LED全彩大屏幕进行公益宣传。

【城市管理基本标准】 根据长春市实施城市综合管理标准化、精细化、社会化建设全覆盖的目标要求，借鉴外地先进城市经验，制定《城市精细化管理长春标准》，对市容环卫、园林绿化和市政设施管理等管理标准进行明确细化，推进城市管理的法制化、标准化和精细化。

【城市管理考评】 对全市城市管理考评方案进行完善和调整，将街道、乡镇纳入考核范围。通过数字城管第三方评价、社会综合评价、业务主管部门评价等方式，对各城区（开发区）和街道办事处的城市管理情况进行打分排名，从3月开始，每月将城市管理工作考评成绩在媒体公示。

【中央环保督察】 中央环保督查期间，全面强化城市管理各项工作，做好问题接收、整改和回复工作。立查立改，实施长效化管理。不能即时整改的全部制定整改方案，明确整改的措施和时限。加快推进蘑菇沟垃圾填埋场渗滤液处理、沼气发电和生活垃圾焚烧发电项目建设，加大环卫机械设备投入力度，确保机械化清扫率达到国家规定的85%要求。

【城市管理综合执法体制改革】 推进城市管理体制改革工作。起草《长春市深入推进城市执法体制改革改进城市管理工作的实施方案》。由市委、市政府正式下发，与改革同步进行的执法队伍换装工作全面完成。

【城市保洁】 开展以城乡结合部和城中村、地表水体周边、“三线一岸”等区域为重点的集中整治，出动保洁员69500余人次、环卫机械20800台次、机械化清扫车4000余台次，清理生活垃圾和冰包24660吨。在中心城区扩大“以克论净、深度保洁”试点工作范围，从2016年的16条街路扩大到2017年的60条。指导区属13个乡镇建设移动式垃圾转运站79座，83个行政村购置小型垃圾收运车辆394台，716个自然屯建立保洁员队伍。

【环卫基础设施建设】 对三环路以内的235座公厕和6000个果皮箱进行升级改造。进行水冲公厕室内装饰施工，以及免水冲公厕建设工作。长春市城市生活垃圾处理中心全年处理生活垃圾80.5万吨，处理垃圾渗滤液28万吨，覆盖垃圾堆体17.9万平方米，新建两座46.8万立方米渗滤液调节池，完成3万立调节水池膜的修复，进行浮动膜安装施工。有机废弃物处理中心处理粪便4512吨。正式出台《长春市餐厨垃圾管理条例》，日处理200吨的餐厨垃圾处理中心投入使用。

【冬季清雪】 做好冬季清雪工作。2016—2017年度，长春市降雪21场，其中小雪13场、中雪3场、大雪4场、暴雪1场，降水量63.6毫米，清雪期间出动环卫工人29.4万人次，清运积雪110540车次。2017—2018年度全市城区清雪面积6193万平方米，与2016—2017年度相比，全市新增清雪街路137条、面积386.3万平方米。坚持以“机械为主、人工为辅、雪中清雪、边清边运”为原则，控制使用无机融雪剂，扩大液体有机融雪剂的使用范围，完善“互联网+机械化清雪”作业模式。通过“扫、抛、清、净”的全机械化作业流程，实现高架桥和主要街路“边清边运、雪停路净”，确保道路畅通。

【生活垃圾分类试点】 在朝阳区富豪花园小区开展生活垃圾分类试点，运用“互联网+”云平台管理技术，建立分类投放、分类收集的智能化管理系统，使该小区的生活垃圾减量90%以上。

【建筑垃圾清运管理】 以建设“示范工地”为引领，推进建筑工地施工现场环境整治工作。成立“市除尘降尘督导组”，组织建委、市政、交通、交警等部门开展联合执法，查处无证运输、不按规定时间和线路运输，以及沿途撒落、乱倒乱卸等行为。检查工地9679次，处理违规工地582个，查处违规运输车辆2069台次，训诫违规运输驾驶人员2966人次，罚款142.94万元。

【城市管理信息化】 提高数字城管二级平台建设水平，提升以街道为主的三级平台覆盖率，构建市、区、街三级数字城管网络。引入公安视频监控信号及快速路视频监控信号2万余个。利用大数据、云计算、无线传输等技术，实现对作业车辆、人员和作业情况的科学管理。开发“城管通”APP、“市民通”APP，实现城市管理“移动化办公”。开展数字城管信息采集和监督考评工作，实现问题的及时发现、快速处理。数字城管采集上报案件7.28万件，完成整改7.15万件，整改率98%。对其中1942件重点难点案件，交由督查大队督办落实，确保城市管理问题得到有效处理。

【结对帮扶】 组织党员干部结对包保德惠仇家粉村困难户，解决困难群众的生活难题。帮助村里建设两座桥梁，支援道路方砖7000多平方米，对全村道路进行铺装。投入8万元清理村内长期积存的生活垃圾，有效改善村民生活环境。

【依法行政】 开展法制宣传49次，以市政府名义发布通告2次。城管执法系统办理行政处罚简易案件1788件、一般处罚案件72件、行政许可602件，无错案、无行政复议案件发生。

【城市管理宣传】 组织新闻集中采访82次，在省市媒体刊发稿件2500余篇，网络媒体刊发、转载稿件4000余篇，户外LED条屏播发宣传标语468条，发布《城市管理信息》146期。新华社、中央电视台等中直媒体对长春市旧城改造工作进行深度报道，经国内众多门户网站和地方媒体转载，社会反响强烈。与长春广播电视台联合推出大型直播节目“城市管理热线”，每周一期，现场解答市民投诉，每期有3万多人通过网络观看直播，新浪点击量近10万次。节目7月25日开播，播出22期，接听市民电话461个，解决问题690个。

（崔晶峰）

城市公用事业

【采暖期城区公用服务保障】 2017—2018采暖期，从2017年10月25日至2018年4月10日结束，采暖期间实施“弹性供热”，于10月21日提前4天开栓供热，总计172天（含弹性供热时间），占全年总天数的47.1%。本采暖期，平均气温为-7.3摄氏度，比常年-6.8摄氏度偏低0.5摄氏度，比2016年偏低1.9摄氏度。其中，日平均气温低于-15摄氏度的天气达30天，占整个采暖期天数的18%；出现6摄氏度以上的强降温12次，特别是1月24日至26日出现最低气温-30摄氏度的严寒天气。本采暖期，全市城区在网供热面积2.46亿平方米，比2016年增加7.4%；开栓面积1.92亿平方米，比2016年增加3.8%；集中供热率95.4%，比2016年增长0.1%；热电联产比例为39.2%，比2016年增长0.4%。按中央环保督查要求，采取“错峰开栓”方式减少集中开栓对大气环境的影响，至21日各供热企业陆续开始起炉升温，提前供热。采暖期总供水量1.9亿吨，比2016年增长4.6%，日均供水量97.4万吨，最高日用水量为104.6万吨。采暖期运行期间，对源水8条管线、供水管线附属设施采取维护、防寒措施；对户外水表、地沟管道、阀门井等薄弱环节进行重点防护；石头口门、新立城源水取水泵站设备运行良好，5个水厂按冬季供水量增加幅度采取以压调水，合理调整机组运行，实施“高峰多送”“低峰多储”“夜间合理降压”等措施，确保供水管网平稳运行，供水充足。采暖期管道天然气供应量4.38亿立方米，比2016年增加16.8%，日均供应天然气262万立方米，最高日供应天然气382立方米。车用天然气供应6184万立方米，日平均供应量为37万立方米，比2016年减少38.2%。液化石油气供应2.1万吨，日平均供应量为125吨，比2016年减少15%。天然气供应在11月末、12月出现紧缺状态，长春市成立“天然气供应保障应急指挥部”，制定应急预案，未对居民生活产生影响。

【城区供热保障】 长春市热源结构是以区域锅炉房、热电联产为主，分散采暖锅炉房及其它供热方式为补充的方式。至2017年底，长春市城区供热企业71户。其中，国有（含控股参股）企业9户，供热面积13895万平方米，比2016—2017采暖期增加347万平方米；民营62家，供热面积10717万平方米，比2016—2017采暖期增加1317万平方米。数量上国有供热企业占13%，民营占87%。供热面积上国有供热企业占56%，民营占44%。完成既有老旧供热管网改造281公里，超年初计划87.3%。新建供热管网74公里。持续加强热源能力建设，全市有6户大型集中供热企业实施热源能力建设工程。新增集中供热能力585蒸吨。完成淘汰每小时20蒸吨（14兆瓦）以下居民居住采暖燃煤锅炉57台。

【城区供水保障】 长春市城区现有净水厂5座，日供水能力123万吨，最高日供水量104万吨，平均日供水96万吨左右。源水、水厂供水系统运行稳定。石头口门、新立城源水取水泵站设备运行良好。为解决净月区、汽开区、绿园区、长春新区的部分区域供水紧张趋势，提高城市供水保证率，启动推进第六净水厂前期工作。结合旧城改造，完成供水管网改造243公里。

【城区供气保障】 燃气供应形成以天然气为主体，液化石油气为补充的格局。有管道燃气企业2户，车用天然气企业20户，液化石油气经营企业24户。天然气供应来源主要是2个，中石油国家输气干线来气，气源主要来自中亚天然气、陕北气田及大连港LNG，日供天然气约170万立方米，约占全市用量的60%；长岭、八屋、梨树、公主岭等省内气源，日供天然气约110万立方米，约占全市用量的40%。车用天然气主要来源于松原、农安、四平等地的压缩天然气母站，市内长春燃气股份有限公司有1座压缩天然气母站。液化石油气主要外购自吉林、松原、大庆等地。完成燃气管网改造218.5公里，超出计划9%；新建燃气管网114公里。

【地下综合管廊建设】 2017年，长春市地下综合管廊项目建设完成管廊18.04公里，完成投资14.72亿元，其中，城区建成廊体5.88公里，完成投资8.94亿元；净月开发区建成廊体1.163公里，完成投资1.382亿元；空港新区建成廊体11公里（其中含完成的预制管廊3公里），完成投资4.4亿元。

【政策补助】 出台《长春市公用局长春市民政局长春市财政局关于长春市低保户、低保边缘户热费燃气费水费补助标准及补助方式等有关事项的通知》（长公联字〔2017〕3号），提高低保和低保边缘家庭水费减免额度、燃气费优惠标准和热费补贴标准，惠及全市6.15万户、9.66万困难人口。

【法规规划建设】 完成《长春市燃气管理条例》立法修订，通过长春市人大常委会审议；完成《长春市城市供热管理条例》立法调研。编制完成《长春市城市地下综合管廊工程规划（2015-2020）》《长春市加气站布局专项规划（2016-2030）》《长春市城市给水工程专项规划（2015-2020）》《长春市中心城区管线综合规划（2016-2020）》4部规划，通过长春市规委会专家委员会评审。着眼未来3年至5年全市水气热公用行业工作目标和努力方向，制定完成《进一步提升长春市城市公用服务保障要素能力建设的实施方案》。

（邢 涛）

房地产业

【房地产市场】 出台《关于保持房地产市场平稳健康发展的通知》和租购并举扶持政策，政府出资、企业投资的租购并举模式顺利开展，房地产市场实现平稳运行。2017年，商品房上市面积989.9万平方米，销售10.5万套、1112.8万平方米，比2016年分别增长24%和增长3.8%；二手房交易8.2万套，交易面积722.9万平方米，比2016年增长21.8%，商品房销售面积、二手房交易面积再创历史新高。商品房库存面积1539.3万平方米，比2016年下降3%，商品房、商品住房库存比2016年底减少1个月，长春市“去库存”工作获全省第一名。

【房屋权属交易与管理】 落实“综合受理、并联审批、统一发证”工作模式，推进房屋交易与不动产统一登记工作。推进历史遗留未登记房屋确权工作，突破建设审批手续和行政处罚决定等前置条件，实现产权登记与行政许可、行政处罚相分离。同步调整房屋灭籍程序，实行诚信黑名单制度，倒逼开发企业主动作为。确定办理历史遗留未登记房屋项目20个，504栋，265万平方米，分期分批完成房屋确权登记面积约1008万平方米，未登记房屋确权专项整治工作取得历史性突破。

【棚户区改造】 制定《2017年棚户区改造实施方案》《2017-2019年夹馅棚户区改造工作实施方案》等文件，明确以长城投公司承担的伊通河流域棚户区改造、长发集团承担的夹馅棚户区改造为工作重点。筹划新项目融资、已融资项目还本付息、申报项目问题破解工作，申请到保障性安居工程配套基础设施建设中央预算内投资2.05亿元。每月对各区项目进行重点抽查，督促各责任单位加快推进工作进度。全市征收棚户区居民13377户，完成投资约74.67亿元，超额完成年初吉林省下达的6747套改造任务。长春市在全省棚户区改造工作视频会议上做经验发言。

【老旧住宅区综合改造】 编制《长春市老旧住宅区综合整治工作实施方案》及《长春市旧城改造老旧住宅区综合整治工作导则》，综合改造工作进展顺利。全年完成投资约33.08亿元，161个老旧住宅区综合整治项目主体工程全面完成。

【保障性住房建设与管理】 强化续建项目的组织推进和建设资金筹集。新分配公租房4280套，新增租赁补贴家庭740户，发放租赁补贴2340万元。新华网、《长春日报》《新文化报》《城市晚报》《守望都市》《第一报道》等媒体对长春市的公租房工作做正面报道。出台2个文件、1个纪要，对廉价房、经济适用房上市交易进行制度规范，为2个经济适用住房小区、783户家庭办理个人权属登记，公租房、配建商业用房租金收缴率为98.6%和100%，初步实现“以租养房”。

【物业管理】 开展物业普查、物业管理企业信用等级评定、物业小区创优达标等工作，研究电梯安全运行管理问题，夯实物业工作基础。推进驻长央企住宅区“三供一业”分离移交工作，12户企业签订分离移交正式协议，11户企业签订框架协议，23户移交企业正在申报维修改造资金。加大物业维修资金归集和使用力度，归集维修资金10.5亿元，归集率100%；使用维修资金2000万元，受益业主7900户。

【房地产业务】 坚持依法行政，对房产行政处罚案件从立案、调查、集体讨论、告知、结案等程序入手，实行全过程指导和审核。落实“放管服”政策，对符合退费条件的小微企业进行全面核查，全年为56户小微企业减免退费332.7万元，为1100户企业返还合同备案费3600余万元。执行住房改革政策，创新举措化解滨河小区房屋所有权人主体不符、吉林柴油机厂职工未办个人产权等信访问题，解决8500余人的上访问题。完成公房出售35万平方米，为市直单位308名职工发放货币补贴934万元。狠抓房屋安全管理，完成房屋安全鉴定33件，排查老旧房屋20.4万户、1202.3

万平方米，排查玻璃幕墙33万平方米。强化窗口建设，受理各类登记业务40.55万余件；受理测绘审查1982栋、1360多万平方米；房产档案馆归集房屋档案36.1万卷；受理档案查询22.68万件，完成领导干部个人住房信息核查3.23万件。落实脱贫攻坚工作，筹集各类扶贫资金559.7万元，新建续建8个脱贫攻坚项目，修建道路8.18公里，改造危房30户，通水通电59户，卫生改造170户，帮助脱贫129户433人。组织信访接待工作，组织接待群众来访、咨询7734批次16338人次，获评“2017年全国‘两会’期间信访维稳工作先进单位”“信访维稳百日攻坚战先进单位”。

（许文华）

环境保护

【政务信息】 全年报送政务信息1150条次，其中报环保部113条次、报省环保厅407条次，报市委、市政府140条次、报市政府网站197条次，完成信息约稿5篇。在长春市环境保护网、微博实时发布环境信息，开通微信公众平台“长春环保”，发布572条次。报送被采用环境信息率列全省第1位，市环保局被评为2017年度全省信息工作先进单位，被市政府评为2017年度政务信息工作先进单位。

【规划与财务】 编制完成《长春市十三五生态环境保护规划》，更新长春市“十三五”环境保护项目储备库，储备项目144个，通过审核纳入省库项目34个，其中大气污染防治项目12个，水污染防治项目20个，土壤污染防治项目2个。

【环境影响评价】 完成环境影响评价报告书47项、环境影响评价报告表172项，完成建设项目竣工验收277项，核发具有全国统一编码的排污许可证49项，办理《辐射安全许可证》业务74项、辐射项目环评1项、放射性同位素转让15项，辐射项目验收1项。

【环境监测】 开展国控重点企业季度监督性监测，完成废水监测报告269份，废气监测报告137份，在线监控比对监测报告192份。开展8个土壤环境质量国控点位的现场采样，完成全省97个土壤环境质量国控点位中有机物和汞的测定。完成功能区噪声、道路交通噪声、区域环境噪声常规监测，采集有效数据9000余个。安装污染源自动监控设施367台（套），重点源自动监控传输有效率93.59%，达到环保部考核要求。监督性监测结果公布率100%，国控企业自行监测信息公布率98%。

【污染防治】 市政府印发《关于划定高污染燃料禁燃区的通告》《长春市能源结构调整暨煤炭控制管理工作实施方案》，将市区范围全部划定为高污染燃料禁燃区。全市淘汰10吨及以下燃煤小锅炉4610台、占总量的71.7%，淘汰20吨以下燃煤锅炉964台、占总量的34.4%，实现削减标煤72.7万吨，新增供热能力540蒸吨。加强工业污染源防治。全市15台20万千瓦及以上燃煤机组全部安装脱硫、脱硝设施，其中13台完成超低排放改造，1家石油炼制企业催化裂化装置建成脱硫设施，6条日产2000吨以上的水泥熟料生产线全部配套建设脱硝设施。全市6座储油罐、557座加油站、699辆油罐车，全部安装并使用油气回收装置。强化机动车排气污染管控。通过城市道路限行黄标车、发放淘汰补贴、强化路检路查等措施，淘汰黄标车107213台，占96.5%，完成基本淘汰黄标车任务。强化扬尘污染控制。建成区街路平均机械化清扫率85%。开展秸秆禁烧和综合利用，落实“包保责任”，开展督导检查，推进秸秆机收捡拾打捆和秸秆综合利用，综合利用率比2016年提高5个百分点。全市20个省级及以上开发区，17个完成集中污水处理设施建设。全市9座污水处理厂提标改造工程，西部、南部、双阳、九台、德惠5座通水试运行。东新开河污水截流工程、串湖污水干管截流工程加快推进。双阳区双营乡鲁家村等6个村的人工湿地、高新北郊尾水塘湿地稳定运行。市政府印发《长春市全面实施河长制工作方案》，推进污水、防洪水、抓节水、保供水、留雨水等“五水共治”。市政府出台《长春市落实土壤污染防治行动计划工作方案》，成立土壤污染防治工作领导小组，推进全市土壤污染防治工作。完成2039个农用地土壤详查点位布设，筛选出农用地污染重点行业企业155户，核实土壤污染问题突出区域46处，划定农用地土壤详查单元185个。强化土壤污染重点源监管，制定发布重点监管企业名单，市政府与重点监管企业签订《土壤污染防治责任书》，落实污染防治责任。

【自然生态保护】 启动净月高新技术产业开发区、莲花山生态旅游度假区两区创建国家生态文明县（区）工作，创建省级生态乡镇3个、省级生态村15个、市级生态村79个。完成全市生态保护红线划定工作，划定总面积607.9平方公里，约占辖区总面积的3%。

【农村环境保护】 开展农村生态环境治理，完成朝阳区、绿园区、双阳区、九台区、榆树市、农安县、德惠市7个县（市）区、125个行政村的环境综合整治。开展重点区域生态环境综合整治专项行动，整改规范服务性行业64家，拆除违法建筑53处，关停工业企业、规模养殖户、违法放牧场和采砂场97家。

【辐射安全监管】 9月3日至10日期间，响应国家二级（橙色）应急预警，进入应急待命状态，完成应急响应工作。制定实施《2017年核与辐射监督管理工作计划》，全市33家放射源应用单位611枚放射源，核技术应用单位检查覆盖率100%；安全收贮5家单位79枚废旧放射源，放射性废物收贮率100%。

【危险废物安全监管】 全年工业固体废物产生量380.44万吨，比2016年下降29.31%；工业固体废物综合利用量366.40万吨，综合利用率96.31%，比2016年下降2.41%；工业危险废物产生量127620.5456吨、废桶112970只。

城区产生医疗废物6158吨，全部无害化处置，处置率100%；长春市（除双阳区、九台地区）日产生活垃圾4176吨，年总产生量154.4万吨，其中卫生填埋处理99.2万吨，焚烧发电处理53.2万吨，处理率100%；各城市污水处理厂产生污泥128080.20吨，污泥含水率约80%左右，处理率100%。批准危险废物转移联单34293份，转移危险废物127620.5456吨、废桶112970只，办理跨境转移危险废物商榷函29份。

【环境监察执法】 开展淘汰小锅炉、提标改造大锅炉、造纸行业、水泥行业、平板玻璃行业、未利用地非法排污、秋冬季节大气污染防治等专项执法行动。完善环境监管执法体系。修订环境监管网格，全市划分三级网格16个，四级网格188个，五级网格2083个，明确监管责任人、监管对象、监管责任。推行“双随机”抽查制度，抽检单位3357户，发现存在环境问题单位451户，逐一进行限期整改、行政处罚。建设自动监控站房门禁系统75套，完成107户企业121个工业污染源的评估工作。加强案件移送联动执法。强化行政执法和刑事司法衔接，与公安部门联合开展“打击环境污染违法犯罪专项行动”。办理行政处罚案件785起，罚款2424万元；按日计罚案件6起，罚款315万元；查封扣押24起，限产停产19起，行政拘留16起。加强环境应急体系建设。修订《突发环境事件应急预案》《大气重污染应急预案》，加强环境风险重点监管企业管理，推进企业环境应急预案编修。吉林省新大石油化工有限公司等61户较大、重大环境风险企业，全部完成环境应急预案的编修。开展环境安全隐患专项整治行动3次，排查企事业单位1200余家，发现隐患12处，全部治理完毕。开展突发环境事件应急演练，发布大气重污染蓝色预警2次、红色预警1次，全年无环境突发事件。接受中央环境保护督察。8月11日至9月11日，中央第一环境保护督察组对吉林开展督察。市委、市政府成立由书记、市长任组长的工作协调组。中央环保督察交办长春市36批、3545件信访案件，办结3370件，办结率95.1%。接受督察期间，责令整改企业1507户、限产25户、停产停业202户、查封扣押21户、关闭取缔7户；立案处罚229户；罚款677.5万元；立案侦查8件，行政拘留3人，刑拘1人。

【环境宣传教育】 在市级以上主要新闻媒体刊发环保宣传稿件897篇次，被新华网、中国新闻网、新浪网等216家主流媒体转载。以生态环境保护进社区、进学校等“十进”活动为载体，面向社会开展环保宣教活动139项。组织生态环境保护专题培训，开展应对重污染天气集中宣传和《长春市大气重污染应急预案》解读宣传。

【环保科研】 以吉林建筑大学为技术依托，联合吉林市、四平市、公主岭市，对石头口门、新立城两处饮用水源保护区内的风险源开展调查摸底，形成《饮马河流域饮用水水源地潜在风险源调查报告》。

【环境质量】 长春市空气环境污染以煤烟型污染和机动车排气污染等综合性复合型污染为主，空气中首要污染物为细颗粒物（$PM_{2.5}$）。细颗粒物（$PM_{2.5}$）、可吸入颗粒物（PM_{10}）、二氧化硫（SO_2）、二氧化氮（NO_2）、臭氧（O_3）和一氧化碳（CO）年均值分别为46、78、26、40、142微克/立方米和1.9毫克/立方米。全年优良天数比例为76.2%，比年度目标高出3个百分点；可吸入颗粒物（PM_{10}）年均浓度，与2016年持平，比基准年（2013年）下降39.5%；细颗粒物（$PM_{2.5}$）年均浓度，与2016年持平，比2013年下降37%。长春市地表水环境以机械加工、粮食深加工、屠宰等行业生产排放的工业废水和居民生活污水形成的综合型有机污染为主。全市9个考核断面中，水质为优良等级的断面比例为44.4%，比2016年提高11.1%；劣五类水体比例为55.6%，与2016年持平，其中刘珍屯、靠山大桥2个断面水质有所改善；建成区75处黑臭水体整治完成年度任务；地级以上水源地水质稳定达标，地下水8处点位符合考核要求。全市土壤环境质量总体状况良好。试点监测结果表明，居民区、公共绿地、文教区及其它敏感用地周边，土壤均未受到明显污染。长春市声环境污染以商业、娱乐经营活动形成的生活噪声和交通运输形成的交通噪声为主。区域环境噪声平均等效声级56.2分贝，整体为三级一般水平。道路交通噪声平均等效声级69.4分贝，整体为二级良好水平。全市电离辐射水平处于本底涨落范围内，实时连续空气吸收剂量率和累积剂量处于天然本底涨落范围内。空气中天然放射性核素活度浓度处于本底水平，人工放射性核素活度浓度未见异常。城市电磁辐射水平远低于《电磁环境控制限值（GB8702-2014）》规定的公众曝露控制限值。

【扶贫工程】 包保农安县前岗乡孙家村，开展“精准扶贫攻坚”。派出驻村工作队，组织6个局属事业单位和各分局，对23户50名贫困人口开展精准扶贫工作。推动藤编工艺扶贫项目建设，贫困户各分红750元；推动实施“笨鸡代养”扶贫项目，贫困户各分红1050元；推动贫困户危房改造项目，2户精准扶贫户搬迁新居；推动自来水安装入户项目，全村312户1140名村民，全部免费使用深井自来水；推动文化“文化广场”项目，建设文化广场1200平方米，配备健身器材12套；推动“冬季供暖”项目，使用行政经费结余资金6万元，安装锅炉等供暖设施，解决村部、村学采暖问题；推动“公益扶贫”项目，组织社会力量参与扶贫，协调一汽富晟四维尔公司、吉林同鑫热力有限公司，开展爱心捐助活动，捐赠价值1万余元的米、面、油、衣物等生活物资。

（王占龙）

国土资源管理

【耕地保护】 落实耕地保护责任制。

抓基本农田划定，通过国家验收。抓高标准农田建设。2017年的总任务是16600公顷，总投资3.69亿元，工程部分全部完工。会同各区政府、开发区管委会拆除违法用地面积51.7公顷，恢复耕地33.4公顷。

【土地整治】 设立实施7个补改结合土地整治项目，计划提质改造耕地面积7076.95公顷，普遍提升一个耕地利用等级，总投资15871万元。项目开展前期可研设计招标及实施工作。

【土地利用】 2017年，全市完成供地2330公顷，比2016年上升16%；成交额239.3亿元，比2016年上升15%；土地出让收入入库267亿元，是2016年的1.6倍。工业用地大幅增长，市本级出让301公顷，比2016年上升42%。全市出让570公顷，比2016年增长6%；其中市本级482公顷，比2016年增长22%。例行督察通报长春市的24宗闲置土地，均为历史形成，除个别涉诉地块外，全部处置到位，无一宗新增。开展提高供地率攻坚战，供地率提高到62%以上，通过省厅验收。2017年的供地率全市达62%，是历年来供地量最大、供地率最高的一年。

【土地规划】 用3天时间完成城区所辖18个乡镇规划审批和备案工作，缩短“伊通河综合治理”等重点项目用地前期审批时间；在全省率先完成九台区县级规划报批工作，为长春新区在用地布局和征供地等方面赢得先机。自2017年以来，长春市在5个县（市）区设立7个试点项目，总规模7076公顷。德惠先行开展的4个镇、9个村、2000公顷试点项目于2017年9月竣工、11月初通过省厅验收。通过此种方式，为伊通河工程的21个项目落实占补平衡。

【地籍管理】 开展不动产单元编码示范推广与集成应用试点工作，确立春市地下（地上）空间不动产单元编码规则，完成权籍调查测绘任务，起草技术报告和工作报告，受到国土部专家组肯定。

【土地征收】 推进征地报批工作，全市获批征地3020公顷，比2016年增长62%。部署开展伊通河征地“十日攻坚战”，用10天时间完成从组卷到省长签批整个流程，获批征地211公顷。

【土地储备】 10月11日，市政府下发《关于深化政府投融资体制改革的实施意见》，提出创新土地资源利用的新要求。11月13日，市编办批准成立全市土地储备出让工作领导小组，在长春市国土资源局下设办公室。12月27日，以市政府办公厅名义发布《关于进一步做好储备土地一级开发工作的通知》，为落实《关于深化政府投融资体制改革的实施意见》提供和政策依据。全年偿还贷款本息35.7亿元，贷款利率从7.8%降到3.5%，降低资金成本和金融风险。

【法规监察】 与法院联动、与检察院联建、与基层政府联合，创新“三个工作新机制”，与“国家两项制度试点”有机结合，与执法监察1个监控平台深度融合，打造“互联网+国土执法”特色的“321”国土资源执法监察工作体系。市政府和法院联合发文，在长春市实施涉及国土资源非诉行政执行案件“裁执分离”。同市检察院联建，解决全程监管问题，有效规避公益诉讼风险。在全市率先完成平台对接、信息共享，在全市政法委召开的会议上，国土资源局作典型发言。与市检察院联合开展“追缴土地出让价款百日攻坚”专项行动，通过部门联合，全力追缴。解决欠缴金额34.6亿元，占总量的63%。以市政府名义下发《关于在各城区建立联合开展违法用地行为日常监管工作机制的通知》，形成执法合力。

【矿政管理】 地质矿产远程监控系统日益完善，《长春市矿产资源总体规划》和《长春市地质灾害防治“十三五”规划》稳步推进，采矿权审批等专项检查成效显著。健全地质灾害群测群防体系，对53个重点地质灾害隐患点，落实包保责任，全市从未发生地灾事故。

【行政审批】 推进数字档案室建设试点工作，使库存9大类27万卷档案全部实现数字化管理，三环以内登记类档案查询纳入全市“一门式、一张网”，“让信息多跑路，让百姓少跑腿”，方便企业群众办事。

【国土维稳】 全年受理信访事项49件、86人次，比2016年分别下降26%和

6月24日，长春市国土资源管理局开展全市国土系统岗位大练兵技能竞赛

（姚　笛　提供）

46%，信访事项均为历史遗留，新增案件为零。受理12345市长公开电话671件，比2016年下降35%，答复率、满意率100%。完成全国“两会”、十九大等重要会事期间信访维稳任务，长春市国土资源局被评为2017年全国“两会”期间信访维稳工作先进单位、十九大期间信访维稳“百日攻坚战”先进集体，在全省国土资源系统信访目标责任制考核中，名列第一。全年接到《检察建议》4件（全部在外县市区），比2016年下降73%；受理行政复议12件，比2016年下降57%；受理行政诉讼24件，比2016年下降29%。主动公开政务信息4万余条，受理依申请公开申请233件。

【服务民生】 推进不动产登记制度改革。完成发证60万件，占全省42%，零上访、零炒作。不动产信息管理平台接入国家平台，完成房、地存量数据整合汇交。推进林权登记，12月25日，长春市举行首发仪式，颁发第一本林权不动产权证书。全市农村宅基地和集体建设用地确权登记调查工作全部完成，总面积1420.5平方公里；落实全市“一门式、一张网”政务改革。4项行政审批类、1项管理服务类，32个审批事项全部纳入“一门式、一张网”。综合窗口受理国土审批事项1033件，全部办结。完成“县级国土审批业务系统”与“长春市政务服务平台审批系统”对接，5个县（市、区）局涉及的36个审批事项、9个城区（开发区）分局涉及的3个审批事项全部上线运行。市本级、县（市、区），包括城区（开发区），均入了政府的一门式、一张网”。落实资金2.89亿元，完成13个审计等检查接待任务，没有出现重大责任性问题。

（姚　笛）

园林绿化

【概况】 2017年，长春市本级投入园林绿化资金3亿元，城区绿化覆盖率41.5%，绿地率36.5%，人均公园绿地面积11.6平方米。

【绿化建设】 新植街路30条，新建大块绿地26宗，补植街路216条，补植绿地100宗，新增绿地面积100公顷以上。列入长春市2017年幸福长春行动计划的人民大街、西安大路等6条主要街路景观提升工程全部竣工，绿化精品街路景观效果显现。引进北美红枫等6个乔灌木绿化新品种，栽植数量和质量为历年同期最高。推进立体绿化，重点打造锦江公园、市委党校等一批重点部位的立体绿化试点。做好长春国际马拉松比赛沿线绿化工作，补植乔木1850株，灌木2977株，栽植花卉11296平方米，新增绿化面积14万平方米。

【园林景观提升工程】 推进长春市旧城改造园林绿化景观提升工作。实施园林绿化文化注入与表达工程，提升园林绿化的文化品位和景观效果。编制《旧城改造园林绿化施工导则》《开放式小区绿化工作导则》《2016年旧城改造园林绿化景观提升成果展示图册》，刊发6期《旧城改造园林绿化景观提升简报》。截至2017年年底，完成工程总量的75%。开展裸露地面治理工作，在全面普查的基础上，编制完成《长春市裸露地面治理工作导则》，通过市区联动，因地制宜的开展治理工作，消除裸露地面300公顷。

【公园建设】 启动清水音、北海公园二期、芳草、花溪、天香5个市级公园新建项目。清水音公园、北海公园二期开工建设，芳草公园进入招标阶段，花溪、天香公园推进征拆和前期工作。同步推进5大公园建设，开创长春市造园史的先河。福园、海绵公园等社区公园建设工程全部建成开放。郑州园博会“长春园”项目竣工，南宁园博会“长春园”进入施工图设计阶段。

【精细化管理】 开展“走遍长春”城市精细化管理专项行动，编制下发“走遍长春”城市精细化管理专项行动园林工作手册，开展园艺师流动服务队进社区活动，动员组建“园林管家”队伍，营造市、区、街、社区四级联动，市民广泛参与的园林绿化共建、共管、共享的氛围。截至2017年年底，园艺师流动服务队排查园林绿化养护管理问题400件，召开市民座谈会4次，开展园林绿化法规政策宣传活动14次，发放《绿化知识手册》200余本、美国白蛾防治宣传单15000余份，招募“园林管家”1500余人。

人民大街绿化景观带　　（张晓东　提供）

【庭院绿化】 采取“政府部门牵头组织协调、专业技术部门指导、单位小区运作施工、日常管护责任到人”的建管模式，开展花园式单位庭院、花园式小区建设活动。有17个单位庭院被授予“花园式庭院”荣誉称号。截至2017年年底，长春市建成区绿化庭院小区1986个，绿化面积3242.3公顷。加大庭院绿化病虫害防控力度，采取人工防治、生物和化学药剂喷药防治、利用性诱剂诱杀成虫等手段，巩固庭院绿化成果。

【义务植树】 长春市绿化委员会办公室组织省、市领导，机关、企事业单位，社会团体等23个单位，绿化全民义务植树地块19宗，近3000人参加全民义务植树活动，栽植糖槭、云杉等乔木20多个品种19055株，面积40715平方米，栽植五叶地锦800米6000株。

【园林植保】 2017年，全市报检乔木105批次17935株，灌木164批次1271670株。刊发《长春园林植保》简报6期，发布测报信息100余条、植保动态21条。组织全市绿化单位进行病虫害防治工作，其中光肩星天牛专项防治街路269条4335街次，1202146株寄主树木，其中糖槭242034株。针对长春市刺吸类、蛀干类害虫防治难度大的问题，筛选多种内吸传导、渗透性助剂分别对蚜虫、白蜡蚧、朝鲜毛球蚧、光肩星天牛、桃红颈天牛等常发害虫进行药物实验，筛选出可实施且有效防治方案，为各绿化单位提供防治方法和途径。为确定植物病虫害最佳防治时期和筛选有效药物，分别在御花园进行苹桧锈病、玉簪白绢病实验，在牡丹园进行牡丹病虫害防治实验。

【古树名木】 采取电子化管理手段，对古树名木现有档案进行重新梳理，形成古树名木的特征代码和区划代码，统一录入到全国古树名木管理系统，形成电子档案。长春市发现散生古树108株，古树群7处，1000余株。

【行政审批】 长春市园林绿化局受理园林绿化行政审批事项266件。其中，绿化规划许可72件（建设工程绿化规划45件、建设工程绿化指标核定27件）；砍伐（移植）、临时占用绿地审批169件（砍伐111件、移植11件、修剪11件、临时占用绿地36件）；园林绿化企业资质19件；园林绿化苗木检疫6件。受理业务量比2016年增加15%，上述审批事项均按时限办结。加大简政放权工作力度，阶段性完成“放管服”工作，落实国家削减行政审批事项政策，加快推进行政许可标准化建设，强化收费清单管理，确保园林绿化行政审批改革取得实效。

【养护管理】 刊发《长春市街路绿化存在问题及对策》，编制《关于深化园林绿化管理机制改革的实施方案》《深化城市园林绿地养护管理改革方案》《长春市城市园林绿化年历》《城市园林绿化养护管理技术规范》《城市园林绿化质量管理标准、考核办法、奖惩办法》并予实施。开展园林绿化标准实施的第三方监管，委托社会第三方机构适时对全市公园绿地养护情况进行巡查。完善细化《创建“幸福长春·温馨公园”实施方案》，开展“幸福长春·温馨公园”创建活动。推进文化管理创新，开展公园文化服务，试点完成南湖公园科普展厅建设。开展占绿、毁绿综合整治专项行动，出动执法人员3000人次、大型机械60余辆，对长春市建成区存在的毁绿种菜等占绿毁绿行为进行集中清理整治，最大限度巩固园林绿化成果。

【园林规划与科研】 编制完成《新的城市园林体系实施规划（2017—2020年）》，已实施。推广杨树、柳树飞絮治理经验，完成长春市部分市属公园拆废还绿专项调查研究，启动长春市常见观花观果树木物侯期、长春市园林绿地“生态修复–拆废还绿”规划、园林新技术产品推广以及长春市重点园林植物群落调查研究等课题。对原有科研基地重新调整布局，重新规划建设的科研基地总占地面积3.3公顷，同步推进示范科普区建设。引进新优树种791株，引种乡土树种1900株。

（张晓东）

伊通河管理

【概况】 伊通河管委会主要负责对伊通河长春市城区基本建成段（南三环路桥至四化拦河闸15.78公里）进行全面建设和管理。主要工作职能为工程建设、防汛排涝、设施维护、水体监测、执法监督、园林绿化养护、环境卫生保洁7个方面。

【工程建设】 开展百里伊通河综合治理工程。2017年1月24日，召开伊通河综合治理领导小组2017年第一次会议，明确管委会为中段综合治理工程责任主体单位。完成伊通河综合治理工程中段33公里绿道建设；22座新建驿站全部完工；4座跨河桥、14座栈桥、10处浅滩全部完成；80余座雕塑作品安装完毕；工业轨迹公园、渔航文化公园、畅游园、治水广场、城市风情园、民族广场、月荷文化公园、松涛诗画公园、农耕生态园、樱花岛、健康岛、月亮岛、爱琴岛等区域景观工程主体完工；永宁路北人工湿地、兴华岛旁侧循环接触氧化工程、雪绒花氧化塘（部分区域）3个水生态试点工程进展顺利；6处黑臭水体消除工作完成内源治理，基本消除黑臭现象。

【防汛排涝】 2017年度伊通河城区段河道内跨河桥梁的建设及调蓄池等严重阻碍河道行洪。新立城水库放流95天，从30立方米每秒到120立方米每秒；降雨量偏大，暴雨橙色预警2次、黄色预警6次、雷电黄色预警29次。面对严峻的度汛形势，制定2017年防汛工作预案。提前对设备检查维护，购买防汛物资。准确掌握水情、雨情、工情，做好防汛值班记录工作。

【涉河业务管理】 管理和登记涉河的高压电架空工程；热力管线公平桥、荣光桥管线地埋工程的前期定线和踏查工作；大唐热力、同鑫热力的改造工程；污水截流（卫星桥到自由桥）工程的多次施工变更的管理工作；吉大二院的污水管道工程；轻轨桥维修工程等涉河工程20项。

【设施维护】 配合综合治理工程，在设施方面参与水利工程提升改造工作，供水、供电、通讯等管网接入工作，组织技术力量，配合指导工作。在工程施工，闸站改造，主河道不能蓄水等困难下坚持设施维护工作，保障设施在汛期运转良好，安全度汛。

【执法监督】 加强伊通河沿岸防洪设施、公益设施、园林小品的管理，实行执法人员及夜巡员24小时全天候、全方位立体管理措施，开展联合执法，加大综合整治力度。处理违章、违法案件286件。强化宣传力度。通过悬挂条幅等方式，提高市民对创建全国文明城市的知晓率、支持率和参与率；加强与派出所联系，不定期组织联合执法，加大执法力度。

伊通河苗木基地　　（国　徽　提供）

【园林绿化】 伊通河城区中段绿化工程新植乔木5800株，移植乔木8700株，花灌木3900丛，绿篱1600米。栽植花卉150000平方米，铺设草坪55000平方米。其中民族园、活水园、渔航文化园南段、工业轨迹园、松涛诗画园乔灌木以及地被植物的栽植工作基本完成。做好现场勘查，树木移植，移植量统计等工作。移植树木19800株（丛），其中针叶树2688株，阔叶树10067株，花灌木7045丛。绿篱140米。模纹2000平方米。定期对园林植物进行调查，制定病虫害防治工作实施方案。各工程队负责各自所管辖范围内的喷药工作，使用洒药车4台，喷雾器12台，防治天牛、蚜虫、天幕毛虫等10余种病虫害。

伊通河樱花岛　　（国　徽　提供）

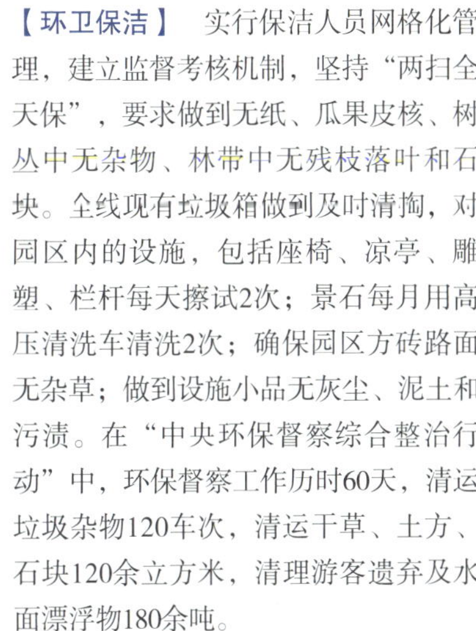

【环卫保洁】 实行保洁人员网格化管理，建立监督考核机制，坚持“两扫全天保”，要求做到无纸、瓜果皮核、树丛中无杂物、林带中无残枝落叶和石块。全线现有垃圾箱做到及时清掏，对园区内的设施，包括座椅、凉亭、雕塑、栏杆每天擦试2次；景石每月用高压清洗车清洗2次；确保园区方砖路面无杂草；做到设施小品无灰尘、泥土和污渍。在“中央环保督察综合整治行动”中，环保督察工作历时60天，清运垃圾杂物120车次，清运干草、土方、石块120余立方米，清理游客遗弃及水面漂浮物180余吨。

（国　徽）

对外经济贸易

招商引资

【概况】 2017年，全市实际引进内资项目741个，金额1500亿元，比2016年增长17%。其中引进外省项目526个，金额1203亿元，增长10%。全市实际利用外资74.2亿美元，增长14.2%，其中直接利用外资14亿美元，增长8.6%。

【内资运行特点】 从资金来源情况看，在长春市引进省域外资金1203亿元中，北京、上海、天津、江苏、浙江、广东、福建、山东、辽宁为主要资金来源地。从投资规模情况看，8000万以上项目534个，到位资金1453亿元；5000万～8000万项目67个，到位资金26亿元；5000万以下项目140个，到位资金20亿元。从产业投向情况看，投向主要集中在第二、三产业。二产引进项目345个。其中，汽车零部件项目87个、农产品加工项目34个、光电信息项目18个、生物医药项目26个、能源项目20个、建筑材料项目3个、其他项目157个。三产引进项目363个。其中，现代物流项目26个、旅游会展项目18个、文化项目9个、金融项目31个、商业及服务业项目62个、房地产项目79个、其他项目138个。从500强企业投资情况看，22户国内500强企业来长投资，金额140亿元。

5月24日，长春市产业招商专题培训班开幕式　（赵兴华　提供）

【外资运行特点】 从资金来源情况看，香港、日本、新加坡、开曼群岛等为主要资金来源地。从产业投向情况看，一产投资项目1个，投资额2亿美元；二产投资项目7个，投资额1.5亿美元；三产投资项目19个，投资额7.7亿美元。从项目审批情况看，全市新批外商投资企业27户，比2016年减少3.6%。从投资方式情况看，在新设立的28户外商投资企业中，合资企业18户，增长63.6%；外商独资企业9户，下降43.8%。

【产业招商】 围绕市十三次党代会提出的打造6个千亿级产业、发展现代农业和现代服务业的目标，长春市成立由市领导负责、市直主要责任部门牵头、市直相关部门配合的10个产业招商工作组，谋划全市未来发展的重点产业和重点项目，引进域外资金，协调推动县（市）区、开发区招商项目落位开工，出台《关于进一步强化产业招商工作的实施意见》，指导产业招商工作。与市委组织部、市委党校联合举办全市产业招商动员大会暨专题培训班，邀请商务部专家授课。实施《地区招商引资绩效考核》和《市直部门招商引资单项奖考核》，激发和调动各县（市）区、开发区和市直部门招商工作积极性。按照《关于进一步强化产业招商工作的实施意见》，构建内部工作分工及对外联络机制，6个专业招商处室明确分工，组织招商活动；由1个综合处室总调度，与市直产业部门全面对接。

【创新招商模式】 推动贵州兴伟集团综合体等一批产业招商项目落位，实现传统招商向产业招商的转型。11月初，启动“冬季产业招商攻坚行动”，围绕全市重点产业开展招商工作，开展6次“走出去”叩门招商，在深圳“产业对接之旅”期间，与深圳32家企业开展产业对接交流，助推长春市新能源产业、农业产业园、文化产业示范区和旅游产业园区等项目；与国药集团正式签署《医疗健康服务项目合作框架协议》，第1批落地4个项目，总投资2.1亿元；第十九届“高交会”期间，与300多家企业对接，达成80个合作意向；赴香港、澳门，推介长春市光电信息产业、生物医药及大健康产业、新材料产业及现代金融业，吸引世界500强、国内500强和行业龙头企业到长春市投资；赴北京开展大数据产业招商，与中软国际集团、中电数据服务有限公司等企业开展合作洽谈。12月20日，中软国际集团与长春市就教育大数据项目对接。启动全国商务系统首家“互联网+招商”信息化数据平台建设，实现精准招商。

（赵兴华）

对外贸易

【概况】 2017年，长春市进出口贸易额为952.5亿元，与2016年同期相比（下同）增长1.9%，占全省进出口总值的75.9%，比重下降0.9个百分点。其中，进口822.6亿元，增长1.8%，占86.2%，比重增长0.2个百分点；出口129.8亿元，增长2.8%，占43.3%，比重下降2.3个百分点。高新技术产业开发区进出口78.7亿元，增长23.5%；九台区7570万元，增长10.2%；经济技术开发区54.4亿元，下降22.6%；兴隆综合保税区10.4亿元，下降13.3%（海关实际监管货值64.45亿元，增长40.2%）。一般贸易进出口902亿元，增长2.5%；加工贸易43.9亿元，下降10%；外商投资企业作为投资进口的设备、物资1.9亿元，增长1.5倍；海关特殊监管区域物流货物3.3亿元，下降25.5%；其他贸易7744万元，增长53.1%；对外承包工程出口货物4347万元，增长26.7%。对俄罗斯进出口4.4亿元，增长32.4%；对日本104.4亿元，增长8.4%；对韩国20亿元，增长4.9%；对欧盟666.5亿元，微增0.5%。此外，对东盟50.2亿元，下降1.3%；对美国24.5亿元，下降16.6%。外商投资企业进出口620.8亿元，增长10.6%，占长春市进出口总值的65.2%，比重比2016年提升5.1个百分点；国有企业274亿元，下降9%；私营企业57.4亿元，下降20.5%。高新技术产品进口（内容与机电产品有交叉，下同）142.2亿元，增长26.7%。机电产品进口774.9亿元，增长3.2%，其中，汽车零配件进口349.2亿元，增长10.1%；汽车进口136.1亿元，下降20%。农产品进口5.4亿元，下降71.2%（见表1）。

2017年长春市主要进口商品排序表

表1　　单位：亿元、%

序号	进口商品	金额	比2016年±%	比重
	进口贸易总值	822.6	1.8	100.0
	*机电产品	774.9	3.2	94.2
	*农产品	5.4	-71.2	0.7
	*高新技术产品	142.2	26.7	17.3
1	汽车零配件	349.2	10.1	42.4
2	汽车	136.1	-20.0	16.5
3	计量检测分析自控仪器及器具	58.1	14.1	7.1
4	通断保护电路装置及零件	35.2	29.0	4.3
5	电视.收音机及电讯设备的零附件	23.3	12.5	2.8
6	集成电路	11.8	16.7	1.4
7	钢铁制标准紧固件	11.5	9.4	1.4
8	收音设备（包括收录音机及散件）	8.9	-4.3	1.1
9	电动机及发电机	7.4	16.4	0.9
10	钢材	6.4	3.9	0.8

注：*“机电产品”“高新技术产品”和“农产品”包括表中已列明的有关商品

主要出口商品出口形势稳定。机电产品出口73.2亿元，增长5.0%，占同期出口总值的56.3%，其中汽车出口14.6亿元，增长37.8%；汽车零配件出口13.2亿元，增长0.7%。农产品出口18.4亿元，增长9.2%，占14.2%，其中粮食出口2.9亿元，下降30%。除外，胶合板及类似多层板出口6.9亿元，增长11.4%；通断保护电路装置及零件出口3.9亿元，增长78.1%；家具及其零件出口2.5亿元，增长3.2%；摩托车出口1.6亿元，增长73.6%（见表2）。

2017年长春市主要出口商品排序表

表2　　　　单位：亿元、%

序号	出口商品	金额	比2016年±%	比重
	出口贸易总值	129.8	2.8	100.0
	*机电产品	732	5.0	56.3
	*农产品	18.4	9.2	14.2
	*高新技术产品	15.1	5.1	11.6
1	汽车	14.6	37.8	11.2
2	汽车零配件	13.2	0.7	10.1
3	胶合板及类似多层板	6.9	11.4	5.3
4	医药品	5.6	-1.0	4.3
5	服装及衣着附件	4.4	-21.5	3.4
6	通断保护电路装置及零件	3.9	78.1	3.0
7	粮食	2.9	-30.0	2.3
8	家具及其零件	2.5	3.2	1.9
9	摩托车	1.6	73.6	1.2
10	新的充气橡胶轮胎	1.5	-46.5	1.1

注：*“机电产品”“高新技术产品”和“农产品”包括表中已列明的有关商品

【对外开放】　以市委、市政府名义出台《关于进一步扩大对外开放的指导意见》，提升全市对外开放水平。在建机制方面。与海关就共同推动长春市对外贸易加快发展、共同推动电子口岸建设、全面建立双方会晤磋商机制等12个方面进行研讨，就建立全方位工作协作机制达成一致，共同推动长春市外向型经济实现稳步发展。在拓市场方面。为企业搭建平台，增加企业出口订单。组织企业参加“马来西亚长春商品展”“慕尼黑光电展”“华交会”“广交会”“上交会”等境内外展会。“马来西亚长春商品展”是长春市首次在境外组织的大型展会，参展商百余人，涉及光电、服装、工艺、医药、食品等多个领域。签订外销合同额344.48万元，意向性合同额513.28万元。举办“中国长春-马来西亚企业家对接会”，与马来西亚50余位企业家进行洽谈对接。全市激活和培育外贸进出口经营主体100余家。在推进合作方面。推进俄罗斯、蒙古等农牧产业园建设，支持企业首次在蒙古设立投资贸易服务中心。境外投资办企16户，中方投资额1.12亿美元。在稳通道方面。长春新区铁路综合货场和国际港投入使用，“长满欧”国际铁路货运班列发展迅猛，居全国中欧班列领先地位。“长珲欧”从设计规划阶段进入组织实施阶段。兴隆综合保税区铁路场站对外开放延期1年，肉类和冰鲜进口口岸获批。

【外经贸发展】　以市政府名义出台《关于促进全市服务外包产业加快发展的若干政策意见》。借助“中国服务外包示范城市”政策优势，推动高新国际服务外包产业园等园区提升产业承载能力，加快形成高端服务外包产业集群。组织企业参加“软交会”、十一届“东博会”服务贸易大会等各类境内外知名展会，为企业搭建对接合作平台，全市离岸服务外包业务执行额完成6220万美元，比2016年增长10%，离岸服务外包业务执行额连续多年超10%增长。

（赵兴华）

长春海关

【概况】　2017年，长春关区监管货物660.6万吨，比2016年增长32.2%，货值111.3亿美元，增长16.5%。监管进出境人员229.2万人次，下降11.5%，进出境运输工具30.5万辆次，下降8.8%。

【优化监管】　实施担保验放、汇总征税、“自主申报、自行缴税”“一次申报、分步处置”和预约通关等便利通关措施，将执法作业前推后移。按青岛参数测算，2017年，进出口海关通关时间分别为13.33小时和2.60小时，比2016年缩短41%和35%。剔除涉朝取样送检报关单，进出口海关通关时间分别为11.46小时和2.41小时，缩短49.7%和39.9%，实现压缩通关时间三分之一目标。全年稽查企业63户，补税入库3.06亿元人民币。核查企业75户，补税765.37万元人民币。落实“谁执法谁普法”，加强海关法制建设，加强知识产权海关保护，全年查获侵犯知识产权案件6起，查获侵权物品1052件，涉及品牌7个。

【税收征管】　2017年，长春关区税收入库141.37亿元，比2016年增加12.53亿元，增长9.73%。其中，关税41.19亿元，增长6.74%；进口环节税100.18亿元，增长11%。长春海关本级税收入库117.60亿元，增长6.89%。其中，关税36.14亿元，增长5.33%；进口环节税81.46亿元，增长7.59%。

【打击走私】 成立全省打击走私领导小组，加强与省边防总队工作联系，构建全省反走私工作新格局。开展“国门利剑2017”“蓝天”“融冰”“国门雷霆”“国门勇士2017”等联合专项行动。破获“3·15”走私国家禁止进口药品案、“4·18”走私进口海产品案等署局一级挂牌督办案件；“CC301”走私旧机动车案被署局列为二级挂牌督办案件，大要案侦办工作取得历史性突破。中央电视台、新华社、《法制日报》等中央级媒体对“3·15”走私国家禁止进口药品案进行报道。

【服务地方经济】 深化放管服改革，取消所有涉企收费。发挥统计监测预警作用，撰写统计专报21篇，撰写统计分析及监测预警信息100余篇，被省委省政府采用16篇次，总署要情采用23篇次。支持中欧班列和内陆港建设。推动长春兴隆铁路场站内陆港口岸临时开放。服务通化内陆港务区启动运营。促进中欧（长满欧）国际铁路班列快速发展，辐射俄罗斯境内超50个铁路中心站，欧洲境内6国18个铁路中心站。全年进出口标箱26538个，比2016年增长18倍，货运量21万吨，增长20倍，货值65亿人民币，增长15倍。服务跨境电子商务等新兴业态加快发展。全年监管出口跨境电商包裹1382万件，货运量1163吨，货值53993万人民币，货运包机76架次。完成直购进口和保税备货进口业务测试。

支持吉林省重点产业、重点项目建设。加大认证和信用培育力度，2017年对50家认证企业开展培育，完成高级认证企业重新认证11家。采用“汇总征税”“自报自缴”征管模式帮助一汽-大众、大陆汽车电子有限公司等企业加快资金周转和提高通关效率。开展税政调研，以汽车、轨道客车关键件、化工产品、海产品、农产品为重点，提出小轿车自动换挡变速箱、高铁牵引变流器等4项商品修订建议，被关税税则委员会采纳并继续适用暂定税率，为一汽集团和中车长春轨道客车公司等企业年节省生产成本约4.75亿元。实施特殊行业电子联网监管账册政策，实行手册分段式核销监管，解决企业手册管理难题。

推动加工贸易创新发展，促进产业结构升级。以吉林省化工产业为重点，采取不同扶持措施，促进创新发展。以生产乙烯、丙烯、苯等基础化工原料企业为重点，梳理企业上下游供求关系，从产业链条的“出口”端逆推至“进口”端，梳理出10个化工产业链条，涉及15家企业，工业总产值近500亿元，牵头组织上下游企业20家，促成4家企业顺利对接，实现计划合作项目1.2亿元。引导企业借助海关特殊监管区域“补链”优势，使产业链条中的上下游企业紧密链接，实现苯胺及烯烃项目对吉林化工产业园区内5家出口型化工企业的有效补给，据测算，可为5家企业增加30亿元出口额。

推动先行先试项目做大做强。引导吉林省边境地区企业用足用好对朝“出境加工”政策，全年实际进出口值22.75亿元人民币，比2016年增长5.59倍。支持内贸货物跨境运输，扩大运营规模和运输品种，入境地由原来的上海、宁波两个港口，拓展到上海、宁波、黄埔、泉州4个港口，打通东北东部与长三角流域、珠三角流域之间的黄金通道。2017年内贸跨境3个航次、货运量7539吨、货值904.68万元。

深化中俄边境海关合作，促进双边经贸加快发展。加强与俄罗斯远东地区海关合作，在做好边境海关会晤、专项工作组会谈和关（局）长互访等多层次交流的基础上，探讨中俄互通小汽车自驾游、中俄“长（春）珲（春）哈（桑）”特殊功能区联动建设，珲春-扎鲁比诺跨境陆海联运、中欧班列（长珲欧）国际班列及中俄大通道建设等合作内容，促进中俄两国互联互通。

【海关改革】 实施通关一体化改革，超过60%的报关单实现自动审单放行。受理跨关区一体化通关报关单8500票，占关区报关单总量28.5%，跨关区通关企业节省时间30%以上，转关运输成本降低30%。推进通关作业无纸化改革，全年全程无纸化通关率99.22%。2017年，企业“一次申报”率100%；符合联合监管条件的进出口货物“一次查验”率100%。推进“放管服”和“双随机、一公开”改革。3月，取消所有涉企服务收费项目。在吉林省复制推广17项自贸区创新制度措施。推动吉林省“一张网”和“单一窗口”的协同建设。关区随机布控查验占比92.18%，随机布控查验查获率4.44%。关区监管现场全部执行“随机派员查验”要求；常规稽查随机选取率84%，超过总署绩效考核指标。推进业务管理优化改革创新。建设二级风险防控、业务监控指挥、审批备案和稽查4个中心，同步推进隶属海关功能化改造和服务保障一体化改革。推进智慧海关建设。收集业务需求41项，上报总署30项，推进空港旅检智能通关试点工作。提升12360热线影响力。

（张怀容）

农　业

综　述

【农业结构调整】　2017年，长春市粮食总产量993万吨，创历史新高。优化种植结构，调减籽粒玉米3.86万公顷，增加水稻0.48万公顷、大豆1.62万公顷、特色经济作物1.72万公顷。棚膜经济快速发展，新增棚膜0.192万公顷，建成国家级棚膜园区19个、省级86个。2017年全省棚膜经济现场会在双阳召开。

【农业现代化】　“五大实验区”投资42亿元，核心区建成面积23.58万公顷。榆树玉米深加工、九台鲜食玉米、双阳鹿业迈进省级现代农业产业园行列。农机“三百”工程进展顺利，建设6.7万公顷秸秆全量还田示范区、100个保护性耕作示范点、100个全程机械化示范区，推广保护性耕作面积1.62万公顷，机械深松整地16万公顷，实施稻瘟病防治航化作业8.7万公顷，综合农机化水平86.5%，比2016年提高5.5个百分点。“全国秸秆机械化离田现场会”“吉林省农机化技术与信息化融合现场会”相继在长春召开。长春市农业综合信息服务平台功能不断完善，被农业部认定为“全国农业农村信息化示范基地”，农安县成为国家数字农业试点县。

【招商引资】　2017年，长春市启动实施“农业项目三年攻坚行动”，与天津市和白城市分别开展对口帮扶合作，签约项目51个，金额300亿元。促成中粮玉米深加工、晰晰马铃薯深加工项目落位，全市新增省级龙头企业20户、市级龙头企业35户，农产品加工业保持8%的增速。27户企业入选省级休闲农业星级企业，12户企业获评市级休闲农业与乡村旅游示范点，荣发农业园、缘山湖农业园被评为全国休闲农业与乡村旅游五星级示范企业，双阳国信被评为全国“双创”示范基地，农安县春江堰农场被评为国家农村产业融合发展示范园，农安县成为国家农业三产融合项目试点县。

【创建全国绿色有机农业示范市】　2017年，编制下发创建规划，建设绿色有机农业示范园区20个，认证绿色有机农产品69个，新增产地环境监测面积6.67万公顷，榆树、农安获批创建全国绿色食品原料标准化基地，蔬菜食用菌等市场检测平均合格率98%。品牌建设和市场开发效果明显，评选长春名牌农产品23个，德惠小町、九台贡米注册国家地理标志商标，天津、贵阳、农博园3个农产品营销中心建成运营，组织县区企业参加全国糖酒会、中国农交会、昆明农博会等多个展会，举办第十三届长春君子兰节。发展农产品电子商务，京东长春农特产馆销售额5.6亿元，长春“邮乐农品”销售额23.3亿元，40家农村电商示范点销售额10.4亿元。

【农村改革】　2017年，长春市土地确权主体任务基本完成，土地流转面积

7月16日，开心农业长春公司落户上河湾镇干沟村　（陈晓超　提供）

48.3万公顷，占总耕地面积38.5%，比2016年提高6个百分点。农村集体产权制度改革在双阳、莲花山2个村级试点稳步推进，朝阳区纳入全国100个、全省3个试点县之一。培育新型农业经营主体，农民合作社15038家，家庭农场3857户，认定市级示范社157家、市级示范家庭农场14户，完成新型职业农民培训6059人，壮大农业职业经理人队伍，251人获得证书。

【新农村建设】 2017年，长春市召开新农村建设暨改善农村人居环境现场会，74个省级重点村22个市级脱贫攻坚村建设项目全部完成，18个村当选长春市“最美乡村”，德惠布海十三家子村被农业部评为“中国美丽休闲乡村”，九台波泥河平安堡村、德惠朱城子良种场村被住建部评为美丽乡村示范村，九台土门岭马鞍山村被评为环境整治示范村。长春市召开现代农业建设与农民增收工作推进会，拓宽农民增收渠道，开展产业扶贫活动，参与实施城乡居民收入“暖流计划”，农民收入增幅与全市经济增速保持同步。精准脱贫攻坚取得成效，实际投入扶贫资金10.2亿元，建设产业项目和基础设施建设项目770个，124个贫困村实现脱贫。

【农业科研】 农科院19个科研项目批准立项，其中国家级10个；市农机院承担全省机械深松整地技术标准编制，“全量玉米秸秆归行覆盖免耕技术”攻关成效显著；质检中心顺利通过国家认监委的CNAS证书，检测能力水平提升；植保站有效防治亚洲飞蝗，获农业部蝗虫防治办表彰；土肥站“玉米秸秆生物腐熟技术示范”项目获市级二等奖；农机监理处坚持开展农机“安全生产年”活动，农安县被评为国家平安农机示范县。

（陈晓超）

林 业

【概况】 2017年，投入资金1.40亿元，完成造林7597.6公顷、2300余万株、超计划63.4%。其中，清收林地还林5891公顷，超计划47.2%；农防林更新改造完成造林1075公顷，超计划79%；迹地更新455公顷，防沙治沙造林50公顷，全部完成任务；退化林修复126.6公顷，全部完成任务。开展中幼林抚育360余公顷，其中，双阳区200公顷，农安县160公顷。完成引种油用牡丹、文冠果、核桃秋、赤峰杨引种5万株。

【农田防护林更新造林】 全市更新造林的千余条林带，全部拍卖、承包和租赁到户，德惠市等县（市）、区对残次林带改造继续提供免费苗木，苗木资金由政府收益中列支。各县（市）、区在3月份就完成农防林更新造林地块整地和造林规划设计任务。在防护林更新造林工作中，榆树、农安、德惠等县、市制定责任考核制度，出台考核奖惩方案，明确第一责任人，完成全年农田防护林更新造林任务。

【村屯绿化】 长春市以省级示范村屯绿化美化为重点，3月，在完善设计的基础上，筹集建设资金，落实绿化苗木、技术培训、施工队和技术物资。4月、5月，组织、指导各地开展绿化施工作业。6月，全市绿美村屯建设主体任务全部完成，雨季后，进行补植和花草养护。完成省级绿化美化村屯6个。

【湿地和野生动物保护】 4月22日，举办“吉林省暨长春市爱鸟周活动启动仪式”，活动向社会发放科普宣传画册3000份、宣传扑克5000副、宣传书籍200册，摆放科普展板40个、气球宣传条幅60条，播放“爱鸟护鸟”宣传教育片500余次，放飞救助鸟类200余只。对乱捕乱猎行为开展执法30余次，出动执法人员120余人次，收缴野生鸟类1500余只。重点检查雁鸣湖、伊通河等20余个鸟类栖息地点，销毁粘网20张、救助鸟类100余只、教育非法猎捕野生动物人员10人，救助国家二级保护动物鹰雕、大鵟、红隼等10余只。对全市湿地名录编制成果进行督导检查，在市政务中心召开调度会议，明确湿地名录划入范围。10月末，完成全市的湿地编制内业资料整理和外业普查工作，汇总、审核修改湿地名录编制成果，将湿地名录编制成果上报省林业厅。

【森林防火】 2017年，各级政府、单位签订责任状900余份，保证防火制度和措施落实。全年出动县级以上检查组187个，检查林场26个，检查乡镇210余次，村屯600次，及时整改检查出的问题。落实网格长129人，管理员374人，全市增加固定入山卡点23个，活动卡点45个。春秋两防期间，临时增加900余人次对重点林区坟头、山头、路口等部位进行布防，设临时检查站。开展“人人关注防火、人人参与防火”主题宣传教育活动。全年发放防火命令25000份，发放宣传单71200份，悬挂各类防火旗、标语、横幅35000面，在电视台播放森防公益广告112分钟，在LED屏播放森防知识87小时，制作公交车灯箱36块，出动宣传车1030台次，3740余人次参加宣传。组织县（市）、区开展森林火灾扑救应急演练12次，出动防火指挥车16台，运兵车32台，消防水车15台次，风力灭火机180台，背负式灭火水枪120支，2号工具700把，车载电台6部，对讲机102部，930余人次参加演练。长春市实现连续37年无重大森林火灾的目标。全年发生的一般性森林火灾过火面积8.62公顷，受害森林面积5.27公顷。森林火灾控制率0.57公顷/次，森林火灾受害率为0.001‰，森林火灾案件查处率100%。在15起森林火灾中，农事用火引发森林火灾8起，祭祀用火引发森林火灾3起，野外吸烟引发森林火灾3起，未成年人玩火引发森林火灾1起，森林火灾案件查处率100%。

【有害生物防控】 针对美国白蛾、日本松干蚧、松材线虫等外来有害生物，全年布设2600个监测点，对美国白蛾越冬代成虫进行全面监测，监测到美国白蛾雄成虫1055头，其中越冬代成虫104头，第一代成虫951头。日本松干蚧防治总面积984.43公顷，通过采取喷雾、喷烟等方式有效防止疫情反弹，巩固防控成果。开展松材线虫病重大疫情防控工作，截至10月末，长春市松材线虫病普查工作全面完成，应调查面积42248.52公顷，应调查寄住植物310770株，全部完成任务。

【林业案件查处】 开展“2017利剑行动”“绿盾行动”和“春雷行动”。全年查处各类林业案件323起，其中刑事案件107起，刑事拘留33人，逮捕14人，取保候审37人，移送起诉38起，行政案件216起，行政罚款82万元。

【林业改革】 3月30日和4月13日，分别召开全市国有林场改革工作会议和国有林场改革学习培训专题会议。11月，市委督查室对全市国有林场改革工作进行督导检查。截至年底，九台区作为试点单位，改革方案得到省国有林场和国有林区改革领导小组批复，完成改革试点任务。其他县（市）、区国有林场改革方案得到批复，并按照省国有林场改革领导小组要求，有序推进改革。

【林业产业】 2017年，开展并完成长春市林业产业现状调查报告，制定《长春市2016—2025年林业产业发展规划》，编纂长春市重点涉林企业名录。引导县（市）、区发展木本粮油经济树种，注重生态与经济效益双向提升，全年种植大果榛子600公顷、樟子松嫁接红松60公顷。春季造林中，引种赤峰杨大苗2.5万株、油用牡丹2万株、山核桃2.3万株、文冠果大苗1000株。

【林业科技】 承担9个项目的工作，新立《长春古梨树资源保育研究》项目，开展《绿化彩色树种与冬季常绿阔叶树种培育、驯化栽培技术研究》等3个项目研究，推广《花楸优良类型扩繁技术推广示范》项目，完成《长白山秋季红叶槭树资源选育及开发利用》等4个项目现场查验。利用科研成果，建设科技示范区3个，示范推广槭树科彩色树、花楸等优质树木花卉85公顷。培训人员500余人次。利用基地培育、生产苗木花卉，播种香柏、桔梗等花卉2万余株；栽植月季、百合、北美红枫等苗木6万余株；扦插崖柏、金叶杨等树种1.5万余株；组培月季0.5万株。全年培植各类苗木15万株。

（何航凯）

畜牧业

【概况】 2017年，全市猪、牛、羊、禽分别为978.8万头、285.1万头、94.9万只和3.69亿只；肉蛋总产量分别为112万吨、36.1万吨和6.6万吨；畜牧业产值311.8亿元，农民人均畜牧业收入3009元，畜牧业产值占农业总产值比重49.4%。

【标准化建设】 在德惠市、九台区、绿园区设立2万头生猪的“无抗养殖”试点，推进“无抗肉”品牌建设。会同市环保局制定下发《关于开展畜禽养殖禁养区划定工作的通知》（长环联〔2017〕1号），对划定范围、划定流程、划定路径、工作时限等做出明确规定，召开会议进行具体安排和部署。秸秆饲料化利用项目验收工作有序开展并向社会公示，确认150个项目符合奖补条件。

【大项目建设】 全市畜产品加工业实现产值428.6亿元，出口创汇1.32亿美元，比2016年分别增长11.2%和-10.2%。全市年内有20个项目开工建设，固定资产到位资金8.172亿元。开展龙头企业+农户建设绿色产园区工作，确定60个园区指标，分解到各县（市）区，按时完成长春市下达的30个园区指标。

【无疫区建设】 对各县（市）区进行督导检查，3月27—29日，国家无疫区专家评审组经过抽签，对榆树市、德惠市和市本级的无疫区建设进行评估验收，通过国家验收。与各县（市）区签订政府保密度、畜牧部门保质量的责任书，任务落实到具体责任人和规模饲养场（户）。开展“消毒月”活动，组织力量对规模饲养场、养殖大户、畜禽经营场所、屠宰场进行彻底消毒。口蹄疫、高致病性禽流感、高致病性猪蓝耳病、猪瘟、鸡新城疫等5种疫病群体免疫密度90%以上，应免畜禽免疫密度100%。重点加强H7N9禽流感的全面检疫监测。

【安全保障体系建设】 加强兽药质量安全监管，开展饲料违法添加兽药专项检查。结合饲料企业年度备案工作，规范饲料企业生产、经营行为。制定《2017年长春市畜产品质量安全工作意见》，推进华正生猪、皓月肉牛2个全程可追溯体系平台建设试点。针对第三期电视问政曝光的畜禽屠宰厂环境卫生“脏乱差”、未检疫白条狗上市和交易市场私杀滥宰问题，组织全市各级畜牧兽医主管部门，开展畜禽屠宰厂环境卫生、操作规程整治“治违”行动、私杀滥宰“挖雷”行动、畜禽屠宰检疫“扫盲”行动。出动执法人员1159人次，立案3起，停业整改2家犬屠宰厂，取缔私杀滥宰窝点38处。研究建立“政府领导、部门协作、属地监管”畜禽屠宰管理长效机制。印发《2017年长春市畜牧行业安全生产工作意见》《长春市畜牧企业安全生产标准化评定管理办法》和《长春市畜牧行业小微企业安全生产标准化评定标准》，组织召开由15个县区畜牧主管部门主要负责人参加的全市“两个安全”工作会议和12家重大危险源企业负责人约谈会议。起草《畜牧企业安全生产标准化建设规范》《动物卫生监督执法防护管理规范》文本，并上报省地方标准行政主管部门，列入2017年地方标准制定计划，保证畜牧业生产安全。

（侯　博）

水　利

【概况】 2017年，全市平均降水量545.4毫米，比2016年少212.4毫米。全市拥有大中小型水库196座。其中，大型水库3座、中型水库16座、小型水库177座；全市大中型水库蓄水量为8.57亿立方米，比2016年末蓄水量少1.22亿立方米。完成水土保持治理面积283平方公里。长春市水利系统从业人员4822人，其中，高级职称245人、中级职称497人。

【新凯河水系综合治理工程】　8月，该工程开工建设，实施河道清淤、水利工程护岸、新凯河堤防防汛路、夹板河涵洞等工程建设，完成芳草街、飞跃路、汇箐公园等淤泥处置场建设，处置排水吐口45处。清理河道56.5公里，清淤67.34万立方米，清理垃圾1864.5立方米；完成新凯河、永春河、富裕河等5处黑臭水体的年度建设任务。伊通河综合治理项目防洪工程建设监管得到加强，消除安全隐患7处。

【农村饮水工程建设】　精准扶贫农村饮水安全工程涉及榆树、农安、德惠、九台、双阳、二道和绿园7个县（市）区、85个贫困村，完成投资2亿元，建设集中式供水工程133处，解决18.2万农村居民（其中贫困人口1.8万人）、0.29万师生的饮水安全问题。9月12–18日，对5县（市）区工程建设情况进行专项督查，并对5县（市）区政府及其水利、发改、财政、农电、环保、卫计等部门进行质询，11月末完成全市工程建设任务。

【水资源管理】　长春市水资源总量27.46亿立方米，其中，地表水资源量13.26亿立方米、地下水资源量16.36亿立方米，重复计算量2.16亿立方米。长春市城区地下水资源量2.23亿立方米、可开采量为1.58亿立方米。制定《长春市城边工业集中区盗采地下水问题整改方案》，完成省政府对长春市实行最严格水资源管理制度考核，完成对外县市区实行最严格水资源管理制度的考核工作。两大水源地年打捞垃圾3500吨；编制《石头口门水库一级保护区综合治理方案》《新立城水库一级保护区封闭管理方案》，制定《水源地保护巡查制度》和《垃圾和水上漂浮物打捞制度》。新立城水库管理局编制《水源保护区生态环境提升规划》。石头口门水库完成2814渔池生态治理工程，建设一级保护区围栏60公里、封闭率63%。颁布实施《长春市节约用水条例》，吉林农大、修正药业等13家单位获得省节约用水先进单位称号，全市有25人被评为省节约用水先进个人。按照《吉林省实行最严格水资源管理制度考核办法》要求，省政府对长春市实行最严格水资源管理制度的“三条红线”4个约束性指标进行了考核。

2017年，全市用水25.0491亿立方米，在年度完成目标26亿立方米以内；万元国内生产总值用水量（按2016年可比价计算）38.49立方米，比2016年万元国内生产总值用水量42.90立方米下降10.28%。全市万元工业增加值用水量11.36立方米，比2016年万元工业增加值用水量17.33立方米下降34.45%。长春市农田灌溉水有效利用系数平均值为0.607，实现年度控制目标不低于0.566的目标要求。长春市重要江河湖泊水功能区水质达标率28.6%，比年度目标值23.8%提高4.8%。

【河长制建设】　落实中央深改组《关于全面推行河长制的意见》，6月1日，市委常委会、市政府常务会议审议通过《长春市全面实施河长制工作方案》，16日，召开长春市全面实施河长制工作视频会议，编制出台市、县、乡河长制工作方案158个。建立市、县、乡、村四级河长体系，全市设立各级河长2325名。其中，市级河长12名、县（市）区级河长277名、乡（镇、街道）级河长520名、村级河长1516名。研究制定河长制7项配套制度。市、县两级河长巡河300余次。开展河道清洁整治、清理河道非法采砂、排水（污）口排查整治等专项行动。全市出动人力4.5万人次、车辆2.3万车次，清理河道2735公里，清理河道及周边垃圾89万立方米、清理非法采砂46处、违章建筑196处、畜禽养殖场252处，新改扩建污水处理厂14座，对53个入河排污口建立台账，推进整改工作。加强河湖保护治理，协调推进伊通河、新凯河等重点河湖综合治理工程建设，启动重点河流保护规划编制和河湖岸线划定工作。公开各级河长姓名、河长办监督电话、河湖治理目标，发布河长制工作信息43次、工作简报27期，现已设立河长制公示牌1120块。

【水生态文明城市建设试点】　2月10日，召开长春市2017年水生态文明城市建设试点工作会议，按照水利部和市党

1月24日，省委常委、市委书记王君正调研伊通河流域综合治理工程时，慰问一线施工人员　（王忠君　提供）

7月25日，省委常委、市委书记王君正部署防汛工作（王忠君　提供）

代会、人代会工作部署，制定下发《长春市水生态文明城市建设试点工作要点》，建立单月调度、双月通报工作机制和半年检查和政府督察考核形式。7月，参加水利部组织的松辽流域水生态文明城市建设试点工作会议。9月，对承担项目的城区和单位进行水生态项目专项督查，确保8项示范工程建设和六大体系建设任务实施进程。

【防汛度汛】　汛前，落实各类水库、江河、城市防洪行政责任人612人，确定各险工险段、度汛隐患行政及技术责任人286人；排查工程隐患143处，实施工程修险55项；清除柴草垛148处，取缔非法砂场21家；完善大中型水库、城区防洪、主要江河等各类预案51份；落实抢险队伍12.49万人、防汛抗旱专家75人；增加挖掘机、装载机、自卸车等救援设备61台（套），支援吉林市抢险救灾。汛期，全市出现4场强降雨过程。7月19—20日连续2场强降雨监测点最大雨量分别为262毫米、193毫米，降雨频率接近300年一遇，属超水文记录特大暴雨。各级各部门按照市委、市政府要求和部署，成功防御了连续强降水过程及松花江、饮马河、伊通河等江河特大洪水，实现“四个确保”防汛目标。坚持24小时值班值宿制度，密切监视雨情、水情、汛情；及时预报预警，及时传递防汛信息，发布防汛抗旱简报18期，汛期专报23期，内部明电通知12份，接收雨水情信息124份，报送、发布暴雨预警62份；科学分析研判、组织指挥应对暴雨洪水，及时启动防汛Ⅲ级应急响应，加强重点部位防御。解救洪水围困群众2134人，减少受灾人口30780人，安全转移、避免伤亡7133人，减淹耕地8308公顷，避免粮食减收3.16万吨，减灾经济效益0.5902亿元，确保无人员伤亡和安全度汛。市防办等3家单位获省政府抗洪抢险集体二等功，全市有5人获省政府抗洪抢险二等功、有10人获省政府抗洪抢险三等功。

【环保督察】　联合环保部门组成巡查组，开展化冰期水源地水质安全隐患专项巡查，对发现的198项隐患问题及时向市政府及有关部门进行通报；组织市环保、发改、规划、建委、国土、畜牧等部门组成第三推进督导组，对2座水库属地的5个区及开发区综合整治水源地生态环境情况进行专项督查，联合发文下达督查意见。在中央环保督察期间，向市协调组报送简报11期，提供调阅资料7批次、229件，有164人参与中央环保督察工作，办理信访案件11宗、问责7人。

【生态渔业】　启动《长春市养殖水域滩涂规划》和《长春市休闲渔业发展规划》编制工作。出台《关于推进渔业生态健康养殖的指导意见》，以全市40家标准化健康养殖示范场（区）、渔业科技示范园区、无公害绿色水产品生产基地、水产良种场为重点，推广新品种，转变生产方式，池塘健康养殖示范面积426.67公顷；推广稻渔综合种养示范面积1534公顷。发展“净水渔业”强化渔业资源保护和生态修复，全市投入增殖放流资金351.8万元，投放苗种497万尾。加大地产水产品质量监管，国家、省、市三级抽检合格率100%。全市水产品总产量3.18万吨，实现渔业总产值14.76亿元。

【农田水利基本建设】　饮马河、松坡等6个灌区改造项目全面开工，年底前主体工程全部完工。开展冬春农田水利基本建设，全市投资7.24亿元，投入劳动工日300万个、机械3.3万台班，完成土石方868万立方米，改造渠系建筑物685座，新修防渗渠道73公里，堤防加固7公里。

（王忠君）

园艺特色产业

【概况】　2017年，园艺特产业产值实现220亿元，比2016年增长9.5%。产业经营管理水平、综合生产能力和经济效益不断提升。

【蔬菜产业】　全市蔬菜种植面积79370公顷，总产量488万吨，蔬菜产值实现104.8亿元，占园艺特产业总产值的47.6%。设施蔬菜面积15720公顷，产量171万吨，分别占全市蔬菜总面积和总产量的19.8%和35%。农安县扩大“三辣”基地规模，榆树市八号镇、五棵树镇、德惠菜园子、吉旦沟等地依靠传统种植基础和品牌优势发展棚膜经济，产品远销到江浙、北京、上海、哈尔滨、佳木斯、绥芬河等地，德惠布海瓜菜、农安哈拉海三辣、榆树泗河圆葱等一大批特色种植区稳步发展。

【花卉苗木产业】 花卉苗木8020公顷，与2016年基本持平，长春市实施的“五大实验区”建设项目以九台区波泥河镇为核心区的花卉苗木产业被列为“花卉苗木产业现代农业试验区”优先发展。君子兰产业持续健康发展，有基地面积199公顷，举办第十三届中国长春君子兰节。9月1日，组织君子兰专业委员会参加在银川召开的第九届中国花卉博览会，500株长春君子兰花参加展示，展位面积300平方米，占吉林省展示面积的70%。吉林省参展花卉共获得奖项173个，其中君子兰获得172个奖项，包括金奖13个，银奖37个，铜奖70个，优秀奖52个。

【食用菌产业】 食用菌生产规模2370万袋，年产4.6万吨，分别比2016年减少8%和19.3%。除以袋料栽培为主的香菇、黑木耳、平菇三大类外，扩大食用菌种类、数量和产量，人工栽培的食用菌发展到10多种，工厂化生产金针菇年产2.6万吨。

【传统果业】 全市水果种植面积6960公顷，产量24万吨，产值83亿元，分别比2016年增加7%、85%和43%。2017年葡萄生产面积、产量和产值分别为4730公顷、12万吨和5.5亿元，分别占果业总面积、总产量和总产值的68%、50%和66%。

【马铃薯产业】 马铃薯种植面积25460公顷，产量96万吨，产值9.1亿元，分别比2016年减少14%、13%和1%。榆树市、九台市、农安县等地的马铃薯产业形成区域化种植的格局，全市有专业加工企业20多户，加工、营销人员近千人，年加工马铃薯10万吨。

【园区建设】 在长春市现代农业引导资金项目的引领下，全市优势特色产业园区和规模化棚膜园区发展建设提速，双阳、榆树、九台、莲花山等县市区新发展规划建设各类优势特色产业园区27个，13.3公顷以上规模化棚膜园区10个。建成省级棚膜园区86个，国家级园区19个。全市建成标准棚室699.3公顷，其中标准温室91.7公顷，标准大棚607.6公顷；实施简易棚生产面积2963.7公顷，其中建成标准简易棚317.8公顷；创建省级棚膜经济园区3个；建成2公顷以上棚膜经济园区43个；在建13.3公顷以上棚膜经济园区4个，在建6.67公顷以上棚膜经济园区6个，在棚膜经济建设上，由农民、合作社、家庭农场、社会资本等投入资金总量86760万元。

【秋菜收贮】 2017年，全市秋菜播种面积46750公顷，秋菜总产249万吨。下发《长春市人民政府办公厅关于做好2017年秋菜收贮供应工作的通知》，2017年秋菜收贮市场运行平稳。

【君子兰节】 3月22日至27日，第十三届中国长春君子兰节在春莲花卉城举行。君子兰节设参展展位700个，日均观展人数超1.5万人次，实现现场交易3500万元，创历届君子兰节之最。

（项 微）

9月1日，第九届花卉博览会 （项 微 提供）

综　述

【工业生产】　2017年，长春市规模以上工业（年销售收入2000万元以上工业企业）完成产值10357.9亿元，比2016年增长10.7%。规模以上工业中，按类型划分：轻工业产值1758.4亿元，增长8.1%；重工业产值8599.5亿元，增长11.3%。按所有制划分：国有工业产值4415.9亿元，增长10.5%；集体工业产值5.1亿元，下降22.9%；股份制企业产值4452.3亿元，增长10.8%；外资企业产值1437.2亿元，增长11.0%。按隶属关系划分：中央工业产值5237.7亿元，增长8.9%；省属工业产值538.1亿元，增长10.0%；市及市以下工业产值4582.1亿元，增长12.9%。

【经济效益】　2017年，长春市规模以上工业企业销售收入10551.9亿元，比2016年增长10.4%；税收579.8亿元，下降3.4%；利润772亿元，增长3.8%。其中，国有企业销售收入5022.6亿元，增长9.8%；税收386亿元，下降5.3%；利润441.5亿元，下降3.4%。集体企业销售收入4.5亿元，增长5.2%；股份制企业销售收入4078.3亿元，增长11.4%；税收142.2亿元，下降1.7%；利润209.1亿元，增长9.9%。外资企业实现销售收入1408.3亿元，增长9.0%；税收51亿元，增长7.3%；利润119.6亿元，增长27.0%。国有控股企业销售收入6829.2亿元，增长9.4%；税收493.9亿元，下降5.3%；利润545.3亿元，下降1.1%。全市规模以上工业企业1591户。其中，盈利企业1465户，亏损企业126户。按月报口径计算，长春市规模以上工业实现增加值2654.6亿元，增长9.0%；工业产品产销率97%，比2016年下降0.6个百分点；总资产为9551.9亿元，增长11.3%；成本费用利润率为7.9%，下降6.6个百分点；流动资金周转次数5.9次，下降0.2次；产成品资金占用485.8亿元，增长14.2%。

2017年长春市30户盈利大户盈利额统计表

序号	企业名称	实现利润（万元）	比2016年±%
1	中国第一汽车集团公司	4426977	-3.2
2	长春轨道客车股份有限公司	282486	-26.4
3	长春丰越公司	251076	-3.3
4	大陆汽车电子（长春）有限公司	187004	76.4
5	吉林亚泰（集团）股份有限公司	91259	184.9
6	富奥汽车零部件股份有限公司	91157	28.7
7	长春金赛药业股份有限公司	81412	39.2
8	长春长生生物科技有限责任公司	69932	41.7
9	吉林省吴太感康药业有限公司	51061	133.0
10	吉林省长春皓月清真肉业股份有限公司	47199	14.9
11	长春富维安道拓汽车饰件系统有限公司	46225	221.7

续表

序号	企业名称	实现利润（万元）	比2016年±%
12	一汽丰田（长春）发动机有限公司	43816	13.4
13	天合汽车安全系统（长春）有限公司	43415	6.0
14	吉林省电力有限公司	40103	59.3
15	福耀集团长春有限公司	38132	16.7
16	吉林达利食品有限公司	33746	10.9
17	长春博泽汽车部件有限公司	32635	-12.1
18	伟巴斯特车顶系统（长春）有限公司	30368	78.5
19	吉林建华管桩有限公司	28554	10.0
20	长春派格汽车塑料技术有限公司	26171	18.2
21	长春富奥石川岛增压器有限公司	25511	67.8
22	长春佛吉亚排气系统有限公司	25071	-17.6
23	中科英华高技术股份有限公司	25034	334.6
24	天纳克一汽四环（长春）汽车零部件有限公司	23414	77.5
25	吉林天景食品有限公司	21325	51.3
26	吉林福钢金属制造有限公司	21275	15.3
27	采埃孚富奥底盘技术（长春）有限公司	20970	2.0
28	吉林烟草工业有限责任公司长春卷烟厂	20438	-17.9
29	邦迪汽车系统（长春）有限公司	20334	-7.9
30	长春市灯泡电线有限公司	19971	-43.6

2017年长春市30户盈利大户利税额统计表

序号	企业名称	实现利税（万元）	比2016年±%
1	中国第一汽车集团公司	8273622	-4.2
2	长春轨道客车股份有限公司	450116	-29.6
3	长春丰越公司	467549	-5.7
4	大陆汽车电子（长春）有限公司	187004	76.4
5	吉林亚泰（集团）股份有限公司	189661	51.4
6	富奥汽车零部件股份有限公司	126481	61.7
7	长春金赛药业股份有限公司	89690	41.2
8	长春长生生物科技有限责任公司	75742	43.3
9	吉林省吴太感康药业有限公司	55367	96.4
10	吉林省长春皓月清真肉业股份有限公司	52104	12.6
11	长春富维安道拓汽车饰件系统有限公司	83181	123.0
12	一汽丰田（长春）发动机有限公司	56730	12.7
13	天合汽车安全系统（长春）有限公司	50248	11.2

续表

序号	企业名称	实现利税（万元）	比2016年±%
14	吉林省电力有限公司	177508	−12.3
15	福耀集团长春有限公司	45816	12.5
16	吉林达利食品有限公司	35975	6.3
17	长春博泽汽车部件有限公司	34858	39.1
18	伟巴斯特车顶系统（长春）有限公司	32678	4.8
19	吉林建华管桩有限公司	44258	−17.9
20	长春派格汽车塑料技术有限公司	34656	15.8
21	长春富奥石川岛增压器有限公司	38166	99.2
22	长春佛吉亚排气系统有限公司	31152	−13.9
23	中科英华高技术股份有限公司	26122	230.1
24	天纳克一汽四环（长春）汽车零部件有限公司	24638	78.0
25	吉林天景食品有限公司	32819	126.0
26	吉林福钢金属制造有限公司	32977	20.0
27	采埃孚富奥底盘技术（长春）有限公司	29267	−0.8
28	吉林烟草工业有限责任公司长春卷烟厂	260337	10.5
29	邦迪汽车系统（长春）有限公司	21048	−8.7
30	长春市灯泡电线有限公司	29299	−35.7

【重点产业】 2017年，汽车、食品、装备制造业、生物医药、光电子信息、材料、能源等7个重点产业产值9777.6亿元，比2016年增长10.4%。战略性新兴产业产值1948亿元，增长15.8%。其中，汽车工业产值6015.7亿元，增长11.6%；食品工业产值1281.7亿元，增长6.2%；医药产业产值186.2亿元，增长19.3%；光电子信息产业产值620.2亿元，增长17.5%；材料工业完成产值713.4亿元，增长12.6%；能源工业完成产值576.3亿元，增长4.9%；装备制造业（不含汽车制造业）产值844.1亿元，增长7.9%。

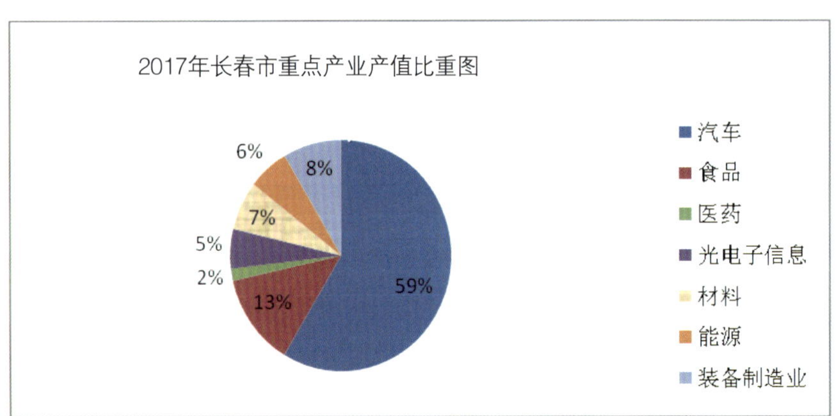

【重点企业】 2017年，长春市规模以上工业企业户数1591户，比2016年增加262户。其中，全市产值超亿元的工业企业户数836户，增加78户，占规模以上工业企业总数的52.5%，增长1.5个百分点，其中，产值在100亿元以上的企业8户，比2016年增加2户；产值在10−100亿元的企业84户，增加5户；产值在1亿~10亿元的企业752户，增加73户。全市60户规模以上重点企业产值7342.8亿元，比2016年增长8.8%，占全市工业总产值的70.9%。全市除一汽集团之外的工业企业产值5984.3亿元，增长10.8%，占全市规模以上工业总产值的57.8%。

【重点产品】 2017年，长春市工业企业重点产品产销平稳，实现产销率99.7%，比2016年增长2.1个百分点。全市19种工业重点产品中，有13种产品产量实现增长，其中，大中型客车、中重型货车、轻型货车、淀粉及制品、煤炭5种产品实现大幅增长，分别增长314.3%、47.3%、25.1%、25.0%和18.8%。有6种产品产量下降，改装车、啤酒下降较大，分别下降47.2%和23.6%。全市发电量增长4.3%。

2017年长春市工业重点产品产量统计表

序号	产品名称	计量单位	年产量	比2016年±%
1	中重型货车	辆	288844	47.3
	其中，重型货车	辆	262731	66.8
	中型货车	辆	26113	-32.3
2	轿车	辆	2358645	5.6
	其中，奔腾轿车	辆	27081	-68.5
	捷达轿车	辆	336092	-6.1
	奥迪轿车	辆	552513	-0.7
	速腾轿车	辆	333479	-2.7
	迈腾轿车	辆	205520	15.8
	新宝来轿车	辆	266422	18.1
	马自达轿车	辆	124323	55.3
	高尔夫轿车	辆	204709	-5.6
	CC	辆	19795	-31.0
	蔚领	辆	68409	421.9
3	大中型客车	辆	2370	314.3
4	轻型货车	辆	44550	25.1
5	改装车	辆	5980	-47.2
	第一汽车集团公司	辆	3842	-58.2
6	全市铁路客车	辆	3142	26.1
	其中，普通铁路客车	辆	0	-100
	动车组	辆	640	-34.4
	城轨客车	辆	2280	73.6
7	锦湖轮胎	万套	370	4.6
8	汽车安全玻璃：福耀集团	万平米	1147	5.4
9	汽车座椅	台份	101265	15.2
10	全市猪肉产品	吨	669966.1	-8.6
	其中，九台金锣	吨	178963	-0.3
	榆树四海	吨	2052	-66.0
	农安华正	吨	129581	12.3
11	牛肉（皓月）	吨	139828	-10.1
12	鸡肉及制品（德大）	吨	79443	0.8
13	饮料	吨	881844	-2.0
	其中，百事可乐	吨	175047	-15.7
	可口可乐	吨	320313	1.2

续表

序号	产品名称	计量单位	年产量	比2016年±%
14	全市啤酒	千升	234813	-23.6
	其中，农安	千升	139453	-6.8
	双阳	千升	78816.6	-43.6
	榆树	千升	16544	-9.0
15	淀粉及制品（大成）	吨	1190832	25.0
	其中，玉米淀粉	吨	459071	39.6
	淀粉糖	吨	339384	42.2
	变性淀粉	吨	0	0.0
	赖氨酸	吨	370814	8.7
	化工醇	吨	0	0.0
	玉米油	吨	194	0.0
	饲料	吨	21369	-2.8
16	全市煤炭	吨	3098377	18.8
	其中，龙家堡	吨	1353020	35.0
	羊草集团	吨	926059	1.7
	营城矿业	吨	482621	12.8
	华安矿业	吨	336677	25.4
17	卷烟	万支	1481000	3.5
18	亚泰水泥	万吨	1179	-3.0
19	全市发电量	万千瓦时	2290617	4.3
	其中，二热电公司	万千瓦时	168184	-0.2
	长春热电发展	万千瓦时	236547	3.7
	龙华热电公司	万千瓦时	762973	0.6

【“中国制造2025”建设】 出台《中国制造2025长春实施纲要》等系列文件，推进555个引领产业发展的重点项目，组织“中国制造2025”专家县（市）区、开发区行等活动，“中国制造2025”试点示范城市建设取得阶段性成果。吉林省精密仪器与装备创新中心、长春应用化学新材料创新中心、智能网联汽车制造业创新中心等8个制造业创新中心列入吉林省制造业创新中心培育计划。中车长客股份公司在国内率先掌握的列车网络控制技术。华阳玄武岩纤维项目生产的超细玄武岩纤维、单丝玄武岩纤维填补国内空白。引进华为、浪潮、科大讯飞等大数据企业。吉林移动、联通吉林云数据基地、华为长春、浪潮等6个数据中心不断推进。一汽大众奥迪Q工厂采用大众集团VASS电气控制标准焊装的白车身于5月下线。长光卫星公司的航空产业园继续建设，卫星遥感应用技术研究、产品研发和增值服务不断拓展。长客股份高端城市轨道交通装备智能新模式应用项目启动建设。汽开区获批成为国家生态工业示范园区。一汽轿车、长客股份、亚泰水泥、大华机械、福耀玻璃等5户企业被评为国家第一批绿色工厂。

【工业投资】 2017年，全市工业固定资产投资2537.8亿元，比2016年增长9.9%，占全社会固定资产投资的48.9%，高于吉林省工业投资增速15.6个百分点；高于全国工业投资增速6.3个百分点。全市技术改造投资1631.2亿元，增长17.4%，占全市工业固定资产投资比重64.3%，比2016年提高4.1个百分点。制造业完成投资2407.9亿元，增长10.3%，占工业固定资产投资比重94.9%，比2016年提高0.4个百分点。

6大千亿级战略性新兴产业实现投资1076.7亿元，比2016年增长37.1%，占全市工业固定资产投资比重的42.4%，比2016年提高8.4个百分点。其中，大数据产业投资147.8亿元，增长131.7%，实现翻倍增长；先进装备制造业投资461.6亿元，增长40.3%；光电信息业投资229.1亿元，增长42.5%；新材料产业投资45.9亿元，增长28.5%；新能源汽车和新能源产业投资32.1亿元，增长14.5%，均高于工业投资增速。2017年，三大支柱优势产业实现投资1400.7亿元，比2016年增长10%，占工业投资比重的55.2%。其中，汽车工业固定资产投资605.9亿元，增长4%，占全市工业投资比重23.9%；农产品加工业固定资产投资完成316.9亿元，下降6.5%，占全市工业投资比重12.5%；轨道交通和装备制造业完成投资477.9亿元，增长35.7%，占全市工业投资比重18.8%。从各地区完成工业投资情况看，开发区板块工业投资1328.8亿元，占全市的52.4%；县（市）板块工业投资799.5亿元，占全市的31.5%；城区板块工业投资404亿元，占全市的15.9%。开发区板块、县（市）板块比重超过80%，工业投资进一步向开发区和县（市）倾斜。在15个副省级城市中，长春市工业投资额位居第3位，增速位居第6位；在东北4市中，工业投资额位居首位，增速位居第2位。工业投资总量和增速在区域和同类城市中均位居前列。

【开发区建设】　2017年，开发区地区生产总值3960亿元，占全市比重61%；完成规模以上工业总产值9240亿元，比2016年增长11.7%，占全市比重89.2%；固定资产投资4100亿元，增长12.3%，占全市比重74.5%；完成财政收入810亿元，增长9.4%，占全市比重67.1%。主营业务收入超千亿的开发区有4个（高新区、经开区、汽开区、净月区），工业总产值超千亿的有3个（高新区、经开区、汽开区）。全市汽车及零部件、轨道装备、农产品加工三大支柱产业及先进装备制造、生物及医药健康、光电信息、新能源汽车、新材料、大数据六大战略性新兴产业主要布局在开发区。国家级开发区产业聚集度80%，省级开发区（工业集中区）产业聚集度55%。全市开发区“区中园”80个，形成集聚效应。全市开发区开工投资3000万元以上项目1475个。其中新建项目641个，续建项目834个。全市开发区实施亿元以上项目1004个，占全市亿元以上项目的92%。国家级开发区投资强度为5500万元/公顷以上，省级开发区（工业集中区）为3500万元/公顷以上。开发区实际利用内资1348亿元，比2016年增长30.3%；实际利用外资61.3亿美元，增长18%。有170个国家和地区在开发区投资建厂，有60个世界500强企业在开发区落户。长满欧班列承运货物突破3万标箱，货值超10亿美元，运量稳占经满洲里口岸进出境的28条中欧班列总运量的30%，增幅稳居中欧班列之首；跨境电商实现全年航班飞行88班（往返176班），跨境电商出口货物2450万票，货值7150万美元。全市开发区高新技术企业超过400户，高新技术产业产值占全部工业总产值的40%。全市开发区中工业企业建立省级以上企业技术中心的有100多家，重点规上工业企业R&D占销售收入的比重2%左右，科技成果转化率30%左右。建设重点科技企业孵化器、孵化基地、众创空间等137个。北湖科技园完成二期建设，新签约15户高科技企业，总数41户。2017年技术合同交易额超过200亿元，比2016年翻一番，占全市GDP的3%，在15个副省级城市中排位由第14位跃居到第8位，进入全国技术交易活跃区域。建立科技金融创新服务中心，为118户企业融资超过100亿元。

【技术创新】　编制新产品规模化生产和新技术开发指导性计划100项。编制企业技术中心创新能力提升指导性计划100项。编制产学研协同创新指导性计划100项。2017年，全市新增中国黄金集团国家级企业技术中心1户；新认定省级企业技术中心16户；新认定市级企业技术中心21户，完成省市两级166户企业技术中心的评审复核工作。全市市级以上企业技术中心184户（其中，国家级6户、省级138户、市级40户）。中国科学院长春光学精密机械与物理研究所激光产业技术公共服务平台等30个服务平台被认定为长春市产业技术公共服务平台。启动长春市制造业创新中心培育计划，有长春光机所等8个单位牵头的创新中心列入长春市制造业创新中心培育计划，并推荐列入省制造业创新中心培育计划。编制并发布《长春市产业关键共性技术发展指南》。依据国家工信部《产业关键共性技术发展指南》，编制发布《长春市产业关键共性技术发展指南》〔2017〕247号，确定优先发展产业关键共性技术205项。其中，装备制造业49项、节能环保与资源综合利用48项、原材料工业42项、电子信息与通信业39项、消费品工业27项。

【节能与资源综合利用】　2017年，全市规模以上工业企业综合能源消费量982万吨标煤，增长1.72%，万元工业总产值综合能耗比2016年下降8.13%，完成年度节能工作目标。重点调度的用能大户企业产值综合能耗下降10.87%，节能量14万吨标煤。全市规模以上工业煤炭消费量2300万吨，增长5.3%；全市工业用电总量1192000万千瓦时，占全市工业综合能耗总量的14.9%，增长7.3%；全市工业用热13802762百万千焦，占全市工业综合能耗总量的4.8%，比2016年消费量略有下降；工业天然气用量45187万立方米，占全市工业综合能耗总量的6.1%，增长11.3%；工业汽、柴油消费量约占全市工业综合能耗总量的2.7%，消费量比2016年略有增长。能源加工转换行业（发电、供热、燃气）综合能耗521万吨标煤，占全市能耗总量的53.1%；汽车及装备制造业综合能耗172万吨标煤，占全市能耗总量的17.5%；非金属矿物制品业综合能耗138万吨标煤，占全市能耗总量14.1%；农副食品加工业综合能耗69万吨标煤，占全市能耗总量7%。全市规模以上工业有124户企业综合能源消费量超过3000吨标准煤，综合能源消费量919万吨标煤，占全市能耗总量的93.7%。其中年综合能耗100万吨标煤以上的企业3户，分别是中国第一汽车集团公司、吉林亚泰（集团）股份公司和吉林龙华热电股份公司，这3户企业的综合能耗总量约371万吨标煤，占全市能耗总量的27.9%；年综合能耗10万吨~100万吨标煤企业11户，综合能耗总量366万吨标煤，占全市能耗总量的37.3%；年综合能耗1万吨~10万吨标煤企业40户，综合能耗总量145万吨标煤，占全市能耗总量的14.8%；1万吨标煤以下的企业70户。回收利用粉煤灰140多万吨、炉渣60多万立方米、煤矸石30多万吨，主要用于生产水泥、熟料、墙体材料等产品；年处理和利用生活垃圾50多万吨，秸秆原料化利用600多万吨。

（赵海洋）

交通设备制造业

【中国第一汽车集团有限公司】 中国第一汽车集团有限公司（以下简称“中国一汽”）根据《国务院办公厅关于印发中央企业公司制改制工作实施方案》的要求，中国一汽进行公司制改制，并于2017年12月14日完成工商变更登记。改制后，名称变更为“中国第一汽车集团有限公司”，中文简称沿用“中国一汽”，英文简称“FAW”。集团总部有20个职能部、4个研发院和2个工厂。集团企业管理层级分5层，其中二级分公司5家、子公司10家；三级分公司22家、子公司37家；四级分公司38家、子公司42家；五级分公司10家、子公司3家。在册员工总数118128人，其中，具有高级专业技术职称6062人，中级专业技术职称9241人；研究生8864人，本科28968人。2017年《中国500最具价值品牌》分析报告评价中国一汽品牌价值2301.93亿元，位列第9，比2016年提升383.65亿元，是前10强中唯一入围汽车企业，连续14年居汽车行业榜首。在国务院国资委公布的《2016年度中央企业负责人经营业绩考核A级企业名单》中，中国第一汽车集团公司排名第9位，考核成绩位汽车行业居央企第一。

产品销售　实现销售整车334.6万辆，比2016年增长7.7%，超过行业4.7个百分点，增速在四大汽车集团位列第一，市场份额提升0.5个百分点。实现营业收入4698亿元，增长9.2%；实现利润420.5亿元，增长2.5%。完成国资委下达的利润目标。自主整车板块中，解放品牌实现销量31万辆，比2016年增长40.4%，其中，中重卡实现销量26.5万辆，增长43.1%，实现重卡、中重卡市场份额双第一。合资企业发展速度超过行业。一汽-大众实现销量195.7万辆，增长4.5%，成为全国领先的产销量200万辆级乘用车企业，其中奥迪品牌实现销量59.5万辆，重新夺回豪华车市场冠军。一汽丰田实现较快增长，终端销量突破70万辆，市场排名比2016年提升1位。

海外业务　海外业务遍布东南亚、非洲、中东、拉美等5大片区，覆盖48个国家。俄罗斯、老挝、伊拉克3个国家KD项目投产，一汽海外生产国家14个，KD出口占比超过60%。菲律宾、越南微车KD项目，尼日利亚CKD项目均按计划推进中。响应国家“一带一路”战略倡议，解决一汽海外投资渠道问题。一汽与吉林股权基金、中改投资基金、中信银行、惠华集团、华阳集团共同注资成立一汽海外投资公司。

改革发展　总部直接运营“红旗”，并成立红旗经管会；成立“奔腾事业本部”负责奔腾品牌业务板块运营；成立“解放事业本部”负责解放品牌业务板块运营。成立合资合作部，统一管理合资合作业务。瞄准未来战略重点，成立新能源办公室、新能源研究院负责新能源业务板块运营；成立智能网联办公室、智能网联研究院负责智能网联业务板块运营；成立出行业务筹备办公室负责出行业务板块运营。分别成立品牌部、客户中心，负责品牌管理和客户经营管理。优化精简集团总部职能管理机构和管理人员，启动“全体起立、竞聘上岗、双向选择”，涉及总部27个单位和20个二级公司的20818名干部员工。优化人力资源配置，形成“管理类”“专业类”“操作类”3个职位序列。

新兴业务　成立新能源办公室和新能源开发院，基本形成新能源发展战略，开始统筹推进新能源事业发展。成立智能网联办公室和智能网联开发院，初步明晰智能网联发展战略，开始统筹推进智能网联出行事业发展。

技术创新　4月13日，一汽解放自主研发的无人驾驶智能卡车进行首次开放演示，获得成功。一汽解放与百度、恒润、爱立信、中国移动等多家企业签订战略合作协议，将在智能商用车的开发、核心技术研究、市场推广运营等方面开展合作。7月，中国一汽与百度签署战略合作框架协议，双方将就“汽

12月28日，中国第一汽车集团有限公司和中国扶贫开发协会在北京举行了精准扶贫战略合作框架协议签约仪式　（王艳红　提供）

车＋互联网”的合作模式展开进一步探索。11月17日，新华网与一汽“车媒体”智能生态联合实验室在北京揭牌。

社会责任　发布《中国一汽社会责任报告-2016》，开展“中国一汽蓝途公益计划—走进龙井市”“红旗少年一汽行”等项目。完成对外捐赠8254.7万元。获中国企业公民委员会“优秀企业公民”称号。对广西凤山县、吉林镇赉县等地开展精准扶贫，2017年扶贫（援藏）项目投入5700万元。设立“红旗扶贫梦想基金”，帮扶贫困学子。

（王艳红）

【中车长春轨道客车股份有限公司】2017年，中车长客股份公司在册员工18000余人。其中工程技术人员2745名，教授级高工103人，博士45人，硕士1091人。在境内外有全资和控股子公司18家。全年实现销售收入突破300亿元。

经营管理　2017年，公司打造“6621运营管理平台”，工位制节拍化生产线建设，铝车体、构架焊接等瓶颈工序生产效率提升。以A型铝合金鼓型车体为试点完成快速设计系统，实现车门、广播等系统的统型。公司获“中国中车精益管理最佳实践企业”称号，实现“精益管理二级企业”管理水平。制定实施《中层领导干部问责规定》，开展中层领导干部考核和竞争上岗。编制实施《系统管理手册》，系统化、体系化建设初见成效；通过组织项目专家团队开展系统流程框架搭建和流程编制工作，工作体系网络编制、流程优化和信息化平台建设工作全面铺开，公司管理再造进入收尾阶段。公司在国内外市场和研发中心布局上初步搭建全球化经营框架。开展两化融合管理体系贯标工作，对管控程序文件进行修订与推行。推进“动车组故障预测与健康管理平台”“售后故障统计分析平台”建设，打造产品运行监控和服务保障新型能力。确立以PDM、ERP、MES系统为核心的虚拟制造平台总体规划，形成以产品全生命周期数据为驱动、结构化工艺BOM为核心、虚拟仿真技术为手段的数字化工艺平台建设思路。PDM系统全面推进，工艺仿真技术深入研究，单车BOM完成系统测试，SAP工作中心体系实现重建，MES系统开始试点实施。

产品研发　2017年，公司国家轨道客车系统集成工程技术研究中心通过科技部验收，获得授牌，使公司搭建起了国家工程技术研究中心、国家工程实验室、国家级企业技术中心“三位一体”的技术创新平台。公司开展250公里/时中国标准动车组、京张高铁智能动车组、波士顿橙线地铁车、墨尔本地铁车、北京新机场线市域D型车、上海机场捷运线地铁车等49个新产品的研发工作。波士顿橙线地铁项目下线，国内首批具有完全自主知识产权的美国标准地铁车辆研制成功。公司“标准动车组车头”获第十九届中国专利外观设计金奖。振动噪声技术成功应用于“复兴号”动车组，声学指标比肩国际一流水平；车辆动力学领域掌握间断测力轮对制作标定技术、舒适度和平稳性的测试分析技术，强度领域掌握复合材料基本理论和试验测试方法，成功研制碳纤维地铁车体，填补了行业空白。在京张高铁先进智能技术方面开展研究，促进前沿技术与重大项目的结合。完成国家级“第一批绿色制造体系建设示范企业”申报工作，获得“绿色工厂”称号。

海外市场　2017年，实现伊朗德黑兰铝合金车、伊朗德黑兰6号线地铁车和伊朗内政部地铁车等项目签约。波士顿红线120辆加车项目议标和洛杉矶地铁项目签约。中俄高铁项目，签署设立合资企业的文本合同。

质量管理　在全公司范围开展质量提升活动，完善QMS质量管理系统、供应商管控体系和质量损失管理平台。开展对设计、工艺部门的专项质量审核，提高源头质量管控水平。通过建立和完善供应商准入、过程管控、绩效评价、质量考核等机制，提升对供应商的过程质量管控能力。加大源头质量问题整治力度，动车组百万公里故障率和城铁车救援及清客掉线数均比2016年下降。

（王　阳）

农产品加工业

【概况】　2017年，全市农产品加工业实现产值2246亿元，比2016年增长8%；形成玉米、水稻、大豆、生猪、肉牛、禽类、乳制品、鹿业、酒业及蔬菜十大加工体系，全市农业产业化市级以上重点龙头企业372户，其中，国家级15户，省级97户。6月、9月分别开启与天津、杭州的农业对口合作机制，召开两市农业部门对接工作会。

【招商引资】　制定《全市农业招商引

7月3日，中车长春轨道客车股份有限公司在工程研究中心6楼报告厅召开2017年度创先争优活动暨党风廉政建设总结表彰大会　　（王　阳　提供）

资工作方案》，建立招商项目库，编制《长春市农业招商引资重点项目册》《农业招商资源库》等基础资料。6月6日，在天津举行长春农业项目与优质农产品推介会，现场24个项目达成合作意向，签约总额98.5亿元；8月12日，借助第十六届长春农博会平台，举办“长春市农业项目推介会”，24个项目签约，签约金额193亿元。

【评选休闲农业示范点】 长春市27家休闲农业企业被评定为“省级星级企业”。其中“五星级企业”14家，“四星级企业”10家，“三星级企业”3家。开展“长春市休闲农业与乡村旅游示范点”评选工作，评出吉林省缘山湖农业园有限责任公司等12个“市级休闲农业与乡村旅游示范点”。参加“吉林美丽休闲乡村”推介工作，向省里推荐德惠市布海镇十三家子村等5家“吉林美丽休闲乡村”参选单位。

【培育“双创”典型】 培育农业农村“双创”典型11个，长春市双阳区和卜睿分别被评为全国“双创”先进集体和先进个人。建设基地100多家，经筛选其中14家创业基地向农业部申报创建“国家级农村创业创新基地”。5月19日，长春市选取43个项目参加在长春举行的全国农村创业创新项目创意大赛吉林赛区选拔赛，长春地区的16个项目进入复赛。

（于长志）

烟草业

【概况】 2017年，全地区卷烟零售户26773户，卷烟零售户毛利率10.5%。销售收入、毛利、税利3项指标增幅列全省第一位,一二类卷烟实现销量81846箱，比2016年增加11420箱，增幅16.22%。行业重点品牌销量比2016年增长6426箱，增幅2.76%。通过调控，提前1个月进入年度收尾阶段。实现降本增效511万元。

4月15日，长春市烟草专卖局在农安发电厂对假冒伪劣卷烟进行集中销毁

（庄政学　提供）

【市场监管】 2017年，长春市局查办涉烟案件367起，查扣各类非法卷烟2093.49件，案值3793.09万元；破获假烟案件73起，查扣假烟1018.49件，案值637.42万元；破获走私烟案件23起，查扣走私卷烟353.74件，案值340.25万元；破获真烟案件212起，查扣真烟721.26件，案值233.13万元；抓获犯罪嫌疑人52人，捣毁地下制假、制丝工厂5个，收缴制假烟机20台，查获烟丝144.93吨、烟叶266.03吨。查处案值5万元以上案件77起，案值15万元以上案件26起，案值百万元以上案件3起，案值千万元以上案件2起，破获国标网络案件5起，其中4起案件被列为公安部督办案件。全年审查行政处罚案卷139个、重大案件23起，依法审查各类招标文件、经济合同321份，审查涉及采购管理、办事公开等管理制度5个,处理涉及劳动用工、工程建设等各类案件5起。

（庄政学）

供电业

【概况】 国网长春供电公司是国网吉林省电力有限公司所属的大型重点供电企业，主要负责长春地区电网规划、建设、运营和电力供应，供电面积2.0571万平方公里，电力客户384万。公司设置11个本部职能部门、8个业务支撑和实施机构、1家集体企业、6家县公司，拥有供电全民职工2345人，农电全民职工2827人。2017年，售电量190.26亿千瓦时，比2016年增长6.81%；日最大电力358.4万千瓦，增长11.9%；实现第11个安全年。

【安全生产管控】 逐级签订安全目标责任书，明确各岗位安全职责。联合市政工程管理单位建立电力设备保护区施工会签机制，实行“日常、专项、督查”三级巡视，外力破坏引发线路故障压降65%。特色亮点工作被众多主流媒体刊发、播放132次。

【电网提速升级】 结合城市负荷发展变化，编制26个省级以上园区电网专项规划，预留变电站站址176座、线路走廊9038公里。北湖、东南电厂送出等11项工程按期竣工。春城变及农安、小合隆牵引站配套项目提前投运，为长白铁路通车提供保障。农网改造升级“两年攻坚战”，实现3433眼机井通电、674个自然村通动力电。

【提升服务品质】 开展带电作业、状态检修，停电作业总量压降44%，供电可靠能力得到提升。构建以客户为中心的现代服务体系，建成供电服务指挥中心、营销集约管控中心及134个“全能型”供电所。发挥“一站式”供电业扩服务中心资源集约优势，批复报装容量170.5万千伏安。长春新区服务大厅正式运营。推广“互联网+营销服务”，受理网上办电7168笔，“掌上电力”“电e宝”自助交费44.3万笔。

【经营管理】 推广电能替代项目930个，替代电量10.55亿千瓦时。配合吉林省能源局编制售电公司准入与退出管理实施细则。与10家“驻长”央企及省属国企签订供电分离移交协议，开展一汽集团摘转供电。开展问题清单梳理全覆盖工作，形成专项报告、整改决议13份。配合关停7家“地条钢”企业。

（张　博）

民营经济和中小企业

【概况】 2017年，长春市民营经济主营业务收入13648亿元，比2016年增长10.3%。民营经济增加值实现3265亿元，占全市GDP的比重50%，比2016年提高3个百分点，民营经济从业人员253.9万人，增长7.2%。民营实缴税金413亿元，约占全口径财政收入的34%。民营企业17万户，增长18.1%；个体工商户49.9万户，增长19.9%，企业户数和个体工商户增速连续5年保持两位数以上增速。民营经济市场主体数量连续5年保持15%以上的增长速度，全市民营市场主体总数66.95万户，比2016年增长19.5%。全市新登记民营市场主体15万户，增长26%，其中新登记民营企业户数3.6万户，增长9.5%，新登记个体工商户11.4万户，增长32.3%。全市每万人拥有民营企业数量226户，比2016年增长36户。民营“四上”企业6057户，比2016年增加316户。规模以上民营工业企业完成产值2547亿元，增长16.3%，产值占到全市工业比重的24.6%，比2016年提高1.6个百分点。全市市级以上企业技术中心184家，其中，民营企业技术中心152家，占全市的82.6%。新增市级以上企业技术中心21家，其中，民营企业技术中心19家，占全市新增企业技术中心的90.5%。全市双创基地（众创空间、科技企业孵化器、中小企业创业孵化基地）236个（其中，国家级36个，省级165个），总面积800万平方米，在孵企业14618户，吸纳就业人员128852人。全市完成民间投资3811.6亿元，比2016年增长10%，占全市固定资产投资73.4%。其中民间工业固定资产投资完成2308.4亿元，增长11.7%，民间工业固定资产投资占工业固定资产投资额的91%。民营经济从业人员253.9万人，民营经济实缴税金413亿元，均创历年新高。

【民营经济改革】 4月19日，市委、市政府正式批准成立长春市国家民营经济发展改革示范工作领导小组，审议通过《长春市国家民营经济发展改革示范工作实施方案》，启动国家级民营经济发展改革示范城市建设工作。行政审批项目由2016年的249项减少到242项，减放比例70.6%。推进基本建设项目并联审批制度改革示范工程建设。出台《基本建设项目审批全流程管理的意见》，审批时限由过去的302个工作日压缩到51个工作日，压缩率85.7%。推进审批事项的标准化，取消、删除项目494项，压缩审批要件1739个，减少审批流程217个、审批节点863个，平均缩短时限3.5个工作日，压缩比例26.7%。推进商事制度改革，降低市场准入门槛。在“五证合一”基础上，推进“多证合一”，将涉及公安、商务、文化、卫生计生、旅游、经济合作、出入境检验检疫等26个证件整合到营业执照上。

【“双创”项目建设】 长春市“双创”综合性示范建设全面启动，重点建设项目“一心一区四核多基地”取得进展。长春新区、吉林大学、长春光机所、国信现代农业获批第二批国家“双创”示范基地。“创响中国长春站”活动得到国家组委会的肯定，长春市获“最佳组织单位奖”。华为、浪潮、航天科工集团、北科建、科大讯飞、猪八戒网、中关村中国投资人中心、百度创新中心、盛景网联等一批重要“双创”项目入驻长春市。以长春光机所为代表的“双创”基地已经从以商业模式创新和消费领域创业为主的“双创1.0”向以技术创新为核心、生产领域创新创业为重点的“双创2.0”迈进。

2017年，全市有众创空间65个（国家级10个，省级27个），总面积61万平方米，在孵企业1184户，吸纳就业25366人。新增众创空间10个，面积10万平方米，新增在孵企业214户，吸纳就业945人。科技企业孵化器54个（国家级23个，省级37个）面积157万平方米，在孵企业10149户，吸纳就业31577人。新增科技企业孵化器5个，面积10万平方米，新增在孵企业112户，吸纳就业387人。小微企业创业孵化基地117个（国家级3个，省级114个），总面积582万平方米，在孵企业3285户，吸纳就业71909人。新增创业孵化基地13个，面积29万平方米，新增在孵企业765户，吸纳就业2295人。大学生创业园23个，总面积124.34万平方米，入驻614户大学生创业企业，吸纳就业7054人。新增大学生创业园2个，面积3.34万平方米，大学生创业企业32个，吸纳就业168人。农民工返乡创业基地19个，总面积239.5万平方米，在孵企业2762户，吸纳就业11182人。新增农民工返乡创业基地1个，面积1.5万平方米，新增在孵企业150户，吸纳就业260人。商贸企业集聚区113个，总面积518万平方米，吸纳就业200125人。新增商贸企业集聚区4个，20.1万平方米，吸纳就业12194人。申报国家农村创业创新园区（基地），有14个园区备案为农村创业创新园区（基地），面积523万平方米，在孵企业682个，吸纳就业3160人。

【企业服务平台建设】 围绕融资服务、创业服务、人才培训、事务代理、管理咨询、信息网络、法律服务、技术服务、电子商务、市场开拓等10个方面，搭建中小企业公共服务平台。2017年，全市有中小企业公共服务平台350个，重点平台150个（其中综合服务平台9个、专业服务平台141个），省级服务平台89个，国家级服务平台10个，年服务中小企业能力3万户（次）以上，比2016年增长50%。

【融资服务】 2017年，长春市中小企业降成本项目资金总额692.23万元。新增新三板挂牌企业汇维科技、梓耕教育、正多科技、奥来德光电、泰盟机械、科英激光等8家。区域股权融资功能显现，吉林股权交易所新增挂牌企业5户，挂牌408户，实现融资57.15亿元，比2016年增长68.3%。1月17日，吉林省首家金融租赁公司—吉林九银金融租赁获准筹建。5月2日，东北地区首家民营银行—吉林亿联银行获批营业。东北亚国际金融中心核心区入驻各类金融机构270余家，签约金融产业项目总投资将超过300亿元。全市融资性担保机构运营资本金117亿元，为企业提供融资性担保180亿元，新增担保企业130户。工行吉林省分行、华夏银行长春分行、盛京银行长春分行、民生银行长春分行都成立小微支行，增设民营企业快速申贷通道。长春科技大市场获批工信部“2017年制造业‘双创’示范平台”。长春科技金融中心落实科技创新项目贷款贴息、科技贷款风险补偿、科技企业新三板挂牌后补助和科技企业投资保障等政策，促进驻长金融、担保、保险等金融机构和中介服务机构面向科技型企业创新融资产品，为科技型中小企业科技成果产业化提供融资支持。“助保金池贷款”项目搭建完成“助保贷”平台2个（中国建设银行股份有限公司吉林省分行、中国工商银行股份有限公司吉林省分行营业部），申请到省市财政列支8625万元建立长春市政府风险铺底资金库，为26户企业提供45笔信贷资金45415万元，截至2017年年底，贷款余额21260万元，帮助企业融资。

【技术交易合同】 印发《长春市人民政府办公厅关于2017年全市技术交易合同成交额目标任务分解的通知》，向15个县（市）区、开发区进行任务分解，下发《关于印发〈关于完成2017年技术交易合同成交额目标任务的工作方案〉的通知》；建立技术交易代办机构+科技联络员机制，认定吉林省金恒企业管理集团股份有限公司等12家企业为长春市技术交易代办机构；组织召开“长春市技术交易代办机构培训会”和“长春市技术交易代办机构工作交流会”10余次，培训一批代办机构工作人员，实施《长春市技术交易后补助计划》，在中车集团、一汽集团、皓月集团和西新工业园区等30多家单位进行现场宣传和解读。2017年，全市技术交易合同成交额超过200亿元，比2016年交易额翻番，进入全国技术合同成交额活跃地区。

【人才服务体系建设】 出台《关于进一步集聚人才创新发展的若干意见》《长春市招才引智“万人计划”实施意见》。计划利用5年左右时间，面向全国引进1万名经高层次人才。设立5000万人才发展专项资金，为引才提供保障。2017年，引进培养各类高层次人才6000余人，领办创办科技型企业70多户，新增市场主体近1000户，并出现“人才回流”的现象。5月15日，国家人社部正式批准在长春建立国家级人力资源服务产业园。举办“长春宏观经济形势大讲堂”“长春市企业精益管理高管研修班”“中小企业创新管理培训班”“小微企业创新创业研修班”“中国制造2025系列论坛”“中小企业经营管理领军人才高级研修班”“四进”培训、“创富大讲堂”等培训活动128期次，培训各类人员9808人次。

【高新技术企业建设】 全年认定国家高新技术企业197户、科技型“小巨人”企业261户、“专精特新”中小企业50户，新入规民营企业超过300户。全市高新技术企业总数443户，科技型“小巨人”企业665户，“专精特新”中小企业50户，“四上”民营企业6057户。

【管理创新】 2017年，向省工信厅推荐93户企业，纳入全省第二批民营企业建立现代企业制度改革试点，2017年底，长春市试点企业248户。其中，推动64户企业开展产权多元化改革试点，62户企业开展完善法人治理结构改革试点，56户企业开展规范企业内部管理试点，66户企业开展争取上市和挂牌试点。组织长春大正博凯汽车设备有限公司等9户企业申报2017年省厅精准化管理创新项目，项目投资2845万元，申请专项资金支持650万元。

【招商引资】 全市开展“走出去”和“请进来”招商活动407次。推进企业境外投资办厂，带动和支持企业“走出去”开展产能合作，全市境外投资办企16户，中方协议投资额1.1亿美元。组织企业参加“广交会”“慕尼黑光电展”等境内外展会，组织外包企业参加“京交会”“软交会”等展会，增加企业订单，全市离岸服务外包业务执行额完成6220万美元，比2016年增长10%。

（王新明）

铁　路

【概况】 2017年，沈阳铁路局在长春经济吸引区内以运输汽车、铁路客车、粮食、煤炭、石油、医药、焦炭、化肥农药、建材等为主要货运服务项目，以日常旅客、出境、国内旅游、会展、节日旅游旅客运输为主要客运服务项目，为吉林省和长春地方经济发展做出贡献。长春境内铁路运输生产单位有9个，分别是长春站、长春北站、长春车务段、长春货运中心、长春客运段、长春车辆段、长春供电段和长春电务段和长春工务段。

【主要运输指标】 长春地区铁路货物发送量完成817.7万吨，其中，发送粮食367.2万吨、煤炭115.8万吨、石油14.2万吨、化肥农药2.4万吨、医药16.7万吨，其他品类21.6万吨。

【铁路重点建设项目】 2017年，长春铁路综合货场工程完成投资3.7亿元；长春至白城铁路扩能工程完成投资50亿元；长春至西巴彦花铁路工程完成投资2亿元。

【长春站】 长春站位于吉林省长春市宽城区长白路5号，邮编130051。站内主要设备包括普速场和高速场上下行正线各1条，普速场与高速场间联络线1条，到发线22条，牵出线5条，集中联锁道岔206组。车站设行车指挥中心1个，客运综控室1个，高架候车室1座，高站台9座，无站台柱风雨棚9个，售票厅3个。长春西站主要设备包括上、下行正线各1条，到发线9条，集中联锁道岔43组，行车室1个，客运综控室1个，高架候车室1座，高站台5座，无站台柱风雨棚5个，售票厅1个。龙嘉站主要设备包括上、下行正线2条，到发线2条，集中联锁道岔12组，行车室1个，候车室1座，站台2座，售票厅1个。车站在沈阳动车段长春动车所设行车室1个，在崔家营子设线路所1个。车站固定资产主要包括，长春、长春西站、龙嘉站设扶梯83部，直梯27部，自动检票闸机114个，人脸识别验票设备20部，自动售（取）票机117台，安检查危仪17台，中央空调系统7套，消防系统7套，职工食堂5处，综合公寓1处（内部设置浴池、健身房），净水设备和洗衣设备各1处，客运监控、引导、到发、广播、自动查询系统各1套，公务用车4辆，生产用汽车6辆，站台除雪车2辆。车站有职工1360人。其中，干部161人；工人1199人。全年客运收入完成301963万元，比年度计划298620万元超3343万元，增长1.1%，比2016年增长18204万元，增幅6.4%；旅客发送量完成3179万人，比年度计划3178万人超1万人，比2016年增长155万人，增幅5.1%。全年加开临客907列，加挂车辆2931辆，动车重联1250列，多发送旅客107.8万人，创收16268.1万元。截至2017年年末，车站实现无责任较大及以上事故12717天，无一般B类及以上事故4662天，无责任人身重伤及以上事故4318天，连续实现10个安全年。

【长春北站】 长春北站位于吉林省长春市东三环路宽城区奋进乡，邮编130052。车站中心位于长春枢纽京哈线1011.922公里处，龙北联络线自龙泉站起8.886公里处，长白线自长春北站起，衔接京哈、长图、长白线，为单向混合式三级五场，隶属于中国铁路沈阳局集团有限公司。长春北站始建于1988年，成立于1992年12月28日，全部开通使用于1999年8月9日。按业务量为一等站，按技术作业性质为编组站，主要承担哈尔滨、棋盘、四平、大安北、烟筒山方向货物列车改编作业和中转技术作业；办理专用线取送作业，是区域性主要编组站，管辖一间堡和远大两个中间站。车站现有正线5条，到发线29条，编发线6条，分类线13条，西部线群联络线1条，专用线36条，货物线8条，换装线2条，禁溜线2条，迂回线1条，安全线2条，机待线9条，机车走行线1条，机车出入库线5条，牵出线2条，站内道岔374组，减速器23组，可控停车器54台，调度指挥中心1个、半自动化驼峰1座，固定调车机7台。一间堡站有正线2条，到发线2条，货物线1条，道岔19组。远大站有正线2条，到发线3条，货物线7条，牵出线1条，机待线3条，安全线1条，洗刷线4条，道岔40组。固定资产原值2389万元，净值1064万元。车站有职工674人。其中，干部72人；工人602人。全年车站日均接发货车288列，日均办理14076辆，其中有调3725辆；中转时间完成2.8小时，一次作业时间完成26.6小时。1月1日超历史日办理19522辆（到194列，开196列）。发送快运货物41985吨，收入421.9万元。截至2017年年末，车站实现行车安全生产4329天。

【长春车务段】 长春车务段位于吉林省长春市宽城区人民大街161号，邮编130051。管辖京哈干线里程224.416公里，其区间包括十家堡、郭家店、蔡家、大榆树、公主岭、陶家屯、范家屯、大屯、长春南、米沙子、沃皮、布海、德惠、达家沟、姚家、陶赖昭、团山、扶余、蔡家沟站，闭塞方式为双线双向自动闭塞，日均办理接发列车259列，其中，旅客列车124列；长白线里程121.336公里，其区间包括小合隆、开安、华家、农安、哈拉海、王府、七家子站，闭塞方式为双线双向自动闭塞，日均办理接发列车40列，其中旅客列车32列；长图线里程11.878公里，龙泉北联络线里程2.528公里，其区间包括长春东、龙泉、兴隆山、龙泉北站，闭塞方式为单线半自动闭塞，日均办理接发列车48列，其中旅客列车30列；京哈高速线里程249.883公里，车站包括德惠西、扶余北、公主岭南站，闭塞方式为分散自律调度集中，日均办理旅客列车191列；陶舒线（合资铁路）里程92.224公里，其区间包括五棵树、刘家店、榆树、新立镇、谢家镇站，闭塞方式为单线半自动闭塞，日均办理接发列车124列，其中旅客列车6列；长双烟线（合资铁路）里程89.802公里，其区间包括泉眼、奢岭、双阳、山河镇、五家子站，闭塞方式为单线半自动闭塞，日均办理接发列车18列，其中旅客列车10列；松闭线（合资铁路）66.961公里，陶赖昭联络线6.963公里，其区间包括松原北、三井子、弓棚子、扶余西站，闭塞方式为自动站间闭塞，日均办理接发列车4列，其中旅客列车2列。管内有车站47个，办理客运业务车站31个，总营业里程865.991公里。行车设备有到发线153条、牵出线36条、专用线190条、专用铁道3家、合资铁路3家、候车室33个、旅客站台57座（其中有风雨棚站台23座）、天桥6座、地道7座。固定资产净值3048.15万元。全段有职工1751人。其中，干部210人；工人1541人。全年旅客发送量计划完成686万人，实际完成688.4万人；客运收入计划完成34910万元，实际完成34914万元，超计划完成4万元，比2016年增长0.01%；一次作业时间计划完成22.2小时，实际完成21.3小时；中转时间计划完成7.2小时，实际完成7.2小时。截至2017年年末，车务段实现无责任重大、大事故5235天，无责任一般事故2213天，无责任死亡事故5235天，无责任重伤事故5235天，无责任轻伤事故176天，无责任火灾事故5244天。

【长春货运中心】 长春货运中心位于吉林省长春市宽城区人民大街81号，邮编130051。管辖京哈线四平至蔡家沟段，长白线长春至七家子段，陶舒铁路陶赖昭至榆树段，长双烟铁路长春至五家子段，松陶铁路扶余至弓棚子段。计11个货运营业室，40个货运营业站、211家企业专用线，计营运里程684千米。全中心（含陶舒、长双烟、松陶合资铁路）有货物线71条、专用线211条、专用铁道7条、货场及物流基地36个、货物仓库20座、货场雨棚8个、货运营业厅38座、货物站台21座。有生产运输设备61台，其中，汽车47台（包括7台大型货车、40台厢式货车）、门吊5台、抓料机16台、装载机19台、叉车30台、正面吊3台、扒料机6台、输送机69台。固定资产8250.3万元。中心有职工1091人。其中，干部135人；工人991人。全年货物发送量完成888.5万吨，日均装车631车，运输收入完成185369万元，吨均收入率完成160.45元/吨。东北快运货物运输实现收货发运1385万件，重量41.63万吨，收入1450万元。截至2017年年末，货运中心实现无责任重大、大事故2024天，无责任一般事故2024天，无责任死亡事故2024天，无责任重伤2024天，无责任轻伤事故239天，无责任火灾事故1659天。

【长春客运段】 长春客运段位于吉林省长春市宽城区丹东路97号，邮编130051。主要负责担当长春至齐齐哈尔、阿尔山、哈尔滨西、白城、呼和浩特、大连（北）、延吉西（敦化）、丹东、绥芬河、昆明、乌鲁木齐、南宁、北京、西安、广州、上海虹桥、青岛北、东营南、重庆北、厦门旅客列车的乘务工作。其中动车组列车43对，普速列车37.5对（直达6对、特快2对、快速25.5对、普快2对、普客2对）。2017年新开行9对列车，其中4月16日吉林至北京南G240/39次及长春至吉林C1249次（于12月28日交由吉林客运段）；自10月21日起长春至辽源K7571/3/4/5/6/7/8/80次，长春至梅河口K7579/2次；12月3日德惠西至长春D8092次；12月29日九台至长春K7416次，12月28日长春至武汉G1292/89G1290/1次，12月28日白城至北京K1024/3次。固定资产原值1113.87万元，折旧593.39万元，净值520.48万元。全段有职工5073人。其中，干部253人；工人4820人。全年运输收入计划完成16560万元，实际完成17716万元，完成年计划的107%，超收1156万元。春运完成收入2647万元，日均完成66万元；暑运完成收入4706万元，日均完成76万元。旅客发送量完成6271.4万人，其中春运完成6582万人，暑运完成1338.9万人。全年开行临客列车59.5对。截至2017年年末，客运段实现无一般B类及以上事故49天。

【长春车辆段】 长春车辆段位于吉林省长春市辽宁路939号，邮编130051。地处哈大干线700公里处，管理跨度以长春为中心，包括图们、白城、通化、吉林4个异地车间。主要承担全段客车段修（A2、A3修）、空调客车和发电车中修，客车加装改造，车电机具中修等任务。承担段属旅客列车的值乘、辅修（A1修）、临客整备等日常检修工作。段下设长春、图们、通化、白城、吉林5个客整所，长春1个客车列检所。主要担当长春至北京、上海、广州（东）、三亚、重庆北、西安、乌鲁木齐、厦门、拉萨（4月16日开出最后一班车后，转属西宁车辆段）、南宁、宁波、昆明、牡丹江；图们至北京、青岛北、香坊；通化至北京、青岛北；白城（乌兰浩特）至北京、东营南、青岛北、呼和浩特等直达特快、特快、快速旅客列车和沈局管内多地快速、普速旅客列车的车辆乘务工作。长春客列检担负着京哈线、哈大线、长白线、长图线在长春站始发、终到、通过旅客列车的检修任务。段主要机械动力设备保有量300台。其中，金属切削设备28台、锻压剪冲设备11台、动力设备22台、电气设备63台、木工铸工设备4台、试验设备95台、其他杂项设备29台、起重运输设备48台。全段有房屋41栋，总面积166612平方米；办公房屋4栋，总面积11452平方米。有客车整备线49股，总有效长24395米。客车停留线16股，总有效长8756米。临修线10股，总有效长1011米。固定资产总值557925万元。全段配属客车2276辆，开行图定列车66对120组1809辆。全段有职工3058人。其中，干部195人；工人2863人。全年完成客车厂修238辆、客车段修900辆、发电车中修10辆、A1修2022辆、临修1690辆，客列检通过修23302列、396596辆。开行临客57组829辆、旅游列车23组362辆、军运客车199辆、客车加挂810辆次、支南临客3组54辆。全年运输总支出有权87089万元，实际支出87076万元，节支13万元。截至2017年年末，车辆段实现无行车一般D类及以上事故267天，无职工责任轻伤以上事故4376天，无路风问题、无火灾爆炸事故、无特种设备事故4376天。

【长春供电段】 长春供电段位于吉林省长春市宽城区小南街10号，邮编130051。担负着哈大客专、长珲城际、京哈、平齐、长白、长图、四梅、陶舒（委管）、长双烟（委管）、松团（委管）、长辽（委管）、辽开12条线路71个站1391运营公里线路的生产、生活供电维修管理任务。全段有职工893人。其中，干部135人；工人758人。全年检查接触网设备615.9条公里、隔离开关469台次、分段绝缘器402台次、线岔1388台次、擦拭III级绝缘子1000支、避雷器266台次。利用检修列车对京哈线、长白线、长珲城际设备进行平推，计615.9公里。更换绝缘子353支，定位器坡度整治处理71处，线索互磨整治累计处理78处。限制管螺栓更换2630个，安装防松螺母1318个。京哈高速线德惠西至扶余北间的476根支柱加装避雷针。1C整治缺陷问题53件；2C装置对接触网正线检测426次43120公里，发现疑似问题193件，整改疑似问题97件；3C装置检测出报警缺陷292处，确认整改152处；4C分析支柱10779根，发现问题264件。工程建设方面，吉林机务段长春机务整备库施工拆除原机务整备库接触网13.6条公里，新建M1、J1、J3、南回线接触网3.22条公里，其他部分调整接触网10.38条公里；长春铁路综合货场新建工程架设接触线承力索25.432条公里、组立硬横梁14组、软横跨42组、组立支柱346根；陶赖昭、公主岭站场改造工程组立混凝土支柱16根，钢支柱4根，架设接触网承力索各4.294条公里；长春南站改造18组软横跨延长、拨网350米；四平站机待线改造工程组立支柱6根，挂网268米；长北机务棚改库工程J2、J7新增接触网1.5条公里；霍林河至扎哈淖尔电化改造新建接触网16.1条公里、回流线10.3条公里、架空地线6.7条公里、混凝土支柱128根、钢支柱74根；四平至齐齐哈尔电化改造黑水至白城区间新建接触网160条公里、回流线116条公里、架空地线19条公里、混凝土支柱1669根、钢支柱494根、软横跨195组、硬横梁23组。介入及配合长白线0公里至133公里的接触网线路建设，架设接触线377.956条公里，架设承力索377.956条公里，组立各型支柱5477根，安装硬横梁298组，新建牵引变电所3座，分区所4座。电力方面，普速检修架空线路718.1公里，电缆线路423.9公里，发电机34台，箱变72座，变压器392台，配电装置1004面，变压器台302座，灯塔灯柱（桥）462座；高铁调试箱变110座，配电所5座，10/0.4变电所17座，调试远动高压开关935个、低压远动开关1511个，检修架空线路25.4公里，电缆线路15.1公里，电缆中间接头16个，电缆井20座，隔离开关4台，断路器6台；完成普速公主岭、德惠、榆树、辽源、长春北配电所、四平南变电所试验，高铁长春西、四平东、公主岭南、德惠西、扶余北、龙嘉配电所及长春35/10千伏变电所试验；开展电缆

9月13日，长春供电段职工在一间堡站对新建接触网锚段和线岔进行调整

（李英奇　提供）

整治，完成四平站信线、长春北东城线、西水线、长春—长春南自闭线、长春北——一间堡贯通电缆缺陷处理电缆整治工作，敷设高压电缆6540米，制作电缆通道1200米，新设11座接头箱，更换接头箱1座；结合G网改造更换状态不良高压电缆4000米，更换四平北、曲家店配电所和四双区间9处基站奥凯电缆18000米，完成长图珲城际9座箱变上下桥电缆整治工作；更换陶舒线树害地段、四梅线树害地段、长春站区、长春北站区、德惠铁南受电和长白线绝缘线150000米；安装绝缘线空旷地段驱雷针778套；补装接地极192处，更换为HGW-4型硅胶隔离开关112组；对水害、易撞地段电杆、跨河口水泥电杆护砌249处；更换裂纹电杆27棵；对长春、长春北、四平站区分支电力线路上安装能够远程监控的故障指示器31处66套；处理侵限树木41800棵，扶正倾斜电杆257棵。介入及配合长白线扩能改造工程完成农安及长春北配电所过渡及新建工程施工，新建自闭线131公里，贯通线改造及迁改98公里；配合完成长春综合货场、长春西动车运用所新建四线库工程；完成京哈线资源整合、四平站区资源整合、辽源站区资源整合、四梅线曲线改造、达家沟、榆树货场改造、京哈线16个站19处“煤改电”外电供应等工程。全年运输有权支出53911万元，实际支出53878万元，节支33万元。截至2017年年末，供电段实现无责任重大、大事故4304天，无责任一般事故618天，无责任人身重伤及以上事故2672天，无责任火灾4304天，无轨道车运行事故4304天。

【长春电务段】 长春电务段位于吉林省长春市辽宁路春铁大厦C2座，邮编130051。全段管辖2668.744公里。其中，普速线既有线2317.957公里；高速线350.787公里。承担京哈、通让、长白、大郑、平齐、白阿、陶舒、四梅、长图、长双烟、松闭、锡乌、长吉城际和哈大客专14条运输线路电务设备的维护工作，管辖126个站、20个场。信号设备有104个微机联锁站，15个微机联锁场，130个微机监测站，站内信号机6505架，区间信号机7161架，标示牌342个，道口32个（有人看护道口10个，监护道口22个），自动化驼峰站4个，非自动化驼峰站1个，轨道车124台，机车161台，动车48组，全段信号设备换算道岔组数57257.207组。通信设备有长途光缆4103.2公里，长途电缆609.268公里，地区电缆360.98公里，地区光缆713.872公里，架空明线路691.07公里，传输设备534套，接入DLT设备25套，ONU设备269套，数据网设备162套，车站高度交换机147套，前台207台，声控记录仪133台，MCV会议设备3套，视频会议设备38套，音频会议设备77套，广播设备74套，现场视频设备1993套，视频光端机484台，视频杆449根，服务器58台，以太网交换机215台，电报终端4台，高频开关电源412套，蓄电池620组，无线列调车站台127套，无线车次号车站数据接收解码器50台，道口预警设备41台，无线铁塔410座，无线列调便携台736台，BTS设备137套，各类网管终端85套，全段通信设备换算11374.37皮长公里。全段固定资产22.69亿元。全段有职工2009人。其中，干部492人；工人1517人。全年信号专业方面，整治高铁和普铁S700K转辙机沙特堡接点，全部更换为TS-1接点或排骨接点，解决沙特堡接点接触不良引发故障的问题；整治外锁闭牵引点锁钩，全部更换为万向轴式锁钩，减少提速道岔卡阻别劲等故障问题；整治老式智能电源屏，解决老式电源屏模块老化、不能稳定工作的问题；整治哈大高铁、长吉城际车站、中继站、基站超寿命UPS蓄电池组，消除蓄电池超寿命运用易引发火灾的隐患问题；整治哈大高铁应答器，对上行线428台应答器降低高度，减小应答器遭冰雪击打和刮碰动车的风险；通过加装普铁自动闭塞区间逻辑占用检查设备，减少区间“丢车”发现不及时的风险；大石寨到伊尔灿9个站通过对早期上道的TDCS一级站大修，解决电子设备超寿命运用频繁发生故障的问题。通信专业方面，完成31个站运输安全视频整治工作，视频故障大幅压缩；整治138处通信机械室防雷，使防雷标准和安全性大幅度提高；整治白阿线、陶舒线加固电杆30棵，整治横跨铁路线改过轨3处，拆除85处区间通话柱，从源头消除刮碰列车风险。车载专业方面，完成23组CRH5动车组200C型ATP的46台DMI软件更新和硬件改造工作，解决DMI软件死机和站台语音信息误报的问题；完成200C型ATP的46台控制组匣加装电容改造，解决国产BTM与控制组匣电源模块不匹配导致BTM启机失败问题；完成28个200C型ATP专用速度传感器整治，解决连接器接触不良问题；完成24块200C型ATP的CIMRE板（继电器板）整治，更换内部8台继电器，解决继电器接点接触不良问题；完成68台机车的机车信号电源板电源模块升级，解决电源模块老化，故障多发问题；完成121台机车信号软件升级，取消极频制式，解决极频干扰的问题；完成149台机车地面信息处理插件升级，提高LKJ对绝缘节信号的抗干扰能力；完成15台TSC2车载设备改造，实现跨局客车LKJ运行状态和数据版本的在线监测功能；完成15台内燃机车天线整治，消除机车车顶天线防刮碰风险。全年信号设备综合合格率97.68%；信号合格显示率100%；信号机地面显示合格率100%；道岔合格率100%；LKJ数据正确率100%；联锁关系正确率100%；机车信号正确率100%。通信设备合格率97.8%；无线列调电台运用良好率99.26%；机车电台出库合格率100%；完成年总产值35488.80万元。全年直接支出3787.20万元，间接费用支出1092.70万元，经营管理实现预期目标。截至2017年年末，电务段实现无行车重大大事故25254天，无责任人身死亡事故25254天，无责任重伤事故20631天，无火灾事故25254天。

【长春工务段】 长春工务段位于吉林省长春市人民大街81号，邮编130052。主要负责线路的线桥养护维修任务。线路设备正站段岔特线1604.628公里，其中，站段岔特线413.061公里，道岔1316组。非路产专用线151.438公里，道岔197组。桥涵设备49054米，其中桥梁436座/80135米/36057米，隧道6座/5510米/3863米，涵渠971座/22151米/4430米，河调442处/83854立米/2097米，地道4座/158米/63米，灰坑48座/3100米/930米，限界架及其他1615米。全段有机械设备1607台。其中，机械动力设备1538台；各种机床9台；锻压、剪切设备1台；动力设备55台；木工、锻工设备2台，汽车维修设备2台。固定资产总额238023万元。全段有职工2028人。其中，干部171人；工人1857人。全年维修工作方面，线路机捣2531.34公里、线路稳定1164.4公里、线路打磨852公里、线路配砟199公里、道岔捣固347组；补充石砟71884立方米；道岔工电联合整治593组；SC330道岔三型条整治23组；线路注盐250吨；取消异型夹板32处；冻害冬病夏治166处；问题库销号17702处；更换弹性扣件9800套；更换尖轨119根、基本轨112根、辙叉81台；整治重伤焊缝642处；道岔无缝化完成122组；更换长轨126.681公里；无缝线路应力放散128.591公里；焊轨2003头；标准化站场创建11个；站专线木枕换砼枕5190根；通过维修手段实现陶舒线榆树—舒兰间、长双烟线提速；推广使用浸胶弹条、防腐漆、精磨机等材料、机具，提强设备基础和维修质量；完成工务安全生产管理系统、探伤管理系统、物资管理系统、问题督办系统以及施工管控系统的全面应用；完成长双烟线、陶舒线新换长轨地段防断报警系统的安设。大中修工作方面，道岔大修29组。其中，长春南站17组，陶赖昭站11组，大屯防爆线1组；利旧道岔大修11组。其中农安专用线3组，泉眼站5组，奢岭站3组；线路中修67.74公里。其中京哈下行线沃皮—布海间20公里，长图线长春—卡伦间20公里，京哈线上下行德惠—达家沟间27.74公里；道岔破底清筛81组。其中陶赖昭站17组、达家沟站13组、布海站12组、沃皮站10组、米沙子站13组、一间堡站3组、长春站13组；长春站1127—菱5#道岔间人工线路清筛0.17公里；完成陶舒线32公里、35公里两条小半径曲线改造工作。桥梁方面，桥梁护轨改造19座/4519米、切除废弃护轨竖螺栓26座/42048根、更换桥梁人行道混凝土板9座/2825块、桥梁限高架修复29座次、桥涵清淤29座/16500立方米、单根更换失效桥枕29根、更换护木96米、修复人畜通道风雨棚9座、桥梁人行道栏杆油漆涂装27座/129孔、桥梁简易钢轨限高架改造成标准钢管限高架2座/4处、增设上跨桥防抛网3座/120米、修复上跨桥防抛网4座、泵房内设备修复、改造5处、龙北联络线5公里桥低高度混凝土梁横向加固8孔；防洪隐患方面，整治排水沟及挡墙4390米、长春站新建集水井4座、新建蓄水池2座；长双烟7.335公里至7.385公里路基翻浆冒泥处理；京哈线1110.106公里涵清淤及新建拦沙坝工程；长图线上行17公里路基翻浆冒泥整治；长双烟线0公里至55公里路基附属工程综合整治；长双烟铁路联络线0.79公里至1.40公里段水害整治；汛前清理淤积严重桥梁8座、涵渠12座。站场改造工程方面，长春站站改拆除道岔10组、补空，插入道岔12组，拆除线路0.45公里，新增线路0.46公里；长春机务整备场站改：拆除道岔8组、插入道岔11组、拆除线路400米、新铺线路534米、拨移线路260米、清出土方840立方米、更换枕木220根、补充石砟5600立方米、平均抬道500毫米。标准化站场创建11个；站专线基础提强（木枕换砼枕5190根）：长春东站专用线更换1740根，榆树、五棵树站专线更换950根，达家沟站更换900根，长春南站更换1600根；长春北站站改拆除道岔7组、补空，插入道岔10组，拆除线路2.145公里，新增线路4.245公里；榆树站站改新建牵出线1条有效长0.595公里，新建道口1处，原一渡一交改为一渡两交，纵移道岔1组，安全线拨移1条；新建到发线1条有效长0.555公里，新插入单开道岔2组，拆除道岔1组，7道拨直并延长0.275公里，木枕换砼枕道岔2组，新建专用线1条，有全长0.435公里，拨移专用线1条；达家沟站改新插入单开道岔1组，新建货2线全长0.413公里，拨移货1线，新建道口2处，延长存车线81米，延长安全线164米；陶赖昭站改拆除道岔1组，拆除线路100米，纵移道岔1组，新插入单开道岔6组，新增线路3.286公里；陶赖昭维修基地拆除道岔6组，拆除线路780米，插入道岔2组，新增线路950米；一间堡站改：拆除道岔2组，插入道岔6组，拆除线路180米，新增线路200米；长春东站站改拆除道岔3组，拆除线路650米，新增线路1.36公里。全年营业总收入完成42066万元，运输业务收入完成39538万元；营业总成本完成41662万元。截至2017年末，工务段实现无一般D类事故930天，一般C类事故12545天，一般B类事故18808天，一般A类事故25258天。

（李英奇）

公路运输

【交通投入】　完成交通固定资产投资67868.59万元，比2016年同期下降13.8%。其中，公路建设资金投入28163万元（其中创建“公交都市”农村公路项目投资15000万元；其他农村公路建设投资13163万元）；公路养护资金投入18089.59万元（包括国省干线养护工程投入7695.61万元，桥梁289.98万元，小修保养9731万元，安防工程373万元）；更新公交车辆和公交体制改革累计投资15616万元；公交智能化系统投资6000万元。

【公路路网】　全市公路总里程24062公里，公路密度117公里/百平方公里，比2016年提高2.2公里/百平方公里。按技术等级分，等级公路里程23123.9公里，占总里程96.1%，其中，二级及以上公路里程1840.9公里，占公路总里程7.65%。按行政等级分，国省干线1697.1公里，占总里程7.1%，国省干线中二级以上公路1352.1公里，占国省干线里程79.7%。农村公路（县、乡、村）里程22364.8公里，其中村道16436公里。

【公路通达】　全市115个乡镇1665个建制村通达、通畅率100%。乡（镇、街道）通畅率82.6%，自然屯农村公路通畅率81.7%。

【公路养护】 全市公路养护里程为24450.8公里，其中普通公路养护里程为24062公里。

【公路水路运输运量】 全年营运性客运车辆完成公路客运量6592万人、旅客周转量426239万人公里，按可比口径同期分别下降7.3%和3.7%，平均运距64.6公里。营运性货运车辆完成货运量11949万吨、货运周转量3081008万吨公里，按可比口径同期分别增长9.7%和6.1%，平均运距257.8公里。完成水路客运量19万人、旅客周转量57万人公里，按可比口径同期下降28.3%，平均运距3公里。完成水路货运量35万吨、货运周转量665万吨公里，按可比口径同期分别下降83.3%和下降83.2%，平均运距19公里。

【城市客运运量】 全市城市客运系统完成客运量132712万人，比2016年上升3.1%。其中，公共汽电车完成76664万人，公共汽电车运营里程31192.5万公里；轨道交通完成9585.8万人，运营里程801.1万列公里；出租车完成46462.2万人，运营里程405304.3万公里，载客里程213761.8万公里，空驶率47.2%。

【通行费征收】 2017年，普通公路收费站通行机动车辆577.23万台，收取通行费8449.24万元，比2016年增长7.83%。减免鲜活农产品运输绿色通道车辆11.89万台、通行费277.93万元。减免节假日通行车辆29.23万台、通行费292.27万元。

【运输企业】 全市道路客运企业207户，营运客车3962台，运营客运线路1243条，客运站86个；道路货物运输业户96370户。其中，普货运输企业6896户，危货运输企业81户，个体业户89393户。货运车辆109455台。

【交通运输行业执法监管】 综合执法支队出动执法车辆7706台次，执法人员21911人次，检查车辆145314台，查扣各类非法营运车辆211台（其中“黑车”140台），暂扣违法违规证件643件。

【走访行动】 开展党员领导干部“一线工作日”工作，局领导班子成员下基层42次，走访基层单位10个，走访对口业务部门6个，走访服务对象15个，收集问题和建议40个，解决问题32个，问题解决率80%。局属各单位领导班子成员下基层51次，收集问题和建议51个，问题解决率74%。

【“双岗双责”进社区活动】 组织“双岗双责”从局属单位抽调20名在职党员，认领志愿服务岗位33个，结成帮扶对子3个，参加社区活动29人次，走访困难群众3户，搜集社情民意8条。

【脱贫攻坚】 对桦树村25户包保对象逐一进行到户走访调查，进一步核实困难户的具体情况。春节、“七一”“十一”和全国扶贫日前，组织局及局属各单位走访贫困户，为贫困户送去价值25000元的慰问品和1250只鸡雏。

（宁智彬）

民用航空

【概况】 吉林省民航机场集团公司（以下简称“吉林机场集团”）是首都机场集团的全资子公司。2017年，完成运输航班10.6万架次、旅客吞吐量1383.7万人次、货邮吞吐量9.5万吨，比2016年分别增长14.04%、19.42%和1.5%。其中，长春机场完成运输航班8.57万架次、旅客吞吐量1166.3万人次、货邮吞吐量8.9万吨，分别增长17.66%、22.85%和2.72%。

【机场安全运行】 2017年，未发生责任原因造成的事故、事故征候；在民航东北地区企事业单位安全责任考核中位列第三。制定《安全生产责任督导问责办法》，修订《航空安全和服务质量考核与奖励暂行办法》等制度。长春机场入选民航东北地区监管执法模式调整试点机场。完成机场公安体制改革任务，机场公安局移交省公安厅管理。完成“十九大”航空安保和“一带一路”国际合作高峰论坛等重大运输保障任务，开展长春机场“砺剑-6号”反恐应急综合演练。出台《服务短板提升管理办法》，完善服务标准和运行流程。长春机场获国际机场协会ACI（Airports Council International）2016年度全球最佳机场500万～1500万层级服务品质奖第2名，实现同层级服务领先。2017年长春机场ACI旅客满意度平均分值4.83分。

【机场基本建设】 长春机场二期扩建工程完成投资34.36亿元，T2航站楼工程实现暖封闭。使用新工艺、新工法40项，获全国建筑业创新技术应用、绿色建造暨绿色施工示范工程等奖项。高架桥工程实现简易通车。飞行区不停航施工结束；场道工程基础施工完成。成立长春机场二期扩建工程建设运营一体化推进工作委员会，制定《总体工作方案》，确立“零事故、零差错、零拖延、零投诉”的工作目标。完成T2航站楼商业资源点位规划及分配方案。新建10个临时停机位投入使用，无线语音数字集群系统提前上线试运行。长春机场除冰坪建设工程完成土方填筑，货运仓库改扩建工程新建库区完成。开展辽源、榆树、敦化等机场建设工程前期工作。

【市场开发】 长春机场年旅客吞吐量突破1000万人次，正式迈入国内大型繁忙机场行列，成为全国第30家“千万级机场”；推动过夜运力奖励政策落地，长春机场非基地航空公司停场过夜运力比2016年翻一番。长春机场与天津机场合作开发的“春天快线”航空产品形成规模，省内5家机场实现与天津通航，开辟吉林省进京新通道；航线换季推介会成为长春航旅业界首个机场营销合作平台。长春机场新增徐州、南通、美属塞班、叶卡捷琳堡等8个航点；运输架次和旅客吞吐量增速居东北4大机场之

11月13日，长春机场旅客吞吐量突破1000万人次　　（杨振宇　提供）

首。运营航线149条，通航城市73个。

【合作交流】　与四平市人民政府签署四平机场合作协议，支线机场运营管理模式由直接经营向管理输出转变；与天津机场签署市场战略协议，明确天津机场与长春机场互为桥头堡的战略目标；与青岛航空签署战略合作协议，就其在长春放置过夜运力、设立基地公司和拓展省内航线网络等重大事项达成共识；与中国民航信息网络股份有限公司签订战略合作框架协议，打造“互联网+机场”新型发展模式；与日本仙台机场继续深化友好合作关系，完成友好合作谅解备忘录的续约换文。

【春运保障】　春运保障期间，长春机场增加航班640架次，重点增开广州、深圳、韩国首尔、俄罗斯海参崴、泰国曼谷和甲米等航线，在北京、上海等重点航线上投入A330、B767宽体机102班。吉林机场集团保障航班起降12226架次，完成旅客吞吐量162.13万人次，货邮吞吐量10383.6吨，比2016年分别增长12.88%、18.95%和27.38%。其中，长春机场保障航班起降9651架次，完成旅客吞吐量133.67万人次，货邮吞吐量9623.9吨，比2016年分别增长15.07%、21.95%和30.90%，日均航班242班次，日均旅客吞吐量3.34万人次，航班保障高峰日和旅客吞吐量高峰日分别为253班次和3.79万人次。

【班组建设】　深化“四型”班组建设（安全、服务、经营、保障），“君子兰”班组被授予“东北民航安全管理示范班组”称号，民航局局长冯正霖为其授牌。“君子兰”班组和“金达莱”班组荣获“全国民航示范班组”荣誉称号。吉林机场集团获“全国民航五·一劳动奖状”。

（杨振宇）

【南航吉林分公司】　南航吉林分公司是中国南方航空股份有限公司所属分公司之一，成立于1992年8月8日，是吉林地区唯一中央直属国有民用航空运输企业，也是吉林省唯一基地航空公司。在吉林省内形成以长春为区域枢纽、以延吉和长白山两地为侧翼的基地布局。分公司驻地吉林省长春市，机关设在长春市吉林大路5038号办公大楼，飞行基地设在长春龙嘉国际机场。分公司下设飞行部、飞机维修厂、市场销售部、货运部、运行指挥部、客舱部、保卫部、地面服务保障部、信息工程部、后勤保障部和延吉营业处（外设分支机构）11个安全生产保障单位，以及办公室、财务部、人力资源部、运行安全技术部、企管部、党委工作部、纪委（监察）办公室和工会办公室8个机关职能部门。除延吉营业处外，外设吉林营业处、白山营业处2个驻外分支机构（隶属市场部）。执管空客A320系列飞机22架，其中空客A321飞机6架，空客A320飞机13架，空客A319飞机3架。分公司经营国内航线22条，国际、地区航线7条；始发通航点32个。南航在吉林市场投入飞机36架，每周执行航班365班（吉林始发单程）。基本覆盖国内重点城市，拓展至日、韩等国际通航点。占有35%左右的市场份额。依托南航发达的国内、国际网络，每天有2000多个航班飞至全球40多个国家和地区、208个目的地，每日提供座位数30万个。吉林分公司有员工2477人，其中劳动合同制员工1941人（含驻外4人），劳务制员工564人。空客机型飞行教员/机长118人，副驾驶116人。乘务员508名，空警、安全员92人。持有机务维修基础执照人员232人，空客整机放行人员74人。获批准的维修项目包括A321机型C4检和5年检、A319/320机型C3检（含）以下，以及A320系列换发、结构修理、探伤等工作。

公司2017年安全飞行74515小时/29258架次（未包含借出飞行8617小时），比2016年增长2918小时/736架次。公司落实各系统、各层级管控职责，开展月度及专项风险分析，发布安全提示、实施案例讲评。新聘机长9名。开展“百日安全生产竞赛”“争创十佳安全标兵”等活动。完善资质和业务技能题库，实施“每日一考”，开展规章标准抽考，分公司领导带头讲授职业道德教育课。

公司运输总周转量5.8亿吨公里，增幅6.02%。运输旅客328.73万人次，比2016年增加16.2万人次；保障进出港行李164万件次，高端旅客20.7万人次。拓展航线网络的通达性。在稳定北上广深主干航线基础上，新开航线6条，加班130班，巩固重点市场份额，对长白山始发航线进行升级调整。推广南航“e”行。发展移动粉丝11.47万人。起降地服费、餐食、机供品、机组过夜费、业务代理手续费等大项成本节支

7月22日，南航吉林分公司举办足球联赛　（李超森　提供）

2723万元。

公司执管航班29279班，航班正常率73.88%。保障VIP航班2590班、2850人；完成党的十九大、两会等重大运输保障任务。强化运行管控。突出SOC对运行的统一指挥权，加强月度运行讲评，坚持值班干部日检查。成立专项小组梳理风险航班，每日监控通报情况。提高基地出港始发航班靠桥率。启动快速保障496班，恢复航班正常234班。协调空管、总部、兄弟公司及流控严重的杭州、南京等地，避免航班在外站取消或延误259班，减少流控时间2小时以上210班。落实南航总部“提升东北四点空地服务质量”和股份《服务质量规范专项行动》的工作要求，关注和改进航延、行李立起来、乘务组投诉差评监控、客舱广播等服务短板。航班延误投诉率比2016年下降2.7个百分点，行李、客舱投诉率比2016年分别下降50%和108%。进驻第十一届中国·东北亚博览会。护送造血干细胞、“最美背影”乘务长管晓雪、乘务组抢救吐血旅客、地服部帮助杭州漏乘老人等服务事迹，被媒体广为宣传，获得公众赞誉。地服部“常青藤”班组被全国总工会评为全国“五一”巾帼标兵岗和全国质量信得过班组。

公司开展“四项新常态”工作（培训提升、地面高清摄像头监控、各系统题库建设和全面绩效考核）。优化人力资源管理和干部队伍建设。全年选拔管理人员29人，交流调整33人次。以题库建设促培训提升。搭建分公司级网络学习平台，所有运行保障单位建立2000道以上题库，通过网络、手机等形式，开展各岗位日常答题培训、考试。开展管理干部、全员基本技能等培训414项、1.7万余人次。率先实施厦川航一体化运行。包含1046个文件的分公司级手册正式上线。启用新的财务报账系统。完成公务用车改革，减车率81%，节支率24.4%。签订新运营保障用房的购买合同、物业合同。组织重大新闻策划16次，刊发稿件1038篇。开展“安康杯”劳动竞赛和岗位技能竞赛，组织文体活动，加强员工关爱，全年投入资金近350万元。做好老干部、青年员工和女职工工作。阳光南航宣传工作获得总部表扬。分公司获“吉林省五一劳动奖状”。

（李超森）

城市公共交通

【公交线网建设】　配合地铁1号线载客试运营，委托编制《长春市地铁1、2号线周边公交线路调整方案》，对地铁1号线周边公交线网及运力布局进行优化调整，新辟公交线路5条，优化调整线路10条。更新公交车448台，其中新能源车158台。

【场站设施建设】　规划建设公交场站10处，其中长久路、杜家屯和景阳大路3个首末站已建成，长新东路综合车场、云河街首末站进入实地施工状态，剩余5处完成选址，正在开展前期工作。结合旧城改造工程，新改建三环内公交站亭站牌1200余座。

【智能公交工程】　建设长春市公共交通监管指挥中心，完成公交集团904辆营运车辆的车载终端设备的安装，完成全部软件系统平台建设和长交通运输信息中心土建改造工程；由交投集团组建长春一卡通公司，建成市级清算平台，正式对外发卡，发卡2万余张，实现与全国多个城市公共交通的互联互通。

【公交行业体制改革】　公交集团完成46个自然人1260万元股本回购收，实现国有独资经营。选择260路、286路、143路作为民营自愿退出公交线路回收试点，3条线路、70台车由公交集团收回自营。宇航客运公司收购重组华辉、元泰通和金瑞3户企业，车辆405台，资产规模超过1亿元。

【出租汽车行业改革】　北京首汽等7家网约车平台公司递交申请材料，登记车辆4603台，受理网约车驾驶员咨询8998人，安排19场考试，合格903人，发放网约车驾驶员证，考试合格率25%。

（宁智彬）

物　流

【概况】　2017年，全市社会物流总额21022.4亿元，比2016年增长7.8%。社会物流总费用1071.8亿元，比2016年增长3.2%；社会物流总费用与GDP的比率16.4%，比2016年同期下降1.1个百分点。物流业总收入952.3亿元，比2016年增长3.6%，比2016年同期上升0.4个百分点。全市新建物流项目15个，项目计划总投资216.9亿元，年度完成投资22亿元；续建物流项目21个，项目计划总投资113.1亿元，年度完成投资32.1亿元。

【物流供给侧结构性改革】 开展物流降本增效工作。市政府物流产业办会同长春物流协会，赴市商务局、市工信局、市交通局以及近40户重点物流企业开展降本增效调研，完成《关于物流降本增效情况的调查与思考》，上报市政府决策参考。利用长春物流协会平台，为物流企业搭建合作服务平台，有效降低企业成本3个至5个百分点。着力补齐乡村物流短板。依托国家AAAA级物流企业金正物流线上线下配送网络，构建金正云城乡商贸物流供应链平台，打通农资、消费品下乡和农产品进城双向回流通道。发展先进运输模式。以一汽物流、亚奇物流等15户省级以上甩挂运输试点企业为依托，发展公路甩挂运输业务；以吉林省掌控物流科技有限公司、长春卡行天下供应链管理有限公司等6家物流企业为平台，发展无车承运物流；依托一汽物流、“长满欧”班列，发展多式联运业务。推动交通物流融合发展。落实吉林省《交通物流融合发展方案》，加快实施铁路引入公路货站和物流园区等工程，打通连接枢纽的“最后一公里”。长春铁路东北亚物流园项目投资2.6亿元，新建2条铁路专用线2580米，实现公路、铁路与园区的无缝衔接。长春国际陆港发展有限公司投资近3亿元启动东北亚国际多式联运中心项目建设，发展以铁路集装箱为核心业务的多式联运。

【重大物流工程试点示范工程】 2017年，长春一汽国际物流有限公司物流园区被国家发改委、商务部评定为“国家智能化仓储物流示范基地”；吉林省华航实业集团打造的一汽物流供应链服务体系多式联运示范工程，被国家发改委、交通运输部评定为第二批多式联运示范工程；香江物流园被国家发展改革委、国土资源部、住房城乡建设部评定为第二批示范物流园区；启明信息技术股份有限公司、吉林省掌控物流科技有限公司、吉林省吉高物流有限公司、长春京铁物流有限公司、吉林省香江物流有限公司、长春卡行天下供应链管理有限公司6户企业被交通运输部认定为无车承运试点企业。

【重大物流枢纽工程】 推进长春铁路东北亚物流园项目和长春顺丰电商产业园项目2个重大物流枢纽工程，谋划华航汽车区物流园项目、京东长春亚洲一号项目和长春传化公路港物流项目3个重大物流枢纽工程。华航汽车区物流园项目拟投资115亿元打造一汽物流供应链服务体系多式联运示范工程。京东长春亚洲一号项目是集物资集散、仓储加工、多式联运、城市配送、信息处理、配套服务等功能于一体的国内一流电商营业（吉林）中心。项目总投资50亿元，主要建设京东自动化仓储营业中心、电商区域结算中心、分拨中心等，同步建立城乡末端高效配送网络，推广应用新能源配送车辆、智能配送柜等设备设施。长春传化公路港物流项目拟投资10亿元搭建长春市物流公共服务平台，助力长春打造立足吉林，通达东北，辐射全国的区域物流中心和衔接韩日、蒙俄欧的东北亚国际物流中心，填补吉林省内智能公路货运领域的空白。截至2017年年底，长春铁路东北亚物流园项目建成，开始投入使用；长春顺丰电商产业园项目一期主体工程顺利封顶；华航汽车区物流园项目推进前期工作；长春传化公路港物流项目具备开工条件。

【物流产业专项扶持政策】 为落实服务业加快发展专项扶持政策，市财政下拨资金675万元。其中，用于支持省级以上公路甩挂运输企业375万元；用于支持新建物流园区项目300万元。

【响应“一带一路”倡议】 陆港区域形成围绕“三港一区一中心”（“三港”即铁路口岸、虚拟空港、智慧公路港；“一区”即长春兴隆综合保税区；“一中心”即正在建设中的多式联运海关监管中心）打造东北亚国际多式联运枢纽的巨大优势。截至2017年12月底，国际陆港区域完成集装箱吞吐量61175标箱，货物吞吐量近50万吨，其中，铁路吞吐量45524标箱，占总吞吐量的74.62%。海铁联运量达7854标箱，形成连接营口港、大连港等多条海铁联运通道。“长满欧”班列实现高密度常态化运行。1月至12月，进出口合计26538标箱，承运进出口货值超9.91亿美元，两数据分别为试运行的2015年和2016年总和的13倍和9倍。无论是班列密度还是承运量、承运货值、境外辐射地、海外服务能力等指标均持续高居满洲里口岸进出境的中欧班列之首，居于全国领先地位。为解决全国中欧班列出境口特别是东线满洲里口岸的严重拥堵现状，为中欧班列东线增加新的通道口，形成“一带一路”国际倡议，加速“长吉图”战略与俄罗斯远东开发战略（滨海二号线）的对接，开通“长珲欧”班列，形成常态化运行。“长珲欧”班列基本具备开行条件。

（郑德红）

信息产业

综　述

【工业和信息化融合】　推进企业两化融合管理体系贯标，全年长春市有7户企业获批国家两化融合管理体系贯标试点，3户企业获批省级两化融合管理体系贯标试点，福耀集团长春有限公司和吉林亚泰（集团）股份有限公司通过两化融合管理体系认定。开展两化融合项目谋划和申报，长春吉文汽车零部件股份有限公司申报的节能与新能源汽车轻量化车身制造智能工厂项目获批工信部2017年智能制造新模式应用项目，遴选27个项目列入长春市“中国制造2025”两化融合试点示范。建设长春企业云，以浪潮云计算大数据中心为依托，筹建长春企业云并上线运行，组织各县（市）区、开发区开展企业上云服务。

【信息安全防护】　加强工业控制系统信息安全防护工作的宣传引导，转发《吉林省工业和信息化厅关于做好Struts2远程代码执行漏洞排查及修补工作的通知》，指导企业做好Struts2版本升级，及时修补安全漏洞。转发《吉林省工业控制系统信息安全防护与应急管理工作实施办法（试行）》，督促企业建立健全工控安全工作机制，保障工业生产正常运行。印发《关于成立工业控制系统信息安全防护和应急管理工作领导小组的通知》，成立工控安全领导小组，指导、协调全市工业企业做好工控安全防护与应急管理工作。开展工控安全调查，对全市重点工业企业重要工业控制系统开展调查，配合省工信厅对福耀集团长春有限公司等8户重点工业企业工控安全进行检查，督促企业改进、完善工控安全工作。

【大数据产业发展】　印发大数据发展规划，对《长春市大数据应用与产业发展规划（2016-2020）》（初稿）进行修改完善，组织专家进行论证，以信息化工作领导小组办公室名义下发实施。出台《关于统筹推进大数据应用与产业发展加快智慧长春建设的意见》，建立工作保障机制，落实具体保障措施。制定《智慧长春建设信息化项目管理办法（试行）》。明确项目申报、审核的具体流程，使全市智慧城市信息化项目建设规范化、制度化。对大数据项目进行专项资金支持，经评审，18户企业获得长春市工业发展资金战略新兴产业专项支持。

【智慧长春建设】　推进市民卡工程、时空信息大数据平台、食品药品监督管理综合服务平台等10个重点项目和12个示范试点项目。长春市围绕政务服务、公共服务、社会管理、公共监管、文化旅游等方面的智慧应用全面铺开。完成市政府办公厅的政务服务“一门式、一张网”综合服务平台、市安委会“安全生产综合监管系统”、覆盖全市县及县级以上医院管理信息系统、规划局的空间地理信息共享服务平台、国土局的不动产登记平台、公用局的公用设施综合监管平台、农委的农业公共信息服务平台、人社局的人力资源信息管理系统的建设。

（刘钦磊）

中国邮政集团公司长春市分公司

【概况】　2017年，长春市分公司实现业务收入7.01亿元，完成计划97.42%，比2016年增长1.51%，实现员工收入与企业效益同步增长。

【邮政业务发展】　包裹快递业务量388.35万件，市场份额从2016年2%提高到3.5%。规模型协议客户36家。双代税款业务建设开办网点53处。分销业务实现收入3380万元，完成计划92.13%。中秋营销项目实现销售额962.09万元，完成计划106.9%，新增注册邮乐小店2.93万个。邮乐919购物节活动实现批销额920万元，线上订单1.9万单。实现与金融、包裹快递等业务的融合发展。文化传媒业务实现收入1.33亿元，完成计划102.12%。其中，函件业务实现收入4155万元，增幅18.03%。集邮业务实现收入5959万元，完成计划93.9%，报刊发行业务实现收入3161万元，增幅4.34%。金融业务实现收入4.69亿元，增幅3.52%。新增平均余额23.28亿元，实现代理保费15.57亿元，手机银行净增激活14.84万户。通过引进云闪付项目，撬动手机银行净增激活9.43万户。通过加强风险合规管理，开展风控专项检查活动14项，检查频次935次。

【平台综合能力建设】　渠道平台建设持续深入。内部改造网点32个。局所迁址7处，原址装修2处，更改营业时间14处。新增自助发卡机、网银终端机具124台。打造个性化专区标杆支局5个，增加网点服务功能。建设市本“店中店”专区6处，县域“店中店”专区12处。社会渠道新增便民服务站157处，新增邮乐购店105处。投递能力不断提升。4月，将17处城市投递部隶属权划归城区分公司实行属地化管理，实施包裹快递与普邮投递分网作业。加强设备、车辆的投放，设置代投点496处。在“双十一”“双十二”旺季生产期间，全区快递包裹邮件日均进口量7.8万件，日最高峰值达9.6万件。强化11185客服中心对全省业务支撑工作。开展项目外呼6.99万件。集团业务拨测满分，客户满意度99.16%。

【深化管理】　完成从“以产品为中心”向“以客户为中心”的经营组织架构改革工作。按照行政区划设置，原6个邮政营销中心调整为5个城区分公司。初步建立零基预算体系，探索成本预算对标管理。管理费用比2016年下降6.82%。完成“十二五”期间全部67项财政性资金项目建设，归垫财政性资金1320万元。完成工程审计项目213项，审减率10.49%。全年市本用工调配1555人次。开展全区领导干部竞聘工作，全区分层分类开展培训10089人次。实行服务质量记分考核，加强履职痕迹检查，加强对责任主体、监督主体的联责考核。开展专项检查8次。建立以客户评价为核心的监控体系，开展客户满意度调查评价400余人次。在省分公司客户满意度测评中，综合得分88.56分。完成生产流程的信息化升级改造工作，加强平安保险业务系统、综合便民服务平台、邮乐惠员购店中店系统流程升级改造。开发金融抽奖软件及东博会微信端售票系统。通过设备盘活利旧，节约资金91万元。开展大型资金安全普查活动4次，安装网点安全地锁312个。不定期开展消防、电路电气等安全检查工作，整改隐患68项。在集团公司与邮储总行组织的金融风险安全评估中，得分达98分。加强会议统筹安排和规范管理，优化总经理办公会议事流程。全年接待受理各类来电来访161次。处理合同770个。完成工程项目74项，零星维修2869次。年节约电量约3万度。用管家式理念加强房产、能源、证照、食堂等后勤保障工作。

（江　琳）

中国联合网络通信有限公司长春市分公司

【概况】　2017年，长春联通主营收入完成26.28亿元，比2016年提升3.6%；全年超额完成利润0.54亿元。

【市场营销】　聚焦4G业务，快速推进移动互联网产品运营。截至2017年年末，移网出账用户325.28万户，比2016年提升4.18%。聚焦宽带业务，以高带宽、IPTV引领视频宽带业务发展，强化宽带的品质运营。宽带用户82.1万户，比2016年提升10.1%。IPTV用户32.2万户。融合业务41.2万户，渗透率50.1%。

【网络建设】　在无线网上，长春市宏站站址5502个，室分覆盖楼宇4468栋。市区、县城覆盖率95%；行政村4G覆盖率94%。在宽带网上，城市住宅宽带覆盖率96%；写字楼覆盖率90.6%；专业/聚类市场覆盖率91.6%；高校宿舍覆盖率98.8%；综合体建筑等覆盖率90.9%；农村住宅宽带覆盖率85.8%。在承载网上，通过4G双出口改造，3G网关下移提高网络容量，降低基站故障率。在城域网上，实现宽带国干出口容量880G，宽带省干出口容量240G，县域出口容量140G。推进资源核查，4G资源利用率从25%提升至71%，宽带端口资源利用率从25.5%提升至33.4%。

【服务质量】　建立工单内部升级制、落实工单横向派单机制，将全部工单纳入到管控动作中，执行工单督办考核机制，使服务工作由人盯人管理向制度管

9月4日，长春联通校园迎新活动现场　　（夏莹博　提供）

人过渡。通过服务标准制度的完善和加强考核落地的执行，提高服务意识和能力。受理投诉比2016年下降9.37%；重复投诉比2016年下降49.63%。

（夏莹博）

中国移动长春分公司

【概况】 2017年，中国移动长春分公司运营收入31.14亿元，比2016年增长4.79%，净利润7.34亿元；4G用户总量386万户，渗透率64.8%，通话用户559万户，比2016年增加41万户，增长7.9%；家宽用户总量16.6万户，50M以上宽带用户占比35%；实现集团通信及信息化收入4.52亿元，完成全年目标117%；拓展集客大项目31个，其中50万元以上项目18个；大项目签约实现信息化产品突破性发展，全年实现专线收入5809万元；新增4G基站2512个，总量1.39万个；新建家庭宽带小区1942个，覆盖用户总量86.66万户；4G网络流量比2016年增长71.91%。公司获全国文明单位、集团公司企业文化示范单位、集团公司优质工程一等奖、中国移动卓越班组等40余项集体和个人荣誉。

【网络提升】 核心城区MR覆盖率95.77%，提升4.87PP，龙嘉机场、高铁、地铁等一批重点场景问题得到解决；家庭宽带覆盖用户总量86.66万户，年内移交市场发展用户47.89万户，建成综合业务区2227个，规划达成率94%。家庭宽带装移机及时率由45.01%提升至96.67%，故障修复及时率由19.7%提升至99.8%，集客故障修复时长由10.8小时优化至2.95小时，PTN成环率提升10PP至92.5%。开展网络与信息安全工作，全量网络投诉比2016年下降9.86%；完成吉林、延边应急抢险支援，长春国际马拉松、十九大保障等工作。

【市场营销】 销售4G终端135.4万部，净增4G用户87.5万户，净增用户份额46.29%。新增签约社会渠道573家，总量1415家，独立门店占比73%；强化电子渠道业务分流，官方微信粉丝突破100万人，月均办理重点业务5100笔。净增家庭宽带客户6.78万户，家宽市场份额由7.1%提升至11%。全力抢占集客市场份额，新建集团达成926家，拓展集团成员4.2万户。实现专线收入5809万元。物联网连接数135万个。拓展集客大项目31个，其中50万元以上项目18个，新签约合同总额5245万元；实现集团通信及信息化收入4.52亿元，6项重点业务达成财务收入1.73亿元，净增4932万元。新业务产品收入1.98亿元，比2016年增长61.3%。

【管理提升】 运用干部和员工岗位调整、经理助理选拔、派遣制员工定向招聘等方式充实各属地专业运营力量。初步打通人员岗位升降通道，优化县域岗级薪酬分配体系，加大岗级间薪酬差异，提高员工收入与贡献匹配度。强化权力运行制约监督，梳理决策目录，完善决策制度，召开54次“三重一大”决策会议，完成650项决策；推进“法制移动”建设，提出法律建议500余条，诉讼纠纷案件比2016年下降15.8%。深化审计监督，开展业务流程、成本费用等方面专项审计3次。加强安全生产管理，全年无重大安全事故发生。细分年度任务目标，实施挂图作战，以周为单位加强重点指标督办。细化各属地公司任务分解，签订《军令状》，有效促进战略目标落地。开展劳动竞赛，投入人工成本934万元，推动重点发展项目达成。开展规划投资夯实、历史工程收尾以及库存物资盘点盘活工作，转化投资3915.58万元，盘活积压物资1.41亿元。推进业财融合，开展预算对标，优化资源配置效率，夯实财务管理基础。

（张　研）

中国电信长春分公司

【概况】 2017年，公司实现主营收入14.68亿元，比2016年增长9.53%；收入市场份额20.10%。公司获中央文明委授予“全国文明单位”、中国通信企业协会授予“信用建设先锋企业”等荣誉称号。

【市场营销】 截至2017年年末，移动用户市场份额13.49%，宽带用户市场份额33.60%；物联网、新兴ICT等业务初具规模。长春电信提供的物联网应用于智能抄表、智能门锁、智能医疗终端、车辆定位等场景。

【网络提升】 2017年，服役14年的程控交换机正式下电退网，标志长春电信告别传统交换网络，正式迈入全光网络的新时代。长春电信实现百兆宽带全覆盖及千兆网试点，完成光网改造、非光网用户平移。4G牌照发放以来，长春电信全速加快LTE800M、NB-IoT物联网建设，逐步实现城乡4G网络全覆盖。

【服务提升】 公司全业务营业网点数量比2016年增长24%，渠道服务关键触点处于行业领先地位，为提高用户服务感知，公司提出“当日装、当日修、慢必赔”服务承诺，用户综合满意度连续4年攀升。

（王丽梅）

商贸流通

【概况】 2017年，全市社会消费品零售总额实现2922.8亿元，比2016年增长10.3%，提高0.5个百分点。增速高于全省平均水平2.8个百分点，高于全国0.1个百分点，在15个副省级城市中位居第8位，提升2位。按地域分：城镇市场实现零售额2654.6亿元，增长10.2%；乡村市场实现零售额268.1亿元，增长11.2%。按业态分：批发和零售业实现零售额2590.3亿元，增长9.1%；住宿和餐饮业实现零售额332.4亿元，增长20.5%。按规模分：限额以上实现零售额1284.6亿元，增长10.5%；限额以下实现零售额1638.2亿元，增长9%。

【运行特点】 限额以上零售额增幅逐月提升。2017年，长春市限额以上零售额增速呈现逐月提升态势，特别是后4个月，达到两位数增长，增速比2016年加快3.6个百分点。

2017年，乡村市场社会消费品零售额比2016年增长11.2%，高于城镇1个百分点，占全市零售额的9.2%，比2016年同期提升0.1个百分点，乡村市场占全市零售额的比重加大。

四大行业齐发力，住宿和餐饮业增长快速。批发业实现零售额207.1亿元，比2016年增长14.1%；零售业实现零售额2383.2亿元，增长8.7%；住宿业实现零售额28.6亿元，增长22%；餐饮业实现零售额303.8亿元，增长20.4%。住宿、餐饮零售额增速明显快于批发和零售。

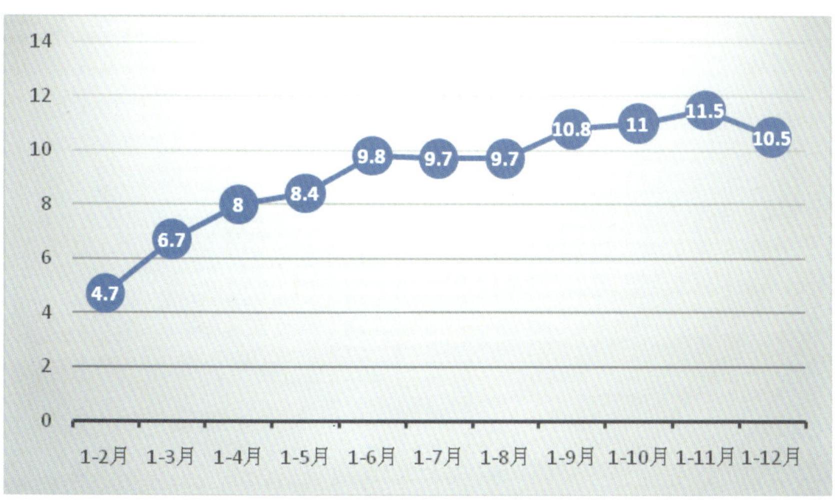

2017年长春市限额以上零售额增速图（%） （赵兴华 提供）

主要商品类值绝大多数保持增势。从零售商品看，在统计的23类零售商品中，除饮料类、体育娱乐用品类、电子出版物及音像制品类、机电产品及设备类、棉麻类零售下降外，其余18个品种零售额均实现增长，占全市零售品种78.3%。上涨幅度较大的商品是中西药品类、煤炭及制品类和五金电料类，分别增长32.6%、29.2%和21.9%。居民生活类商品零售额稳步增长。粮油食品类、服装鞋帽针纺针类、日用品类分别实现零售额126.5亿元、182.8亿元和39.3亿元，分别增长14.3%、12.1%和3.4%，三类商品零售额合计占限额以上零售额比重27.9%。汽车、石油制品类商品增势明显。全年汽车类商品实现零售额352.8亿元，增长8.1%，增幅比2016年同期提高3.7个百分点；石油类商品实现零售额164.9亿元，增长16.5%，比2016年同期提高7.7个百分点。重点企业强力带动作用显著。2017年，长春市零售额超亿元的限额以上批发零售法人企业149户，比2016年增加16户，实现零售额1100.9亿元，占全市限额以上零售额85.7%。其中全市零售额排名前30户批发零售企业实现零售额806.8亿元，增长12.6%，增幅高于全市限额以上平均水平2.1个百分点；排名前30户的住餐企业实现零售额9.5亿元，增长11.2%，增幅高于全市限额以上平均水平0.7个百分点。

【转型升级】 2017年8月，在全国52个申报城市中，长春市被国家商务部确

8月28日，长春—乌鲁木齐两市粮食产销协作洽谈会在乌鲁木齐市举行

（赵兴华　提供）

定为全国首批17个供应链体系建设试点城市之一，试点建设进展顺利。出台《长春市城市商业网点规划》，优化全市商业网点布局。鼓励欧亚集团等大型零售企业经营代理国外品牌，增强中高端消费供给能力，吸引域外消费回流。推进重庆路智慧商圈建设，强化信息资源有效整合和共享交换。支持大地再生资源开发有限公司等企业开展“蚂蚁回收”网站建设及其“互联网+再生资源回收”新模式。起草《以市场化方式发展养老服务业的实施意见》，为全市服务消费发展提供政策支持。将加快电子商务发展作为推动商贸流通业转型升级的有力抓手和载体，成效显著。连续3年举办“电子商务产业峰会”，促进长春市新兴产业发展。全市有37户国家、省示范企业，3个国家、省示范基地，电商主体得到壮大。长春市“互联网+社区服务+流通”社区电商模式成为国家《社区电子商务服务规范（试行）》，吸引天津市、云南省、厦门市等多地商务部门到长春市学习考察。建成县级农村电商运营中心3个，村级电商服务站点600余个，构建覆盖县、乡、村的农村电商服务网络。顺丰跨境电商产业园建设进展顺利，进口商品展示交易中心即将投入使用。

【促销活动】　利用节庆等时点，开展“金鸡报春迎祥瑞、商贸联展惠春城”等系列促销活动近百场，释放城乡居民消费潜力。会同22家委办局和15个县（市）区、开发区联合开展以“品味文化·畅享生活”为主题的惠民文化消费季活动。赴上海等地开展“长春名优地产品都市行”活动，推动长春市名优产品走出去。深入企业调研，促进限额以上商贸企业应统尽统，新增限额以上企业188户。加强肉菜市场的储备与供应，保障市场稳定。加强对典当、拍卖、二手车市场、报废汽车拆解、直销等特种行业监管，商贸流通领域发展环境向好。

（赵兴华）

供销合作社

【概况】　2017年，长春市供销合作社联合社（以下简称市供销社）系统由1个地（市）级供销社、5个县级供销社和123个乡镇基层社组成。其中市供销社有1户资产经营公司、7户股权占90%以上的绝对控股企业和18户参股企业，主要分布在农业生产资料、再生资源、干鲜果品、日用消费品、农副产品、烟花爆竹、商品批发（集贸）市场等经营领域。按照国家总社开放办社全口径统计，市供销社系统商品购进总额完成973000万元，比2016年增长26%。从生产者购进的农产品购进总额实现205518万元，增长34.3%。再生资源收购额完成24675万元，增长45.1%。商品销售总额完成1123000万元，增长26.6%。消费品零售总额实现113455万元，增长34.3%。售给农民的农业生产资料实现271853万元，增长18.1%。连锁销售总额实现169386万元，增长35.5%。商品交易（批发）市场交易额实现276069万元，增长39.6%。盈亏相抵后利润总额实现9047万元，增长27.2%。2017年，市供销社在全国计划单列市和副省级省会城市供销社综合业绩考核评比中排名第3位，被中华全国供销合作总社评为一等奖；在吉林省供销合作社（以下简称省供销社）系统综合业绩考核评比中，排名第1位，获一等奖。

【综合改革】　2017年，全系统在农业社会化服务、基层组织建设、电子商务、社有企业改革等方面取得进展，特别是“股权投资农村新型经营主体”模式和“社有企业混合所有制”模式成效显现。榆树市供销社综合改革试点工作通过省检查组验收，省供销社在榆树市召开全省现场会；双阳区供销社综合改革试点工作取得成果，市供销社通过召开现场会，对其经验做法进行总结推广，推动全系统综合改革工作开展。开展生产、供销、信用“三位一体”综合合作，市供销社依托农民专业合作社、基层社、龙头企业，打造以榆树田丰、双阳新供销、九台凯信为代表的一批“三位一体”综合服务平台。

【农业社会化服务体系建设】　开展土地托管服务，市供销社出资200万元，联合九台区供销社，组建九台区新供销农民专业合作社联合社（股份占13.33%），指导参股的长春市鹿乡华泰生物科技有限公司开展土地托管等业务。2017年，市供销社系统有各类农机（具）598台（套），托管（流转）土地1.52万公顷，开展统防统治、配方施肥、农机服务2.73万公顷。2017农业年度市供销社系统供应化肥42万吨，未出现坑农害农事件。开展农村互助金融服务，市供销社系统2个资金互助部资金互助额630万元，满足入社社员资金需求。

【基层组织建设】 市供销社指导各地区采取盘活资产、项目扶持、联合开发等方式，提升基层社覆盖率和发展质量，恢复发展9个基层社，总数123个，实现全系统基层社乡镇覆盖率100%。榆树市、农安县、九台区、双阳区供销社通过招商引资、能人共建等方式，将基层社与商贸市场、农民专业合作社融合发展，逐步恢复经营项目，提升发展质量。全系统采取经营场地、设施、专项资金投入等多种方式，发展53个农民专业合作社，总数236个；农民专业合作社联合社发展到6个。扩大农村综合服务社（中心）覆盖范围，市供销社系统采取与乡（镇）政府、村委会、农村能人合作等方式，发展230个农村综合服务社，总数740个；社区综合服务中心55个，为农民生产生活提供服务。

【“新网工程”建设】 探索发展电子商务，市供销社整合各类电商资源，推广“互联网+流通+服务”的电子商务模式，推进“名优特新”等农产品上网销售。长春供销兴合资产经营有限公司出资1000万元，成立长春市供销电子商务有限公司，建设农产品长春产地仓，发展“互联网+产地仓”电子商务模式。2017年，全系统电子商务销售额3亿元。推进“新网工程”建设，市供销社在巩固原有网络的基础上，整合、吸纳城乡流通资源，采取新建、改建等措施，提升流通服务网络的数量和质量。全系统发展93个连锁经营网点，总数1917个，发展1个连锁配送中心，总数23个，有22处农村集贸市场。

【社团管理】 市供销社在完成行业协会与行政机关脱钩工作基础上，指导筹建长春市农村合作经济组织协会，吸纳会员单位22个。市供销社与天津市、杭州市供销社建立战略合作伙伴关系，组织引导系统行业协会与天津劝宝超市有限责任公司签订销售大米、梅花鹿等产品合作协议，产品已上架销售。市供销社组织系统行业协会成员单位参加长春市农博会、海南冬交会、天津推介会等展会，现场销售农产品金额29.17万元，签订订单金额161.6万元，与多家企业达成合作意向。全系统社团组织发展到260个，会员总数16375人。

【社有企业改革】 增强社有企业支撑作用。长春地利农副产品有限公司的果品批发市场被中华全国供销合作总社评为20家公益性农产品示范市场之一，为全省供销社系统首家，其新市场项目被省供销社列为重点推进工作。长春润邦农业生产资料有限公司农资物联网应用与示范项目上线运行，成为全国首家具备“一物一码”的农药溯源系统。长春市鸿兴再生资源开发有限公司投资670万元，完善旧货市场基础设施，并在院内新建2栋占地6000平方米的物流仓储配送中心，有60多家企业入驻。长春畅运共配物流有限公司加强对外联合合作，月均配送2800车次，覆盖全市7个行政区域及周边镇县终端网点近300个。

【信访维稳】 2017年，市供销社参加局长接待日12次；接待群众上访83批、95人次；办理市长公开电话2件；处理信访局批转群众信访件2件；重点解决国务院督导组热线投诉电话、市长公开电话和改制企业职工独生子女父母奖励费发放问题，保障全系统和谐稳定。

【“精准扶贫”】 市供销社将“新网工程”网点布局重点向贫困村倾斜，在5县（市、区）贫困村建立10个供销综合服务站。实施产业扶贫，市供销社投入30万元作为贫困户股本金，统筹协调各类资金570万元，带领贫困村发展有机香菇种植项目。实施生活扶贫，市供销社出资20万元，为5户贫困户完成危房改造。开展贫困户大走访和慰问等活动，为贫困户送生活必需品420件、慰问金5000元。

（丁明粉）

粮食流通

【长春粮食品牌】 针对重点地区举办长春大米推介会暨粮食产销协作活动。组织大米加工骨干企业赴重庆、杭州、乌鲁木齐、长沙等城市举办4次长春大米推介会暨粮食产销协作活动，在推介会现场设立精品大米品牌展区，组织现场品鉴活动，吸引百余名粮食经销企业代表参加。利用展会宣传推介长春粮食品牌。1月18日，组织5户大米骨干企业，组团特装参展第八届冬季吉林农博会。6月，组织24户大米加工企业、玉米经销企业参加第七届武汉粮酒交易会，进行为期3天的长春大米、鲜食玉米系列产品展销。8月，组团参展第十五届长春农博会。为抓好长春大米销售落地，分别在杭州、成都、北京市建立长春大米直营中心。6月上旬，组织各县（市）区粮食局局长、部分粮食企业参加市政府在天津举办的农业项目推介与优质农产品推介会。召开两地粮食企业座谈会，就粮食产销合作进行对接。11月下旬，天津市粮食局、天津食品集团领导就粮食产销合作赴榆树市调研考察，并与榆树市政府签订《粮食产销合作意向书》，拟在榆树市环城工业区建设10万吨稻米加工及储备基地。开展长春大米品牌地理标志申报工作。3月初市粮食局启动长春大米品牌地理标志申报工作，相关申报材料报送至国家工商行政总局商标注册局，正在审核受理中。建立大米质量可追溯体系。为实现长春大米从农田到餐桌的全过程可追溯，为符合条件的55户大米加工企业安装质量可追溯体系的终端设备。长春市13家长春大米加工骨干企业销售大米30万吨，比2016年同期增长5%。出厂价格每吨上涨60元～100元，涨幅2%左右；市场销售价格每吨上涨400元左右，涨幅8%。长春市饲用玉米销售整体上呈现稳中有增态势。

【粮食收购】 做好粮食去库存工作。加强粮食产销对接，组织企业“走出去，请进来”。利用省里对玉米深加工企业和饲料企业消耗本地玉米的奖补政策，调动企业生产积极性。全年长春市消化粮食库存130亿公斤，库存总体下降到预期水平，为新粮收购创造有利条件。截至2017年6月末，全市入库新粮1098万吨，按品种分，玉米1035万吨，水稻63万吨；按性质分，国有粮食购销企业352万吨，非国有经营企业476万吨，加工转化企业270万吨。实现农民粮食应卖尽收，保护农民利益。在粮食收购环节，全市农民变现粮款164亿元（含种植者补贴，不含直补），企业获得收购费用及各项补贴4亿元左右，物流环节获利5亿元左右，农民参与收购临时性用工收入3亿元左右，总计农民和企业获得收入在176亿元左右。

【宏观调控】 粮油统计报送及时准确，确保上级主管部门和市领导及时了解掌握粮食收购情况。规范成品粮油应急储备管理。与应急承储企业签订2017年粮油应急储备预购合同，为应急工作提供保障。9月，会同市财政局对成品粮油应急企业进行检查，对发现的问题及时处理，完善成品粮油应急储备工作定期检查制度。

【库存检查】 市粮食局会同市发改委、市财政局、农发行吉林省分行营业部等部门建立库存检查工作领导小组，明确责任分工，对库存检查工作进行部署。全市出动人员386人次，检查粮食2907万吨。通过检查确认库存粮食账实相符，储存安全。8月末，在全市范围内组织开展政策性粮食安全隐患大排查快整治严执法集中行动。全市310户存储政策性粮食企业发现问题992个，其中立查立改757个。对于检查出的问题，企业都建立整改台账，明确整改时间、整改措施和责任人。

【粮油检测】 开展成品粮油质量检测工作。计划抽检成品粮油样品1000个批次，全年实际抽取成品粮油样品1051个批次，其中监督抽检400个批次，快速检测筛查607个批次，“放心粮油”质量监测检验44个批次。成品粮油抽检覆盖国内178个品牌、185个厂家的粮油产品。在检测中，发现9个批次大豆油质量不合格，食药监部门在国家食品安全抽检监测信息系统进行公示，保证居民饮食健康。对原粮质量开展质量调查和真菌毒素检测工作。市粮食局组织5个县（市）区监测站开展农民未售余粮生霉粒、霉变粒质量调查。对新粮开展呕吐毒素等3个真菌毒素含量的抽样检测工作，检测玉米样品118个批次，检测结果及时上报省粮油卫生检验监测站。

【临储粮监管】 采取派遣驻库监管员、执法大队督查、机关巡查等方式，加强临储粮监管。组织开展春季库存检查、秋季安全储粮、安全生产大检查工作。全年竞拍2013和2014年度临储玉米72242吨，协调粮食批发交易中心解决出库纠纷2起。牵头协调中储粮、农发行和吉粮集团妥善处理双龙粮库水灾事故善后工作，通过移库、倒囤、保险理赔等方式使问题得以解决。

【安全储粮】 制定“地趴粮”专项整治方案，定期开展督导检查，全市没有出现大面积霉变坏粮事故。除农安个别乡镇有少量“地趴粮”外，其余县（市）区基本消灭“地趴粮”。开展科学储粮知识宣传活动。在新粮上市之际，组成6个科学储粮工作组，深入5县（市）区的25个村屯，开展科学储粮知识宣传活动。分发宣传资料10万余份，并在长春电视台《希望田野》栏目录制科学储粮专题节目。推进6S管理试点工作。市粮食局组织在长春市直属东湖粮食储备库开展6S管理试点推广工作。全年粮库投入资金50余万元，用于环境治理、美化、物资准备。

【安全生产】 加强安全生产监督检查，确保安全形势稳定。年初开始，通过分片包干形式，对城区涉粮企业开展督查，特别是对重点企业每月至少开展一次全面排查。全年组织开展各类安全生产监督检查活动80余次，检查生产经营单位50户，发现一般安全生产隐患35个，问题得到整改。加强业务培训，提高从业人员业务水平。9月末举办全市粮食安全生产业务培训，邀请吉林省安全生产专家围绕粮食企业安全生产进行系统培训，特别是对“一规定、两守则”进行详细解读，提高参训人员业务素质和能力。

【脱贫攻坚】 市粮食局负责帮扶的对象是德惠市松花江镇茶条村。依托茶条村水田多、稻米种植历史悠久等优势，确定以稻米种植和稻米加工为主攻方向，投资20万元建立茶条稻米种植专业合作社，将全部贫困户纳入合作社。投入30万元用于村部建设。新村部占地面积2500平方米，村舍200平方米，另申请社会主义新农村建设资金40万元，用于农户围墙、村部围墙建设，全部竣工。实施危房改造，改善住房条件。全年完成30户危房改造任务。

（郭峻石）

旅游业

【概况】 2017年，长春市在多个领域实现创新和突破：雕塑公园晋级国家AAAAA级旅游景区，AAAAA级景区数量在全国同类城市中位列第一；蝉联全国“最佳避暑旅游城市”称号；入选第二批国家级旅游业改革创新先行区、“中国十佳冰雪旅游城市”；连续2年被国家旅游局评为“全国厕所革命先进市”；被国家旅游局确定为国家旅游局数据中心首批分中心。2017年，全市接待海内外游客7827.79万人次，实现旅游总收入1618.3亿元，比2016年增长16.83%和20.67%，主要旅游经济指标继续领跑全省，旅游经济总量占全省46%。

【谋划发展】 规划编制。编制完成《长春避暑旅游产业发展总体规划》，下发《〈中共长春市委长春市人民政府关于做大做强冰雪和避暑旅游产业的实施意见〉任务分解表》；组织完成《九台区全域旅游发展规划》《农安县旅游发展总体规划》专家评审。旅游调研。开展旅游产业发展大调研，形成33篇、20余万字的系列调研成果。旅游研讨。

承办由中国旅游规划院、中国气象局公共气象服务中心主办的“2017中国（长春）避暑旅游产业高端研讨会”，举办“2017中国长春冰雪旅游产业高峰论坛”，国内知名专家学者齐聚长春共商避暑、冰雪旅游产业发展。

【改革创新】 推进国家级旅游业改革创新先行区、国家全域旅游示范区创建工作，长春市入选第二批国家级旅游业改革创新先行区，九台市土门岭镇马鞍山村等10个村成为首批长春市全域旅游示范点。

【项目建设】 全年开工建设重点旅游项目91项，完成投资102.31亿元；为重点企业和旅游项目协调各级财政补贴资金7278万元。净月潭凯撒温泉酒店等一大批特色旅游项目开业。策划推出12条“游长春美景，看城市变化”一日游线路和16条“美丽乡村直通车”线路，市民参与踊跃。依托冰雪、避暑等优势资源，包装包括2个过百亿元、23个过亿元的重点旅游招商项目，为后续旅游招商引资、旅游项目开发奠定基础。长影旧址博物馆被全国旅游资源规划开发质量评定委员会评定为国家工业旅游基地；3家乡村旅游A级经营单位被评为AAAA级经营单位，御龙温泉晋升为AAAAA级乡村旅游经营单位。

【公共服务】 规范和提升全市旅游集散中心和游客服务中心运营水平；新建旅游交通标志牌36块；新改建旅游厕所107座；全市AAAAA级景区“第三卫生间”实现全覆盖；推进乡村旅游及旅游扶贫工作，对河西村、马鞍山村的旅游基础设施、公共服务设施及永生村旅游规划编制给予资金扶持；龙嘉机场新开通海参崴—长春—叶卡捷琳堡和长春—塞班航线，2017年开通国内外航线150条，通航城市73个，运送旅客1166.29万人次。

【市场营销】 客源市场促销。组织旅游企业赴北欧、德国等客源国家以及天津、杭州、扬州、合肥、深圳等国内重点客源城市开展推介活动。展会促销。

北湖国家湿地公园 （赵富强 提供）

组织旅游企业赴天津、杭州、南京等10余个城市参加当地举办的旅游交易会、博览会，推介长春旅游产品，与天津、杭州开展对口交流，与杭州市旅游委员会签署旅游合作协议，邀请重点客源地旅游机构、旅行商来长春实地考察长春旅游线路。媒体宣传。以产品为核心，以节庆活动为载体，传统媒体与新媒体、自媒体相结合，宣传长春旅游产品、惠民新举措，冰雪节、消夏节主题微博、报道文章、专项活动信息阅读量1亿多人次。

【旅游节庆】 举办2017中国长春冰雪旅游节。第20届冰雪旅游暨第十五届瓦萨国际滑雪节历时80天，推出8大类、59项冰雪系列活动和产品。冰雪旅游节期间，接待国内外游客1260.5万人次，实现旅游收入134.2亿元。中国长春消夏节历时80天，推出22项系列活动，接待境内外2515.8万人次，实现旅游收入511.8亿元。消夏节期间，首次举办东北亚旅游文化周、推出“游长春美景，看城市变化”主题活动、举办“第三届中国避暑旅游产业峰会”。乡村旅游节。采取节前网上活动预热、节中网上直播、节后全方位宣传等方式举办第7届乡村旅游节，召开全市乡村旅游工作会议，各地代表交流发展乡村旅游工作经验，凤凰网在线观看8万余人次。

【行业管理】 行政审批。通过“一门式、一张网”政务服务平台审批系统办理各项旅游业务374件，旅行社、旅行社分社、服务网点总量分别达215家、57家和548家；换发电子导游证7432人；领队备案854人。旅游标准化。长春世界雕塑公园获评国家AAAAA级旅游景区，评定榆树钱酒文化庄园为国家AAA级旅游景区；完成国家评定专家对3家AAAAA级旅游景区复核的协调及前期指导工作、星级饭店复核及国信现代农业服务标准化试点中期评估。全市有国家A级旅游景区、星级饭店分别为50和51家。导游大赛。举办第三届全国导游大赛长春选拔赛，6名参加省选拔赛选手获一、二、三等奖各2名，长春市旅游局获“最佳组织奖”，代表吉林省参加第三届全国导游大赛获铜奖。业务培训。与腾讯长春共同创办沙龙式旅游培训栏目，举办2期有300余名导游参加的导游论坛，免费为1807名考生提供导游资格网上培训。开展文明旅游宣传，完成全国文明城市创建工作，在市文明办绩效考核中获满分，净月潭景区被评为全国文明单位，旅游局被长春市爱委会评为2017年度先进单位。规范旅游市场秩序。开展“春季行动”“暑期整顿”“秋冬会战”3项整治行动，严肃查处“不合理低价游”“非法经营旅行社业务”等违法行为。开展旅游执法检查71次，出动执法人员303人次，查处违法案件52件，罚款及没收违法所得24.8万元。全年受理各类旅游投诉184件，召开纠纷调解会112场次，为游客挽回经济损失13万余元，投诉案件办结率100%。加大对旅游服务质量保证金、旅行社责任险、出境旅游押金第三方托管的监管，加大对旅游合同、价格、行程监察，加大旅游法规、《旅游消费者权益保护警示》宣传，保证旅游市场健康有序运行，得到国家旅游局肯定，在全国旅游质监执法与监管培训工作会议上做工作经验交流发言。强化旅游安全工作。分别与各县（市）区、开发区旅游主管部门签订《2017年度旅游安全生产目标责任书》、与各旅行社签订《2017年度旅行社安全生产管理目标责任书》；召开2017年全市旅游安全培训暨旅游安全生产大检查动员会议，要求管理部门和旅游企业分解任务、层层落实。在节假日、旅游节庆及旅游旺季等重点时段对近200家重点旅游单位会同安监、质检、交通、公安、消防等部门进行安督查，全年出动检查人员200余人次，排查安全隐患17处，对存在安全制度、应急预案缺失等问题的12家旅行社下达责令整改通知书，整改完毕。会同双阳区人民政府森林防火指挥部在吊水壶旅游景区组织景区森林防火应急演练，提高应对突发事件处置能力。

（赵富强）

2017中国长春冰雪旅游节暨净月潭瓦萨国际滑雪节比赛现场　（宋　丹　提供）

会展经济

【概况】　2017年，举办规模以上展会148个，比2016年增长10.2%，其中新办展会5个；展览面积282万平方米，增长10.3%；展会直接收入62亿元，带动其他相关产业收入550亿元，分别增长11.2%和11.5%；实现税收3.1亿元，增长11.1%；安排直接就业2.8万人。全市拥有会展企业86家，百瑞国际会展集团、长春国际会展中心有限责任公司、长春市农业博览园、长春维达展览服务有限公司成为能够承办大型会展活动的会展龙头企业。全市拥有展览场馆11处，展览面积130万平方米，其中室内展览面积40万平方米。长春国际会展中心室内展览面积10万平方米，可设置国际标准展位5000个；2个会议中心建筑面积2.4万平方米，设有大小会议场所6处。长春农博园室内外展览面积72万平方米，其中室内面积10万平方米。长春职业技术学院、吉林省艺术学院、长春大学旅游学院、吉林经济技术管理学院、农大发展学院开设会展专业，培养会展专业人才。

【2017中国长春冰雪旅游节暨净月潭瓦萨国际滑雪节】　由长春市人民政府、中国滑雪协会、吉林省旅游局和瑞典诺迪维国际发展公司主办的“2017中国长春冰雪旅游节暨净月潭瓦萨国际滑雪节”于2016年11月24日至2017年2月11日举行，围绕着冰雪体验、冰雪赛事、冰雪文化、冰雪商贸4大板块，策划7项赛事和24项节庆活动。首次引入世界最顶级的越野滑雪职业赛事—经典滑雪赛（SkiClassics）。长春站赛事进行全程近3个小时现场直播，覆盖欧美近20个国家，收视人数1100万人，被誉为“冬日雪世界的环法赛”，来自世界30多个国家和地区的1000余位中外运动员参加经典滑雪赛事、瓦萨50公里赛、25公里赛等专业赛事。

【第二十二届长春国际建筑装饰及材料博览会】　由吉林省建筑装饰业协会主办、长春维达展览服务有限公司承办的“第二十二届长春国际建筑装饰及材料博览会”于4月8日至10日在长春国际会展中心举办。本届展会规模8万平方米，来自省内及沈阳、哈尔滨、佛山、北京、广州等近1200家品牌企业参展，吸引近6万名专业观众到场洽谈合作。展会设7大展区：门窗白钢门车库门防盗门展区、橱柜衣柜移门木门展区、建筑节能防水保温展区、供热供暖水处理展区、公共安全产品展区、厨电卫浴吊顶展区和家具集成家居及木工机械展区。展会期间，协议成交额7.9亿元人民币。

【2017中国（长春）国际智能物流科技博览会】　由中国物流与采购联合会为指导单位，长春市贸促会主办，长春市会展业协会、长春市物流协会、黑龙江物流与供应链商会承办，长春综合保税区为支持单位、长春市海州展览服务有限公司执行，于6月23日至25日在长春国际会展中心举行。展会面积6万平方米，其中室内4.2万平方米，室外1.8万平方米；参展企业782家，涵盖东北三省一区及北京、天津、福建、浙江、江苏、山东、河北等18个省市；展会期间，销售各类物流设备609台，成交额1.1亿元；和综保区达成合作意向3个，投资金额1.6亿元；专业观众2.8万

人次，其中域外0.6万人次；特装展位占70%以上。展会期间，40多家主流媒体、300多家网络及手机移动客户端媒体、手机微信等对展会进行宣传，信息近10万条。兴隆综合保税区、长春国际陆港、日通物流、安能快递、中通快递、哈欧国际物流、中澳城、苏宁物流基地、金正物流、香江物流园、中机物流科技园、长春春铁集团等重点园区和知名企业参加展会。展会期间，组委会与黑龙江物流与供应链商会合作，首次举办东北三省一区物流业务对接洽谈会暨物流发展高端沙龙，签署东北三省一区7个城市物流战略联盟。

【第十四届中国（长春）国际汽车博览会】 由中国国际贸易促进委员会、中国汽车工程学会、中国汽车工业协会、中国汽车流通协会共同主办，中国国际贸易促进委员会长春市委员会承办，长春百瑞国际会展集团有限公司执行的第十四届中国（长春）国际汽车博览会，于7月14日至23日在长春国际会展中心举行，展览面积22万平方米。同期举办中国汽车行业趋势高峰论坛、“论东北车之道”中国东北汽车高峰论坛暨《东北汽车产业蓝皮书》发布会。参展厂家139个，参展品牌145个，展车数量1322辆，其中进口及合资车820辆，自主品牌车502辆，涵盖乘用车、商用车、客车、工程车等所有车型。新能源、新动力车119台，新车发布及各项活动100余场次。本届汽博会销售各种车辆突破3万辆，长春市购车约占32%，吉林省域外地区购车约占68%，实现购车交易额首次突破60亿元。观众67.5万人次，来自全国各地6000余名新闻记者对长春汽博会进行采访报道。

【第十六届中国长春国际农业·食品博览（交易）会】 由国家农业部、吉林省政府和长春市政府共同主办，长春市人民政府承办的第十六届中国长春国际农业食品博览会于8月11日在农博园开幕，本届会期10天，吸引174万人次参展参会，达成各类经贸合作项目602项，签约金额435.3亿元，现场交易额3.5亿元。本届农博会吸引国内外2100多家企业参展，展示展销农产品1300多个系列2万多个品种。18个国家和地区的20多个专业展团和政府团组参会，举办“全国农产品加工产业发展联盟采购签约发布会”等21场推介洽谈活动，集中展示3500多个国内外新奇特优植物品种，集成推介物联网、无土栽培、水肥一体化、菌菜工厂化生产等50多项前沿技术和模式，展示展销国内外340个农机厂家的几百种农机产品、185家畜禽养殖企业的200多个畜禽良种、省内外100多家农资企业的1400多种优质农资产品、30多个厂家近千种农村新型能源设备。

【第十一届中国—东北亚博览会】 由中国商务部、中国国家发展改革委、中国国际贸易促进委员会和吉林省政府共同主办，于9月1日至5日在长春会展中心举行，邀请到境内外专业客商近10万人，其中，来自东南亚、欧美、非洲等116个国家和地区境外客商近万名。国务院副总理汪洋出席开幕式暨东北亚合作高层论坛并发表主旨演讲，中央统战部、商务部、国家发改委、文化部、海关总署等11位国家部委领导参会，俄罗斯国家杜马俄中议员友好小组主席加夫里洛夫、日本经济省副大臣西铭恒三郎等37位副（省）部级以上政要，克罗地亚、肯尼亚等国35位驻华使节出席会议。日本国际贸易促进协会、韩国贸易协会、泰国进出口商会、意大利工业与企业家联合会等290户境内外商协会领导，德国西门子、美国特斯拉、韩国LG、日本三菱等146户世界500强企业和大型跨国公司率团参会。31户央企、中国500强和民企500强副总裁以上高管应邀参会。邀请到汇丰银行等40户知名金融投资机构、德国斯德克等138户采购商参会。设置9个展馆，面积6.24万平方米，国际标准展位2775个，933家境内外企业参展，参展商品包括35类万余种展品。其中来自东北亚、欧美等35个国家和地区的企业568家（占61%）。对外贸易成交额8.37亿美元，比2016年增长4.5%。国内贸易成交额24.53亿元人民币，增长6.8%。签约投资合同项目235个，合同引资额2243亿元人民币。

【2017中国东北亚清洁能源供暖产业博览会】 由中国建筑材料流通协会、吉林省能源局、长春市发改委、长春市会展办主办，中国电供暖专业委员会、吉林省电供暖行业协会、长春市贸促会承办，长春巨达会展服务有限公司执行，于10月20日至22日在长春国际会展中心举行。展会面积2.6万平方米，由展览、研讨会、全国各地政策与案例展示3大板块组成，参展

9月1日，第十一届中国—东北亚博览会首届东北亚跨境电子商务峰会

（宋　丹　提供）

企业390家，涵盖东北三省一区及北京、天津、福建、浙江、江苏、山东、河北等21个省市；销售设备1189台，现场成交额8000万元；达成意向合作375个，意向成交2亿元以上；专业观众7000多人次，其中市外观众近3000人次。

【第二届中国（长春）农业生产资料产品交易博览会暨第十二届中国·吉林现代农业装备展览会】 由吉林省农业委员会主办、吉林省东博会展商务有限公司承办的“首届中国（长春）农业生产资料产品交易博览会暨第十一届中国·吉林现代农业装备展览会”4月16日至18日在长春国际会展中心召开。吸引全国230家企业参展，其中来自国内外优秀生产企业110家，省内外普通企业120家。参展商品涵盖了进入国家、吉林省支持推广农机产品目录的产品和其他农业机械设备，包括拖拉机、农用运输车、内燃机及动力机械设备、耕整地机械、种植施肥机械、收货机械、收货后处理机械、排灌机械、设施农业机械、农用工程机械、农副产品加工机械、畜牧水产养殖机械、食品加工和包装机械、园林机械等及各种农机配件等1600多种型号的机械设备。中国一拖、福田雷沃、奇瑞重工、约翰迪尔、洛阳中收、奥瑞海山、五征、时风等多个著名农机产品企业的产品在展会上参展。其中来自省外专业观众1.5万人次；来自省内农村农业合作组织、种植养殖大户13.5万人次。完成交易额7.5亿元，其中现场销售额1.65亿元。

【2017长春第八届连锁加盟展览会】 由吉林省会展业协会主办，长春维达展览服务有限公司承办的第八届连锁加盟展览会于5月20日至22日在会展中心举办。展览面积为3万平方米，设餐饮食品、教育培训、加盟服务、品牌加盟、美容健身、医疗保健、创业致富等展区，30多家纸面媒体、40多家杂志、50家网站覆盖性宣传，行业领军企业144家参展，展会期间参展企业意向签单额2.65亿元人民币。参展行业涵盖餐饮、房产、零售、旅游、健体美容等近30个业态，是东北三省规模最大、覆盖行业最广的专业性展会。

【2017长春秸秆产业博览会】 由国家秸秆产业技术创新战略联盟主办，长春市农业委员会长春现代农业示范中心有限责任公司秸秆控股有限公司共同承办的“2017长春秸秆产业博览会”于9月8日至11日在长春农博园举办。展览面积4万平方米，来自国家相关部委、吉林省、长春市及有关省市的领导专家及参展商、专业观众3万余人参加开幕式。展区设置秸秆科研成果展示、炭产业、秸秆设备、秸秆文化及工艺品、秸秆建材及集成房屋、异业联盟、生态种植养殖农资系列产品、政府社团联展等展区，并同期举办“秸秆产业发展高峰论坛”“秸秆产业项目对接会”“秸秆产业技术峰会暨《秸秆产业蓝皮书》发行仪式”“秸秆产业扶贫捐赠仪式”等系列活动。

【第六届中国（长春）国际茶产业博览会】 由深圳市华巨臣实业有限公司、长春国际会展中心共同主办，深圳市华巨臣实业有限公司承办的第六届中国（长春）国际茶产业博览会于9月15日至18日在会展中心举办。展览面积18000平方米，设800个国际标准展位，划分为全国名茶区、普洱茶区、黑茶区、港澳台/国际区、紫砂区、茶器/茶器区、陶瓷区和工艺品区8大展区，来自吉林、黑龙江、沈阳、云南、福建、湖南、湖北、河南、台湾、越南、斯里南卡、日本等72个名茶产区的530余家企业参展，茗茶业企业参展，汇聚云南普洱、云南滇红、福建铁观音、武夷岩茶、梧州六堡茶、湖南黑茶、太晚高山茶、斯里南卡红茶等各类名茶，以及宜兴紫砂、钦州坭兴陶、景德镇陶瓷、红木茶具、建瓯根雕等茶具工艺品。本次展会意向交易额近2亿元，现场成交9000万元，观展人次近10万。

【第十三届中国长春君子兰节】 由吉林省花卉协会、长春市农委君子兰产业发展办公室、长春市花卉协会君子兰专业委员会、吉林省春莲园艺工程（集团）有限公司共同主办，历时5天的“第十三届中国长春君子兰节”于3月27日在春莲花卉城落下帷幕。本届君子兰节展区面积12000平方米，设展台700个，其中君子兰展台500个，其他花卉展台200个，主展区划分为君子兰展区、文化展区、评选区及服务区4个展区，参会人员25万人次，辽宁、黑龙江、内蒙古、山西、沈阳、大连等省、市、自治区参展协会39个，实现交易额3500万元。

【2017中国（长春）首届文化产业交易博览会】 由吉林省会展业协会、长春市海州展览服务有限公司共同举办，于2017年5月12日至15日在长春国际会展中心举办。本届展会以“立足春城，促进东北文化产业发展”为主题，展览面积4万平方米，展位数量1487个，设11个展区，展出18类近万种展品。900多家国内外企业参展，展会现场实现订货6328万元，118家企业达成合作意向，签约金额2082万元，实现现场销售10800万元。

【第十三届中国（长春）国际动漫艺术博览会】 由长春市人民政府、中共吉林省委宣传部、吉林省文化厅、ChinaJoy组委会主办，中共长春市委宣传部、长春市文学艺术界联合会、长春市会展业协会承办的第十三届中国（长春）国际动漫艺术博览会，于2017年5月28日至31日在长春农博园举办。1500名动漫周边、游戏厂商参加本届动博会。组织“2017ChinaJoyCosplay嘉年华东北赛区总决赛、动漫原创展示、动漫展览交易、相关体验活动”4大板块构成的20多项活动内容，近8.9万人次进馆参观参展购物，促成现场交易额1200万元。作为展会重要活动之一，有200余支动漫团队、近万名Cosplay选手参加2016 China Joy Cosplay嘉年华东北赛区预选赛，选拔出4支优秀团体、3支宅舞团体、1支单双人队伍400名选手代表东北赛区晋级7月份上海总决赛。

（宋　丹）

综　述

【概况】　2017年末，金融业增加值274.9亿元，比2016年增长2.3%，占GDP和服务业的比重分别为4.2%和9.0%。本外币存款余额11540.88亿元，比年初新增418.65亿元；本外币贷款余额10375.69亿元，比年初新增409.62亿元。存贷款分别比2016年增长3.76%和4.1%。全市有44家银行信社类金融机构在长春设立营业网点。其中，法人机构23家，7家农商银行、13家村镇银行、1家民营银行。全市银行类机构资产总额18761.84亿元，比2016年下降2.91%。银行业实现利润101.51亿元，下降43.44%。不良贷款率2.53%，上升0.6个百分点。有法人证券类金融机构2家，驻长证券分公司14家，证券营业部77家。2017年，吉林省证券交易额41971.64亿元，占全国交易总额0.55%，比2016年增长6.23%。长春市新增上市企业3户，新三板挂牌企业新增7户，截至年末，上市企业达30家（31只股票），新三板挂牌企业44户。长春市非金融企业债券发行规模有所减缓，全年发行非金融企业债券22只，发行总额242.6亿元；7家上市公司通过增发融资125.45亿元。吉林股交所新增挂牌94户，累计挂牌490户。协助10户展示板企业通过增资融资1.5亿元，协助81户展示板企业通过股权质押融资9.06亿元。保险机构36家，截至12月末，保费收入222.29亿元，比2016年增长6.5%。全市保险深度3.41%，保险密度2924.87元（按760万人口计算）。全地区批准开业小额贷款公司176家，注册资本70.14亿元，每家平均3985.22万元。全市小额贷款公司支持小微企业1716笔，比2016年增长391.69%。全市发放小微企业贷款46.98亿元，增长1410.61%，占全市发放贷款总额的97.9%。

【完善政策支撑体系】　为支持长春市金融业发展，促进金融与产业融合，市金融办起草推动东北亚区域性金融服务中心建设、推进企业上市（挂牌）融资、金融业发展专项资金、金融扶贫、信用体系建设、金融招商等一系列文件。出台《长春市脱贫攻坚增信贷款实施办法》《长春市金融业发展专项基金管理暂行办法》《加快东北亚区域性金融服务中心建设促进服务业加快发展的若干实施意见实施细则》。另外，《关于加快推进企业上市（挂牌）融资的实施意见》《长春市创建信用体系建设示范城市工作方案》《长春市法人和非法人组织守信联合激励与失信联合惩戒暂行办法》《长春市自然人守信联合激励与失信联合惩戒暂行办法》等4个文件，已通过市委深改组审议，进入发文程序。

【金融创新】　探索筹建市级融资租赁公司，组织力量研究制定长春市成立融资租赁公司方案，对成立路径选择做出研究与探索，经过谋划与推进，长春国投与龙翔集团联手在（天津）自由贸易区成立长国投融资租赁公司，已完成工商注册。探索建立农村现代保险服务体系，与中航安盟等保险机构开展联合调研，建立涉农相互保险机制，在全市推广互联网+农产品产销保险等普惠涉农产品。

【农村金融改革】　全市涉农贷款余额2196.0亿元，比2016年增长6.4%。涉农金融服务体系基本完备。原有7家农信社全部成功改制设立农商银行，涉农县（市）区村镇银行100%全覆盖，3家小贷公司转化成支农小贷，农村产权交易中心试点取得阶段性进展。涉农金融产品体系创新成熟运行。两权抵押贷款已构建较为成熟的审批、发放、回收闭环，并投放贷款超1900万元。涉农企业直接融资意愿显著增强。5个县（市）区6家企业在“新三板”挂牌，榆树、双阳农商行提出挂牌申请。11月，长春市农村金改新闻发布召开会。

【金融产业集聚发展】　东北亚国际金融中心、长春国际金融中心37家企业入驻，签约面积40万平方米；净月核心区22个金融产业项目签约，投资超过300亿元。以东北亚国际金融中心为龙头，人民大街为主干，净月、南关金融服务核心区为翼的金融发展空间布局初步形成。加大金融招商力度，引进域外金融机构。通过赴香港、北京、上海、广州、天津、杭州等多地开展金融招商活动，与各类金融机构进行接触，引进银行类金融机构渤海银行长春分行、广发银行长春分行。争取域内新设机构。吉林亿联银行于上半年开业，成为东北地区首家获准筹建和开业的民营银行。九台农商银行发起设立的九银租赁公司获准筹建，于年初开业，成为全省首家金融租赁公司。

【防控金融风险】 落实防范和打击非法集资相关工作要求。通过“建机制、强预警、重宣传”三位一体工作模式，充实调整全市防范和打击金融诈骗工作领导小组；推动成立“东盟”案件善后处置工作领导小组，开展防范打击非法集资宣传月活动，协调推动非法集资案件善后处置，制定《长春市防范和处置非法集资工作操作流程》。在十九大期间和国庆期间落实维稳责任，制定24小时全覆盖的值班制度，确保重要时间节点安全稳定。做好开展各类交易所清理整顿“回头看”活动，对相关交易所持续跟踪调查。加强互联网金融整治工作力度，制定分工方案，对长春市相关互联网机构全面排查，取得阶段性成果。

【发挥参事职能】 组织学习十九大报告中关于对金融工作提出的新要求及第五次全国金融工作会议提出的重点任务。研究国内外经济形势，结合长春市金融发展形势，研究起草长春市促进金融与经济协调快速发展相关建议，提出金融业发展与改革路径。加强与外地经验交流与学习。通过参加15个副省级城市联席会议，加强与天津、杭州等互助城市沟通，关注国家关于地方金融改革的新要求，做好金融运行分析和政策解读，为领导提供决策参考依据。

（王　爽）

中国人民银行长春中心支行

【货币政策】 2017年，全省人民银行发放信贷政策支持再贷款91.5亿元、常备借贷便利889.2亿元、再贴现46.2亿元。发挥差别化存款准备金率政策对金融机构的正向激励作用，释放满足条件的银行机构可用资金68.7亿元。推进“两权”抵押贷款试点工作。督促试点地区探索建立抵押物处置机制，解决农地抵押贷款前期出现的抵押物处置难问题，至2017年末，试点地区金融机构发放贷款3万笔，金额13.2亿元。开展金融精准扶贫工作。发挥扶贫再贷款的引导作用，撬动金融机构发放扶贫贷款103亿元，带动贫困人口近15万人。推动建设和龙、双辽金融扶贫示范区，示范区带动作用逐步显现。推动债务融资发展，全省发行企业债务融资工具259.5亿元。建立非现场核查机制，推进辖区人民币资金跨境流动双向平衡工作。推动设立珲春中俄互市贸易结算中心，完善韩元现钞区域挂牌交易机制。稳健中性货币政策的有效实施为全省新动能培育、产业结构升级、薄弱领域补短板提供强有力金融支撑。2017年末，吉林省本外币各项贷款余额18010.3亿元，比2016年增长4.6%，剔除粮食收储政策变化和地方政府债务置换影响，增长13.4%，信贷支持实体经济的力度得到加强。

【金融稳定】 加强风险监测和评估，完善风险监测指标体系，密切关注农合机构风险、大型有问题企业债务风险、地方政府债务风险及实体企业投资金融业的潜在风险。配合总行开展中国“金融部门评估规划”更新评估工作。推进存款保险制度实施工作，对113家投保机构开展存款保险评级和实施风险差别费率，发挥存款保险对风险的校正作用。完善金融风险应对和处置机制，开展舆情、流动性突发事件应急演练，根据演练中发现的问题完善细化风险应对处置预案。加强地方法人金融机构流动性监测，组织召开流动性管理工作会议，制定《吉林省流动性风险应急预案》，对可能出现的流动性风险做到早发现、早报告、早处置。推进农村金融综合改革，完善农村支付、信用体系建设，引导金融机构加强金融产品和服务创新，吉林省农村金融综合改革试验工作呈现出“量增价降、点面结合、创新加速”的明显成效，联合撰写的《吉林省人民政府关于农村金融综合改革试验进展情况的报告》得到国务院副总理马凯重要批示。

【外汇管理与服务】 推动吉林省银行外汇自律机制发挥作用，构建大额购付汇监测约谈工作机制，引导市场主体购汇行为。支持地方涉外经济发展，参与吉林省重点投资项目推进，将外汇服务从汇兑环节提前到前置审批环节。全口径跨境融资宏观审慎政策稳步落实，5家地方法人银行备案额度281亿元人民币，13家中资企业办理外债签约登记1.1亿美元。创新建立吉林省外汇业务事中事后监管工作框架，提高全辖外汇业务异常线索的整体筛查能力及分析监管效率。针对个人违规分拆购付汇转移资金等11类高风险违规项目进行重点检查，全省立案查处违规案件22起，实施行政处罚109万元。

【金融管理】 改善农村支付服务环境。推动助农取款点与电商服务站融合建设，实现农村电商与助农取款的协同发展。组织银行机构开展整治非法买卖银行卡信息专项行动，破获案件3起。推进金融IC卡和移动金融健康发展，2017年IC卡消费交易额是2016年的2.6倍。拓展全省财政支出联网的覆盖范围。联合印发《省级国库现金管理工作安排的意见》，提高国库现金管理操作科学性。开展国库现金管理2期，金额162亿元，为财政部门增收1亿元。科学安排发行基金调拨进度，2017年发行基金实现净投放145.9亿元。构建小面额人民币“以需定投”供应长效机制，畅通县域人民币流通渠道。推进金融统计标准化工作，增强综合抽样统计的代表性。提高社会融资规模存量监测频度，在全国处于领先水平。做好精准扶贫和定向降准等数据支持工作，助推普惠金融工作顺利开展。开展调研工作，提升课题研究水平，长春中心支行获2017年度总行优秀青年课题一等奖、沈阳分行重点研究课题一等奖。信息工作在省政府信息考评中名列信息直报单位第3名。发挥吉林省金融学会学术平台作用，加强学术交流活动，获全国社科联“创建新型智库先进社会组织”表彰。开展反洗钱现场检查，严格落实“双罚制”，全年检查金融机构37家，处罚金融机构13家、责任人26人，罚款286万元。配合协助公安部门破获地下钱庄案件34起，涉案金额106.4亿元。规范基础会计核算工作。通过ACS办理各类业务2万余笔，业务操作安全快捷。做好支付系统和同城票据交换系统运维工作，落实清算工作7×24小时值班等制度，各系统安全运行率保持100%。同城备份中心提前建设完成并投入运营。围绕支付结算、征信知识、反洗钱等主题开展宣传活动，组织金融知识宣传月、“3·15”金融消费权益日等系列大型活动，接受媒体采访7次，对社会关切的吉林农村金融综合改革、纪念币发行等问题进行解答。落实《金融消费者权益保护实施办法》，投诉办结率和消费者满意度均100%。研发吉林省普惠金融信息管理系统。开展“两管理、两综合”工作，全年接报重大事项1100余件，完成对辖内120家金融机构的综合评价，25家银行业金融机构的开业管理审核，5家银行业金融机构和9家支付机构的综合执法检查工作。

【金融运行】 银行业机构发展趋缓。2017年，吉林省银行业机构积极落实金融“去杠杆”各项要求，资产总额、负债总额、利润额分别减少3.3%、3.6%和32.3%。银行业金融机构数量稳步增加，年末银行机构营业网点数量比2016年增长8.9%。本外币存款整体增长缓慢。吉林省各项存款增速逐月放缓，本外币各项存款比2016年增长2.6%，增速下降10.6个百分点，为近15年来最低增速。分存款结构看，住户存款增量微降，受贷款增长乏力进而派生存款减少等因素影响，非金融企业存款增量减少1600亿元。分币种看，人民币存款增长2.7%，外币存款减少5.5%。本外币贷款增速持续回落。推进吉林省粮食市场化收储改革，加快粮食库存去化进度，使粮食收储贷款减少较多，加之地方政府债务置换量占比较高以及实体经济有效信贷需求不足，吉林省本外币各项贷款增速持续回落，各项贷款余额比2016年仅增长4.7%，增速下降8.1个百分点，低于全国平均增速7.4个百分点。其中，人民币和外币贷款分别增长4.8%和-22.5%。银行机构优化信贷结构，对重点领域和薄弱环节的支持力度增强。信息传输、软件和信息技术服务业贷款增长378.8%，科学研究和技术服务业贷款增长75.4%。小微企业贷款增长14.2%，消费信贷增长19.6%，精准扶贫贷款持续增加，年末余额555.9亿元。理财产品增速企稳回升。2017年前三季度，吉林省理财产品延续2016年下滑态势，存续期理财产品增速在三季度末达1.7%的低点，四季度明显回升，年末增长13.7%，仅低于2016年同期0.1个百分点，高于各项存款余额增速11.1个百分点。其中，表外理财期末资金余额增长6.6%，表外理财产品规模占比达72.5%。存贷款利率稳中略升。全省12月一般贷款加权平均利率6.12%，比年初上升0.21个百分点；定期存款加权平均利率2.14%，比年初小幅上升0.01个百分点。吉林省有30家银行业法人金融机构通过合格审慎评估，成为全国市场利率定价自律机制成员。信贷资产质量有所降低。金融机构通过诉讼回收、批量转让、核销等方式加快不良贷款处置，全年处置不良贷款186.7亿元。但受区域产能过剩行业贷款质量向下迁徙影响，吉林省银行业金融机构不良贷款率比2016年上升0.46个百分点。实施吉林省农村金融综合改革，年内3家农村商业银行开业，全省农村商业银行数量占农合机构数量的73%，已开业村镇银行63家，村镇银行实现全省县域全覆盖。工商银行吉林省分行和农业银行吉林省分行设立普惠金融事业部。东北地区首家民营银行-亿联银行正式开业，全省首家金融租赁公司-吉林九银金融租赁公司开业，渤海银行和广发银行在吉林省设立分支机构，银行机构服务体系更趋完善。发展跨境人民币业务。吉林省跨境人民币结算业务量300.3亿元，业务办理网点扩大到全省25家银行机构的344个银行网点，办理跨境人民币结算业务的企业1282家，占全省有实际进出口经营业绩企业总数71.2%。图们江区域跨境人民币业务发展迅速，吉林省对俄跨境人民币结算业务占吉林省对俄本外币结算37.2%，占比是2016年同期2.1倍；中韩跨境人民币结算业务占吉林省对韩本外币结算12.3%，提高5.2个百分点。

（杨胜利）

中国工商银行吉林省分行营业部

【概况】 2017年，中国工商银行股份有限公司吉林省分行营业部（以下简称工行吉林省分行营业部）本部设19个部室，6个直属机构，下辖22个一级支行，129个营业网点，从业人员3893人。截至2017年末，实现拨备前利润27.7亿元、净利润19亿元，比2016年分别增加3亿元和2.6亿元，总量、增量和增幅均居同业首位。获评吉林省年度用户满意银行、年度最具品牌价值银行等称号。

【核心业务】 截至2017年年末，工行吉林省分行营业部全部存款时点余额1370亿元，比年初增加67亿元；一般性存款时点余额1315亿元，增加52亿元，其中储蓄存款增加23亿元，对公存款增加29亿元。各项贷款余额957.4亿元，增加152亿元（剔除主动压降票据102亿元），创历史最好水平，其中，公司贷款增加99.4亿元；个人贷款实现“V”型反转，增加52.5亿元，成为域内首家余额突破300亿元的银行；普惠金融业务投放26.5亿元，继续保持增长。

【服务实体经济】 工行吉林省分行营业部与长春市政府签署全面战略合作协议后，支持各类城市基础设施领域建设，加大对制造业、新兴行业投入，重点支持伊通河综合治理、棚户区改造、

12月14日，中国工商银行吉林省分行营业部与东北师范大学附属中学举行银校合作签约仪式（张祎男　提供）

地铁轻轨、机场等一大批重点项目，授信500亿元，投放贷款200亿元。创新业务模式，综合运用发债、并购、融资租赁和投资产业基金等方式，支持一汽金融信贷资产收益权信托、长发集团境外债、轨道客车融资租赁、亚泰并购等一系列项目。全年投放公司贷款近900亿元，位居全市金融同业前列。

【服务民生】　工行吉林省分行营业部加大对民生领域支持力度，为春城百姓提供多样化、专业化金融服务；加强互联网金融领域服务，依托业界先进的IT系统支持，借助融e行、融e联、融e购3大平台，实现24小时全球服务，实现消费、娱乐、购车、购房等各种生活场景无缝嵌入；加快金融科技应用，启动柜面业务无纸化和人脸识别系统运用，为百姓提供专业、便捷、高效的金融服务。

【风险管理】　工行吉林省分行营业部完善风险管理技术和风险管理手段，严把资产质量、内控案防和安全运营3个“关口”，保持资产质量稳定和各类风险可控。严把资产质量关，组织信贷前、中、后台联合开展大户风险分析会诊，全年清收处置不良贷款5.7亿元；严把内控案防关，启动综合整治工作，从源头夯实风险管理基础；严把安全运营关，全行可控风险暴露水平比2016年下降14.6%，堵截风险事件47起，避免损失2970万元。全年无重大风险事件和安全事故。

（张祎男）

中国农业银行股份有限公司长春分行

【概况】　中国农业银行长春分行原名中国农业银行吉林省分行营业部，成立于1979年7月。2017年11月，按照总行改革要求，由吉林省分行营业部更名为中国农业银行长春分行（以下简称长春分行）。2017年，长春分行下辖18家一级支行（含本级营业室），168个分支机构，其中县域机构62个，城区机构106个。在岗员工3564人。全行资产632.43亿元，负债629.39亿元，各项存款余额599.78亿元，各项贷款余额424.48亿元。

【服务“三农”】　在资源配置上，加大对县域支行财务资源倾斜力度，满足县域支行服务“三农”的场地、自助机具、电子设备资金需求。在人员配置上，新招录大学生的63%都分配到县域。截至2017年年末，长春分行“涉农”贷款余额76.27亿元，比年初增加13.85亿元。贷款余额、增量在同业中持续保持领先地位。城镇化建设贷款余额14.8亿元，比年初增长13.3亿元。推进现代农业金融服务。2017年末，对国家和省级农业产业化龙头企业金融服务覆盖率分别为65%和52%，投放贷款72.3亿元；支持专业大户、家庭农场等新型农业经营主体1.79万户，投放贷款10.8亿元。加大农户贷款投放力度。2008年农行恢复对农户发放贷款以来，长春分行发放农户贷款212.92亿元，支持农户23.69万户。通过为农民提供优惠利率贷款，为农民节省利息支出2.62亿元，帮助农民增收2.37亿元。支持县域特色产业发展。除发放农户小额贷款、农村个人生产经营贷款、财政直补资金担保贷款外，还不断创新农户贷款特色产品，“农地贷”“农机贷”“农房贷”“快农贷”“大户贷”“苗木贷”“大棚贷”、集体经营性建设用地使用权抵押贷款也取得成效。其中发放“农地贷”2126万元；发放苗木花卉贷款5249万元；支持畜牧业贷款15.1亿元；围绕绿色金融，支持秸秆综合利用，发放“秸秆贷”4亿元。2017年，长春分行发放惠农卡117.67万张，行政村覆盖率100%，发放农户小额贷款212.92亿元。通过“新农保”代发养老金3.6亿元，代收保费1.3亿元。重点支持“新农合”、财政补贴资金、粮食收购资金、农村小型金融机构客户结算、代理保险公司保费缴纳和通讯、供热等费用预缴存和支付。实施互联网服务三农“一号工程”，长春分行投放“惠农e贷”4322万元。在乡镇以下行政村设立金穗“惠农通”工程有效服务点1428个，布放转账电话2545台，覆盖乡镇95个。在县域地区布放ATM自助机具291台，投入金额3500万元；拥有手机银行/网上银行客户40.7万户。办理金融服务业务23.9万笔、金额197.9亿元。推进“e农管家+惠农通服务点”互联网服务业务模式，为种子、化肥经销企业提供金融支持。长春分行为建档立卡贫困农户3217户发放贷款5159万元。在“三农”贷款定价上，贷款利率上浮控制在30%以内，不仅拉低了农村贷款市场价格，而且每年为农民节省利息支出5000多万元。

【服务地方经济】　支持长春实体经济发展。2017年，长春分行公司类客户授信总额555.22亿元。其中，交通行业客户授信225.19亿元，制造行业客户授信115.58亿元，电力、电网行业客户授信71.48亿元，基础设施行业客户授信14.36亿元，粮食生产及贸易行业客户授信11.3亿元，钢铁行业客户授信10亿元，批发零售行业客户授信9.17亿元，建筑、建材行业客户授信9亿元，其他客户授信89.14亿元。投放重点项目贷款346.9亿元。重点支持省市内铁路、高速公路、机场建设、道路改造、商品房开发、地铁建设、国家电网农网改造等项目，投放基础设施项目贷款130多亿元。投放中小企业贷款88.5亿元。长春分行投放农民“安家贷”1.3亿元。对县域个人贷款采取最低利率上浮标准，支持居民个人消费和个人经营类贷款需求，支持个人创业。

（曲洪生）

中国建设银行股份有限公司吉林省分行

【概况】　2017年，全省有营业网点323个。其中，一级分行1个，二级分行8个，综合型支行17个，支行294个。全行员工8920人。全口径存款日均余额2608亿元，日均新增219亿元。一般性存款日均余额2560亿元，日均新增237亿元。其中，对公存款日均新增114亿元，个人存款日均新增123亿元。全口径存款、一般性存款、企业存款的日均余额和新增额及个人存款日均新增额等7项指标居四行第一。各项贷款余额1736亿元，新增110亿元。其中，对公贷款余额1099亿元，下降11亿元；个人贷款余额637亿元，增加121亿元，各项表外理财融资183.06亿元，增加35.37亿元。对公非贴贷款余额、个人贷款新增居四行第一。全行不良贷款（考核口径）余额49.6亿元，减少0.3亿元，不良贷款率2.9%。不良额、不良率居四行第三。税前利润23.8亿元，比2016年减少13亿元，居同业第二；经济增加值3亿元，减少9.6亿元；中间业务毛收入21.3亿元，市场占比44.1%，居同业第一。单位人民币结算账户12万户，增长13.4%。其中，基本户9.4万户，增长18.8%，结算户、基本户总量及净新增均居四行第一。

【业务拓展】　全年对重大项目建设、国企改革、重点行业发展投放790.4亿元，推进商事登记制度改革、商户拓展、养老金业务发展、ETC营销等重点工作，对公存款日均和时点余额实现逆势上扬，均居四行首位。完成与长春市国资委13家出资企业、吉林省国资委18家监管企业全面合作协议签署工作及业务对接。举办“深化银企合作，助力医药产业发展”战略合作金融服务推介会，会上9家分支行与13家医药企业签订授信合作协议。个人金融业务方面向综合性、大零售服务方向转型推进。制定年轻客群、老年客群、拆迁补偿客群、私人银行客群专项营销方案，建成支付结算圈117个，实现发卡451万张。加大高校、财政对公客户代发工资营销，争取学费、奖学金、补助等一次性资金代发，2017年代发工资增速19.3%，基本户代发覆盖率3.9%。实现全省水、电、煤气、燃气等居民生活缴费全覆盖，打造“支付场景+金融服务+营销服务”的综合化服务模式，龙支付和龙商户活跃客户居系统前列。通过丰富产品，协同联动子公司，突出优势“拳头产品”，实现“金管家”交易额新增328亿元，家族信托新增签约金额15.5亿元。房地产业务在保持一手房贷款优势基础上，加大二手房贷款市场拓展，投放住房贷款169.4亿元。为省直公积金中心搭建国管系统高分通过住建部验收，成为系统内标杆版本。拓展住房租赁业务“蓝海项目”，率先与省市住房租赁管理部门签订战略合作协议，实现全省各地市全覆盖。国际业务重点围绕一汽大众、中车长春轨道客车及其上下游产业链客户，加大“国内信用证+福费廷”产品和票据融资产品营销力度，创新“跨境融资保”“银行承兑汇票质押+跨境风参”“票据池+跨境风参”“国内信用证承兑+跨境风参”等系列跨境融资产品，实现跨境人民币结算量四行占比第一，贸易融资实现较快增长。

【经营机制调整】　把党建工作、内控合规、“双基管理”等重点工作纳入考

1月12日，“母亲健康快车”吉林省捐赠仪式在长春举行　　（贺楷元　提供）

评项目，强化业绩贡献、增量配置和战略业务3个考核重点；营运管理方面完成60个网点对公外汇业务、295个网点对私外汇业务集中处理切换上线工作；消费者权益保护方面“双录”工作通过银监局验收；开展全省营业场所消防安全管理排查活动，实现全年无案件、无重大责任事故安全工作目标。

【风险内控】 开展“双基管理年”活动，分解落实1481个任务清单，梳理制度1646个，重点解决6大类、307个问题。开展“信贷管理年”活动，落实25项工作任务，举办3期信贷文化大讲堂，开展信贷知识专项竞赛，解决问题17个。开展银监会“三违反”“三套利”“四不当”“银行业市场乱象”系列专项治理工作，推进总行“合规建行知行合一”教育活动，开展“我为合规献计献策”活动，组织全员手写宣读《廉洁合规承诺书》。对信贷业务、柜面业务、集中采购和印章管理重点领域开展专项检查，被人民银行授予吉林省金融系统反洗钱宣传先进集体称号。

（贺楷元）

中国交通银行股份有限公司吉林省分行

【概况】 2017年，中国交通银行股份有限公司吉林省分行在吉林省内长春、吉林、延边、通化、辽源、四平、松原等市（州）设机构网点88个，员工1925人。其中，长春市网点35个，员工955人；吉林市网点30个，员工515人；延边州网点12个，员工290人；松原市网点3个，员工43人；通化市网点3个，员工53人；辽源市网点3个，员工28人；四平市网点2个，员工36人。交通银行吉林省分行资产规模893.6亿元，比2016年增长41.77亿元，增幅4.9%。其中人民币各项存款时点余额779亿元，增长32.2亿元，增幅4.3%。其中对公存款427.6亿元，下降17.9亿元；储蓄时点存款351.4亿元，增长50.1亿元、增幅16.6%。各项存款日均余额741.7亿元，增长3.9亿元，其中储蓄日均存款余额325.83亿元，增长25.03亿元，增幅8.32%。人民币贷款时点余额522.6亿元，增长14亿元，增幅2.75%。资产质量基本稳定，不良率低于总行控制额。按照五级分类口径不良贷款余额6.25亿元，增加1.34亿元，低于总行控制额；不良率1.19%，微升0.23个百分点，低于系统内和省内平均水平；逾期非不良贷款额4.88亿元，略超过总行控制水平0.38亿元。经营利润稳中有升，全年实现净利润14.07亿元，增加2.4亿元；按照内部核算口径实现经营利润13.5亿元，计划完成率93.49%；完成经济利润7.96亿元，计划完成率106%。

【对公存款】 吸收一汽财务公司各期限存款近90亿元，同业存款平余增长6.77亿元，计划完成率135%；省分行托管业务被总行批准成为全国第6家运营分部，承接全国业务300单，托管规模净增长124亿元，计划完成率125%，拉动日均存款增长10亿元；国开行彩虹桥项目吸存最高时点11亿元。落地4期政府债，存续规模22亿元；推动“系统掘金”行动，新增平台类客户21户，系统覆盖率提升7个百分点；中标地方国库定期存款13亿元。围绕存量挖潜、增量拓客驱动低成本负债增长，主动压降37.8亿元高成本对公负债调整结构。对公有效户、对公优质新开户、产业链业务、蕴通账户、小企业贷款客户数完成率均超过100%。全员营销创新业务拉动，利用发卡激活开展交叉销售，发行采集社保IC卡数据84万张；代发工资净增数6877户，计划完成率76.4%；首个微信版银校通系统上线吸存。

【储蓄存款】 做大AUM（资产管理规模）总量，个金AUM增量完成率129%；储蓄存款平均余额增量25.03亿元，计划完成率114%；储蓄全口径低成本增量16.58亿元，计划完成率83%。获批二类账户特色缴费业务平台并正式立项研发；通过举办“沃德杯”广场舞大赛活动，带动新客户获取量、客户资产提升，财管客户数净增1.59万户，计划完成率93%；折算客户数净增3.24万户，计划完成率77%。拓展财富管理业务，截至年末，全辖销售公司类理财产品笔数184笔，销售金额146.38亿元；个金条线理财产品笔数201757笔，销售金额529.20亿元。

【国际业务】 加大与总行各海外分行和总行离岸中心合作办理境内外联动贸易融资业务力度，利用境外更具价格优势的外币贷款资金提高交通银行吉林省分行国际中间业务收入水平；和各海外分行互相推荐客户发挥战略协同效应，主动对接吉林省有境外投资和工程承包项目、大型成套设备进出口业务的企业，做好重点客户的项目储备工作；与境外各分行（含离岸中心）以及交银集团各子公司联动，开展跨境投融资等业务合作，推动具有资质和实际业务需求的企业开展跨境租赁、海外并购、过桥融资、境外IPO、境外发债、债券投资、资金产品交易等业务。全年办理4笔合计2437万美元的境外债券国际业务并实现部分资金回流，与香港分行联动办理1笔融资性保函（含备用证）项下贷款业务，金额1400万美元；与总行离岸中心办理3笔进口代付业务，金额510万欧元；推进九台农商行赴港上市，募集资金30亿港币，通过交行香港分行回流至交通银行吉林省分行指定外币专户；与实现境内外联动收入72万人民币。国际业务结算量66.7亿元，计划完成率116.9%，比2016年增长43.94%；实现国际非息收入1855万元，计划完成率105%，增幅22.9%。

【渠道拓展】 2017年，交通银行吉林省分行电子银行分流率91.54%，比年初提升3.63%；柜面业务替代率78.97%，提升5.274%；自助设备开开机率98.61%；全辖手机银行新增有效客户数172602户，指标完成率132.77%。全辖有自助银行55个，加快推进普惠型特色网点建设，新建普惠型特色网点3个。

【信贷支持】 2017年，交通银行吉林省分行加强对重点项目、重点民生领域

9月23日，在长春市体育馆举行交通银行沃德杯广场舞大赛吉林省总决赛

（柳世炎 提供）

的支持力度，在信贷投向上，重点支持燃气、水务、文化、教育等领域，助力地方经济建设。实质性贷款加上投行各项业务、地方债等800余亿元超过负债规模，比2016年增约90亿元。交通银行吉林省分行集中资源，向省内投入资金37.4亿元，支持民生项目建设。其中，向轨交集团投放5.38亿元用于轨道交通工程延伸线项目；投放8.5亿元用于吉林市及四平市棚户区改造项目；京哈高速扩建投入1.62亿元；投放5亿元支持文化、教育等保障领域；投放16.93亿元支持汽车制造、石化、医药等区域优势产业，包括对汽车行业投放2.54亿元、石化行业投放7.02亿元、医药行业投放7.39亿元贷款。通过创新模式给予长发集团30亿元、长春新区棚改8.5亿元类信贷融资支持。

【服务小微企业】 交通银行吉林省分行挂牌成立普惠金融事业部，强化小微业务团队建设，管控资产质量，协调推动“三农”、扶贫、“双创”、助学贷款等各类普惠金融业务协调发展。针对产业链客户群，重点挑选省内核心企业，借助核心企业优势地位，围绕上下游小微企业开展批量授信，重点利用应收账款融资、商票保贴、保兑仓等模式拓展业务。推进快捷抵押贷、税融通、优贷通、政府采购贷等小微产品落地，缓解小微企业“融资难、融资贵”难题。加强对小微业务的风险识别、预警和控制工作，引入第三方风险补偿机制，把握风险底线。截至2017年年末，分行小微贷款余额87.30亿元，比年初增长9.35亿元，小微贷款增速11.99%，各项贷款增速2.58%，小微贷款增速较全部贷款增速高9.41个百分点；小微企业贷款客户数2965户，比年初增加380户；小微企业贷款申贷获得率93.15%，超过90%。

【风险管理】 2017年，交通银行吉林省分行开展“三全”（全员讲、全线查、全程追）风险管控，严守风险底线，保障经营稳健。不良贷款余额6.25亿元，不良率1.19%，低于系统内及省内均值；逾期90天以上贷款余额及占比1.19%；风险贷款抵质押率122%；省分行本部、吉林分行、延边分行内控评级均为B+。配合监管和外部机构高频次检查，获得正面评价，内控评级、外汇管理局评价、人民银行综合执法检查评价全部B+，获评吉林银监局消保工作一级行。加强风险排查，精准管控减退考核口径内授信4.43亿元；全年一户一策完成重组10.7亿元。开展“三全”常态化风险管控行动，全年开展“全员讲合规”200余场，参与人数3500余人次。

【履行社会责任】 2017年，交通银行吉林省分行为吉林市及时发放2亿元低息抗洪救灾专项贷款，向受洪灾地区捐款67.78万元，支持灾后重建。7月13日，吉林地区突降暴雨，引发城市内涝及县区洪水，其中以永吉县受灾最为严重，直接经济损失134.6亿元。总行以最快速度审批通过50万元捐赠申请。吉林省分行员工捐款17.78万元。2017年在中国银行业文明规范服务百佳创建活动中，依托“百佳”创建带动整体服务提升和品牌形象提升。吉林分行铁东支行获“百佳”创建优秀奖，卫星广场支

7月1日，交通银行吉林省分行开展“普及金融知识万里行”活动（柳世炎 提供）

行、通化分行营业部、延边吉利支行获五星级网点称号。在推动“幸福交行”建设中，举办“2017共筑交行梦”新春联欢晚会、第七届职工运动会等10余项大型文娱活动丰富员工文化生活，开展14件“小事、实事、具体事”“幸福交行大讲堂”等30余项活动，提升员工幸福指数。

（柳世炎）

吉林银行股份有限公司

【概况】 吉林银行股份有限公司（简称吉林银行）成立于2007年10月。2017年，在吉林省内9个市州和大连、沈阳拥有11家分行、1家小企业专营机构、378个营业网点，发起设立10家村镇银行、1家贷款公司，参股一汽汽车金融公司。至年末，吉林银行资产总额3813.27亿元。各项贷款余额1813.41亿元，比年初增加120.42亿元，增幅7.11%。各项存款余额2645.37亿元，减少232.72亿元，降幅8.09%。资本充足率10.54%，上升0.69个百分点。流动性比例41.34%，下降35.34个百分点。拨备覆盖率190.75%，上升22.76个百分点。不良贷款率1.73%，下降0.01个百分点。吉林银行实现总收入181.02亿元，拨备后税后净利润28.94亿元。

【重大进展】 2月6日，吉林省委书记巴音朝鲁到吉林银行小企业金融服务中心调研，对吉林银行小微金融服务给予充分肯定；吉林银行联合吉林大学商学院、韩亚金融经营研究所发起设立吉林金融研究中心，是吉林省历史上第一个多方联合设立的金融研究中心；获批开办即期代客及自营外汇买卖业务，国际业务种类进一步丰富；首单银登中心结构化产品挂牌，是吉林银行探索非标资产向标准化转化的重要成果；国家开发银行以长江经济带水资源保护为专题的绿色金融债券在全国银行间债券市场发行，吉林银行获副主承销商资格；入选中银协安全保卫专业委员会常委单位。

【品牌建设】 在第十二届中国中小企业家年会上，吉林银行蝉联“2017年度全国支持中小企业发展十佳商业银行”称号，董事长张宝祥被评为“2017年度全国服务中小企业先进个人”；在金融时报和全国地方金融论坛主办的全国地方金融二十一次论坛（2017）年会上，吉林银行获“中国地方金融2016年度十佳支持小微企业银行”；在中国银行业协会主办的《2016年度中国银行业社会责任报告》发布暨社会责任工作表彰会上，吉林银行获“2016年度中国银行业社会责任最佳民生金融奖”；吉林银行小企业金融服务中心在2017年被命名为“2015-2016年度全国青年文明号”，是城商行中唯一获此殊荣的金融机构。获“2017年中国银行业文明规范服务星级营业网点”“全国巾帼文明岗”“中债优秀自营机构奖”“吉林省十大服务名牌”“吉林省著名商标”“最佳报刊奖”。

【服务实体经济】 吉林银行将交通运输设备制造、石化、现代农业、电力、新能源、新材料、矿产资源、医药、长白山特色经济及生态资源、文化旅游、循环经济等11个吉林省产业行业作为重点支持对象，加大对全省经济发展支持力度。至年末，仅公司条线支持11个行业金融重点客户、重点项目520个，贷款余额848.98亿元，比年初增加3.32亿元。服务“一带一路”倡议，创新业务合作模式，采取“商行+投行”“股权+债权”的方式，为东北亚铁路集团建设的珲春至俄罗斯扎鲁比诺港国际铁路项目融资15亿元。支持普惠金融发展，整合资源，增加网点对公服务窗口数量，全行各地区开设对公窗口263个，数量为全省金融机构对公服务窗口之最。

【服务小微企业】 吉林银行主动对接省国税、省地税，深化“银税互动”平台合作，聚焦诚信纳税客户，推动“吉税贷”信用贷款投放，至年末，投放87户、1.40亿元。把握“农村金改”发展机遇，研发农村承包土地的经营权抵押贷款产品，推进“两权抵押”政策落地实施，围绕国家级农业龙头企业，开展行内首笔农村承包土地的经营权抵押贷款，金额2900万元。对接省人社厅，将原“下岗再就业”平台升级为“创业担保”平台，扩大对创业者和企业贴息扶持，截至2017年年末，贷款客户1498户、余额2.32亿元，争取贴息资金1000余万元。对接省总工会，促进“职工双创贴息贷款”平台业务换代升级，投放131户、0.88亿元，为客户贴息近500万元。落实无还本续贷政策，推进“接续贷”产品信贷投放，实现“无缝转贷”，降低小微客户再融资成本，2017年办理“接续贷”业务29.44亿元，比2016年增长近3倍，以7天、日利率2‰的“过桥”成本匡算，为小微客户节省成本4122万元。全行小微贷款余额919.39亿元，比年初增加210.83亿元，增长29.76%，在全行贷款余额中占比50.74%，省内市场份额和增量保持首位。

【服务民生】 吉林银行网上银行、手机银行、微信银行服务功能更加完善、便捷。完善第三方支付渠道，开通支付宝、财付通、银联在线支付等功能。丰富零售产品，创新推出大额存单、智能存款、个人网络贷款、签证代传递业务等，满足社区居民投资理财及融资需求。至年末，吉林银行个人资产管理规模（AUM）1359亿元，比年初增加109亿元，增长8.7%。个人贷款余额258.81亿元，增加63.89亿元，增长32.78%。银行卡新增发卡量119.48万张，增长14.99%，信用卡新增发卡量5.37万张，增长76.5%。

【践行社会责任】 成立吉林银行金融助推脱贫攻坚工作领导小组，发放“老有所依—精准扶贫个人接续养老保险贷款”2.72亿元。总行为2个包保村设计总投资410余万元的产业扶贫项目，捐赠167万元用于2村村部危房重建、产业发展和环境提升项目建设。选派第一书记和驻村工作队，在责任、项目、资金上实行“三个捆绑”，全行包保贫困村32个。2017年通过帮扶脱贫53户，占比61%，脱贫100人，占比65%。吉林银行承担多项公共服务功能，包括社保、医保、养老金、失业金等项目的缴存和发放业务，水费、电费、燃气费、供热费、电话费、有线电视费的代理缴存业务，出租车油补的发放业务等。至年末，吉林银行承担省内6个地区的社保发放业务，代发社保工资客户101.1万户；4个地区的低保发放业务，代发低保工资客户8.6万户。每月在吉林银行柜面缴纳水费客户数量5.8万户，缴纳电费客户数量23.3万户，缴纳燃气费客户数量2.6万户，缴纳电话费客户数量0.6万户。在吉林银行缴存热力费客户数量148万户。

（王雅晶）

中国农业发展银行吉林省分行

【概况】　中国农业发展银行吉林省分行成立于1994年，是国家唯一农业政策性银行，在吉林省内机构总数59个。其中，省级分行1个，省级分行营业部1个，二级分行8个，县级支行49个。员工1652人。2017年，各项贷款余额2309.8亿元，居全省银行业首位。各项存款余额118.4亿元。不良贷款率0.4%，下降0.31%。实现利润11.4亿元。

【服务脱贫攻坚】　推进专项贴息贷款、专项基金和项目贷款三位一体支持模式，投放全省首笔易地扶贫搬迁专项贴息贷款1.98亿元，支持1.13万名建档立卡贫困人口搬迁安置。加大对贫困地区棚改、水利建设支持力度，支持光伏、扶贫过桥、特色村镇建设、乡村休闲旅游、红色旅游等扶贫项目。2017年，投放精准扶贫贷款60.38亿元，年末贷款余额369.72亿元，比2016年增加28亿元，增幅8.2%。

【保障粮食收购】　保证中央和地方储备轮换及水稻最低价收购信贷资金供应，支持省内大型优质粮食深加工企业的原材料采购和流动资金需求。2017年，投放粮油贷款152.1亿元，支持企业收购粮食121亿公斤。

【支持农业农村基础设施建设】　2017年，审批基础设施类中长期贷款项目26个、68亿元，投放贷款69.2亿元，比2016年多放14.2亿元，增幅25.8%。审批棚户区改造贷款61.亿元，投放50.6亿，增加24亿元。重点推进省交通厅20亿元农村公路改造项目和大安市5亿元农村人居环境改善项目，完成中部城市引松供水20亿元水利过桥贷款投放及后续50亿元建设工程项目的调查审批。

【落实“三去一降一补”政策】　发挥政策性金融支持地方经济发展职能作用，坚持让利于政府、企业和社会，贷款主要采用基准利率，贷款加权平均利率为省内金融机构最低水平。对重大水利工程过桥贷款、水利建设贷款、棚户区改造贷款和农村公路贷款采用PSL政策，贷款利率在基准利率基础上进一步下浮，有效降低融资成本。对企业免收融资顾问费等10项中间业务收费。

（王作文）

上海浦东发展银行长春分行

【概况】　2017年，浦发银行长春分行总资产343.72亿元，一般性存款日均余额226.72亿元，各项贷款余额275.05亿元，账面利润1.42亿元。长春分行分别被吉林银监局、人民银行长春中心支行评为“监管一级单位”和“综合评价A级单位”，是省内唯一被2家监管部门连续2年同时授予最好评价的银行机构。长春湖西路支行与长春高新支行被中国银行业协会评选为“文明规范服务千佳网点”。

【调整网点格局】　2017年，浦发银行长春分行推进网点格局战略调整，新建1家同城支行和1家异地支行，撤并前进大街支行。浦发银行长春分行在吉林省内设立21家营业网点，10家离行式自助银行。

【品牌影响】　2017年，浦发产品在省内市场的认同感与美誉度显著提高。全年获各类媒体评选的“吉林省百姓最信赖银行”“年度用户满意银行”“吉林省最值得信赖银行”等3项桂冠；旗下“新客理财”“众诚连锁联名卡”等产品分别获得“2017年度百姓最喜爱的金融（互联网）产品”“2017年度吉林省投资者最满意理财产品”“2017年度最知名联名卡”等多项殊荣。

（孙凤一）

中信银行股份有限公司长春分行

【概况】　中信银行长春分行成立于2009年9月，是中信银行在吉林地区的省级分行。2017年，中信银行长春分行下设15家长春市同城支行（含1家社区支行），1家二级分行（吉林分行）及吉林市3家同城支行。全行资产规模359.18亿元。

【签署战略合作协议】　2月13日，中信银行长春分行与四平市人民政府就“推进四平市城市建设及现代服务业发展”签署战略合作协议。双方围绕四平市棚户区改造、海绵城市建设等重点项目以及公共服务业、旅游产业、医疗产业、农产品深加工领域达成合作共识，中信银行长春分行将利用中信集团协同优势，引荐中信证券、中信信托、信诚保险、信诚基金、信银国际等集团内金融同业机构，支持四平市经济发展。

【支持地方经济建设】　2017年，中信银行长春分行与四平市政府、松原市政府平台公司（松发集团）战略合作协议签署，并以“银政合作”为契机，助力各地（州）重点项目建设，围绕城镇化建设、公用事业、现代服务业、基础设施建设等领域提供融资60多亿元，并为亚泰集团、欧亚集团、吉高集团、长发集团、龙翔集团、长城投等一系列优质企业提供230余亿元的融资储备，助力地方经济建设发展。

【参与地方政府债券承销】 2017年，中信银行长春分行积极参与吉林省政府债券承销工作，承销吉林省公开发行、置换债券14.18亿元，用所募集的债券资金支持吉林省社会各项事业发展。

【拓宽小微企业融资渠道】 截至2017年年末，中信银行长春分行小微企业贷款余额16.60亿元，小微贷款户数111户、申贷获得率92.11%，为吉林省小微企业发展提供金融支持。

【成为省内中政企合作基金唯一托管银行】 6月，中信银行长春分行中标吉林省中政企合作基金唯一托管银行资格，基金规模45.02亿元。中信银行长春分行加强与中国政企基金、吉林省政府投资基金等政府引导性基金的业务对接，围绕城镇化建设、旧城改造、地下管廊、城市交通基础设施建设等项目进行PPP业务模式探讨，共同跟进省内重点PPP项目。中信银行长春分行与中政企及吉林省财政厅就长春新区新型城镇化（一期）项目达成合作共识，该项目总投资350亿元，为吉林省内规模最大的PPP项目，中信银行长春分行成为吉林省内唯一一家可参与PPP项目资本金投资的金融机构。

（孟宣宇）

证券期货

【上市公司及后备资源】 2017年，辖区A股上市公司数量42家，占全国上市公司总数1.21%，在31个省区中位列第19位。42家上市公司中，沪市18家，深市24家。按行业划分，制造业25家，电力、热力、燃气及水生产和供应业4家，房地产业3家，信息传输、软件和信息技术服务业4家，批发和零售业2家，金融业1家，建筑业1家，交通运输、仓储和邮政业1家，水利、环境和公共设施管理业1家。按区域划分，长春24家，吉林9家，通化6家，延边2家，辽源1家。2017年，吉大通信首发并上市，尚有1家*ST公司（吉恩镍业）、1家ST公司（成城股份）。辖区A股上市公司总股本437.68亿股（其中，流通A股363.89亿股），总市值4156.26亿元（其中，流通市值3423.95亿元）。总市值在200亿元以上的有4家（通化东宝、长春高新、吉林敖东、东北证券）。2017年，辖区上市公司募集资金109.17亿元。其中，1家公司首发募集资金3.32亿元，6家公司定向增发募集资金105.85亿元。截至2017年三季末，辖区42家上市公司总资产4384.56亿元，净资产1722.84亿元，比2016年末分别增长4.37%和14.55%。2017年前三季度，辖区42家上市公司实现营业收入1112.55亿元，净利润79.40亿元，比2016年同期分别增长20.85%和11.94%。5家公司亏损，亏损15.30亿元。辖区拟上市企业13家，其中在审企业2家（吉林出版集团股份有限公司、长春普华制药股份有限公司），占全国在审企业总数的0.39%，在辅导企业11家。

【新三板公司】 2017年，辖区新三板挂牌公司88家，占全国挂牌公司总数的0.76%，在31个省区中位列第22位，在审申请挂牌企业1家。2017年，辖区22家新三板挂牌公司定向增发募集资金11.06亿元，比2016年增长147.98%。

【证券经营机构】 2017年，辖区新增证券公司分公司7家、证券营业部7家。至年末，辖区有证券公司2家，证券分支机构171家（证券公司分公司28家、证券营业部143家），地区分布如下：长春市90家，吉林市26家，通化市12家，松原市9家，延边州10家，四平市8家，白山市7家，辽源市5家，白城市4家。辖区证券经营机构实现代理交易额28478.68亿元，比2016年增长14.30%，占全国的0.74%；手续费收入8.99亿元，比2016年下降25.08%，占全国的0.52%。辖区证券经营机构托管市值2459.69亿元，比2016年增长11.09%，客户交易结算资金余额135.30亿元，比2016年下降14.01%。证券投资者开户数276.72万户，比2016年增长12.05%，占全国的1.42%；证券经营机构全年实现利润2.48亿元，比2016年下降56.18%。辖区有94家营业部开展融资融券业务，开立融资融券信用资金账户12.08万户，比2016年增长17.70%，获批可使用授信额度1332.75亿元，比2016年下降40.70%。

【期货经营机构】 2017年，辖区有期货公司2家，期货营业部9家。辖区期货经营机构实现代理交易额9038.52亿元，比2016年下降32.27%，占全国的0.24%；手续费收入0.44亿元，比2016年下降25.42%，占全国的3.31%。期货投资者开户数29525户，比2016年增长13.24%；个人客户和单位客户分别占98.04%和1.96%，与2016年相比，增长比例分别为13.39%和6.24%。客户保证金余额11.31亿元，比2016年增长2.65%。期货经营机构全年实现利润0.17亿元，增长1600%。

【私募投资机构】 辖区完成登记的私募基金管理人70家，备案基金100只，管理资金规模293.35亿元。

（田海滨）

教　育

基础教育

【质量提升】　实施《基础教育质量提升工程》，推进各级各类教育质量整体提升，推进基本教育公共服务均等化、增强优质资源有效供给。2017年创新优质学校100所，国标达标校91所，三星素质教育特色校89所，满足春城百姓对优质教育期待。

【校际合作】　优化整合义务教育段88个大学区，实现所有义务教育学校全覆盖；打破城乡、地域、性质和隶属关系壁垒，中省市县（市）区4级42所普通高中组建11个学校联盟体，搭建优质教育资源共享新平台。

【教育公平】　新增普惠性幼儿园18所，提供学位3055个，逐步构建以公办幼儿园和普惠性民办幼儿园为主体的学前教育普惠发展新格局。依法为全市13.8万名适龄儿童少年全部派送公办义务教育学位；制定下发《长春市特殊教育提升计划》，成立长春市晨光学校（省未成年犯管理所）亚泰分校；新增8所义务教育学校计1.2万个学位，实现义务教育入学一个不能少，保障教育公平。

【专项治理】　组成96个专项治理行动小组，对全市学校办学行为进行检查，开展百校联评，推动学前教育大排查大整治，制发义务教育办学“十条基准”和招生“十不准”，中小学有偿补课专项治理工作得到教育部专项督查组肯定。

（李大伟）

德育教育

【素质教育】　下发《长春市中小学社会主义核心价值观载体建设实施意见》，召开全市推进青少年社会主义核心价值观教育实践活动工作会议，原全国人大副委员长顾秀莲和省委常委、市委书记王君正参加会议；长春市5所学校获首届“全国文明校园”称号，创全国文明城工作卓有成效，新增3所“全国中小学心理健康教育特色学校”，3所“全国中小学国防教育示范校”；下发《长春市青少年科学教育三年行动计划》，编写《长春市科技辅导员指导用书》；开展“法治进校园”系列活动，全市各级教育部门与检察院对接，检察官进校园宣讲150余场，受益师生8万人。开展中华优秀传统文化教育系列主题活动，成立长春大学网络国学院长春教育分院，中央电视台来长录制《大手牵小手—走进长春》，国庆期间作为党的十九大献礼节目在央视播出。

【时政教育】　中小学“时事新闻课”首开全国先河，覆盖城区所有中小学及部分农村学校，受益学生50万人，中央电视台“新闻联播”进行报道，写入省委十届八次全会报告，省委书记巴音朝鲁给予高度评价。

（李大伟）

职业教育

【集群发展】　推动职业院校集群与产业集群联动发展，在长春北部（农安合隆）和南部（双阳奢岭）打造职业教育“双核发动机”；成立长春社区大学，启动长春市社区教育三级网络建设工作，服务于学习型社会建设；实施合隆职教园区二期工程建设，启动建设中国职业教育博物馆，全国人大常委会副委员长陈昌智为其揭牌。

【职业教育发展】　市委、市政府制发《关于加快发展现代职业教育的实施意见》；推进职业教育产教、校企、职普等“十个打通”；建设与产业深度融合的品牌专业群；承办全国职业院校学生技能大赛，在全国职业院校技能大赛各项比赛中，长春市学生获奖总数占全省78%；在中国高等教育学会发布的《全国普通高校竞赛评估结果（高职）》中，长春职业技术学院位列全国第五，全省第一。

（李大伟）

人才兴教

【人才强教】　市委组织部、市人社

局、市编办、市教育局等4部门联合推出《长春市教育人才队伍建设行动计划》，实施人才延揽、素质提升、人才交流、人才管理、人才支持等5大计划18个项目，推动优秀人才争相从教、尽展其才；出台《长春市中小学教师专业发展三年规划》和《长春市首批中小学明星教师培养对象三年培养计划》，2091名义务教育学校教师参与轮岗交流。

【强师计划】 从北京师范大学、东北师范大学等教育部直属6所师范大学引进优秀毕业生616人，被省委常委、市委书记王君正称为“破冰之举”；遴选307名长春市专家型校长和杰出校长培养对象，遴选212名明星教师培养对象，开展中青年干部“抢抓机遇，创新发展”大讨论主题论坛，为年轻干部脱颖而出创设舞台，干部成长形成梯队。

【师德建设】 在全系统实施以“树清风正气 展斯文在兹”为主题的《“师道师德师风”教育实践活动三年行动计划》，健全师德建设长效机制，发挥典型示范带动作用，每年评定50名“我身边的好教师”，编辑出版《长春市师德风采录》，农安县杨瑞、净月周凤君分别被评为“全国最美教师”和“吉林省最美教师”。

（李大伟）

基础建设

【教育规划】 落实《全市教育事业发展“十三五”规划》，建构工作谋划新体系。与市规划局密切合作，启动《长春教育设施布局专项规划（2017—2035）》编制工作，涵盖包括农村在内全市学前教育、义务教育、高中教育、职业教育、高等教育、特殊教育、民族教育等各个学段、各个领域，绘制长春教育蓝图。

【阵地建设】 长春市少年宫落位南溪湿地，启动全市青少年校外活动及社会主义核心价值观阵地体系建设，建造长春教育新地标。

（李大伟）

教育改革

【教育合作】 长春市人民政府与吉林大学、东北师范大学签订《关于基础教育的战略合作协议》，教育发展再添新动力。市教育局与中国教育科学研究院、中国职业教育协会等展开合作，长春教育智库又增新成员。把集成创新作为推进教育改革发展突破口，打开教育围墙，集结社会资源发展教育。

【均衡突破】 长春市所属县（市）区全部通过国家义务教育均衡发展验收，比国家设定期限提前3年。

（李大伟）

教育民生

【占比提高】 《2017年建设幸福长春行动计划》确定100项民生实事，其中由教育部门承办的12项，占比接近八分之一，投入5.65亿元，全部保质保量实现既定目标。

【蓓蕾计划】 市政府办公厅制定下发《关于小学生课后免费托管“蓓蕾计划”的实施意见》，“蓓蕾计划”在城区全面推行、平稳入轨，受益学生20万名，2次在教育部会议上向全国介绍经验，《中国教育报》进行专题报道，并录入党的十九大献礼片—还看今朝·吉林篇。

【教育脱贫】 推进教育脱贫攻坚工程，创建182所“温馨村小”，被新华社、《人民教育》等多家媒体报道；投入2.7亿元用于“全面改薄”，缩小城乡教育差距；开办“职教扶贫超市”，免费培训建档立卡贫困户及其他贫困人口65424人；发放教育资助资金2915.64万元，惠及28394人，阻断贫困代际传递，教育扶贫取得成就。

【“名师云课”】 为满足普通高中学生学习辅导需求，遴选出127名市级以上骨干教师，录制“名师云课”对学生开展免费在线辅导，受益学生9.9万人，被新华社、《中国教育报》等报道，以教育信息化带动教育现代化，拓宽学生学习空间。

【强化安全】 与市公安局、市交通运输局、市安监局联合出台《关于进一步加强校车安全管理的意见》，学校安全工作机制在全市信访综合整治会上介绍经验，严守安全稳定底线，筑牢百万师生、千所学校“安全防火墙”；经教育部部长陈宝生推荐，上海市派代表团到长春市参观学习，平安校园建设形成新模式。

（李大伟）

技工教育

【概况】 2017年，长春市有15所技工院校。其中，国家技师学院（高级技工学校）2所，省部级技工学校5所，合格技工学校8所。在校学生17348人，其中，城市生1401人，农村生15947人；高级技工班学生4411人；毕业生4314，就业率98%。技工学校有教职员工703人，教师528人，其中，高级讲师117人，讲师112人；实习指导教师160人（高级实习指导教师28人），“一体化”教师217人。

【教学方式创新】 在技工教学中，在适应市场需要和充分考虑学生个性发展的基础上，建立模块式教学新模式，发挥技工教育办学形式灵活作用。专业活，学校根据自己的特长建立一个职业群，每年围绕市场需求变化推出新专业，组成新模块。课程活，技工学校始终注重将新的课程充实到教学模块中，使学生所掌握的技能与社会需求相适应。组织省部级以上重点技工院校开展“一体化教学”试点工作，深化人才培养模式和教学模式改革。

【实训基地建设】　技工学校的教学模式是理论教学和实践教学相结合，课时比例为1∶1，有的专业4∶6，注重学生专业基本技能的训练和与生产实际的结合。在加强校内基本功训练基地建设的同时，利用与企业紧密协作的关系，在企业建立稳定的生产实习基地，实行前校后厂、产教一体化的教学模式，保证学生有足够的时间进行实训，加快由学生向技术工人角色的转变，使毕业生到企业能很快适应工作岗位需要。

【专业建设】　各技工学校建立以数控机械、机电一体化、汽车检测与维修、生物制药等专业为龙头的名牌专业，特别是各学校围绕长春市十大产业对专业技能型人才的需求，开发新专业，构建专业品牌课程体系框架，保证学校在市场中能有核心竞争力，为社会培养输送“产销”对路的学生。全年安置毕业生4314人，就业率98%。

【助学资金管理】　加强对长春市技工院校助学金、免学费补助资金管理工作，建立资金管理的月调度制度，掌握全市受助人数变化情况，按学期检查资金管理工作，准确计算结余资金的数额，做好上报核销工作，严防虚报学生人数骗取国家助学金、免学费补助资金等问题的发生，并对助学资金管理进行审核，维护国家助学政策的严肃性。

（杜　充）

高等教育

【概况】　2017年，长春市有高等院校44所。其中，教育部直属全国综合性重点大学2所，省属普通本科院校13所、普通专科院校4所、警察学院1所、司法专科院校1所，市属普通专科院校4所，民办本科院校6所、民办独立学院6所、民办专科院校5所，军事院校2所。有国家级重点学科31个，省级重点学科148个；国家级重点实验室32个，省部（委）级重点实验室258个；享受国家级政府特殊津贴230人，享受省级政府特殊津贴39人，享受市级政府特殊津贴21人；硕士学位授权点412个，博士学位授权点181个，博士后流动站85个。全市高校有专任教师28497人。其中，教员1637人，助教2679人，讲师9473人，副教授9086人和教授5622人；有中国科学院院士16人，中国工程院院士5人；国家级学科带头人176人，省级学科带头人22人；国家级突出贡献的专家学者10人，省级突出贡献的专家学者263人，市级突出贡献的专家学者28人；2017年全市在校学生472562人，其中，专科生75134人，本科生329219人，硕士生42121人，博士生9916人；全年全市普通高校招收学生125049人，毕业生人数131989人。

【教学改革】　吉林大学“十项本科教学改革与建设计划”持续推进。发布《吉林大学推进学院内按专业类招生培养改革实施方案》。深化实践教学改革，召开本科生实践教学工作会议暨兴城基地野外教学现场会。组织大学生开放性创新实验教学625项，参选本科生近万人，新增“大学生创新创业训练计划”创新训练资助项目1250项，当届学生参与率50%。形成由50个系列175个项目组成的学科竞赛体系，参赛学生近1万名，获国际级一等奖1项，国际级银奖2项，国家级奖320项，省级奖772项。研究生培养模式改革加速推进。完善以提高创新能力为目标的学术学位研究生培养模式改革和以提升职业能力为导向的专业学位研究生培养模式改革。2592名研究生获2016年度吉林大学研究生学术业绩奖学金，总奖励金额1168.68万元。完成2017年“国家建设高水平大学公派研究生项目”的选派及项目选拔推荐工作，184名研究生被各类公派项目录取，高水平项目录取人数创历年新高。

东北师范大学围绕践行“创造的教育”理念，开展全校大讨论；以全校各学院（部）为主体，分2期推进本科教学综合改革立项建设，2017年完成一期工程并进行总结验收；完善本科教学制度体系，推进教学管理工作规范化建设，加大教学奖励力度，教学中心地位得到巩固；推进“课程思政”，探索本科大类招生，试点新生研讨课，完善本科课程定时答疑环节，推进信息技术与教学深度融合，倡导在过程教育中培养学生的批判意识和反思能力，强化学生自主学习和探究的兴趣。编辑出版教师教育研究成果，发布实验区准入标准，整体规划实践基地未来布局与功能，拓展U-G-S教师教育模式，相关内容写入国家《关于全面深化新时代教师队伍建设改革的意见》。完善研究生教育质量提升机制，“体验、提升、实践、反思”全程贯通一体化的教育硕士培养模式初步构建，形成大学与优质中学高效联动的协同培养机制。

吉林财经大学推进优化课程建设，推进高水平专业建设和教学范式改革，推荐7个专业申报吉林省普通高等学校高水平专业A类建设计划；3个专业申报高水平B类建设计划；稳步发展新兴专业。申报数据科学与大数据技术新专业，上报教育部备案；有9门课程被吉林省教育厅确认为省级在线开放课程，其中3门被推荐申报国家级在线开放课程；确认18门课程（含法律人才培养专项）为第2批课程教学范式改革项目。组织申报吉林省高等教育学会2017年度高教科研课题，立项16项课题；成功立项1项全国教育科学规划办公室教育部重点课题。对14个教学单位平均每个单位拨款1万元，根据各单位实习、实训情况统筹分配，支持学院建设校内外实践教学基地；实行跨专业综合实训替代实习，开展四季实训课程，替代毕业实习学生372人，来自校内7个学院，累计机时数14880小时。学校学生代表队在2017年美国大学生数学建模竞赛（MCM/ICM）中获3项二等奖，创历史新高；在2017年全国高校商业精英挑战赛国际贸易竞赛中获一等奖；在“信达杯”全国高校商务谈判大赛中获一等奖。

吉林工程技术师范学院完成审核评估工作。撰写学校审核评估自评报告、教学基本状态数据分析报告。完成教育部本科教学工作审核评估，专家组给予充分肯定。深化校企合作，推进应用型转型。发挥学校在吉林省地方本科高校转型发展联盟中的核心作用，推进转型发展工作，转型发展由试点推动转向全面铺开。修订2016级本科专业人才培养方案；拓展与《吉林日报》、吉林通用机械、长春奥维思、新道科技等企业合作，推进与中航联盟、青岛英谷、青软实训等企业校企合作，推动与临江市、伊通县等地的校地企合作，创新合作模式，提高人才培养质量，促进产学研用结合；做好吉林省地方本科高校转型发展联盟组织工作，承办“全国大中专院校智能云教学管理与评价经验交流会”。全年订购纸质中文图书101批次、11126种，23600册，订购期刊763种、报纸58份；续订CNKI、万方数据平台等9种优质数字资源，开通试用人大复印报刊资料数据库等20余种高质量数字资源。开展CASHL文献传递工作，传递文献157篇，满足学校教师对外文文献需求。举办“4·23世界读书日”阅读推广系列活动；承办省新闻出版广电局“全民阅读进高校”活动，发放价值20万元的数字阅读卡，为500名贫困学生发放价值5万元惠民购书卡。

【教学成果】 吉林大学新增千万级重大项目9项。集成光电子国家重点实验室顺利通过科技部评估。启动实施30个高层次科技创新团队建设项目。获国家科学技术奖2项，省部级科技特等奖1项、一等奖23项。SCI收录论文3823篇，位列国内高校第10名。申请专利和授权专利数量均比2016年有较大提升。“综合极端条件实验装置——高温高压大体积材料研究系统”国家重大科学基础设施开工建设，2017年财政拨款1.3亿元。获立国家社科基金重大项目2项、教育部哲学社会科学研究重大课题攻关项目2项、国家社科基金研究重大专项项目1项。获立国家社科基金年度项目37项，项目立项率21%，高于全国平均立项率6.4个百分点。“SSCI提升计划”成效显著，SSCI论文数量比2016年增长12%。

东北师范大学马克思主义理论、世界史、数学、化学、统计学、材料科学与工程6个学科入选国家“双一流”建设学科，成为一流学科建设高校中入选学科数最多的高校，获得国拨“双一流”专项引导经费和吉林省“双一流”建设经费支持。在教育部第4轮学科评估中，6个一级学科进入A类，位列全国高校第33位。与第3轮学科评估相比，进入前5%的学科增加1个，进入前10%的学科增加2个，进入前20%的学科增加7个，学科整体水平取得显著提升。最新数据显示，学校化学、材料科学、工程学、植物与动物科学4个学科保持在ESI排名全球前1%。根据国家统筹推进“双一流”建设的各项部署，学校在充分总结和反思的基础上，编制《一流学科建设方案》，明确建设思路，确立改革路径。

长春理工大学申报的3个博士学位授权一级学科和2个硕士学位授权一级学科通过省学位委员会评审。完成吉林省“十二五”优势特色学科建设，6个一级学科验收结论为“优秀”。申报吉林省“十三五”高水平学科17个。新增“军用关键材料”1个国防科工局国防特色学科，撰写《国防特色学科2016年总结报告》和《国防特色学科统计年报》。完成“大光电学科体系建设方案”，修订《学科建设管理办法》。在全国高校第4轮学科评估中，“光学工程”学科进入全国A类学科，4个学科进入全国B类学科，8个学科进入全国C类学科，在省属高校中稳居首位。学校在中国高校创新人才培养暨学科竞赛评估中排名全国第59位。推荐申报国家级示范性虚拟仿真实验教学项目1项，立项省级项目2项、校级重点项目9项、一般项目12项。组织申报国家级实践育人创新创业基地，新增大学生校外实践教育基地41个。获全国高校物理基础课程青年教师讲课比赛吉林赛区一等奖1人、二等奖1人；获第三届全国高校微课程教学设计竞赛东北赛区一等奖1人；获第二届吉林省高等学校青年教师电工学课程教学竞赛一等奖1人；获吉林省本科高校青年教师课堂教学大赛一等奖1人、二等奖1人、三等奖4人。开展第8届教学成果奖的评选工作，评选出校级教学成果奖41项。吉林农业大学通过教育部本科教学审核评估。6部教材获批国家林业局普通高等教育“十三五”规划教材。本科生科技创新基金产出成果125项。学生在国际、国内各级各类创新创业大赛中获奖数量创历史新高，获得大学生科技创新省级赛事最高荣誉“创青春杯”和全国优胜奖。各类研究生发表论文973篇，有86篇被SCI收录，35篇被EI收录；有19篇论文获得省级优秀博士、硕士学位论文。学校成为首批全国50所创新创业典型经验高校、吉林省深化创新创业教育改革示范高校。

长春大学在国家和省级教学成果奖评选中，获国家级2项，省级37项。学校有国家级特色专业2个，省级特色专业8个；省级品牌专业建设点4个；国家级人才培养模式创新实验区1个，省级人才培养模式创新实验区4个；省级卓越教育培养计划试点专业3个；省级转型发展试点专业1个；省级优秀教学团队8个；省级精品课程15门，省级优秀课程47门；省级实验教学示范中心5个；省级大学生校外实践教育基地3个；省级大学生创新创业基地1个。2017年，学校成功入选全国第2批深化创新创业教育改革示范高校。毕业生就业率稳定在90%以上，居吉林省高校前列，学校被评为吉林省高校毕业生就业工作先进单位。

长春师范大学在专业建设方面，组织进行吉林省普通高校“十三五”高水平专业建设项目推荐遴选工作；2个本科专业参加2017年吉林省普通高等学校本科专业综合评价，其中数学与应用数学专业全省排名第5位，机械设计制造及其自动化专业全省排名第9位。在课程建设方面，有1门课程获得第2批“国家级精品资源共享课”称号；4门课程在全国东西部高校课程共享联盟上线运行，全国各高校选课修读学生1万余人；6门课程在吉林省高校课程共享联盟上线运行；2门课程被确定为吉林省高等学校校企合作开发立项建设课程；9门课程获批吉林省在线开放课程立项建设项目。优质课程建设在省属高校中名列前茅。全年学校立项教研课题256项，其中，国家级教研课题1项，省厅级课题206项；学校获得省级及以上教育科学成果奖79项。教学研究与改革项目、成果获奖从数量到质量均位于省属高校前列。

4月26日，长春市院士专家联合会成立大会在吉林省宾馆召开　（郭雨红　提供）

【科研工作】 东北师范大学科研工作加大项目组织实施力度。文科高级别项目立项保持良好势头，获立国家社科基金重大项目和国家社科基金艺术学重大项目2项。东亚文明研究中心入选教育部国别和区域研究中心，中国农村教育发展研究院入选“中国核心智库”。2017年，学校召开进一步振兴繁荣哲学社会科学工作会议，印发《关于进一步振兴繁荣学校哲学社会科学的决定》，推动新时代学校哲学社会科学振兴繁荣。理科获立国家自然科学基金项目立项数量比2016年增长7%。作为第一单位发表SCIE论文在学科影响因子排名前10%的SCI期刊上发表论文数增长近1倍；2007-2016年学校发表的SCIE论文篇均被引次数居国内高校第4位；10位教师入选爱思唯尔2017年中国高被引学者榜单。申请发明专利增长49%。

长春中医药大学实施研究生教育校院两级管理，启用新版“研究生教育信息管理系统”，制定《境外研究生两级管理实施细则》。新增临床医学专业学位类别，撤销药学硕士专业学位授权点，增列临床医学硕士专业学位授权点，推进学位点合格评估。严格导师遴选考核，新增硕士研究生导师222人，其中校外兼职导师89人。与通化师范学院、长春大学、东北师范大学人文学院联合培养硕士研究生。

吉林财经大学经济学院被中宣部确定为重点支持建设的全国中国特色社会主义政治经济学研究中心，学术刊物《当代经济研究》被中宣部确定为重点支持建设的马克思主义政治经济学学术期刊。推进各类科研平台的申报、验收和管理工作，学校申报的“吉林省商务大数据研究中心”“吉林省企业财务与会计研究中心”获批成立，“统计咨询与大数据研究”重点实验室获批为立项吉林省教育厅高校重点实验室，“十二五”期间获批立项建设的吉林省高校重点实验室“物流产业经济与智能物流实验室”通过验收。学校吉林省高校重点实验室增加到3个。学校有国家级科研平台1个，省级科研平台15个，校级科研平台9个。2017年国家社科基金项目立项获5项，立项数位列吉林省省属高校第2位，创历史新高；国家自然科学基金项目获得立项2项；报送教育部社科项目立项3项。学校教师撰写的案例《我们不只是农夫—国信农业的多元化之路》入选第八届“全国百篇优秀管理案例”。组织申报吉林省第十一届社会科学优秀成果奖。获一等奖2项，二等奖6项，三等奖8项。

长春理工大学新增1个国家级科研平台：中国工业文化研究中心；2个省级科技创新中心：吉林省光电检测与智能信息处理工程技术研究中心、机器视觉智能装备与检测科技创新中心；1个省级工程实验室：吉林省先进控制技术与智能自动化装备研发工程实验室；3个省级高校重点实验室：吉林省新能源材料与器件重点实验室、吉林省光谱探测科学与技术重点实验室、吉林省网络与信息安全重点实验室。1个吉林省哲学社会科学重点领域研究基地：吉林省工业文化研究基地。申报吉林省教育厅“科技创新与区域发展研究中心”智库，填补了在科技创新服务区域发展领域研究空白。科技产业立项科研项目297项，获省部级以上奖励15项，科研经费到款1.16亿元。发表学术论文675篇，其中SCI论文289篇、EI论文117篇，获授权专利142项。新增产业合作项目7项，实现产业销售收入772万元。

【人才队伍建设】 吉林大学全年新增“双聘院士”“千人”“万人”“长江”“杰青”“优青”等各类“国字号”人才51人次。学校各类“国字号”人才278人次。刘财教授团队和于吉红院士团队获批“全国高校黄大年式教师团队”，学校成为全国唯一获批2支团队的高校。

长春理工大学智力引进高层次人才10人，续聘“外专千人计划”专家1人。获评“国家百千万人才工程”国家级人选1人、吉林省第六批拔尖创新人才第一层次人选1人、第三层次人选9人。以中国工程院姜会林院士带领的“空间光电技术团队”获评全国高校首批“黄大年式教师团队”。举办首届“青年学者论坛暨高层次人才招聘会”，30名青年学者现场与学校签约。

吉林财经大学全职引进学术带头人1名、学术骨干1名、优秀博士2名，非全职引进“讲座教授”2名。注重加强校内人才培养工作，组织2017年国内外访问学者选派及考核工作；完成2017年度事业单位公开招聘工作，招聘来自多所大学的47名毕业生，其中招聘博士教师32人、辅导员8人、硕士教师2人、其他专业技术人员5人。招聘的博士教师都具有“985”或“211”院校背景。完成专业技术职务评聘工作，最终评聘出正高级7人、副高级28人、中级16人，1人初级转职；组织开展第四届“亚泰杯”最受欢迎教师评选工作，评选出最受欢迎教师10名。

吉林建筑大学拥有中央直接联系的高级专家、哲学社会科学领域资深教授、新世纪“百千万人才工程”国家级人选、国家级有突出贡献中青年专家、享受国务院政府特殊津贴人员、国家有突出贡献的留学回国人员和教育部“新世纪优秀人才”“长白山学者”“长白山技能名师”、吉林省高级专家、吉林省拔尖创新人才第一二三层次人选、吉林省有突出贡献中青年专家、吉林省跨世纪学术学科带头人、吉林省第一批百名科技领军人才、吉林省首批学科领军教授、吉林省教学名师、吉林省优秀教师、吉林省跨世纪中青年骨干教师和吉林省勘察设计大师等各类高层次专家、学者80余名。

长春中医药大学加强人才队伍建设。王烈获评国医大师，南征、黄永生获评全国名中医。新增享受国务院政府特殊津贴1人、吉林省第六批拔尖创新人才5人、“长白山学者特聘教授”2人、“长白山学者讲座教授”1人、第6批全国老中医专家学术继承工作指导老师3人。引进金宁一院士团队。实施百名博士英才引进计划和百名高端拔尖人才攀登计划。实施百名中青年骨干教师培养计划，组织2批次“百青计划”入选者赴上海中医药大学、华中师范大学研修，召开“百青论坛”18场。新增2016年度专业技术二级岗位3人、三级岗位4人。5人获评学校首届教学名师、10人获评教学新秀。确立3个校级黄大年式教师团队，对从教满30年的348名教师进行表彰。召开吉林省第6批师承拜师大会，58名医师被确定为师承继承人。

【国际交流与合作】 东北师范大学增加聘请高层次、长短期外国专家人数。“丝绸之路”中国政府奖学金、“一带一路”沿线国家人才培养、商务部教育管理硕士等项目获批并招生，来校外国留学生规模扩大，长期在校国际学生人数创历史新高，教师出访和海外留学生派出数量大幅增长。学校和西班牙瓦伦西亚大学共建的孔子学院获“全球先进孔院”称号。

吉林财经大学重新设计开发新的教师交流和学生联合培养项目。与美国扬斯敦大学、美国阿拉斯加安克雷奇大学、澳大利亚纽卡斯尔大学重新设计增添了师生交流内容，签署教师交流和学生联合培养专项协议3份。新的协议除教师交流外，包含7个专业的3+1+1本升硕和1个专业的2+2本科双学位学生联合培养项目。初步完成与加拿大里贾纳大学新增合作内容的协商工作。新增的合作伙伴英国东安吉利亚大学、美国福特汉姆大学、爱尔兰利莫瑞克大学均属所在国位居前列的高校。已经与这些院校签署教师访学、合作科研和学生联合培养及互换项目协议，实现学生当年派出的目标。学校与国境外友好学校数量增至50所，国别和地区由原来的10个增至14个，学生可选择的长、短期交流项目增至38个。

吉林华桥外国语学院加快国际化办学进程。构建多元化留学体系。新与20多个国家的42所大学建立合作关系，新增交流项目17项。9月，学校被国家留学基金委批准成为实施“高校青年骨干教师海外研修项目”“优秀本科生国际交流项目”资格院校；完善留学生教育体系。学校拥有中国政府奖学金、孔子学院奖学金、吉林省政府外国留学生奖学金招生资格；与国外高校开展合作。与美国新泽西城市大学联合举办的金融学合作办学项目进展顺利，达到中外教师联合培养目的。与德国慕尼黑应用语言大学德语合作办学项目获批。新西兰梅西大学国际班、澳大利亚纽卡斯尔大学国际班正式启动。与俄罗斯乌拉尔国立师范大学共建“俄语教学与研究中心”，与韩国庆南大学共建“韩国语教学与研究中心”。学校获批教育部教育援外项目，成为唯一一所承担国家教育援外任务的民办高校。俄籍教师获省外国专家最高奖“长白山友谊奖”，日籍、意籍教师获省优秀外国专家称号，外籍教师作品在国家外国专家局举办的全国“外教看中国”摄影大赛中获二等奖；举办各种国际活动。全国第4次商务翻译和外语教学研究国际论坛在学校举行。“大使讲坛”邀请顾山、鲁培新、周晓沛、卢永华、霍玉珍、黄家骙等6位大使来校，举办外交官使命与情怀、中国–中东欧国家合作、中国外交和中澳关系、国际礼仪等专题讲座。召开孔子学院第二届理事会。

吉林建筑大学校际交流成果显著。与美国西北大学、韩国水原大学等多所高校续签、新签校际协议3个。派出因公出访4个团组7人次，派出教师31名赴国外完成国家留学基金委、外专局等公派出国（境）研修、培训项目。接待来自美国、俄罗斯、澳大利亚、韩国等国家及地区来访团组8批100余人次。承接商务部国际商务官员研修学院“2017年非洲国家人力资源开发建设研修班”大型商务团组。根据国家留学基金管理委员会签署高等学校青年骨干教师出国研修项目协议，学校派遣10名优秀青年骨干教师出国研修。首次执行与国家留学基金管理委员会联合资助的青年骨干教师成班派出项目，学校有12名青年教师参加此项目赴中央华盛顿大学研修，学校组织24青年教师赴东北师范大学参加英语培训。与美国杨斯顿州立大学合作举办电气工程及其自动化专业本科教育项目获得教育部批准，成为学校第4个中外合作办学项目，于2017年顺利招生，91名新生于9月份入学。中外合作办学项目在校本科生889人，3个项目派出41名学生赴俄罗斯太平洋国立大学和美国波特兰州大学学习，引进15名教师来校承担合作办学项目教学工作。全年聘请1名美国籍全职英语教师，1名美国籍、1名加拿大籍兼职教师承担学校外语教学工作。

【学生工作】 长春工业大学开展课堂使用手机专项整治工作，制定《严肃考风考纪专项整治排查工作的方案》，学生自习、课堂出勤率平均达95.51%和96.05%。修订学生管理规定及17个配套文件，尊重和保护学生的合法权益。丰富心理教育活动，提高心理咨询质量和水平，促进学生身心健康。保障17级新生入学及16级北湖学生搬迁工作，完成学生公寓的布局、调整和修缮。完成2017年研究生招生计划，招收博士研究生17人，硕士研究生799人。与辽源职业技术学院开展联合办学，招生100人。与7所中职院校开展联合人才培养，招生480人。制定《就业工作考核评价办法（试行）》和《关于加强和改进新形势下就业创业工作的实施方案》。派出19组36人次走访全国50多个城市就业市场。举办大型招聘会4场，各类招聘会435场，接待用人单位1850家。2017年研究生就业率86.84%，本科生就业率93.40%，考研率为13.76%，专科就业率85.47%，“专升本”率13.69%。完成2017年度毕业生就业质量报告，开展用人单位和毕业生满意度调查，反馈效果均达到优秀等级。

吉林华桥外国语学院学生工作水平明显提升。成立马克思主义学院，加强思想政治理论教学与研究，5位教师参加全省高校思想理论课“精彩一课”竞赛全部获奖。建立学生公寓“党员之家”，创新“互联网+学生党建”模式，成立“党员e支部”；构建志愿服务活动、社团活动、校园文化活动、课外科技活动“四位一体”的第二课堂育人体系，校团委获全国大中专学生志愿者暑期“三下乡”社会实践“优秀单位”，学生获全国大中专学生“三下乡”社会实践“千校千项”成果奖。学校获首届吉林省大学生马克思主义自学组织联盟社会实践活动获得优秀项目和优秀个人奖。与团市委共建长春青年志愿服务学院，学校青年志愿者联合会被评为长春市最美青年志愿服务集体，多名学生被评为长春市最美志愿者；面向全校学生开设“创新创业导论”课，组织学生参加各级创新创业大赛，获吉林省“互联网+”大学生创新创业大赛金奖、国家级铜奖，学校获优秀组织奖；实施“阳光心理”教育工程，形成“无缝链接式”心理教育特色。构建以职业生涯课程教育、职业训练、发展咨询、综合测评、职场实践5大模块为主要内容的职业发展教育体系。

吉林艺术学院党委研究出台《关于加强和改进新形势下思想政治工作的实施意见》等文件，成立思想政治理论课教学领导小组，组织部分思政课教师参加学习培训。推进课程创新，构建思政课网络学习平台，把国内和国际相关热点问题融入到课程内容中，提高教育生动性和时效性。开展社会实践教学活动，形成一整套适合学校学生特点的教学方式和模式，增强思政课吸引力。通过开展第二届“书香吉艺”读书月活动、网络文化节之摄影作品征集评选活动、“我是吉艺人”摄影和网文比赛、第九届校园原创小品大赛等校园文化活动，激发学生的学习和创作热情。通过开展纪念“五四”运动98周年“传承五四精神，展现青春风采”红旗接力赛、“新智杯”—中华传统文化知识竞赛、“诗书礼乐—戏曲进校园”等主题教育活动，加强理想信念和价值观引导。开展志愿服务。组建由38名师生志愿者组成的“美化高原志愿行”社会实践小分队，到平均海拔3800米以上的西藏自治区日喀则市，完成近7400平方米墙面壁画，被团省委评为“优秀项目”奖。组织第23期“百校美育工程”暨大学生志愿者“三下乡”活动，在榆树五棵树镇中心小学挂牌“吉林艺术学院百校美育工程志愿服务基地”。定期开展艺术点亮人生—与吉林省孤儿学校的对口帮扶活动。学校还支持鼓励大学生志愿者走进社区、走进街道、走进福利中心开展志愿服务200余次。

长春中医药大学实施“杏林青马工程”，中国关工委主任顾秀莲、常务副主任刘峰岩、省委副书记高广滨等领导多次视察“杏林青马工程”基地。多次在省级工作会议上介绍经验，中直和省级各媒体近百次宣传报道项目建设成果。获批省高等教育教学研究改革课题、省教育规划课题、省高教学会教研课题、省教育规划思政专项课题等104项，其中重点课题20项。实施心理阳光工程、完善学生资助体系和以第七届感动校园十大人物评选为代表的模范人物评选等活动。全年获长春市“十佳思想政治教育工作者”1人、“十佳大学生”1人、“十佳班级”1个。

（郭雨红　龙宇航）

2017年在长部分高校情况一览表

学校名称	现职校级领导数					在校学生数					招生数					毕业生数					专业教师数					
	均龄	男	女	党员	其他	计	专科	本科	硕士	博士	计	专科	本科	硕士	博士	计	专科	本科	硕士	博士	计	教员	助教	讲师	副教授	教授
吉林大学	55	10	2	12	0	68664	1631	41949	17301	7783	19484	529	10256	7040	1659	17940	548	10239	5918	1235	6603	-	129	1540	2398	2421
东北师范大学	54.7	6	1	7	0	25425	0	14184	10013	1228	8238	0	3550	4266	422	8037	0	3645	4003	389	1548	0	21	424	611	492
长春理工大学	53	8	2	10	0	20057	0	15933	3681	443	5302	0	3949	1254	99	4660	0	3767	825	68	1247	30	66	460	473	218
吉林农业大学	52	8	1	8	1	18311	0	15424	2590	297	4998	0	3907	1010	81	4562	0	3675	843	44	1182	2	71	441	458	210
长春工业大学	55	8	1	8	1	21098	3169	15772	2109	48	6071	1088	4169	797	17	5480	1191	3757	530	2	1120	0	50	533	363	174
长春中医药大学	54	9	0	7	1	11722	1455	8683	1483	101	3176	597	2040	506	33	2603	389	1753	444	17	680	3	63	262	212	140
吉林财经大学	54	6	3	9	0	12878	0	11004	1874	0	3608	0	2907	701	0	3287	0	2688	599	0	578	0	32	257	207	82
吉林建筑大学	54	6	2	8	0	17603	807	15875	921	0	5045	322	4377	346	0	5878	1066	4552	260	0	823	7	19	384	301	112
吉林华侨外国语学院	54	5	4	8	1	10164	0	9887	277	0	2614	0	2437	177	0	2255	0	2188	67	0	556	5	95	168	161	127
长春大学	52	7	2	9	-	16089	1073	14867	149	-	2827	321	2440	66	-	3688	301	3336	51	-	827	-	60	409	256	102
长春工程学院	54	7	2	9	-	16045	1924	13911	210	-	4293	646	3573	74	-	3565	313	3196	56	-	748	-	17	324	295	112
长春师范大学	52	8	1	8	1	21566	3683	17330	537	16	6039	1222	4566	245	6	6171	1753	4308	108	2	928	90	55	397	283	103
吉林工程技术师范学院	52	7	1	8	-	11363	1360	10003	-	-	3169	420	2749	-	-	2418	523	1895	-	-	639	22	36	281	217	83
吉林艺术学院	53.5	7	0	7	0	8354	0	7481	873	0	2208	0	1910	298	0	2016	0	1731	285	0	578	0	135	206	179	58
吉林体育学院	54	6	1	7	0	7278	683	6282	313	0	2404	683	1587	134	0	1597	0	1545	52	0	606	606	167	257	126	56
吉林工商学院	54	8	1	8	1	14654	3528	11126	-	-	4180	1069	3111	-	-	3808	1395	2413	-	-	670	670	31	286	240	113
吉林警察学院	56	6	1	7	0	6851	1239	5612	0	0	1875	346	1529	0	0	1942	792	1150	0	0	343	0	67	139	102	35
吉林省教育学院	53	7	0	7	-	600	449	151	-	-	298	166	132	-	-	499	117	382	-	-	248	-	17	89	103	39
吉林动画学院	52	9	4	8	5	11978	-	11978	-	-	-	-	-	-	-	3048	-	3048	-	-	658	9	184	241	151	73
长春建筑学院	56	6	4	9	1	13325	-	13325	-	-	-	-	-	-	-	-	-	-	-	-	693	5	125	237	230	96
长春科技学院	55	6	1	5	-	13730	3151	10579	0	0	3529	860	2669	0	0	14017	3172	10845	0	0	767	-	136	240	252	139
东北师范大学人文学院	53	8	0	8	-	11582	261	11321	0	0	2892	70	2822	0	0	2940	240	2700	0	0	426	0	76	151	134	65
长春理工大学光电信息学院	62	8	0	8	0	11302	-	11302	-	-	3080	-	3080	-	-	2926	-	2926	-	-	394	5	64	152	95	78
长春工大人文信息学院	52.9	7	1	7	1	9686	-	9686	-	-	2577	-	2577	-	-	2411	-	2411	-	-	432	-	51	139	161	81
长春财经学院	60	9	3	12	-	10092	-	10092	-	-	2509	-	2509	-	-	2535	-	2532	-	-	562	6	53	210	222	71
吉林建筑大学城建学院	53.4	8	2	10	0	10808	0	10808	0	0	3000	0	3000	0	0	2731	0	2731	0	0	550	16	64	236	150	84
长春大学旅游学院	53	5	2	6	-	9934	-	9934	-	-	2640	-	2640	-	-	2498	-	2498	-	-	572	-	132	146	199	95
长春金融高等专科学校	54	5	3	7	1	8726	184	8542	0	0	2147	21	2126	0	0	2529	156	2373	0	0	401	0	72	155	127	47
长春医学高等专科学校	50	6	1	7	0	6735	6735	-	-	-	2314	2314	-	-	-	1913	1913	-	-	-	212	-	48	70	64	30
吉林交通职业技术学院	47	5	1	6	-	6181	6181	-	-	-	2066	2066	-	-	-	1872	1872	-	-	-	479	36	149	131	121	42
长春汽车高等专科学校	50	6	1	7	-	-	7601	-	-	-	-	2839	-	-	-	-	2207	-	-	-	334	-	33	140	121	40
长春职业技术学院	51	5	0	5	0	8361	8361	0	0	0	3132	3132	0	0	0	**3132**	**3132**	**0**	**0**	**0**	**361**	**0**	**87**	**136**	**114**	**24**
吉林司法景观职业学院	**52.5**	**3**	**1**	**4**	**-**	**10596**	**10596**	**-**	**-**	**-**	**4332**	**4332**	**-**	**-**	**-**	**3496**	**3496**	**-**	**-**	**-**	**552**	**6**	**111**	**210**	**158**	**67**
长春东方职业学院	54	3	2	4	0	4668	4668	0	0	0	1766	1766	0	0	0	1154	1154	0	0	0	191	79	28	21	35	28
吉林俄语专修学院	46	3	3	6	0	383	294	89	-	-	145	113	32	-	-	121	65	56	-	-	32	-	5	24	3	-
长春信息技术职业学院	48	6	0	5	1	7728	0	0	0	0	2081	2081	0	0	0	1690	1690	0	0	0	334	21	156	76	67	14
吉林科技职业技术学院	48	5	2	6	1	8025	8025	-	-	-	2885	2885	-	-	-	2570	2570	-	-	-	553	19	58	364	94	18
总计	53	236	55	270	16	472562	75134	329219	42121	9916	125049	28896	75542	16914	2317	131989	30055	88340	14041	1757	28084	1637	2679	9473	9086	5622

2017在长部分高校教学、科研队伍情况一览表

学校名称	学科带头人		享受政府特殊津贴			突出贡献的专家学者			硕士学位授权点	硕士生指导教师	博士学位授权点	博士生指导教师	博士后流动站	院士数		重点学科		重点实验室	
			国家级	省级	市级	国家级	省级	市级						科学院	工程院	国家级	省级	国家级	省部委级
吉林大学	–	–	–	–	–	–	–	–	291	2843	144	1213	42	8	2	19	51	13	35
东北师范大学	–	–	96	39	–	2	89	–	42	857	25	378	20	0	0	5	32	3	18
长春理工大学	58	–	10	–	–	1	28	–	18	665	7	198	7	6	2	1	14	1	20
长春工业大学	0	8	34	0	4	2	27	1	39	563	5	84	0	2	1	0	8	3	28
长春中医药大学	0	22	25	0	2	0	29	6	49	445	13	75	2	0	0	0	22	6	60
吉林财经大学	0	0	3	0	4	0	7	3	12	207	0	4	0	0	0	0	9	0	11
吉林建筑大学	9	–	9	0	0	0	5	3	8	202	0	0	0	0	0	0	5	0	27
吉林华桥外国语学院	0	2	8	0	0	0	4	1	4	78	0	0	0	0	0	0	2	1	5
长春大学	–	2	10	–	–	2	9	2	5	169	–	–	–	–	–	–	2	3	15
长春工程学院	0	3	2	0	0	0	8	0	3	62	0	0	0	0	0	0	6	1	5
长春师范大学	0	0	4	0	2	0	12	5	10	253	0	17	0	0	0	0	3	1	14
吉林工程技术师范学院	–	3	1	–	–	–	4	–	–	–	–	–	–	–	–	–	3	–	5
吉林艺术学院	0	4	3	0	0	0	6	2	7	233	0	8	0	0	0	0	4	0	3
吉林体育学院	1	–	3	0	0	1	3	1	9	46	0	5	0	0	0	1	0	0	4
吉林工商学院	–	–	3	–	1	–	6	1	–	–	–	–	14	–	–	–	–	–	–
吉林警察学院	2		1	0	0	0	5	0	0	29	0	1	0	0	0	0	2	0	2
吉林省教育学院	–	–	3	–	2	–	5	–	–	48	–	2	–	–	–	–	–	–	–
吉林动画学院	–	–	3	–	–	1	2	–	–	–	–	–	–	–	–	–	–	–	–
长春科技学院	8	–	5	–	–	1	5	–	–	8	–	–	–	–	–	–	1	–	1
长春光华学院	13	–	1	0	0	0	1	–	0	10	0	0	0	0	0	0	0	0	1
长春财经学院	23		2	0	3	0	0	0	0	14	0	0	0	0	0	0	1	0	0
吉林司法警官职业学院	–	–	0	0	0	0	0	0	0	0	0	0	0	0	0	0	0	0	0
长春理工大学光电信息学院	3	–	1	–	–	–	–	1	3	27	–	–	–	–	–	–	–	–	3
长春工大人文信息学院										7									1
吉林建筑大学城建学院	–	–	–	–	–	–	–	–	–	5	–	–	–	–	–	–	–	–	–
长春大学旅游学院	23	–	–	–	–	–	–	–	–	–	–	–	–	–	–	–	–	–	–
长春金融高等专科学校	–	–	1	–	–	–	3	–	–	–	–	–	–	–	–	–	–	–	–
吉林交通职业技术学院	–	–	–	–	–	–	2	–	–	–	–	–	–	–	–	–	–	–	–
长春医学高等专科学校	–	–	–	–	–	–	1	–	–	–	–	–	–	–	–	–	–	–	–
长春汽车工业高等专科学校	–	–	1	0	1	0	2	1	0	0	0	0	0	0	0	5	5	0	0
长春职业技术学院	0	0	1	0	2	0	1	1	0	0	0	0	0	0	0	0	0	0	0
长春东方职业学院	0	–	0	0	0	0	0	0	0	0	0	0	0	0	0	0	0	0	0
长春信息技术职业学院	0	–	0	0	0	0	0	0	0	0	0	0	0	0	0	0	0	0	0
吉林科技职业技术学院	39	–	–	–	–	–	–	–	–	–	–	–	–	–	–	–	–	–	1
吉林俄语专修学院	–	–	0	0	0	0	0	0	0	0	0	0	0	0	0	0	0	0	0
共计	176	22	230	39	21	10	263	28	412	6771	181	1985	85	16	5	31	148	32	258

科　　技

科技创新

【概况】 2017年，长春市认定国家级高新技术企业197户，是2016年认定户数的2.7倍。认定科技型“小巨人”企业261户，是2016年认定户数的3.9倍。技术交易合同成交额212.57亿元，比2016年增长96.46%，进入全国技术交易活跃区域，在15个副省级城市的排名上升到第8位。10月30日，中共吉林省委常委、长春市委书记王君正视察调研时，对全市科技创新工作用“服务大局意识强”，工作“谋划实、力度大、氛围好、效果好”给予肯定。

【国家创新型试点城市建设】 6月，科技部、国家发展改革委委托第三方机构，对全国创新型试点城市进行评估验收。长春市推进“六个创新”的做法得到国家评估专家组充分肯定，通过国家创新型试点城市评估专家组验收。

【科技计划项目管理】 科技计划向体系化转变，组织实施科技创新主体培育计划、科技创新“双十工程”、科技创新平台建设计划、科技创新环境优化计划、科技创新（医药健康产业发展）重大专项、产学研协同创新示范点建设专项、科技金融平台建设专项和地院（校、所）合作专项等8个计划（专项、工程）。支持重点向产业化转变，绝大部分科技计划申报有企业参与，由企业作为项目申报单位或协作单位，超过600户企业得到市级科技计划支持。项目评审向规范化转变，项目申报实行网上申报、网上受理，项目评估论证实行评估专家与项目申报单位“背对背”评审，答辩评审全程录音录像，各阶段项目名单均向社会公开公示。支持方式向多样化转变，科技创新“双十工程”采取事前立项先期拨付部分引导资金、事中基于绩效评价拨付剩余资金的分期资助方式，其余多数科技计划采取后补助的方式进行支持。协助驻长高校院所、企业申报国家、省科技计划项目，申报国家重点研发计划的13个项目获得中央财政经费资助3.24亿元，申报吉林省科技计划项目获得立项1047项、资金4.06亿元，均创历年新高。

【科技创新主体培育】 把高新技术企业、科技型“小巨人”企业培育工作纳入绩效考核，把指标任务分解落实到县（市）区、开发区，形成齐抓共管培育格局；实施科技创新主体培育计划，对通过认定的科技企业给予后补助，对企业技术创新活动加大支持力度；加强宣传发动，举办培训班、宣讲班35场（次），集中培训企业负责人1460多人（次），一对一培训企业400余户。2017年，新认定国家级高新技术企业197户，是2016年认定户数的2.7倍，全市高新技术企业433户；新认定科技型“小巨人”企业261户，是2016年认定户数的3.9倍，全市科技型“小巨人”企业665户。2017年全市高新技术企业、科技型“小巨人”企业主营业务收入分别达1500亿元和640亿元，比2016年分别增长20.6%和62.8%，主营业务收入过亿元的分别有119户和166户，过3亿元的有65户和58户，过5亿元的有40户和21户。

【医药健康产业发展】 加强产业组织体系建设，成立市长为组长，市直相关部门、县（市）区、开发区主要领导为成员的医药健康产业推进领导小组。加强产业园区基地建设，中古（长春）生物技术国际合作区项目正式签约，全市形成12个医药健康产业基地和园区。加强产业创新能力建设，投入2200万元，支持22个医药健康产业重大科技攻关和重大科技成果转化项目。2017年，全市医药健康产业60户规模以上医药企业总产值234.51亿元，比2016年增长16.01%；销售产值212.38亿元，增长18.38%；利润总额21.67亿元，增长116%。

【科技大市场建设】 汇聚本地1487户科技企业、4155名科技专家、1849台（套）科研仪器等创新资源信息，整合专利、商标、版权等数据8.79亿条，举办创新创业活动240多场（次），帮助企业找技术、找资金、找人才，帮助投融资机构找项目，帮助科技中介机构找业务。建设中国·长春优秀科技成果商城，设立科技成果中心、技术转移中心、知识产权中心，培育12家技术交易代办机构、12家技术先进型服务企业、

10家知识产权中介服务机构，引进6个产业创新创业联盟，成立院士（专家）工作服务站、国家“千人计划”专家工作服务站、产业技术科创中心、专家智库，加快人才、技术、资本等创新要素向企业流动。助力创新企业成长，建设科技服务大厅、4个专业化众创空间和“互联网+创新创业服务支撑平台”，为科技企业提供8类54项创新创业服务，提供创新创业服务2万多次，孵化及加速项目332个，大市场“互联网+智能制造”众创空间被工信部认定为制造业“双创”试点示范平台。

【科技金融创新服务中心建设】 与12家银行、30余家金融机构建立合作关系，构建市、高新区、民营企业以及外围社会资金组成的融资链，推出科技信贷、科技小贷、“双创”微贷、科转贷、科技担保、专利保险、专利质押融资、科技企业贷款贴息、科技企业投资保障、科技贷款风险补偿、科技企业“新三板”挂牌辅导、互联网+科技金融普惠12项科技金融产品。科技担保贷款，银行见保即贷，单笔额度1000万元。科技金融普惠业务，资金由中信银行托管、担保公司担保、法院前置保全，风险低于理财产品，收益高于理财产品，企业最短24小时获得贷款，为45户科技企业众筹1.6亿元。科技金融创新服务中心能够帮助贷不到款的科技企业实现融资发展、帮助急需贷款的科技企业解决燃眉之急，推出的各项业务基本覆盖不同成长阶段、不同融资需求科技企业，为1200余户科技企业提供投融资133亿元，帮助42户科技企业实现“新三板”挂牌。中心被批准为全省科技金融示范基地，升级为省级科技金融服务平台。

【国家知识产权示范城市建设】 2017年，全市专利申请量14995件，比2016年增长12.5%，其中发明专利申请量6256件，增长7.8%；专利授权量8190件，增长16%，其中发明专利授权量2607件，增长31.5%；有效发明专利8846件，增长27.1%。在15个副省级城市中，长春市专利申请、发明专利申请的增长率处于第7位，专利授权增长率处于第3位，发明专利授权增长率处于第1位，有效发明专利增长率处于第3位。

【精准扶贫】 抓好市科技局扶贫村建设，筹措经费500余万元，建设村委会办公场所、2栋温室、14栋大棚，引进试种华大基因公司谷子新品种“豫谷18”、试种成功后将大面积推广，协调企业为贫困家庭劳动力提供就业机会。征集全市贫困村科技需求，协调科技专家上门指导。启动“科技扶贫示范点建设计划”，立项支持30个贫困村。

（王立章）

科技活动

【概况】 2017年，长春市科学技术协会编制25人，其中行政管理编制23人，工勤编制2人。机关部门设置7个，分别是办公室、组织宣传部、科学技术普及部、学会学术部、国际交流与科技人才联络部（研究室）、青少年科技工作办公室和机关党总支（纪检监察室）。直属事业单位2个，分别是长春市科技服务中心和长春市科技进修学院。所属县（市）区科协10个，市属学会、协会（研究会）、联合会23个，高等院校、科研院所和企业科协41个。

【科协系统改革】 开展领导干部“一线工作日”，班子成员36次带队到县（市）区科协、市属高校、学会、企业科协一线开展调研。制定《长春市科协八届委员会各专业委员会组成及职责》。组织召开学会治理结构与治理方式改革发展座谈会，提出《市科协关于实施学会治理结构和治理方式改革的方案》。在绿园区建立长春市首家双创园区科协，指导吉林省中研高性能工程塑料股份有限公司等3家企业成立科协组织，新建长春机器人学会。对10个县（市）区科协组织现状进行调研，制发《关于进一步加强基层科普协会建设的通知》《关于加强科普阵地建设的实施意见》等29个文件。双阳区科协召开第一次代表大会，区委书记出席大会开幕式，区科协组织建设步入正轨。朝阳区科协在讯飞AI双创基地、吉林省新瑞创新创业孵化园区、长春中以科技创新创业孵化园筹建园区科协。九台区科协聘请中科院院士刘忠范为区科协名誉主席，提升科协组织影响力，指导成立嘉芝堂食用菌专业技术协会、创荣种植专业技术协会等基层组织，九台区的忠田农业种植专业技术协会被评为全省先进农技协。

【科技扶贫】 2017年，投入718万元资金，用于九台区其塔木镇张大村基础设施改造，扶贫项目建设，民生改善和公益事业。“玉米秸秆膨化饲料”“玉米田间养鹅”“生态黄牛繁育”“温室和林下赤松茸种植”“蚯蚓养殖”“生态有机肥”“农机合作社”等项目带来稳定收益，全村贫困人口人均增收1300元。年初面向全市146个贫困村开展科技需求征询，在吉林农业大学、省蔬菜花卉研究院等高校和院所邀请30名专家，与各县（市）区科协联合联动，在农村科普带头人、优秀农技协组织中挑选76名有着丰富农村致富工作经验的“土专家”组建团队。受邀专家开展科技引导、骨干培训、技术咨询、实地解难等点对点帮扶，实现贫困村科技服务全覆盖，受益群众7000余人，取得帮扶对象、包保部门、科技工作者三方满意良好效果。《长春日报》以《农业科技为精准扶贫插上翅膀—市科协组织专家团队深入长春市146个贫困村开展科技服务》为题，对此项工作进行报道。

【助力创新驱动发展】 市科协承办由市政府与中国科协企业创新服务中心共同主办的2017中国（长春）国际科技创新创业项目对接会，中国科协企业创新服务中心与市人才办、创宝网共同签署《科技工作者融资服务平台—创宝贷合作协议》，与高新区管委会签署《国际科技工作者大数据服务平台落户协议》。中国科协创新战略研究院副院长陈锐等3位专家进行主题讲座，举办国际科技创新创业论坛、信用与金融服务论坛、养老与民生论坛等活动。省委常委、市委书记王君正与参会嘉宾围绕创新驱动发展、“双创”工作、项目建设等主题进行座谈交流，市委常委、组织部长郭灵计，时任副市长白绪贵，有关单位负责人，国内外院士、专家，行业领袖以及企业代表等300余人参加活动。市科协与省科协联合主办第19届中国科协年会“创新驱动助力老工业基地振兴行动”。结合成立绿园区双创园区科协，开展技术咨询、培训和科技交流等活动，为科技型企业和科技工作者提供专利申请、专利布局，企业创新方法培训。邀请国家知识产权出版社和吉林大学的专家进行《专利信息利用助力企业发展》《创新方法TRIZ理论》等主旨报告，东北工业集团东光奥威有限公司、长春一汽、长春皓月集团等200余家企业的负责人、高管、专利管理人员以及技术研发人员450人参加培训。轨道客车股份有限公司科协组织5支代表队参加中国科协第二届全国企业创新方法大赛，工程技术中心工程技术部员工王世君及其团队以“基于TRIZ理论对轨道交通车辆工装降本增效的研究”为课题，获大赛金奖，另外4支参赛队伍获3等奖。

【学术交流活动】 市科协举办、联办低碳循环农业创新发展论坛，第二届中国（长春）建筑信息化高峰论坛暨BIM技术培训等活动。长春博士联合会举办、承办智慧城市建设高端论坛、人工智能应用及发展高端论坛、信息产业高峰论坛暨中国网络空间技术创新与产业发展大会等多场论坛和报告会。长春市机器人学会举办吉林省首届人工智能与仿生论坛，邀请国家“千人计划”专家王献昌、吉林大学学术带头人王东方等专家做前沿学术报告。长春市城市科学研究会提出的《关于大力推进建筑废弃物综合利用的研究》《关于长春市新建地铁站周边改造建设相关规划问题研究》《关于长春市供热有关问题的研究》等3个课题成果，得到市领导批示。此外，动物学会、林业学会、珠算协会、科技传媒学会、气象学会、地理与遥感学会等分别组织活动。全年各学会、协会组织开展学术论坛、学术沙龙、报告会100余场次。

【“博士专家走基层”活动】 全年开展博士专家服务农村专场活动15次，实地指导农民解决种养殖方面的难题，开展博士专家服务社区专场活动10次，到社区开展医疗保健、食品安全等讲座。

【公民科学素质大赛】 市科协、长春广播电视台、各县（市）区科协联合开展主题为“创新驱动发展·科学破除愚昧”的长春市第二届公民科学素质大赛。长春市10个县（市）区通过预赛产生代表队参加决赛，最终朝阳区和南关区代表队获得一等奖，榆树市和双阳区代表队获二等奖，绿园区、农安县和宽城区代表队获三等奖，德惠市、九台区和二道区代表队获优秀奖。

【基层科普行动计划】 市科协与长春广播电视台合作《科普新视界》，在长春广播电视台第1频道晚间黄金时段播出，全年制作12期，重播24次。与长春日报社合作，开辟《科普广场》报纸专栏，普及日常科普知识，每周见报一次。设立“让农业科技点亮乡村发展之路”和“造血式扶贫开启农村致富门”等3个专题报道市科协开展“博士专家走基层”和科技助力精准扶贫等工作。推动“科普中国”落地，实现科普中国导航页面与组织部远程教育网有效链接，科普大超市、网络活动空间、科普视频、科普图文、科普游戏、神州科讯和V视快递等板块，提供优质科普内容。与省科协共同主办，吉林动画学院承办，省内及台湾地区26所高校协办“2017年海峡两岸大学生科普创意设计作品巡回展”。参赛作品融合平面设计、数字媒体艺术、动漫、微电影、AR（增强现实）、VR（虚拟现实）、交互设计作品，体现“互联网+”思维和信息化手段，有3339件作品参赛，其中台湾作品50件，866件作品分获一、二、三等奖。截至2017年年末，市科协布设科普终端大屏52台（其中机关单位17台、社区24台、村镇4台、学校、图书馆等单位7台），每天通过网络推送紧贴民生热点的优质科普信息，利用网络资源宣传党的十九大、省十一次党代会、市十三次党代会精神，将“两学一做”、社会主义核心价值观教育等内容制作成宣传图片融入其中，提高宣传覆盖面。

【科技活动】 组织第32届吉林省青少年科技创新大赛，长春市代表队再获佳绩，小学组14人获奖，初中组13人获奖，高中组89人获奖，优秀作品参加了第32届全国青少年科技创新大赛。组织第17届吉林省青少年机器人竞赛，幼儿、小学、初中、高中4个组别535名选手参赛，最终包揽各组别总成绩第一名，在全国机器人竞赛中长春市1支代表队获第一名。市科协与市教育局联合举办长春市科技辅导员培训班，有300名科技辅导员参加培训。市科协联合市教育局在天津路小学举办创建“科技型校园”现场会暨2017年宽城区科技节活动，共同签署创建“科技型校园”协议，联合下发《长春市青少年科学教育工作三年行动计划（2018—2020年）》《关于加强我市青少年科技辅导员队伍建设的实施意见》《长春市中小学创建“科技型校园”实施方案》，提升青少年科技教育水平。市科协争取“流动科技馆”落户长春地区，53件展品和1个球幕影院向观众展示科学原理，普及科学知识。市科协与市教育局共同开展“喜迎十九大、我们在行动”主题教育系列活动，组织240余名少年科普爱好者走进中科院长春人造卫星观测站，开展“祖国蓝天·星空探秘”科普一日营活动，组织“科普大篷车校园行”活动，覆盖11个县（市）区，行程2000余公里，走进长春市特殊教育学校及25所中小学，有3万余名师生受益。

【科普进军营活动】 市科协党组书记、主席孙彦鹏带队远赴舟山，登上长春舰慰问官兵，送去信息化平台、书籍、电脑等，受到官兵欢迎。市科协为长春舰组织研发的舰载科普信息化平台，系统具备4个功能模块以及《美丽长春》《前沿科技》等9个特色栏目，能够有效满足舰船出海环境下官兵科普需求。市科协与市双拥办联合空军航空大学飞行训练基地共同研发“考试系统”“军营信息化管理系统”。“考试系统”在第一训练团正式启用，经过实测，在提高教学效率和管理水平等方面获得一致好评。“军营信息化管理系统”依托中国科协科普资源构建，基本满足部队官兵的科普需求，长春市成为全国首个将“科普中国”落地军营的城市。

（王　聪）

防震减灾

【概况】 2017年，长春市以创建国家防震减灾示范城市为载体，加强监测预报、震害防御和应急救援体系建设，提升防震减灾综合能力，防震减灾各项工作取得显著成绩。长春市地震局获2017年度全国市级防震减灾综合考核先进单位称号。

【规范行政审批】 将《建设工程抗震设防要求审批》事项下放至榆树市、德惠市、农安县、九台区、双阳区和长春新区。规范行政审批事项，审批时限由20个工作日压缩至5个工作日。将《建设工程地震安全性评价资质验证》项目，由事前审批登记变更为事后登记备案。强化防震减灾执法队伍建设，有16人通过市政府法制办组织的行政执法专题培训和统一考试，取得执法证件，获上岗资格，全局行政执法人员增至36人。利用“5·12”防灾减灾日、“7·28”唐山地震纪念日等时间节点，在全市范围开展普法宣传教育活动。

【监测预报】 2017年，推进实施德惠地震台和农安地震台建设项目，完成前期立项、围栏遮挡和基础施工。执行《地震观测设施和观测环境保护条例》，各台站统一安装由吉林省公安厅和吉林省地震局制发的地震观测环境保护标识牌，各无人值守地震遥测子台统一安装监控探头和报警系统。制定《2017年度长春市震情跟踪工作方案》和《长春市地震局震情会商改革方案》，构建起以年度、年中会商为核心，月会商、周震情监视跟踪例会为基础，震后趋势会商会等为补充的会商体系。全年参加7次全省地震系统月视频会商，1次全省年度会商会。组织召开3次全市震情会商会。组织开展项目申报工作，“富锋山地下流体观测可行性研究项目”和“九台矿震研究项目”入选“2017年度吉林省合同制科研课题”，“榆树台地电研究项目”入选“2018年度地震科技星火计划”，邀请吉林省地震局高级工程师刘俊清为全体业务人员作GNSS专题讲座，组织台站业务人员到省地震局参加全省地震监测预报应用技术专题培训班。

【震害防御】 将建设工程抗震设防要求审批纳入长春市政务服务行政审批系统，实现综合窗口、自助服务终端、个人手机同时受理。发布“吉林省第一批二级地震安全性评价第三方技术审查机构”公告，明确开展地震安全性评价单位的条件和要求，规范对地震安全性评价管理工作。实行“建设工程抗震设防要求审批”备案管理，重点加强对建设项目抗震设防情况监督检查。联合市建委，编制《长春市农村民居建设图集》《长春市农村民居建筑抗震施工指南》和《长春市农村民居建筑抗震技术指导》。启动双阳地震台防震减灾科普教育基地和富锋山地震台防震减灾科普教育基地建设项目，完成布展工作。

【应急救援】 市、县两级政府地震应急预案全部完成修订，全市基本建成以市、县两级地震应急预案为主体，各类社会单元地震应急预案为补充的多层级、全覆盖的综合地震应急预案体系。10个县（市）区、5个开发区、市抗震救灾指挥部55个成员单位和9个重点企事业单位地震应急预案依法进行备案登记。市地震局配备2部海事卫星电话，1部应急通讯固定电话，1套传真设备，2台应急通讯车，20部对讲机。机关车辆改革后，局机关保留1台，部分台站调换应急车辆，全局应急车辆7台。市抗震救灾指挥部办公室与全市60多个相关单位和部门，建立通讯联系网，相关数据动态更新。市地震局与市应急办联合对部分县（市）区、开发区地震应急管理工作情况进行检查，各县（市）区完成大型应急演练11次，其中朝阳2次、宽城1次、绿园1次、二道1次、榆树1次、德惠1次、农安3次、长春新区1次，演练总人数10万余人。全市建成95处避难场所，占地面积771万平方米，可转移安置人数218.5万人，辐射332个社区（村）。市抗震救灾指挥部办公室登记备案全市各类应急救援与工程抢险队伍70余支，人数3500余人。登记备案地震应急志愿者队伍550余支，人数11万人。联系方式动态更新，随时可以联系调用。7月23日7时13分，松原市宁江区发生4.9级地震，市地震局迅速启动应急响应工作，第一时间向市委、市政府报告震情，报送震情简报2期，专报吉林省地震局趋势会商意见1期，以市抗震救灾指挥部名义印发《关于加强地震应急准备工作的通知》。加密震情会商跟踪，落实应急值守安排，加强舆情动态管控，及时转发吉林省地震局辟谣信息，全市生产生活秩序未受影响。

【社会动员】 利用“5·12国家防灾减灾日”与“7·28唐山地震纪念日”等时间节点，组织全市开展防震减灾知识宣传“进机关、进企业、进学校、进社区、进农村、进家庭”活动500余场。开展“三网一员”地震应急知识培训活动30余场。开展防震减灾法制宣传活动25场，发放各类宣传资料5万余册，悬挂条幅500余条，宣传展板2200余块，网站、微博发布信息230余条，报纸刊发信息40余条，电视新闻专访2次。5月5日，由长春市地震局组织，榆树市发改局、榆树市教育局、榆树地震台联合举办的榆树市全体中、小学安全校长防震减灾科普知识培训在榆树地震监测台开班。5月10日，由吉林省减灾委办公室、长春市减灾委办公室联合主办的吉林省暨长春市“5·12防灾减灾日”宣传演练活动在绿园区举行。5月11日，由南关区民政局、教育局、科技局联合主办的“5·12防灾减灾日”中学生防震应急避险救援演练在长春市一零三中学举行。5月12日，吉林省暨长春市创建“平安校园”强化安全意识、提升安全素养“5·12”防震减灾现场观摩会在长春市第三十中学举行，吉林省地震局局长孙亚强出席活动。5月18日，由宽城区人民政府主办的长春市“居民、职工防震减灾综合应急演练”在住邦城市广场举行，吉林省地震局副局长包晓军出席活动。5月22日，由二道区科技局、长春师范大学联合主办的长春市大学生“防震减灾”地震应急演练在长春师范大学举行，吉林省地震局副局长杨清福出席活动。

（王春光）

社会科学

【科研立项】 长春市社会科学界联合会（长春社会科学院）确定10项市级课题，在数量和涉及领域方面再次取得新突破。这10项课题是：《长春市创新创业环境优化研究》《长春市当前精准扶贫工作遇到的问题与对策研究》《基于服务半径和空间承载力的长春市城市公园服务力分析及优化研究》《构建长春市高标准基本公共文化服务体系研究》《“招贤引智”：为长春振兴发展提供持续不竭的内生动力》《长春市“互联网+”社区居家养老服务体系构建的政府职能研究》《社交媒体环境下长春市综合档案馆公共服务能力研究》《长春市社会艺术教育的现状调查及对策研究》《长春伪满遗址作为警示性遗产的文化价值与保护开发》《长春市农村电子商务与物流互动发展研究》《长春市中小学音乐老师胜任力研究》和《供给侧改革背景下长春现代农业强市建设研究》。完成《长春县志》校注近千条，更正大量错误记载。这是在《长春县志》出版10年后首次进行集中校注。9月，联合省社科联组织召开“第二届哈长城市群发展论坛”，针对“一带一路”背景下哈长城市群建设现状暨发展趋势展开研讨。完成《中共长春市委十二届委员会执政实录》——“长春市社科联部分”的材料整理、综述起草和图片搜集；完成《长春市“十三五”文化事业发展纲要》“社会科学事业部分”内容起草。2017年单位被评为全国先进社科联和全国先进社科院。

【社团管理】 建立《社团活动资助办法》，激励、支持长春市社科类社团开展学术活动。其中对资助对象、资助项目、资助标准、资助条件等做出明确规定，对申报、审核等环节严格把关，长春市教育学会、长春市孔子研究会等7家社团获得资助。联合长春市委宣传部、长春市文明办、长春市关心下一代工作委员会举办“整合社会力量，助力青少年健康成长”理论研讨活动，推动长春市青少年思想道德建设理论创新和实践创新。完成领导干部“一线工作日”活动要求，到集邮、个体、卫生等12家社团进行现场办公，了解掌握社团现状及存在的问题，准确提出可参考性意见。配合长春市民间组织管理局完成直属社团的年检工作。结合长春市民间组织管理局开展社团AAAAA评定工作。加强对直属社团的监督和管理，严格执行直属社团按季度申报社团活动项目和内容的管理制度，增强社团活动透明度。吸收长春市生涯规划研究会等新成立的社团成为社科联成员。参加各社团开展的换届会、工作年会等活动，加强与社团的沟通和联系。参加长春市溥仪研究会年会、长春市文学社团换届活动。为社团换届、成立、年检等提供便利服务。开展“整合社会力量，助力青少年健康成长”理论研讨活动。开展社科联所属社团活动项目基金资助。在2017年草拟了《对社科联所属社团开展活动进行资助的试行办法》。

【科普工作】 “七一”前夕，在朝阳区清和街道铁路社区建立第一个社区科普基地，同朝阳区三十中学、希望学校、汽开区飞跃社区就科普基地建设达成合作意向。科普手册编辑印制《长春年轮》《中国共产党党旗史话》《社会风险防控与自救》《生活中的心里学》《生活垃圾的简单分类与处理》《长春历史上的名人》《珠算珠心算常识》《市民读懂“哈长城市群”》《党的十九大精神读本》《市民读懂“一带一路”》10册科普读物，在科普活动中发放各类科普读物3000余册。邀请著名教育学专家，东北师范大学附属中学语文教师孙立权，到长春市（龙子心）希望学校开展公益讲座。讲座让中学生了解和感受中华优秀传统文学博大精深的永恒魅力，提升对中国传统文化兴趣。邀请长春市委党校赵义和教授在长春市第三十中学，以“青少年社会风险防控”做专题讲座。科普进机关、科普进社区活动，制作《中国共产党党旗史话》展板，以巡展的形式分别走进朝阳区委和南关区平泉社区，受到机关干部及市民欢迎。

【举办“长春文博讲坛”“文庙国学大讲坛”】 同伪满皇宫博物院联合主办“中东铁路史研究”“跨界研究多维研究—伪满研究体会”“伪满社会史研究现状与思考”3场高端讲座；同孔子研究会联合举办“孔氏家族的祖训和家风”等5场国学讲座，面向公众免费开放。

【刊物编辑】 做好《长春社会科学》编辑工作。结合长春市经济和社会发展重点、热点、难点，以及长春社科联所属社团的组织建设、理论研究、科普咨询等成果和动态消息等，组织和刊发辅导讨论、专题论文、调查报告、图片报道等文章，为长春市经济和社会发展服务。全年出刊6期，刊发各类稿件90余篇、45万字。《长春社会科学》文字差错率为万分之0.5，编校质量在全省内资中名列前茅。长春市社科院《要报》就经济建设、社会发展开展讨论，编发12期近15万字，为市领导提供决策参考。2017年《要报》第11期被省委常委、长春市委书记王君正批示给1位副市长、5位副市级开发区党工委书记“阅研”。

（刘　薇）

文化产业

【概况】 2017年，长春市文化产业平稳发展，推进文化产业项目建设，文化交流活动日益增多，文化产业规划编制、战略研究得到深化，有1家文化科技企业成功上市。

【项目建设】 年初以来，市文化产业办公室对长拖文化创意产业园、八吉集团、力旺繁荣中心文化产业孵化器、希派创意城、吉林省国家级广告产业园、复华未来世界等文化产业项目进行实地踏查和调研，确定工作重点；协调解决林田创客公园、吉广国家广告产业园等重点文化企业发展中遇到的问题，实现文化产业项目与资金、市场有效对接；完善全市文化产业项目库，增加后续项目储备；鼓励、支持有条件的文化企业实现上市融资，推动骨干文化企业做大做强。11月27日，长春羿尧网络股份有限公司成功登陆“新三板”。“羿尧网络”拥有吉和网、APP、微信公众号、官方微博等融媒体平台，主要提供互联网广告设计服务、媒体服务、信息技术服务、智慧医疗服务、智慧商业服务。

【资金扶持】 自2017年起，吉林省文化发展专项资金项目将采取网络申报和评选的方式进行。为此，市文化产业办公室选派人员参加培训，并下发《关于做好网络申报“吉林文化发展专项资金项目”录入工作的通知》，要求各县（市）区相关部门及市直相关单位做好项目录入和申报工作。9月初，组织开展2018年度省级文化发展专项资金申报工作，并按时限要求和有关程序，对企业上报的材料进行审核。2018年度省级文化产业发展专项资金申报工作不仅在申报形式上与往年不同，而且在奖励内容上也与往年不同。除上市企业和实体书店还给予资金补助外，其他文化产业项目则取消了资金补助，只有贴息和股权投资2种奖补方式。9月21日，市委宣传部将审核合格的企业，同市财政局联合发文上报给省委宣传部，并对相关文化企业进行实地踏查。通过市里初审合格的企业有11家。其中上市奖励企业1家，为吉林省装库创意科技股份有限公司；项目补助企业3家，分别为吉林省七舍经贸有限公司、长春书嗜传媒有限责任公司、长春市仿吾书店有限公司；股权投资企业3家，分别为吉林省航美文化传媒有限公司、吉林省装库创意科技股份有限公司、长春奢爱农业科技发展有限公司；贴息货款企业4家，分别为吉林省工艺美术集团有限公司、吉林省东坤房地产开发有限公司、吉林庙香山冰雪体育旅游集团有限公司、长春市紫玉木兰工艺有限公司。

【文化交流】 1月3日，由长春市委宣传部、净月开发区管委会主办的“文化旅游与创新+”专场论坛在净月益田喜来登酒店举行。论坛由中央电视台著名主持人鲁健主持，著名财经评论家、《华夏时报》总编辑水皮，地头力智库创始人、清华大学长三角研究院主任、世界银行顾问王育琨任主讲嘉宾；星牌集团董事长兼总裁、世界台球大亨甘连舫，《胡润百富》董事长胡润，中国民协副主席、吉林省民协主席曹保明等任对话嘉宾。

4月27日至30日，第十二届中国义乌文化产品交易会在义乌国际博览中心举办。长春市组织15家文化企业参加义乌文交会；除现场交易外，实现意向订单20个，价值21365万元，产品销售代理6个，与8个国家、15个省市建立产品销售渠道。

5月11日至15日，第十三届中国（深圳）国际文化产业博览交易会在深圳会展中心举办。根据省委宣传部要求，组织专人代表长春市参加此次深圳“文博会”的开幕式及相关考察展览活动。5月12日，长春市的吉林迅驰公司与深圳书城文化公司签订合作协议。在此次“文博会”签约的深圳书城项目是净月城市文化广场项目的重要组成部分。

5月28日至31日，第十三届中国（长春）国际动漫艺术博览会在长春农博园举行。展会期间，举办2017ChinaJoyCosplay嘉年华东北赛区预选赛、2017舞艺超群-ChinaJoy全国舞团盛典东北赛区决赛、第九届桌游争霸赛等赛事活动，以及VR及AR科技体验、淘气堡体验、动漫明星见面会、现场涂鸦等群众性体验活动。本届“动博会”有千余名展商来长参展，8.9万人次观展，成交额1200余万元。

8月3日至7日，中国（长春）第十届国际民间艺术博览会在长春国际会展中心举行。本届“民博会”有来自俄罗斯、印度、巴基斯坦、伊朗、阿富汗等20个国家的93家外籍展商参展。展会期间，组委会举办“中国权威专家鉴宝暨民间艺术精品拍卖”活动，由吉林省内部分收藏鉴定专家为广大市民和藏品爱好者提供免费鉴定；入围藏品由组委会邀请全国著名收藏鉴定专家进行现场鉴定，并在展会期间举行民间艺术精品拍卖活动。展会期间既有现场体验式创作陶艺、还有外籍模特人体彩绘现场展示等各项展示活动。“民博会”组委会还开展“第十届中国（长春）国际民间艺术博览会精品奖”评选活动。参展民间艺术家申报360件参评作品，经“民博会”组委会聘请专家经过评选，有80件作品获“精品奖”。其中，周国桢作品《牡鹿回犀》《扬眉吐气》，宋水官作品《一百零八罗汉》，沈佳、濮毅德作品《美之荷神》，滕光宇作品《千手观音》等获得金奖。本届“民博会”吸引51万余人次观展，现场成交额2.6亿元。

8月25日至28日，长春市文化创意产品交易会在欧亚卖场举行。市委宣传部与市文广新局、市商务局、市贸促会联合承办吉林省暨长春市文化创意产品交易会。本届文化创意产品交易会在分析文化消费市场需求及发展趋势、梳理汇集全省文化消费特色文化资源和优质项目的基础上，精心打造促进文化消费平台。通过免费提供展位等扶持政策，吸引省内众多优秀文化企业携上万件文创产品参展。在交易会上，通过邀请演员表演杂技、舞狮等节目吸引众多市民驻足欣赏；通过发放电子文惠券和免费申领纸质文惠券，促进文化消费，活跃文化市场。

【创客大赛】 由市委宣传部、市妇联、市人社局、中国手工艺发展促进会共同主办的“长春印象”巾帼手工艺创客大赛圆满结束，2月18日在巴蜀映巷举行颁奖仪式。本次大赛围绕手工艺、城市文化和妇女创意创新来挖掘长春文化，鼓励民间手工艺术家和手工艺术爱好者、手工匠人打造具有长春特色的手工艺术产品，向社会展示长春历史、讲述长春故事、打造长春名片。大赛历时2个多月，收到来自全国20个地区的参赛作品630件，内容涉及雕塑、剪纸、印染、编织、陶器、服饰等20余类，从传统工艺到创新设计，展示原创手工艺人精湛技艺。通过评审，作品《长白行》获一等奖，《蜡染萨满祈福图腾抱枕》《君子印象》获二等奖，《雪·鹿》《关东大秧歌》《校园生活》《往事如歌》获三等奖。市领导张晶莹、甘琳、张宝琦为获奖选手颁奖。

【编制规划】 市委宣传部组织编制《长春市“十三五”时期文化发展改革规划纲要》。初稿完成后，组织部内相关业务处室召开座谈会，对“纲要”中涉及到的各自工作有关内容进行修订；部内修订完成后，又向市人大、市政府、市政协，以及长春市文化体制改革和文化产业发展工作领导小组成员单位书面征求意见。8月4日，市“深改组”会议审议通过，9月5日，以长办发〔2017〕39号文件印发。

【战略研究】 市委宣传部选定中国深圳综合开发研究院作为长春市文化产业发展战略研究项目的编制单位，并配合中国深圳综合开发研究院组织开展市直相关部门、各（县）市区委宣传部、各开发区文化产业相关部门座谈会，到文化企业及相关场馆、园区调研；与市工商局、市国税局、市地税局、市统计局联系，调取长春市文化企业相关数据；组织开展各（县）市区、各开发区文化产业相关数据问卷调查，为中国深圳综合开发研究院提供文化产业战略研究项目的相关材料。11月21日，组织召开长春市文化产业发展战略研究论证会，省、市专家学者，市直各相关部门主要领导，各县（市）区委宣传部常委部长，各开发区主管领导，省、市重点文化企业负责人参加会议。截至12月末，《长春市文化产业发展战略研究》论证修订稿基本完成。

【文化产业联合会】 组织实施长春市文化产业联合会脱钩工作。按照国家、省关于行业协会商会与行政机关脱钩工作部署，以及市委2017年全面深化改革工作安排，开展行业协会商会脱钩工作。市文化产业办公室对长春市文化产业联合会的有关情况进行梳理，填报长春行业协会商会脱钩单位基本情况表及相关信息，报送市民政局；及时办理长春文化产业联合会的法人变更、账册移交等有关事宜。根据《长春市行业协会商会与行政机关脱钩总体方案》（长办发〔2017〕28号）及市民政局有关配套政策文件，市文化产业办公室起草《长春市文化产业联合会脱钩实施方案》，开展各项脱钩工作。10月10日，收到市行业协会商会与行政机关脱钩联合工作组的批复核准，市文化产业联合会的脱钩工作基本完成。

（刘维科）

文学艺术

【创作出版】 2017年，长春市文联创作出版报告文学《贡米》《奋斗的青春》，儿童文学《乡野的风》《迷恋电脑的男孩》、诗集《若爱请一路同行》等文学专著20余部；发表中、短篇小说、诗歌、散文、报告文学、评论等各类文艺作品1000余篇。其中多部散文、中篇小说在《小说月报》《小说选刊》等国内有影响的刊物上发表并转载。有多位作家作品被收入《2016年吉林文学作品年选》。与《书法报》合作刊发《翰墨长春-长春青年书法家作品展》专版28期，刊出28位长春青年书法家作品。刊发《书法报．当代名家景喜猷书法作品展》专题4版。与《长春日报》合作编辑《长春书画界》专版7期，刊发长春市21位书画名家作品。出版《意林》杂志48期、《春风文艺》6期。

【第十三届长春君子兰节暨第二届“我

7月15日，首届“发现长春之美”主题摄影大赛颁奖仪式暨作品展在红旗街万达广场举行

（吴　婷　提供）

心中的父亲花”摄影大赛】 活动由长春摄影家协会、长春市新闻摄影学会及长春日报社等媒体联合长春市君子兰协会共同举办。本届摄影大赛由第二届“我心中的父亲花—君子兰”摄影大赛、“第十三届长春君子兰节现场摄影大赛”两场赛事组成。活动于2月10日开始征集作品，3月26日截稿。评选出一等奖3件，二等奖6件，三等奖8件，优秀奖72件。获奖作品在3月23日至27日的中国长春第十三届君子兰节期间展出。

【“发现长春之美”主题摄影大赛】 3月16日，长春市委宣传部与长春摄影家协会联合举办“发现长春之美”主题摄影大赛。历时3个半月，收到512名摄影爱好者报送的2245幅摄影作品，组委会最终评选出一等奖5名，二等奖15名，三等奖20名，纪念奖60名。7月15日，首届“发现长春之美”主题摄影大赛颁奖仪式暨作品展在红旗街万达广场举行。

【“第二十二届中韩书法美术作品交流展”】 7月25日，“第二十二届中韩书法美术作品交流展”在长春乾元文化艺术中心美术馆启幕。展出中韩艺术家们近200幅作品。长春和蔚山两市自缔结友好城市以来，在经济、文化等方面都有着多层次的合作与交流，两地艺术家也通过交流互访，缔结了深厚友谊。

【“心香·景喜猷书法展”】 9月2日至12日，由吉林省文学艺术界联合会、民进吉林省委员会、吉林艺术学院、吉林省文史研究馆主办，吉林省书法家协会、吉林省民进书画社、长春书法家协会、吉林省工艺美术馆承办，中共吉林省委宣传部、吉林省文化厅、中国书法家协会展览部做支持单位的《心香·景喜猷书法展》在吉林省工艺美术馆开幕。本次活动是第四届吉林省市民文化节的主要活动之一。此次展览作为景喜猷先生从艺的首次个展，展出其近年来潜心创作的书作百余件。

【首场“品读聚乐部”书友会】 “品读聚乐部”书友活动由长春图书馆与长春作家协会共同发起创立。7月23日，首场“品读聚乐部”书友会在长春图书馆视听艺术馆举行。长春市30余名作家、评论家讨论了曾获公安部金盾文学奖的长春市作家牛力军所创作的长篇小说“警察三部曲”：《河东河西》《派出所长》《刑警江湖》。除了现场交流活动，在长春图书馆馆刊《品读》和长春市文联《春风文艺》杂志还开辟“品读聚乐部”专栏，以每期活动为主题，择取精彩内容予以登载。活动周期为每年4期至6期，以作家作品首发式或新书发布会等形式开展。

【“浓墨淡岚”—冯永庆·冯筱泓中国画作品展】 9月9日至15日，第四届吉林省市民文化节“浓墨淡岚”—冯永庆·冯筱泓中国画作品展在长春市群众艺术馆举行。展览由中国民主同盟吉林省委员会、长春市文化广电新闻出版局、长春市文学艺术界联合会主办，长春美术家协会、长春市朝阳区文联、长春市（民盟）儒澜轩书画院协办。戴成有、许占志、林百石、金中浩等几百名书画家书、书画爱好者和广大群众参加展览开幕式。展出冯永庆、冯筱泓近年创作的作品100余幅。

【“第五届长春文学奖”评奖活动】 第五届长春文学奖评选启事分别于3月17日、3月22日、3月25日在长春文艺网、《长春日报》《吉林日报》等媒体刊发。收到参评作品120余件。6月末召开初评会议，按照《长春文学奖评奖办法》《长春文学奖评奖细则》，初评委对征集到的作品利用3个月时间进行全面阅读，筛选出最终入选作品。

【“送文化下乡”活动】 1月17日，长春市委办公厅、长春市文联联合联合榆树市文联组织艺术家一行50多人，到榆树市刘家镇永生村开展“党的关怀春风暖，文化扶贫润心田”文化下乡活动。长春市文联党组书记、主席王长元为永生村农民文学爱好者作文学创作专题讲座。出席活动的相关领导向农民文学爱好者赠送杂志和书籍。摄影家为村民拍摄照片。来自长春市和榆树市的9名著名书法家现场为村民们写春联、福字600余条幅。艺术家们为村民们献上歌曲、东北大鼓、二人转等精彩文艺节目。

【“文化惠农直通车”】 1月13日，长春市文联与德惠市文联共同组织艺术家到德惠市大房身镇大房身村，开展

"我们的中国梦·文化进万家"长春文艺家深入德惠市送文艺下乡活动。长春市文联与德惠市文联80余位文艺家参与活动，作协、音协、书协、摄协以及民协等协会通过赠送图书、创作交流、文艺演出、书写春联、拍摄全家福以及艺术剪纸等形式为当地群众送去新春祝福。

【第十三届长春国际动漫艺术博览会】 本届动博会由吉林省文化厅、长春市文广新局、ChinaJoy组委会主办，由长春市动漫画协会、长春市艺联文化艺术发展有限责任公司承办。于2017年5月28日至31日在长春市农博园博览中心举办。来自全国各地的千余名动漫周边、游戏厂商参展。组织2017ChinaJoyCosplay嘉年华东北赛区总决赛、2017ChinaJoy"武艺超群—全国舞团盛典"、动漫展览交易、相关体验活动4个板块13项活动。有8.9万人次观展，现场成交额1200万元。其中2017ChinaJoyCosplay嘉年华东北赛区预选赛，由长春、沈阳、大连、延吉、哈尔滨5大分赛区选拔出43支社团，进行东北赛区预选赛总决赛，选出4支社团代表东北赴上海参加全国2017ChinaJoyCosplay嘉年华总决赛。

【第四届吉林省农民文化节长春市系列活动】 7月31日，由长春市委宣传部、长春市文广新局、长春市文联主办的第四届吉林省农民文化艺术节长春市系列活动启动仪式在农安县合隆镇陈家店村举行。启动仪式上，来自长春和平大戏院的演艺明星、农安县黄龙戏传承保护中心和农安县老干部艺术团的演员们表演了精彩节目。活动期间，长春市文广新局、长春市文联分别组织开展送图书、送书画和摄影技术辅导活动。在随后2个月时间里，把长春市直各有关文艺院团、演艺机构、文化团体等参与单位的优秀演出和活动，送到全市广大农村群众身边，满足农民文化需求。

【长春市青年摄影展】 6月25日至7月1日，由长春市文学艺术界联合会、共青团长春市委员会、长春市文化广电新闻出版局联合主办的"党旗耀神州，感动生活你我他—迎接党的十九大胜利召开"长春市青年摄影展在市图书馆举行。征集到长春市青年作者投送的1700余幅作品，经评委会评选，最终甄选出200幅优秀作品。

【"翰墨丹心"吉林省书法篆刻作品展】 9月2日至6日，由吉林省委宣传部、吉林省文联主办，吉林省书法家协会、长春书法家协会承办的第四届吉林省市民文化节主要活动之一——"翰墨丹心"吉林省书法篆刻作品展在长春乾元艺术中心举行。展览得到全省各市州广泛响应，是吉林省书法展览中投稿最多、参与面最广的一次。本次展览展出251件作品，是从全省1246件作品中精选出来的优秀作品，代表吉林省书法创作最高水平。

【"彩笔抒情童心筑梦"—长春市首届少年儿童美术作品展】 由长春市文联、长春市教育局、共青团长春市委、长春市文广新局等单位共同举办，长春美术家协会承办的《彩笔抒情童心筑梦—长春市首届少年儿童美术作品展》，于12月16日在长春市图书馆开幕。此次活动收到少儿美术爱好者各类作品3000余件，遴选出300件获奖作品入选此次展览。《长春市少年儿童美术作品展》作为持续性展览，将每两年举办一届，为孩子们提供更广阔的艺术空间和展示平台。

【迎新春楹联征集及"茶与生活"征文活动】 2017年1月，长春作协联合长春日报社、吉林省茶产品流通协会南关区德龙茶城共同举办迎新春楹联征集及以《茶与生活》为主题的征文活动。收到应征稿件500余件，经专家评委评选，有60件作品获奖。

【公益培训活动】 3月24日和4月21日，长春摄影家协会在长春集贤堂艺术沙龙举办三月、四月摄影分享会。摄影名家进行拍摄技巧讲座。5月23日，摄影家协会组织摄影志愿者一行4人赴德惠市文化馆与当地摄影爱好者进行座谈交流并走进乡间共同创作。5月8日，长春民协组织手编艺人李岩峰在东风社区岩峰艺术工作室为残疾人培训辅导手编工艺品制作。5月19日，长春民协组织徐庆祥、吴亚琴等会员在明珠社区开展剪纸辅导与交流。

【"万名艺术家进校园"暨"吉艺音乐之声·唱响春城校园"活动】 4月12日，长春市中小学"万名艺术家进校园"暨"吉艺音乐之声·唱响春城校园"启动仪式在南关区树勋小学隆重举行。此次活动由长春市教育局、长春市文联、吉林艺术学院主办，南关区教育局、吉林艺术学院音乐学院承办，树勋小学协办。400余人参加启动仪式。市文联组织文艺志愿者通过文学、音乐、舞蹈、戏剧（戏曲）、美术、书法（篆刻）、摄影、影视、非遗文化民间工艺作品展览展示，开展教师培训、举办艺术讲座、举办艺术家个人艺术作品校园展示、送演出、送剧目、指导学校开展艺术教育和艺术活动等多种形式的公益性艺术志愿服务活动。在全市范围内建设一批传承优秀民族文化，具有鲜明艺术教育传统和特色的中小学校，完善艺术人才培养体系。市文联组织作家、音乐家、摄影家等100多人到二道区、经开区20余所中小学，开展近200场次艺术指导、辅导、讲座等文艺志愿服务活动，市文联与其他爱心人士20余人一道为42名学习成绩优秀的贫困学生捐款购买了运动服、运动鞋和学习用品。

【文艺志愿服务活动】 长春文艺志愿服务团艺术家志愿者们组成20个文艺志愿服务小分队，到厂矿、工地、乡村、学校、军营、社区开展文艺培训和文艺展演30余场。5月19日至26日，长春剧协组织和平大戏院文艺志愿小分队在为期8天的第二届长春牡丹文化节期间，为市民进行歌舞、二人转、服装秀、健美操、才艺等精彩的文艺演出。5月24日，长春剧协、长春民协文艺志愿服务小分队邀请首届中国戏剧梅花奖获得

5月25日，长春摄影家“深入生活扎根人民”文艺志愿服务日走双阳区进齐家镇

（吴　婷　提供）

者、著名评剧表演艺术家王曼苓到长春市二道区吉林街道热电社区评剧艺术团，为热电社区的评剧票友们提供专业辅导。5月15日，长春影协文艺志愿小分队帮助盲人张冠球、李雪松夫妻到影楼免费拍摄婚纱照。5月25日，长春作协、长春影协的艺术家组成文艺志愿小分队到双阳区齐家镇齐家村为农民赠送文学期刊与书籍，并与农民交流，体验生活，增加创作素材；到农户为农民拍摄全家福，现场拍摄、现场打印并到村中进行摄影创作等。3月至9月，长春视协文艺志愿小分队到高新区双创中心，指导中心影视产业园区建设工作，联手打造长春南部影视产业核心区域。

【基层文联开展文艺志愿服务活动】全国第4个文艺志愿服务日到来之际，长春市文联组织县（市）区文联开展文艺志愿服务活动。朝阳区文联于5月23日在长春德苑主题公园正门广场，开展深入生活、扎根人民“到人民中去”文艺志愿服务主题活动—走进长春德苑大型文艺演出；在长春德苑主题公园艺馨苑举办“文艺助力、精准扶贫”—朝阳区文联书画家为区红十字会捐赠百幅书画笔会，13位书画家挥毫泼墨，当场献艺，并将100幅书画作品装裱后交给区红十字会，义卖之后将善款捐给贫困学生和贫困户；于5月底在朝阳区乐山镇组织“深入生活、扎根人民”摄影实地指导活动，组织摄影爱好者到乐山实地拍摄、请摄影家为摄影爱好者进行指导。德惠市文联开展文艺支教活动，慰问演出，文艺下乡。自4月初开始，德惠市文联音乐编辑室张扬和金宝城到德惠市第二十九中学义务培训百人乐队；为迎接第106个国际护士节，文联组织文艺志愿者排练大型文艺晚会，5月12日晚在德惠市工人文化宫上演，观看演出的护士及部分医生有500余人。5月15日，德惠市文联书法家协会一行13人到德惠市布海镇开展“翰墨清风”主题书画交流活动。九台区文联于5月17日组织文艺志愿者服务团一行30人，赴九台区上河湾镇送文化下基层，此次活动包括摄影家协会、书法家协会、作家协会、九台诗社、楹联协会等5个协会的骨干成员。服务团到双顶子村农户家中，免费为群众拍摄全家福，送去书法作品。为双顶山林果产业创作诗歌散文等文艺作品。九台文联民间艺术家协会会员张国林、王春波走进九台区兴华小学，免费为学生们讲授风筝、魔术气球的制作艺术。带去区著名民间艺术家关云德的10幅剪纸作品让学生临摹。榆树市文联为迎接第4个中国文艺志愿者服务日，5月10日组织文艺工作者走进榆树市医院，为医院基层护士们带去精彩慰问演出。5月22日，双阳区文联组织书法家协会、美术家协会骨干15人走进博山社区开展创作和艺术辅导活动。文艺志愿者共创作作品30余幅。文艺志愿者对社区书画爱好者展开教、传、授的艺术帮扶活动，激发他们创作热情。

【建设“网上文联”】为推进文联信息化建设，壮大网络文艺阵地，开发传播文艺资源，打造联络服务平台，长春市文联强化长春文艺网站管理。长春文艺网保持较高更新率，在宣传发布文联工作、推出长春文艺名人、文艺精品、文艺新人等方面起到重要作用。发挥长春文艺微信平台作用，做到手机第三方与长春文艺网同步宣传推介长春市文联及各市、县、区文联工作及活动，扩大长春文艺网的影响力和辐射力。

【制定《长春市文联深化改革方案》】
3月，《中国文联深化改革方案》下发后，长春市文联成立深化改革领导小组，制定《长春市文联深化改革方案》。9月15日，召开各全市文艺家协会秘书长、县（市）区文联负责人座谈会，听取全市文艺界对市文联深化改革的意见和建议。在此基础上形成《改革方案》征求意见稿。《改革方案》征求意见稿形成之后，向市委组织部、市编办、市民政局、市人社局、市财政局等相关部门发出征求意见函，听取各部门意见，达成共识。最后，报省文联征求意见，得到同意认可。最终形成送审稿，上报长春市委宣传部审核。

【筹备召开各文艺家协会会员代表大会】7月份以来，各文艺家协会通过召开主席团会、理事会等，研究部署协会换届相关事宜，制定协会会员代表大会方案，研究修改协会章程以及修改章程说明，确定理事建议名单，主席副主席建议名单，多数协会已经起草完成主持稿及工作报告，各项工作稳步向前推进。根据长春市文联工作实际情况，文联党组决定将各文艺家协会会员代表大会延期到2018年召开。

【筹备长春美术馆开馆】 长春美术馆完成全部装修工作，办公用品及相关专业用品采购按计划进行中，并于2017年12月下旬进行试开馆。人员招聘工作完成了体检，7名拟聘用人员进入政审阶段。8月末，长春市文联组织召开长春美术馆专家研讨会。吴自然、许占志、孙维国、孙志卓、卜昭禹、王建国、张建华、张大光、韩戾军等书画名家，把脉长春首座城市美术馆未来的发展走向。对长春美术馆的展览策划、内涵挖掘、品牌建设等方面进行研讨，为长春美术馆的发展建设提出了宝贵意见。

（于柏秋）

群众文化

【概况】 2017年，长春市群众艺术馆主要开展公益培训、文化庙会、“千家万福”公益拍摄、艺术团大赛、文化活动休闲季、市民艺术节等惠民乐民群众文化活动，完成市民公益培训46万人次、公益演出257场次、展览27项。获吉林省文化厅颁发的“健康生活悦动吉林”吉林省美术、书法、摄影作品大赛、吉林省第三届诗文朗诵大赛优秀组织奖。

【基础设施建设】 长春市群众艺术馆新馆逐步投入使用，协同相关部门、单位完成消防验收等工作。在原有数字化建设基础上完成数字多功能厅的设备安装调试工作和数字体验厅项目的采购工作。2个全新的数字化项目正在建设中。

【法人治理】 4月26日，长春市群众艺术馆组织召开第一届理事会工作会。理事们审议《长春市群众艺术馆2016年工作总结及2017年工作要点》；向理事们通报长春市群众艺术馆2016年重大事项；各位理事对长春市群众艺术馆2016年工作给予肯定，对2017年艺术馆重点工作及合作项目，进行研讨，提出合作发展目标及途径。

【标准化建设】 2017年，长春市群众艺术馆推进各项工作标准化。参加全市标准化培训；明确岗位标准；制定出台《长春市群众艺术馆专业技术人员职称聘任方案》《长春市群众艺术馆各类活动流程分工责任会签表》《长春市群众艺术馆驻馆艺术团管理办法》《长春市群众艺术馆演出安全管理办法》《长春市群众艺术馆业务档案管理办法（修订稿）》等近20个规章制度，推进各项工作开展。

【两节期间活动】 长春市群众艺术馆组织开展18场演出活动，在春节期间为百姓奉献一个热烈、喜庆、满载关东传统和民俗民韵的文化盛会。在二道区赛诺老年公寓、高新区奋进乡一间村、净月区新湖镇林家村、绿园区首席宴汇酒店进行4场演出。特别是长春市群众艺术馆党总支联合绿园区同心街道党工委组织的“关爱一线环卫工人·携手同心过大年”慰问绿园区环卫工人专场演出，得到社会各界广泛关注。文化庙会在文庙举办，包括非物质文化遗产展览、“迎春送福”书法家现场创作春联赠送活动、优秀民族传统文化展演活动等。在长春市各城区及开发区广场举办7场秧歌大赛选拔赛，有51支秧歌队伍、近3000人参与。在文庙广场举办2017长春市元宵节秧歌大赛决赛暨颁奖仪式，对表现突出的12支优秀秧歌队伍进行表彰。新春音乐会。在元旦前后，举办2017迎新年音乐会、吉林省非物质文化遗产传承音乐会—青少年古筝新春专场、长春市优秀群众节目专场文艺演出及民乐专场音乐会4场演出活动，参加演出的演员分别来自长春市群众艺术馆驻馆艺术团、签约艺术团、省级非遗项目“赵家古筝艺术”传承基地及文化志愿者。

【区域联动】 2017年，长春市群众艺术馆与沈阳市群众艺术馆、哈尔滨市群众艺术馆共同签订东北三省省会城市的区域文化联动工作协议。开展摄影干部培训采风、东北三省省会城市优秀文艺节目展演等活动。6月，参加哈尔滨、长春、沈阳3市群文摄影干部采风创作班，选出优秀摄影作品参加第七届大理国际影展，出版摄影作品集《红土地—黑土地》。8月，由哈尔滨、长春、沈阳3座城市群众艺术馆共同策划开展的东北三省省会城市优秀文艺节目展演在哈尔滨市举行。9月，2017东北三省省会城市“友谊之夜”优秀群文节目展演在长春市群众艺术馆剧场举行。演出汇集沈阳、长春、哈尔滨3市的优秀文化工作者和文化志愿者奉献的优秀文艺节目。

【广场休闲演出季】 广场休闲演出季5月6日启动，8月6日结束。举办演出145场，和谐艺术团、“全民健身”舞蹈团等260个群众艺术团参加演出、参演人员15000人。演出精彩纷呈，表演唱、现代舞、民族舞、二人转、对唱、独唱等表演形式受到现场观众喜爱，活动期间观看演出的群众30余万人次。

【长春市群众艺术团舞蹈大赛】 4月，长春市群众艺术团舞蹈大赛正式启动。在选拔赛阶段，举办38场初赛，13场复赛，有298支队伍、6000余人参于其中。选拔赛中选出36个优秀的群众舞蹈作品进入决赛。评选出8个优秀作品奖、10个最佳表演奖、18个最佳风采奖以及优秀组织奖、优秀辅导教师奖若干。

【春芽活动月】 为庆祝“六一”国际儿童节，长春市群众艺术馆面向全市优秀少儿艺术机构、艺术学校等单位选拔优秀作品，组织4场综合性少儿文艺演出。6月1日晚6点在长春市群众艺术馆剧场举行面向幼儿园、中、小学生的“春芽”精品晚会。来自9个单位的18个节目参加演出，参加演出的小演员达500多人，观众人数近500人。

【展览展示】 “家风墨宝进万家”中国家风展、东北写意油画邀请展、“墨韵童心”长春市少儿国画作品展、“浓墨淡岚”冯永庆、冯筱泓父女中国画展、民盟书画摄影展、“长春之牛”摄影大赛作品展、国学史料展、消夏艺术周等风格各异的展览在长春市群众艺术馆一楼展厅举行。中国家风展在两节期间举行，展览分为习主席谈家风、百姓家风、名人家风、家风作品4个版块，在节庆期间向市民群众展示中国家风，在活动现场书法家还为前来观展的市民群众免费书写并赠送家风书法作品360幅。“十一”期间，开展“诗礼春城·孝贤传家”国学史料体验展，在体验区，市民朋友可以穿着不同样式的汉服，扮演老子、孔子等先贤，在仿制的庭院、寺庙背景中进行琴棋书画，谈天说地，感悟国学的魅力。有100余家庭，近500人次前来参观体验。

5月18日，省级非遗项目“董氏草编”走进长春市五十三中学　（李欲伟　提供）

【市民艺术节】 8月，消夏艺术周在长春市5个中心广场同时上演6台精彩文艺演出。此次“消夏艺术周”以“万众喜迎十九大·多彩文化靓春城”为主题，设有综艺、杂技、评剧、二人转、交响乐、舞蹈和朝鲜族风情6个专场31场演出活动。广场舞大赛举办12场初赛，4场复赛，有98支队伍、近3000余人参与。来自德惠市、九台区、双阳区、榆树市的10支优秀广场舞代表队进入决赛，评选出2个最佳表演奖、4个优秀表演奖、4个最佳风采奖及4个最佳组织奖。在市民艺术节期间，举办2017长春市合唱艺术节、长春市“最美长春人·最靓长春景·最牛长春造”摄影大赛+展览、艺术名家进广场、公园、社区公益培训等活动。

【公益培训】 以长春市群众艺术馆中心馆、净月分馆、电大分馆为阵地，常年举办免费开放公益培训班。全年开设201个培训班级，培训人数5500人，培训37.6万人次。长春市群众艺术馆有11个驻馆艺术团，每周在馆内活动达202课时，活动人次达7.4万人次。长春市群众艺术馆启动针对贫困村艺术骨干的“精准扶贫”公益培训。计划用3年时间，为全地区149个贫困村的每村至少2名文艺骨干进行培训。在双阳区、榆树市完成50个贫困村的培训任务，培训100名文艺骨干，2400人次。在长春市双阳区、德惠市、九台区开展基层群众文化队伍骨干公益培训班。来自各基层群众艺术团文艺骨干、各文化站、文化大院骨干350余人参加，培训7680人次。

【非物质文化遗产】 为体现遗产日“非遗保护—传承和发展的生动实践”主题，长春市群众艺术馆举办“桐丝商羽·国韵筝香”古筝专场演出、吉林省非物质文化遗产赵家古筝艺术传承音乐会、健康生活·悦动吉林非物质文化遗产文艺广场演出；在长春市第五十三中学、南关区松竹梅社区举行“董氏草编”“董氏纸贴画”传习活动。

【赴京参加“群英汇”】 9月，长春市群众艺术馆组织小品、表演唱、车技表演等不同类型的节目赴京参加CCTV3“群英汇”长春专场节目录制。其中，小品《我怕来不及》是长春市轨道交通集团职工的原创作品，展现了地铁建设者们默默无闻、甘于奉献、舍小家为大家的工匠精神，以及职工家属任劳任怨的奉献精神。表演唱《冻饺子》则展示了东北独特年俗文化。长春市群众文化一线教员鲍春有、姚默、张帅组成的“男高音三重唱”更是以一首《追寻》点燃舞台，博得满堂彩。

（李欲伟）

【朝鲜族群众文化】 2017年，长春市朝鲜族群众艺术馆面向全市朝鲜族免费培训服务，每季度举办1次免费培训，辅导内容不仅仅局限于以往的舞蹈、声乐，还有受群众喜爱的健身操、朝鲜族舞基本功、伽倻琴、模特、电子琴、洞箫、合唱、指挥等10多种培训内容，全年培训3441课时，培训9.8万人次。

开展“健康生活悦动吉林”群众文化活动。2月11日，由长春市朝鲜族群众艺术馆和长春市朝鲜族老年协会共同主办的长春市朝鲜族老年人正月十五民俗活动在长春市朝鲜族中学文体馆举行。来自各老年协会1300名老年人穿着朝鲜民族传统服饰参加本次活动。活动内容包括围棋、花图、掷柶、排球等朝鲜族传统游戏。3月5日，与长春市朝鲜族妇女协会共同举办长春市朝鲜族庆祝“三八”妇女节活动。包括花图、掷柶、顶罐等朝鲜族传统游戏活动。6月18日，在长春市朝鲜族中学举办“2017年长春市朝鲜族传统文化体育嘉年华”活动。作为一年一度长春市朝鲜族规模最大影响力最广的活动，来自各企事业单位及团体28个方队参加入场检阅，参与者2万人。此次活动开展了朝鲜族大型广场集体舞、朝鲜族体育赛事、朝鲜族卡啦OK比赛、朝鲜族传统娱乐赛事，朝鲜族民俗文化风情展示、朝鲜文新书出版展示等。其中由450人表演的大型朝鲜族打击乐集体赢得观众阵阵掌声。9月27日，长春市朝鲜族群众艺术馆举办“喜迎十九大，放歌颂祖国”第二届长春市朝鲜族合唱比赛。全市朝鲜族各社团及朝鲜族中小学等10多个团体，700余人参加比赛。全年长春市朝鲜族群众艺术馆免费举办各类展览、展示，惠民5万余人次。5月，举办“青年画家周丽雪书画艺术展”；6月，举办“长春市朝鲜族少儿美术作品展”；8月，举办“朝鲜族传统服装服饰礼仪展示”；10月，举办“长春市朝鲜族摄影展”；11月，举办“培训作品展演”等。

组织文化惠民演出。1月23日，长春市朝鲜族群众艺术馆下基层参加由省委宣传部、省文化厅组织开展的“我们的中国梦—文化进万家”活动走进图们市边防检查站，为边防哨所官兵、水南村村民送去文艺演出。4月26日，长春市朝鲜族群众艺术馆带领市朝鲜族老年协会艺术团、朝鲜族妇联模特队赴九台市新立村举行九台市新立村培训基地挂牌仪式暨“文化惠民”送戏下乡演出，成立九台市新立村培训基地，在九台市朝鲜族学校成立未成年人艺术培训基地，发挥公益性服务职能、满足不同层次文化需求。8月19日至23日晚7点，长春市朝鲜族群众艺术馆分别在劳动公园、锦江广场、文化广场、宽城区政府广场、文庙广场为广大市民奉献精彩民族风情专场演出。

促进文化繁荣与交流。8月15日，吉林省第七届少数民族传统体育运动会在松原市正式拉开帷幕。长春市朝鲜族群众艺术馆代表吉林省朝鲜族参加此次运动会，赢得民族健身操比赛第二名。8月26日，受邀参加在哈尔滨举行的“第九届哈尔滨朝鲜族民俗文化节暨第三十三届哈尔滨市朝鲜族体育运动会”。长春市朝鲜族群众艺术馆演员们精彩的演出受到现场5000多名观众的喝彩，得到其他同胞单位高度评价。9月18日，长春市朝鲜族群众艺术馆舞蹈作品《春、喜、悦》代表吉林省赴沈阳市参加“喜迎十九大共筑中国梦”—第三届东北三省舞蹈展演活动，获群文青年组金奖、推优作品荣誉。11月3日，长春市朝鲜族群众艺术馆受邀参加在丹东市举办的东北三省朝鲜族民歌（民乐、民族舞）展演活动。舞蹈《鼓韵》《铃铛舞》以及男声二重唱《辉阳呢哩哩》等3个具有地域特色的精品节目，受到在场观众以及其他专业单位的热烈欢迎。参加央视三套《舞蹈世界》栏目录制。11月20–21日，长春市朝鲜族群众艺术馆舞蹈《春、喜、悦》受邀参加中央电视台中央三套《舞蹈世界》栏目参加录制，获得“舞蹈世界—舞蹈全民星”奖。

（李　近）

长春报业

【概况】 2017年，长春日报社有职工1119人。其中事业编干部336人，事业编工勤150人。退休309人，公司编81人，聘任人员243人。有专业技术职称人员222人。其中，新闻专业职称人员172人，记者编辑中具有正高职称的28人，副高职称31人，中级职称22人。事业编336名干部中，全日制研究生13人，全日制本科生112人。《长春日报》全年出版340期，3200块版面。有70余篇作品在全国及省市各级各类评比中获奖，其中1篇作品获中国新闻奖消息类二等奖，为本报首次获得中国新闻奖，实现历史突破。《长春日报》获评“中国城市党报媒体融合十强”，获新华社“现场云2017年度十大优秀报道奖”一等奖。

【新闻宣传】 党的十九大系列报道。十九大召开前，《长春日报》开设“喜迎十九大”“建设东北亚区域性中心城市迎接党的十九大胜利召开”和“创新发展迎盛会”“我的这五年”等专栏，从7月末开始，以每周1个专版的频率推出“喜迎十九大”专刊，刊出百余件作品，其中文字报道125件，图片27件，专版12块；十九大召开期间，刊发相关稿件292件，其中文字报道207件，图片报道85件；十九大闭幕后，推出“学习十九大·长春在行动”专栏、专版及理论专刊，在网站、客户端、微信上推出好好学习、学习讲堂、传习所·故事汇等专题，推出专版28块，文章近300篇，图片逾100幅。完成市“两会”宣传报道任务。会议期间实现报纸、网站、3个微信平台、1个客户端的立体式不间断推送，一些重大事件实现同步推送，不同平台的不同报道形式受到社会各界一致肯定。宣传阐释市十三次党代会精神。在一版推出专栏的同时，推出“抢抓机遇、创新发展”主题实践活动系列专访近30期、启动党代会精神系列解读并刊出20期、完成相关理论专版9期。深化政务宣传报道。根据热点、重点，对领导关注的朝阳区社会管理下沉式改革、伊通河综合治理、旧城改造提升等典型成果予以延伸报道；成立驻市委政务报道特派小组，全面跟进省委常委、市委书记王君正的政务活动报道；围绕全市重点工作推出每周一期《党的建设》专刊、隔周一期的《长春政法》专刊以及《招商引资进行时》《推进全面从严治党》《铁拳治软打造一流发展环境》等专栏。坚持言论立报。本报评论员小组推出评论员文章58篇，长报快评11篇。推出时评互动版40个，时评文章110篇。报道长春市5项重点任务。8月中旬开始，每周五在二版推出专刊，聚焦项目建设、旧城改造、伊通河综合整治、长春新区建设和交通大整治5项重点工作。仅旧城改造专项工作宣传报道，本报就刊发稿件、图片500余件，推出专版40余块。完成中共长春市委十三届二次、三次全会、中央第一环保督查组督查吉林工作、安全生产督查、打赢扶贫攻坚战、学习黄大年先进事迹等全市重点工作和重大政务活动的新闻采访工作。从8月12日至9月24日，本报编辑刊登环保督察专版89块，稿件、图片100余件，受到社会各界和中央环保督察组好评。对2017年长春国际马拉松比赛、地铁一号线试运营等重大事件进行报道，取得良好宣传效果。

9月8日，长春日报社与新华网股份有限公司吉林分公司签署战略合作框架协议

（张春杰　提供）

【媒体融合】　长春日报社，建立起以“长春政事”为核心的新媒体矩阵。完善新媒体功能和机制。全媒体采编平台启用并完成升级；中央厨房指挥中心大屏幕投入使用，报纸、网站、微博、微信、手机客户端、视频直播云采编业务全面融合；再造组织架构和工作流程，整合新闻采访力量；完成数字报反解升级；“两微一端”入驻“新浪看点”；“长春政事儿”和“掌上长春”两个微信平台每天推送3次，扩大党媒影响力。强化“长春政事儿”微信公众号先网后报的发稿模式，主要领导的报道一直保证先于报纸在新闻发生当天推送，“君正书记这一周”专题受到广泛欢迎。“掌上长春”微信平台实现3个“10万+”阅读量，成为同城微信公众号的“风向标”。新闻串烧类专题“长春今日播报”受到广大读者欢迎。加强互连互通。与新华网吉林分公司签署战略合作框架协议，加速推进“信息集成全民通”“党媒传播全市通”“媒体整合全社通”全媒体矩阵平台建设；与中国联合网络通信有限公司长春市分公司签署战略合作协议，依托网络通信技术优势，打造主流舆论传播矩阵。建设报社官网。7月初，长春日报社官网正式上线，通过日更新，动态发布长春市重点工作、重要报道和报社工作动态、采编工作亮点、文化建设风采、党建工作举措，展示党报正面形象。加强舆情监控。全媒体舆情中心对全网大数据舆情进行监控，发现负面信息及时跟踪、关注。对出现的关于“长春咖啡一条街拆迁话题”和“火车站伤人事件”，舆情中心都进行抓取监测，并形成专题报告。

【机制体制改革】　重组架构，理顺体制。落实《长春日报社综合改革实施意见》，建立起适应报社发展定位机制。成立社务委员会，作为报社最高决策机构，下设4个委员会，10个中心。明确社委会主导地位，明晰报社组织架构，建立社委会领导下采、编、刊、经、管、考分离的运行机制和管理机制。对内设机构、名称、职能、运行模式进行改革，内设机构由40个调整为36个。深化记协改革。对原长春市记协进行注销、清理，重新成立长春新闻工作者协会，召开成立大会，省委常委、市委书记王君正出席并讲话。选举产生第一届理事会、协会主席、副主席和常务理事。长春日报社社长孙成军当选长春新闻工作者协会主席。人事制度改革。推进定编、定岗、定员、定责工作，完善内部考评机制，完成中层干部竞聘上岗。制定并执行《长春日报社贯彻执行〈事业单位人事管理条例〉等规定的实施办法》《关于理顺长春日报社与社办企业关系，加强聘用人员合同管理的实施意见》。完成分配制度改革基础工作。建立起报酬与业绩挂钩、以业绩和贡献为导向的薪酬分配制度。形成合理有序的收入分配格局。创新发展子报新路径。重点调整理顺长春日报社与长春晚报的关系，制定实施《关于长春日报社支持长春晚报改革发展的意见》，设立长春日报社长春晚报编辑部，明确长春晚报是长春日报社的一个组成机构，在长春日报社领导下负责晚报采编出版工作，长春晚报传媒有限公司作为企业，自主运营晚报经营工作并实行目标管理。

【人才兴社】　坚持“人才兴社”战略，抓好人才建设工作，构建适合报社自身发展的人才体系。开展马克思主义新闻观教育。引导编辑记者做党的政策主张的传播者、时代风云的记录者、社会进步的推动者、公平正义的守望者。实施“3355”人才计划。长春日报社实施人才培养“鸿雁工程”，计划用3年时间，建设总数为300名的人才队伍，形成5个方面具有较高素质的报业工作者团队，选拔培养50名左右在国内省内有影响的以“名编辑”“名记者”为主体的领军人才，为报业发展提供人才支撑与智力支持。2017年，长春日报社举行首届“优秀员工”评选暨“好员工讲好故事”演讲比赛，评选出15人为报社首届“优秀员工”；举办首届“名记者、名编辑”评选暨长春市第六届“名记者、名编辑、名主持人”评选社内选拔活动，有36人入选。完成事业单位公开招聘工作，招聘2名编辑、两名记者。对空缺的部分正副处级领导职位进行竞争上岗，优化处级干部队伍整体结构。制定《长春日报社关于人事管理历史遗留问题的整改方案》，涉及到的103人中（以“内部退养”为主），有88人返岗工作，15人承包经营。

【经营管理】　做好党报发行、广告经营等工作，盘活国有资产，提高国有资产收益率。截至2017年11月30日，长春日报社发行收入2265万元，广告和品牌推广收入2377万元，房租收入580万元，其他收入103万元。

（张春杰）

广播电视新闻出版

【概况】 市文广新局被国家新闻出版广电总局评为2017年新闻出版统计工作先进单位，在全国电影放映员职业技能竞赛中获优秀组织奖，被吉林省新闻出版广电局评为2017年度全省新闻出版广电系统信息工作标兵单位，被吉林省新闻出版广电局评为十九大宣传期应急宣传工作先进集体，被吉林省新闻出版广电局评为2017年印刷企业年度核验工作先进单位；2017年吉林省广播电视技术能手（监测系统）竞赛工作中，组织长春市各播出单位7名技术人员参赛，获得优异成绩；组织长春地区各广播电视播出机构19个项目参与2017年度全省广播电视科技创新奖评奖，取得优异成绩；被长春市防火安全委员会授予2017年长春市消防工作先进单位；在2017年度全市安全生产工作目标管理考核工作中被市政府评定为优秀等次。市文化市场综合执法支队被国家版权局授予全国版权案件查处工作集体二等功；市图书馆被中国图书馆学会授予“全民阅读示范基地”和“有声阅读示范基地”；市少年儿童图书馆蒲公英主题绘本馆获中国图书馆学会“全国十佳绘本馆”荣誉称号。

市文化市场综合执法支队查处的印制侵权盗版中小学教科书案被全国扫黄打非办、国家版权局、公安部、最高检、最高法5部门列为“全国十四件挂牌督办案件之一”；市图书馆编印的《品读》被中国图书馆学会授予“2017年中国图书馆阅读推广类十佳内刊内报”称号，市图书馆被全国老龄工作委员会评为第二届全国“敬老文明号”单位，市图书馆“长图雅音”高雅艺术沙龙被中国图书馆学会评选为2017年阅读推广优秀项目，市图书馆在中国图书馆学会组织的2017年馆员书评第五季征集活动中获优秀组织奖，市图书馆在“我听·我读—2017年全国少儿读者朗诵大赛”中获优秀参与奖，市图书馆在2017全省“氤氲书香”朗读大赛中获“优秀组织单位”奖；市少年儿童图书馆在中国图书馆学会组织的“经典阅读书法作品征集大赛”中获优秀组织奖；市群众艺术馆在“悦动吉林”全省诗文朗诵大赛中获最佳组织奖；市群众艺术馆在“悦动吉林”全省美术书法摄影大赛中获优秀组织奖；市朝鲜族群众艺术馆舞蹈《春·喜·悦》在中央电视台录制并被评为“舞蹈世界——舞蹈全民星”奖；长春文庙“国学大讲堂”被评为全国“终身学习活动品牌”；市艺术研究所“戏剧星期六”扶持原创话剧《新台》参加“第五届乌镇国际戏剧节”青年竞演活动获入围奖；市文广新局组织申报的长春广播电视台作品《雕·匠》，获国家新闻出版广电总局“弘扬社会主义核心价值观共筑中国梦”主题原创网络视听节目推选展播活动优秀作品；《第十三届中国长春电影节开幕式暨纪念红军长征胜利80周年影片“勇士”首映式》获吉林广播影视奖暨第29届吉林省电视文艺丹顶鹤奖综合电视文艺类二等奖，《第十三届中国长春电影节闭幕式颁奖典礼及星光大道红毯活动》获吉林广播影视奖暨第29届吉林省电视文艺丹顶鹤奖综合电视文艺类三等奖；长春市全国重点文物保护单位长影旧址博物馆获评10个国家工业遗产旅游基地之一，是吉林省唯一获得此项荣誉的工业遗产保护单位；五台山遗址考古工地被吉林省考古学会评为“吉林省优秀考古工地”；市文广新局组织撰写的《关于创建长春文化主题公园设想的调研报告》和《长春市电影放映市场发展报告》于2017年11月获2016年度长春市优秀调研成果三等奖。

【文艺精品创作】 精品剧目创作成果丰硕。全年艺术创作生产25部（个）剧（节）目、剧本创作10部。策划排演现实主义题材重点剧目《黄大年》，将黄大年的先进事迹以舞台艺术形式再现，该剧获国家艺术基金大项重点剧目扶持项目。创排大型杂技情景剧《冰雪家园》，排演以扫黑除恶、乡村扶贫为主题的现代评剧《春回桃湾》。修排提高杂技故事剧《地道战》，打造吉林省首部3D裸眼儿童音乐剧《冰雪皇后》。大型现代吉剧《粘豆包》晋京展演。文艺舞台更加活跃。突出儿童题材优秀剧目生产，打造“快乐童年”“快乐盛夏”演出季活动，《大山里的红灯笼》《宝莲灯》《零下120度》等经典儿童剧目集中上演。开展“2017年长春市艺术精品系列演出”活动，引进磁极演唱会、键盘之旅钢琴音乐会、爵士音乐周等国内、国际艺术精品。组织商业演出55场，公益性演出439场，送演出下基层293场。

【文化惠民活动】 开展幸福长春行动计划。举办文化庙会、秧歌大赛、摄影大赛、新年音乐会、消夏艺术周、市民读书节、市民艺术节、农民文化节、公益电影数字放映、“送戏下基层”等各类群众文化活动2万余场。凸显市群众艺术馆、市朝鲜族群众艺术馆、市图书馆、市少儿图书馆、市文庙博物馆等市直场馆阵地平台作用，举办各类阵地文化活动近700场，特别是朝鲜族文化体育嘉年华活动，全市5万朝鲜族群众中有1万余人参与。举办2017长春市广场消夏艺术周活动，在文化广场、文庙广场、锦江广场、劳动公园广场和宽城区政府广场，组织29个艺术团体上演31场演出，吸引近百万人次群众观演。举办《“文脉传薪”—中国写意油画学派名家研究展暨东北写意油画邀请展》等20余场高规格展览。围绕舞蹈、声乐、器乐、瑜伽、太极等5大门类为主的群众艺术普及培训活动，受益群众54万余人次，超出任务目标4万余人次。

【全民阅读】 开展2017全民阅读活动，启动“城市阅读书网”服务项目，打造“心视觉”影院助残服务项目，举办长图雅音、“城市热读”、书香少年、国学大讲堂等各类公益阅读讲座活动120余场。举办2017长春书展，全国500家出版社近10万种图书入市展销，接待读者17万人次，销售码洋200万元。

【公益电影放映】　开展农村公益电影数字放映工程和城区公益电影放映工作，全年放映公益电影22292场次。其中，农村20292场、城区2000场，圆满完成公益电影放映任务。

【电影产业发展】　2017年，长春市电影票房收入4.725亿元，比2016年增长0.54亿元，增长12.8%，创历年新高。有影院52家，增加8家，增长18.18%；有屏幕324块，增加70块，增长27.56%；有座椅50095个，增加9046个，增长22.04%。观影1452万人次，增长10%。放映场次57.1万场，增长27%。

【行政审批】　落实“放管服”改革重点，深化行政审批制度改革，规范清理行政审批事项，推进“一门式、一张网”综合改革，全年通过“一门式、一张网”审批平台受理审批22件，办结率100%。解答申请人提出的各类咨询200余次，对各县（市）区、开发区进行业务指导60余次，整理查阅档案55份。完成建设工程文物保护和考古许可等5项涉文物保护及博物馆类行政审批事项的进网上线审批工作。开通市政务服务审批网上平台的行政审批业务，完成综合改革审批事项权限确认工作。完成13项审批事项的PPT教学课件编写。电子证照库建设有序推进，利用电子印章进行网上审批。启动长春市文化市场综合执法改革。清理建国以来文广新系统作为实施主体的39件规范性文件，保留其中9件。“净化未成年人文化环境”列入2017年法治10件实事工程，完成情况良好。完成文化部对长春市文化市场政策落实和行政审批规范化督查迎检工作，得到文化部领导好评。

【文化市场监管】　加强网吧、KTV和游艺娱乐场所、营业性演出、艺术品市场、电影市场、印刷企业和出版物市场等文化市场的执法监管，整肃和规范文化市场，整治涉偷漏瞒报票房影院8家；依法对27家各类无证经营文化场所下达停业整改通知书。

【广播电影电视管理】　开展“清理非法电台”“清理非法安装卫星地面接收设施”“清理广播电视违法广告”等专项整治行动。联合市公安局、市工信局打掉“黑广播”224个；清理拆除私自设置卫星地面接收设施6121户，收缴设备2310套。协调组织相关技术人员参加市招生办组织的外语听力考试准备工作，对全市6个城区24个考点598个考场的高考听力播放设备和播放效果进行检查验收，确保听力效果达到最佳。强化广播电视广告播放管理，开展整治违法广告专项集中行动。开展广播电视户户通升级工程，为全市40个行政村安装广播电视直播卫星接受设备6429套。

【新闻出版】　完成国家总局抽检的162家印刷和发行业企业相关数据统计网上直报工作；完成印刷和发行企业年度核验工作，核验印刷企业390家，实现工业总产值15.24亿元；核验发行企业476家，销售码洋3.47亿元。年度核验完成连续性内资单位46家，日常审读内部资料408万字。为全市564名新闻记者进行审核、换证、登记，年度审核记者证申办材料48件。

【版权保护】　保护知识产权，举行2017年侵权盗版及非法出版物集中销毁活动，集中销毁侵权盗版及非法出版物35万张（册）。开展“4·26版权日”版权进机关、进学校、进影院、进动漫园、进商场、进社区的“六进”宣传活动。

【扫黄打非】　开展专项整治行动17个，检查企业9700余家次，打击非法网站102个，清除有害信息2180条，破获大要案69件，查处各类违法违规场所1250余家，收缴非法出版物43万余张（册），罚款60余万元，得到全国扫黄办通报表扬。

【现代文化产业体系建设】　开展引导扩大文化消费试点工作。出台《长春市引导城乡居民扩大文化消费试点工作方案》，争取国家、省、市对文化消费方面的政策支持和资金扶持，获拨文化消费专项资金1200万元。编制长春文化消费指南，启动长春市惠民文化消费季活动，通过汇聚全市各领域市场资源，实施文化艺术进店堂、文惠券、文惠卡、文化艺术培训、事后补贴等5大创新措施，开展300多项、570余场次惠民文化消费活动，吸引225家文化商户、百万市民群众参与，引导资金直接拉动文化消费效果明显，拉动文化消费比例达1∶6.7，文化消费潜力得到有效释放。开展“文化艺术进店堂”活动，实施“订单式服务”，将演艺资源与商业资源相融合，实现文化与商贸、旅游等行业融合和优势互补，演出300场，吸引观众百万余人次。吉林卫视《省长热线回声》专门进行报道。文化部高度肯定长春市文化消费试点建设成果，长春市成为全国18家文化消费联盟城市之一。文化产业规模效应凸显。全市保有国家级文化产业示范基地（试验园区）9个，省级文化产业示范基地（园区）20个，东北亚文化创意科技园确定为国家文化产业示范园区创建资格（创建期3年）。知和国际动漫产业园、关东文化园、吉广广告示范园等带动力大、支撑力强的重点项目进展顺利，德云社吉林分社、猪八戒网、卡戳网、酷狗科技等文化企业落户长春。

【文化遗产保护】　推进文物单位修缮保护工作。在全省率先组织召开文物安全工作会议，加强文物保护单位安全检查，长春市域文物安全监管工作实现网格化管理，完成省文物安全状况大排查工作，得到国家文物局督查组肯定。实施文物保护单位修缮工程，在维国家级文物保保单位8家，省级文物保护单位1家，市级文物保护单位2家，投入维护资金2000余万元，申报国家级文物保护单位修缮项目2个。推动一汽早期建筑保护规划立项工作，参与长春拖拉机厂工业遗产保护利用项目。农安县波罗湖“五台山遗址”考古工作取得重大突破，发现5处新石器时代遗址，出土陶器残片数百件及多处新石器时代房址，并首次发现新石器时代墓葬，引发考古界的高度关注，得到省市等领导肯定。全市保有各类博物馆33家，以民办公助形式支持建设的，中国唯一的砚雕石刻艺术馆——长春彭祖述艺术馆建成开馆。长春博物馆工程建设即将完成验收。伊通河古生物化石展览馆项目进入选址阶段。举办“德化天下—中华德文化专题展”，制作印发宣传图册，弘扬优秀传统文化。开展文庙祭孔活动，“家风墨宝进万家”暨中国家风展、国学大讲堂、传统节日公益活动等活动。“国学大讲堂”被评为2017年全国“终身学习活动品牌”。开展非遗传承人培训、项目传承与创新交流活动，组织非遗传承工作进校园、进社区活动，提高保护传承水平。

【对外文化交流】 利用中国（义乌）文化产品交易会、天津滨海国际文化创意展交会等平台，开展文化产业招商贸易活动，举办第十三届中国（长春）国际动漫艺术博览会、2017长春书展、吉林省暨长春市文化创意产品展销会，参与观众30余万人次，现场成交额4457.6万元，意向订单额2.6965亿元。电视纪录片《科恩眼里的中国》在中国国际电视台、中央电视台中文国际频道、中央电视台纪录频道播出。推进与天津等地的文化交流与合作，开展“长春文化企业家天津行”活动，带领长春市30位企业家与天津同行同业对接交流，促进两地经济协同发展。举办第6届中国长春国际陶艺作品邀请展。加强中白、中俄、中美文化交流，承办“白俄罗斯电影周”、2017中美文化艺术特使演出等文化交流演出活动。

【安全维稳】 指导全市文广新系统行业按照三级管理的模式落实安全生产责任。召开6次专题会议对安全生产工作进行全面部署，出台《长春市文化广电新闻出版系统安全生产大检查方案》《长春市文化广电新闻出版系统安全生产“铁拳行动”大检查实施方案》《长春市文化广电新闻出版系统系统电气火灾综合治理工作实施方案》等文件30余件。开展全系统的安全生产隐患大排查，开展春节和“两会”全市文广新系统行业安全生产督查巡视工作、安全生产百日会战等近10次安全生产专项行动，组织3次大型行业安全生产应急演练活动，确保全市文广新系统安全生产形势平稳。与局长接待日、市长公开电话相结合，做好信访接待工作。全年办理12345市长公开电话投诉件189件，答复率100%。举行局长接待日12次，接待来访80余人次，推进相关问题解决。

（车　亮）

长春出版社

【概况】 2017年，长春出版社出版图书1440种，其中新书281种，再版68种，重印1091种，实现图书发行码洋2.81亿元。《中国制度文明研究丛书》《少数民族在中国统一发展中的贡献通史》《金毓黻著作与思想研究》3套书入选“十三五”国家重点图书、音像、电子出版物出版规划增补项目。其中，《中华文化元素丛书》入选中宣部、国家新闻出版广电总局主题出版重点出版物，获国家出版基金2017年主题出版项目，列入吉林省“双促”重点项目，获长春市宣传思想文化工作创新奖。此次，吉林省入选国家十三五规划增补项目有7项，长春出版社占3项。《中华优秀传统文化教育课程资源建设全媒体融合出版平台》入选总局新闻出版改革发展项目库2017年入库项目。《初识国粹·京剧绘本》入选吉林省第一届全省优秀图书选题创意征集活动最佳选题创意奖；《速滑少年》和《“长春记忆”历史文化丛书》入选吉林省第一届全省优秀图书选题创意征集活动优秀选题创意奖。《坚定地向存在的荒凉地带进发》《东北抗战史》入选总局2017年农家书屋重点图书推荐目录。长春出版社在全省新闻出版广播影视“管理创新、提效兴业”专项活动中被评为示范单位并获得项目资金支持。在新闻出版统计工作中表现优异，被国家新闻出版广电总局办公厅评为先进单位。

【图书出版】 完成国家主题出版重点出版物《中华文化元素丛书》（14册）及《中华文化的会通精神》的出版工作；出版大型人物传记类图书《常春藤传记馆》，入选吉林省“全民阅读”活动民生读本选题，2017年推出23册；完成《满族说部研究》《中国现代利率通论》国家出版基金扶助项目的结项工作；加强对重点图书《中华文化元素》《中国现代利率通论》《中华文化的会通精神》等的宣传推广工作。《无障碍读经典》新推出《孔子家语》《搜神记》《唐诗三百首》《宋词三百首》和《阅微草堂笔记》5种，《无障碍读名著》新推出《老残游记》《镜花缘》《儿女英雄传》《孽海花》《七侠五义》《三侠五义》和《小五义》7种。少儿图书完成《名侦探柯南》第90卷、91卷，“柯南20周年纪念全集1-84卷”“柯南原画集”的出版工作；新开发《恐龙迪诺·桥梁书》4本，《字魔猎人》（全3册）《初识国粹·京剧》《初识国粹·昆曲》均出版完成。

【教材出版】 推进语文教材、信息技术、心理健康教育、安全教育、中华优秀传统文化教育等教材和读本的修订及发行工作；完成国标语文教材修订版小学和初中的培训、书法教材培训和基础调研等工作。打造和推进“中华优秀传统文化教育课程资源建设全媒体融合出版平台”建设，入选国家新闻出版广电总局新闻出版改革发展项目库2017年入库项目。吉林省9家，正在争取国家文化产业发展专项基金的扶持，推进该教材在全省部分地区实验推广。

【数字出版】 “自适应学习系统”完成初期数据采集工作，有120个班级测试使用，完善系统的科学性和应用性，9月在68所名牌学校100分学习网上公开测试，正式对外网开放；技术团队转型，具备自行开发APP的能力，为纸质图书融合出版、运营宣传策略及自适应系统移动产品应用扫清障碍；完成自适应学习系统为纸质图书提供反馈服务的完整方案与技术储备。《速滑少年》在理念上坚定以IP建设为核心，在模式上走融合发展之路。项目于6月进行网络首发，在20多家国内主流动漫网站上进行免费发布，有1000万的浏览量；少年王动漫网、速滑少年官方微信公众号、官方微博等营销推介平台建设完成投入使用。8月，纸质图书正式上线，在北京国际图书博览会期间举办发布会，中宣部、国家新闻出版广电总局、吉林省新闻出版广电局领导参会，并对项目给予肯定。9月，举行“中直涉外媒体长春行—走进长春出版社”活动，会上对《速滑少年》项目进行重点推介，促进项目推进。有多家影视公司和长春出版社联络，沟通影视IP授权等事宜。图书第1季10册于12月正式出版。

【“长春历史文化”项目】 《长春记忆》计划首批出版10本。《长春史话》（上下卷）《长春历史地图集》《长春厅志》《长春县志》进入最后校对阶段。区域历史文化巨著—《金毓黻著作与思想研究》进入排版阶段。该书是一套规模宏大、收录齐全、整理精细的研究性史学著作，全书分日记编、论著编、文献编和研究编，约1500万字，40卷。开发大型古籍类图书项目《大明一统名胜志》《大唐西域记》《东北方志边疆史料类编》《宋元本佛教史籍丛刊》《中国海上丝绸之路历史文献丛书》等5种，处在签订合同，组稿阶段。

【期刊管理】 完成、推进《小学科学》杂志和《高考》2018年度稿件编辑、排版、校对、印刷、销售等工作。推进新杂志《文脉》选题方向，配合吉林省新闻出版广电局完善申报材料及工商申请手续，完成杂志申报工作。

【出版改革】 6月，与国内知名科技企业科大讯飞共同出资1000万元，合作成立吉林科迅教育科技有限公司。公司专注于互联网教育，以“传统出版+互联网”打造一个人工智能与优质出版资源有效结合，面向全国市场，做精吉林市场的教育信息化平台。开展英语听说模考系统、教育云平台、教育全线产品、智课等相关业务工作。如长春出版社与科大讯飞合力打造的“智慧课堂”产品走进长春市十一高中，现代教育信息技术与传统学科完美融合，创建供需课堂、思维课堂、文化课堂。与国家新闻出版广电总局出版融合发展（武汉）重点实验室、国家数字传播工程创新人才培养示范基地、武汉理工数字传播工程有限公司签署合作协议，加快现代纸书和出版融合发展步伐。

（许国哲）

电影产业

【《少帅》获电视剧品质盛典4项大奖】 2017年2月26日，第二届《中国电视剧品质盛典》在上海盛大举行。由长影集团领衔出品的年度历史巨制《少帅》，摘得“年度品质特别剧作奖”“年度品质导演奖”等4项大奖。《少帅》导演张黎，主演文章、李雪健出席颁奖典礼。《少帅》在播出期间，不仅创下1.514的最高收视率，还获得第22届上海电视节“白玉兰”奖最佳编剧奖和6项提名。

【《老阿姨》《你若安好》在巫山电影周获6项大奖】 11月23日晚，第三届巫山神女杯艺术电影周在重庆巫山举行闭幕式表彰晚会，由长影集团出品的主旋律影片《老阿姨》《你若安好》从30部入围影片中脱颖而出，获优秀故事片、优秀男主角、优秀女主角等6项大奖。《你若安好》主演保剑锋、《老阿姨》主演陶慧敏分获优秀男、女主角奖。

【译制完成泰国电影《天才枪手》】 由长影译制片厂担任国语配音的泰国票房冠军电影《天才枪手》，于10月13日在国内正式公映。该片中文版本由传神语联的千里翻译剧本，长影译制片厂资深配音演员王利军执导。《天才枪手》根据2014年轰动一时的亚洲考场作弊案改编，讲述了天才学霸利用高智商在考场作弊牟取暴利的故事。

【长影乐团“在那红霞满天的早上”音乐会】 为庆祝党的十九大胜利闭幕，11月3日，由中共吉林省委宣传部主办、长影集团承办的“在那红霞满天的早上”视听交响音乐会在长影音乐厅盛大举行。长影乐团与万山红、王丽达、王凯、金勇、柳婷等艺术家们共同奉献一台精彩演出。

【《老阿姨》入选第十四届精神文明建设“五个一工程”】 9月6日，第十四届精神文明建设“五个一工程”公布67部入选作品名单，由吉林省委宣传部推荐的电影《老阿姨》、广播剧《宝贝回家》、歌曲《走在小康路上》、图书《理论自信：做坚定的马克思主义信仰者》等4部作品入选“优秀作品奖”。电影《老阿姨》是由长影集团出品的纪念建党95周年重点献礼影片，著名演员李雪健、陶慧敏倾情演绎出老一辈革命家艰苦奋斗、无私奉献的崇高品德和高尚情怀。

【长影译制片厂《异星觉醒》等3片同映】 5月19日，由长影译制片厂担纲译配的3部外国进口影片《异星觉醒》《守护者：世纪战元》《当怪物来敲门》同时上映。太空灾难、科幻动作、暖心治愈等不同元素搭配精彩的译制效果，满足影迷需求。

（赵　乐）

图书馆

【概况】 2017年，长春市图书馆经费投入4098万元，其中文献购置费1200万元。文献入藏总量36.1万册（件），全年采购数据库44种，试用数据库35种。长春市图书馆总藏量345万册（件），数字资源存储容量100.9TB。办理读者证3.5万余张，有效借书证53.2万个。外借各类普通文献96万余册次，解答咨询33.4万余条，网上联合参考咨询15万条，代检索课题1986项，提供课题服务151项，文献宣传67次，文献开发5.6万条。接待读者168万人次。媒体报道623次。长春市图书馆积极引领全民阅读，开展阅读推广活动，在新春佳节、4·23世界读书日、5月图书馆服务宣传周、暑假、市民读书节等时间节点举办不同主题的系列阅读活动，举办各类读者活动525场次，参与人数14万人次。坚持发挥新版网站、移动阅读App与微信公众平台、微博、QQ群、短信等平台组成的新媒体服务矩阵作用，服务读者和宣传图书馆工作。网站访问量285万次，移动客户端点击量3176万次。微信公众平台关注超5.5万人，推送信息190期（744条），阅读量150万人次，单篇图文阅读量突破26万。建设直属标准化示范性分馆20家。按照标准化要求对原有分馆继续进行清理整顿和升级，为推进覆盖全市图书馆“一卡通”服务网络建设打下良好基础。发挥中心馆作用，面向基层分馆开展集中培训4次。为分馆配送书刊30次，合计8.3万余册。联动分馆开展70余项读者活动。

2017年，长春市图书馆被中央文明办授予为“第五届全国文明单位”荣誉称号，获全国老龄工作委员会授予的“全国敬老文明号”（2016年度），获中国图书馆学会授予的“全民阅读示范基地”称号、“有声阅读示范基地”称号，获中国图书馆学会颁发的“2017年馆员书评第五季征集活动优秀组织奖”，获中国图书馆学会颁发的2017全国少年儿童阅读年活动“优秀组织奖”，获全国图书馆参考咨询联盟管理中心颁发的“2017年度全国图书馆参考咨询联盟优秀服务奖”，获吉林省妇联吉林省新闻出版广电局授予的“书香润德”活动先进单位，获长春市文化广电新闻出版局授予的“2017年度全市文化广电新闻出版系统政务信息工作先进单位”等称号。

【第六次公共图书馆评估定级】 为做好第六次全国公共图书馆评估定级工作，长春市图书馆成立迎评工作领导小组，完善评估材料，整理评估档案，做好迎评准备。12月，接受国家评估组的实地评估，专家对长春市图书馆4年来的建设、管理、服务等工作给予充分肯定。在完成本馆迎评工作的同时，长春市图书馆还对县（市）区公共图书馆评估工作进行指导和检查，组织地区图书馆进行初评，并协助省文化厅组织专家组进行实地踏查。评估组参与对吉林省地市级公共图书馆的评估工作，对延边、四平地区图书馆进行实地评估。

【启动“城市阅读书网”服务项目】 “城市阅读书网”服务项目是在长春市图书馆“中心馆—总分馆制”的框架下，以长春市图书馆为中心馆，各区（县）图书馆为区域总馆，各社区（街道）图书馆为分馆，以汽车流动图书馆、24小时自助图书馆、农家书屋、书店为延伸的多级阅读服务网络。在二道、南关、双阳等区建设20家标准化示范分馆。完善流动图书馆定时定点服务线路，全年出车服务300余次，办理借书证3653个，借阅文献4万余册次，接待读者6万余人次；12月底，又在地铁1号线安装24小时自助借还机，完善书网建设。

【全民阅读活动】 以“城市热读”公益讲座、“长图雅音”艺术沙龙、“小树苗”亲子阅读系列活动、长图展览、长图公益课堂、“心视觉”影院等多个文化品牌为载体，在新春佳节、4·23世界读书日、5月图书馆服务宣传周、暑假、市民读书节等时间节点举办不同主题的系列阅读活动，发挥图书馆阅读推广作用和社会教育职能。全年举办各类阅读推广活动525场次。

【市民读书节】 长春市图书馆承办第四届长春市市民读书节。读书节期间（9月15日至10月31日）举办专题讲座、文化沙龙、亲子阅读、公益课堂、文化展览、数字阅读、文献展阅等11类85项阅读推广活动。在图书馆一楼大厅举办“图书馆之夜”活动，发布2017年《长春市民荐读书目》和2017年度长春市《市民阅读倡议书》。举行长春市图书馆2016-2017年度“读书小状元”颁奖仪式和长春市2016-2017年度“借阅之星”颁奖仪式。“家书传世阅读之美”经典家书朗诵会、“陶笛音乐会”将图书馆之夜活动推向高潮。举办朗读会、音乐会、阅读大冲关、新媒体阅读体验活动、漫读书友会、话剧表演、音乐会、咖啡及本地原创文化体验等活动受到广大读者热烈欢迎。

9月15日，长春市图书馆2016—2017年度“读书小状元”颁奖仪式

（王英华　提供）

【落实幸福长春民生计划】 2017年，长春市图书馆承诺完成幸福长春民生行动计划公益讲座50场，实际举办59场。其中馆内举办47场，“五走进”到社区、企业、学校等12场。讲座受众近1万人。复旦大学资深教授葛剑雄，全国阅读推广专家、南京大学徐雁教授等嘉宾成为讲坛座上嘉宾。

【喜阅—“你选书，我采购”全民借阅行动计划】 该行动于4月推出。读者在长春市内6家书店凭读者证免费借阅最新图书“先睹为快”。在9月长春市市民读书节期间，“喜阅”行动再次升级，与京东商城携手，市民可以足不出户网络下单、免费快递送书到家。此举实现了以读者为主导的资源建设模式，成为图书馆传统采购模式的有效补充，获中共长春市委宣传部授予的“2017年度全市宣传思想文化工作创新奖”。

【数字图书馆改版升级】 新版长春市图书馆网站正式上线。网站新设了市民学习空间，系统整合各类型网上学习资源，内容包括260万册电子图书、20万集视频学习资源等，能方便读者进行学习进度管理，更好地发挥长春市图书馆学习中心功能。全年移动客户端点击量3176万次。网站访问量285万次。电子文献资源远程访问量52.7万人次，期刊学位论文检索287余万次，下载50万余篇。

【小树苗亲子阅读活动】 全年举办“小树苗”亲子系列阅读活动149场。在长春市中小学校、幼儿园、福利院等地开设“小树苗”图书角20余个，定期开展阅读推广活动。创办长图小树苗16点课堂，举办“书悦之声小小朗读者”活动20余场，

6月12日，长春市图书馆流动图书馆在经开区服务　　（王英华　提供）

230余名小读者走上了朗读者的舞台，深受家长及小读者欢迎。小树苗“书悦之声小小朗读者”活动获中图学会“2017全民阅读优秀案例”二等奖。

【文化交流活动】 发挥城市文化窗口作用，与长春市外办配合，承办多项外事文化交流活动。包括“纪念中日邦交正常化45周年‘新海诚展’动画设计”展览、“美国艺术特使”文化交流项目—《舞蹈及其多样性》讲座等活动。展示城市文化发展成果，促进文化交流，增强文化自信。

【馆刊《品读》升级改版】 馆刊《品读》完成升级改版，加大经典阅读篇幅。合并与阅读有关的知识栏目，增加名人读书、品评名篇等板块，与读者分享名人的阅读方法、阅读感受等。加入突显地域特色板块，传播优秀地方文化。全年出版《品读》6期，市民读书节专刊1期。《品读》获“2017年中国图书馆界阅读推广类十佳内刊内报奖”。

【长春市民办（营）图书馆、个人藏书家现状调研】 完成长春市民办（营）图书馆、个人藏书家现状调研。走访及电话采访长春市区有一定藏书规模的藏书爱好者24位，走访长春市区民营绘本馆22家。经过实地走访与电话采访，掌握长春市私人藏书爱好者的藏书群体及藏书特色以及民营图书馆的一些运营及发展情况。

【征文活动】 组织馆员参加中国图书馆学会阅读推广委员会举办的2017年馆员书评第五季征集活动。长春市图书馆推选58名馆员参加，最终有8人分获一、二、三等奖，长春市图书馆获得优秀组织奖。

（王英华）

卫生计生

【概况】 2017年，全市拥有医疗卫生机构4380家，其中综合医院162家，专科医院56家。社会办医1517家。三甲医院15个，城市社区卫生服务中心（站）92个、乡镇卫生院134个、村卫生室2162个，千人口卫生人员9.02人，千人口医生2.82人，千人口护士2.72人，千人口床位6.66张。卫生从业人员67575人，其中专业技术人员49679人。床位49857张。全年诊疗人数3828.8万人次，其中门诊3338万人次。长春市总人口7489211人。比2016年减少45073人，增长率为-6.0‰。生育登记49232例，其中两孩15334例，出生“二孩”10642人。市中心医院11.2万平方米医疗大楼投入使用，标志着市级10家公立医院新建改建工作全面完成。市儿童医院被评为全国卫生计生系统先进集体。市中医院获得国家级文明单位荣誉称号。刘艳璟等3人被评为全国卫生计生先进工作者。长春市实现国家卫生城市“三连冠”。长春市被国家医改办确定为15个公立医院综合改革首批国家级示范城市之一，农安县为第二批公立医院改革示范县。

【健康长春建设】 4月，市委召开卫生与健康大会。会上对健康长春建设分别提出明确要求和部署。市委、市政府制定《建设健康长春实施意见》。加快实施东北亚区域医疗中心建设，2个院士工作站落户长春。在世界卫生日等15个重点卫生纪念日，开展大规模健康知识宣传普及工作。建立“青春健康俱乐部”“企业家联盟”等健康载体活动。推进健康教育“七进”活动。推进健康产业发展，一批国有大型企业医药项目落户长春。

【公立医院改革】 51家城市公立医院全部取消药品加成，调整医疗服务项目2880项，差别定价96项。国家医改办总结推广长春市差别化定价做法。推进公立医院薪酬制度改革。作为全省的公立医院薪酬制度改革试点城市，确定在不同层级的6家医院开展试点。研究制定公立医院薪酬改革试点方案，从编制备案、岗位设置等7个方面，明确公立医院激励导向和公益性。绩效工资总量水平原则上不高于同级医疗卫生事业单位平均绩效工资总量3倍。实行院长年薪制，由同级财政或举办主体承担，年薪水平控制在单位绩效工资年人均水平3倍以内。严格控制医疗费用不合理增长，降低药品、耗材费用比。规范医疗行为，实施临床路径，落实处方点评、抗生素使用、辅助用药、耗材使用管理等制度，完成总控费在10%以下目标。按照公立医院绩效考核指标体系，对医疗机构进行考核评价。

【分级诊疗制度】 围绕组建医联体和家庭医生签约服务2大任务，组建医疗集团、医共体、专科联盟。组建80家成员单位的中医医联体，19家产科机构的产科技术联盟和23家成员单位的儿科技术联盟。经开区成立由14家医疗机构组建的区域医联体理事会。加强远程会诊，绿园区建设专用网络，实现区、镇、村3级医疗服务网络连接。二道区建设智慧医疗卫生信息综合管理平台。

【家庭医生签约服务】 开展家庭医生签约服务。通过选派医务人员到基层坐诊、查房、教学，选派医生免费进修、培训等形式，发挥优质资源的辐射和带动作用，使基层医疗机构转诊率明显下降，服务能力得到提升。全市组建起1163支家庭医生团队，普通人群签约率38.2%（国家要求30%），重点人群签约率74.6%（国家要求60%）。

【基层医疗卫生服务】 创建优质示范社区卫生服务中心和群众满意乡镇卫生院。乡村医生实行分类管理，择优选聘。加大基层医务人员培训，开展基本公共卫生服务项目、慢病诊疗、电诊等专题培训，培训2000人次。对76名全科医师进行转岗培训。“一站式”服务平台接待9329人次，便利村民就诊。实施城乡居民筹资标准、报销政策、覆盖范围、报销目录、定点管理、基金管理等工作。榆树市五棵树镇卫生院被评选为国家百佳乡镇卫生院。二道区吉林社区卫生服务中心被评选为国家百强社区卫生服务中心。

【健康扶贫】 健康扶贫政策深得民心，贫困患者在乡镇就医报销达95%，在县医院就医报销达85%。7家市级医院设立医疗救助中心，农村贫困患者在救助中心实行免费治疗。针对低保人员建立城乡医疗救助中心，住院患者最高承担10%医疗费用。落实健康扶贫资金4410万元。采取“分类救治”“一人一策”，建档率100%。全年救治20974人，救治比例85.54%，9种大病救治率90%以上。对农安县刘家屯村69户贫困群众实施精准扶贫，开展送温暖活动，帮助发展养殖业、种植业，投入资金63万元，68户实现脱贫。

【医养结合】 各级医疗卫生机构为全市237家养老机构提供医疗卫生服务率100%（国家目标是50%）。214家医疗机构开通老年人就医绿色通道。15家医院为临终关怀定点机构，44家二级以上综合医院开设老年病科。加大养老机构内设医疗服务的政策支持力度，取消规划限制，缩短审批时限。朝阳区红旗第一社区卫生服务中心探索医养融合。南关区为25家养老机构提供医疗服务。加大监管力度，对全市21家医养结合机构进行有效监督，规范诊疗行为。

【公共卫生】 2017年，长春市无甲类传染病报告，报告乙丙类传染病18种11433例，比2016年下降25.84%。手足口病和流行性出血热等重点传染病呈现明显下降趋势，长春市未发生人感染H7N9疫情。开展艾滋病示范区特色建设。推进精神卫生综合管理试点，精神障碍患者报告患病4.09‰，管理率91.97%，实现试点工作任务目标。开展结核病防治项目，规范诊疗和双向转诊工作，制定并落实《新农合肺结核患者分级诊疗实施细则》。开展长春市学龄前儿童疾病干预项目，儿童疫苗接种率高于90%的考核指标。朝阳区通过国家卫计委慢性病综合防控示范区建设工作专家复审。启动健康城市创建工作，开展春季爱卫月，城乡环境整洁，创建“无烟文化一条街”等爱国卫生活动。加强妇幼健康服务工作，建立孕产妇健康服务工作联动机制，实现医疗保健机构妇幼健康服务工作“无缝衔接”。孕产妇死亡率、婴儿死亡率控制在国家、省级指标以下。开展儿童健康关爱行动，对0岁～6岁农村留守儿童健康管理实现“有一管一”。组织在长医疗保健机构对儿童福利院孤弃残儿童开展联合关爱活动，签订关爱协议17项。实施农村贫困孕产妇免费住院分娩，有23对母子受益。开展贫困妇女免费“两癌”筛查，筛查宫颈癌25515人、乳腺癌25878人。乙肝病毒母婴阻断成效显著，全年阻断2438人，将长春市每年大约225名新生儿由母婴传播感染下降至5名以下，受到国家人口福利基金会肯定和好评。孕期优生健康检查完成率100.81%，孕期及孕早期增补叶酸完成率103.1%，计生药具工作完成年度工作目标和计划。开展医疗废物、废水无害化处理网格化管理。加大卫生监督执法力度，实施饮用水、医疗机构、公共场所专项监查，立案2056件，罚款275.12万元。

【医疗护理质量】 制定《医疗服务质量监管评价指标体系》，作为市卫计委今后一个阶段开展医疗质量监管的依据和评价标准。贯彻《医疗质量管理办法》，对医疗机构的精神科、医学影像、临床检验、血液透析、医院感染管理、临床用血等重点领域开展专项督查100余次，并跟踪落实整改情况。市级医院引进医疗新技术82项，其中填补省内空白32项。开展“平安医院”创建工作，排查隐患，化解矛盾纠纷，接待回复率100%。开展医师技能竞赛及病历评比活动，提高医生“三基”水平。4个圈组入围第五届全国医院品管圈大赛，2个圈组获得一等奖。全血采集量30.94吨，无偿献血10.5万人次。院前急救日均接诊177次，救治患者5.2万人次。妥善处置“1·19”“5·09”“松原学生中毒”“松原燃气管道爆炸等”多起社会影响较大突发事件，受到省卫计委表扬和市政府肯定。

【中医药发展】 编印长春市中医药事业发展“十三五”规划。市政府6部门联合制定长春市基层中医药服务能力提升工程“十三五”行动计划，制定《长春市人民政府关于加快推进中医药健康服务发展的实施意见》，实施基层中医药服务能力提升工程，争取国家和省项目资金630万元，完成15个中医馆等6个建设项目。评选出20名“长春市基层优秀针灸推拿师”，成立长春市中药煎药人员培训基地并开展培训。汽开区打造医、养、教、研、膳、美六位一体的中医药健康文化街区。朝阳区、宽城区通过全国基层中医药工作先进单位复核。长春市传染病医院和长春市人民医院通过全国综合医院中医药工作示范单位复核。

【事业保障措施】 落实“一门式、一张网”行政审批改革，全年办理行政许可4811件，加强资金管理，制定《机关财务管理办法》《内部控制手册》，规范执行经费支出流程，严格落实审批制度。加强综合治理，逐级落实责任。加强安全防范，定期开展督查、演练。消防重点单位整改到位。化解信访积案4件，信访回复率100%。政务信息、保密、机要交换、档案管理等工作被评为先进单位。

【计划生育服务】 推动全面两孩政策措施落地。推进“一次登记、全程服务”，坚持首问负责制和承诺制，实现网上办证工作。完成国家统一组织的生育状况抽样调查工作。全市生育登记49232例，其中两孩15334例，出生“二孩”10642人。开展幸福家庭创建活动，全市农村奖励扶助79996人，发放奖励扶助金7679万元。发放计划生育特殊家庭扶助金6701万元。启动新市民健康城市行活动，开展流动人口社会融合示范试点工作。莲花山区流动人口药具获得率达80%以上。二道区、净月开发区开展“健康行”活动，提升流动人口健康知识的普及率。德惠市制作《黑土地上的幸福家庭》宣传片，对新家庭计划项目郭太一事迹进行宣传。宽城区长运集团被国家卫计委评为“流动人口健康促进示范企业”。双阳区、榆树市被国家卫生计生委命名全国计划生育优质服务先进单位。

（姜德强）

体　育

【群众体育】　推进全民健身设施建设。巩固城区“十分钟体育健身圈”成果，推进南湖公园智能健身步道和伊通河百米健身长廊建设；支持长春市人大、市政府第二办公区、文广新局、税务局、轨道交通集团等部门完善健身设施条件，满足长春市直机关职工健身需求；完成民生行动计划，结合精准扶贫，为社区和贫困村配备健身器材200套；加大对室内足球场、羽毛球场、篮球场、滑冰场建设扶持力度，满足市民健身需求。开展全国群众冬季运动推广普及吉林省分会场暨省市全民上冰雪启动仪式、全国青少年“未来之星”冬季阳光体育大会吉林省分会场、吉林省暨长春市“全民健身大拜年”“百万市民上冰雪”、全市社体指导员技能展示、全民健身运动会等系列健身活动1326项次，吸引市民近百万人次参与活动。组织农博会农民趣味运动会、“健康生活·悦动吉林”吉林省首届汽车趣味挑战赛、2017吉林省推行《国家体育锻炼标准》体质达标赛，组队参加第十三届全国运动会群众体育项目比赛、吉林省少数民族传统体育运动会等活动。开展全民健身志愿服务“五进”活动，举办社会体育指导员培训、讲座10期，发展社会体育指导员1200人，到社区、乡镇村屯、企事业单位开展免费检测活动，提供科学体育运动锻炼指导，检测人数近1.5万人。开展青少年冬令营体育公益培训，设19个项目78个班次，夏令营17个项目108个班次，培训青少年7.6万人次。2017年，长春市体育局被国家体育总局评为“全国群众体育先进单位”，在8月27日天津全运会开幕之际，长春市群众体育先进代表受到习近平总书记接见。

【全民健身大数据中心建设】　将“互联网+”融入体育工作，融入群众体育管理和服务机制，深化社区体育网格智能服务平台，实现对长春市城区、开发区、街道、乡镇、社区体育工作的动态管理和评估考核，提升社区体育服务水平和工作效率，使工作达到智能化、精细化管理。这一“长春模式”得到国家体育总局认可，并安排长春市在全国群众体育干部培训班上作经验介绍。

【竞技体育】　竞技成绩取得发展。长春市培养输送的运动员参加年度国际和全国比赛54项次，获世界系列比赛冠军3个，全国冠军44个，向国家队（集训队、青年队）输送运动员48人。在第八届札幌亚冬会上，长春市培养输送的运动员获2金、3银、1铜，18人次进入前8名。备战“三运会”工作。落实《吉林省冰雪竞技体育项目2016-2022年发展规划纲》，指导各县市区、直属训练单位梯队建设，周期注册运动员人数6000余人，比2016年增长12.4%，为参加“三运会”储备更多优秀人才。开展业余训练。长春市开展竞技体育项目26项，其中冬季项目7项，夏季项目19项。长春市体育运动学校、长春市青少年业余体育学校、长春市冰雪运动学校、长春市宽城体育职业学校、长春市短道速滑学校（平泉小学）5所训练单位被国家体育总局命名为“国家高水平体育后备人才基地”。

【体育竞赛】　举办长春首届国际马拉松赛。本次赛事有3万人报名参赛，其中个人自发报名总人数23500人，团体报名选手约6500人。赛事吸引美国、英国、加拿大、日本、澳大利亚、德国等25个国家和地区95名外籍选手报名参赛。沿途观看比赛人数200万人。承办瓦萨国际越野滑雪赛、国际雪联越野滑雪赛中国巡回赛、世界罗佩特越野滑雪巡回赛、世界“经典滑雪赛（SkiClassics）”、全国越野滑雪系列赛、全国冰雪短道汽车拉力赛等国际国内体育赛事16项次。承办中国男篮与伊朗国家队、东北虎与德国柏林男子篮球队等高水平友谊赛及中超男子、女子足球，中乙男子足球、CBA联赛东北虎主场赛事。按计划举办长春市青少年篮球、摔跤、举重、柔道、短道、速滑等项目比赛。

【体育产业】　深化政务服务综合改革及行政审批制度改革，联接审批专线内网，开展“一门式、一张网”政务服务运行审批。推行行政执法公示、执法全过程记录、重大执法决定法治审核3项制度，加强行政执法监督检查和责任追究。对高危险性体育项目场所安全检查以及对体育类民办非企业开展“双随机”检查，确保安全运营。加强体育彩票管理与销售，全年长春市体育彩票销售额近12亿元，约占全省销售额38%左右，为社会提供就业岗位3000多个。

【设施建设】　落实《长春市体育设施专项规划（2016—2020）》，推进长春奥林匹克公园建设，长春市体育健身指导中心、长春体育中心网球健身馆的筹建工作及全民健身活动中心游泳馆维修改造工程取得阶段性进展。推进公共体育场馆对外开放工作，长春市全民健身活动中心、长春体育中心、长春市体育馆等大型公共体育场馆免费、优惠向社会开放，提高体育公共服务能力。

（孙彩贤）

城乡人民生活

【概况】 2017年，城镇常住居民人均可支配收入33167.7元，比2016年增长6.8%。其中，工资性收入18287.5元，增长6.7%；经营净收入1148.2元，下降8%；财产净收入2640.4元，增长4.3%；转移净收入11091.6元，增长9.2%。城镇常住居民人均消费支出25873.6元，比2016年增长7.4%。农村常住居民人均可支配收入13431元，比2016年增长6.8%。

【居民人均可支配收入】 长春市城镇常住居民人均工资性收入18287.5元，比2016年增加1152.3元，增长6.7%，占可支配收入55.1%，增量居四项收入之首，对可支配收入贡献率为54.9%，是城镇常住居民收入增长最主要动力。转移净收入增长9.2%，养老金（或离退休金）拉动作用明显。长春市城镇常住居民人均转移净收入11091.6元，比2016年增长9.2%，占可支配收入33.4%。其中，养老金（或离退休金）是转移净收入主要构成部分，比2016年增长5.8%。财产净收入增长4.3%，利息收入和虚拟租金占比较大。长春市城镇常住居民人均财产净收入2640.4元，比2016年增长4.3%。其中，人均利息净收入212.3元，增长4.9%；人均房屋虚拟租金2222.9元，比2016年增长5.8%。经营净收入降幅较大。长春市城镇常住居民人均经营净收入1148.2元，比2016年下降8.0%。其中，第一产业、第三产业经营净收入均呈负增长。

【居民人均消费支出】 长春市城镇常住居民人均消费支出25873.59元，比2016年增长7.4%。其中，食品烟酒支出6405.33元，比2016年增长7.4%；衣着支出2081.20元，比2016年增长14%；居住支出5663.41元，比2016年增长9.2%；生活用品及服务支出1396.15元，比2016年下降3.1%；交通通信支出3945.55元，比2016年增长13.3%；教育文化娱乐支出2976.33元，比2016年下降2.3%；医疗保健支出2518.06元，比2016年增长4.2%；其他用品和服务支出887.56元，比2016年增长21.0%。

【社会保险】 2017年，全市城镇企业职工基本养老保险参保人数217.7万人，比2016年增长3.1%。其中，在职职工154.5万人，增长3.2%；城镇失业保险参保人数97万人，增长1.2%。征缴养老保险基金155亿元，增长9.4%；征缴失业保险基金5亿元。为63.3万名离退休人员发放养老金175亿元，增长10.8%；为2万名失业人员发放失业金1.5亿元。城镇医疗保险参保人数407.4万人，工伤和生育保险参保人数分别为143.4万人和116.2万人。

【就业安置】 全市开发就业岗位14万个，实现城镇新增就业11.4万人，安置下岗失业人员实现再就业5.6万人，其中就业困难人员再就业1.3万人。截至2017年年末，全市公益性岗位在岗人数1.8万人，援助388户零就业家庭实现就业。实现农村劳动力转移就业109.8万人。城镇登记失业率为3.51%。

（胡雨林）

婚姻家庭

【概况】 2017年，经省政府批准，长春高新技术产业开发区社会事业发展局婚姻登记处更名为长春新区社会事业发展局婚姻登记处，长春新区社会事业发展局婚姻登记处下设3个婚姻登记办事处（长春新区社会事业发展局婚姻登记处北湖办事处、长春新区社会事业发展局婚姻登记处长德办事处、长春新区社会事业发展局婚姻登记处空港办事处），分别设在长春北湖科技开发区、长德经济开发区、长春空港经济开发区。按照《吉林省民政厅关于做好停征婚姻和收养登记费有关工作的通知》要求，自2017年4月1日起，全市各婚姻登记机关停止收取婚姻和收养登记费，婚姻登记机关履行管理职能所需经费，由同级财政预算予以保障。长春市有婚姻登记处14个。其中，城区7个；县（市）3个；开发区3个；长春新区1个（下设北湖、空港、长德3个办事处）。全市所有婚姻登记处全部达到婚姻登记机关规范化建设标准，其中朝阳区婚姻登记处等8个登记处达到国家3A级标准。2017年，全市办理结婚登记73221对，离婚登记38511对，补发婚姻登记证18132对。

【结婚登记】 长春市各婚姻登记机关严格按照《婚姻法》和《婚姻登记条例》的规定，公开审批程序，审核登记手续，办理结婚登记73221对，登记合格率100%。

【离婚登记】 长春市各婚姻登记机关依法对离婚登记手续齐全，尤其是根据离婚协议书的内容，对当事人在子女抚养、财产及债务处理等事项明确的情况下，准予办理协议离婚登记。办理离婚登记38511对。

（郭大鹏）

民族工作

【概况】 2017年，长春市有51个少数民族，少数民族常住人口32.8万，占全市总人口的4.3%，少数民族流动人口5.6万人。有满族、回族、朝鲜族、蒙古族、锡伯族5个世居少数民族。其中，满族19.7万人，占60%；朝鲜族5.5万人，占16.7%；回族5万人，占15.2%；蒙古族1.8万人，占5%；锡伯族1498人，占0.4%。有4个民族乡，包括双阳区双营子回族乡、九台区胡家回族乡、九台区莽卡满族乡、榆树市延和朝鲜族乡。43个少数民族聚居村。有长春市朝鲜族老年协会等7个市级少数民族社团；有皓月集团、老韩头等7户少数民族特需商品定点生产企业；市级朝鲜族群众艺术馆1所；乡级少数民族文化站4所。民族中小学12所；民族医院1所，民族乡医院4所。

【落实会议精神】 落实中央和省市民族宗教工作会议精神。9月7日，召开长春市民委委员会议。在全市少数民族群众和信教群众中开展“促团结、促发展、促进步、比奉献，共建幸福长春”主题教育实践活动。11月5日至11日，在中南大学组织“民族工作干部和少数民族代表人士学习贯彻党的十九大精神专题培训班”。

【民族经济发展】 推进特色村镇建设相关事宜，申报少数民族特色村寨，申报榆树市延和朝鲜族乡、双阳区太平镇将军村等5个少数民族乡村。指导将军村做好满族民俗展示馆建设工作。统计长春市4个民族乡2016年经济社会发展情况，突出做好少数民族困难群众信息统计工作。做好包保帮扶黄金村相关工作，推进温室大棚建设项目和养殖扶持项目。赴双营子乡、大营子村、将军村等少数民族乡村就特色村寨建设、农村产业结构调整、扶贫帮困等工作开展调研。走访慰问榆树、九台、双阳等县（市）区少数民族贫困群众。加强少数民族生产生活补助费等资金的管理。对2012—2016年度少数民族生产生活补助费进行审计工作。做好年度少数民族生产生活补助费分配、核拨工作。

【民生建设】 改善少数民族民生。帮助协调推进市民族医院迁建工作。严格审核少数民族生产生活补助费项目，对民族乡村、民族单位申报的少数民族生产生活补助费项目，进行实地踏查，按要求拟制分配方案。“一门式、一张网”工作通过政务中心测试。依法为有变更民族成份需求的群众办理相关审核手续。3月28日，省民委主任朴松烈一行到长春市皓月清真肉业股份有限公司、清真寺社区、希望高中和市朝鲜族群众艺术馆就城市民族工作进行专题调研，对长春市城市民族工作取得的成绩给予高度评价。

【民族服务】 加强社区民族工作。推进民族工作进社区，发挥典型引领示范作用，在南关区清真寺社区挂牌成立新疆籍务工经商人员便民服务站。加大对重点社区的指导，重点打造南关区长通街道清真寺社区，提高软硬件建设。开展“全市流动少数民族基本情况专项调研”，对全市少数民族流动人口情况进行摸底调查。完成长春国际马拉松赛事清真食品监督检查工作，按照马拉松赛事成员单位职责，对国际运动员和工作人员入住的宾馆进行清真食品知识政策宣传和指导检查，为马拉松赛事做好服务工作。5月23日，省政协副主席刚占标一行到长春市进行调研。

5月30日，长通路清真寺社区开展“情意浓浓迎端午，民族团结筑同心”活动

（郭大鹏　提供）

【文化体育建设】 组织216人组成的长春市代表团参加第七届全省少数民族传统体育运动会，取得13金、9银、6铜的成绩。武术取得10个小项中的7个第一、毽球包揽男女队冠军；由东北师范大学体育学院组成的女子珍珠球队，获得冠军。指导长春市朝鲜族群众艺术馆主办“喜迎十九大、放歌颂祖国”长春市朝鲜族合唱大赛，来自市朝鲜族中学、朝鲜族老年协会等朝鲜族学校和社团的10支代表队近600人参加此次合唱大赛。引导吉林省少数民族艺术人才培养基地发挥作用，培训少数民族社团文艺骨干近70人。指导长春市蒙古族文化促进会举办第十届长春市那达慕大会。指导长春市朝鲜族群众艺术馆举办长春市朝鲜族传统文化体育嘉年华活动。指导锡伯族做好成立长春市锡伯族文化促进会的筹备工作。规范少数民族传统文化体育传承基地建设及管理，对挂牌命名的长春市希望高中毽球基地、东北师范大学少数民族艺术人才培养基地进行调研。赴东北师范大学少数民族音乐艺术研究中心和市朝鲜族中学等民族中小学就少数民族文化传承、培训和校带幼儿园等问题进行专题调研。推进长春市少数民族体育协会筹建工作。

【少数民族权益】 加强清真食品监管。在全市开展清真食品专项检查，对清真食品生产加工企业、清真专柜（摊床）等进行重点抽查，帮助商户解决经营中面临的实际困难。对全市清真食品生产、加工和经营企业和个体工商业户进行专项调研，形成《关于全市清真食品管理的报告》，为工作开展提供科学依据。协调督促清真肉食补贴发放，督促各地民族部门抓紧落实发放工作。完成清真食品标识牌换发工作，维护清真食品市场安全。

（周文庆）

宗教工作

【概况】 2017年，长春市有天主教、基督教、佛教、伊斯兰教、道教5种宗教。全市性宗教团体6个，市天主教爱国会、市天主教教务委员会、市基督教三自爱国运动委员会、市基督教协会、市佛教协会、市伊斯兰教协会。

【落实会议精神】 贯彻落实中央和省市民族宗教工作会议精神。8月17日，召开全市性宗教团体联席会议成立会暨第一届联席会议第一次会议，标志着全市性宗教团体联席会议制度正式建立。完成《关于加强和改进新形势下宗教工作的实施意见》，推动中央和省市委关于宗教工作重大决策部署在长春市落地生效。11月，市佛协、市伊协、市基督教“两会”等全市性宗教团体分别组织召开座谈会学习贯彻党的十九大精神。

【宗教审批】 加强对新建、改建、扩建、迁建的宗教活动场所行政审批事项的管理，指导各县（市）区加强监管工作，关注工程进展情况，及时发现和纠正存在的问题。推进长通路清真寺修缮工程和小房身清真寺工程建设。依法做好审核审批工作，完成市穆斯林朝觐人员的报名审核工作及培训工作。加强宗教教职人员登记备案管理工作，办理发放外省籍在长佛教教职人员证，完成道教在职人员办证和换证的审核申报事宜。指导基督教两会制定实施《长春市基督教传道员和义工传道员管理办法》，为全市基督教教职人员办理审核手续，建立电子信息档案。

【宗教活动安保管理】 做好大型宗教活动的审核上报工作，指导重点宗教活动场所组织安排好重大节庆活动安全保障工作。制定宗教活动场所重大节庆活动工作方案，指导县（市）区开展安全排查和制定工作预案，协调公安等部门做好安全防范等工作。确保伊斯兰教传统节日“开斋节”“古尔邦节”、佛教“浴佛节”“盂兰盆节”、天主教、基督教复活节、圣诞节等重大节庆活动的举办和安全稳定。制定、印发《长春市大型宗教活动管理办法》规范宗教活动的管理。

【宗教活动场所管理】 结合宗教基础信息核改及宗教活动场所统一社会信用代码赋码工作，召开全市宗教基础情况调研动员会议，推动宗教事务科学规范化管理。指导县（市）区、开发区宗教部门督促宗教活动场所建立和完善各项管理制度，制定、印发《全市性宗教团体联席会议制度》《长春市宗教团体管理制度》《长春市宗教活动场所维修补助资金管理办法》。为规范各宗教活动场所的制度建设，为各宗教活动场所统一制作政策法规宣传板。加强对宗教活动场所消防安全的管理，下发《关于进一步加强汛期宗教活动场所安全工作的紧急通知》和《长春市宗教活动场所安全大检查实施方案》等文件，开展全市宗教活动场所安全生产大检查，形成《长春市宗教活动场所消防安全风险调

10月1日，长春市宗教活动场所悬挂国旗（大佛寺） （周文庆 提供）

研评估报告》。定期到重点宗教活动场所开展消防安全检查，做好宗教活动场所安全防火工作。完成国家消防安全考核工作，全市宗教活动场所未发生重大安全事故。5月17日，省委督查组到长春市就宗教工作重大决策部署进行专项督查。

【引导宗教与社会主义社会相适应】 推进“和谐寺观教堂”创建活动。指导长春市伊协组织全市23个清真寺主任和阿訇、县（市）区伊协近50人举办“长春市清真寺管委会主任和阿訇学习班”。8月，协同市委统战部，在九台区民族宗教局的协助下举办为期3天的“长春市宗教界爱国爱教专题培训班”。指导协助市基督教“两会”开展践行社会主义核心价值观宣讲活动，9月，在西五马路基督教堂举办活动总结大会。引导宗教界参与公益慈善事业。长春市道教场所长乐宫举行“福入万家、日行一善”扶贫活动。协调长春市伊协、市基督教两会到双阳区黄金村慰问困难群众。十一期间，为庆祝中华人民共和国成立68周年，全市90%以上的宗教活动场所在醒目位置悬挂国旗，表达对祖国的热爱。

（周文庆）

人力资源和社会保障

【创业就业】 实施就业优先战略。全市开发就业岗位14.02万个，其中，开发高校毕业生就业岗位8.6万个；城镇新增就业11.4万人，援助就业困难群体3810人；城镇登记失业率3.51%，控制在4%以内。出台系列创业政策。印发《长春市创业担保贷款管理办法》，发放创业担保贷款5.18亿元，完成全年任务的216.6%，位列全省榜首；出台应届高校毕业生求职创业政策，为5691人发放求职创业补贴资金581.07万元。提供“精准创业”帮扶，培育28家大学生就业创业服务“示范社区”，实现14个县（市）区全覆盖；新建2家市级大学生创业园，市级大学生创业园总数15家；共同主办“长春市2017年青年科技创新创业大赛”，征集项目269个，为获奖项目颁发300万元项目扶持资金。长春转业军人创业孵化基地新址落成并投入使用，在全国率先成立自主择业军转干部功能型党支部，下设10个党小组，引导军转干部把目光投向创业发展、参与公益服务上来，具有长春特色的军转管理服务模式始终保持全国先进水平。

【社会保障体系建设】 机关事业单位养老保险制度改革取得阶段性成果，事业单位养老保险4.2万人参保认定工作全部完成；强化扩面征缴，全民医保基本实现。实现医保跨省异地就医直接结算，长春市与国家系统成功对接；升级社会保障卡，采集有效数据信息651.5万条，制发社会保障卡389.7万张。为5150名一线职工提供免费体检，发放急救箱2800个。提高城镇职工基本医疗保险统筹基金年度最高支付限额，由12万元提高到20万元，大额补充医疗保险年度最高支付限额由20万元提高到50万元；城镇居民医疗保险缴费补助标准人均提高30元以上；伤残职工津贴、护理费和遗属补助标准平均提高6%。发挥社保基金调控功能，助力老工业基地振兴。阶段性降低失业保险费率，由1.5%降至1%，惠及企业1.1万余户，全年为企业减负1.44亿元，为个人减负0.96亿元；落实稳岗补贴政策，联合认定941户企业，发放金额1.45亿元，受惠职工22.5万人。

【落实“人才新政”】 贯彻“人才新政20条”，对政策中涉及人社工作的内容专门制定《实施细则》，投入使用2431套标准化人才公寓，可容纳5000人入住，成为人才新政推出后兑现的首批政策。整合本地人才资源，搭建高端人才平台。在全国副省级城市和省会城市中首开先河，成立长春市院士专家联合会，会员规模超百人。经国家批准引智项目12项，获资助305万元，引进专家68人，是东北地区唯一获评“中国城市引才十强”称号城市。对全市人才引进、开发、培养、管理、使用情况进行摸底调研，组织51名生物医药、光电信息、现代农业等方面院士专家深入21户企业解决技术难题26项。高位对标开工建设长春市公共实训基地，部分工程接近封顶，建成后将实现年培训人员1.65万人次；超前谋划长春市技师学院新校区建设项目，征地工作基本结束。

【人事制度改革】 推进人事制度改革，通过统一招录，为全市补充522名公务员；办理调转任149人次，从基层遴选优秀年轻干部107人到市直机关各部门。举办市直机关公务员“知学讲坛”“周末大讲堂”，培训6175人；组织全市92名优秀公务员赴恩来干部学院、焦裕禄干部学院进行专题培训；重建网络培训管理系统及学习平台，全市公务员全部进网。推行智能考核，启用公务员考核云平台。完成253名计划分配军转干部、262名自主择业军转干部和50名随军随调家属安置任务。组织实施事业单位招聘“采兰计划”，深入京、津、杭等37所高校招才集贤，签约211人。面向北京大学、清华大学等高校学生开展“走进长春”活动，让国家重点高校学生到长春市机关事业单位和国有企业进行社会实践（实习），中国人民大学授予长春为“学生就业实习示范基地”。

【收入分配制度】 牵头全市28个部门，落实2017年“暖流计划”6个方面37项既定任务，惠及城乡居民893.1万人次，增长37.4%；总增收39.7亿元，增长77.2%；人均增收445元，增长23.6%。为19.1万名群众提供30个健康类项目，减免费用3255.7万元；提供21个就业创业类项目，惠及7万人，减免费用1.48亿元。形成市委领导、政府推动、社会力量广泛参与为核心的促进城乡劳动者收入提升的“长春增收模式”，为长春市第10次蝉联“中国最具幸福感城市”做出重要贡献。研究制定《关于深化公立医院薪酬制度改革试点实施意见（试行）》，推进公立医院薪酬制度改革，试点工作取得

11月18日，第六届中国长春创业就业博览会现场　　（杜　充　提供）

成效；全市国有企业负责人薪酬制度改革取得进展，工作方案获批。提高低收入群体工资收入水平，调整市区最低工资标准至1780元/月；连续13年提高企业退休人员基本养老金待遇水平，平均涨幅134.97元/月，受益46.3万人；提高60年代精简退职职工生活补贴标准至750元/月；连续3年提高失业保险金标准至1256元/月；保障机关事业单位退休人员工资水平，使8.96万退休人员平均增收180.77元/月；为全市1.7万余名公务员开展健康体检。

【劳动关系】　开展劳动关系协调、信访综治维稳和行政执法工作，确保不发生系统性区域性风险。在朝阳区开展“构建和谐劳动关系综合试验区”建设；推行集体协商和集体合同制度，集体合同建制率86.99%。实体化仲裁院，仲裁院硬件建设全部到位。全年处理案件1405件，结案率90.1%，维护劳动者合法利益2203万元。依法规范用工，施工手续齐全的346处建设工地实名制100%，完成农民工实名制登记管理4.04万人；设立“农民工工资支付专用账户”，通过“精准支付”发放农民工工资8.9亿元，经验做法被刊登在《人民日报》，省政府主要领导做出批示，要求在全省推广长春经验。全年接待群众来信来访235件次、462人次；落实局长接待日工作，解决来访12件。

【公共服务能力】　全市人力资源服务业实现跨跃式发展，人力资源企业近200户，经人社部批准，东北首家、全国第9家国家级人力资源服务产业园在长春建设并投入使用，安拓国际、科锐国际等人力资源企业在产业园设立东北地区总部，入驻人力资源企业27户。举办第6届创博会暨人才开放合作交流周，确定“凝智、聚才、交流、开放—凝聚振兴长春发展力量”的主题，组织“院士专家长春行”系列活动；首次举办中国长春人才发展论坛，提出引才聚才、就业创业“长春方案”；首次投入使用全国领先的智能招聘大厅，实现招聘求职无纸化模式；首次集中展示全市高技能人才成果。将人才中心、就业局、医保局、信息中心、产业园管理办公室等覆盖民生、人才服务领域的部门迁入产业园，打造一站式、集约化、量贩型综合服务体，协调市政相关部门开通产业园公交专线，达到进一门、全办结的效果。出台惠民30项服务措施，省人社厅主要领导批示转发全省人社系统学习；向长春新区下放行政权力79项；建立“双随机一公开”制度，调整权责清单7项；推进“一门式、一张网”改革，固化进厅上网事项97项，办件量4.19万件。

（杜　充）

民政工作

【社会救助】　实施脱贫攻坚低保支持计划，将城区城市低保标准提高到每人每月620元，城区农村低保标准提高到每人每年4920元。出台《关于加强农村低保制度与扶贫开发政策衔接的实施方案》。提高专项救助水平，重特大疾病住院救助比例由75%提高到80%，医疗救助封顶线由每人每年2万元提高到3万元，将艾滋病、血友病等7种疾病纳入特殊疾病救助，新增3家医疗救助定点医疗机构，低保户用水、用气、取暖补贴标准大幅提高。补齐“支出型”“急难型”困难家庭救助短板，投入资金9500万元，解决18.2万名困难群众生活及医疗难题。加强社会救助规范管理，开展社会救助政策宣传月活动，出台《长春市城乡低保专项整治行动实施方案》，15967户、23960名低保对象退出低保，实现动态管理下的应保尽保、应退尽退。

【社会养老】　鼓励社会力量兴办养老机构，新增养老机构11家，新增床位5667张。社会福利院新建项目进入土地收储程序，养老综合PPP项目进入项目建设阶段。推进居家和社区养老服务全国试点，为符合条件的9类老人购买助医、助洁、助餐等居家养老服务。实施“助力脱贫养老帮扶计划”，对15家农村社会福利服务中心进行升级改造，在全市贫困村开展农村邻里互助养老试点。开展养老院服务质量提升行动，将养老机构消防安全整治列入“幸福长春行动计划”，全市关停取缔养老机构294家，分流安置老人4700人，养老机构安全管理水平得到提升。评选出100户“最美敬老好家庭”和100名“最美长春老人”。为7万余人次重度和困难残疾人发放护理补贴和生活补贴6700万元。

11月11日，长春市召开退役士兵“公开选岗、阳光安置”会　（孙欣伟　提供）

【社区建设】　推进社区基础设施建设，城市“千米社区”比例达75%，200平方米以上农村社区比例达80%。充分展示幸福社区建设成果，举办“社区风采秀，就等你来秀”大型社区文艺汇演。依法依规完成社区居委会第十次换届选举工作。出台《关于加强和完善城乡社区治理的实施意见》，在8月24日召开的全省城乡社区治理工作现场会上，长春市作经验介绍。《党建引领，“五化”同步，长春市积极推进基层社会治理创新》做法被民政部转发。

【社会组织建设】　出台《长春市行业协会商会与行政机关脱钩总体方案》，组织召开全市动员大会，首批23家试点取得进展，长春市行业协会商会脱钩改革走在全省前列。出台《关于促进社会组织健康有序发展的实施意见》，加强党对社会组织的领导。引入第三方对社会组织开展等级评估，AAA级以上社会组织67家。制定出台《长春市具备承接政府职能转移和购买服务资质的社会组织目录编制管理办法》，57家社会组织首批纳入目录管理。新评估的AAA以上社会组织党组织组建率94%，建立局管社会组织党建工作台账。对40家社会组织开展“双随机”执法检查。

【双拥优抚】　军民融合深度发展。召开双拥工作领导小组第31次会议，军地双方完成20个方面40件双拥实事。社区拥军作为新时期拥军载体得到军地认可，8月13日，《解放军报》头版头条报道长春市社区拥军做法。出台《关于加强新形势下优抚安置工作的实施意见》，优抚安置工作制度化保障水平不断提高。加大困难帮扶和再就业扶持力度，做好退役士兵权益保障工作。创新退役士兵安置方式，符合政府安排工作条件的退役士兵全部实行“公开选岗、阳光安置”，经验做法在全省推广。举办“2017年退役士兵就业专场招聘会”，现场达成就业意向357人，中央电视台军事频道、新华网等多家媒体进行报道。

【社会事务管理】　开展农村留守儿童“合力监护、相伴成长”专项行动，着力构建政策保障、部门协同、社会参与、上下联动4项机制，9月12日，全国农村留守儿童关爱保护工作推进会在长春召开。创新推进殡葬改革，“三免两减一优化”殡葬惠民政策全面落实，受益人群1.2万人，受益金额2200万元。举办第八届公益海葬和第五届清明文化节活动，在重要时间节点开展全市禁烧行动，引导市民移风易俗，文明祭祀。开展“寒冬送温暖”专项救助行动，全年救助流浪乞讨人员6090人次。全面推进第二次全国地名普查，通过省级检查验收，为全市49条街路、1座桥梁、5个新建公园及地铁1号线15个站点正式命名，安装楼门牌、单元牌3743块，撤销2个镇，成立5个街道办事处。

【防灾减灾救灾】　制定《关于推进防灾减灾救灾体制机制改革的实施意见》，防灾减灾救灾体系进一步健全完善。围绕“减轻社区灾害风险，提升基层减灾能力”主题，在全市开展

9月12日，全国农村留守儿童关爱保护专项行动推进会在长春市召开
（孙欣伟　提供）

5·12“防灾减灾宣传周”活动，开展各种演练活动90余场次，参与群众100万人。加大救灾物资储备力度，全市储备物资规模4100万元。推进综合减灾示范社区创建，新增国家级综合减灾示范社区17个。

（孙欣伟）

社会保险

【扩面征缴】 2017年，城镇企业职工养老保险参保总量217.7万人，超出全年计划6.1%；城乡居民养老保险参保总量189.4万人，完成全年任务的100.8%；失业保险参保总量82.3万人，完成全年任务的101%，超额完成吉林省下达的计划指标。城镇企业职工养老保险基金征缴155亿元，比2016年增长9.5%，完成全年计划的120%；城乡居民养老保险征缴基金1.56亿元，全市缴费率79.2%，市本级达84.3%；失业保险征缴基金8.9亿元。

【保障民生】 落实待遇提标保发放政策，完成养老保险第13次提标，月人均2777.3元，提高146元，增长6.4%；失业保险金标准再次提高，市本级提高到每月1256元，增长6.1%。全年为全市63.3万企业退休人员发放养老金171.1亿元；为78.74万享受待遇的城乡居民发放养老金8.25亿元；为2万名失业人员发放失业金1.5亿元。

11月23日，社会保险服务中心完成搬迁启用　（于鹤鹏　提供）

【管理服务】 围绕综合柜员制经办模式，完成核心业务经办、网上经办、一体机等程序开发及测试工作，网络建设、智能化建设初步完成。完善多方位的公共服务体系，以“互联网+社保”为内容，推广网上经办、短信微信公众服务、手机客户端服务，网上经办单位达1万余户，微信、手机客户端用户2万余人。社会保障服务中心建设取得重大突破，2017年11月，实现整体搬迁并对外服务。社会保险服务中心的全面落成标志着长春市社会保险事业进入新时代。机关事业单位养老保险业务顺利启动，完成市直机关单位、事业单位、区属机关单位近7万人数据接收校验工作，以及全市近4万名在职工作人员、1.8万名退休人员审核入库工作，同步开展职业年金有关前期工作。

7月28日，办理养老金业务窗口　（于鹤鹏　提供）

【利企惠民政策】 落实失业保险降点政策，将失业保险费率由1.5%阶段性降至1%，其中单位缴费费率为0.7%，职工为0.3%，为企业减负7200万元，减少职工缴费4800万元；为778户不裁员、少裁员的企业发放失业保险稳岗补贴1.4亿元；“一门式、一张网”改革有序推进，对接并运行企业名称变更、法人变更等9项公共服务项目；为退休人员代发各类补贴3亿元，为失业人员缴纳医疗保险费3155万元。

（于鹤鹏）

老龄工作

【老龄宣传】 利用文明城创建，各种大型会议和活动等重要节点和契机，利用微博、微信、LED显示屏、车载电台等新媒体形式，宣传贯彻落实《中华人

10月13日，市老龄办敬老月期间，开展主题为"关爱老人 欢庆十九大"送文化慰问演出活动
（王文亚　提供）

民共和国老年人权益保障法》《吉林省老年人权益保障条例》，开展敬老爱老宣传活动。通过在老年大学开办相关课程，举办培训班等形式开展人口老龄化国情教育。与市文明办联合开展100户"最美敬老好家庭"和100名"最美长春老人"的"双百"评选活动。开展老年人讲《长春好故事》活动。在《长春晚报》《新文化报》开辟12期老年人防诈骗专栏，与长春市公交集团合作，在100辆主干线公交车车载广告屏上投放老年人防诈骗宣传广告。创建"长春市老龄信息网"，实现老龄宣传阵地在网络上零的突破。印发《长春老龄信息》简报5期，向各级老龄委成员单位传递老龄工作新形势、新任务及老龄工作动态。举办长春市老龄工作宣传通讯员培训班，对全市各县（市）、区老龄系统、基层老龄宣传骨干的140余名宣传通讯员进行培训。

【调整市老龄委成员单位】　调整老龄委成员单位。由副市长吕锋任长春市老龄工作委员会主任，新增市科技局、吉林大学、一汽集团等16家企事业单位为成员单位。调整后的长春市老龄工作委员会由32个成员单位增至48个，涵盖政府各部门、知名高校和大型国企。2017年6月，在湖北省武汉市召开的全国老龄联络协调工作会议上，长春市作为全国唯一的省会城市代表做典型发言。长春市通过调整老龄委成员单位，开展老龄战略对策研究，构建老龄工作大格局的经验和做法，得到全国老龄办和与会代表的一致认可。

【老龄事业综合信息试点】　市老龄办组织专家对全市500余名老龄信息统计人员进行集中培训，对其余4个县（市）区的统计员进行分散培训。专门成立督导组对试点工作进行督导，协调卫计委、统计局、公安局等部门，调取相关涉老数据，经过反复比对核实，形成覆盖长春市为老服务各个方面的综合数据信息体系。

【老年人权益保障】　长春市老龄办将《长春市保护老年人合法权益条例》（以下简称《条例》）修订工作列入2017年工作要点，将立法修订工作纳入2017年市人大内司委立法调研项目。组建由市人大法工委、内司委、市政府法制办、市老龄办相关人员参加的起草小组，委托吉林大学法学院作为"第三人"参与《条例》的修订工作。组织召开多次调研和座谈会，借鉴外地相关城市的立法经验，赴西安、广州、青岛等地开展立法调研，形成《条例（修订草案）》。与长春市中级人民法院联合开展涉老案件旁听工作。全年办理人大、政协建议、议案5件。受理市长公开电话12345转来的承办单9个，接待维权的老年人29人。

【老年优待政策】　全市向13160名90岁以上高龄老人发放高龄津贴2805.8561万元（含外县市），发放人次为15.4万人次。在春节、敬老月期间，市老龄办为百岁老人分别发放1000元敬老金，全年发放26.8万元。办理老年优待证8万4千余个。市老龄办参与、推动扩大老年人优惠乘车线路范围的研究，4次参加由市财政、市交通运输局、市残联、公交集团和市轨道集团等单位组织的论证会，会同相关部门赴郑州、合肥、南昌、厦门等城市进行考察。全年，全市65周岁以上老年人公交车客运总量为7762万次，优惠补贴7828万元；6月30日，地铁1号线开通以来，65周岁及以上老年人客运总量约为140万人次，优惠补贴350万元。为14.7万老年人办理意外伤害保险，政府统保2.6万人，理赔金额300万元。落实《关于开展老年人意外伤害保险工作的实施意见》（全国老龄办发〔2016〕32号）有关精神，与富德生命保险公司在二道区开展老年人意外伤害保险的试点及调研工作。联合市民政局，在全市贫困村开展农村邻里互助养老试点，投入资金312万元，为146个贫困村中的特殊和困难老人按每人每月200元标准购买居家养老服务，探索农村养老新模式。

【老龄问题调研】　推动《长春市人民代表大会常务委员会关于全面推进我市老龄事业发展的决议》的出台，为市老龄工作开展提供重要依据，特别是在机构设置、经费保障、老年民生保障等方面提供政策依据。为贯彻落实国务院办公厅《关于制定和实施老年人照顾服务项目的意见》，老龄办与吉林大学商学院签订课题服务协议，启动"长春市'老龄照顾服务+'模式研究"调研项目，深入养老机构、老年用品制造等养老关联产业，以及各类老年社会组织，在调查长春市涉老产业及协会发展现状的基础上，进行战略性研究。在全省老龄政策理论课题研讨活动中，长春市选送的论文，获得一等奖1篇，二等奖8篇、三等奖5篇，名列全省第一。《长春市老年人口及老龄事业发展状况调查》获市委政策理论研究成果三等奖。

【敬老月活动】 长春市以市老龄委的名义印发《关于开展2017年“敬老月”活动的通知》，开展“敬老月”活动。各级领导带头深入敬老院、老年公寓和老年人家庭，看望、慰问和救助孤寡、高龄、特困老人和离退休职工。在长春晚报上刊登“在第8个敬老月伊始，致全市老年朋友的一封信”；在《长春晚报》和“长春老龄信息网”上对100户“最美敬老好家庭”和100名“最美长春老人”进行表彰，为获奖的家庭和个人发放证书和奖牌；在《长春晚报》《新文化报》上开辟12期老年人防诈骗专栏，与长春市公交集团合作在100辆主干线公交车车载广告屏上投放老年人防诈骗宣传广告；组织3家艺术团队的120余名专业演职人员，走进18家基层养老机构开展主题为“关爱老年人，欢庆十九大”的送文化下基层慰问演出活动，1000余名老人观看演出；与长春晚报社和东方老年报社联合开展老年人“感谢党、颂党恩”主题征文活动，征集到文章140篇，书画160幅。敬老月期间，全市各界开展维权优待、文化体育、为老服务等各类活动百余场，发放各类涉老宣传资料、刊物3万余份，发放慰问金、慰问品和“敬老金”近100万元。

【老年文体活动】 市老年书画家协会举办中国老年书画研究会首届书画活动基地建设经验交流会暨优秀成果展。市老年体育协会组织参加国家级赛事7次，获得55块金牌，承办省级赛事5次，全年组织各类老年体育活动240余次，参与人群15万人。长春市朝鲜族协会全年开展老年活动19次。长春市柏合助老志愿者协会组织100场公益演出。

【基层老年社会组织】 全市建立健全各类老年协会2218家。2017年，新建并达标农村基层老年协会507家。举办长春市老龄系统学习贯彻十九大精神暨基层老年协会会长培训班，组织各级老龄机构负责人及基层老年协会会长200名参加培训。

（王文亚）

殡　葬

【清明节文明祭祀】 2017年清明节期间，从3月25日至4月4日，全市出动执法人员3万人次，查获并收缴封建迷信用品70多车；各城区、开发区组织辖区机关干部、行政执法人员、社区工作人员及志愿者近万人，对全市主要路口及重点部位进行不间断值守；全市各殡葬服务单位接待祭扫群众近75万人次，祭扫车辆11.2万台次。

【清明文化周活动】 清明节期间，在文化广场举办长春市第五届清明文化周，向广大市民传递“人文祭祀、绿色祭祀”等现代文明的祭祀理念。倡导市民在时空邮箱中投下寄语卡片、放飞寄语风筝等形式开展纪念活动。清明文化周活动期间，吸引市民15万人，发放思念风筝2000余个、鲜花5500支、思念卡片52200张、收集时空邮箱寄语4万封、寄语20万条。

【海葬公祭】 清明节期间，在长春人文纪念园举办情满人间，爱融大海第八届海葬公祭暨第八届海葬启动仪式，300余位市民响应低碳环保，骨灰撒海的方式处理骨灰。

【网络祭祀】 清明节期间“长春殡葬官网”为市民提供网络祭扫。各城区、开发区开设社区公祭点引导群众走进社区网络祭祀，召开集体追思会等方式共同缅怀故人。

（何卫东）

3月26日，在长春市清明文化节期间市民通过时空信箱追思逝去亲人

（何卫东　提供）

农安县

【概况】 农安县位于吉林省中部，辖22个乡镇，377个行政村。总人口113万人，其中农业人口92万人。农安县是全省耕地面积最大的县，有耕地面积35.6万公顷。全省人口超过百万的3个县之一。面积5400平方公里。境内有大中型水库4座，波罗湖是国家级自然保护区。农安县是全国产粮大县之一，粮食年产量稳定在25万吨以上；油母页岩、陶土、天然气、二氧化碳等矿产资源储量丰富。2017年，全县实现地区生产总值467.1亿元，比2016年增长8.5%；全口径、地方级财政收入分别为24.9亿元和14.2亿元，增长1.6%和8%；社会消费品零售总额实现161.1亿元，增长11.2%；城乡居民收入分别为25100元和13450元，增长6.7%和7.2%。

【农业建设】 农业编制完成《现代农业示范区核心区建设规划》，被确定为吉林省现代农业核心示范区。有效应对春季低温、亚洲飞蝗等自然灾害，粮食产量突破4万吨。调减玉米种植面积4.6万公顷，发展特色经济作物9.3万公顷、棚膜经济0.23万公顷，打造高标准农田1.43万公顷，实施黑土地保护0.04万公顷；投资近4亿元加强水利设施建设，县政府被省政府授予防汛工作集体二等功；主要粮食作物综合机械化水平93%，获得全国平安农机示范县称号。创建绿色食品原料标准化生产基地0.6万公顷，农安镇两家子、小城子顺民心合作社等12户企业、31个农产品通过中国绿色食品中心认证。农民合作社5000多家，带动农户1.5万户；家庭农场、专业大户分别为1165家和690家，培养致富带头人2654人，农民人均收入增长近千元；全县流转土地20.8万公顷，其中新型农业经营主体流转12.3万公顷，占比60%。培育陈家店等5家市级绿色有机农业示范园区；春江堰家庭农场被确定为全国数字农业试点，并在全省三产融合试点评比中排名首位；培育农业品牌近50个，市级以上龙头企业发展到49户，康大、华正、众品等畜牧深加工企业保持平稳增长。在全省率先建成病死畜禽无害化处理场，无疫区建设通过国家验收；被确定为全国首批、全省唯一粪污资源化综合利用试点。

【工业发展】 工业制定实施招商引资优惠政策，全年外出招商138次，签约项目68个，首个单体超百亿的合隆北斗科技小镇项目、慧聪电子商务产业园项目签约落户；引进内资98亿元、外资1.45亿美元，分别增长28.5%和18.2%。全年新建续建5000万元以上项目118个，供地量138公顷，增长28.5%；海螺型材、远航机械、瓮福农业等项目竣工投产，佐丹利、显锋药业、华峰建材等重点企业订单充足，全县供电量7.4亿千瓦时，增长8.1%。认定科技型“小巨人”企业23户、高新技术企业9户，泰华电子、泰盟机械2户企业上市。

【城市建设】 完善《新型城镇化建设规划》，国家13部委专家专程赴农安县调研指导，召开“新型城镇化建设座谈会”，获批国家发改委城市和小城镇改革发展中心联络点。投资2.3亿元，继续实施滨水生态治理；实施古城街等道路改造，火车站改造完成投入使用，长白高铁建成通车；新建楼房53.6万平方米，改造棚户区2306户，消化商品房4536套，彻底消除城市棚户区；投资258.4万元，完成44个老旧散小区改造提升；体育馆主体工程竣工，公共体育场投入使用；纪录片《古韵王城农安》获国家“城市名片”金奖。改造农村公路163公里，凯旋北路继续向县城延伸；新建乡村文化广场50个、面积4万平方米；落实奖补资金920万元，建设新农村示范村23个；改造农村危房1261个、旱厕5380个；合隆镇新型城镇化示范作用明显，伏龙泉镇、烧锅镇晋升为特色小镇示范镇和全省特色示范镇。

【生态建设】 生态建设落实三级河长390人，生态龙湖、瘦东湖、城市生态供水、波罗湖应急补水等重点工程快速推进，全年引水3亿多立方米；太平池国家生态环境保护区开工建设，伊通河、饮马河等生态改革试点取得突破；新增造林绿化面积1077公顷。创建省级生态建设示范区10个、市级生态文明村21个，区域生态环境改善。完成烧锅、靠山污水处理厂建设，实施县城污水处理厂提标改造工程，划定集中式饮用水源保护区、畜禽禁养区；推进锅炉并网改造，报废黄标车1769辆，实施土壤治理2020公顷，秸秆综合利用成效突出，全国秸秆离田还田现场会在农安县召开。空气质量优良天数比91.5%。开通环保信访问题举报电话，严厉查处环境违法行为，办理中央环保督察组交办的环保信访案件，推进整改落实。

【旅游发展】 旅游产业太平池国家湿地公园、环波罗湖生态旅游等项目入编吉林省绿色旅游精品带建设规划，辽金时代、剑鹏马城、海之恋广场带动力增强，举办国际汽车冰雪拉力赛、国际马文化艺术节、中美篮球对抗赛等重大活动。获“中国最美休闲自驾游目的地”和“中国最佳运动休闲旅游名县”等称号，农安县被确定为吉林省服务业发展攻坚综合试点县。

【社会事业】 社会事业投资3.4亿元，统筹推进城乡教育基础设施建设，通过国家义务教育发展基本均衡县验收；“温馨村小”建设被央视等多家主流媒体报道；“五段式”校本研修模式应邀到上海等多地做专题介绍。在全省率先启动医疗服务共同体建设，家庭签约式医疗服务不断扩大，医改经验在国务院专题座谈会上交流，被确定为全国公立医院改革示范县。举办全民运动会，黄龙戏《粘豆包》代表吉林省晋京汇报演出。开发就业岗位7500个，新增就业

9月12日，农安县体育运动中心举行2017年农安全民运动会　（赵立国　提供）

6500人，城镇失业登记率控制在3.9%以内；发展健康养老事业，新增民办养老机构9家、床位488张；落实各项优抚政策，发放抚恤金和生活补助2986万元；开展城乡低保核查，保障标准分别为年人均5160元和3650元。完成公车改革；完成4个街道设置，基层建设和服务管理能力显著提升；“一门式、一张网”政务服务实现全覆盖，938项行政审批业务全部进驻政务大厅。社会综合治理严格落实县级领导包案制度，加大问题解决力度，开展信访积案专项整治，解决信访积案28件、化解重点案件37件，打造智慧安监信息平台，提升安全生产网格化、标准化、信息化和社会化监管水平；落实企业主体责任和属地、部门安全监管责任，开展安全生产春季行动、“铁拳行动”，加大各类隐患排查整改力度，安全生产实现零事故、零死亡。启动“农安长安”雪亮工程，推广应用“互联网+公安”综合服务平台，保持高压严打态势，开展“三年一战”打击盗抢骗专项行动，案发率、破案率“一降一升”，群众安全感得到提升。人民生活全面实施《幸福农安建设行动计划》，各项民生实事有效落实。突出产业带动，主动开展“回头看”和“走遍贫困村、访遍贫困户”活动，全年投入扶贫资金2.3亿元，落实健康扶贫、教育扶贫、社会兜底政策，实施产业扶贫项目48个，统筹解决贫困户危房改造、子女乘车补助、医疗保险等问题，实现脱贫8307人、贫困村出列34个。

（赵立国）

2017年农安县主要经济指标完成情况统计表

指标名称	单位	总量	比2016年±%
地区生产总值（现价）	万元	4718433	8.8
第一产业增加值（现价）	万元	885209	4.2
第二产业增加值（现价）	万元	1335051	7.0
工业增加值（现价）	万元	929514	9.8
建筑业增加值（现价）	万元	405537	0.6
第三产业增加值（现价）	万元	2498173	11.9

续表

指标名称	单位	总量	比2016年±%
地区生产总值（不变价）	万元	4794784	8.8
第一产业增加值（不变价）	万元	1043248	4.2
第二产业增加值（不变价）	万元	1352784	7.0
工业增加值（不变价））	万元	969828	9.8
建筑业增加值（不变价）	万元	382956	0.6
第三产业增加值（不变价）	万元	2398752	11.9
规模以上工业总产值	万元	4604589	16.2
全社会固定资产投资	万元	4738554	69.3
其中，工业投资	万元	3360523	104.9
社会消费品零售总额	万元	1586354	10.3

榆树市

【概况】 榆树市位于吉林省中北部，地处松辽平原腹地，在世界黄金玉米带上，是长春、吉林、哈尔滨3市构成的三角区中心。面积4712.49万平方公里。全市播种面积3.9万公顷。境内有松花江、卡岔河、拉林河3大水系，无崇山峻岭。辖9个乡、15个镇、4个街道，388个村、12个城市社区。有省级经济开发区、工业集中区各1个：长春五棵树经济开发区、吉林省榆树环城工业集中区。2017年，全市户数439006户，总人口1235797人；其中非农业人口223304人。有满、朝鲜、回、蒙古、哈萨克、藏、苗、彝、壮、侗、瑶、土家、黎、佤、达斡尔、羌、锡伯、白、傣、傈僳20个少数民族。少数民族人口20136人，占总人口的1.56%。

2017年，榆树市地区生产总值4333365万元，比2016年增长5.5%；全口径财政收入、地方级财政收入分别完成140213万元和100400万元，分别增长12.5和8%；全社会固定资产投资完成2637892万元，增长4.5%；社会消费品零售总额完成1601362万元，增长10%；城镇居民、农村居民人均可支配收入分别为22821元和13504元，分别增长7.1%和7%。

连续14年获全国粮食生产先进县市，连续12年跻身全国最具投资潜力中小城市百强。榆树市被国家确定为首批粮食生产功能区、中国优质玉米示范区。榆树玉米被评为“中国好粮油”，榆树大米被评为“中国百强农产品”。

【农业建设】 优化种植结构，调减籽粒玉米2.01万公顷，增加水稻、大豆、高粱1.7万公顷，种植青贮玉米1333.33公顷，发展旱作直播稻300公顷，经济作物面积1.33万公顷。整合资金2.7亿元，建成高标准农田1.04万公顷，实施黑土地保护6666.67公顷。建成100公顷水田核心示范区、933.33公顷高标准水田生产示范区。飞机航化作业5.33万公顷，水稻病虫害实现统防统治。投资2691万元，实施卡中闸除险加固和小型农田水利建设工程，恢复水田灌溉1866.67公顷。投资5638万元的农村电网改造项目竣工。榆树玉米产业园被评为省级产业园。加大新型经营主体培育力度，农民合作社发展到4583家，家庭农场1016家。土地规模经营面积18万公顷，占耕地总面积的46.1%。国有林场改革和乡镇土地确权工作基本完成。标准牧业小区806个。病死动物无害化处理厂和23个收集点建成运营，无疫区建设通过国家验收。被国家确定为全省首家种养结合整县推进一体化项目试点市，牧业产值实现65亿元。整合资金9000万元，扶持棚膜经济发展，新增温室大棚面积266.67公顷，总面积发展到4600公顷，园艺特产实现产值78亿元。2017年末，全市生猪存栏1014066头，牛存栏627465头，羊存栏96277只，禽存栏1508.5万只。奶类产量31754吨，禽蛋产量113089吨，肉类产量248103吨。

【工业发展】 开展招商引资百日攻坚行动，凯禹百吨级电容炭产业园、华润秸秆综合利用项目签约。中粮30万吨燃料乙醇、长春天裕30万吨燃料乙醇、金禾集团30万吨柠檬酸等项目达成投资意向。阳光凯迪生物质发电、闽粮收储加工等项目开工建设，中瑞生物质能源项目主体完工，中粮15万吨柠檬酸、吉林谷麦王食品等项目建成投产。正大肉鸡产业化项目新建养殖场8个，14个养殖场平稳运行，年出栏肉鸡5800万只。投资10亿元的正大饲料厂建成投产，投资16亿元的正大食品加工厂达产达效，形成从农田到餐桌的全产业链。投资3亿元的鸿润粮食收储项目建成使用。推进“大众创业、万众创新”活动，建成吉酒集团创业孵化园。蓝河坝米业、天丰米业、真元药业等企业进入长春百强民营企业行列。2017年，全口径工业增加值实现79.44亿元，按不变价格计算，比2016年增长5.8%。其中，规模以上工业企业发展到136户，总产值实现275.42亿元，比2016年增长18.2%，增加值实现342.54亿元，按不变价格计算，比2016年增长9.5%。规模以上工业企业实现主营业务收入234.35亿元，比2016年增长9.4%；实现利润6.79亿元，比2016年增长13.9%。全市民营经济发展到41057户，从业人员32.64万人。民营经济总产值实现1274.67亿元，比2016年增长0.5%，利润总额实现118.48亿元，比2016年增长16.9%。民营经济增加实现307.61亿元。

【园区建设】 长春榆树五棵树经济开发区地区生产总值完成122亿元，增长8.9%；工业总产值完成105亿元，比2016年增长9%；固定资产投资完成100亿元，增长16.3%；引进内资24亿元，增长11.3%。引进外资6500万美元，增长12.6%。在全省94家开发区（集中区）综合考评中，名列第8。新开工项目3个，分别是中粮生化公司年产12万吨有机酸项目、吉林中端（北京中节环）生物天然气项目和阳光凯迪生物质发电项目。引进重点投资项目3个，中粮有机酸开工建设，北京白酒、杭州众友2个项目签约，签约资金13亿元。吉林省榆树环城工业集中区固定资产投资完成54.5亿元，完成任务量的103%。其中工业固定资产投资完成43.2亿元，完成任务量的101%；非工业固定资产投资完成11.3亿元，完成任务量的107%。招商引资任务完成17.25亿元，完成任务量的108%。实现税收2568万元。其中国税1389万元；地税1179万元。投资10亿元的正大饲料项目，进入带料生产阶段，年生产能力27万吨；投资16亿元的正大食品项目于12月20日正式开业，进入生产阶段，年屠宰能力5000万只，2个项目均达产达效。投资2亿元的吉林凯禹二期，百吨级超级电容碳正式签约1.2万平方米的厂房建设完成，16条硅碳黑生产线，3条超级电容碳生产线机器也陆续进场安装。投资4.3亿元的坤泰现代农业产业园区建成使用。浙江安厨电子商务正式入驻，吉林榆树名优农产品可在电商平台统一包装销售。

【城乡建设】 开展打违促征百日攻坚行动，依法拆除违建和D级危房952户、5.4万平方米，打通中心街、承恩街等街路。改造棚户区12个区段，征收房屋2136户、18.86万平方米。改造旧棚改小区道路16.8万平方米。分配廉租房43套，购买公租房30套，发放租赁补贴3300户。城北集中供热站主体完工，新建换热站4座。平安供水厂正在安装调试，改造50栋旧楼供水系统，更新管网1.6万米。实施10个老旧小区天然气入户工程，新增用户8000户。榆松高速公路建设顺利推进，修复黑大公路、榆山公路49公里。建设农村水泥路200公里，改造危桥险桥20座。客运北站新建工程投入使用，完成客运总站室内装修改造，乘车出行环境明显改善。开展市容环境综合整治，清理占道经营1800处。着力规范市区交通秩序，重新施划道路标线5.5万平方米、停车位8000个。依法整治非法营运行为，严厉打击超限超载，纠正违章行为4.8万起，吉林省大货车专项整治现场会在榆树市召开。

【社会事业】 投资2亿元的人防商场投入使用，投资16亿元的天悦商城正在装修，投资7.5亿元的凯购城商业综合体主体完工。现代物流体系逐步完善，鲅鱼圈榆树内陆港一期工程完工，粮食外运能力由130万吨提升到400万吨，五棵树农贸物流园区建成使用。深化商事制度改革，新增各类市场主体6225户。实施供销社改革试点工作，全省供销社综合改革现场会在榆树市召开。建成坤泰现代农业电子商务产业园，安厨电子商务正式落户，全市电商公共服务平台投入使用，特色优质农产品实现网上包装销售。全市快递企业发展到15户，业务网络延伸到乡村。新建校舍5万平方米，维修改造学校164所。完成二实验小学、三小学扩建工程，完成实验高中等市区学校体育场馆建设。补充教师385人。乡镇中心校多媒体教学实现“班班通”。义务教育均衡发展顺利通过国家评估验收。投资1.67亿元，建成保健院综合楼和市医院妇儿科综合楼。投资710万元，改善18个乡镇卫生院医疗条件。在全省率先通过国家健康促进县评估验收。新建综合文化服务中心28个、农村文化广场56个，为80个行政村、18个小区安装健身器材1080件。成立全民阅读中心，开展“悦动榆树”大型系列文体活动65次。投资4.5亿元的吉视传媒光纤入户工程完成7个乡镇。优化发展软环境，清理行政审批项目492项，推进“一门式、一张网”综合政务服务改革，28个乡（镇）街公共服务中心全部开通，实现群众的事“一窗通办”、企业的事“一网全办”，提高服务质量和办事效率。开展大排查、大接访活动，解决信访历史积案127件。办理市长公开电话，开展市长（局长）接待日和社区工作日活动，及时解决群众难题。法律援助全面铺开，受理案件398件，化解基层矛盾纠纷1320起，社会保持和谐稳定。强化行业监管，全市9756户生产经营单位全部明确监管部门。开展安全隐患排查整治，整改隐患1083起。强化企业主体责任，建设企业安全生产班组1310个，夯实安全生产基础。实施“互联网+公安”服务模式，开展“三打一整治”专项行动，17起命案全部告破。加强夜巡防控、社区防控、街路防控，提高见警率和应急处置能力，群众安全感和满意度提升。

【人民生活】 完成12件民生实事和66项幸福榆树建设任务。筹资1.83亿元，建设贫困村安全饮水、危房改造、道路桥梁等工程，实施扶贫项目38个，完成年度脱贫攻坚任务，30个贫困村摘帽、8707人脱贫。惠及6万人的安全饮水工程全面完成。改造农村危房2637户，完成农村改厕5300户，绿化造林0.22万公顷，农村环境改善。开展环保行政执法大检查、大整改活动，出动执法人员3100人次，检查企业256户，责令整改96户，立案查处39户，取缔关闭3户。撤并10吨以下小锅炉19座，安装油烟净化设施58套，淘汰黄标车987台，大气质量优良天数298天。落实河长制，开展清河行动。完成市区饮用水水源地保护区划工作。实施《暖流计划》，开展农民工返乡创业等系列活动，开发就业岗位8352个，新增城镇就业7245人，失业人员再就业3058人。发放创业贷款2200万元，培训创业人员1560人，城乡成功创业3560人。农村劳务输出27万人次，实现劳务收入45亿元。参加基本养老保险职工45604人，失业保险职工41697人，城镇居民最低生活保障20538人，农村居民最低生活保障17637人，农村合作医疗保险888693人，城乡居民养老保险418660人。职工医疗保险59456人，城镇居民医疗保险83689人。按时足额发放城镇职工、城乡居民养老金9.8亿元，社会化发放率100%。城镇职工医保支付限额由12万元提高到20万元，大额补充医保支付限额由20万元提高到50万元。农村低保年补贴标准提高到3524元。为11538名困难残疾人、8798名重度残疾人发放补贴1900万元。建设农村幸福院17个，提升养老服务能力。五棵树滨江旅游区、花园山省级森林公园等景区功能逐步提升。榆树钱酒业被列为省级工业旅游示范点，延和朝鲜族乡民俗馆被评为国家AA级旅游景区。

（刘艳成）

8月10日，榆树市“生物质新材料工业产业园”暨百吨级超级电容炭生产线正式启动

（刘艳成　提供）

2017年榆树市国民经济和社会发展主要指标完成情况统计表

指标名称	单位	实际完成	比2016年±%
国内生产总值	万元	4333365	5.5
第一产业增加值	万元	818512	3.9
第二产业增加值	万元	1195009	5.1
第三产业增加值	万元	2319844	6.4
规上工业总产值	万元	2754234	18.2
农业总产值	万元	1563949	-2.1
全口径财政收入	万元	140213	12.5
本级财政收入	万元	100400	8.0
固定资产投资额	亿元	263.79	4.5
社会商品零售额	万元	1601362	10
新增实际使用外资额	万美元	11240	18
民营经济增加值	万元	3076053	-1.7

续表

指标名称	单位	实际完成	比2016年±%
非私营单位在岗职工年人均工资	元	51746	10.6
城市居民人均可支配收入	元	22821	7.1
农民人均纯收入	元	13504	7
普通中学数	所	54	0
普通小学数	所	275	0
人口出生率	‰	3.4	-12.8
计划生育率	%	98.74	0.4
城乡居民储蓄存款余额	万元	2162332	10.4

德惠市

【概况】 德惠市地处吉林省中北部，面积3435平方公里，辖16个乡镇、4个街道办事处，总人口100万。位于长春、吉林、哈尔滨3大城市之间，处在长东北开放开发先导区和哈大经济隆起带的重要结点位置。京哈铁路、102国道、同三高速公路和哈大铁路客运专线平行穿过全境，同三高速公路在德惠境内设有米沙子、德惠、菜园子3个出口，哈大铁路客运专线在德惠设站。耕地面积21.4万公顷，盛产玉米、大豆、水稻和瓜菜，是全国重点商品粮基地县之一，肉鸡年出栏量居全国县（市）首位；德惠市矿产资源丰富，是东北最大轻体建材生产基地，粘土矿、砂石矿遍布全市，境内天然气探明储量3000亿立方米，页岩储量434万立方米。形成以食品加工业、玉米加工业、环保建材业、生物制药业、现代包装业和冶金制造业为支柱的门类较齐全的工业体系，产品达400多个品种，有40余种产品获得国家和省部级优质产品奖。

【农业建设】 调减籽粒玉米0.3万公顷，发展园艺特产业1.8万公顷，粮食产量21.25万吨。中国粮食行业协会授予德惠市“中国优质小町米之乡”荣誉称号。全市绿色食品认证111个品种。新建扩建标准化牧业小区40个，建成病死动物无害化处理中心及兽医实验室，免疫无口蹄疫区建设代表吉林省通过国家验收，畜禽粪污资源化利用整县推进项目正式获批，入围全国首批示范县（市）。新增省和长春市级重点龙头企业8户，农产品加工业销售收入520亿元。完成23处农村饮水安全巩固提升工程。农防林更新改造225公顷，清收林地造林347公顷。农机总动力138万千瓦，综合农机化水平83.5%。使用国家农机购置补贴4800万元。国家植保无人机水稻飞防作业现场观摩会在德惠市举办。培育新型农业经营主体，新增农民专业合作社300户、家庭农场100户。农村土地流转7万公顷，争取新一轮省级新农村建设重点村10个，打造省级休闲农业与乡村旅游星级企业4户。评选美丽庭院1500户、干净人家3000户。朱城子镇被评为吉林省首批特色小镇，良种场村被评为“全国美丽乡村示范村”，米沙子镇南王家村等3个村被评为长春市第二届“最美乡村”。推进农村生活垃圾无害化处理，购置垃圾压缩车9台，乡镇街区垃圾清运实现全覆盖。开展秋季秸秆禁烧专项治理行动，露天焚烧秸秆现象得到遏制。

【工业发展】 食品加工、生物化工和生物质资源利用等产业实现产值252亿元，占规模以上工业总产值的40.5%，比2016年增长14.5%。企业升级入规势头强劲，新增规上企业50户，总产值60亿元，占规模以上工业总产值的9.6%。战略性新兴产业实现产值138亿元，占规模以上工业总产值的22%，增长17%。新增科技“小巨人”和高新技术企业19户。

【经济发展】 全市地区生产总值实现478.7亿元，比2016年增长8.6%；规模以上工业总产值实现621亿元，增长15%；一般预算全口径财政收入实现16.3亿元，增长14.8%。地方级财政收入实现10.7亿元，增长10.5%；固定资产投资实现336亿元，增长20%；社会消费品零售总额实现163.4亿元，增长11%；城镇居民人均可支配收入24929元，增长7.2%；农村居民人均可支配收入13636元，增长7.6%。

【招商引资】 开展“招商引资突破年”活动，推动与天津东丽区、浙江建德市对口合作，赴天津、杭州等地进行经贸交流，引进了浙江才府、齐鲁制药、丰驰木业等项目。全年引进项目68个，投资总额264.2亿元。实际利用内资88.5亿元，比2016年增长10.6%。实际利用外资1.37亿美元，增长19.4%。

【重大项目】 将27个重大项目纳入市级领导包保范畴，新建续建亿元以上项目84个，完成投资128亿元。总投资64.3亿元的京哈高速公路改扩建德惠段启动开工；总投资20亿元的回头客食品加工（一期）主体工程完工；总投资13.7亿元的吉林工程技术师范学院新校区开工；总投资12亿元的浙江才府玻璃包装容器（一期）工程主体完工；小村外酒厂、坤森天然气、香江物流等项目相继竣工投产；达利公司追加投资3亿元，新上豆奶等7条生产线，全年上缴税金突破2亿元。

【城乡建设】 城区重点地块控制性详细规划251公顷，规划区内违法建设监管实现全覆盖，全年拆除违规建筑1.3万平方米。全年楼房开发43万平方米，危房改造462户。投资1.5亿元，完成10条市政道路及排水工程，东风路全线贯通。惠新公铁立交桥、湿地保护、西环城路（德农路—德惠路）3个PPP项目进入招投标程序，12项城市供水改造工程竣工，惠发街道3个村接引城市自来水工程完成。米沙子至德惠60公里天然气输送管线建设完成并投入使用。修建农村公路190公里，省道其太公路改扩建工程完成年度任务。新建改造电网线路75公里。德惠西综合客运站建设竣工。京哈高速公路改扩建德惠段完成征地拆迁。开展城区土地房屋集中征收打违“百日会战”，签约259户，腾空土地面积15.5万平方米。开展道路交通运输秩序专项整治行动，非法营运、超载超限等违法行为得到遏制。加强城中村和城乡结合部卫生管理，城区卫生保洁实现全覆盖。纳入常态管理的101个老旧散小区旧貌换新颜。惠民公园、文化公园等“五园”功能设施更加完善。在主要街路及景点栽植苗木、花卉108万株。将昌盛街、民族路早市平稳迁至惠民早市，市场秩序有效规范。

【生态环境】 东风污水处理厂中水利用项目投入运行并完成提标改造；太兴垃圾填埋场封场工程主体完工；德佳生活垃圾焚烧发电厂投产运营。20吨以上燃煤锅炉提标改造13台套。全市空气质量优良天数349天。实施“河长制”，落实“一江四河”市乡村三级河长327人。加强对重点工业企业、规模化养殖场等污染源减排监管，域内河流断面水质提升。实施农药化肥减量化工程，农业面源污染得到控制。

【文教卫生】 投资1亿元，新建和维修改造中小学12所，打造“温馨村小”23所，配备中小学教学设备。学前教育、职业教育取得新进展。全市连续4年实现平安高考目标。公立医院综合改革实施，基本公共卫生工作加强，建立电子健康档案63.5万份。疾病控制工作效果明显，传染病发病率比2016年下降12.6%。完成文化馆、图书馆设施设备采购安装。新建文化广场40个。开展各类大型文体活动100余场，群众文化生活得到丰富。竞技体育保持全省领先地位，在国家和省年度大赛获得28枚金牌。农村有线电视数字化改造全部完成。

【民主法制】 开展“软环境建设提升年”活动，公车改革有效落实，“三公经费”持续降低。提升依法行政水平。落实“一岗双责”，政府系统党风廉政建设加强。自觉接受市人大、市政协和社会各界监督，办理人大代表建议41件、政协委员提案69件，答复率和满意率100%。

【民生事业】 开发就业岗位7855个，城镇新增就业7259人，下岗失业人员再就业3289人，保持零就业家庭动态为零。农村劳动力转移就业22.6万人次，劳务收入26.6亿元。城镇养老保险、失业保险、职工和居民基本医疗保险任务超额完成。医保报销实现跨省异地结算，机关事业单位养老保险改革启动实施，城乡低保标准稳步提高。医疗救助1.6万人次，发放救助金2600万元。养老机构安全管理持续加强，完成20个方面46项建设幸福德惠行动计划。

【社会环境】 开展安全生产大检查行动，突出危险化学品、烟花爆竹、建筑施工、道路交通、消防安全、食品药品安全等重点行业领域安全隐患排查治理，妥善处置“7·24”燃气管线泄露事件，防范遏制重大事故发生，安全生产形势保持稳定。构建立体化治安防控体系，完善“大巡控”机制，市区重点部位巡逻防范实现全覆盖。“互联网+公安”平台全面应用。组织开展打防暴恐、邪教及“盗抢骗”“黄赌毒”等专项行动，命案12起12破，破命案积案2起，综合破案率117%。长春市公安系统信息资源整合共享与实战应用现场会在德惠市召开。德惠市看守所被省公安厅确定为首批“全省看守所执法管理示范教学基地”。

【深化改革】 深化“放管服”改革，推行“互联网+政务服务”。“一门式、一张网”综合改革，行政审批和87项公共服务事项实现网上办理。商事制度改革全面落实，“多证合一”改革推进，“双随机一公开”实现全覆盖，市场主体新增7000户，总量5.3万户，位居全省县（市）前列。开展“软环境建设提升年”活动，营造推动振兴发展的浓厚氛围。公车改革有效落实。“三公经费”持续降低。

（王忠祥）

2017年德惠市国民经济和社会发展主要指标完成情况统计表

指标名称	单位	实际完成	比2016年±%
地区生产总值	亿元	482.0	9.0
一产增加值	亿元	76.4	-2.0
二产增加值	亿元	178.3	7.0
三产增加值	亿元	227.2	36.0
全口径财政收入	亿元	16.2	13.9
其中：地方财政收入	亿元	10.8	2.4
固定资产投资	亿元	293.4	12.0
规模以上工业总产值	亿元	601.0	12.1
城镇人均可支配收入	亿元	24929.0	7.2
农民人均纯收入	元	13636.0	7.6
社会消费品零售总额	亿元	162.4	10.4

九台区

【概况】 九台区位于吉林省中部，东经125° 24′ 50″～126° 29′ 50″，北纬43° 50′ 30″～44° 31′ 30″，属长白山与松辽平原过渡地带，四季分明。东及东北与舒兰市和榆树市为界；南及东南同永吉县接壤；西与长春市为邻；西南同双阳区毗连；北及西北均界德惠市。辖13个街道、2个建制镇、2个民族乡、283个行政村。周边境线381.5公里，面积3375平方公里，地表结构为“三山一水六分田”。耕地土质肥沃，是国家主要的商品粮生产基地，盛产玉米、水稻、大豆、高粱、谷子,以及油料、甜菜、瓜果、蔬菜等作物，是各种杂粮、杂豆的高产区域，苗木花卉远销全国各地，被称为“北方苗木花卉之乡”。林地面积59776公顷，有林地面积51438公顷,占长春地区的32.1%。人工林22800公顷，天然林28638公顷。公益林面积43932公顷。活立木蓄积527万立方米，森林覆盖率15.9%。储水量8亿立方米，“一江三河”（松花江、饮马河、雾开河、沐石河）流经域内，域内的石头口门水库是长春市最重要的水源地。域内煤、沙、矿泉水、沸石、钠基膨润土等矿藏资源丰富，千万吨储量以上的矿产11种，其中原煤储量5亿吨，年产煤炭700多万吨，占长春市煤炭产量80%。年产300万吨优质煤的龙家堡煤田和吉林省单机最大、投资规模最大的华能九台电厂是矿产龙头企业。有“一脉五峰十景”，国家AAAA级旅游景区1个，AAA级旅游景3个，AA级旅游景区10个，A级旅游景区6个。九台区处于长春市和吉林市之间的交通走廊地带和长吉经济圈的核心位置，域内有“四横三纵一空”的立体化交通格局。长吉高速公路、长吉北线公路、长吉高速铁路、长图铁路横贯东西，九万公路、九双公路、菜口公路纵穿南北，长春龙嘉国际机场坐落境内。长吉城际高速铁路在九台西营城街道设立中间站。

【农业建设】 全区农作物播种面积19.9万公顷,粮食产量113.4万吨。调减籽粒玉米14.3万公顷。黏玉米0.6万公顷，水稻2.4万公顷，大豆0.5万公顷，蔬菜1.2万公顷，马铃薯0.5万公顷，苗木花卉0.6万公顷，其他杂粮杂豆0.2万公顷。建绿色高产高效创建项目13个示范方15万公顷。完成墨西哥玉米超高产示范基地建设，创造了九台区玉米生产纪录，公顷产量13849.5公斤。完成吉林省优质食味水稻新品种与绿色生产技术示范与推广项目、吉林省玉米秸秆还田技术适应性示范项目。新培育农民专业合作社150个、家庭农场 50个，种植大户196个。发展种植大户5658个、农民专业合作社3294个、家庭农场 1052个。种粮大户、家庭农场、专业合作社等经济主体的土地规模经营发展面积7.1万公顷。培育申报长春市级示范农民合作社31个、示范家庭农场24个。

申报4户省级农业产业化龙头企业和5户市级农业产业化龙头企业。分别是长城米业、吉林三晋老陈醋食品、嘉禾米业、乾丰米业、中盈粮食。有国家级龙头企业1户，即天景食品；省级龙头企业15户，分别是田野泉食品、英俊食品、雨田米业、吉林向宇、德莱羽绒、大禾食品、吉科生物、名泽米业、朱老六食品、疆宁肉业、宜品米业、雍达实业、金穗米业、良泽米业、东师牧业。长春市级龙头企业45户。 天景

0.67万公顷现代农业示范园区投资20亿元。核心区设置“八区两带”“二十五专区”种植黏玉米400公顷、年产值1.4亿元。7月，长春市九台区天景现代农业产业园被认定为吉林省第一批省级现代农业产业园和创建单位。项目总投资5亿元的200公顷广泽现代农业产业园区，总体规划建设1000栋日光温室，万亩樱桃园成为东北最大的樱桃集散地。蚯蚓养殖项目，引进蚯蚓35吨，完成工厂化养殖及有机肥生产两个项目的可研报告、项目选址、项目设计等工作。青贮种植项目，完成300公顷土地种植任务。开心农业200万光伏生态养殖项目于2017年3月落户上河湾镇干沟村，占地195.71公顷。上河湾双顶子村（金红苹果）被评为“全国第七批全国一村一品示范村”。

参加第十六届中国长春国际农业·食品博览(交易)会，取得近50余万元销售额和40多笔意向订单。有3户企业产品获得“2017年长春神农杯名牌农产品”称号，分别是吉林省金穗米业集团有限公司“淏泽”大米、“基隆粮业”绿色有机杂粮和石头口门“胖头鱼”。

蔬菜面积1.2万公顷，其中，露地菜产量62.8万吨，产值22.03亿元。播种面积占农作物播种面积的5.83%。形成城郊棚室蔬菜、山地特色蔬菜、农区露地蔬菜3大板块基地，叶菜类蔬菜在长春市最大蔬菜批发区场占有率50%。有规模以上省级蔬菜棚膜园区4家。有蔬菜生产合作社778个，经纪人1020余人，从事蔬菜科技推广技术人员72人。有蔬菜批发市场5个，场地面积5.4万平方米，年交易量约211万吨。新建棚室总面积501.4公顷，新建标准温室约5.04公顷、50栋，新建标准大棚约116.4公顷、961栋，简易棚380公顷、1.04万栋，园艺特产业总产值66.18亿元。上河湾干沟村省级棚膜园区约5.02公顷、卡伦延吉省级棚膜园区约2.5公顷、龙嘉建军省级棚膜园区约2.17公顷、开心农业光伏养鸭省级棚膜园区约6.64公顷。长春市将波泥河定位特色农业综合试验区的核心区建设。在“百业园”建设的基础上，新吸收金色家园、上河湾双顶子林果特色产业入园建设，新增170公顷东北亚苗木花卉文化产业、105公顷高端苗木花卉产业、126公顷双顶村林果产业，建设完成了文化景区、游憩活动区、植物观赏区、观光农业区，充分体现重点突出生态功能，融合文化民俗与自然景观，实现农业功能拓展与提升，农旅结合、农旅互促的特色“田园综合体”。上河湾双顶子村利用山区植林造果，建设大小果园260个，种植面积300公顷，辐射带动全镇600公顷，种植金红123苹果、开酒苹果、南国梨、秋海棠等10余个品种。打造苗木转型升级版，改种色彩植物、珍贵植物、乡土特色植物等国内外精品苗木品种等20余个，打响波泥河平安堡村“国家级美丽乡村”品牌，开展苗木花卉“一日、二日游”，发展壮大“小农户+现代农业”，新（续）建美丽休闲乡村9个（国家级2个），休闲农业与乡村旅游经营主体发展到25个、从业人数7500人、接待15万人（次）。

2017年，全区农业机械总动力110万千瓦，拖拉机保有量33545台，其中，大中型拖拉机保有量13149台，50马力以上拖拉机6737台，配套农具76923台套。主要农作物耕、种、收机械化水平89%，比2016年增长5.3个百分点。有农机户3.12万个、农机专业合作社521个。重点建设新型农业生产经营主体12个，总数23个，建设省级机库1.34万平方米。争取国家购机补贴资金4955.8万元，实际投入资金1.763亿元。其中，国家资金0.418亿元，农民自筹1.345亿元。购置农业机械2004台套。

2017年，生猪发展到118.5万头（存栏32万头）、肉牛发展到11.7万头（存栏8.6万头）、家禽发展到2570万只（存栏594万只）。肉类总产量18.6万吨、禽蛋产量4.1万吨、奶类产量1.9万吨。4月18日，九台区免疫无口蹄疫区建设工作通过国家验收，12月4日，农业部正式发布公告，吉林省免疫无口蹄疫区达标建成。

【工业发展】 2017年，有规模以上工业企业286户，全年规模以上工业实现总产值753亿元，比2016年增长15.2%；实现工业增加值161.5亿元，按可比价格计算，比2016年增长10.6%，其中规模以上工业实现增加值126.9亿元，比2016年增长12.8%。全区有资质建筑业企业34户，实现增加值68.2亿元，比2016年增长1%。全社会固定资产投资301.6亿元，比2016年增长12%，其中房地产开发投资17.3亿元，房屋竣工面积38万平方米，比2016年增长2.7%。全区投资5000万元以上的新建、续建项目136个，其中亿元以上项目92个。

【国民经济】 全区实现地区生产总值484.6亿元，按可比价格计算，比2016年增长8.6%。其中，第一产业增加值42.6亿元，增长2.8%；第二产业增加值229.7亿元，增长7.8%；第三产业增加值212.2亿元，增长11%。三次产业结构调整为8.8.：47.4.：43.8。实现全口径财政收入26.9亿元，地方级财政收入15.8亿元。地方级税收收入11.7亿元，全年财政支出66.3亿元。全区金融机构各项存款余额245.1亿元，比2016年增长8.4%。其中居民储蓄存款余额199.9亿元，比2016年增长15.6%；各项贷款余额252.6亿元，比2016年增长7.8%。

【民营经济】 2017年，民营经济主营业务收入1855亿元，比2016年增长18.3%；从业人员29.7万人，增长4.9%；实缴税金19.7亿元；民营企业户数5875户，增长15.2%；民营经济增加值350亿元，增长11.8%；个体工商户44524户，增长11.2%；“四上”（规模以上工业企业、资质等级建筑业企业、限额以上批零住餐企业、限额以上服务业企业）企业546户，新增71户，增长15%。拥有9户高新技术企业、专利企业35户，有效专利权700项。省级技术中心企业4户（分别是长拖、天景、建邦、兰舍硅藻）；长春市级技术中心企业三户（中财、格瑞特、兰舍）。民营企业产品中获得中国驰名商标2件（天景、朱老六）、吉林省著名商标19件、长春知名商标28件。中国名产品1个（吉林天景食品），省级名牌产品17个。

【招商引资】 2017年，内资完成97.1亿元，增速17%。外资完成14729万美元，增速14%。在谈项目83个，计划投资840.77亿元。其中，100亿元以上项目1个，计划投资360亿元；10亿元至100亿元项目13个，计划投资340.3亿元；亿元至10亿元项目48个，计划投资129.9亿元；5000万元至亿元项目14个，计划投资9.1亿元；5000万以下项目7个，计划投资1.47亿元。签约项目35个，计划投资566.87亿元。其中，100亿元以上项目2个，计划投资450亿元；10亿元至100亿元项目3个，计划投资48.3亿元；亿元至10亿元项目25个，计划投资67亿元；5000万元至亿元项目2个，计划投资1.2亿元；5000万以下项目3个，计划投资0.37亿元。

【开发区建设】 2017年，长春九台经济开发区地区生产总值234亿元，工业总产值660亿元，规模以上工业总产值580亿元，工业增加值140亿元，固定资产投资160亿元，三产比重调整为4：76：20，在全省86个省级开发区（工业集中区）综合排名中位列第一，列全省11家开发区体制机制创新试点之一。《卡伦街道老城区城市设计》《吉林工商学院西侧商业区城市设计》《卡伦湖城市设计》等规划编制完成。

15个“三早”项目开工。其中单体投资3亿元以上的5个，分别是投资5.5亿元的吉林省万和电力设备有限公司光电产业园项目、投资4.6亿元菲洋生物科技（吉林）有限公司单克隆抗体药物产业化项目、投资3.8亿元的吉林省康宁生物科技有限公司肿瘤筛查和大分子蛋白液项目、投资3.1亿元的长吉北线至机场路北侧辅路道路连接工程已纳入PPP项目和投资3亿元的吉林省炫美包装有限公司包装印刷产业园项目。其他项目投资均超过亿元，包括投资1.5亿元的长春钻智制药有限公司纳米抗体注射剂新药生产项目、投资2.5亿元的东北金属交易中心二期仓储库房项目、投资1.7亿元的中古（长春）生物技术国际合作区双创中心项目、投资1.5亿元的吉林省璇锐兴实业有限公司轨道客车配件生产项目、投资1.3亿元的吉林省华奥机械制造有限公司的汽车配件目、投资1.18亿元的中古医药产业园基础设施项目（一期）工程、投资1亿元的吉林省金禹塑料管业有限公司市政给排水设备生产项目、投资2亿元的吉林省泰禾建筑材料有限公司装配式建筑项目、投资1亿元的长春峰泰科技有限公司年产汽车滤清器100万套项目和投资1.5亿元的长春美尔革业科技有限公司年屠宰7.3万头育肥肉牛项目。

与吉林万和电力、泽葳医疗器械、中保牧生物科技等15户投资企业正式签约，投资37.5亿元，总占地72.5万平方米。计划年产值47.62亿元，年纳税3.38亿元。洽谈苏嘉医疗、众联汽车等24个工业项目，投资总额110亿元，占地面积130公顷。通过租赁、收购、合作等方式盘活园区盛达保温、建华管桩等近10户企业，总投资6.2亿元。

推进基础设施建设，投资5071万元完成3028米的甲二路及3条道路PPP项目;投资6348万元完成污水厂三期管线、纬八路至山水大道及山水大道东侧排水管线工程;投资547万元完成吉林工商学院外线、工业南区双电源电力工程;投资350万元建设5座小型污水处理设施。推进9项土地征收工作，征收面积400余公顷，征收户数2000余户。拆除孙家村违法违规建筑538公顷，拆除违规温室作业间31处。兴福大路、龙嘉国际机场大然气管线、工业南区东线污水集水管线、卡伦湖文体公园土地征收工作完成；中古生物技术国际合作区、西线污水集水管线、“484”棚户区改造、双泉村1、2、7社、和气村9社等5项土地征收工作进展顺利；雾开河清淤治理、长春220千伏网架加强和九台66千伏输变电工程部分遗留及长期未征拆问题得到解决。

落实“安全第一、预防为主、综合治理”的工作方针，发放安全生产宣传单3000多张，接受群众咨询300余人次，责令停产及停业整顿单位14家，关闭违法生产经营企业38户，开展安全生产专项检查14次，排查生产经营建设单位312家，排查出安全隐患415项，完成整改392项，整改率94.5%。

编制园区突发环境事件应急预案，开展环保专项检查1000余次，对重点市控、国控企业不定期暗查暗访。发现环境问题164余起，对环保不达标企业下达责令改正通知188个，实施行政处罚24家，罚款金额52万元。排查治理燃煤锅炉135台，改造9台。污水处理厂设备整体调试完成，3公里干雾海河黑臭水体治理工程征地及现状管线迁移工作结束。

九台工业集中区地区生产总值53.56亿元；工业总产值111.58亿元；工业增加值26.78亿元；规模以上企业增加值18.31亿元；全口径财政收入4.05亿元；固定资产投资4.34亿元。新开工项目1个，储备意向性项目13个，洽谈项目10个。新开工项目为营城污水处理厂项目,近期1.5万吨/日，远期3万吨/日,投资总额1.6亿元。在谈项目有舒兰矿业集团总投资3.4亿元的生物质发电项目；吉林巨威生物有限公司总投资1.8亿元的生物有机肥项目；宏运能源科技有限公司总投资1亿元的蓄电池回收利用深加工项目；吉林省广泽集团有限公司总投资15亿元的现代观光农业项目。主要建设蔬菜水果采摘、高科技温室大棚、现代农业观光区、家庭式自给自足体验区、吃住娱休闲区。总投资2亿元的蚯蚓有机肥项目。大项目有投资112亿元的华能九台电厂项目、投资10.9亿元的山东金锣肉制品加工项目、投资5.5亿元的吉林天景食品生产项目、投资3.5亿元的吉林广泽乳业集团建设的万头奶牛养殖项目、投资3.2亿元的海伯尔生物制药项目、投资2亿元的吉林泰华冶金设备制造项目。

【新农村建设】 九台区美丽乡村示范村创建工作，在巩固和提升龙家堡村、波泥河村、荒山村、聂家村、吴家店村、大城子村、大贝村7个省级美丽乡村老典型基础上，围绕庙香山和马鞍山2个旅游景点，选择波泥河街道平安堡村和土门岭街道马鞍山村创建。制定扶持政策，每个村安排不低于800万元资金，其中，“一事一议”奖补资金每个村每年300万元，连续补贴2年；区财政给予每个村每年100万元补贴，连续补贴2年。把各部门涉及农村基础设施、环境整治、公益事业建设项目进行整合。安排发改、财政、交通、住建、国土、农业、林业、水利、卫计、文广新局10个部门进行重点帮扶。实施村级综合办公服务中心及文化广场修建、村屯道路硬化、排水沟渠修建、河道河流治理、村屯绿化亮化、农村危房改造等建设内容。有省级美丽乡村9个，长春市级美丽乡村6个。完善村规民约，建立村屯环境卫生整治及管理管护方面的规章制度，成立专职保洁员队伍，配备相关保洁设施。打造美丽庭院1100个，干净人家3200家。　按照“户有垃圾点、社有垃圾池、村有填埋场、乡镇街有中转站”的要求，新建和维修垃圾池660个、新增垃圾箱865个，新建填埋场11处，新增清运车辆132辆。从3月开始，开展以清理越冬垃圾为重点的“大清扫、大清理、大清运”行动。通过集中整治，基本实现了无占道堆物、无车辆乱停、无马路市场、无卫生死角、无堆放垃圾、无私搭乱建。推进农村硬化、绿化、美化、亮化项目建设，积极争取国家和省市农村水泥路项目、美化绿化村屯项目、农村安全饮水项目、危房改造项目、农村卫生厕所项目、农村环境连片治理项目和新农村建设项目等。通过全面清理村屯脏乱差、整治破旧空心房屋、扩宽硬化主干道路、实施村庄绿化配套等，推进农村生态文明和美丽乡村建设。8月，专门研究农村垃圾处理问题，建立垃圾处理长效机制。镇级以上纳入城市卫生管理体系之中，村级以下垃圾处理实行购买服务方式运行。

【林业建设】　2017年，九台区被命名为吉林省森林城市，国有林场改革成为省和长春市样板。“绿满九台”完成清收还林造林补植2133.3公顷，绿化村屯110个，其中精品工程96个，达标工程14个，道路绿化40200米，示范引领绿化工程3个，小城镇建设1个，投入资金5000万元。林场改革取得进展。按时完成方案报批、机构组建、经费落实、社会保障和富余职工安置等重点任务。实现37年无重大森林火灾。对庙香山滑雪场和波泥河、西营城等乡镇办事处、国有林场桦尺蛾及黄二星舟蛾等严重虫害进行有效防治。开展严厉打击非法侵占林地等涉林犯罪专项行动和占用林地采石采矿问题专项整治，加强湿地保护区管理。发展以平欧杂交大榛子种植、樟子松嫁接红松为主的林业产业项目，分别为500公顷和400公顷。

【环境治理】　2017年，审批建设项目89个，审核网上备案项目191个，核发排污许可证314个。为126户企业提供环保技术服务，完成建设项目环保验收101个。关闭石头口门饮用水水源地周边采石场13家，生产企业2户，畜禽养殖场5家，鱼类养殖15家，拆除违章建筑33处。波泥河、东湖街道办事处开展对17条入库河流（沟渠）及周边环境集中整治行动。编制《集中式饮用水源保护区划技术报告》，完成全区28个农村饮用水源保护区规范化建设工作。改善水源地生态环境，保障饮用水水源水质安全，饮用水水源水质达标率100%。城区内54家大中型餐饮服务场所全部安装高效油烟净化处理设施并稳定运行。配合市容局全面取缔露天烧烤。有机化工、表面涂装、包装印刷等重点行业企业挥发性有机物综合整治任务完成75%；68家加油站和储油库全部完成油气回收装置改造。辖区11家物料堆场全部采取设置围挡、蓬蔽或覆盖等防治措施，防止扬尘污染。国控、省控及市控重点大气污染物排放单位的污染防治设施稳定运行、污染物全部达标排放。开展秸秆禁烧行动，推进和扶持秸秆综合利用项目建设及投产运行。九台区人民医院等全区638家医院、门诊部、乡镇卫生院、诊所等医疗卫生机构，按相关要求，规范收集、暂存、转运、处置医疗废物，实现医疗废物安全处置的全覆盖。按照省市生态镇、生态村创建标准，开展和推进1个省级生态镇、4个省级生态村和20个市级生态村的创建活动。

【民生建设】　培训新型职业农民和经营主体带头人1500余人次，为全区乡村振兴提供坚强的人才保障。全年开发用工岗位9700个，城镇新增就业7800人，其中下岗失业人员再就业3500人，就业困难人员就业525人。开展以“春风行动”为主题的专场招聘会16场次，劳务输出转移25万人次。实施未就业高校毕业生实名制登记466人，有403人就业，就业率86.4%。为下岗失业人员发放社会保险补贴 6860人，发放资金2200万元，发放率100%。发放小额创业担保贷款3050万元，征集创业成功项目55个。下岗失业人员职业技能培训1058人，农村劳动力引导性培训21000人。开展电商培训、创业培训520人，劳务经纪人培训120人。新创建3个高质量就业示范村、2个高质量就业示范社区。

从业人员养老保险人数新增1200人，超额344人；城乡居民养老保险的续保缴费率73.9%，超额3.9个百分点。为65周岁及以上老年人办理免费公交卡16103个。全区城镇基本医疗保险参保人数146389人，城镇基本养老保险参保人数45350人。工伤保险参保人数47535人，生育保险参保人数45137人。新型农村合作医疗参保人数449188人，新型农村社会养老保险参保人数300946人。1月，九台区正式实施城镇居民基本医疗保险银行代扣代缴业务。全民参保登记工作完成64184人，完成率80%。提高城乡低保及农村“五保”救助标准，城市低保提高到月人均400元，农村低保提高到年人均3650元；集中供养对象每人5900元，分散供养对象每人4900元。按要求建立了殡葬补助制度。有效落实残疾人救助政策，审定合格困难残疾27058人，发放生活补贴648.5万元，审定合格重度残疾34326人，发放补贴816.5万元。救助尿毒症患者215人，透析次数30745次。有5名艾滋病患者在区医院免费治疗。

2017年，九台区教育经费投入124017万元，其中国家财政性教育经费120764万元，安排教育附加投入9098.6万元。投入基建资金4亿元，建筑面积15万平方米；其中新建项目投入资金2.1亿万元，建筑面积7.8万平方米；续建项目投入资金1.9亿元，建筑面积7.2万平方米。利用长春市级专项资金720万元，完成其塔木中心园、城子街中心园、莽卡中心园3所新建农村中心园幼儿综合设备的配备工作。投入资金81万元，完成区幼儿园、二道沟中心园、其塔木红旗幼儿园3所幼儿园幼儿综合设备的配备工作。利用吉林省学生体质健康监测专项资金10万元，完成全职教发展“招生、课程、实训、就业”4个关键点，启动职教中心实训基地建设。加强“三防”建设。实现学校“一键式报警器”全覆盖；学校视频监控系统与教育局校园校车安全平台实时联网，校园安全应急的能力得到加强。三十一中学师范分校、兴隆中心学校幼儿园和初中部教学楼等工程相继建设完成。二十二中学综合楼主体封闭，进行越冬保护。

4月20日，投资近5亿元的文体活动中心项目动工。投入资金30余万元，重点提升“两馆一站”标准化建设。区文化馆、乡镇（街）文化站每周免费开放48小时，全年举办馆（站）内活动60余次，惠及群众5万余人次，高质量完成全年4期《文化九台》的出刊工作，持续扩大在省内外的影响力、提升城市文化品位和知名度；区图书馆每周开馆56小时，全年接待读者12万人次，流通图书13万册次。为莽卡、苇子沟、饮马河中心校、戒毒康复中心等22家图书室送书7500册。区图书馆以自评估923分的成绩申报国家县区级一级馆，通过第六次全国县级以上公共图书馆评估定级验收。全区有登记注册的区级体育协会42个，各级各类体育健身辅导站101个，社会体育指导员1200余人。新建60个农村文化广场，20条全民健身路径；前央清真寺北讲堂修建完工，大殿正采取保护性修缮措施。在283个村和1612个屯设置村屯标牌。

2017年，退出贫困人口4472人，贫困村退出17个，实现贫困人口和贫困村双85%的目标。省下达九台区农村危房改造任务指标为564户，涉及15个乡、镇（街道），其中建档立卡贫困户427户，分散供养五保户、低保户、贫困残疾人家庭137户。6月，九台区确定九台农商行为扶贫小额信贷合作银行，完成合作签约工作，在九台农商行开设扶贫专户，投入风险补偿金1050万元。7月，全区完成信用评级，发放扶贫小额信贷款8万元。

九台区建档立卡贫困户新农合参保费用全部由区财政承担，贫困户新农合参保率100%。在此基础上，联系中国人寿保险公司为贫困户投保医疗保险二次报销，一部分没有经济能力的贫困户实施先诊疗，后付费的方式。区教育部门开展“雨露计划”，帮扶30名建档立卡贫困家庭学生，减免学杂费、免费午餐，生活补助等方式进行帮扶,投入1162万元；在残疾人建档立卡贫困户救助上，投入资金308万元，为残疾人建档立卡贫困户加固房屋410所，投入资金246万元，发放残疾人辅助用具555套，使555残疾人受益；在农业项目建设上，投入补助资金3424.8万元，建设大棚14座，使4655名建档立卡贫困户受益；在交通道路建设上，投入1131万元万元，建设道路32.9公里；在就业扶贫上，为贫困劳动力举办专场招聘会7场，转移输出困难家庭劳动力1041人，登记培训就业423人次。2017年，扶贫资金3290.68万元。其中央954万元、省817万元、市1175万元、区344.68万元。建设扶贫项目38个。其中产业项目20个，基础设施项目18个，3289名建档立卡贫困人口受益。

【群众文化活动】 以“九台区首届全民艺术节”为主线，全年开展12大项，100场文化活动，直接参与20万人次，实现“节俭办会，全民参与，创新文化，惠及民生，打造品牌，助推发展，传递幸福，分享快乐”。“九台区纪念中国人民解放军建军90周年暨‘三下江南’战役胜利70周年共和国百位将军名家书画作品展”，在域内外引起强烈反响。来自中国八一书画院、中国红色文化书画家协会、中国八一书画院东北分院的百位将军名家，将珍贵的书画作品捐赠给给九台区。“第二季《中国新歌声》全国城市海选九台赛区”比赛完美谢幕。红歌赛、广场舞大赛、全民文艺会演、优秀节目展演等活动精彩纷呈。

（郭淑华）

2017年九台区国民经济和社会发展主要指标完成情况统计表

主要指标	单位	实际完成	比2016年±%
地区生产总值	万元	4845952	8.6
第一产业增加值	万元	426286	2.8
第二产业增加值	万元	2297311	7.8
第三产业增加值	万元	2122355	11.0
规模以上工业总产值	万元	7530536	15.2
固定资产投资总额	万元	3016000	12.0
社会消费品零售总额	万元	1525529	10.1
全口径财政收入	万元	269444	15.2
其中，地方本级收入	万元	157919	9.2

续表

主要指标	单位	实际完成	比2016年±%
一般预算财政支出	万元	662718	25.5
金融机构存款余额	万元	2450568	8.4
其中：居民储蓄存款	万元	1999285	15.6
金融机构贷款余额	万元	2526033	7.8
城镇居民可支配收入	元	22947	7.5
农民人均纯收入	元	13430	7.4
居民消费价格总指数		101.6	0.0
其中，工业用电量	万千瓦小时	56951.5	13.0

朝阳区

【概况】 朝阳区位于长春市区中南部，是长春市科技、文化、经济、教育、商贸中心区。下设重庆、永昌、清和、红旗、桂林、湖西、南湖、前进、富锋9个街道，53个社区，永春、乐山2个镇，24个行政村和长春朝阳经济开发区。面积237平方公里。

【招商引资】 2017年，开展专项招商23次，新增洽谈项目85个，签约项目19个。引进亿元以上项目30个，华西证券、健德生命产业园等项目落地。引进内资96.8亿元，比2016年增长17%；利用外资1.8亿美元，增长20%。召开项目调度会、专题会68次。42个亿元以上项目开工。中改、讯飞等产业园带动引领作用显现，滴滴出行、北京盈科等行业龙头企业进驻。“一区多园”特色主题园区13个，面积42万平方米，入驻企业近千户，实现税收4.2亿元。楼宇经济得到壮大，67栋商务楼宇入驻企业3400余户，平均入驻率80%。欧亚新生活、乐活里等新型商业体投入运营，形成多元化全新业态集群。与天津对口合作，津门风情街开街运营。服务业增加值实现392.2亿元，比2016年增长10%；社会消费品零售总额实现823.7亿元，增长11%。

【服务保障】 实施政府领导班子联系走访重点企业的制度，全年走访重点企业40余次，帮助企业解决发展中遇到的难题30余个。

【科技创新】 专利申请、贯标和授权数量均占全市一半，被评为全省首家推动科技成果转化政策落实试点区。设立科技创新扶持资金3200万元，建成科技企业孵化器及众创空间19个，专利申请4210件、授权2173件，科技成果交易额实现22.2亿元。新增高新技术企业13户、科技型“小巨人”20户，综合排名全市第一。三友智造、中加国际科创中心等一批战略性新兴产业和国际科技合作项目落位，汇锋齿轮、华翔零部件等一批企业实现转型。全区规模以上工业产值实现563.9亿元，比2016年增长9%；战略性新兴产业产值实现32亿元，增长17%。

【文化体育】 加强文化设施建设“一刻钟文化服务圈”初步构建。投入近百万元建成精品文化社区5个，打造一批演绎小广场、情景图书室和健身场所。整合社会资源，引导万达广场、欧亚卖场等室内文体活动平台向市民开放。“雅韵朝阳”“书香朝阳”等品牌文化影响力逐步扩大。在52个社区开设古筝培训班。加快文化特色街区打造，长影步行街、万达影视文化街区顺利推进，杜莎夫人蜡像馆、吉林文投集团等100余户文化产业企业签约入驻。创建东北小小说创作基地，开设相声小剧场、诗词创作培训班，举办秧歌大赛、全民冰雪活动季等各类群众性文体活动300余场次，参与群众15万人次。开展冰壶“进社区”“进学校”，成立冰壶队伍20支，举办市民地板冰壶邀请赛。完成长春国际马拉松比赛朝阳区赛段工作任务。

【精神文明建设】 完成全国文明城迎检任务，朝阳区被评为长春文明城区，长春德苑被评为全市首批传统文化教育示范基地。推进精神文明宣传网络建设，建成主题社区10个、广场3个、街路26条、街角14个，设立宣传板5000余块。开展“道德讲堂”“向黄大年同志学习”等系列主题活动106场，中央电视台等主流媒体广泛报道。举办“朝阳好人·双创之星”等先进典型人物评选，涌现出曲日东、黎莎等先进人物。话剧《殷殷银发情》在吉林省和长春市巡演。红旗街道和解放大路小学分别被评为第五届全国文明单位和文明校园。

【基础设施建设】 投入5.6亿元，完成55条市政道路维修，维护巷道1043条，改造地下管网120公里。百里伊通河、前进西街、富强街土地征收进展顺利，地铁1、2号线、绕城高速互通立交桥等13个项目征收完成，征收民宅1839户、公企24户、面积46.9万平方米。

【城市建设】 投入26.7亿元，完成10.7平方公里旧城改造提升工程。重点改造商圈3个、老旧小区160个、楼体2818栋，集中打造开运街、东朝阳路等示范街路12条，亮化美化新民大街等重点街路6条，新建社区公园、街头绿地30处。棚户区改造工作稳步推进，科技厅、西朝阳锁厂等棚改地块完成招标。拆除违法建筑6926处、38.9万平方米。集中整治占道经营、取缔露天烧烤、整顿废品收购站，重点区域和商圈市容环境得到提升，“全市城市基层管理模式创新现场会”在朝阳区召开。加强环卫基础设施建设，主干道机械化清扫率超过80%。开运街、硅谷大街延长线、四期盛家村4平方公里土地征收完成，路网建设全面实施；投资7.5亿元的育民路改造纳入全市建设项目；卓越大街改造工程完成地下管线铺设；富锋输变电项目、西南污水处理厂主体完工。完成乐山水源地调整，释放可开发空间15.5平方公里。农村交通改善，长乐公路等“公交都市”项目部分完工通车，14个村的土地确权任务完成。

【生态环境】　出台“河长制工作方案”，落实三级河长包保制度；制订“新立城水源地生态环保方案”，实施水源保护地禁养。完成69台燃煤小锅炉并网改造。推进秸秆利用，打包面积6500公顷。以打造“绿色宜居森林城”为目标，完成西解放立交桥、新民广场等绿化项目40个，新增绿化面积1.4万平方米，城区绿化覆盖率44.5%。改善农村人居环境，打造“美丽乡村”示范村2个。

【社会保障】　开发城镇就业岗位15159个，安置城镇各类下岗失业人员13798人，城镇登记失业率控制在4%以内，零就业家庭保持动态为零。城乡居民基本养老保险参保33664人，城镇居民医疗保险续保205937人，实现应保尽保。救助帮扶困难群众48740名，发放各类救助金6087万元。残疾人康复、创业就业工作取得新进展，善满朝阳残障人创孵示范园投入使用，助残经验被人民日报等媒体报道。与镇赉县开展结对帮扶对接，安排扶贫资金500万元。

【教育事业】　“优质校园”工程加快推进，艳春小学施工、第二十三中学文体综合楼、安民街小学校幼儿园等项目进展顺利，解放大路小学整体改造项目全部竣工并投入使用。朝阳区实现智慧朝阳大数据中心与教育“e网”互通。“智慧教育”二期工程完成装备更新，社会主义核心价值观教育模式在全国推广，生命教育实践在吉林省介绍经验。开展区域学科生命教育课堂教学改革，工作经验在全市质量提升工程大会上分享。7名教师被评为课改典型教师；27名教师被评为长春市基础教育质量提升工程“十佳教师”；45名教师被评为“一师一优课、一课一名师”活动部级优课先进个人；4所学校被评为长春市基础教育质量提升工程先进典型学校；课题研究报告获阶段成果奖。

【医疗卫生】　推行基本药物制度，统一药品指定平台采购，并按照采购价零差率销售。深化医疗卫生体制改革，家庭医生“契约式”服务工作全面铺开，组建56个家庭医生团队，拥有366名团队队员，签约社区家庭189313人，重点人群签约率60%，完成国家规定的签约率。区医院、中医院、妇幼保健中心建设稳步推进，中医、慢病示范区顺利通过国家复审。完成2017年全国生育状况调查工作，办理一孩生育服务证1809个、二孩生育服务证912个。严格把关再生育审批程序，全年再生育服务证审批49件。艾滋病防治工作接受国家CDC对哨点监测和艾滋病疫情数据质量的检查。AFP、麻疹等疾病及时监测并妥善处置，规范疫苗和冷链管理。迎接国家文明城市的复检工作，出动执法车辆23台、监督员92人次，对重点区域及其周边102户公共场所单位进行监督检查，按照国家监督抽检计划顺利完成抽检工作，完成率100%。以第28个爱国卫生月和爱国卫生运动65周年为契机，依托“智慧朝阳”平台建立朝阳区食品安全网络管理平台，把食品安全责任片区与社区网格连接起来，建立食品安全共治体系。

【政务民生】　制定并完成《2017年幸福朝阳行动计划》，城乡居民增收“暖流计划”实施。涵盖12个方面85项民生任务，落实市规定任务36项，区委区政府重点任务、精准扶贫及创新项目49项。政务服务平台实现市、区两级对接。社会治理平台通过社区、街道、区指挥中心、职能部门四级联动模式，实现80%的民生服务事项解决在社区层面。社会服务平台构建以服务对象为中心的智慧城市服务门户，整合11大

1月17日，“朝阳好人 双创之星”颁奖典礼　　（袁　源　提供）

类80余项服务内容，实现政务办事服务、公共支付服务、便民生活服务、公益志愿服务“一网办理”。2017年，政务中心受理并办结各类网上审批、服务事项30688件，办结率99.7%，满意度99.8%。现场受理各类审批112430件，接待各类咨询115000人次，出现场960人次。政务服务平台受理事项53580件，办结50234件，办结率93%。

【朝阳经济开发区】　全年开发区新建、续建项目12个，投资22.8亿元，占地面积64.9万平方米，建筑面积38.5万平方米。富裕河清淤7020立方米，拆除辖区主干街路违建300余处、面积9305平方米，取缔无证废品收购站140余家，查获乱卸渣土车辆70余台，收缴露天烧烤炉具50余套，关停黑加工点3处。为巩固环境整治成果，成立6个督导组开展环境综合整治集中攻坚行动。

【和谐社会建设】　落实领导干部接访、包案、督办等工作制度，受理群众来信来访、网络投诉794件次，调解纠纷1352件，实现矛盾纠纷“零激化”。构建“四化融合”“四位一体”安全监管防控体系，生产经营单位主体责任、部门和属地安全生产监管责任进一步强化。代表省、市完成国务院安委会督查。公、检、法等单位和部门为经济社会发展保驾护航、社会治安综合治理和应急管理进一步加强，群众的安全感和满意度提升。完成十九大等重要时段信访维稳任务，被评为全市“两会”信访维稳先进集体。

【政务建设】　定期向人大报告工作，向政协通报情况，自觉接受监督。全年办理代表建议109件、政协提案142件，办复率100%、满意率98%以上。发挥“智慧朝阳”数据平台优势，实现群众一证一站办理和事项全部网上流转，打通服务群众“最后一公里”。公开电话受理回复市民投诉17898件。

（袁　源）

2017年朝阳区国民经济和社会发展主要指标完成情况统计表

指标名称	单位	实际完成	比2016年±%
国内生产总值	亿元	531.6	8.0
第二产业增加值	亿元	129.3	5.6
第三产业增加值	亿元	400.8	8.9
全口径财政收入	亿元	82.6	2.74
本级财政收入	亿元	16.65	15.46
地方财政支出	亿元	28.05	15.20
固定资产投资（含房地产）	亿元	302.6	24.6
社会消费品零售额	亿元	815.6	9.9
民营经济主营业务收入	亿元	1504.5	16
个体私营企业	户	71393	14
教育经费总额	万元	60094	19.9
科技三项经费	万元	231	14.73
卫生事业费	万元	34682	40

南关区

【概况】　南关区是长春市的中心城区，位于长春市市区中南部，是长春市的南大门。辖区东起伊通河与二道区隔河相望，西至人民大街与朝阳区接壤，南起新立城镇、永春乡边界与长春净月潭旅游经济开发区、长春高新技术产业开发区为邻，北至新发路、上海路、光复路与宽城区相接。南关区下辖自强、民康、新春、长通、全安、永吉、南岭、鸿城、明珠、富裕、曙光、桃源等12街道及幸福乡，7个行政村，58个社区和长春市南部都市经济开发区。人口47.8万人，面积80平方公里，是长春市面积最小的城区。其中，南部都市经济开发区区域面积33平方公里，是长春市规划建设的城市新中心，也是东北亚区域性金融服务中心的核心区。

【国民经济】　2017年，全区地区生产总值321.6亿元，比2016年增长8%。本级财政收入实现11.94亿元，增长9.54%。固定资产投资完成128.9亿元，引进内资110.7亿元，增长117.5%；利用外资2.41亿美元，增长212.5%，创全区历史最好水平。

【产业加快转型升级】　引进亿联银行、首钢东北振兴产业发展基金等集团总部21家，全区各类总部机构54家。欧亚三环购物中心开业运营，全区超万米大型商业设施16个，年内社会消费品零售总额实现174.5亿元，比2016年增长11%。盘活空置楼宇资源近20万平方米，培育税收超亿元楼宇4座。全年服务业增加值占GDP比重的87.8%。

【项目建设】 全区39个亿元以上重点项目全部实现开复工，建成商业商务总面积298万平方米。华润万象城项目落户启动，华展大厦、华億广场等项目启动建设；南湖远鉴、中城建大厦等项目取得进展；恒兴国际城、长春国际金融中心等项目投产运营。

【南部新城建设】 推进基础设施建设，63条（段）道路纳入全市计划，完成8.2公里地下综合管廊建设。推动高压管廊入地、吉高股份迁移等工程。形成《南部新城城市设计提升方案》，协调启动八一水库区域城市设计工作，推进绕城高速以南18平方公里土地纳入新区整体开发规划。保利溪湖林语等11个新建项目、钜城华億中心等19个续建项目全面开工建设，实现开复工面积160万平方米，竣工面积50万平方米。

【招商引资】 南关区借助“首届在长异地商会联合大会暨中外企业家走进长春项目对接会”和第十一届东北亚博览会等大型活动及展会契机，开展招商引资和经贸交流活动。突出抓楼宇招商，以商业空间、商务楼宇为平台，为东北亚国际金融中心、长春国际金融中心、恒兴国际城等大型商务楼宇量身定制招商专案，协助企业进行“二次招商”，引进吉林省股权投资基金有限公司、吉林省吉盛资产管理有限责任公司、长春市金融控股集团有限公司等企业。相继储备蓝天电脑、北斗卫星、吉林黄金、投资人大厦等优质企业项目，注册资金208.8亿元。

【城市建设】 全年完成征迁2534户，提前完成地铁2号线、芳草公园等40个市级项目征拆任务。夹馅棚户区征收工作完成年度计划的140%，位居全市第一。提升生态环境保护力度，围绕“两河两岸两库”，实施“河长制”，开展光明沟等黑臭水体治理。南溪湿地公园竣工开园，全年新建提升绿化景观71万平方米，城区人均绿地水系面积9.4平方米，绿化覆盖率47%以上，城市空间和承载能力提升。

【旧城改造】 以街道为单位，将三环以内建成区划分为75个改造街区，改造面积10.6平方公里，涉及119个小区，89条道路，92.29公里下水管网，完成15条示范街路、10条规范街路、3个商圈和24个老旧小区的改造任务，完成工程总额13.08亿元，惠及居民4.3万户和9.7万人。

8月3日，欧亚三环购物中心正式开业 （王 瑞 提供）

【城市精细化管理】 开展“控违拆违”攻坚行动，拆除各类违建4600多处、近38万平方米。全面提升市容环境，全区烧烤业户全部退路入室经营。拆除各类广告牌匾2056块，清理非法小广告528万张，粉刷覆盖面积近15万平方米。开展交通秩序整治会战，整治清理地桩1769个、地锁638个、新建立体停车场3处，施划停车泊位近7万个。完成防汛、保洁、清雪工作，迎接国家文明城复检验收。

【中央环保督察】 对督察组提出的598个环境问题进行高质量整改，问题解决率100%。解决长春航空大学锅炉烟囱污染等涉军投诉9件；快速路高架桥噪声扰民等涉及市政设施投诉22件；南四环路大型车辆噪声扰民等涉及交管投诉16件；西四小区变压器、明珠小区通信基站等涉及辐射投诉11件；伊通河沿河环境问题等涉水投诉3件；东安沟黑臭水体治理等涉铁投诉2件。督察期间，全区报送工作简报、信息45期，其中被市工作组采用15篇，在全市主流媒体刊登24篇，审核案件资料375件，收到群众锦旗25面，感谢信54封。

【幸福南关建设】 将新增财力的80%用于民生事业发展，实施“暖流计划”，新增城镇就业1.35万人，加强低收入群体增收帮扶。发放低保救助资金5824万元；投入221万元精准帮扶364户；提供保障房源1846套，基本解决困难群众的住房问题。强化医疗和临时救助，为2400余名特困群众、残疾人提供免费医疗康复帮助；强化养老能力，建设社区居家养老服务中心15家，面积1.3万平米，初步实现城市社区居家养老服务网络全覆盖。增强保障“支撑力”，启动华泽学校、幸福中心小学建设，完成27所学校基础性改造；深化医药卫生体制改革，实行药品采购“两票制”，基本药物种类由100种增加至150种；投入3700万元打造市级品牌图书新馆，组织惠民文艺演出、活动520余场。南关区政府被国家体育总局评为“全国群众体育先进单位”。

【政务服务改革】 实现法人、自然人大厅同步上线运行，解决信息“二次录入”的难题，实现所有工商证照即办即走，率先建立政务服务全网通，启动“N证联办”服务模式，推行“网上开证明”便民措施。全区受理各类行政审批和政务服务事项95602件（其中，法人类事项24619件，自然人事项7098件），办结95534件，办结率99.9%，群众满意率100%。

【社区建设】 设置党员先锋岗642个；通过“社区工作日”征集群众意见448条，现场解决357个；通过“一线工作日”解决群众难题1078个。依托区委理论中心组举办“先锋讲坛”4期；依托“互联网+”技术应用，开发“南关星火e站”，建立线上督学考学制度；创新开展活动主题月，组团编队认领服务项目，民康街道九圣祠社区在全市现场会上交流经验。坚持典型引领，追授区法院刘爽优秀共产党员称号，组织召开事迹报告会；在社区选拔树立路亚兰、王敏、赵月等群众身边好书记和“最满意网格长”营造良好氛围。

【平安南关建设】 以区长接待日、社区工作日、公开电话等平台为载体，受理办结市民投诉1.3万余件，群众满意率97%。推进民族团结进步创建活动，被省政府推荐为“全国创建示范单位”。开展打非治违攻坚行动，加大重点行业、领域的监管力度，安全生产事故率和伤亡率实现“双下降”。开展放心消费创建活动，为百姓营造了更加放心的消费环境。建立健全食品药品安全监管保障体系。加强信访维稳工作，推进积案、老案妥善解决。提升应急处置能力，提高治安管控水平，确保党的十九大、长春马拉松赛等重要节点安全形势保持平稳。完善社会治理服务体系，全区公众安全感和群众满意度测评实现“双提升”。

（王　瑞）

2017年南关区国民经济和社会发展主要指标完成情况统计表

指标名称	单 位	实际完成	比2016年±%
地区生产总值	亿元	321.6	8
第一产业增加值	亿元	0.04	-66.6
第二产业增加值	亿元	39.2	2.3
第三产业增加值	亿元	282.3	8.8
单位面积产出	/km2	4.02	5.43
全口径财政收入	亿元	56	9.5
区本级收入	亿元	11.94	-
固定资产投资额	亿元	128.9	10.2
社会商品零售额	亿元	172.6	25
新增外商投资企业	个	5	14
新增实际使用外资	万美元	8778	29.9
个体私营企业	个	61950	8
民营经济增加值	亿元	618	6.8
农民人均纯收入	元	13431	11
普通中学数	个	9	-
普通小学数	个	22	0.05
各类医院	个	20	0.2
绿化覆盖率	%	9.4	-0.81
人口出生率	‰	6.52	-
政策生育率	%	100	-

宽城区

【概况】 宽城区位于长春市区北部，东以102国道为界，与二道区、长春经济技术开发区为邻；西至长沈铁路、铁西街、西环城路，与绿园区、农安县搭界；南起小铁道街、光复路、上海路、新发路，与朝阳区、南关区相接；北与德惠市、农安县毗邻。辖10个街道、1个镇，58个社区、19个行政村和长春宽城经济开发区、长春装备制造产业开发区。面积237.99平方公里，户籍人口38.99万人。

【国民经济】 2017年，宽城区地区生产总值301.8亿元，比2016年增长8.6%；全口径财政收入44.61亿元，增长19.1%；全社会固定资产投资306.5亿元，增长15.2%；规模以上工业总产值76.4亿元，增长21.7%；实际利用内资94亿元、实际使用外资15850万美元，分别增长17.5%和14%。

【重点领域改革】 全年接触洽谈招商项目512个，签约315个。推进税源培育和征收管理机制改革，成立宽城区税源培育办公室，全区全口径财政收入首次突破40亿元。实施政务服务综合改革，完成区法人服务大厅，各街道、镇自然人办事大厅职能调整和功能升级，建立覆盖全区的“一门式、一张网”政务服务平台，通过启用CA论证、电子签章、第三方支持功能，实现1479项服务事项全流程网上办理；推行手机APP、网上办事大厅、行政审批章集中托管。实现服务于民重心下移，探索“三社联动”（社区、社会工作者、社会组织联动）管理模式，在省委全面深化改革领导小组全体会议上交流经验，通过民政部专家组中期评估。实施城市管理体制机制改革，出台宽城区关于加强城市综合管理实施意见，建立宽城区城市管理综合服务中心，实现管理职能下沉基层。

【项目建设】 2017年，宽城区开（复）工项目65个，新建投资亿元以上项目25个，超出年度计划5个；投资5亿元以上项目12个，超出年度投资任务39亿元。投资13亿元的长客动车组三四级修项目投产；投资5.3亿元的零配件产业园项目，有20户企业入驻，10户投产；投资4亿元的长热新型管材及配件生产基地一期项目和投资3亿元的万润光电LED照明项目进入试生产；投资21亿元的中东广场一期砂之船·奥特莱斯项目建成营业；投资35亿元的青旅·宽城一号项目和欧亚购物中心项目开工建设；投资3.8亿元的吉林宏佳北人民大街地下商业街项目开业运营；投资3.7亿元的新疆特色农产品物流园项目和投资2.6亿元的海尔创新产业园二期工程项目均在建设中；投资10亿元的“宜家家居”项目落位。全区新增规模以上工业企业、资质等级建筑业企业、限额以上贸易业企业、国家重点服务业企业300户；全区服务业增加值213亿元，比2016年增长10.5%；民营经济主营业务收入919亿元，增长11%。

【现代农业】 2017年，宽城区农业总产值2.54亿元，农民年人均收入15068元。引进蔬菜新品种10个、新技术2项。实施科技培训，举办培训班、现场会41场次，发放资料5000份，培训农民3260人次。发展园艺特产业，年产值实现1.59亿元；发展设施农业，新建蔬菜温室大棚2公顷。加强畜禽防疫，重大动物疾病强制免疫率100%，动物流行病学调查覆盖率100%，区内未发生畜禽疫情。全年培育省级农产品加工龙头企业2户、市级农产品加工龙头企业2户，宽城区现代都市农业产业园被认定为长春市第一批市级现代农业产业园。全区观光休闲农业企业5户，年接待观光采摘者及接受科普教育的中小学生10.3万人次。综合利用玉米秸秆，秸秆能源发电2.75万吨，占可收集总量的70%。全年申报补贴车辆及农业机械24台（件），农民享受购买补贴71.54万元。引导农村土地承包经营权有序流转，促进农业适度规模经营，发展农民专业合作社26户、种植专业大户19户、家庭农场2户。全年补植农防林8公顷；清理危倒树295株，蓄积70立方米；抚育中幼林7.1公顷；按照省林业厅项目计划安排，建设平欧大果榛示范面积9.8公顷，投入苗木15200株。兰家河城市防洪工程一期（二标段）河道疏浚结束，合隆站村饮水安全工程主体建成。全年养护农村公路100公里，绿化农村公路10公里。配合长春市创建“公交都市”农村公路建设项目实施，完成域内路面建设工程89.7公里。兰家镇东道村、欣园街道五星村被评为省级“美丽乡村”，兰家镇合隆站村被评为长春市第二届“最美乡村”。

【城区建设】 全年新建道路16条，大中修道路16条，北人民大街全线贯通，长春地铁1号线投入运营，一匡街跨伊通河大桥建成通车。围绕旧城改造，投入资金22亿元，完成71个老旧区域、57条重点街路、922栋楼宇改造任务；完成光复路、黑水路、华正3个商圈改造任务；对22条街路实施功能性亮化工程和景观性亮化工程。完成征收面积118万平方米，保证长春轻轨3号线东延长线、快轨北湖线、伊通河综合治理等118个市、区重点项目建设。落实河长制，辖区9处水体实现“三级河长”全覆盖，改造小南明沟、千山明沟等8处黑臭水体，兰家污水处理厂通水调试，长春装备制造产业开发区域内两座污水处理站建成使用。全年补植街路83条，补植绿地27块，新增绿化面积12万平方米；君子兰公园改造工程和都市森林公园二期工程建设稳步推进，全区绿化覆盖率38.6%。

【市容环境管理】 全年拆除违章建筑5061处、76.4万平方米。清理占道经营及乱设摊点1702处，收缴占道物品1373车。清理违规条幅873条、违规灯箱510个、违规张贴物110万张，拆除商家不合格牌匾297块。整治露天烧烤，劝导烧烤商贩2000余人次，引导环保炉具使用人员875人次，收缴不合格烧烤炉具270套，其他有关物品1000多件。整治道路交通秩序，施划停车泊位4.45万个，清理地桩、地锁等障碍物505处，清理占道设施117处，清理黄标车1549辆。整治渣土运输，教育人员2600人次，纠正处理车外抛物、乱倒乱卸等违章行为400起，检查建筑工地3000次，对违规工地处理20次，处罚渣土运输违规车辆130台。清理居民生活垃圾、建筑装潢垃圾22.4万吨，清理长农公路出口、长松公路出口区域和有关村屯垃圾杂物380吨，清理铁路沿线、轻轨沿线、高速公路沿线和伊通河沿岸垃圾40处1.03万吨。全年出动各类机械化车辆760台次，对城区58条主次街路进行循环清洁作业。全年完成城区12座水洗公厕主体建设，改造434个农家厕所。新增上海路、凯旋路等8条试点街路，有针对性地清扫保洁，提升道路洁净水平。配合中央环保督察工作，办结交办案件306件，办结率99.7%。

【改善民生】 2017年，全区投入资金16.18亿元，确保10个方面85件民生任务的完成。开发就业岗位15786个，城镇新增就业13663人，城镇登记失业率控制在4%以内，解决零就业家庭比例100%。查处建筑领域农民工欠薪案件85件，为2303名农民工追回工资8202万元。农村劳动力转移就业1050人。扶持大学生创业375人，带动就业1606人，分别完成年度指标的125%和201%。全年为3139户居民申报公租房，为887户困难家庭发放住房补贴。对生活困难人员实施临时救助1493人次，发放救助金350万元；实施医疗救助3399人次，发放救助金485.5万元；实施慈善助学，救助高考、中考学生72人次，发放救助金57.3万元。为最低生活保障人员8.9万人次发放保障金6791万元，对57139名企业退休人员实行社会化管理，管理率100%。全区在乡常住人口40071人参加新型农村合作医疗，10131人次获得补偿资金1214.1万元。为60岁以上老年人提供健康管理19759人。对农村符合政策的计划生育家庭奖励扶助1749人，特别扶助1180人，分别比2016年增长14%和11%。实施“医养结合”，医护人员走进养老院为老年人巡诊2040人次，健康咨询1680人次，健康教育指导1720人次，发放资料3230人次，全区新增养老床位5060张。困难残疾人生活补贴、重度残疾人护理补贴发放到位，6850名残疾人受益。

【社会事业发展】 台北明珠学校、区兰家中心小学建成使用，新建的区实验学校、区天津路实验小学、区团山学校等5所学校完成年度建设任务；宽城区被确定为吉林省信息化试点区，被评为长春市科技教育示范区；宽城区朝鲜族小学被认定为第二批全国中小学中华优秀文化艺术传承学校，有5所中小学被命名为长春市首批“科技型校园”。宽城区中医院、民族医院新址装修工程有序推进；宽城区与中国初级卫生保健基金会合作建设的综合性三甲医院项目签订框架协议；新建的长山社区卫生服务站、欣园社区卫生服务站建成使用；对辖区26个监测样本点500户家庭调查，完成流动人口动态监测调查工作；围绕“全国基层中医药工作先进单位”的创建，宽城区通过国家专家组评审验收。全年举办庆元宵节秧歌大赛，古筝音乐会，贯彻党的十九大精神文艺演出等群众性文化活动300场；区文化馆总分馆制在街道、镇铺开，总馆与分馆开展全民艺术普及服务88期，惠及居民10万人次；宽城区图书馆被评为国家级一级馆，被确定为长春市城市阅读书网示范点。开展冰雪趣味运动会、职工篮球比赛、足球比赛等群众性体育活动60场，辖区丙十二街被市批准命名为文体街；在2017年吉林省青少年田径锦标赛中，宽城区代表队获5枚金牌、6枚银牌、7枚铜牌，取得田径类比赛第一名；宽城区文体局被评为国家级群众体育先进单位。全年培育长春市科技型“小巨人”企业19户、高新技术企业7户，培育国家级高新技术企业7户；宽城区科技服务大厦启动建设；创国家级防震减灾科普示范社区2户，宽城区被评为吉林省县（区）级地震机构防震减灾工作考核一等奖。全年居民查询利用档案103卷（件），区档案局举办的《我们共同的记忆——走进宽城历史》展览在辖区展出，并按市方志委安排，分别在市政府办公楼大厅、市委党校巡展，《长春日报》作专题报道。《宽城年鉴》2016卷、2017卷印刷出版，《宽城年鉴（2015）》被评为全国优秀成果（年鉴类）二等奖，宽城区被评为长春市县（市）区地方志工作先进单位，区档案局被评为长春市二轮修志工作先进单位。

【“平安宽城”建设】 利用“百姓法律服务大讲堂”和区法治公园开展普法活动146场次，解答百姓法律咨询问题2100个，发放宣传资料32000余份。全区212个各级人民调解委员会开展矛盾纠纷排查273次，调解案件1695件，调解成功率100%；全区454个“百姓说事点”化解群众矛盾纠纷512件。宽城区“法制宣传直通车”在辖区主要街路发放法律知识宣传资料16000多份。召开部署会议启动全区“七五”普法工作。全年接收社区服刑人员1346人，解除社区矫正人员978人。创建国家级“民主法治示范村”2个，省级“民主法治示范村”1个，市级模范法治街道（镇）7个、市级“民主法治示范村”11个、市级“民主法治社区”25个。宽城区被评为全国法律援助“便民服务示范窗口”、全国民主法治社区建设示范城区、吉林省安置帮教工作先进单位和长春市法律援助工作先进集体。长春市社区（村）司法行政建设工作现场会在宽城区召开。加大法律服务民生力度，宽城区建立区级公共法律服务中心，在11个街道（镇）和各社区（村）建立公共法律服务站，形成覆盖城乡的公共法律服务体系。强化社会治安防控体系建设，辖区新增监控探头1002个，打处犯罪嫌疑人580人，抓捕网上逃犯166人，区刑事技术中心建成使用，吉林省首家未成年人在押人员帮教基地设立。开展“平安社区”“平安村”创建活动，涌现出团山街道团山街社区、兰家镇合隆站村等一批创建样板社区、村，团山街道团山街社区在长春市维稳工作会议上作经验交流。全年新发生信访案件47件，均办结；区级领导接待上访群众112批次658人次，化解矛盾纠纷1420件。加强安全生产监管，排查企业1023户，查出并整改安全生产隐患1285处，整改率100%。强化食品、药品安全专项整治，检查经营食品、药品业户5670户，查封问题食品400袋，销毁问题药品200件；打造食品安全示范街路10条、食品安全示范店70户，宽城区创建食品药品安全示范区工作通过省有关部门验收，全年未发生重大安全生产事故和食品药品安全责任事故。开展“宽城好人”评选活动，75名“宽城好人”受到表彰，全区涌现出“吉林好人”标兵1人、“吉林好人”1人、“长春好人”标兵5人、“长春好人”19人；开展宽城区首届“人民满意政法干警”评选活动，表彰“人民满意政法干警”标兵10人、“人民满意政法干警”10人。长春市第七十二中学被教育部认定为首批“国防教育示范校”。

【社区建设】　全区成立“新时代传习所”186户，区级领导、“草根”宣传员和请专家宣讲112场次。落实“社区工作日”制度，全区15名区级党政领导深入46个社区，接待群众代表500名，解决群众生产生活问题286件。在街道实施“1+3”（街道党工委+社区综合党委，驻街道单位联合党委，非公企业、社会组织党委）和在社区实施“1+1”（社区党委+党建联席会议）模式，加强党建工作的经验在全市推广。推出《党内关爱暂行办法》，加强非公领域党建，新建区“红帆”党建服务中心。启动6个社区用房改造工作，促进基层党组织服务阵地建设。加强农村党建，建立140人村干部后备人才库。欣园街道五星村被评为吉林省农村党建五星级村党组织，站前街道党工委在长春市加强基层党建引领基层治理创新经验交流座谈会上交流经验。推进党风廉政建设和反腐败斗争，纪检监察部门立案96件，给予党纪政纪处分77人，移送司法机关2人。完成各社区“两委”换届工作。团山街道长山花园社区党委书记、居委会主任吴亚琴光荣当选为党的十九大代表。

（张士学）

【长春宽城经济开发区】　长春宽城经济开发区（以下简称宽城开发区）为省级开发区，面积45.2平方公里，划分为商贸服务、工业与物流2个园区，注册企业1289户，职工总数11.9万人。2017年，宽城开发区本级地区生产总值69.4亿元，比2016年增长8.3%；一般预算全口径财政收入3.83亿元，增长15%；全社会固定资产投资70亿元，增长25%；规模以上工业产值21.66亿元，增长17%；限额以上贸易业销售额121.69亿元，增长29.6%；规模以上服务业营业额0.88亿元，增长20%；引进内资18亿元、外资3000万美元，分别增长12.5%和3.4%。宽城开发区有重点建设项目28个，其中续建并竣工的项目9个，当年启动并完工的项目6个，签约项目2个，占建设项目总数的61%。全年大中修道路21条。完成自来水配套建设工程1510米，改造供水管道3800米；完成供热配套建设工程2060米。道路绿化1.9万平方米。开展项目用地、规划服务工作，取得长春市对重点项目PPP道路征收批复，涉及用地34.88公顷；完成“博瑞饲料”“热电实业”2宗3.24公顷的供地工作。完成新增棚户区改造项目118公顷土地利用总体规划修编工作。协助2个项目办理《建设用地规划许可证》，协助“中央储备库”项目办理规划验收，协助“名嘴食品”“德泰电器”等5个项目办理《建设工程规划许可证》，“福瑞达彩钢”“金达洲二手车拆解”等3个项目办理规划条件。长江路步行街升级改造二期、三期工程结束。注重科技创新型企业培育，全年新增高新技术企业3户，新增“小巨人”企业6户。

（佟　莉）

【长春装备制造产业开发区】　长春装备制造产业开发区（以下简称装备产业开发区）为市级开发区，位于宽城区域内，面积26.9平方公里，分为加工制造、现代商住、都市农业3个功能分区。2017年，装备产业开发区全口径财政收入16612万元，完成年计划的102.3%；全社会固定资产投资34亿元，完成年计划的111.5%；规模以上工业产值19.6亿元，完成年计划的102%；规模以上服务业营业额3200万元，完成年计划的100%；限额以上贸易业销售额7000万元，完成年计划的120%；招商引资13.3亿元，完成年计划的100%。推进11个重点项目建设。其中，长热新型管材及配件生产基地、长春威奥动车检修及威奥丹纳贯通道、豪瑀智能自动化机械加工、今创轨道交通零部件制造及动车检修、凯源汽车零部件生产5个项目涉及的厂房建成，进入试投产阶段；万润光电ＬＥＤ照明、长客股份高速动车组检修基地、“一汽”天奇汽车零部件生产加工3个项目的厂房主体竣工；长客装备动车检修及轮对造修项目的厂房及附属设施在建设中；装备产业开发区零配件产业园项目建成标准化厂房23栋1754万平方米，入驻企业20家，10家投产；泰盟汽车制动系统及传动系统零部件智能化工厂项目完成选址和规划调整工作，办理建设前期手续。围绕基础设施建设，完成“大学城”两座污水处理站建设；维修和补充区域内道路边石2614块，清理维护污雨水井445眼，更换污雨水井盖190个。完成8公里道路的美化、亮化工程；投入1107万元种植草坪，栽植树木，绿化总面积12.19万平方米。协助“长热管材”“信安智能”等7个项目办理用电手续，确保其顺利落位。整体维修改造春城北岸小区楼房防水系统2.16万平方米，为居民正常生活提供保障。全年征地拆迁总面积167500平方米，为“禹德管业”“泰恒地产”等4个项目的开工建设创造条件。

（王　速）

2017年宽城区国民经济和社会发展主要指标完成情况统计表

指标名称	单位	实际完成	比2016年±%
地区生产总值	亿元	301.8	8.6
第一产业增加值	亿元	1.0	0.0
第二产业增加值	亿元	84.4	7.2
第三产业增加值	亿元	216.4	9.3
规模以上工业总产值	亿元	76.4	21.7
全口径财政收入	亿元	44.61	19.1
本级财政收入	亿元	10.42	16.3
地方财政支出	亿元	23.45	5.86
全社会固定资产投资	亿元	306.5	15.2
利用内资	亿元	94	17.5
实际使用外资	万美元	15850	14
绿化覆盖率	%	38.6	–
普通中学	所	13	–
普通小学	所	26	–
教育事业费支出	亿元	6.53	21.4
医疗卫生支出	亿元	2.22	4.2
人口出生率	‰	8.54	–
人口自然增长率	‰	5.26	–

二道区

【概况】 二道区位于长春市区东部，东与吉林市永吉县万昌镇相连，南与长春经济开发区、净月开发区接壤，西靠伊通河东岸，北与宽城区、长春高新技术开发区北区、长春经济开发区北区、九台市东湖镇相临。全区面积452平方公里，其中，二道区直接管辖区域102平方公里，辖省级开发区—长春国际物流经济开发区，7街、1镇，42个城市社区、8个行政村，总人口40万。二道区交通便捷，区位优势突出，区内临河街、东盛（远达）大街、东环城路、洋浦大街、东部快速路贯穿南北，自由大路、吉林大路、机场快速路和东荣大路横跨东西，构成“四纵四横”的城区道路交通格局；正在建设的地铁2号线、开通运行的轻轨4号线穿区而过；哈大、长吉高速等交通干线与二道区紧密相连。长春龙嘉国际机场紧邻辖区东部，二道区是机场进入长春市区的首先区域和必经之地。二道区水源、电力、热力、燃气供应充足，路网、电网、信息通信网络和金融网络等基础配套设施完备，服务功能齐全。

【国民经济】 2017年，地区生产总值完成183.3亿元，固定资产投资完成210.6亿元，社会消费品零售总额完成254.3亿元，全区地区生产总值完成183.3亿元，增长6.5%；区属规上工业增加值完成83.9亿元，增长11%；服务业增加值完成123.9亿元，增长5.4%；重点服务业营业收入完成34.4亿元，增长39%；固定资产投资完成210.6亿元，增长12.2%；社会消费品零售总额完成254.3亿元，增长10.3%；全口径和本级财政收入分别完成33亿元和7.65亿元。

【项目建设】 全年开复工项目47个；13个亿元以上项目签约落位，引进内资73.8亿元、利用外资1.07亿美元，分别增长20%和14.5%。传化智能公路港、普洛斯现代物流园、中央厨房冷链物流园开工建设，长春电商快递产业园正式运营。上东国际、第一国际等22栋商务空间发展，中石油天然气销售吉林分公司、吉林长达铁路有限公司、万科新土木等一批总部型、税源型企业入驻。广发银行长春分行正式开业，中国长城资产管理股份有限公司吉林分公司落位。长春国际电商产业园加快建设，酷狗音乐、厂家网等68户知名企业入驻二道区。承办第三届中国长春电子商务产业峰会并取得成功。德云社相声馆开业运营，与红事会、卡戳网一并列入长春市文化产业重点项目册。长春拖拉机厂文化科创园区完成设计。亚泰建筑工业化制品产业园正式投产，规划启动装备（智能）制造产业园区、新型建材产业园区、新材料及生物产业园区3个百亿级园区建设。战略性新兴产业产值增长30%。全年新增高新技术企业7户、科技型“小巨人”企业19户，分别是2016年的3.5倍和4.2倍。继弘大能源、中辰园林新三板挂牌上市后，众诚能源在港交所上市。

【民营经济】 全区民营企业15495户，主营业务收入完成937亿元，增长10%。“四上”企业新增111户，是年初预期目标的2.8倍。出台《关于发展众创空间推进大众创新创业实施方案》等系列政策，为50户企业兑现产业扶持资金8989万元。融资担保平台合作银行增加到10家，为企业融资超过3亿元。

【城市建设】 三环以内103条街路、149个老旧小区面貌焕然一新，东新路工业文化大道等成为全市旧城改造的亮点。民丰大街、惠工路、一匡大桥等13条街路、桥梁建成通车，红楼立体停车场主体竣工，立体交通体系加快形成。物流开发区新开工的英俊大街、英凯大街、东翔大街、英泰大路主体形成，新增供热、燃气等管线25公里，释放发展空间5平方公里。伊通河、东新开河流域综合治理、地铁2号线等52项市、区重点工程征收取得进展，全年完成征收面积2.63平方公里。建成全省首个街镇数字化城管分控中心，拆除违章建筑71万平方米，完成三环内废品收购站取缔工作。区爱国卫生工作位列全市综合考评第一，全市健康城市推进会在二道区召开。胡家村被评为长春市第二届“最美乡村”

【优化环境】 全年新建、改建绿化面积56.6万平方米。全市首个海绵公园劳谦公园落成开放，被中央电视台报道。劳动公园被命名为全市首个健康主题公园。开展建筑工地、渣土运输、露天烧烤等专项整治行动，秸秆禁烧、黄标车淘汰等重点污染源治理成效明显，区燃煤小锅炉淘汰率全市第一。落实河长制，建立区、街（镇）、社区（村）三级河长体系，启动建设河长制信息化系统，统筹推进“两湖”“三河”“八支流”综合治理，疏浚河道25.7公里，劳动公园黑臭水体治理完成，英俊污水处理厂主体竣工。

【社会民生】 落实幸福二道行动计划75项、暖流计划37项。全区96%的贫困人口实现脱贫，超计划完成年度目标。以产业扶贫为核心，建立实施“企业+合作社+建档立卡贫困户”产业扶贫项目，促进贫困人口增收；开展就业脱贫技能培训，扶持贫困户自主创业、脱贫致富；落实“扶智助学”“七免十九减”“低保支持”等补助政策，实现教育、医疗、兜底扶贫全覆盖。城镇新增就业1.3万人，登记失业率控制在2.8%。新农合参合率98.5%，补偿资金780万元。发放救助资金7500余万元。出台《鼓励支持居家养老服务业发展实施意见》，居家养老定制化服务签约3700人，新增养老床位337张。二道区率先实施“蓓蕾计划”并在全市推广，成为全省义务教育均衡发展示范城区。二道区基本公共卫生服务考核全市第一名，卫生健康发展经验在全市大会上作典型交流。吉林社区卫生服务中心被评为全国百强社区卫生服务中心。开展“文体惠民·幸福二道”系列活动130场，举办二道区全民健身运动会，劳动公园冰雕展成为区冰雪文化新名片。实施全民阅读工程，在7个社区建成万卷图书馆。二道区荣获吉林省防震减灾工作一等奖。创建“省级食品药品安全示范城区”。

（马　凌）

2017年二道区国民经济和社会发展主要指标完成情况统计表

指标名称	单位	实际完成	比2016年±%
国内生产总值	亿元	183.3	6.5
第二产业增加值	亿元	59.2	9
第三产业增加值	亿元	123.9	5.4
全口径财政收入	亿元	33	-
本级财政收入	亿元	7.65	-
固定资产投资	亿元	210.6	12.2
工业固定资产投资	亿元	36	20
社会消费品零售总额	亿元	254.3	10.3
实际引进内资	亿元	85	38.2

续表

指标名称	单位	实际完成	比2016年±%
实际使用外资额	万美元	10650	14.5
个体工商户	户	37715	19.9
民营企业	户	15795	20
普通中学	所	10	–
小学	所	16	–
教育经费总额	万元	68232	-7.97
科技三项经费	万元	5139.1	-31.4
卫生事业费	万元	4061.4	-14.21
人口出生率	‰	10.42	21.87
计划生育率	%	100	–
建成区绿化覆盖率	%	40.7	0.5

绿园区

【概况】 绿园区位于长春市区西部，东连朝阳、宽城两区，南接长春汽车经济技术开发区，西邻公主岭市，北依农安县。下辖春城、正阳、青年路、同心、林园、铁西、普阳7个街道办事处，58个城市社区；城西、西新、合心3个镇，24个行政村；长春绿园经济开发区（加挂长春轨道交通装备产业开发区牌子）、长春绿园西新工业集中区、长春皓月清真产业园区、长春西部新城开发区4个开发区。全区面积216平方公里，常住人口60.4万人。

【国民经济】 2017年，绿园区地区生产总值完成264.3亿元，比2016年增长5.6%；规模以上工业总产值完成658.5亿元，增长0.6%；全口径财政收入完成55.6亿元，减少1.7%；地方级财政收入10.2亿元，增长10.8%；社会消费品零售总额120.6亿元，增长10%。城镇常住居民人均可支配收入33168元，增长6.8%；农村常住居民人均可支配收入13431元，增长6.8%。

【落实国家战略】 合心镇被国家住建部批准为第二批276个全国特色小镇之一，成为长春市第1个国家级特色小镇；向民政部申报全国农村社区治理实验区；向国家发改委申报国家政企合作试点单位；21个项目纳入东北振兴项目库。中车长春轨道客车股份有限公司国家轨道客车系统集成工程技术研究中心投入使用，在澳大利亚墨尔本市设立亚太总部和研发分中心；与国家信息中心、软通动力信息技术（集团）有限公司签订合作协议，打造东北亚智能制造产业基地大数据中心，成立东北亚智能制造产业研究院；中车长春轨道客车股份有限公司被长春市评为绿色制造体系建设试点示范工厂，长春吉文汽车零部件股份有限公司轻量化车身制造项目被列为国家级智能制造综合标准化与新模式应用项目，组织申报智能制造项目19个。创建东北亚大健康产业基地。举办2017中国首届医生创新投融资大会和医疗器械展、2017中国（绿园）中医药发展高峰论坛，吉林省医疗器械产业园启动建设，东北地区单体面积最大的民营中医院—吉林国盛弘医堂中医医院开业问诊。举办东北地区首次中国（绿园）特色小镇发展高峰论坛，合心镇作为国家级特色小镇启动建设，关东文化园民俗文旅特色小镇入围省级特色小镇示范镇，首批荷兰农业观光园主体封闭。申报国家级田园综合体项目，与吉林省经合局联合举办中国—以色列（吉林）经济技术合作交流会，中贯现代特色农业示范基地完成土地流转，千吨城市蔬菜观光园、裴家村智慧都市农业产业园一期等5个现代农业项目建成生产，泓鑫君子兰基地入围市级现代农业产业园。创建全国民营经济综合配套改革示范区和小微企业创新创业集聚区。围绕长春公园周边3平方公里，启动建设东北亚创业谷，推进“一园、一街、一港、双基地、十大平台”建设；与猪八戒网、赛伯乐投资集团举办2017“互联网+”中国服务交易会长春峰会；扶持民营和小微企业创新创业，新增各类市场主体1.2万户，比2016年增长26%。创建吉林省商会经济创新试验区。吉林重庆商会等10个省级商会落户绿园区，举办吉冀商会经济合作交流峰会，委托全国卫生产业企业管理协会医疗器械分会开展医疗器械产业园招商。

【调整产业结构】 中车长春轨道客车股份有限公司形成国家轨道客车系统集成工程技术研究中心、高速列车系统集成国家工程实验室、国家级企业技术中心、博士后科研工作站、国家技能大师工作室“五位一体”技术创新平台，首批美国波士顿地铁橙线车辆下线，具有完全自主知识产权的“复兴号”CR400BF型中国标准动车组在京沪高铁正式运营。以施耐利机器人制造、金沙数控机床制造、中研高塑新材料应用、吉文汽车智能制造、威和无人机制造等为代表的战略性新兴产业发展较快，新增产值亿元以上工业企业9户，新增高新技术、“小巨人”企业35户，增量居长春市城区第一。全国性股份制商业银行省级总部—渤海银行长春分行开业，成为落位绿园区的首家省级银行，2017年存贷款余额68亿元；猪八戒网吉林园区实现交易额6900万元，新城吾悦广场填补长春市西部大型商业综合体空白，东北地区最长的500米地下主题商街投入使用。规模以上服务业、限额以上批发零售住宿餐饮企业新增92家，服务业增加值增长6.5%。支持农业产业化发展，皓月集团产品出口量占全国近一半份额，跻身中国肉类食品行业综合实力“十强”。举办首届农业嘉年华暨农民节，绿园区首次以独立展馆亮相第十六届中国长春国际农业·食品博览（交易）会，设施农业项目16个。

【招商引资】 重点领域开展招商对接活动68次，与绿城房地产集团有限公司、汉能控股集团有限公司、华大基因研究院、软通动力信息技术（集团）有限公司等国内知名企业进行项目洽谈，引进投资亿元以上项目11个，利用内资71.5亿元，新增实际利用外资1.15亿美元，分别比2016年增长17%和14%。推行重大项目领导包保、领办代办和“秘书制”服务，有47个投资亿元以上项目开复工。长春福罗寿流体机械制造有限公司轨道机车无泄漏屏蔽泵生产等7个工业项目投产、试运行，吉林省天禹电力科技发展有限公司电器元件等9个工业项目主体完工。中海景阳公馆、万科城市之光、吴中天玺公馆等房地产项目部分主体封闭，青怡坊生态文化产业园项目推进土地挂牌，东正文化产业园项目主体完工，同心城创新创业智慧广场启动招商，融创春城产业园投入运营。围绕大健康产业发展，引进签约东北地区中医药膏方基地，乐普（北京）医疗器械股份有限公司等12户优质企业落位医疗器械产业园，开创2个工作日完成落户的先河。绿园经济开发区承载力进一步提升，西新大街竣工通车，景阳北路等6条道路投入使用，合心镇和西新工业集中区污水处理厂项目全面启动，“三区”基础设施项目前期工作按计划进度推进。

【创新服务】 精简审批事项15项，删减审批环节60个，复杂审批事项提速43%，机关干部走访企业1024户，收集意见建议近万条，解决企业难题301件，便民、利企、增效的服务环境进一步改善。出台《关于鼓励创新创业和加快发展战略性新兴产业的实施意见》，设立1亿元产业引导资金，新增省级创新创业平台5家，“双创”基地入驻“两新四高”企业72户。助力“双创”发展，举办中国长春（绿园）首届创业创新文化节，借助智库外脑资源，搭建共商发展的对话平台，组织开展“十大创业创新人物”和“十大创业导师”评选等活动40场次，百余户企业、近万人参加。推进对外开放，在北京“一带一路”民族文化经济合作发展高峰论坛上，绿园区政府与伊朗大使馆签署经贸合作备忘录，启动成立“一带一路”国际清真食品产业联盟；与加拿大中国企业家联合会、创客网联合成立中加技术转移中心。与天津市河北区、杭州市萧山区缔结友好城区，长春天津商会落户绿园区，打造津长金融港。

【城市建设管理】 推进城市管理体制改革，出台9个方面改革文件，下放12类城市管理执法权限。征收保障作用凸显，开发“阳光征收”网上办公平台，创新“959”征收工作模式，实施征收项目99个，完成征收任务7925户，伊通河综合治理工程节点征收全部完成，长深高速绿园区段全线通车，省级重点建设工程长春西动车所扩建项目主体完工；依法拆除和平瓜子市场、安阳街市场，华瀚北路、洛阳西街、“小区微循环”道路等141条城市“断头路”正式通车。旧城改造提升工程完工，覆盖422个小区、675万平方米区域。既有建筑节能改造168万平方米，历时8年的“暖房子”工程全部完成。出台《绿园区棚户区管理办法》，18处棚户区地块改造加快实施，脏乱差环境逐步改善。芙蓉桥立体停车场项目竣工，万福特色商街项目完工，小五环路项目进行社会资本招标。启动花溪公园国有用地手续办理，兴隆湖公园项目进场施工，全区新增公共绿地30.2公顷，建成区绿化覆盖率36.5%。“三环”以内53家废品收购站全部取缔，露天烧烤“退路入室”经验在全市推广，长春市城乡环卫一体化管理、非法广告治理现场会在绿园区召开；拆除违法建筑21万平方米，施划停车泊位5.4万个。接受中央环保督察，办结交办案件373件，排查整改问题2484件。落实“河长制”，推进禁养

7月1日，2017中国长春（绿园）特色小镇发展高峰论坛在绿园区召开

（景年国　提供）

区划定搬迁、黑臭水体治理、燃煤小锅炉及“黄标车”淘汰、农作物秸秆“禁烧”及综合利用等工作。

【幸福绿园建设】 实施10大类66项建设幸福绿园行动计划，采取精准扶贫措施，3个贫困村脱贫出列。对330户困难家庭进行“急难”救助，全区发放低保金4950余万元。开发就业岗位，城镇新增就业1.3万人，“零就业”家庭“动态为零”。为3057名被征地农民办理养老保险。统筹推进机构、社区、居家养老服务，养老机构床位2577张，建成社区居家养老服务中心12所，2226名“失独”“失能”“空巢”老人享受居家养老服务。优先发展教育事业，实施“321”发展战略和“质量校校行”提升行动，新优质校89%，公开招聘优秀教师97人，教育部“优课”获奖比例居吉林省各县（市）区之首，学生校外实践场所应用走在长春市前列，宁静小学扩建工程投入使用。深化医药卫生体制改革，与吉林大学白求恩第一医院等4家医院建立“医联体”，在长春市率先建成区级远程医疗中心，家庭医生签约服务经验在吉林省内交流，合心医院、青年社区卫生服务中心分获国家级群众满意乡镇卫生院和全国优质社区卫生服务中心。举办“放歌中国·走进绿园”大型广场演出，承办吉林省首届旅游文化艺术节和长春市第七届乡村旅游节，升级打造工业游、农业游、休闲游线路，展示“绿园印象”。

【民主法制建设】 办理人大代表建议61件、政协委员提案29件。依法行政和“七五”普法取得新成效。完成全区城市社区居委会第十次换届选举和区残联第五次换届选举。依法推进“10·27”居民楼燃气爆燃事件善后处置工作。邀请行业精英和国内外专家学者做客“微课堂”。“智慧绿园”政务一张网竣工运行，区域政务网络在全市率先实现全覆盖。安全生产“两化”“双控”创建深入推进，事故起数、死亡人数“双下降”。完成四季青市场隐患整改，顺利通过国务院安委会检查验收。开展食品安全系列宣传活动，承办长春市创建国家食品安全示范城市启动仪式。提升社会治安综合治理和防控能力，治安案件破案率提高到95.7%。畅通“社区工作日”“局长接待日”、公开电话办理等诉求渠道，采取重点案件领导包保、初信初访就地解决等措施，初步解决隆都翡翠湾小区、台北阳光小区、长白A地块“团购房”等历史积案。

（景年国）

2017年绿园区国民经济和社会发展主要指标完成情况统计表

指标名称	单位	实际完成	比2016年±%
地区生产总值	亿元	264.3	5.6
第三产业增加值	亿元	84.3	6.5
农业总产值	亿元	7.3	1.4
规模以上工业总产值	亿元	658.5	0.6
全口径财政收入	亿元	55.6	-1.7
本级财政收入	亿元	10.2	10.8
社会消费品零售总额	亿元	120.6	10
利用内资	亿元	71.5	17
新增实际利用外资额	亿美元	1.15	14
进出口总额	亿美元	47279	-19.25
城镇常住居民人均可支配收入	元	33168	6.8
农村常住居民人均可支配收入	元	13431	6.8
各类医院数	所	17	-6
教育经费总额	亿元	6.48	34.63
卫生事业费	亿元	1.64	9
绿化覆盖率	%	36.5	1
人口出生率	‰	6.24	4.5
政策生育率	%	99.97	0

双阳区

【概况】 长春市双阳区位于东经125°26′30″～126°00′45″，北纬43°16′06″～43°44′20″。地处吉林省中部，长春市东南部。东濒饮马河与永吉县相望，东南、南与磐石县毗邻，西南、西和伊通县接壤，西北与长春市净月开发区为邻，北、东北与长春市二道区相连。全区面积1677平方公里。其中，耕地109836.84公顷，占总面积的65.5%；园地85.88公顷，占总面积的0.1%；林地28444.47公顷，占总面积的0.17%；牧草地1109.64公顷，占总面积的0.7%；居民点及工矿用地15881.05公顷，占总面积的9.5%；交通用地5071.62公顷，占总面积的0.2%；水域6885.47公顷，占总面积的3%；其他土地389.02公顷，占总面积的0.02%。到2017年，双阳矿产资源发现30余种。非金属矿产资源主要有石灰石、石英石、膨润土、磷矿石、硅灰石、大理石、花岗岩、矿泉水等。金属矿产资源有金矿石、铁矿石、铅矿石、锑矿石等。能源资源有煤、原油和天然气等。煤资源储量约12848万吨，主要分布在长岭子、二道梁子、八面石。测得二道矿区资源储量462.6万吨，八面石矿区储量为347.5万吨。石油储量2000万吨。石灰石储量约30亿吨。全区辖云山街道、平湖街道、奢岭街道、山河街道4个街道，齐家镇、太平镇、鹿乡镇3个镇，双营子回族乡1个乡，134个行政村，17个城市社区。其中17个少数民族村，1个少数民族乡，总人口万36.82万人。2017年，双阳区被评为“全国平安建设先进区”、全国农村创业创新典型县，列为国家土地调查新技术试点。双阳梅花鹿获评2017年中国百强区域公用品牌。双阳区综治办被评为全国社会治安综合治理先进集体，双阳区文广新局被评为全国群众体育先进单位，奢岭被评为全国文明村镇，国信现代农业公司被评为国家级“双创”示范基地。奢岭街道综治协管员黄玉书获“全国基层优秀人民调解员”称号。双阳区委政法委副书记、综治办主任王芙芗被中央综治委、中央组织部嘉奖。奢岭街道马场村党总支书记李华靓被推选为党的十九大代表。

【区域经济】 2017年，双阳区全区生产总值250.8亿元，增长8.8%；三次产业比调整到5.8：44.7：49.5；全社会固定资产投资完成295.0亿元，增长26.4%；财政总收入、本级财政收入分别实现34亿元、7.16亿元，增长11.5%和8.1%。工业经济提质增效，区属规模以上工业产值实现68亿元，增长16%，工业用电量2.4亿千瓦时，增长15%。“四大创业孵化基地”（即小微企业创业孵化平台、商会大厦创客空间、鹿乡电商一条街和以奢岭国信为代表的都市农业示范区）生成创业创新主体200户，新增“小巨人”企业6户，高新技术企业8户，国信现代农业公司被评为国家级“双创”示范基地。现代服务业活力增强，“四大旅游板块”（奢岭板块、双阳湖板块、神鹿峰板块、鹿乡板块）建设全面启动，吊水壶策划完成，双阳湖规划初步形成，鹿乡特色小镇综合开发项目签订合作协议，中日联谊医院奢岭医院、东北师大双阳实验学校相继签约。主办梅花鹿节、全国鹿王评选大赛等节庆活动6次，推出温泉康养、清新乡韵等精品旅游线路5条，温泉、花海、采摘园扮靓全域、吸引大量游人。长春市公共实训基地开工建设，密之康医药物流主体封闭，“村淘”、晟华等电商企业发展到42户，双阳被评为省级县域电子商务示范县。全社会消费品零售总额76.8亿元，比2016年增长10.2%。调减普通玉米种植面积130公顷，新发展特色农牧园区17个，奢岭现代农业产业园获批市级园区，市级以上农业龙头企业52户。编制完成农业嘉年华总体规划，举办长春（双阳）农业嘉年华发展论坛，缘山湖农业园被评为国家五星级休闲农业与乡村旅游示范点。启动实施标准化规模养殖、名牌产品培育等梅花鹿产业创新发展十大工程，鹿业现代农业产业园被列为首批省级创建单位，双阳梅花鹿被评为2017年中国百强区域公用品牌。

【项目建设】 全年开工项目295个。其中，超1亿元项目56个，超10亿元项目10个，谋划项目78个。金冠电气、东鳌鹿业等9个项目获中央预算内资金支持6844万元，中德合作汽车轻量化智能制造产业园纳入吉林中部（长吉松）产业转型升级示范区。引进项目25个。其中，超1亿元项目18个，超10亿元项目7个。引进内资143亿元，利用外资1.4亿美元，分别增长24.3%和21.7%。

【生态建设】 投资6406万元，编制水系生态综合治理等规划方案11个，实施杏树河清淤等重点治理工程15项，开展

8月9日，双阳区千人广场舞大赛在区体育场举行　　（朱守林　提供）

建筑工地扬尘等专项整治18项。实行区级领导包片包案、乡镇部门联合作战，办理中央环保督察信访案件155件。落实“河长制”，建立河流水系常态化巡查监管机制。新建改造污水处理厂6座，处理标准全部达到一级A。清理河道6.4万米，石溪河污水吐口全部截流。科学划定畜禽养殖禁养区，依法关闭规模养殖企业3户。集中清理农村生活垃圾11万吨。拆除石灰土立窑52座，取缔非法采砂场19家，打击非煤矿山违法开采行为17起，淘汰黄标车1495辆、燃煤小锅炉52座，餐饮业油烟净化设施安装率95%。加大秸秆禁烧力度，秸秆综合利用率81%。推广新型清洁能源，建设光伏发电项目6个，36辆新能源公交车上线运营。植树造林、退耕还林2400公顷。

【城市建设】 投资5亿元，实施以“一带四桥两广场”（即石溪河景观带，小河沿大桥、铁东路大桥、杏树河玉山路大桥、山河路南桥，西广场、北广场）为重点的17项城建工程。实施西广场、北广场改造提升工程。铁东路大桥、山河路南桥主体完工，小河沿桥新建、铁东路大修、龙东公路绿化、丹江街标准化改造等工程全面竣工。落实贷款10.5亿元，征拆房屋12万平方米，启动建设回迁房20万平方米。打通嵩山路南段、北山路大桥等“断头路”“断头桥”。公交服务中心投入使用，铁路客运班线开通运营。便民大市场、货运停车场建成使用。组建联合执法队伍，集中开展市容环境综合整治行动。

【美丽乡村建设】 投资4.93亿元，实施双阳河上段治理等12项水利工程，新建改建农村公路160公里，改造危桥7座，绿化美化农村公路800公里。建立农村生活垃圾“村收集、镇转运、区处理”的城乡环卫一体化模式。被确定为全省农村生活垃圾治理工作试点。奢岭被评为全国文明村镇，鹿乡被评为全省首批特色小镇，山河立新、奢岭新兴、太平小石被评为省级美丽乡村。

【幸福双阳行动计划】 实施幸福双阳行动计划“暖流计划”。投资1.5亿元实施扶贫项目137个，10个贫困村脱贫摘帽，2199人实现脱贫。开发就业岗位8500个，新增城镇就业7100人，转移农村劳动力11万人次，城乡常住居民人均可支配收入分别增长7.2%和8.3%。改造老旧小区21个、农村危房840户。为残疾人提供精准康复服务1.2万人次。开展城乡低保清查工作，保障标准分别提高到400元/月和3650元/年。投资2.5亿元实施47项教育重点工程，实验幼儿园西校区等40项工程全面竣工。加强高中课后管理，高考重点进线率提高3.7个百分点。区医院门诊综合楼主体封闭，长岭卫生院改扩建工程完工，中医院中医药康复服务区投入使用。推进医联体建设，国家、省市专家来双阳坐诊75人次。新建文体广场11个，举办大型文体活动30场次。档案馆、党校综合楼开工建设。以创建国家安全发展示范城市为载体，全方位推进建筑交通、工矿商贸、人员密集场所等领域安全生产大检查、大整治。2017年，双阳区被评为省级食品药品安全示范区、全国平安建设先进区。

【政务建设】 接受区人大法律监督和区政协民主监督，办理人大建议99件、政协提案119件，办结率、满意率均100%。畅通区长接待日、公开电话等诉求渠道，受理市民投诉1.36万件，办结率100%。有效解决“电视问政”反映的城乡低保、农村公路、水源保护等突出问题，推进“一门式、一张网”综合服务、公务用车制度等多项改革。全国农村留守儿童关爱保护工作现场会在双阳召开，双阳区综治办被评为全国社会治安综合治理先进集体，双阳区文广新局被评为全国群众体育先进单位，双阳区被列为国家土地调查新技术试点、被评为全国农村创业创新典型县。

（朱守林）

2017年双阳区国民经济和社会发展主要指标完成情况统计表

指标名称	计量单位	2016年实际	2017年	
			完成	比2016年增长%
全区生产总值	万元	2280209	2506000	8.7
第一产业增加值	万元	163103	159000	3.7
第二产业增加值	万元	1038851	1114000	7.0
工业增加值	万元	789458	890000	10.1
第三产业增加值	万元	1078255	1233000	11.3
三次产业比重		7.1：45.6：47.3	6.3：44.5：49.2	
人均地区生产总值	元/人	60645	68098	12.3

续表

指标名称	计量单位	2016年实际	2017年	
			完成	比2016年增长%
全社会固定资产投资	亿元	2332668	295.0	26.4
全区财政总收入	万元	380000	340000	–
全口径财政收入	万元	155265	160075	3.5
区本级财政收入	万元	66262	72828	9.9
引进内资	万元	1150000	1430000	24.3
引进外资	万美元	11500	13163	13.7
农业总产值	万元	329442	340000	3.2
农业产值	万元	140794	145000	3.0
牧业产值	万元	169043	175000	3.5
粮食总产量	亿公斤	8.25	8.25	阶段水平
区属规模以上工业总产值	万元	588440	739781	16.8
全区民营经济增加值	万元	1900000	2100000	9.5
社会消费品零售总额	万元	696689	768000	10.2
全区年接待旅游人数	万人次	450	517	14.9
全区年旅游总收入	万元	395000	508500	28.7
城镇常住居民人均可支配收入	元/人	23939	25650	7.2
农村常住居民人均可支配收入	元/人	12584	13630	8.3
科技进步贡献率	%	51	52.5	–
人口自然增长率	‰	3.3	0.27	–

开发区

开发区发展综述

【经济指标】　2017年，全市开发区实现地区生产总值3960亿元，比2016年增长9.7%，占全市的61%；实现全口径财政收入810亿元，比2016年增长9.4%，占全市的67.1%；实现工业总产值9240亿元，比2016年增长11.7%，占全市的89.2%；完成固定资产投资4100亿元，比2016年增长12.3%，占全市的74.5%。

【招商引资】　2017年，实际利用内资1348亿元，比2016年增长25.9%；实际利用外资67.5亿美元，比2016年增长15.4%。签约落位项目475个，签约投资金额3241亿元。长春新区推进专业化、精准化招管，深化服务内涵，优化营商环境，博世起发电机、中关村信息谷创新中心、网易云双创基地、徐工长春恒亚基地、江苏天域无人机项目等一批优势项目正式落位。经开区吴太集团医药产业园、法雷奥新能源汽车零部件基地、普新（长春）新兴产业园、上海安能电商产业园等重大项目正式落位。

【项目建设】　2017年，全市开发区开工投资3000万元以上项目1475个，其中新建项目641个，续建项目834个。其中工业项目727个，新建工业项目301个，续建工业项目426个；服务业项目388个，新建服务业项目164个，续建服务业项目224个；社会事业项目119个，新建社会事业项目56个，续建社会事业项目63个。全市开发区实施亿元以上项目1004个，占全市亿元以上项目的92%。长春新区航天信息产业园、英利汽车零部件二期项目、百克疫苗生产基地、越达产业园，国药控股物流中心二期项目等主体工程基本完成，金赛药业厂房扩建项目、吉林康乃尔物流中心项目、融创上城国际商业广场及住宅等项目竣工，欧亚城市汇集商业项目、中展万国城项目等高端服务类项目投入使用；经开区中粮聚乳酸原料及下游制品项目、际华园长春目的地中心、万豪世纪广场综合体、马瑞利汽车零部件等重点项目进展顺利，大众置业总投资26.3亿元的金融第五城及摩天活力城2个项目进入主体建设；汽开区一汽大众Q工厂、亚普油箱、纳铁福研发中心等重点汽车产业项目即将投生产；双阳开发区中德工业园二、三期项目8个车间竣工投产，四期项目设备基础、厂区道路等主体工程建成，五、六、七期厂房基础完工。金冠电气完成2栋厂房和1栋研发中心内部装修，安装3条德国进口生产线；德惠开发区泉德秸秆综合利用项目制浆车间、抄纸车间、自备热电站、肥料车间、环保车间以及原料储存场及其他附属设施基建全部完工，部分设备进行单机调试，完成生产线设备的联合调试运行。

【对外开放】　全市开发区有170个国家和地区在开发区投资建厂，有60个世界500强企业在开发区落户，综合保税区对外开放平台的载体作用持续增强。2017年，长满欧班列承运货物突破3万标箱，货值超10亿美元，运量稳占经满洲里口岸进出境的28条中欧班列总运量的30%，增幅稳居中欧班列之首；跨境电商实现全年航班飞行88班（往返176班），跨境电商出口货物2450万票，货值7150万美元。综保区铁路集装箱场站获批延期12个月，对于吉林省加快开放速度、加大开放力度起到关键性的作用；进口肉类指定查验场完成4批（71吨）肉类产品进口，货值250万元，实现吉林省进口肉类的“零”突破；进口冰鲜水产品口岸通过国家质检总局的验收，成为吉林省唯一的内陆冰鲜水产品口岸。

【产业集聚】　全市汽车及零部件、轨道装备、农产品加工3大支柱产业及先进装备制造、生物及医药健康、光电信息、新能源汽车、新材料、大数据6大战略性新兴产业主要布局在开发区。2017年，国家级开发区产业聚集度达80%，省级开发区（工业集中区）产业聚集度达55%。以开发区和园区为重要载体，逐步形成以汽车区、高新南区为核心的西南部汽车产业集中发展区，以绿园经开区、宽城经开区、装备制造开发区为核心的西北部轨道客车产业集中发展区，以经开北区、综保区为核心的东北部战略性新兴产业集中发展区，以净月区、经开南区、莲花山开发区、南部都市为核心的东南部现代服务业集中发展区，以榆树、德惠、双阳、九台、农安为重点的县（市）新型工业集中发展区等5大集中区的发展格局，突显出全市开发区特色鲜明、产业突出、用地集约、绿色发展的集聚效应。

【特色园区】 全市重点推进长春汽车产业园区、长东北生物化工产业园区、长春轨道交通装备产业园区、长春专用车产业园区、启明软件园、中科院长春光电子产业园区、长春朝阳交通运输设备（汽车零部件）产业园、吉林省梅花鹿产业园区、长春经开装备制造园区等重点特色园区。园区总规划面积347.9平方公里，开发区土地面积41.6平方公里，入驻企业8564户，从业人数30.5万人。园区有省级以上企业技术中心或研发机构33个（其中国家级企业技术中心或研发机构8个），投入研发资金107.9亿元，2017年规模以上企业有效发明专利480个。职业教育或专业培训机构15个，公共服务平台37个（其中国家级公共服务平台2个），区域内应用数字化研发设计工具的规模以上企业61个，宽带接入企业数量665个，光纤入户企业数量355个。2017年，园区实现工业总产值5363.9亿元，占全市比重51.8%；实现工业增加值653.8亿元，占全市比重24.6%；实现销售收入5978.3亿元，占全市比重62.4%；实现利润481.6亿元；实现税金575.3亿元。

【创新能力】 全市开发区注重由要素驱动向创新驱动转变，努力建设全市重要的高新技术研发与成果转化基地。2017年，全市开发区高新技术企业超过400户，高新技术产业产值占全部工业总产值的比重40%。全市开发区中工业企业已建立省级以上企业技术中心100多家，重点规上工业企业R&D占销售收入的比重2%左右，科技成果转化率30%左右。推动大众创业和万众创新，建设重点科技企业孵化器、孵化基地、众创空间等137个。北湖科技园完成二期建设，新签约15户高科技企业，总数41户。2017年，技术合同交易额超过200亿元，比2016年翻一番，占全市GDP的比重达3%，在15个副省级城市中排位由第14位跃居到第8位，进入全国技术交易活跃区域。建立科技金融创新服务中心，为118户企业融资超过100亿元。

【承载能力】 2017年，全市开发区基础设施项目190个，其中新建基础设施项目120个，续建基础设施项目70个。长春新区加快推进城市基础设施建设和改造提升，北湖快轨年底通车，市政、电力、通信、给水等工程全面推进，对外交通能力提高。经开区以“文化、功能、生态”为驱动，打造重要节点、街路，旧城改造高标准推进，全新的城市街路景观体系效果初显，促进产城融合发展。汽开区新建道路、给排水管线、供电、供热管线等工程，启动长春国际汽车博览馆工程，推动汽车文化项目建设。净月区打通断头路、启动供水管线升级工程，推动电力扩容项目，解决近20年的历史遗留问题。

（刘一宁）

长春新区

【概况】 长春新区是2016年2月3日由国务院批复设立的第17个国家级新区，主体位于长春市东北部，紧邻长春市主城区，批复面积约499平方公里，管辖范围包括长春高新技术产业开发区、长春北湖科技开发区、长德经济开发区、空港经济开发区4个区域。下辖2个乡、5个街道、51个村、32个社区，常住人口40余万人。

【经济指标】 2017年，长春新区地区生产总值完成889.3亿元，比2016年增长8.7%；规模以上工业产值实现787.7亿元，比2016年增长12.2%；固定资产投资完成1250亿元，比2016年增长24.5%；一般公共预算财政收入完成23.5亿元，2016年比增长9%；实际利用内资241.5亿元，比2016年增长50%；实际利用外资22.5亿美元，比2016年增长14.16%。各类市场主体29703户，比2016年增长41.5%。

【开放平台建设】 长春国际港正式开通，长春至德国汉堡中欧班列实现首发，申报铁路口岸国际港作业区对外开放功能。国际航空港龙嘉机场二期T2航站楼暖封闭。龙翔国际商务区地下基础工程完工，地上部分建筑正在建设中；B区欧亚北湖购物中心一期7栋商务楼主体完工；现代物流中心大厦完成地下工程建设；欧亚城市汇集商业中心主体建筑封顶；天都国际商务中心规模性开工，完成地下基础工程；空港奥特莱斯主题购物公园正式营业。科技创新中心新集聚一批研发机构，华为云数据中心进行设备安装，长春检验检测认证中心综合楼启动建设，物流集散中心铁路货场投入使用，国际金融中心、交流与合作中心取得进展。

【主导产业】 2017年，长春新区二三产业保持较快增长，规模以上工业总产值实现787.7亿元，比2016年增长12.2%；现代服务业实现营业收入511.8亿元，比2016年增长43.0%。从产业发展情况看，新兴产业发展较快，全区战略性新兴产业快速增长，实现产值260.6亿元，比2016年增长24.5%，在全市绩效考核开发区组中增速排名第一；新兴产业及现代服务业项目建设加快，光电和智能装备产业园入园24户企业全面开工，9户企业实现投产；亚泰医药产业园新开工单体厂房44栋，全部实现封顶；航天信息产业园天字型厂房全部建成，“吉林一号”实现8颗卫星在轨运行。截至2017年年底，全区企业10728户（不含农民专业合作社）。按区统计口径，全区工业企业中产值亿元以上企业82户，10亿元以上企业15户，50亿以上企业3户

【特色园区】 光电和智能装备产业园区占地面积100万平方米，一期占地面积38万平方米，总投资24亿元。截至年底，引进项目24个，其中，17户高新技术企业，4家省级技术研究中心，3户“新三板”上市企业，200余项自主知

识产权、专利，专利行业分布在汽车整车及核心零部件智能化生产线、轨道客车集便系统、微电子设备、物联网产品、化工灌装生产线、气象仪器仪表、新型传感器、气体激光器、智能化医疗器械等领域。园区二期总投资10亿元，规划占地面积20万平方米，招商工作完成，落位项目9个，总投资6.8亿元，占地面积13.6万平方米。航天信息产业园。由长光卫星技术有限公司投资建设。公司由中国科学院长春光学精密机械与物理研究所、吉林省中小企业和民营经济发展基金管理中心等4个股东单位和41名自然人组建。项目占地面积21.6万平方米，总投资54亿元，分2期建设。其中，一期计划总投资36亿元，占地面积13.6万平方米，建筑面积9.7万平方米，建设工期2016年4月至2017年12月，主要建设1栋“天”字形厂房等；二期投资18亿元，占地面积8万平方米，建筑面积7.8万平方米，建设期限从2019年4月至2021年12月，主要建设行政办公楼、食堂及活动中心、宿舍、产业集群生产厂房等。截至2017年年底，天字形厂房进行内部装修，10月成功发射3颗视频卫星，在轨运行8颗星，成为国内第1个商业遥感卫星星座，执行拍摄任务7700余次。东北亚大数据产业园。打造“一体三区”区域功能布局。一体：以华为云数据中心为主体，建设完善推动大数据产业发展的信息基础设施，提升数据传输、存储和计算能力。以华为云数据中心为主，发展数据存储、云计算等服务业务。三区：围绕华为大数据中心，推动长春市科研机构落户，引进大数据基础产品、服务提供商，建设技术突破区、基础产品区和应用服务区。项目总占地面积3万方米，总建筑面积1.8万平方米，计划总投资10.4亿元，规划建设A级标准机房，设置1200个中高密度机柜。截至2017年年底，数据中心完成1236个机柜安装，云数据业务上线运营。政务云方面，对长春市政府办公厅、市工信局、市公安局、长春新区党办等部门开展运营服务；公共云方面，为中国第一汽车集团有限公司、长光卫星技术有限公司等提供运营服务。新能源汽车产业园。建设主体为长春新能源汽车股份有限公司，总投资34亿元，占地面积45.23万平方米，建筑面积22.4万平方米，主要建设总装车间、制件车间、焊装车间、涂装车间、冲压车间及配套设施等，打造动力电池、储能系统、研发中心及新能源汽车整车生产基地。截至2017年年底，完成制件车间钢结构主体基本施工；焊装车间、总装车间钢结构主体施工完成95%；轻客冲焊联合厂房基础施工；联合站房污水池及消防水池施工完毕；市政管网施工完成95%。长春新能源汽车股份有限公司研发8款纯电动公交客车、1款纯电动公路客车及1款纯电动物流运输车（其中2017年，入围新能源产品公告的4款纯电动公交客车及1款纯电动物流运输车均为自主品牌“环菱牌”），50辆10米纯电动公交车及3辆12米纯电动公交车上线后均稳定运行。长春新能源汽车股份有限公司与长春民营公交公司签署200台纯电动公交客车市场订单，10月交付66台，上线运营。亚泰医药产业园。由吉林亚泰（集团）股份有限公司投资建设，总占地面积68万平方米，总建筑面积50万平方米，总投资50亿元，建设工期为2015年4月至2022年12月。主要包括5个子项目：A区中试车间项目、B区亚泰明星项目、C区亚泰制药项目、D区亚泰生物项目、E区吉林大药房项目、FG区大健康交易中项目。截至2017年年底，5个项目全部开工，在建单体53栋，建筑面积50万平方米，完成投资15亿元。园区通过市场化运作和多元化合作模式招商，吉林大药房、吉林亚泰制药股份有限公司、吉林亚泰明星制药有限公司、吉林亚泰生物药业股份有限公司、吉林亚泰医药产业园管理有限公司、亚泰长白山医药保健科技开发有限公司、吉林龙鑫药业有限公司、吉林省东北亚药业股份有限公司、吉林亚泰（集团）股份有限公司药物研究与开发中心、江苏威凯尔医药科技有限公司10户企业落位。

【项目建设】 2017年开工项目445个，其中产业项目272个，占61%。晰晰农业基地项目实现暖封闭；东北亚（长春）国际机械城及会展中心、商业综合体项目基础工程基本完成；中能东道新能源汽车产业园开工面积20万平方米；长德智能装备产业园28栋钢结构厂房基础完成70%；罗伯特博世电机年产300万套起发电机项目办公楼及厂房主体框架建设完成。龙翔国际商务区A区百米以下建筑部分主体框架封顶，与20余家国内外企业达成入驻意向，一期商务楼基本售完；现代物流中心大厦完成地下工程建设；修正检验检测园项目双塔楼进行地下部分收尾工作；欧亚城市汇集商业项目主体建筑实现暖封闭；中展万国城A区交付使用，B区主体完工。欧亚北湖购物中心、“阳光硅谷”商业综合体、天都国际商务中心等重大商业综合体项目均取得进展。

【招商引资】 开展各类招商活动240余次，接待国内外来访客商1200余次，实际利用内资241.5亿元、利用外资22.5亿美元，分别比2016年增长50%和14.16%，新增世界500强企业2户。引进落位项目136个。包括长春润德集团装配式建筑产业园、京东长春亚洲一号、新城吾悦广场、龙浩空港大通关基地以及中国医药集团医药产业园、普仁国际医疗健康城、惠农保税物流中心（B型）等项目。储备在谈项目318个。包括国际智能锁具产业园、徐工恒亚工程机械零部件生产基地、东方雨虹防水材料生产研发基地等投资10亿元以上项目。重点谋划项目105个。包括海航集团中国集、大族激光智能装备北方研产基地、九州通健康养老产业项目、天津卓朗云计算数据中心、天域航空智能农用无人机等项目。

【创新创业】 长春新区被确定为第2批全国“双创”示范基地，正式申报国家科技成果转移转化示范基地。创新平台。长东北科技创新中心引进高水平研发项目总数62个，光电子技术平台被认定为国家级孵化器，北湖生物技术公共服务平台启用；吉林省集成创新综合体加快建设，中科院长春技术转移中心等308户企业及创新平台进驻；长春新区科技创新服务平台正式开通，注册用户982户，成为省内唯一一家“互联网+科技管理”的协同创新云平台。企业孵化。长春北湖科技园被国家科技部认定为“国家级科技企业孵化器”；摆渡创新工场、原创驿站等4家被认定为国家级众创空间；中俄科技园引进、孵化高科技企业100余户；长春科技大市场入驻新型高科技企业137户、中介机构48家，2017年实现技术交易额突破200亿余元；在全省率先推行“创新券”，促成高企、小巨人企业、知识产权申报量比2016年增长1.4倍，申请专利2207项，其中发明专利712项。金融、人才服务。市级科技金融中心升级为省级科技金融中心，成为全省首家科技金融专门服务机构，引进股权投资机构38家，注册资金达62亿元；“新三板”挂牌企业总数达23户，占全市总数52%，储备上市企业69户，吉林省股权交易中心挂牌企业4户。新引进各类高层次人才6000余人，人才改革经验得到中组部肯定；有16人入选第7批“长白慧谷”英才计划；新建长春中科应化特种材料有限公司、长春孔辉汽车科技有限公司等3家院士专家工作站，引进院士专家11名，建立汽车电子、太阳鸟2家专家服务站，获国家863计划、国家重点攻关项目等7项；成功承办海外人才创新创业项目大赛，“海创联长春创业中心”和“吉林省港澳地区创新创业服务平台”落户新区；设立全国第11家、东北首家“侨梦苑”“侨商大厦”完成选址；公安部将长春新区列入出入境政策措施优化和扩大实施的范围。

【深化改革】 2017年，完成56项改革任务，形成80项改革成果。营商环境建设。按照“小政府、大服务”思路，结合承接落实市级行政管理权限2117项，编制权力清单和责任清单；推进“放管服”改革，新区1个法人办事大厅、7个自然人办事大厅已经按照“一门式、一张网”标准运行，对项目审批实行容缺受理、承诺审批、分段审批制，将审批时间从取得绿证后至少32个工作日，压缩至3个工作日；制定《长春新区“只跑一次”工作实施方案》，全面启动“只跑一次”改革；实施处级干部包保服务重点企业工作制，选派副处级以上干部对区内111户重点企业开展包保服务；每季度召开1次企业家座谈会，及时解决企业实际困难，成立软环境建设联合督导检查组，开展覆盖全区的软环境督导检查。市场化运作。推行PPP融资模式，加快建设重大基础设施工程，东北亚国际物流港、空港综合管廊及市政路网等4个PPP项目完成招标；发挥龙翔投资控股集团有限公司等国有公司主体作用，采取代建、参股、入股等方式介入，吸引更多社会资本参与新区建设，完成市场化融资205亿元；争取国家开发银行新型城镇化建设项目（一期）贷款270亿元，放款40亿元，成为全国开行系统PPP改造的标杆和典范；完成产业投资引导基金组建，7支子基金达成合作意向。

【软环境建设】 制度建设。制定并出台《长春新区2017年软环境工作要点》，部署6个方面25项工作任务，分层级制定《2017年度长春新区管委会各职能部门、各市直派驻机构软环境建设考核评价细则》《2017年度长春新区所属各开发区软环境建设考核评价细则》《2017年度长春新区管委会各职能部门社会评价工作考评细则》《长春新区涉软问题投诉举报情况通报制度》《软环境项目建设监督员工作制度》《长春新区软环境信息报送工作制度》等工作制度；在全区建立各级软环境监测点22个，聘任软环境监督员100人，完善监督举报机制，实现组织网络全覆盖。开展活动。开展涉企“四乱”问题集中整治行动、清理拖欠企业资金专项整改行动、软环境宣传月活动、“人人都是软环境”主题实践活动，制作新区软环境建设专题片，印发《软环境建设倡议书》；在全区范围内开展软环境建设集中整治活动，对新区各部门、各开发区及所属乡街机关、政务大厅、服务中心等开展3轮明查暗访，发放社会调查问卷200余份，下发情况通报2次，重点整治“责任落实不到位、作风不实、服务不优、效率不高、纪律涣散、为政不廉”等问题；设立软环境项目监督员，2017年，对各开发区所有新建项目和重点续建项目开展巡查20余次，走访企业1700户次，撰写项目建设进度周报15份，通过无人机、数码相机等设备，拍摄施工现场照片7000余张，帮助解决实际问题；召开企业座谈会。了解企业家意见建议，协调解决企业在融资贷款、转型升级、生产配套等方面困难。监督监管。制作长春新区软环境服务监督卡，摆放在政务大厅、乡街公共服务中心、各社区一站式服务大厅等办事地点的明显位置，受理企业、群众举报投诉、意见和建议；制定印发《长春新区全面推进“双随机一公开”监管工作具体实施方案》，涉及此项工作的27个部门将检查计划清单、实施细则、执法人员名录库、检查对象名录库录入平台；政务公开工作全年主动公开政务信息835项，其中，互联网公开427条、微博政务公开213条、微信政务公开195条；推进“放管服”改革，定期调度相关部门，推进商事制度改革。宣传推广。开办新区软环境之窗网站，编制新区2017年软环境工作汇编手册，全年被省、市媒体报道20余次，向省、市软环境办上报信息40余篇，其中，被省软环境之窗、微信公众号、市软环境办信息简报等采用21篇。

【城市建设与管理】 投入建设资金81.72亿元，改善基础设施和生态环境，获全国首批“国家绿色园区”称号。基础设施建设。“三路七桥”（其中三路是：远达大街延长段、中科大街延长段和兴福大路；七桥是：兴福大路与京哈高速互通立交桥、兴福大路跨哈大客专跨线桥、兴福大路跨京哈铁路跨线桥、北远达大街与兴福大路互通立交桥、中科大街与兴福大路互通立交桥、兴福大路跨长图铁路跨线桥和兴福大路与龙双公路互通立交桥）物流园内部分启动建设，园外部分中科大街延长线主干线完工，兴福大路加快建设；北湖快轨一期加快高架桥和车站建设；轨道交通空港线进行基础施工；空港经济技术开发区路网开工建设45公里，完成17.16公里，4座下穿高速桥半幅实现通车。生态环境建设。伊通河北北段绿道、防洪提升改造等工程加快推进；干雾海河和龙泽湖进行土方施工；长春高新区与北湖科技开发区实施道路、景观提升工程。治理河湖污染、防治大气污染和监管固体废弃物，生态环境明显改善。

【社会事业】 “幸福新区行动计划”确定的62件民生实事全部完成。公共服务。与东北师大、吉林大学、长春市十一高中开展合作办学，慧仁学校、尚德学校、明达学校、英才学校4所学校建成使用，长春市十一高中北湖分校主体封闭；长春工大北湖校区三期基本完工，东方职业学院主体封闭。吉林大学中日联谊医院北湖分院、吉林省第二人民医院、吉林国健妇产医院加快建设。长春奥林匹克公园、推进长春市体育健身指导中心及长德群众文化中心。高新区文创中心暨群众文化艺术馆投入使用。空港经济技术开发区西营城街道社会福利中心升级为全市公办福利中心最好水平。基本保障。落实精准扶贫，将符合条件的建档立卡贫困人口全部纳入农村低保，新农合实际参合率96.12%；开发就业岗位6700个，安置被征地农民5085人，城镇零就业家庭援助率100%。平安建设。全年化解各类信访积案32件，百日攻坚战暨十九大信访维稳安保工作实现零非访、零越级、零滞留的“三个零”目标，获长春市委、市政府集体嘉奖。

（刘海东　张　健）

长春经济技术开发区

【概况】 长春经济技术开发区成立于1992年7月，10月进入省级开发区序列。1993年4月，经国务院批准为国家级经济技术开发区，是国家最早设立的49个国家级经开区之一。长春经济技术开发区管辖面积112.72平方公里（包括长春兴隆综合保税区4.89平方公里），辖1个综合保税区、1个整建制镇和4个街道，实有人口32万人。

【经济运行】 2017年，完成地区生产总值631.6亿元，比2016年增长7.7%；工业总产值920.5亿元，增长10.3%，其中，汽车零部件产业实现产值626.5亿元，增长15.25%，高于全区规上工业近5个百分点；工业用电量增长5%；固定资产投资646.6亿元，增长11.5%；实际利用内资187.2亿元，增长17%；实际利用外资24.7亿美元，增长14%；战略性新兴产业实现产值549亿元，承担全市近三分之一的任务；全口径财政收入78.6亿元，增长8.5%，其中，税收收入72.8亿元，占比达92.7%，经济发展质量明显提升；社会消费品零售总额181.2亿元，增长9.3%。通过出台支持政策、采取“一对一”服务等，大陆汽车电子、福耀玻璃、三鼎、奥托立夫、富奥石川岛、博泽、邦迪、吉大赢创等25家企业开展扩能改造，完成15家，投资近10亿元，新增产值27亿元。

【招商引资】 2017年，完成签约项目108个。其中，10亿元以上项目11个；66个重点项目实现落位。

【项目建设】 投资5000万元以上建设项目171个。其中，续建88个，新开工83个。马瑞利车灯、浪潮大数据中心、顺丰电商产业园、吴太医药产业园、法雷奥汽车零部件基地、普新新兴产业园、金融第五城、九银金融总部、大众置业长春总部基地等一批重点项目相继建成投产或即将投产。认定国家级高新技术企业23户、长春市高新技术企业22户、科技型“小巨人”企业16户，。光机所成功入选第二批国家级双创示范基地。综保区产业平台、新外贸平台搭建完毕，招商引资已经初见成效，与浙江大学合作建设经开科创广场平台，哈工大产业集团等一批双创项目即将进驻。与长春理工大学开展战略合作。

【综保区建设】 长春兴隆综合保税区于2014年3月封关运营，是全国第19个综合保税区，也是吉林省唯一的综合保税区，是“一带一路”战略向北开放的重要战略节点。规划面积4.89平方公里，配套区13平方公里。2014年5月获批跨境贸易电子商务出口试点，2015年3月获批筹建进口肉类指定查验场。综保区围网内已经吸引宇博专用车、吉客机器人等一批出口加工项目，注册公司达119家。2017年，完成进出口总额65亿元人民币，增长50%。跨境电商货运包机运行76架次（152班），出口货物2000万票，货值超8300万美元，在海关正规监管系统试点城市中，长春跨境电商出口业务量稳居全国前列。跨境电商进口业务实现突破，完成东北地区首单跨境电商保税备货进口业务。跨境电商综合服务平台完成硬件升级和数据优化，承载能力和处理能力大幅提升，达到国内先进水平，并成为吉林省“单一窗口”建设的重要承载单位。阿里巴巴“一达通”项目在省内完成前期推广，顺丰电商产业园一期即将建设完成，进出口商品展览展示中心即将运营，国际汽车城实现营业。“长满欧”班列运量实现爆发式增长，承运货物2.65万标箱，货值超9.91亿美元，分别是前2年总和的13倍和10倍，辐射范围、班列密度、服务水平等位于东线中欧班列前列。与天津港、宁波港、厦门港达成区港联动合作协议。进口肉类指定查验场实现稳定运营。进口冰鲜水产品口岸通过国家验收并获批运行，成为吉林省唯一的内陆冰鲜水产品口岸。整车口岸即将获批，国检试验区正在申报，跨境电商综试区正在推动审批。

【城市建设】 首次采用PPP项目管理模式，大规模、高效率实施绿化景观提升工程，南北区新增绿化面积185万平方米，洋浦大街、自由大路等重要区域和节点发生明显变化，世纪广场、世纪大街的彩化亮化绿化成为一道亮丽的城市风景线。新建维修道路60条。投入1.5亿元对会展中心进行全面提升，完成会议中心、综合展馆、绿化环境、停车场改造，为东北亚博览会、汽博会的顺利召开创造了一流环境，绿色会展、人文会展、园林会展得到各界认可，经开区荣获年度“中国品牌会展产业集聚区”荣誉。开展建区以来最大规模的旧城改造，2年投资7.6亿元，改造老旧住宅小区32个、410栋，占地面积174万平方米，惠及居民超过10万人，接近全区人口三分之一。投入1.2亿元对脏乱差20多年的、被称为长春“龙须沟”的乐东、拖拉机宿舍区域，35万平方米11个老旧小区进行彻底改造。配合中央环保督察，办结案件195件，办结率93%以上。

【土地利用】 2017年，新建厂房8.6万平方米，吉客机器人、北方新能源、吉开电器等一批新上项目租用11.5万平方米，厂房出租率比2016年提升17个百分点，闲置厂房大幅减少，利用率大为提升，标准厂房的建设、管理、利用进入良性发展轨道。严格控制一次性收益的土地出让，最大限度减少纯地产开发项目，供应土地218公顷，创近年最好水平。其中，反映产业发展态势和水平的工业服务业出让面积为100.5公顷，是2016年的3.5倍，位列全市第一。征拆工作以“百日攻坚”为载体，完成市区重点项目30个，征收工企16户、民宅649户、地上物1658处，释放土地140万平方米。征而未用土地清理工作基本完成，收回包括被占用长达10年的19块地块，面积140.42万平方米，41.1万平方米已经出让出租使用，闲置土地得到有效利用。收储土地33公顷，为2016年的2.8倍。

【惠及民生】 2017年，投入16亿元、八大类67件惠民实事全部完成。强化基层工作力量，新增会展、世纪2个街道，金湖、苏州、红星3个社区。投入2亿元，解决231件群众关心关注的问题，加快公共服务基础设施建设，4个社区办公楼已封顶，7个卫生服务中心（站）完成升级改造，社会事业服务大厦完成楼体加固，新增6处千米社区用房，全区千米社区用房比例达80%以上。借助中日联谊医院优势医疗资源，在全市率先组建了由14家二级医疗机构和7家社区卫生服务中心组成的医疗联合体，教育投入创历史新高，投入11亿元，高标准建设4所学校、改扩建1所学校，总占地14.5万平方米，增加学位7000个，投资5170万元完成10所学校21个项目的维修改造，在全市率先开展“蓓蕾计划”，让1万名小学生受益，加入全国体育联盟，成为全省唯一的改革试验区。

（林　通）

长春净月高新技术产业开发区

【概况】 净月开发区位于长春市东南部，是长春市的生态核心区、中央休闲区和高端产业聚集区。净月开发区成立于1995年8月，是以生态旅游为主的经济开发区，经过2006年全国开发区调整后成为省级经济开发区，2012年8月，晋级为国家高新技术产业开发区，实现整体发展跨越式升级。2017年，净月开发区面积478.7平方公里，总人口338646人（常住人口），区域林水面积243平方公里，拥有3个国家AAAAA级风景区、3个整建制镇和2个街道办事处。自晋升为国家高新区以来，净月开发区获得长足发展，被评为国家服务业综合改革试点区、国家电子商务示范基地、国家现代服务业数字媒体产业化基地、国家信息消费试点区、国家级文化和科技融合示范基地、中国长春人力资源服务产业园、东北亚区域性金融服务中心净月服务中心。

【经济发展】 2017年，全区完成地区生产总值379.8亿元，增长8.2%；固定资产投资548亿元，增长15.2%；地方财政收入7.6亿元，增长9.4%；土地出让金36.2亿元，增长14%；服务业增加值286亿元，增长10.8%。全区3次产业比重0.4：24.3：75.3。招商引资和项目建设取得新进展。一批优质大项目快速推进，市里首批扶持的9个服务业项目顺利摘牌落位；全年新签约招商项目71个，签约总金额953亿元，形成稳定的项目储备。科技创新能力不断增强。全年新增科技型“小巨人”企业15户，新认定国家级高新技术企业9户，国家级、省级科技孵化器达到11个，孵化面积26.4万平方米，创新要素实现有效聚集；加强与天津市滨海新区、杭州市余杭区对接合作，全力打造津长双创服务中心，参与吉浙省际产业合作，推动科技创新联动发展；开展多批次“专家净月行”活动，完善出台“1+6”扶持政策，在科技创新、楼宇经济、金融扶持、人才引进等方面加大支持力度，提高开发区综合吸引力。民营经济实现快速发展。瞄准投资、创新、服务等关键环节，全面加大扶持力度，推动民营企业做大做强。2017年新增民营企业1390户，民营经济增加值占GDP比重67%，民营经济发展动力和活力得到提升。

【重点项目建设】 2017年，征收房屋1094户，征收温室大棚507.9公顷，支付资金22.1亿元，工作量是2016年的3.7倍；拆除各类违建563处7.57万平方米，是2016年的3倍，保障道路建设、伊通河南南段、东南电厂塔基等重点项目的建设需要。强化资金保障。加快土地清算，促进资金回笼，清回区内注册、区外缴税的268户企业税金3805万元，对水源地保护等2个项目启动3P模式，提高财政资金使用效能。强化土地保障。完成土地供应253公顷，盘活闲置土地45公顷，协调增加3788公顷的建设用地，为开发建设创造空间条件。强化软环境保障。梳理515个审批事项，简化工作流程，压缩审批时限；加快商事制度改革，推动行政审批和公共服务事项全部网上办理。

【生态新区建设】 开展基础设施建设。启动编制净月开发区综合交通规划，对区内的道路交通现状、存在问题及未来发展提出科学的解决方法和优化完善方案。新建城市道路11条，打通银锦路、银杏路等6条断头路，推动福祉大路西延、临河街高速路下穿工程取得实质性进展，加快净月开发区与主城区的交通连接；实施供水主线升级工程，将净月开发区供水纳入全市统一管网；实施电力扩容保障重点项目用电，解决近20年的历史遗留问题；对8个老旧小区实施综合改造，受益居民6300多户；新增3条公交线路，规划启动公交首末站建设；新增公共绿地23万平方米，完成造林87公顷。加快城市管理信息平台建设，推动城市执法重心下移，开展交通秩序整治大会战，城市管理水平全面提升，城市面貌焕然一新。集中开展环保治理。实施净月潭公园、新立城水源地等重点区域的环境整治，关闭36个违建项目，完成对9处黑臭水体的截污清淤工程。全面推行“河长制”，建立“3+1”监管模式，实现全区四级河长体系全覆盖。开展《净月潭风景区总体规划》修编工作，进行风景区资源调查及上一轮总规执行情况评估，为形成新一轮风景区总体规划奠定坚实基础。推动净月潭公园禁车。启动立体停车场、下穿通道、环潭路改造等10项重点工程，完善景区综合服务配套设施，为2018年全面禁车创造条件。提升城市文化内涵。坚持以文化意识引导城市发展，举办长春净月潭瓦萨国际滑雪节、长春净月潭森林马拉松、长春净月潭国际森林山地自行车马拉松、长春农博会等大型赛事会展，承办“2017世界罗佩特年会”，成立“溥仪研究院”，打造“净月论坛”品牌等，净月开发区的城市文化底蕴更加浓厚，具有净月特色的城市文化氛围全面彰显。

【幸福净月建设】 完成50项民生行动计划。推进精准精细扶贫。坚持把扶贫作为民生一号工程，建立全区贫困人口台账，开展“寒冬送温暖”精准扶贫活动，为全区2617户困难群众，发放8大类287个品种的扶贫物资，满足困难群众的个性化、差异化需求；针对贫困群体开展就业援助，研究项目带动措施，帮助107名贫困人员实现就业。推动镇街区划调整。统筹发展各项社会事业。推动国家“十三五”教改紧密型合作试验区建设，加强义务教育委托管理，开工建设华岳学校，4所学校的新建扩建取得实质性进展；推进重点人群家庭医生签约工作，签约率60%以上；组建便民服务队，提供养老、医疗、助学、家政等项目服务，“幸福净月”建设水平不断提升。推进平安净月建设。牢固树立“隐患就是事故”的安全意识，紧盯事故易发多发环节，开展食品药品安全、消防安全、道路交通安全等专项整治行动，有效遏制风险事故发生，安全主要指标实现“双下降”。

（贺国峰）

4月28日，净月国家高新技术产业开发区　　（贺国峰　提供）

长春汽车经济技术开发区

【概况】 长春汽车经济技术开发区（以下简称汽开区），汽开区位于长春市西南部，东起普阳街、长沈铁路，南接公主岭市范家屯镇，西至西新开河，北到景阳大路、支农路、长春西湖。由一汽主厂区、绿园区锦程街道办事处、高新区汽车研发园和原长春汽车经济贸易开发区、绿园汽车产业开发区、公主岭市范家屯经济开发区3省级开发区组成，是全国首个政企共建的开发区。原名为长春汽车产业开发区，2005年9月正式成立，是由长春市人民政府（以下简称市政府）与一汽集团（以下简称一汽）合作共建的省级开发区，2010年12月经国务院批准晋升为国家级经济技术开发区，定名为长春西新经济技术开发区。2012年10月31日经国务院批准更名为长春汽车经济技术开发区。汽开区承担一汽办社会职能、发展汽车产业、建设长春西南新城区3项职能，行政管辖面积110平方公里，有2个街道，9个半村，2013年1月被工信部批准为国家新型工业化示范基地，2016年11月被环保部、商务部和科技部批准为国家生态工业示范园区。截至2017年12月，全区总人口24万人，企业7250户，其中工业企业600户。

【经济指标】 2017年，汽开区地区生产总值完成629亿元，增长8.1%；固定资产投资完成660.5亿元，增长11.6%；规模以上工业总产值完成4521亿元，增长10.7%；一般预算全口径财政收入完成146亿元，增长32.5%，区本级留用收入18.4亿元，增长22.6%；实际利用内资完成192.7亿元，增长17%；实际利用外资完成9.79亿美元，增长14%。

【产业优势】 汽开区是省市汽车产业的核心区域，一汽集团总部、一汽解放、一汽大众、一汽丰越、一汽红旗等整车制造企业坐落区内，汽车及相关产业占总产值95%以上。区内形成“中、重、轿”3大系列多个车型的产品格局，具有年产整车160万辆生产能力；零部件企业300余家，有麦格纳、纳铁福、一汽大众发动机等影响较大的汽车零部件企业，形成较强规模的配套体系和零部件制造企业集群；有一汽研究院、中国机械工业第九设计院、长春汽车高专等研发教育机构，构成国内汽车研发教育机构最密集地区；有高力北方汽贸城、汽配商街、华港二手车等汽车零部件及整车贸易基地，年贸易额200亿元。

【经济发展】 2017年，开工亿元以上建设项目158个，其中新建项目52个。引进富奥万安、融展汽车零部件等项目并推进建设，一汽大众Q工厂竣工投入试生产。引进重点工业项目34个，计划总投资136亿元。推进民营经济示范区建设，民营经济增加值占全区GDP比重提高0.6个百分点。16户企业成为省市高新技术企业，16户企业被评为长春市科技型“小巨人”企业。

【基础设施建设】 完成734栋300万平方米的暖房子工程，启动建设3个商圈、19条街路旧城改造项目。推进东风大街中轴快行示范通道规划建设。新区地产项目进展迅速，恒大、万科、中铁等项目销售红火。新区医养结合养老院及医院、华展全民健身中心等项目积极推进。

【商业服务业发展】 9月车城万达广场开业，合众国际商务广场、保利五星级酒店项目主体完工。汽车博览馆项目重新启动，完成主体钢结构加固改造工程。与一汽谋划新红旗绿色智能小镇及十里汽车文化长街建设规划，推进汽车文化小镇建设规划设计工作。

【城市建设】 落实“走遍长春”专项行动，推进精细化管理，对高力北方汽贸城进行全面集中整治。深化道路交通秩序整治专项行动，加强市容市貌管理，集中开展5次大型综合整治行动，实施新区建设和旧城改造双推动战略。彩化街路10条，新增绿地面积42万平方米，区内绿化覆盖率36.2%。办结中央环保督察组转办案件111件。

【社会事业】 推行“纽扣教育”，开展“三师一建”工程，新招聘教师80名。实施就业创业“暖流计划”，建设8个就业见习基地。提高救助标准，城镇低保由580元提高到620元，农村低保由360元提高到410元，发放低保补助1781万元。发放各类拥军优属、老龄、残疾人、孤儿救助救助金和补贴1878万元等工作。完成长春国际马拉松汽开区赛段筹备服务工作，举办汽开区第一届全民健身运动会。新成立2个社区，新增1个千米社区，开展社会稳定风险评估工作，矛盾纠纷化解率91%。推进社区矫正、社区禁毒工作，开展法律宣传教育，建立法律服务站29个。十九大期间实现进京“零非访”和“零登记”。完成改革7个方面31项任务。

（陈晓杰）

环境优美的东风大街　　（陈晓杰　提供）

长春莲花山生态旅游度假区

【经济发展】 2017年，GDP实现2.9亿元，增长8.7%；固定资产投资完成23亿元，增长123.4%；地方级财政收入完成1.4亿元，增长43%。

【招商引资】 请进来招商100余次。吉商小镇、长电音乐小镇、东方文化养生谷等18个项目实现签约，合同引资额约1200亿元；瀚华金控小镇、青怡坊花卉基地等5个项目准备签约，合同引资额约90亿元；航天科技太空小镇等70多个项目在谈。实际利用内资21.5亿元，增长23.8%；实际利用外资1625万美元，增长14%。

【项目建设】 设调度会协调解决各类问题，国色天莲产业园、智宇世界庄园、恒大御水庄园等10个项目开复工，计划总投资85亿元，2017年完成23亿元。出让土地14宗176.6公顷，出让金总额18.8亿元，世茂、澳海、金鹰等项目办理开工前期手续。

【融资创新】 对接各金融机构，努力拓宽融资渠道，通过市国资委代持实业集团股权增信、申请省级土地收储专项债券、启动PPP项目等方式，融资27.4亿元。

【建设与管理】 2017年，投入2.6亿元实施基础设施建设。泉眼新镇棚改项目基本完工；黑臭水体治理项目初步消除水体黑臭；水利项目启动13项、竣工5项、在建5项；滑雪场改造项目完成气膜雪具大厅、污水处理、电力增容、电锅炉等工程；劝农污水处理厂项目完成可研、能评、环评；道路维护项目完成46.7万米的灌缝养护；环境绿化项目完成30万平方米花海景观，以及雾开河大街、劝农大街、雪场西街等重要道路节点绿化景观打造。启动历史遗留违法建筑拆除工作，拆除25.7%，制止违法违规建设行为42起，完成6宗卫星遥感监测违法图斑整改。

莲花山舞动的花海　　（夏亚泉　提供）

【生态保护】 加强秸秆禁烧和综合利用工作，完成打捆面积8000余公顷。完成森防任务，实现“零火灾”。落实防汛应急机制，确保3次强降雨的安全度汛。完成畜禽禁养区划定并开始关闭搬迁；建立河长制制度，明确81条河流河长，清理河道明沟20.75万米；完成植树造林201公顷；加强环卫保洁，维修和新建垃圾箱362个，清运各类垃圾4.43万吨；更换电锅炉15台。投入资金1169万元，开展新农村环境综合整治，美化绿化村屯道路65公里，新建文化广场2个。杂木村获批省级最美乡村，流沙村、龙王村获批省级重点村，光辉村获批市级最美乡村。争取农业补助资金660万元。

【县域经济】 搭建“企业+合作社”“企业+农户”发展平台，北佳项目完成投资2000余万元，流转土地33.4公顷，种植黑果花楸53公顷；宏伟花卉项目完成投资1800余万元，流转土地200余公顷；青怡坊花卉项目完成85公顷鲜花种植区选址；中庆苗木基地、泉眼“三高”现代科技农业园等项目年内落位。完成村集体产权制度改革试点及土地确权年度任务。采取订单种植、项目示范、合作社带动等方式，引导群众调整种植结构，建成示范基地27个、采摘园9个，调减玉米种植面积11%。引导土地集约化、规模化利用，加大对农民专业合作社、家庭农场的支持力度，完成土地流转580多公顷，释放劳动力1120人，实现土地流转收益300余万元；组织务工增收，驻区3家农业企业用工8万人次，增加务工收入820余万元。开发就业岗位3008个，新增就业1580人，失业再就业403人。

【社会事业】 55项民生工程和21项增收工程，除7项等待市政策和需跨年实施外，其余全部完成，2017年民生投入1.55亿元。其中，投资1亿元的三乡镇福利养老中心项目，完成打桩。精准扶贫工作采取就业扶持、教育补助、医疗救助、政策兜底等方式综合施策，投入303万元，55户贫困户脱贫。城乡低保应保尽保，发放低保金486.9万元；发放优抚经费514万元，为贫困农民缴纳参合资金19.2万元。

【软环境建设】 32项改革取得阶段性成效，“一门式、一张网”政务服务综合改革实现区级和三乡镇大厅硬件强化、软件完善，启动“N证联办”工作，可受理法人自然人审批事项940项，服务更加优质高效，2017年受理审批申请2780件，办结率100%，满意率99.9%。解决企业群众合理诉求24件，整改问题19个，清理拖欠企业资金499万元。整改生产安全隐患179处、消防隐患46处、食药安全隐患15个、治安隐患35处，查处治安案件81起，受理群众来信来访129批次，承办市长公开电话533件，全国“两会”和十九大期间，进京访“零”登记，被市里授予集体嘉奖。

（夏亚泉）

2017年全国“三八”红旗手

刘启芳　吉林省长春净月高新技术产业开发区精诚社工服务中心理事长
王永杰　吉林省人民医院重症医学科主任
钱永梅　吉林建筑大学土木工程学院教授

2017年全国“五一”劳动奖章获得者

刘建新　一汽解放汽车有限公司车桥分公司新产品车间工人
叶立东　长春市九台区波泥河兴波苗木花卉农民专业合作社销售主管
谢呋北　长春莲花山生态旅游度假区劝农山镇腰站村卫生室医生
史　亮　东北师范大学附属中学校长、博士研究生导师
梁正伟　中国科学院东北地理与农业生态研究所研究员
王金行　国网吉林省电力有限公司总经理、党组副书记

2017-2018感动中国十大人物

黄大年　（1958年8月28日——2017年1月8日），男，汉族，广西南宁市人，生前系吉林大学新兴交叉学科学部学首任部长，毕业于吉林大学和英国利兹大学。1975年10月参加工作，中国著名的地球物理学家、国家“千人计划”专家，吉林大学地球探测科学与技术学院教授、博士生导师。黄大年留学英国18年，是国际知名的科学家。在国外参与过很多重大项目，发展前景很好，但他始终没有忘记科技报国的理想和信念。2008年，中国开始实施“海外高层次人才引进计划”，他用最短的时间辞职、卖掉房子和诊所、办好了回国手续。他放弃国外优越的生活和科研条件回到长春，把大量精力投入到教学工作中，为中国地球物理学科培养了大批人才，并率领研究团队取得了一系列重大科技成果，填补多项国内技术空白。归国7年多来，黄大年担任国家多个技术攻关项目的首席专家，经常工作到凌晨，几乎没有休过寒暑假和节假日，甚至多次累倒在工作岗位上，这种工作状态直到生命最后一刻。2017年1月8日，黄大年不幸因病去世，年仅58岁。被人们称为“拼命黄郎”的海归战略科学家黄大年曾经说过：“中国要由大国变成强国，需要有一批‘科研疯子’，这其中能有我，余愿足矣！”7年间，他带领400多名科学家创造了多项“中国第一”，为中国“巡天探地潜海”填补多项技术空白。黄大年挖掘多个领域取得的最新进展成果并形成技术能力，首次推动中国快速移动平台探测技术装备研发，突破国外技术封锁，被誉为新时代海归科技报国的楷模。

2017年吉林省“三八”红旗手

周　影　吉林省吉福茶业有限责任公司总经理
　　　　吉林省茶文化产业协会常务会长
赵　月　南关区民康街道九圣祠社区书记
沈淑霞　宽城区兰家镇农民
赵景莲　长春市一零八学校校长兼书记
孟仙姝　吉林省偕日升心理咨询有限公司主任
王晓娟　长春市双阳区教育局副局长
宋晓艳　九台区营城街道办事处利民社区党委副书记
周艳文　榆树市大岭镇艳飞家庭农场负责人
张继梅　农安县人民医院心内科二疗区主任
张朝群　长春大成实业集团有限公司研发主任
王丽君　明翠园苗木种植农民合作社董事
张　岩　长春汽车经济技术开发区教育局局长
陈一歌　长春莲花山生态旅游度假区教育卫生体育局党建办公室主任

刘海涵　长春大学特殊教育学院党委副书记
孙丽平　长春中医药大学附属医院儿童诊疗中心副主任
　　　　儿科教研室主任，教授、主任医师、博士生导师
白　杨　长光卫星技术有限公司数据中心二室主任
张海波　长春恒康中医院院长
宋春莉　吉林大学第二医院心血管内科主任医师
李蕴棋　长春日报社政务要闻部副主任
袁　丁　长春市公安局法制支队政委
吴　丹　长春市南部新城公园绿地管理中心计划财务科科长
白雪翎　长春市轨道交通集团运营事业部常务副部长
侯颖丽　兴业银行长春分行投资银行部总经理
曹　雪　吉林省融奥建筑保温工程有限公司总经理
张永咏　吉林省司法厅社区矫正管理局局长
何南芙　吉林省省直干部保健室主任
籍尹来　武警吉林省总队参谋部通信大队固定通信中队战士
王　月　长春净月潭旅游发展集团有限公司一线讲解员
司明华　北京盈科（长春）律师事务所律师
李　丽　长春市公安局朝阳分局卫星路派出所户籍内勤
庞国华　吉林人民广播电台交通广播节目制作人、主持人
金雅庆　吉林建筑大学艺术设计学院教授
姜　波　吉林省墒情监测中心副主任
柏荣慧　长春市柏仁大药房连锁有限公司董事长
聂　莲　省金融工作办公室金融合作处主任科员
滕　红　吉林大学第二医院妇产科副主任

吉林省“五一”劳动奖章
第二届吉林省十大工匠

罗昭强　中车长春轨道客车股份有限公司铁路车辆制修工高级技师省劳动模范获国务院政府津贴被誉为高铁工人院士。罗昭强是第一位获得中国北车科技创新成果奖的蓝领工人，他拥有7项实用新型专利，4项发明专利。罗昭强成为企业内4000台高铁设备维修的全科“医生”，解决150多项动车组在调试过程中的疑难故障和隐形故障，用行动证明了什么才是“中国智造”。罗昭强开发CRH3型动车组调试技能实用装置等创新发明成果210项，为企业节约资金980多万元，产品成本降职原来的1/5。罗昭强还做好传帮带，把高超技术技能传给众多青年职工，引领提升技能，践行技能报国，让中国高铁走向世界。

马元国　长春汽车工业高等专科学校工程训练中心车工实训指导教师，高级技师，全国五一劳动奖章获得者，获国务院政府津贴。他多次参加企业、省、国家级技能大赛及企业、省、国家级技能大赛的评审活动，多次指导学生和企业员工参加企业、省、国家级技能大赛，均取得优异成绩。自从1991年参加工作以来，马元国从事普车专业工作20多年，从事教育工作超过10个年头，在平凡的岗位上辛勤耕耘，被评为“长白山技能名师”、长春工匠等荣誉称号22项之多。2015年，为了能将自己的知识和技术让更多的同事和学生掌握，成立“马元国长白山技能名师”工作室。组织带动教师开展各类课题研究、学术讨论与交流，提高教师论文撰写水平与质量，工作室名师及教研室成员为骨干力量，公开发表论文5篇，撰写《高职学生机械加工创新实践课程的研究与实践》《机制类金工实习课程的改革与探索》《奥迪A4L3.0TFSI发动机搭配09E自动变速器解剖运行实训系统探索研究》等，成功申请《一种拆卸汽车车轮的装置》《多功能万向角夹管器》、酒驾控制器等专利10项。成为车床，铣床，钻床，线切割，数控车，数控铣，加工中心等设备“教学大拿”。

黄维祥　一汽解放事业本部传动部轴齿中心，维修电工高级技师，获国务院政府津贴，全国技术能手。黄维祥有不服输的精神，为了弄懂弄通一个原理，他经常通宵达旦。他写下60多本学习笔记。经过黄维祥改进改造的设备130余台，攻克的设备维修技术难题400多项，制作60种数控机床软件的备份，培养数控维修人员400多人，为企业节创价值1500余万元。黄维祥创新的“机床按需自动供油润滑控制方法设计与应用”项目获得成功，为解决机床润滑方式提供可借鉴先例。他被誉为“长春金牌工人”，熟悉他的人都称呼他为“数控大拿”。

王　鹤　中国科学院长春光学精密机械物理研究所航天手工焊接工，IPC全球手工焊接锦标赛（美国圣地亚哥）季军，省直机关青年岗位能手标兵。航天产品要求高，由于发射之后不能进行维修，而且航天产品价值昂贵，一个微小的失误就可能导致数亿元的重大损失。零上400度以下的焊接叫软铅焊接，王鹤就是用软铅焊接焊接pcb线路板，pcb线路板相当于卫星的大脑。一个卫星需要几百块到上千块pcb线路板，一个pcb线路板需要2000个至5000个焊点，一个卫星有上百万个焊点。王鹤技能高超，每个焊点都非常标准。她参与完成十几项航天空间载荷项目的PCB焊接工作，如神州系列、天宫系列，嫦娥系列，风云系列等国家重点型号项目，圆满完成各项任务。

长春市“三八”红旗手标兵

（按姓氏笔画排序）

于　淼　二道区环境卫生保洁管理处东盛中队队长
马金荣　净月高新技术产业开发区玉潭镇友好村
　　　　党总支书记、主任
吕彦桃　德惠市第六小学校长
李　凡　吉林大学白求恩医学部学部长
李志新　长春昕达人力资源有限公司总经理
张　前　东北师范大学化学学院教授

周艳文 榆树市帼草编合作社负责人
孟宪文 一汽解放公司变速箱分公司主任设计师
赵凤芹 双阳区残疾人合作社理事长
柴　丽 长春斯纳欧软件公司董事长

2017年长春市“五一”劳动奖章获得者

（以姓氏笔画为序）

卜英奇 大陆汽车电子（长春）有限公司净月分公司精益生产员
马　凯 中车长春轨道客车股份有限公司设计师
马元克 长春市供销合作社联合社处长
马康乐 一汽集团奔腾事业部营销服务部营销
王　韧 吉林同鑫热力集团开发建设中心材料员
王　兵 长春市建设工程质量监督站工会主席
王　健 吉广控股有限公司工人
王子欣 长春广播电视台融媒体新闻中心副主任
王井良 吉林省泓政建工集团有限公司技术员
王云惠 长春中车轨道车辆有限公司工人
王冬生 长春九州通医药有限公司仓储部工人
王永辉 吉林省装饰材料行业工会联合会工会副主席
王荣立 九台区地税局卡伦分局科长
王洪军 长春市第七十八中学教师
王艳红 鼎庆经贸有限责任公司工人
王继荣 榆树市实验高中教师
王福章 长春新星宇建筑安装有限责任公司项目负责人
尹文强 吉林省中通吉快递有限公司安检员
尹雪松 长春市机构编制委员会办公室党总支专职副书记
邓建国 长春市地方税务局征管处副处长
史博文 长春市公安局交警支队南关区大队一中队民警
付景春 德惠市公安局警务保障室主任
白凤亮 榆树市市场监督管理局食品化妆品稽查分局监督员
丛清华 长春市宽城区兰家镇中心卫生院护士长
宁贵信 德惠市就业训练中心培训科科长
邢占鹏 长春兴隆综保区经贸发展处处长
邢海娜 吉林省巴黎春天百货有限公司营业员
朱海波 中共长春市委党校教研部副主任
刘　峰 长春市九台区人民医院医生
刘光东 长春市天源物业管理有限责任公司工人
刘利志 长春市朝阳区老院子电影餐厅厨师
刘晓会 国网吉林省电力有限公司长春市九台区供电公司党建工作部党建专责
刘爱军 长春市南关区鸿城社区卫生服务中心医生
刘新涛 中国邮政集团公司长春市分公司营销策划
齐　夏 长春市公安局刑警支队警务保障科科长
齐冬明 国电吉林龙华长春热电一厂班长
许　新 长春迪莉娅食品有限公司工人
许　燕 德惠市人民医院护理部主任
孙忠东 中共长春市委组织部干教处长
孙福建 吉林省凯禹生物质开发利用有限公司工人
纪晶晶 北控城市服务（农安）有限公司后勤工
芦宝峰 长春公交集团西昌汽车公司驾驶员
李　戈 长春水务（集团）源水有限责任公司项目负责人
李　强 长春市四季青贸易有限公司部门经理
李　媛 吉林省中东集团有限公司运营管理部副部长
李子良 大唐长春第二热电有限责任公司班长
李云飞 榆树市住房和城乡建设局无害垃圾处理中心垃圾站站长
李华昌 长春市第六十八中学校长
李青山 长春市科技局科技创新服务处处长
李蕴棋 长春日报社政务要闻部副主任
杨　川 长春市老干部活动中心科长
杨　勋 长春市房地产权属与交易大经路服务中心主任、党支部书记
杨玉廷 长春市城市发展投资控股（集团）有限公司办公室主任
杨崇彪 长春市好利来食品有限公司技术部工人
吴太君 亚普汽车部件股份有限公司长春二分厂工段长
邹志艳 长春市妇幼保健计划生育服务中心主任兼党支部书记
宋　阳 长春市地方道路运输管理局运输管理处客运科客运管理员
张　伟 长春市朝阳区住房和城乡建设局工会副主席
张　红 长春北师大附属学校数学教师
张　晶 农安县人民医院医生
张玉民 长春莲花山生态旅游度假区管理委员会发改局副局长
张立峰 长春市南关区环境卫生运输管理处管理员
张红梅 长春市第一五0中学教师
张连帮 吉林晶辉农业生产资料有限公司会计
陈　红 吉视传媒股份有限公司长春分公司副书记
陈中秋 吉林省五洲实业集团有限公司工人
范宏超 大陆汽车电子（长春）有限公司生产主管
金胜昌 吉林东曼印务有限责任公司技术部长
金美蓉 长春市一零八学校教师
周凤军 长春净月区新城大街小学教师
周立林 吉林百合口腔医院股份有限公司门诊主任
周曙光 长春经济技术开发区东方广场小学教导主任
郑宝吉 吉林省吉通机械制造有限责任公司数据编程
赵庆文 长春外国语学校党委书记兼工会主席
南海江 农安县杨树林供电所电工
姜大伟 长春电力建设公司副总经理
姜云艳 长春市南关区自强街道北安社区书记
姜德强 长春市卫生和计划生育委员会办公室副主任

祝艳玲　长春市公安局出入境管理局副处长
贾中辉　国网吉林德惠供电有限公司副经理、纪委书记工会主席
徐　开　长光卫星技术有限公司姿轨控研究室主任
徐少玉　吉林省长春皓月清真肉业股份有限公司研发部项目组组长
海金凤　长春汽车经济技术开发区第六中学教师
陶森淼　吉林德惠农村商业银行股份有限公司工会主席
黄建明　富奥公司散热器分公司班长
崔永浩　吉林烟草工业有限责任公司长春卷烟厂副厂长
崔树森　吉林大学中日联谊医院副院长
韩广伟　吉林省宇光热电有限公司长春高新热力分公司工人
谢树超　农安县公安局指挥中心副指挥长
蔡凤田　长春杰隆生物有限公司工人
赵孟珊　吉林昊融技术开发有限公司总经理
曹文生　长春城投建设投资（集团）有限公司党委书记兼董事长
王　欣　吉林省建苑设计集团有限公司董事长
吕美艳　长春长影世纪城有限公司总经理
孙爱东　长春建筑学院董事长
孙铭泽　吉林省硕大粮油经销有限公司董事长
刘国彦　吉林省田野泉酿造有限公司董事长
金　宇　长春优美信食品有限公司总经理
韩　丹　佐丹力健康产业集团（吉林）有限公司董事长
赵立新　长春市双阳区医院院长

2017年长春市特等劳动模范

于吉红（女）　吉林大学化学学院主任
王占富　吉林德惠农村商业银行股份有限公司董事长
王明山　长春世界雕塑公园园长
王恩城　长春市纪委第五监察室副主任
王海辉　长春市公安局朝阳区分局重庆路派出所所长
王　爽　长春水务（集团）有限责任公司总经理
史育松　长春市轻工建筑工程有限责任公司董事长
冯　斌　一汽解放汽车有限公司卡车厂薄板车间工人
吕大桅　长春市轨道交通集团有限公司工程管理部土建二部主任
任明辉　中国第一汽车股份有限公司技术中心室主任
刘　洋　长春工业技术学校教师
刘　洋　长春市殡葬服务中心火化班班长
刘　博（女）　长春市公安局出入境管理局受理科科长
江　西（女）　长春五十二中赫行实验学校校长
安忠义　中车长春轨道客车股份有限公司总经理
牟少志　一汽-大众汽车有限公司冲压中心模修车间工人
杜金平（女）　长春市商贸旅游技术学校教师
李广三　长春市朝阳区环境卫生运输管理处维修班汽车修理工
李国华　长春公共交通（集团）有限责任公司西昌汽车公司聂永军路队119路驾驶员
杨　瑞（女）　农安县洼中高农场中学教师
何　岩　中车长春轨道客车股份有限公司转向架制造中心焊接一车间200公里班工人
沈　阔　长春五度空间数据有限公司研发部部长
张少文　东北工业集团吉林东光精密机械厂装配分厂航瞄班工人
张志龙　长春市国土资源局长春新区分局局长
张　晖（女）　长春农业博览园党总支书记
张祥武　富奥汽车零部件股份公司研发中心职员
张超凡（女）　长春市绿园区艺凡教育培训学校校长
张朝群（女）　大成生化科技集团有限公司研发部主任
陈仁奎　一汽轿车股份有限公司二工厂总装车间工人
陈　杰　吉林省第二实验学校校长
周明礼　长春市九台区波泥河明礼苗木农民专业合作社理事长
周晶辉　中车长春轨道客车股份有限公司高速动车组制造中心铝车体二车间底架小件班工人
赵　月（女）　长春市南关区民康街道九圣祠社区党委书记
赵凤芹（女）　长春市双阳区彩树种植专业合作社理事长
赵　刚　长春汽车经济技术开发区锦程街道飞跃社区党总支书记
赵丽华（女）　长春市人民检察院机关党委专职副书记
赵海军　东北师范大学附属中学副校长
钟　萍（女）　长春市消费者协会秘书长
姜　惠（女）　恩德莱康复器具（北京）有限公司长春分公司经理
秦延江　榆树蓝兴医院医生
夏　翊　长春广播电视台“电视问政”栏目组主编
殷艳玲（女）　吉林大学第二医院副院长
曹　雪（女）　吉林省融奥建筑保温工程有限公司总经理
宿洪大　农安县地方税务局局长
董春艳（女）　沈阳铁路局长春站售票车间主任
韩志成　长春市美科汽车零部件有限公司设备动力部维修电工
韩跃民　长春市公安局长春新区分局政工处主任
蔡守琴（女）　吉林省大自然花鸟鱼商城有限公司招商部经理
谭正荣　长春建工集团有限公司吉联公司项目经理
潘丽颖（女）　长春保安集团有限公司总经理

（张晓光）

高举习近平新时代中国特色社会主义思想伟大旗帜
加快长春老工业基地全面振兴发展

（2017年11月28日）

王君正

同志们：

中国共产党长春市委十三届三次全会的主要任务是：高举习近平新时代中国特色社会主义思想伟大旗帜，深入学习贯彻落实党的十九大精神和省委十一届二次全会精神，组织动员全市各级党组织和广大党员干部群众，不忘初心、牢记使命，为加快长春老工业基地全面振兴发展而努力奋斗。

受市委常委会委托，我向全委会作报告，请同志们审议。

一、开拓务实奋进，科学研判现状，强化发展信心

2017年是新一届市委工作的开局之年，也是全市上下喜迎党的十九大，加快长春老工业基地全面振兴发展进程中很不平凡的一年。一年来，在中央和省委的正确领导下，市委坚持以习近平总书记系列重要讲话精神和治国理政新理念新思想新战略统揽经济社会发展全局，深入贯彻落实“五大发展”理念，按照“打先锋、站排头”要求，在保持定力中精准发力，在把握大势中布局谋篇，在整改问题中狠抓落实，经济增长持续向好，改革创新成效明显，城乡面貌日新月异，社会事业加快发展，从严治党不断深化，人民群众安居乐业，整个经济社会发展呈现出欣欣向荣、蓬勃向上的良好态势。

（一）坚持把学习宣传贯彻党的十九大精神作为头等大事，发展氛围日益浓厚

一年来，市委把迎接党的十九大胜利召开摆在突出位置，组织各级全市党组织和广大党员干部，深入学习习近平总书记系列重要讲话精神和治国理政新理念新思想新战略，扎实开展“抢抓机遇、创新发展”主题实践活动，全方位做好思想准备、理论准备、组织准备，以实际行动迎接党的十九大胜利召开。

牢牢把握正确的政治方向，为迎接党的十九大胜利召开营造浓厚的舆论氛围。始终高举旗帜、坚定信念，弘扬主旋律、传播正能量，扎实做好党的十九大主题宣传报道、十九大代表选举推荐、十九大安保维稳等各项工作，深入组织开展“砥砺奋进的五年”“喜迎十九大专栏”“了不起的城市--发展变化中的长春”等系列重大主题宣传活动，全面展示了党的十八大以来全市在各条战线、各项事业中所取得的辉煌成就，不断壮大主流思想舆论，强壮城市发展气场。

着眼巩固思想政治基础，充分发挥党委中心组理论学习的“风向标”和“排头兵”作用。紧紧抓住领导干部这个“关键少数”，先后组织召开八次专题学习会，深入学习习近平总书记系列重要讲话特别是视察吉林时的重要讲话精神，着力在领会丰富内涵、精神实质、实践要求上下功夫，进一步树立“四个意识”，坚定“四个自信”，自觉在思想

上政治上行动上同以习近平同志为核心的党中央保持高度一致，坚决维护习近平总书记的核心地位，坚决维护党中央权威和集中统一领导。

十九大召开后，迅速组织召开全市领导干部会议，下发学习《通知》，对学习宣传贯彻工作作出全面部署，通过宣传宣讲、干部培训、开辟专题专栏等多种方式，扎实推动党的十九大精神进企业、进农村、进机关、进校园、进社区、进军营、进网络，充分发挥“新时代传习所”等学习平台作用，持续在全市掀起学习宣传贯彻热潮，实现了党的十九大精神全覆盖。

始终强调学用结合、知行合一，要求各级领导干部特别是主要领导大兴调查研究之风，以党的十九大精神为指引，明确工作思路、部署工作任务、强化工作举措、推动工作落实，切实把十九大精神转化为全市各级党组织和广大党员干部的一致行动，转化为各项事业持续健康发展的不竭动力，转化为推动老工业基地全面振兴发展的生动实践。

（二）坚持把转型升级作为主攻方向，全市经济持续向好

当今时代百舸争流，经济发展如逆水行舟，不进则退，慢进也是退。推动经济平稳健康发展，要求我们必须全面贯彻新发展理念，坚持以供给侧结构性改革为主线，放手发展规模、努力提高质量，促进经济朝着更高质量、更有效率、更加公平、更可持续的方向发展。

坚持稳中求进工作总基调，持之以恒做大经济底盘，全市经济进一步巩固了2016年以来的良好发展势头，在东北地区率先步入合理增长区间。注重发挥有效投资的关键支撑作用，深入落实省委“三抓”“三早”行动计划，狠抓项目建设和招商引资，切实以投资和项目增量推动规模扩大、结构优化、转型升级。预计全年GDP首次突破6000亿大关，达到6500亿元，增长8%左右，创四年来的最好水平；固定资产投资完成5270亿元，增长12%左右，落实亿元以上项目接近1300个，投资主要流向新经济、新产业、新业态；社会消费品零售总额完成2928亿元，增长10.5%左右，消费对经济增长的基础性作用进一步发挥；地方财政收入完成450亿元，增长8.3%，占全省比重不断增加，其中税收收入预计完成336亿元，增长8.5%，比上年提高5.2个百分点，经济增长的质量效益进一步提升；工业用电量预计增长5%以上，服务业用电量增长7.9%以上，特别是工业用地出让量增长接近翻番，先行性指标和经济主要指标的协调度进一步增强。经过不懈努力，我市主动应对区域下行压力，实现量质并进，在全省经济首位度进一步提升，在东北四市位居前列，在15个副省级城市中不断实现争先进位。

着力改变工业“一柱擎天”、结构单一“二人转”产业体系，深入推进供给侧结构性改革，经济结构调整和发展方式转变步伐不断加快。大力优化一产，加快创建全国绿色有机农业示范市，高效特色农业、健康养殖业、农产品加工业稳步发展，都市休闲农业、农村电商等新产业不断壮大，全年粮食总产量预计达到200亿斤；着力抓牢二产，“中国制造2025”试点示范城市建设正式启动，以长春为核心的吉林中部成功入选国家首批12个产业转型升级示范区，全市规上工业总产值预计突破1万亿元，增长9%以上，特别是新兴产业、地方工业、民营工业、中小微企业增长势头强劲，进一步增强了工业经济的稳定性和可持续性，为打造质量、结构、效益协调统一的工业经济升级版奠定了坚实基础；努力提升三产，聚焦打好服务业发展攻坚战，扎实推进“十三五”国家服务业综合改革试点工作，服务业增速持续高于一产、二产，对经济增长的贡献率超过50%，全市三次产业融合发展势头良好，产业结构不断优化。

立足开发区、城区、县域战略定位，积极推进区域协调发展。城区现代服务业集聚效应突出，新增商业商务面积近400万平方米，一批大型城市商业综合体陆续投入使用，省级服务业集聚区达到24个，占全省总数一半以上，吸引超过4000户企业入驻；开发区改革创新步伐明显加快，“排头兵”作用进一步凸显，“长春新区”基本实现两年成规模奋斗目标；县域经济特色发展，新型城镇化综合试点稳步实施，新农村建设扎实推进，县域主要经济指标增速持续高于全市平均水平，成为重要的经济增长极。

（三）坚持把改革创新作为不竭动力，发展动能更加强劲

实践告诉我们，唯改革者进，唯创新者强，唯改革创新者胜。长春要在区域竞争中保持主动，必须注重做好改革、创新、开放三篇文章，以改革破解难题，以创新塑造优势，以开放激发活力。

下大力气深化改革，既抓重要领域、重要任务、重要试点，又抓关键主题、关键环节、关键节点，全年共完成改革任务116项，呈现出全面发力、多点突破、纵深推进的良好态势。深化供给侧结构性改革，着力推进农村综合改革、群团改革、司法体制改革、医药卫生改革、民营经济综合配套改革、财税体制改革、政府投融资体制改革、市属国有企业改革、文化执法改革、出租车改革等重点领域改革，我市获批民营经济发展改革示范城市等一批国家级试点和示范区，朝阳区“三盟五联”、宽城区“三社联动”城市基层管理改革得到上级充分肯定。坚持以“硬”治“软”，大力优化投资营商环境，在“一门式、一张网”政务服务综合改革1.0版主体任务基本完成基础上，全面推开“N证联办”“一网管审批”等2.0版新模式，行政效能进一步提升。全市新登记市场主体和民营企业户数预计均增长20%以上，长春市金融控股集团有限公司挂牌成立，东北地区首个国家级人力资源产业园、首家民营银行、首个知识产权信息“三权合一”大数据平台相继落位长春，改革的力度和成效不断展现。

着眼加快国家创新型城市建设，深入实施创新驱动发展战略，持续抓好产学研协同创新机制示范点建设，推动长春科教资源优势向现实生产力转化。科技创新平台打造取得实质性进展，长春科技大市场在去年技术合同交易额突破100亿元的基础上，今年有望再翻一番，有效地激活了沉淀的科技资源。全市认定国家级高新技术企业197户、科技型“小巨

人”企业261户，分别是去年的2.7倍和3.9倍，两类企业累计超过1000户。“双创”工作成效显著，长春新区等4家单位被国务院批准为第二批国家“双创”示范基地，摆渡创新工场和九台大学生创业园被评为全国创业孵化示范基地，在全省4家全国示范基地中，我市达到3家，顺利通过国家创新型试点城市评估专家组验收，创新已成为引领全市振兴发展的新引擎。

积极融入“一带一路”，不断加快走出去步伐，进一步提升对外开放度。“长满欧”运量实现爆发式增长，辐射范围、服务内容均列东线中欧班列之首；长春铁路综合货场、长春国际港正式运营，中欧班列（长春至汉堡）实现首发，对外开放通道进一步延伸；冰鲜水产品口岸通过国家质检总局验收，成为我省内陆地区首个进口冰鲜水产品口岸；完成东北地区首单跨境电商保税备货进口业务，开创了东北地区先河。对内对外合作稳步拓展，中德、中白、中古等国际合作产业园区不断壮大，津长产业合作园、津长双创示范基地等对口合作项目取得重大进展。成功举办农博会、汽博会、东北亚博览会等重大节庆会展活动，美国、英国、欧盟等七国大使相继访问我市，28个国家46家华人媒体集中采访报道我市经济社会发展成果，长春荣获年度“中国会展名城”，对外影响力和知名度不断提高。

（四）坚持把文化引领作为重要遵循，城市面貌明显变化

长春城市建设已经进入了新的发展时期，发展理念、导向、模式、动力和治理方式都发生了深刻变化。我们不断强化以人民为中心的城市发展观，坚持以强烈的文化意识指导城市规划、建设和管理，努力补齐城市建设短板，完善城市功能，加快打造“本地人自豪、外地人向往”的现代宜居宜业城市。

注重提高城市发展的全局性。立足建设东北亚区域性中心城市，科学规划城市空间布局，扎实推进城市设计、城市总体规划、“多规合一”空间规划三项国家改革试点工作，城乡规划展览馆正式向社会开放，《长春市土地利用总体规划（2006-2020）》调整完善全部完成，规划的战略引领和刚性控制作用明显增强，城市空间和生产力布局不断优化。

注重提高城市发展的系统性。全面实施新区建设和旧城改造提升“双核带动”战略，旧城改造提升工程历时两年基本完成，316个老旧片区、600条街路、20个商圈得到综合改造，老城区面貌日新月异；大力发展城市公共交通，“公交都市”示范城市创建扎实推进，公共立体停车场建设取得明显进展，地铁1号线正式投入运营，2号线顺利推进，长春步入立体交通时代；一批城市道路基础设施新建工程、提升工程、微循环改善工程全面启动，地下综合管廊建设超额完成任务，群众生产生活环境明显改善。

注重提高城市发展的宜居性。把握好生活空间和生态空间的内在联系，扎实推进伊通河治理“一号工程”，中段主体工程基本完工，南溪湿地公园实现开园，建成区黑臭水体基本消除，为全面完成治理任务奠定了坚实基础，实现了多年的夙愿，得到了全社会的广泛好评；全力配合中央环保督察工作，办结交办案件3441件，办结率达到91.5%；以落实“河长制”为重点的水生态治理进展顺利，大气污染治理取得阶段性成果，土壤污染防治工作取得积极进展，城市生态环境不断改善，“美丽长春”形象初步显现。

注重提高城市发展的持续性。依靠改革、科技、文化三轮驱动，不断增强城市可持续发展能力。以延续城市历史文脉为重点，积极推进汽车博览馆建设，成功举办冰雪旅游节和消夏节，我市获批国家历史文化名城，蝉联全国“最佳避暑旅游城市”，雕塑公园获批5A级旅游景区，雕塑文化广泛融入城市大街小巷；不断深化城市管理体制改革，深入开展“走遍长春”城市精细化管理专项行动，“下沉式”城市治理模式全面铺开，智慧城市建设步伐明显加快。

（五）坚持把人民幸福作为执政追求，民生福祉不断改善

践行以人民为中心的发展思想，坚持把人民对美好生活的向往作为奋斗目标，围绕“建设幸福长春行动计划”确定的100件民生实事，持续加大民生工作力度，长春第10次获评“中国最具幸福感城市”，人民群众获得感和满意度显著提升。

坚决打赢脱贫攻坚战，确保全面小康“不落一人”。制定了《长春市2017年脱贫攻坚工作要点》，深入推进“单位包村、干部包户、党员参与帮扶”“走遍贫困村、访遍贫困户”等系列活动，全面构建行业扶贫、专项扶贫、社会扶贫相结合的“三位一体”扶贫工作格局。全力抓好省委巡视组反馈的扶贫领域4大方面15类问题整改工作，切实把巡视整改作为检验脱贫攻坚成效、推动任务落实的有效手段。截至目前，累计投入12.7亿元，推动产业帮扶项目409个，基础设施项目361个，明确重点工作100项，2.7万贫困人口成功脱贫，124个贫困村实现脱贫摘帽。

积极扩大增收就业，居民收入稳步提升。深入实施城乡居民增收“暖流计划”，惠及城乡居民893万人次，不断加大就业创业支持力度，大力实施高校毕业生就业创业“梦想起航”行动计划、就业创业精准援助计划，全年共开发就业岗位近14万个，城镇登记失业率控制在4%以内。预计全年城镇常住居民人均可支配收入达到3.3万元以上，农村常住居民人均可支配收入达到1.3万元以上。特别是着眼解决拖欠农民工工资问题，在全市推行农民工工资“精准支付行动”，形成了长春特色经验，被《人民日报》刊载，并在全省推广。

社会事业蓬勃发展，民生福祉不断改善。统筹推进教育、文化、医疗、体育、住房以及养老、社会救助等各项民生事业，全域通过义务教育均衡发展国家级验收，“蓓蕾计划”让20万名小学生受益；牢牢把握意识形态主动权，深入推进社会主义核心价值观建设，大力推动文化繁荣发展，积极推进国家文化消费试点城市建设，成功举办首届长春国际马拉松，在农安境内首次发现新石器时代墓葬，顺利实现“国家文明城市”“国家卫生城市”三连冠；公立医院改革全面深化，51家城市公立医院全部取消药品加成；完成棚户

区改造7644套，161个老旧小区旧貌换新颜；国家食品安全示范城市创建工作深入推进，老百姓舌尖上的安全更有保障；进一步扎牢织密社会保障网，各项保障水平持续提升，广大群众的幸福感和满意度不断增强。

（六）坚持把民主法治作为重要抓手，治理能力稳步提高

发展社会主义民主政治，必须坚定不移走中国特色社会主义政治发展道路，坚持党的领导、依法治国、人民当家作主有机统一，坚持正确政治方向，扩大社会主义民主，加快建设法治长春。

民主政治建设取得新进展。坚持和完善人民代表大会制度，支持人大及其常委会依法履职，使立法、监督、决定重大事项和人事任免更好地体现人民意志。支持政协依照章程履行政治协商、民主监督和参政议政职能。充分发挥各民主党派、工商联、无党派人士服务发展的独特优势，积极做好民族宗教工作，爱国统一战线不断壮大。群团改革工作深入推进，工会、共青团、妇联等群团组织的职能进一步发挥。切实加强国防动员和后备力量建设，军民融合发展开创新局面，全国双拥模范城“八连冠”成果不断巩固。

法治长春建设迈出新步伐。法治政府建设取得明显成效，行政执法行为更加规范，党员干部运用法治思维和法治方式深化改革、推动发展、化解矛盾、维护稳定的能力和水平逐步提高。司法体制改革取得阶段性成果，司法权力运行和监督机制更加完善，人民群众司法感受明显提升，司法公信力不断增强。“七五”普法工作全面推进，组织开展了“法治宣传月”“百姓法律大讲堂”等法治宣传主题活动，成功举办了第二十九届全国副省级城市法治论坛。持续开展“打击网络电信诈骗行为、净化未成年人文化环境、严厉整治各类非法小广告”等法治建设十件实事，全社会尊法、学法、守法、用法的良好法治氛围更加浓厚。

社会治理开创新局面。围绕创建国家安全发展示范城市，大力推进社会治理模式创新，社会治理的网格化、信息化、社会化、精细化、法治化水平不断提升。社会稳定风险评估、突发事件应急处置、涉法涉诉案件化解等机制更加完善。“平安长春”建设取得新进展，安全生产领域改革和安全发展示范城市创建工作扎实推进，我市安全生产形势总体保持稳定，食品药品安全形势持续向好，以科技强警和公安信息化建设为支撑的社会治安防控体系更加完善，信访维稳工作成效显著，为党的十九大胜利召开营造了和谐稳定的社会环境。

（七）坚持把党的建设作为根本保障，管党治党水平全面加强

决胜全面小康、建设东北亚区域性中心城市，必须毫不动摇坚持和加强党的全面领导，牢固树立抓好党建是最大政绩理念，把全面从严治党要求贯穿到党的建设各个方面，推动全面从严治党向纵深发展。

积极推进“两学一做”学习教育常态化制度化。抓“关键少数”，在“学”上持续用力，在“做”上深化拓展，在“改”上注重实效，制定学习清单、任务清单、服务清单，在全市党员干部中广泛开展“做表率、当先锋”行动，在全市领导干部中开展争做“六个表率”行动，使全市各级党组织、广大干部和党员的先锋行动遍布整个春城。

切实加强领导班子和干部队伍建设。改进干部考核评价办法，实行季度跟踪考核和通报约谈，出台《干部选拔任用工作报告预审暂行办法》，从严干部管理监督。围绕服务全市大局对领导干部进行系统化、多元化培训，全面提高干部专业化能力。大力实施“人才强市”战略，出台“20条人才新政”，实施全市招才引智“万人计划”，深化人才管理改革试验区建设，为老工业基地振兴发展强化了人才支撑。

全力推动各领域党组织建设整体跃升。在农村开展创建“五星级党组织”，城市开展创建“精品示范社区”，非公企业和社会组织实施“助力工程”，国有企业开展“五强一创”，机关深入开展“两锋（风）行动”，初步实现了“品牌化”升级。对全市146名贫困村党组织书记和第一书记、社区书记进行轮训培训，面向社会选聘非公和社会组织党组织书记。村级“一站式”服务群众平台实现全覆盖，在商圈、楼宇、市场等建立党建指导服务站，党组织的政治功能和服务功能进一步增强。

党风廉政建设和反腐败斗争深入推进。全力做好中央巡视组巡视“回头看”反馈意见整改工作，围绕全市重点工程和扶贫领域执纪监督开展专项巡察。认真落实中央八项规定精神，严肃处理顶风违纪问题，对87起典型案件通报曝光。坚持以零容忍态度严惩腐败，始终保持高压态势，全市纪检监察机关共立案2372件，处分2269人，移送司法机关处理90人。开展扶贫领域、软环境、群众身边的腐败问题和“村霸”三项整治行动，扎实开展电视问政活动，真正让基层群众感受到了反腐倡廉的实际成果。

以上是市委常委会今年以来的主要工作。这些工作和成绩，是在党中央和省委坚强领导和亲切关怀下取得的，是在全市广大党员干部和各族人民群众同心协力、奋力前进中创造的。市委委员会的同志们在各自岗位上心系大局、勤奋工作，对市委常委会的工作给予了大力支持，市几大班子同心协力、合力攻坚，形成了心往一处想、劲往一处使，凝心聚力干事的良好局面。在总结成绩的同时，我们一定要清醒地认识到，对照人民日益增长的美好生活需要，我们的工作还存在一些差距和不足，发展不平衡不充分仍然是长春当前最大的实际，经济底盘不够大，结构性矛盾比较突出，区域发展仍然不够协调；改革落实的力度有待加强，调整深层次利益格局、扩大改革受益面还有大量工作要做；创新型城市建设还需要加大力度，对外开放步伐还要进一步加快；社会事业发展仍然存在短板，基本公共服务体系建设还要下更大气力，解决深层次贫困问题任务还很艰巨，群众持续增收压力较大；城市功能品质、生态环境改善、社会文明水平等与广大人民群众期待还有一定差距；党风廉政建设和反腐败斗争形势依然严峻，需要在标本兼治上持续发力。对于这些矛盾

和问题，市委常委会高度重视，将始终坚持问题导向，在今后工作中认真加以解决。希望同志们对市委常委会工作提出意见和建议，帮助我们把工作做得更好。

二、高举伟大旗帜，加快全面振兴发展

党的十九大是在全面建成小康社会决胜阶段、中国特色社会主义进入新时代的关键时期，召开的一次十分重要的会议。大会高举习近平新时代中国特色社会主义思想伟大旗帜，深刻回答了坚持和发展中国特色社会主义的一系列重大理论和实践问题，深刻阐明了未来一个时期党和国家事业发展的大政方针和行动纲领，开启了全面建设社会主义现代化国家的新征程，对决胜全面建成小康社会、夺取新时代中国特色社会主义伟大胜利、实现中华民族伟大复兴中国梦，具有极其重大的战略意义，必将以其巨大贡献和深远影响永远镌刻在党的历史、国家历史、中华民族历史的丰碑上。全市上下要坚持把学习贯彻党的十九大精神作为首要政治任务和头等大事，认真落实中央和省市委的决定要求和系统部署，领会思想精髓，把握核心要义，特别是要立足自身实际，在狠抓落实上下功夫，确保党的十九大精神在长春全面落地生根、开花结果。

（一）立足新时代，深刻认识长春老工业基地肩负的历史使命

中国特色社会主义进入新时代，这是以习近平同志为核心的党中央着眼党和国家事业发展全局，作出的重大政治论断，清晰地标定了我国发展所处的新的历史方位。全市上下要牢牢把握新时代的历史内涵和实践要求，紧紧抓住“两个一百年”奋斗目标的历史交汇期，按照“两步走”的战略安排，更加自觉地把长春经济社会发展放到“中国特色社会主义新时代”这个历史背景中来思考、研究、比较和推动，坚持立足吉林看长春，充分发挥长春作为省会城市在全省经济社会发展中的辐射、引领和带动作用；放眼全国看长春，自觉在国家经济社会发展大格局中谋划自身发展，不断缩小与发达地区的差距；走向世界看长春，积极推动对外开放，不断提高利用“两个市场”“两种资源”的能力，以更加竞进有为的状态，在吉林新一轮振兴发展中，进一步发挥好省委提出的“打先锋、站排头”作用。

要在高举伟大旗帜上争当排头兵。党的十九大最重要的理论成果就是把习近平新时代中国特色社会主义思想确立为党必须长期坚持的指导思想，实现了党的指导思想的又一次与时俱进。全市上下要高举习近平新时代中国特色社会主义思想伟大旗帜，不断强化“四个意识”，坚决维护习近平总书记党的领袖和核心地位，思想上深刻认同核心、政治上坚决维护核心、组织上自觉服从核心、行动上坚定紧跟核心，在任何时候、任何情况下，都要在政治立场、政治方向、政治原则、政治道路上同以习近平同志为核心的党中央保持高度一致。

要在践行以人民为中心的发展思想上争当排头兵。中国共产党人的初心和使命，就是为中国人民谋幸福，为中华民族谋复兴。要始终把人民群众对美好生活的向往作为奋斗目标，把人民利益摆在至高无上的地位，牢记党的根本宗旨，彰显人民主体地位，贯彻党的群众路线，时刻保持党同人民群众的血肉联系，真正做到老百姓关心什么、期待什么，党和政府就抓住什么、推进什么，努力让人民群众共享改革发展成果，实现人的全面发展和社会全面进步。

要在落实新发展理念上争当排头兵。发展是硬道理，是党执政兴国的第一要务，是解决一切问题的基础和关键。立足老工业基地发展不平衡不充分的现实，要坚定不移地贯彻好创新、协调、绿色、开放、共享“五大发展”理念，抢抓发展机遇，提高发展质量，推动发展转型，加快构建现代化经济体系，进一步解放和发展社会生产力，努力走出一条质量更高、效益更好、结构更优、优势充分释放的发展新路。

要在全面深化改革上争当排头兵。改革是推进新时代中国特色社会主义的强大动力，要全面贯彻“深化改革加快东北等老工业基地振兴”的重大部署要求，着眼于破解制约老工业基地发展的体制性、结构性、动力性问题，进一步深化改革、扩大开放，坚决破除一切不合时宜的思想观念和体制机制弊端，突破利益固化的藩篱，为经济社会发展提供不竭动力。

要在全面从严治党上争当排头兵。坚持党对一切工作的领导是推动一切工作的根本保障。要坚决维护党中央权威和集中统一领导，积极贯彻民主集中制，不断提高把方向、谋大局、定政策、促改革的能力和定力，充分发挥党委总揽全局、协调各方的作用，切实做到党中央提倡的坚决响应、党中央决定的坚决执行、党中央禁止的坚决不做，不折不扣地推动党中央和省委各项决策部署在长春落到实处。

（二）明确新目标，放眼全局谋划长春更加美好蓝图

站在全新的历史方位和历史起点，认真审视长春老工业基地市情，我们必须要看到，长春正全面步入经济底盘不断壮大、经济实现跨越转型的攻坚时期，城市功能不断提升、城市发展模式加快创新的攻坚时期，社会转型不断加速、城市治理水平向现代化迈进的攻坚时期，科教优势不断释放、发展动能向创新驱动转型的攻坚时期，生态建设不断加强、生产生活绿色化水平全面提升的攻坚时期。“五个攻坚期”既有机遇也有挑战，主动作为乘势而上，就能赢得主动，稍有懈怠错失良机，则会步步被动。全市上下要切实强化战略思维、创新思维、辩证思维、法治思维、底线思维，进一步明确时间表、路线图和任务书，鼓足勇气朝着伟大目标奋力前行。

从未来一个时期看，长春要认真贯彻落实决胜全面建成小康社会、开启全面建设社会主义现代化国家新征程的系统部署，立足市情实际，要科学把握和处理好这样几个事关全局的重大战略安排。一是全面建成小康社会。到2020年全面建成小康社会是党对全国人民的庄重承诺。长春作为省会城市，要按照中央和省委的统一部署，着力抓重点、补短板、

强弱项，努力实现人均地区生产总值、人均可支配收入等主要指标全面提高、同步提升，坚决打好防范化解重大风险、精准脱贫、污染防治攻坚战，与全国全省人民一道迈入全面小康社会。二是加快老工业基地全面振兴发展。多年来，经过全市广大干部群众不懈奋斗，老工业基地全面振兴发展的基础更加坚实、家底更厚、信心更足，我们有底气、有能力、有责任，在新一轮老工业基地振兴发展中展现更大作为。要积极落实省委"三个五"战略，加快建设吉林中部创新转型核心区，确保经济社会主要指标在老工业基地保持领先水平，在全面建成小康社会基础上，力争用几年时间，使长春成为引领老工业基地全面振兴的重要引擎。三是建设东北亚区域性中心城市。这是市第十三次党代会立足国内外经济社会发展大局作出的战略决策。未来一个时期，要紧紧围绕这个定位，进一步突出科技强市、文化兴市、生态立市、依法治市，着力解决好制约发展的瓶颈难题，努力实现经济量级、城市能级、民生改善、社会治理、生态文明全面升级，使长春的综合实力在全国同类城市中的位次不断前移，努力建设经济发达、文化繁荣、法治优良、功能完善、生态一流、人民幸福的东北亚区域性中心城市。

（三）把握新形势，求真务实做好明年各项重点工作

明年是我们全面贯彻落实党的十九大精神的开局之年，是决胜全面小康，加快长春老工业基地全面振兴发展的关键之年。党的十九大已经吹响了夺取新时代中国特色社会主义伟大胜利的号角，全市各级党组织和广大党员干部，要努力把党的十九大精神转化为推动经济社会发展的强大精神动力，以更加积极主动的姿态，在牢牢把握党和国家工作主旋律中明确方向，在科学研判国内外经济社会发展大势中努力作为，在不断巩固长春良好发展势头中坚定信心，全力以赴做好2018年各项重点工作。总的要求是，高举习近平新时代中国特色社会主义思想伟大旗帜，更加紧密地团结在以习近平同志为核心的党中央周围，深入学习贯彻党的十九大精神，统筹推进"五位一体"总体布局、协调推进"四个全面"战略布局，牢固树立和贯彻新发展理念，按照省第十一次党代会、省委十一届二次全会和市第十三次党代会部署，认真落实省委"三个五"发展战略，强化"打先锋、站排头"意识，以提高发展质量和效益为中心，突出供给侧结构性改革主线，牢牢把握稳中求进工作总基调，加快建设吉林中部创新转型核心区，积极推进经济、政治、文化、社会、生态和党的建设，加快长春老工业基地全面振兴发展。重点要抓好以下几方面工作。

1. 以建设现代化经济体系为引领，着力提升经济综合实力。要始终坚持发展第一要务，按照建设现代化经济体系的要求，坚持质量第一、效益优先，深入推进供给侧结构性改革，大力发展实体经济，积极培植新兴产业，努力走出一条质量更高、效益更好、结构更优、优势充分释放的发展新路。积极优化产业结构。坚定不移地推进产业结构调整和发展方式转变，优化一产、抓牢二产、提升三产，主动推动传统产业品牌化、支柱产业高端化、新兴产业规模化，加快实施千亿级新兴产业培育工程，努力打造装备制造、生物及医药健康、光电信息、新能源汽车、新材料、大数据等一批新的经济增长点；坚持优化区域布局实现功能集中、打造园区平台促进要素集约、壮大龙头企业带动产业集群，提升产业整体竞争力；加快推动信息化与工业化融合，发挥服务业对农业、制造业的"粘合剂"作用，改造提升传统服务业，大力发展生产性服务业，切实增强产业核心竞争力。持续扩大有效投资。要争取国资、招商引资、撬动民资、创新融资，多措并举做大投资底盘；要加大"既利当前、又利长远"的投资力度，努力提升战略投资、产业投资、民生投资比重，坚决杜绝高耗能、高污染、重复建设的投资，在弥补有效投资不足中提升投资的质量和效益；要积极落实省委省政府"三抓""三早"行动部署，有效推进落实一批亿元以上、10亿元以上、百亿元以上重大项目，围绕重大战略机遇、重大政策导向、重大现实需要，高水平谋划包装一批储备项目，确保经济当前有活力，未来有潜力。加强经济运行调控。明年经济走势既存在良好的政策预期，又面临着复杂的形势变化。要进一步强化经济运行监测，加强政策协同配套，注重扩大就业、稳定物价、调整结构、提高效益，积极防范化解重大风险，特别是要把防控财政金融风险摆上更加突出位置，既要严格控制增量风险，又要有效处置化解存量风险，合理控制政府债务规模，探索建立"一站式"金融服务实体经济平台，健全完善"借、用、还"统一的管理机制，坚决守住不发生系统性风险的底线。

2. 以深化改革创新为引领，着力推动发展动能转换。通过改革开放创新多管齐下，从根本上破除各类障碍，持续激发振兴活力。以全面深化改革破解发展难题，突出供给侧结构性改革主线，继续深化国企国资改革、商事制度改革、投融资体制改革、政务服务综合改革等重点领域改革，真正用政府权力的减法，换取市场活力的加法，全力打造务实高效的政务环境、优质便利的投资环境、公平有序的市场环境，特别是要把诚信作为环境建设的重点，加快建设诚信政府、打造信用企业、培育守信市民、建设"信用长春"，打造长春软环境建设品牌。以创新驱动强化发展支撑，围绕建设国家创新型城市和吉林中部创新转型核心区，深入实施"一二四五"创新驱动发展战略，努力在科技创新、创新主体培育、创新平台建设、创新人才集聚、"双创"基地建设上实现新突破，争取更多国家实验室在我市布局，加快形成以创新为引领和支撑的经济体系和发展模式。以扩大开放拓展发展空间，主动融入"一带一路"等对外开放战略，进一步抓好开放载体建设，畅通对外通道，务实推进长春与天津、杭州的对口合作，不断提升经济发展外向度。

3. 以乡村振兴战略为引领，着力促进城乡融合发展。党的十九大提出实施乡村振兴战略，这为我市争当现代农业建设排头兵提供了重要遵循和重大契机。要认真落实"产业兴旺、生态宜居、乡风文明、治理有效、生活富裕"的总要

求，全力促进农业农村繁荣发展，加快构建现代农业产业体系、生产体系、经营体系，推动国家现代农业示范区核心区建设，打造长春大米、长春玉米品牌，积极创建全国绿色有机农业示范市，扎实推进农业供给侧结构性改革，促进农村一二三产融合发展；积极推动城乡深度融合，深化农村土地制度改革和集体产权制度改革，健全城乡要素双向流动机制，推动城市基础设施、公共服务向乡村延伸，促进教育、文化、卫生等优质资源向农村覆盖，加快建设“美丽乡村”；强化农业农村基础保障，发挥基层党组织的领导核心作用，大力开展农村精神文明建设，坚持唱响主旋律、形成新风尚，进一步健全自治、法治、德治相结合的乡村治理体系，高度重视农业农村干部的培养、配备和使用，努力打造一支懂农业、爱农村、爱农民的“三农”工作队伍，全面加快农业农村现代化进程。

4. 以美丽长春建设为引领，着力打造宜居宜业城市。牢固树立以人民为中心的城市发展观，坚持以强烈的文化意识指导城市规划、建设和管理，巩固旧城改造提升和伊通河治理成果，努力提高管理水平。坚持试点先行，高水平完成“多规合一”空间规划、“城市总体规划”“城市设计”三项国家试点任务，全方位提升城市规划水平；补齐城建短板，实施“双核带动”，突出交通、要素和住房“三个重点”，加快推进“两横三纵”快速路续建等路网工程、“公交都市”和公共停车场建设，确保地铁2号线2018年9月份通车，着力抓好地下综合管廊工程，持续实施老旧住宅区综合整治，不断提升城市的综合承载能力；塑造特色风貌，积极推进绿色发展，促进地域生态文化与现代旅游业加快融合，认真落实中央环保督察要求，抓好大气污染防治和水污染治理，坚决落实“河长制”，继续推进伊通河综合治理，启动土壤污染防治，全力推进城市森林、城市湿地、城市水域、城市绿地、城市园林建设，让绿色成为城市的鲜明底色；提升管理效能，大力推广朝阳区城市基层管理改革试点经验，加快智慧长春建设，积极探索居民社区管理自治，用好“电视问政”等活动载体，加快构建权责明晰、高效服务、安全有序的现代城市管理体制，全面提升城市科学化、精细化、长效化治理水平。

5. 以文化兴市战略为引领，着力打造历史文化名城。长春作为一座有深厚文化底蕴的城市，要将文化自信作为最基本、最深沉、最持久的力量，进一步拓宽文化视野，提升文化自觉，着力彰显长春特色文化内涵，推动文化事业和文化产业繁荣兴盛，为满足人民日益增长的美好生活需要提供强大的精神动力。要牢牢掌握意识形态工作领导权，切实强化党对意识形态工作的领导，着力培育和践行社会主义核心价值观，积极推进文化惠民工程，进一步完善文化基础设施，坚持走文化产业与产业文化、城市特色相结合的发展路子，突出抓好创意设计、数字内容、文旅休闲、艺术演艺、文化制造、文化节庆等文化业态，积极推进国家文化消费试点城市建设，加快完善文化市场服务体系，不断提升文化市场综合管理水平。要抓住获批国家历史文化名城的有利契机，强化历史文化遗产保护力度，深入挖掘历史文化遗产的内涵与价值，加快推进最能代表城市印象、传承城市文脉的历史文化街区、历史建筑的保护与利用，积极促进长春的历史文化资源优势加快转化为城市的品牌形象和影响力。

6. 以幸福长春建设为引领，着力提升民生保障层次和水平。各级党委政府要毫不动摇地坚持以人民为中心的发展思想，按照坚守底线、突出重点、完善制度、引导预期的要求，一件事接着一件事办、一年接着一年干，努力实现幼有所育、学有所教、劳有所得、病有所医、老有所养、住有所居、弱有所扶。要突出精准施策，坚决打赢脱贫攻坚战。强化精准发力，找准穷根、明确靶向、量身定做、对症下药，真正把扶贫“扶到点上、扶到根上”，确保脱贫结果得到人民认可、经得起历史检验。要突出均衡普惠，提高公共服务品质。深入实施城乡居民增收“暖流计划”，统筹推进教育、医疗、养老等各项社会事业，推进城乡义务教育一体化发展，加快完善社会保障体系，积极推进“健康长春”建设，不断提升多层次社会保障水平。要突出群众关切，解决民生热点问题。坚持多看百姓的身边事，多听百姓的心里话，多算百姓的生活账，把群众身边的小事当作党委政府的大事来抓，进一步加大民生实事落实力度，着力畅通沟通机制和解决渠道，全力抓好保障性住房、交通出行、空气污染治理等群众关心关注的重点问题，使人民群众获得感、幸福感、安全感更加充实、更有保障、更可持续。

7、以法治长春建设为引领，着力打造共建共治共享的社会治理格局。依法治国是党领导人民治理国家的基本方式，必须始终把法治作为价值导向和实践标准，积极推进科学立法、严格执法、公正司法、全民守法。支持人大、政协依法依章履职，发挥各民主党派、工商联、无党派人士服务发展的独特优势，不断壮大爱国统一战线，扎实推进民族、宗教、对台、外事、侨务等各项工作，充分发挥工会、共青团、妇联等群团组织的桥梁和纽带作用，形成生动活泼、安定团结的政治局面。积极推进军民融合发展，巩固全国双拥模范城“八连冠”成果。加快建设法治政府，深化司法体制综合配套改革，全面落实司法责任制，不断改善人民群众司法感受。深入开展“七五”普法，营造尊法学法守法用法的良好法治氛围。积极探索社会治理新机制新模式，全面提高社会治理社会化、法治化、智能化、专业化水平。以创建国家食品安全示范城市为统领，全面加强食品药品监管工作，确保群众饮食用药安全。深入推进创建国家安全发展示范城市，坚决遏制重特大安全生产事故。健全社会矛盾纠纷多元化解机制，依法严厉打击各类违法犯罪活动，坚决防止大规模群体性事件和重大公共安全事故发生，确保城市安全、社会安定。

（四）适应新要求，全面推进党的建设新的伟大工程

党政军民学，东西南北中，党是领导一切的。要全面落实新时代党的建设总要求，坚持和加强党的全面领导，坚持

党要管党、全面从严治党，确保党始终成为主心骨和坚强领导核心。

站稳政治立场，始终把党的政治建设摆在首位。党的政治建设是党的建设的根本性建设，决定党的建设方向和效果。要树牢“四个意识”，坚定“四个自信”，坚决维护以习近平同志为核心的党中央权威和集中统一领导。严守党的政治纪律和政治规矩，坚决维护和尊崇党章，认真贯彻落实《准则》《条例》，不断提高政治觉悟和政治能力，全面彻底肃清孙政才、苏荣、王珉等流毒和影响，营造风清气正的政治生态。

坚定理想信念，打牢党的建设的思想根基。理想信念动摇是最危险的动摇，理想信念滑坡是最危险的滑坡。要强化思想理论武装，深入理解和把握习近平新时代中国特色社会主义思想的科学体系、精神实质、实践要求，深入推进“两学一做”学习教育常态化制度化，精心组织开展“不忘初心、牢记使命”主题教育，深化“做表率、当先锋”行动，更加自觉地为实现全面振兴发展不懈奋斗。

注重德才兼备，建设高素质专业化干部队伍。政治路线确定之后，干部就是决定因素。要全面贯彻党的十九大对干部队伍建设提出的新要求，认真落实好干部标准，把紧把严政治标准这个硬杠杠，注重从政治忠诚、政治定力、政治担当、政治能力、政治自律五个方面“看干部”，坚持凭能力用干部、以实绩论英雄，完善考核评价机制，建立激励机制和容错纠错机制，全面增强干部各方面本领，最大限度地调动干部干事创业的热情和激情。要深入实施人才强市战略，实行更加积极有效的人才政策，努力把各方面优秀人才聚集到振兴发展中来，形成优秀人才脱颖而出的良好局面。

立足固本强基，扎实做好抓基层打基础工作。基础不牢，地动山摇，党的全部战斗力的基础在基层。要以提升组织力为重点，突出政治功能，全面加强基层党组织和带头人队伍、党员队伍建设，关爱基层党员，扩大基层党组织覆盖面，加大软弱涣散基层党组织整治力度，不断优化基层党组织阵地功能，推动基层党的建设全面进步、全面过硬。

持续正风肃纪，密切党同人民群众的血肉联系。作风建设永远在路上，必须持续用力、久久为功。要深入贯彻落实中央八项规定实施细则精神，持续整治“四风”问题，坚决防止反弹回潮。用好监督执纪“四种形态”，扎实开展经常性、针对性、主动性的纪律教育，让党员干部习惯在受监督和约束的环境中工作生活，切实以优良的党风政风带动全社会风气根本好转。

高悬反腐利剑，深入开展反腐败斗争。惩治腐败一刻也不能放松。要坚持无禁区、全覆盖、零容忍，以最坚决的态度减少存量，以最果断的措施遏制增量，持续抓好中央巡视“回头看”反馈意见的整改落实，释放越往后执纪越严的强烈信号。全面落实监察体制改革试点要求，不断巩固和拓展我市反腐败压倒性态势，切实以党风廉政建设和反腐败斗争实际成效取信于民。

同志们，清风扬正气，奋进正当时。让我们高举习近平新时代中国特色社会主义思想伟大旗帜，更加紧密地团结在以习近平同志为核心的党中央周围，在省委的坚强领导下，不忘初心、牢记使命，开拓进取、真抓实干，为推动长春老工业基地全面振兴发展作出新的更大贡献！

政府工作报告

——2018年1月11日在长春市第十五届人民代表大会第二次会议上

市长　刘长龙

各位代表：

现在，我代表市政府，向大会报告工作，请予审议，并请市政协各位委员提出意见。

一、2017年工作回顾

2017年是全市上下喜迎党的十九大、经济社会发展取得丰硕成果的一年。一年来，在习近平新时代中国特色社会主义思想指引下，在市委坚强领导下，在市人大、市政协监督支持下，我们紧紧团结和依靠全市人民，抢抓机遇，创新发展，砥砺奋进，圆满完成了经济社会发展主要预期目标，长春老工业基地全面振兴发展取得新的重大进展。

——经济运行持续向好。预计地区生产总值增长8%左右，为四年来最好水平。地方级财政收入增长8.3%，快于经济增速。规模以上工业产值突破1万亿元。服务业占GDP比重提高0.6个百分点。

——新动能迅速成长。新认定国家级高新技术企业、科技型“小巨人”企业户数分别是上年的2.7倍和3.9倍。大众创业、万众创新蓬勃发展，平均每天新设企业超过100户，为经济发展增添了新生力量。

——改革开放深入推进。重要领域和关键环节改革取得突破性进展，供给侧结构性改革成效明显。对外开放迈出新步伐，开放平台和通道建设不断加快。经济社会发展活力明显增强。

——城市品质显著提升。伊通河综合治理中段主体工程基本完工，为期两年的旧城改造提升工程全面收尾，地铁1号线投入运营。长春获批国家历史文化名城，全国文明城市、国家卫生城市实现“三连冠”。

——各项事业全面进步。教育、科技、文化、卫生、体育等领域取得新进展，环境保护、安全生产、市场监管、社会治安不断加强，社会大局保持和谐稳定。

——人民生活不断改善。幸福长春行动计划全面完成。城乡居民增收“暖流计划”惠及893万人次。城镇新增就业11.4万人，超出年初预期目标。长春连续十次获评“最具幸福感城市”。

一年来，我们主要做了以下工作：

一是加快推动经济转型升级。坚持把扩大有效投资摆在经济工作首位，以项目为载体转方式、调结构、补短板，推动新旧发展动能加快转换。全年实施亿元以上项目1311个、10亿元以上项目313个，分别比上年增加161个和28个。一汽大众Q工厂、北斗科技小镇、华为云计算中心、浪潮大数据中心等一批重大项目顺利推进，航天信息、亚泰医药、光电和智能装备等新型产业园区形成产业集聚，规模以上工业、高技术产业、战略性新兴产业产值分别增长10%、20%和15%左右。新增工业产值超百亿企业2户、规模以上工业企业150户。长春推动实施“中国制造2025”、促进工业稳增长和转型升级工作获国务院通报表扬。服务业增速持续高于一产、二产，经济增长贡献率突破50%。一批商业综合体建成开业，新增商业商务面积近400万平方米。成功举办汽博会、农博会、雕塑大会、电商峰会、创业就业博览会和东北振兴论坛，长春获评“中国十佳品牌会展城市”。龙嘉国际机场年旅客吞吐量突破千万人次。东北首家民营银行亿联银行正式开业，新引进两家域外金融机构。3户企业上市，7户企业新三板挂牌。国家文化消费试点成效显著。“全国绿色有机农业示范市”创建工作扎实推进，现代农业五大实验区建设进展顺利。种植业结构稳中调优，粮食生产再获丰收。品牌农业、高效特色农业、都市休闲农业、健康养殖业初具规模。免疫无口蹄疫区建设通过国家验收。农民合作社数量、土地流转面积持续扩大。农机化率稳步提升。

二是坚持以创新引领发展。科技领域一批创新成果达到国际先进水平，长客复兴号新一代高铁上线运营，吉林一号在轨运行卫星达到8颗。全市技术合同交易额突破200亿元，比上年翻一番。科技进步贡献率比上年提高0.9个百分点。互联网与各行业加速融合，新产业、新业态快速成长。各类创新创业基地发展到236个，在孵企业超过1.4万户。长春新区等4家单位获批国家双创示范基地。创新型城市试点建设通过国家验收。国家民营经济发展改革示范城市建设全面启动，民营经济稳步壮大，总量已占全市半壁江山。成立院士专家联合会，成功举办“院士专家长春行”活动。出台集聚人才“20条新政”，启动招才引智“万人计划”。国家级人力资源服务产业园建成运营。国家七项外籍人才出入境政策在长春新区实施。

三是大力深化改革开放。全面深化改革，推出一批标志性、关键性改革举措。持续推进“一门式、一张网”综合改革，进一个门办多件事、办事群众与审批人员不见面、行政审批和公共服务事项全程网上运行成为现实，优化了服务环境、方便了办事创业。全面推行“双随机、一公开”，增强事中事后监管的有效性。国企国资、投融资、财税、司法、供销社、医疗卫生、公共资源交易机构整合等改革扎实推进，为经济社会发展增添了新动力。全面扩大开放，主动融入“一带一路”建设。“长满欧”班列货运量快速增长，中欧班列实现首发，长春国际港开通运营。中粮玉米产业园等一批项目落位，新引进央企和国内500强企业5户，实际引进内外资分别增长17%和14%。工业用地出让量、建设用地征收量分别增长42%和62%。积极推动与天津、杭州对口合作，合作园区建设顺利推进。美国、英国等七国大使相继访问我市，城市对外影响力和知名度不断提升。

四是建设现代宜居宜业城市。城市设计、城市总体规划、“多规合一”空间规划三项国家试点取得阶段性成果。三环路以内20个商圈、316个老旧住宅区、600多条街路旧貌换新颜。1100多公里地下管网完成改造。地铁1号线投入运营，地铁2号线一期主体工程全线贯通，轻轨北湖线按计划实施。南湖大桥、自由大桥完成翻建。吉林大路东延长线等一批重要路桥建成通车。打通35条断头路、卡脖路。新建20个立体停车场。启动建设6座城区公园，新建26块大宗绿地，植树造林7598公顷。伊通河中段综合治理基本完成。南溪湿地公园建成开放。建成区黑臭水体治理基本完成。新凯河、串湖、东新开河等流域治理有序推进。全域255条河流、6个湖泊全面落实河长制，共设立各级河长2325名。水生态文明城市建设试点任务基本完成。深入实施大气、水、土壤污染防治行动计划，狠抓节能减排。关停搬迁重污染企业12户，基本淘汰黄标车和建成区10吨以下燃煤小锅炉。深入开展“走遍长春”城市精细化管理专项行动。持续推进道路交通秩序整治。“智慧长春”建设取得新进展。

五是推动社会事业协调发展。新增义务教育学校8所、普惠性幼儿园18所，打造“温馨村小”182所，创办新优质学校100所。全面推开“蓓蕾计划”，20万名小学生获得课后免费托管服务。长春全域通过义务教育均衡发展国家验收。市医院扩建工程投入使用。51家城市公立医院取消药品加成，我市被确定为公立医院综合改革首批国家级示范城市。加强基层公共文化服务。规划展览馆、雕塑博物馆建成开放，伪满皇宫博物院跻身国家一级博物馆行列，7处国家文物保护单位完成修缮。农安县五台山遗址考古取得重要发现。创排巡演话剧《黄大年》。实施全民健身计划。成功举办首届长春国际马拉松赛。

六是注重保障和改善民生。在财政收支压力加大情况下，努力增加民生投入，广大人民群众有了更多获得感。扎实精准推进脱贫攻坚，又有2.7万贫困人口、124个贫困村实现脱贫。加大就业创业支持力度，城镇登记失业率控制在3.5%左右，就业形势保持稳定。开展农民工工资“精准支付”行动。进一步提高最低工资、城乡低保、养老保险、失业保险、重点优抚对象救助标准。城镇居民、农村居民人均可支配收入增速高于全省平均水平。为3.6万名残疾人提供精准康复服务。7家市级医院专科医疗救助中心为农村贫困患者提供免费治疗。新分配公租房4280套，拆除棚户区119万平方米，完成房屋确权登记1008万平方米。出台中低收入家庭公积金贷款购房新政。创建“公交都市”，新增更新公交车辆546台。新建农村公路640公里，改造农村厕所2.9万户，解决18.2万农村居民饮水安全问题。城市千米社区、农村200平方米以上社区比例分别达到75%和80%。

七是推进政府建设和治理创新。依法接受人大及其常委会法律监督、工作监督，自觉接受人民政协民主监督。认真听取各民主党派、工商联以及无党派人士的意见建议。办理市人大议案2件、市人大代表建议205件、市政协建议案2件、市政协提案338件。加强安全生产监管，安全生产事故起数、遇难人数持续下降。创建“国家食品安全示范城市”，食品药品监管能力稳步提升。积极开展“电视问政”。加强信访工作。全面提高局长接待日、市长公开电话工作水平。强化社会治安综合治理，依法打击各类违法犯罪活动，有力维护了公共安全。积极促进军民融合发展。民族团结、宗教和谐良好局面进一步巩固。

扎实推进“两学一做”学习教育常态化制度化，认真落实中央八项规定精神，坚决纠正“四风”。严格依法行政。加强行政监察和审计监督。驰而不息推进党风廉政建设。

各位代表，过去一年长春经济社会发展取得的成绩，是市委正确领导的结果，是人大、政协以及社会各界大力支持的结果，是全市广大干部群众团结奋斗的结果。在此，我代表市政府，向全市广大干部群众致以崇高的敬意！向人大代表、政协委员和社会各界人士，向中省直驻长单位、人民解放军和武警驻长部队以及海内外的朋友们，表示衷心的感谢！

肯定成绩的同时，也要清醒看到，我们的工作还存在许多不足，也面临不少困难和挑战。推动经济扩大总量、优化结构、提升质量任务繁重，科技创新引领发展作用尚未充分发挥，推进改革开放、激发市场活力的力度需要进一步加大，城市承载能力、基本公共服务还有不少短板，环境污染治理和生态文明建设任重道远，一些群众关心的热点难点问题还没有得到有效解决，影响经济稳定运行、城市安全的潜在风险和隐患仍然较多。政府职能转变还不到位，软环境建设需要持续发力，廉政建设和作风建设仍需加强。我们一定要直面挑战，敢于担当，全力以赴做好政府工作，不辜负人民的期望和重托。

二、2018年重点工作

今年是全面贯彻落实党的十九大精神开局之年，是改革开放40周年，是决胜全面建成小康社会、实施“十三五”规划承上启下的关键一年。做好今年工作，要适应新时代、聚焦新目标、落实新部署，在新起点上开启长春振兴发展的新篇章。

——必须放眼未来对标高位，牢牢把握事关全局和长远的重大战略部署。把各项任务放到2020年全面建成小康社会、加快长春老工业基地全面振兴发展、建设东北亚区域性中心城市的目标体系中进行定位安排，坚定信心，持续用力，一步一个脚印向前迈进。

——必须深入贯彻新发展理念，推动经济转向高质量发展阶段。坚持质量第一、效率优先，以改革创新推动转型升级，努力实现创新成为第一动力、协调成为内生特点、绿色成为普遍形态、开放成为必由之路、共享成为根本目的的发展。

——必须把握稳中求进工作总基调，正确处理“稳”和“进”的关系。稳是大局，进是目的。在确保经济运行质量和社会大局稳定的前提下，立足长春发展不平衡不充分的实际，在经济发展、改革开放、城市建设、社会治理等方面加大进的力度，进而有序，进而有为，不断取得新突破。

——必须跨越经济发展现阶段关口，打好防范化解重大风险、精准脱贫、污染防治三大攻坚战。坚持靶向聚焦抓重点、多措并举补短板、合力攻坚强弱项，守住防控风险底线，啃下脱贫攻坚“硬骨头”，以更大力度改善生态环境，确保长春发展提质增效、行稳致远。

——必须坚持以人民为中心的发展思想，不断促进人的全面发展。把人民对美好生活的向往作为奋斗目标，把增进民生福祉作为发展的根本目的，抓住群众最关心最直接最现实的利益问题，多谋民生之利、多解民生之忧，不断增强群众的获得感、幸福感和安全感。

今年政府工作的总体思路是：高举习近平新时代中国特色社会主义思想伟大旗帜，深入贯彻党的十九大精神，认真落实省委十一届二次全会、市委十三届三次全会要求，坚持稳中求进工作总基调，坚持新发展理念，按照高质量发展的要求，统筹推进“五位一体”总体布局和协调推进“四个全面”战略布局，以供给侧结构性改革为主线，统筹推进稳增长、促改革、调结构、惠民生各项工作，大力推进改革开放，推动质量变革、效率变革、动力变革，打好防范化解重大风险、精准脱贫、污染防治攻坚战，促进经济社会持续健康发展，加快建设东北亚区域性中心城市，不断开创新时代长春老工业基地全面振兴发展新局面。

全市经济社会发展的主要预期目标是：地区生产总值增长7.8%左右，规模以上工业产值增长8.5%以上，服务业增加值增长8.5%以上，固定资产投资增长10%以上，社会消费品零售总额增长10%以上，地方级财政收入增长7%以上，城乡居民收入与经济增长基本同步，城镇登记失业率控制在4%以内，城镇调查失业率实现稳中有降。这些指标安排，综合考虑了外部环境、现实支撑和区域发展态势，有利于促进就业、引导预期。实际工作中，我们要重视速度，更要重视质量，在质的大幅提升中实现量的有效增长。

今年要着重做好七个方面工作：

（一）深入实施创新驱动发展战略，推动实体经济优化结构，不断提高质量、效益和竞争力

提升科技创新能力。加强政、产、学、研、用、金、介协同创新，促进科技与经济深度融合，争创国家创新型城市。滚动实施10个重大科技攻关、10个重大科技成果转化项目，为100户科技型企业提供精准服务，新认定国家级高新技术企业、科技型“小巨人”企业分别达到200户以上。依托在长大专院校、科研院所，推动校企合作、产研融合。培植壮大北湖科技园等创新园区。发挥科技大市场和科技金融创新中心作用。技术合同交易额增长30%。实施更加有效的人才引进政策，建设国内一流的人力资源服务产业园，为高层次人才、急需紧缺人才及符合条件高校毕业生提供人才公寓。落实科技成果处置权、收益权和股权期权分红等激励政策，激发科研人员积极性、创造性。

加快制造业优化升级。以更有力措施促进互联网、大数据、人工智能与制造业深度融合，争创“中国制造2025”国家级示范区。滚动实施10个智能化工厂、20个数字化车间和50条自动化生产线建设，抓好商业遥感卫星、智能机器人、数控设备、半导体照明显示等重大产业化项目，加快推动航天信息、大数据等产业园区建设，支持现有企业实施技术改造，工业投资增长10%左右。全力支持一汽发展自主品牌、新能源、智能网联汽车，鼓励长客、中粮、皓月、大成等企业创新发展，带动三大支柱产业向高端化迈进。加快培育先进装备制造、光电信息、生物及医药健康、新能源汽车、新材料、大数据六大战略性新兴产业，完成投资增长15%以上。

推动服务业转型发展。深化“十三五”国家服务业综合改革试点。积极培育共享经济、数字经济、平台经济，加快发展研发设计、检验检测、融资租赁等生产性服务业，做大做强电子商务、服务外包、文化创意、动漫设计等新兴行业。运用新技术、新业态、新模式，改造提升商贸物流、旅游休闲、医疗健康、文化娱乐、会议展览等传统服务业。建设东北亚区域性金融服务中心，搭建“一站式”金融服务平台，支持企业上市、挂牌和再融资。加快建立多主体供应、多渠道保障、租购并举的住房制度。合理增加住宅用地，规范开发、销售、中介等行为，遏制房价过快上涨。积极引导文化等新兴消费。推进国家首批供应链体系试点城市建设，开展“放心消费在长春”活动，增强消费拉动经济增长的基础作用。建设“智慧长春”，推动“互联网+”深入发展，让企业广泛受益、群众普遍受惠。

转变农业生产方式。坚持质量兴农、绿色兴农，持续创建“全国绿色有机农业示范市”，推动农业发展由产量导向转为质量效益导向。打造一批优质特色种养基地，建设20个绿色有机农业示范区、30个棚膜经济园区、200个标准化养殖示范区。支持农安创建国家农村产业融合发展示范园。新增无公害、绿色、有机和地理标志农产品70个，提升“长春大米”等品牌知名度。大力发展农产品精深加工业。实施化肥农药减量行动，推广畜牧业无抗养殖技术。加快建设高标准基本农田，推广保护性耕作技术，稳定粮食综合生产能力。培育发展农民合作社、家庭农场等新型经营主体，土地流转面积占比增加4个百分点，农机化率提高2个百分点。

全面提升质量水平。实施质量强市战略，广泛开展质量提升行动，评选首届“市长质量奖”，争创全国质量强市示范市。大力弘扬工匠精神，厚植工匠文化，完善激励机制，培育众多长春工匠，打造更多长春品牌，推动长春经济发展进入质量时代。

（二）坚持以供给侧结构性改革为主线，激发企业活力和创造力，增强经济发展内生动力

推动简政放权、放管结合、优化服务改革向纵深发展。打造“一门式、一张网”2.0版，促进行政审批和公共服务提速增效。深化商事制度改革，推动“证照分离”、“照后减证”、“N证联办”，破解“准入不准营”的难题。优化基本建设项目并联审批，在具备条件的开发区探索开展“零审批”试点。加快政务信息系统整合共享，尽快实现网络、数据、业务互联互通，让群众和企业好办事、少跑腿、不添堵。完善事中事后监管制度，强化“双随机、一公开”，推进综合行政执法。实施企业信用信息统一归集、依法公示、联合惩戒、社会监督，争创国家信用体系建设试点城市。我们一定要让企业和群众更多感受到“放管服”改革成效，除烦苛之弊、施公平之策、开便利之门。

激发各类市场主体活力。加快国有经济布局优化和结构调整，完善各类国有资产管理体制，着力提高国有资本运营效率和水平。完成驻长央企“三供一业”分离移交。深入推进国家民营经济发展改革示范，新登记民营企业2万户以上，民营经济主营业务收入增长10%以上。实施百强民营企业、百户“专精特新”中小企业培育工程，规模以上工业、服务业企业分别新增100户、300户以上。建设国家双创示范基地，新建科技孵化器、众创空间、创业孵化基地30个左右，在孵企业增加2000户。

加快破除体制机制障碍。深化投融资体制改革，完善政府与社会资本合作模式，激发民间投资活力。发挥金融控股集团作用，运用投资基金吸引社会资本投向重点领域和关键环节。规范政府举债行为，严控增量、消化存量，有效防控债务风险。建立地方金融监管、风险防范处置体系，有效防控金融风险。深化农村金融综合改革试点。推进农村集体产权制度改革，完善农村土地确权颁证工作。推进教育、文化和事业单位改革，深化出租车、公交车行业改革，进一步释放社会领域发展潜力。

拓展企业域外发展空间。加快长春国际港建设，完善兴隆综保区功能，稳步提升国际货运班列运营质量。加快建设中德、中俄、中白、中古等国际合作园区。支持装备制造企

业建立海外营销和研发中心。鼓励新兴产业开展国际认证、商标注册、销售网络建设，提升出口产品附加值。争创国家跨境电商综合试验区。积极争取设立汽车整车进口口岸。

全面提升营商环境质量。继续清理规范涉企收费，落实税收优惠政策，有效控制生产要素成本，切实减轻企业负担。依法保障各种所有制经济组织和公民财产权，激励人们创业创新创富，使企业家安心经营、放心投资。加快构建亲清新型政商关系，发挥广大企业家的积极性、主动性。加强软环境治理，对侵害企业合法权益的行为，必须严肃查处、有错必纠。

（三）进一步扩大有效投资，优化空间和产业布局，推动经济持续健康发展

充分发挥投资的关键作用。我市产业亟需改造升级，基础设施和民生领域还有许多短板，有效投资仍有很大空间。今年要继续突出项目建设，确保实施亿元以上项目1200个以上。加大招商引资力度，完善落实招商政策，强化签约项目跟踪服务，提高项目履约率和资金到位率，实际利用外来资金增长14%以上。

优化区域发展格局。加强分类指导、统筹协调，支持城区、县域和开发区立足定位、发挥优势、各展所长，以增量投资推动发展转型升级。城区要突出发展双创基地、特色街区、现代服务业集聚区和都市型工业、高端制造业园区。县域要以更大力度推进新型工业化，培育有特色的产业集群。长春新区要以创新引领发展，不断提高发展水平和辐射带动能力。国家级开发区要集聚创新创业资源，推动先进制造业、现代服务业、战略性新兴产业不断实现新突破。开展开发区体制机制改革创新试点。整合省级工业集中区、工业园区，推进“一县（市）一开发区”改革。鼓励国家级开发区与县域开发区联动发展。加强与天津、杭州对口合作，建设津长产业合作园、津长双创示范基地和吉浙净月服务业发展示范区。

全面实施乡村振兴战略。顺应城乡融合发展趋势，支持资本、技术、人才等要素更多向乡村流动。按照中等城市标准抓好县城建设，培育一批特色产业小镇，容纳更多农民工就近就业创业。加快改善农村交通、通信、电网、环保等基础设施。基本完成农村广电网络光纤入户升级改造。新建改造农村公路300公里。坚持不懈搞好“厕所革命”。解决4.5万农村居民饮水安全问题。实施农村人居环境三年行动计划，建设既有现代文明、又具田园风光的美丽乡村。

（四）坚持以人民为中心的城市观，以强烈的文化意识指导城市规划、建设和管理，努力打造现代宜居宜业城市

突出规划引领，高质量编制新一轮城市总体规划，推进空间规划、城市设计试点。完善“两横三纵”快速路，启动抚长高速人民大街出口改移工程，推进吉林大路快速路、景阳大路三四环连接线、硅谷大街和腾飞大路绕城立交及延长线等路桥建设。再打通一批断头路、卡脖路，建设一批人行过街天桥、立体停车场。加快西客站周边基础设施建设。畅通净月、莲花山与主城区路网联系。建设长春经济圈环线。龙嘉国际机场二期扩建工程竣工。地铁2号线、轻轨北湖线一期建成通车。长春站综合换乘中心投入使用。调整一批公交线路，更新公交车辆400台。加快港湾式停靠站、公交首末站建设。启动建设第六净水厂，继续改造二次供水设施。续建地下综合管廊。新增供热面积500万平方米。新建改造地下管网500公里。发展装配式建筑。新建续建公园7座，新增绿地100公顷，植树造林4000公顷。与一汽合作建设红旗小镇，打造汽车文化历史街区。综合整治城区铁路沿线、城市出入口等重点区域。巩固提升旧城改造成果，建立长效管理机制。持续开展“走遍长春”专项行动，及时修补“城市伤痕”，提高精细化管理水平。强化交通秩序整治，提高城市畅通水平。

（五）打好污染防治攻坚战，加大生态环境保护治理力度，推动绿色发展取得新突破

良好生态环境是民生所系、民之所盼。我们要制定和实施打好污染防治攻坚战方案，加大投入，强力推进，严格控制污染源头，狠抓末端排放治理，切实整改突出问题，让人民群众真正感受到环境改善的成果。打赢蓝天保卫战，大力调整能源结构，有序推进“煤改气”、“煤改电”，发展冬季清洁取暖。实施20万千瓦以上燃煤发电机组超低排放改造，淘汰20吨以下燃煤锅炉1000台。加大油品升级和机动车尾气治理力度。推广应用新能源汽车。突出抓好秸秆禁烧和综合利用。加大石头口门、新立城两大水源地综合治理力度。新建、续建、提标改造10座污水处理厂。完善黑臭水体治理工程，落实水污染防治责任，努力实现建成区水体长治久清。加快推进伊通河南南段、北北段和串湖、新凯河、东新开河、饮马河等重点流域治理。全面落实河长制，形成巡河、治河、护河常态机制。推动生活垃圾分类投放，启动建设生活垃圾焚烧发电厂，餐厨垃圾处理厂投入使用。开展土地污染详查，严格建设用地准入，加强重金属污染防治。实施退耕还林还草还湿、矿山环境修复。严格环境执法，对环境违法犯罪，必须依法惩治。

（六）实施幸福长春行动计划，全力保障改善民生，促进人的全面发展、全体人民共同富裕

打好精准脱贫攻坚战。今年再减少农村贫困人口3700人。深入推进产业、劳务、教育扶贫，增强贫困群众自我发展能力。强化对老年人、残疾人、重病患者等特殊贫困人口精准扶贫，因户因人落实救助供养、大病救治、生活兜底保障等措施。已脱贫人口，攻坚期内“脱贫不脱政策”。新产生的贫困人口和返贫人口，要及时纳入帮扶。落实脱贫攻坚责任制，实施最严格的评估考核，严肃查处假脱贫、“被脱贫”、数字脱贫，确保脱贫工作得到群众认可、经得起历史检验。

着力扩大就业创业。实施更加积极的就业政策，城镇新增就业11万人。鼓励引导高校毕业生创新创业，切实做好退役军人安置和就业创业服务。加大就业援助力度，扶持城镇

困难人员、残疾人就业，确保零就业家庭至少有一人稳定就业。滚动实施“暖流计划”，促进城乡居民持续稳定增收。开展农民工工资“精准支付”行动，确保按时足额发放。

强化基本公共服务。办好学前教育、特殊教育、民族教育、继续教育。新建6所义务教育学校、12所普惠性幼儿园。推进“大学区”改革，深化与吉大、东北师大基础教育合作，城区、农村优质学校覆盖面分别达到95%和65%。200所农村学校完成火炉取暖替代改造。着力降低中小学生过重课业负担。强化师德师风建设。加强校园周边环境治理。提高家庭医生签约服务覆盖率。市妇产医院完成异地搬迁，儿童医院新建项目投入使用。深入开展文化惠民活动。博物馆、美术馆、方志馆对外开放，启动少年宫新建、评剧院还建、市图书馆少儿部和伪满皇宫东北沦陷史陈列馆改扩建。建设拖拉机厂文化科创园区。办好电影节、汽博会、农博会、冰雪节等节庆会展活动。提高文物和非物质文化遗产保护利用水平，强化历史文化传承。广泛开展全民健身，大力发展体育事业，高质量办好第二届长春国际马拉松赛和第十八届省运动会。深化群众性精神文明创建活动，不断提高市民素质和社会文明程度。

织密织牢社会保障安全网。落实全民参保计划，推动社保扩面征缴。对养老保险缴费困难群体给予助保支持。进一步提高失业金、退休人员养老金、城乡居民基本养老金标准。加大公积金改革力度，降低进城务工人员、新就业大学生购房成本和门槛。加大公租房保障力度。改造2500户夹馅棚户区、7500户连片棚户区。完成农村危房改造。抓好居家和社区养老服务改革试点，启动建设3个托老中心、20个居家养老服务中心，新增养老床位3000张。为1.5万名困难老人购买居家养老服务。扩大医保救助范围，上调低保对象基本医疗住院救助比例。建立农村贫困人口大病医疗多重保障机制。有需求残疾儿童、持证残疾人接受基本康复服务比例达到70%以上。老年人、残疾人优惠乘车卡使用范围扩至地铁、轻轨和郊线公交。

（七）加强和创新社会治理，维护社会和谐稳定，实现城市长治久安

生命高于一切，安全重于泰山。牢固树立安全发展理念，深入推进安全生产领域改革，完善安全生产责任制，持续创建“国家安全发展示范城市”。完善立体化社会治安防控体系，实施县、乡、村三级公共安全视频监控“雪亮工程”。依法严厉打击各类违法犯罪，保护人民群众人身权、财产权、人格权。持续创建“国家食品安全示范城市”，把好饮食用药安全关口。社会综合治理信息平台投入使用。健全突发事件应急机制，增强防灾减灾能力。

推动社会治理创新。健全基层群众自治制度，加强城乡社区治理。城市千米社区、农村200平方米以上社区比例分别达到85%和90%。充分利用信访机构接待、局长接待日、市长公开电话、读报读网等机制，依法及时就地解决群众合理诉求。落实“七五”普法规划。完善公共法律服务体系，扩大法律援助范围。进一步做好国家安全和民族宗教工作。配合部队完成停止有偿服务工作。全力支持军队和国防建设，深入开展双拥共建，推动军民融合深度发展。

各位代表！今年的任务艰巨而繁重，肩负的使命光荣而重大。

我们要坚定政治方向，牢固树立“四个意识”，坚决维护以习近平同志为核心的党中央权威，自觉在思想上政治上行动上同党中央保持高度一致。

我们要依法全面履职，依法接受人大及其常委会的法律监督、工作监督，自觉接受人民政协的民主监督，严格依法行政，坚持从严治政，努力提高政府法治化水平。

我们要转变工作作风，坚决落实中央八项规定精神，持之以恒纠正“四风”，以奋发有为、昂扬向上的精神状态狠抓落实、成就事业。

我们要密切联系群众，始终把人民利益摆在第一位，坚持不懈地为群众办实事、解难题、谋福祉，让振兴发展成果更多更公平地惠及广大人民群众。

我们要加强队伍建设，深入推进“两学一做”学习教育常态化制度化，开展“不忘初心、牢记使命”主题教育，强化反腐倡廉，规范权力运行，努力建设让人民满意放心的政府。

各位代表！新时代要有新气象新作为。让我们更加紧密地团结在以习近平同志为核心的党中央周围，在省委、省政府和市委的坚强领导下，锐意进取、埋头苦干，为推动长春老工业基地全面振兴发展、加快建设东北亚区域性中心城市而努力奋斗！

领导干部名单

中共长春市委员会

书　　记　王君正
副 书 记　刘长龙　张晶莹（女）
常　　委　赵　明　王　路　王长久　李　祥　刘德生
　　　　　王庭凯　张敬安　马延峰　郭灵计　李忠斌
秘 书 长　赵　明
副秘书长　张家祥（兼）

办公厅
　主　　任　郝肖峰（6月免）　姜保忠（6月任）
　副 主 任　王文洲　李卫国（11月免）　周　鹤
　　　　　　张　智（6月任）
　纪检组长　温晓斌（11月任）

组织部
　部　　长　郭灵计
　副 部 长　徐连东（9月任）　孟宪新　雷　萦
　　　　　　宫立武（12月任）　时万忠

宣传部
　部　　长　王庭凯
　副 部 长　于迅来　王　弋（4月免）　宋学兵
　　　　　　刘　颖（6月任）
　纪检组长　杨树峰（11月任）

统战部
　部　　长　刘德生
　副 部 长　曲春雨（兼）　周承铭　许　红

政法委员会
　书　　记　李　祥
　副 书 记　刘际阳　姜晓东　张新甦
　纪检组长　赵　辉（11月任）

市委老干部局
　局　　长　宫立武
　副 局 长　魏立斌　马延军

市委、市政府政策研究室
　主　　任　吕　凝（6月免）　李卫国（11月任）
　副 主 任　杨松望　邱志华（女，8月免）　周　毅
　　　　　　田　成

市委、市政府信访局
　局　　长　张家祥
　副 局 长　李伟强　赵　军　张羽扬（8月任）
　党组书记　张家祥

市档案局（馆）
　局（馆）长　王继荣
　副局（馆）长　赵　欣　韩　东
　　　　　　　　刁艳梅（女，6月任）

市党史研究室
　主　　任　雷　萦
　副 主 任　魏跃军

市委党校（行政学院）
　常务副校（院）长　许　军（11月任）
　　　　　　　　　　林　姗（女，11月免）
　副校（院）长　吴彦杰（11月免）　田长海
　　　　　　　　高巨云（女）　李佰军（8月任）

市保密局
局　　长　刘　徽
长春日报社
社　　长　孙成军
总 编 辑　丁　宁（女）
副 社 长　温祝明（女）　王大宏
副总编辑　钱德元　李　波（6月任）
长春出版社
社　　长　郑晓辉
副 社 长　庄宝仁
长春社科联
主　　席　王庭凯
副 主 席　段宝民
党组书记
中共长春市直属机关工作委员会
书　　记　马延峰
常务副书记　张佐斌（11月任）
副 书 记　赫　军（6月任）
纪工委书记　苗　芃
机构编制委员会办公室
主　　任　孟凡友
副 主 任　杨敬东　陈　刚（6月任）
孙　杨（8月任）

长春市人民代表大会常务委员会

主　　任　李树国（1月免）　钱万成（1月任）
副 主 任　闫　弘（1月免）　朴　剑（8月免）　吕　凝
王铁茗　王明德　甘　琳（1月任）
秘 书 长　吴　强
副秘书长　赵　蕾　孙雁力（8月任）
办公厅
主　　任　徐高峰
副 主 任　赵笠村
内务司法委员会
主任委员　隋光伟
财政经济委员会
主任委员　刘　君
副主任委员
预工委
主　　任　刘　君
副 主 任　栾晓虹
农村与农业委员会
主任委员　鞠国彬
副主任委员　关立辉（12月任）
城乡建设环境保护委员会
主任委员　于　春
副主任委员　王小英（4月免）　胡　伟（8月任）
教育科学文化卫生委员会
主任委员　宫国英
副主任委员　刘　畅
民族侨务外事委员会
主任委员　李学军
副主任委员　吴　忠（6月免）　陈丹琦（6月任）
人事代表选举委员会
主任委员　崔洪泉
副主任委员　吴丽娟（女）
法治委员会（法制工作委员会）
主任委员　乔大勇
法工委主任　乔大勇
研究室
主　　任　孙雁力（8月免）　李　欣（8月任）
副 主 任　张吉氚
机关党委
书　　记　吴　强（兼）
副 书 记　关立辉（12月免）　周国俊（12月任）

长春市人民政府

市　　长　刘长龙
副 市 长　张晶莹（女）　白绪贵　王　路　张敬安
贾晓东　吕　锋
秘 书 长　赵　显
副秘书长　卢福建　周继峰　马长山　王首先　赵首沣
谭景坤
办公厅
主　　任　张海治
副 主 任　王首先　赵首沣　周俊峰　王　飞　杜　勇
高清燕（女）　卢春野（6月任）
赵帅骐（6月任）　孙立彬（8月任）
党组书记　赵　显
党组副书记　张海治
市政府参务事
主　　任　张海治
地方志编委会
主　　任　刘长龙（兼）
副 主 任　杜　福　王　磊　丁丽君（女）
党组书记　杜　福
法制办公室
主　　任　刘任远

副 主 任　贾　伟　孙贵志　姜兰兰
党组书记　刘任远

老龄工作委员会办公室
主　　任　陈亚斌

发展和改革委员会
主　　任　王海英
副 主 任　宋长者　邹　娜（6月任）　王　雷
单　纯　张　成　付　军（8月任）
纪检组长　王国君（11月任）

大项目办
主　　任　宋长者

长吉图办
主　　任　李国恒（8月任）
副 主 任　杨　萍（8月任）

价格监督检查局
局　　长　孙振海（9月任）

金融办
主　　任　李晓玲
副 主 任　崔洪祥

工业和信息化局
局　　长　李维彬
副 局 长　刘海军　魏长平（女）　杨连仲　车仁义
蒋旭桐　李子臣（12月任）　鲁晓光
勾兴涛　梁占武（9月任）
党组书记　李维彬

科学技术局
局　　长　孙国庆
副 局 长　杨喜春　周衍广　张加才
党组书记　孙国庆

商务局
局　　长　高　山
副 局 长　李宪忠　任宏雷　祝　凯　程　辉　李　军

贸促会
会　　长　寇纯福（6月免）　徐怀武（6月任）
副 会 长　王金玉　林　野（12月免）　温淞文

城乡建设委员会
党组书记　李　健
主　　任　李　健
副 主 任　李长城　陈铁志　李铁生
周洪亮（12月任）
纪检组长　刘彦伟（11月任）

市集体土地征收和国有土地上房屋征收与补偿工作领导小组
办公室主任　陈桂林

市政公用局
局　　长　宋　驰
副 局 长　任晓强　董　军
党组书记　宋　驰

市容环卫局
局　　长　王世忠
副 局 长　李凤坤　任建军　周建波
市城管委办副主任　张鑫彧

统计局
局　　长　王希田
副 局 长　刘　刚　姜　波（女）　谭　英（女）
李文发

安全生产监督管理局
局　　长　张意海（11月免）　易贵平（11月任）
副 局 长　刘胜军　陈　辉　郭义波
孙海文（8月任）
党组书记　易贵平

食品药品监督管理局
局　　长　唐若迪
副 局 长　李云义　张文革　于　艇　金晓光
党组书记　唐若迪

交通运输局
局　　长　张意海（11月任）
副 局 长　马　利　高仲明　陈亦鸣（11月任）
党组书记　张意海（11月任）

环境保护局
局　　长　盖国庆
副 局 长　叶春民（5月免）　王晓东
叶蓬欣（12月免）　崔　勇（6月任）
党组书记　盖国庆
原党委副书记、纪委书记（正局级）　凌正凯（11月免）
纪检组长　张巧珑（11月任）

气象局
局　　长　裴福军（6月免）　武　良（4月任）
副 局 长　尹文斌（11月免）
纪检组长　武　良

住房保障和房地产管理局
局　　长　李晓曼
副 局 长　高雪峰　薛春龙　赵洪利（8月任）
党组书记　李晓曼

规划局
局　　长　曲国辉
副 局 长　韩守庆（6月任）　林　巍　赵家辉
卢　威
党组书记　曲国辉

城市雕塑规划管理办公室
主　　任　杨少清

国土资源局
局　　长　李成员
副 局 长　李东坡　王丽光　陈定贵　焦　琳
党组书记　李成员

纪检组长　石　伟（11月任）
土地储备中心主任　田　冰

农业委员会
主　　任　鲍文明
副 主 任　孙长占　郭晋巍　李　欣　宋占龙　赵占春
孔令波（8月任）
党组书记　鲍文明
纪检组长　王桂范（11月任）

水利局
局　　长　吕　鑫
副 局 长　刘国君　田志坤　邴海英
党组书记　吕　鑫

林业局
局　　长　王万成
副 局 长　张艳秋　林崇学
党组书记　王万成

粮食局
局　　长　庞国忠
副 局 长　李北牧　王丽娜（女）
党组书记　庞国忠

财政局
局　　长　王慧力
副 局 长　李晓玲（9月免）　刘显军　姜兴春
刘向国　张翕翔（8月任）
党组书记　王慧力
纪检组长　杜云山

国有资产监督管理委员会
主　　任　黄永超
副 主 任　欧阳丽宇（女）　辛淑兰（女）
党晓群（6月任）
党组书记　黄永超

工商行政管理局
局　　长　张洪彬
副 局 长　胡书鹏　姜　辉　张光锐　潘　锋
党组书记　张洪彬

审计局
局　　长　李志刚
副 局 长　李贵军（6月任）　吴焕军（6月免）
赵力彦（女）　孙忠林　于明军（11月任）
党组书记　李志刚
总审计师　常志德（8月任）

国家税务局
局　　长　范扎根（11月任）
副 局 长　王铁勇　徐　伟　张生伟
郭柏仁（3月任）
局党组书记　范扎根
局党组副书记　王铁勇
纪检组长　秦　萍（5月任）
总会计师　李贵才
总审计师　韩　旭（9月任）

地方税务局
局　　长　张立中（11月任）
副 局 长　文　明　司立新　李晓黎
党组副书记　文　明
纪检组长　翟志坚

文化广电新闻出版局
局　　长　张鸣雨
副 局 长　陈大伟（12月任）　王　立　杨青宇
吴　疆（6月任）　郑国君（6月任）
贾　哲（女，6月免）

教育局
局　　长　梁国超
副 局 长　张茂金　杜　影（女，6月任）　崔国涛
单联成（8月任）
党组书记　梁国超
纪检组长　吴海涛

卫生和计生委
主　　任　马　平
副 局 长　高舒民　刘　佳　温贵君　罗　昕　高玉堂
党组书记　马　平

体育局
局　　长　刘海玉
副 局 长　赵晓路　李志坚
党组书记　张政明
党组成员　温良杰（女，3月任）

人力资源和社会保障局
局　　长　孟宪新（8月任）
副 局 长　曲玉业　焦　瑯　张宝山　孙晓伟　魏　东
于明军（11月免）　张咏刚
党组书记　孟宪新（6月任）

社会保险局
局　　长　林鹏飞
副 局 长　刘振龙　王靖宇　王大立　刘福友
肖伟民（6月任）
纪检组长　刘振龙

民族事务委员会（宗教事务局）
主任（局长）　韩忠宝
副主任（副局长）　吴　忠（6月任）
李　梅（9月任，女，朝鲜族）
党组书记　韩忠宝

民政局
局　　长　徐连东（9月免）　张兴桥（12月任）
副 局 长　周玉国　李　刚　曲春蕾　孙晓冬
党组书记　徐连东（9月免）　张兴桥（12月任）

公安局
局　　长　吕　锋（12月免）
副 局 长　姜宏亮　关连平　张玉龙　刘省伦
杜　煜（2月任）　鞠好斌
政治部主任　王玉民
党委书记　吕　锋
党委副书记　姜宏亮
纪检组长　赵旭明（11月任）

司法局
局　　长　梁向东
副 局 长　王承伟　李长春　李小华
孙志彤（8月任）
党委书记　梁向东
政治部主任　鲍龙乡

国家安全局
局　　长　曲庆江

质量技术监督局
局　　长　逄吉春
副 局 长　孔令起　孙合民　李林峰
党组书记　逄吉春

人防办公室
主　　任　战国立
副 主 任　张文华　袁家春
党组书记　战国立

地震局
局　　长　王　伟（12月任）
副 局 长　李恩泽
党组书记　王　伟（12月任）

外事（侨务）办公室
主　　任　齐国华
副 主 任　段华旭　欧　硕（8月任）
党组书记　齐国华

园林绿化局
局　　长　刘　宏
副 局 长　孙欣雨　王向阳　黄宇松
党组书记　刘　宏

机关事务管理局
局　　长　许晓东　王德中（11月任）
副 局 长　隋广权　杨皎洁（女）　李　辉
党组书记　许晓东

伊通河管理委员会
主　　任　鞠　峻
副 主 任　王成田
党组书记　鞠　峻

长春新区
主　　任　孙亚明（6月免）　李忠斌（1月任）
赵　旭（6月任）
副 主 任　孙　莉（4月免）　姜保忠（6月免）
韩守庆（6月任）　杨文俊（6月任）
石　威（6月任）　于振波（6月免）
党工委书记　赵　旭
党工委副书记　唐继东（6月-11月）
纪工委书记　唐继东（6月任）

经济技术开发区管理委员会
主　　任　何泉秀
副 主 任　赵心税　王志良　王大鹏　丁万钧　王　彪
于振波（6月任）　宋开春（2月任）
党工委书记　何泉秀
党工委副书记　孙洪健（6月免）
纪工委书记　孙洪健（6月免）

长春兴隆综合保税区管委会
主　　任　何泉秀（兼）
副 主 任　赵心税　曹　臣　吕　东
党工委书记　赵心税
党工委副书记　吕　东

净月经济开发区管理委员会
主　　任　管树森（4月免）　王铁茗（4月任）
副 主 任　张金超　孙洪建（6月任，12月免）
杨文俊（6月免）　朱光明　李东光
张德祥　李晓辉（12月任）
书　　记　管树森（4月免）　王铁茗（4月任）
副 书 记　孙洪健（12月任）

汽车产业开发区管理委员会
主　　任　李长明（3月免）　郝肖峰（6月任）
副 主 任　曹　伟　丁文涛　孙弘颜　杨铁夫　董　龙
党工委书记　郝肖峰（6月任）
党工委副书记　李长明（3月免）　张世杰
纪工委书记　张世杰

长江路经济开发区管理委员会
主　　任　梁振亚　孙彦鹏
副 主 任　高仲明（兼）　赵海英
党工委书记　务　宏

莲花山度假区管委会
主　　任　邵大明
副 主 任　戚　勇　郝忠奇　刘国涛（8月任）

牧业管理局
局　　长　宋荫卓
副 局 长　富志坚　孙晓晖　迟义昌　王殿奇
党组书记　宋荫卓

供销合作联合社
主　　任　张　伟
副 主 任　刘金岩　肖建伟　孙中亮
党委书记　张　伟

旅游局

局　　长　曲　笑
副 局 长　袁继业　秦　岩　张占铎
党组书记　曲　笑

商业国有资产经营公司
总 经 理　辛延明
副总经理　杨录奇
党委书记　辛延明

中国人民政治协商会议长春市委员会

主　　席　崔　杰（1月免）　綦远方（女，1月任）
副 主 席　孙丰月　张红星　侯治富　刘德生（1月免）
贾丽娜（女，1月免）　崔国光（1月免）
李维斗　何泉秀　孙英利（1月任）
张宝琦（1月任）
秘 书 长　蔡延斌
副秘书长　黄　强　高丽筠（女）

办公厅
主　　任　郦晓君
副 主 任　马　达　马振江

研究室
主　　任　张鸿飞

提案委员会
主　　任　郑秀梅（女）
副 主 任（按姓氏笔画排序）
王凌皓（女，1月任）　边　铁（1月任）
刘明隽（女，驻会）　李卫国（1月任）
李洪军（1月任）　吴恺夫（1月任）
宋学兵（女，1月任）　陈敏雄
周俊峰（1月任）

文化教育卫生体育委员会
主　　任　杨启新
副 主 任（按姓氏笔画排序）
王明锐（8月任，驻会）　朱　东（1月任）
刘林林（女，1月任）　李忠军（1月任）
汪鹏辉　张瑞林（1月任）　金海峰（1月任）
郭敬萍（女）

经济科技委员会
主　　任　常　新
副 主 任（按姓氏笔画排序）
代桂霞（女，1月任）　吕冬雷（女，驻会）
刘　柏（1月任）　孙洪波（1月任）
杜　娟（女，1月任）　李国栋（1月任）
张利彪（1月任）

港澳台侨和外事委员会
主　　任　张东威
副 主 任（按姓氏笔画排序）
邓婉玲（女，1月任）　刘俊清（4月免）
李淑霞（女，8月任，驻会）
杨国晋（1月任）　佘清云（1月任）张亚萍（女）
张越杰（1月任）　胡　明（1月任）
徐怀武（1月任；12辞去委员职务）

文史资料委员会
主　　任　崔永泉
副 主 任（按姓氏笔画排序）
李公君　张　颖（女，驻会）　张少军（1月任）
张春龙（1月任）　郑晓辉　赵继敏（女）

社会法制委员会
主　　任　杨盛林（女）
副 主 任（按姓氏笔画排序）
马　海（8月任，驻会）　朱　琪（1月任）
刘任远（1月任）　孙　捷　孙学致（1月任）
周玉国（1月任）　姜宏亮（1月任）
梁向东（1月任）

人口资源环境委员会
主　　任　许文才
副 主 任（按姓氏笔画排序）
毛彦军（1月任）　方　飞（1月任）
白　莉（女，1月任）叶蓬欣（12月任，驻会）
李　娜（女，1月任）　张朝君（1月任）
李　欣（1任；12辞去委员职务）

民族宗教委员会
主　　任　刘玉铧（女）
副 主 任（按姓氏笔画排序）
王洪亮　许　红（女，1月任）谷万一（1月任）
韩　涛（女）
陈丹琦（女，1月任；12月辞去委员职务）

机关党委
副 书 记　陈　然

中国共产党长春市纪律检查委员会

书　　记　王长久
副 书 记　胡书君　王冬梅　张知众
常　　委　郑玉辉　付印红（12月免）　吕　晴　裴庆镇
薛风雷

监察局
局　　长　胡书君

副 局 长　王英梅（9月免）　吕　晴（6月任）
裴庆镇（6月任）

办公厅（老干部处）主任　薛风雷

宣传部部长　高　飞

法规室主任　庞敬波（6月任）

党风政风监督室、长春市人民政府纠正行业不正之风办公室主任　薛嘉春（6月任）

信访室主任　王建梅（6月任）

第一纪检监察室主任　宋成安（8月免）

第三纪检监察室主任　侯俊杰

第四纪检监察室主任　李向阳

第五纪检监察室主任　孙洪民

第七纪检监察室主任　李　彬

案件审理室（申诉复查工作办公室、市监察局行政复议行政应诉工作办公室）主任　王自力（6月任）

纪检监察干部监督室主任

巡视工作联络办公室主任　张　强（11月免）

机关党委书记　郑玉辉（6月免）　薛风雷（6月任）

中共长春市纪委、长春市监察局直属纪工委监察分局

第一纪工委书记、监察分局书记、局长　温小斌（11月免）

第二纪工委书记、监察分局书记、局长　赵英军

第三纪工委书记、监察分局书记、局长　刘大革（11月免）

第五纪工委书记、监察分局书记、局长　梁英杰（11月免）

第八纪工委书记、监察分局书记、局长　杜云山（11月免）

第十纪工委书记、监察分局书记、局长　张巧珑（11月免）

驻市委办公厅纪检组组长　张英杰（11月任）

驻市委组织部纪检组组长　温小斌（11月任）

驻市委宣传部纪检组组长　杨树峰（11月任）

驻市委政法委纪检组组长　赵英军（11月任）

驻市政府办公厅纪检组组长　刘大革（11月任）

驻市发展和改革委员会纪检组组长　王国君（11月任）

驻市教育局纪检组组长　吴海涛（11月任）

驻市公安局纪检组组长　赵旭明（11月任）

驻市财政局纪检组组长　杜云山（11月任）

驻市国土资源局纪检组组长　石伟（11月任）

驻市环境保护局纪检组组长　张巧珑（11月任）

驻市城乡建设委员会纪检组组长　刘彦伟（11月任）

驻市农业委员会纪检组组长　王桂范（11月任）

驻市法院纪检组组长　韩　军

驻市检察院纪检组组长　岂振玲

市委巡察工作办公室

主　　任　付印红（12月任）

副 主 任　张　强（12月任）　高继先（12月任）

市委第一巡察组

副 组 长　杨方志（12月任）

市委第二巡察组

组　　长　郑玉辉（12月任）

副 组 长　李冬梅（12月任）

市委第三巡察组

副 组 长　郭晓光（12月任）

市委第四巡察组

组　　长　李子臣（12月任）

副 组 长　贺　勇（12月任）

民主党派

中国国民党革命委员会长春市委员会

副 主 委　王庆军

中国民主同盟长春市委员会

主任委员　孙丰月

副主任委员　穆金辉　李德山　欧阳继红（女，满族）
图力古尔（蒙古族）　冯银江　董　龙
孙晓春

秘 书 长　李娟娟（女，满族）

中国民主建国会长春市委员会

主任委员　贾晓东

副主任委员　丁绍伦（女，10月免）
肖辉山（10月任）　胡　伟（兼）
孙忠林（兼）　陈桂芬（女，兼）
布　和（兼）　任喜荣（女，兼）

秘 书 长　肖辉山

中国民主促进长春市委员会

秘 书 长　黄金和

中国农工民主党长春市委员会

主任委员　侯治富（满）

副主任委员　张慧虹（女，9月退休）　李守春
苗里宁　赵宏岩（女）　张金权
阴春霞（女）　刘林林（女）　王洪亮
张文彬

秘 书 长　张文彬

九三学社长春市委员会

主任委员　张红星

副主任委员　王　进　李　铭　高玉秋（女）
冷向阳　续　颜（女）　高　峰

秘 书 长　顾红艳（女）

市工商业联合会

副 主 席　曲春雨　高　岩（女）　任世熙　赵　伟

党组书记　曲春雨

人民团体

市总工会

主　　席　甘　琳（女）
副 主 席　朱　琪　崔维国　高长春（女）　孙晓伟
　　　　　孙晓冬　李凯军　杨玉新　谢元立
党组书记　甘　琳（女）
经费审查委主任

中国共产主义青年团长春市委员会
书　　记　丁　佳
副 书 记　吴　威　杨金玉（11月任）
党组书记　丁　佳

市妇女联合会
主　　席　李炜姝（女）
副 主 席　刘　影（女）　李　立（女，8月任）
党组书记　李炜姝（女）

市社会科学界联合会
主　　席　王庭凯（兼）
副 主 席　段宝民

市文学艺术界联合会
主　　席　王长元
副 主 席　张鸣雨（兼）　崔永泉（兼）　刘　宏（兼）
　　　　　杨云超（兼）　尚洪波　孙德伟
　　　　　曲　笑（兼）　韩志晨（兼）　孙佳宾（兼）
　　　　　王建国（兼）　金仁顺（兼）
党组书记　王长元
秘 书 长　孙中亮

市科学技术协会
主　　席　孙彦鹏
副 主 席　刘晓明 蔡卓研
党组书记　孙彦鹏

市归国华侨联合会
主　　席　张越杰（兼）
副 主 席　陈　坚（专职驻会）　于洪升（兼）
　　　　　陈　密（兼）　马晓燕（兼）
　　　　　朱丽伟（兼）　冷雪洁（兼）
　　　　　王　滨（兼）　王　昆（兼）
　　　　　程　彧（兼）　林　路（兼）
　　　　　刘天星（兼）
秘 书 长　崔　昕（专职驻会）

市台湾同胞联谊会
会　　长　孔令智
副 会 长　吴　音（女）（2月免）　黄彪夫（6月任）
　　　　　徐正考　路景权　胡　明　吴晓东　李思维
　　　　　郭敬萍（女）　陈明强　张　伟　张玉军
　　　　　刘晓娟（女）　修　远
秘 书 长　徐　昕

市红十字会
名誉会长　高广滨　崔　杰　郑文芝（女）
副 会 长　王大雷

市残疾人联合会
理 事 长　庞国忠（2月免）　尹晓民（6月任）
副理事长　张莫君
党组书记　庞国忠（2月免）　尹晓民（6月任）

法　治

中级人民法院
院　　长　张德友
副 院 长　肖道馗　李缃凡　尹彦久　侯海霞
党组书记　张德友
党组副书记　肖德馗
纪检组长　韩　军
政治部主任　王国睿
执行局局长　李立娟
审判委员专职委员　沙明昕　李　芳　于溟辉

人民检查院
检 察 长　盛美军
副检察长　赵　军　高林树　刘志民
党组书记　盛美军
党组副书记
纪检组长　岂振玲
政治部主任　焦成千
反贪污贿赂局局长
反渎职侵权局局长
检察委员会专职委员　杨玉兰（女）　李崇峰
　　　　　孙冠夫

双重领导局级单位

长春海关
关　　长　薛颖超
副 关 长　于　明　胡　薇（女）　孙玉宁　刘琦瑾
党组书记　薛颖超
缉私局局长　刘琦瑾
纪检组长　刘吉林

市烟草专卖局
局　　长　于显峰
副 局 长　张建华　张　波　车大光　刘　炜　陈　红
党组书记　于显峰

长春供电公司
总 经 理　李国辉
副总经理　苗　强　冷传东　罗学明　刘洪涛　王书春
　　　　　王珏昕　杨　君
党委书记　苗　强

党委副书记　李国辉
纪检委书记　罗学明
总会计师　王德春

吉林省邮政公司长春市分公司
总 经 理　刘满堂
副总经理　李宏伟　李远飞　李警德
党委书记　刘满堂

中国联合网络通信有限公司长春市分公司
总 经 理　孙剑飞
副总经理　王晓波　闫明柱　唐　阔　高子平　王德新　金哲岩
党委书记　孙剑飞

中国移动通信集团吉林有限公司长春分公司
总 经 理　金　亮
副总经理　李　刚（8月免）　马　力　张　华（女）　陈　东　冯　祺　黄　昊
党委书记　金　亮

区县（市）

【朝阳区】

中共朝阳区委
书　　记　祝永安
副 书 记　武　凌　黄德军
区委常委　祝永安　武　凌　黄德军　林　松　王大军　薛春生　陈　杰　谭景凤（女）　王本飚　石作选　李晓彤（女）

区人大常委会
主　　任　丛中梅（女）
副 主 任　韩希光（回）　宋春生　石新民　蔡晓民

区人民政府
区　　长　武　凌
副 区 长　林　松　谭景凤（女）　陈德智　张　笃　刘洪伟　谭大为

区政协
主　　席　毕洪鹰
副 主 席　张文彬　于鸿哲　高业铭

区纪律检查委员会
书　　记　薛春生

区法院
院　　长　刘春梅

区检察院
检 察 长　李忆农

【南关区】

中共南关区委
书　　记　谢志敏
副 书 记　杨大勇　公　平
常　　委　许　迪　刘　铭（6月任）　方述华　李　蕊　陈云峰　胡金友　朱　峻　曲跃文

区人大常委会
主　　任　鲁　月
副 主 任　李玉林　赵洪田　张学玉　武良义

区人民政府
区　　长　杨大勇
副 区 长　刘　铭（6月任）　方述华　董志宇　张　晶　王维学　杜　煜（2月免）　梁文成（8月任）

区政协
主　　席　华　岳
副 主 席　刘润滨　张继良　王　辉

区纪律检查委员会
书　　记　朱　峻

南部都市经济开发区管委会
主　　任　赵明瑞（4月任）
副 主 任　安利全　朱国春（8月任）

区法院
院　　长　郭桂玲

区检察院
检 察 长　张颖彧

【宽城区】

中共宽城区委
书　　记　郝晶祥
副 书 记　吴相道　明　翔
常　　委　郝晶祥　吴相道　明　翔　苏　荆（女）　所擎柱　靳　明　赵庆利　张爱民　刘　宏　王　华　崔东亮

区人大常委会
主　　任　殷淑琴（女）
副 主 任　田　武　张　捷（女）　韩明仁　黄淑梅（女）

区人民政府
区　　长　吴相道
副 区 长　刘　宏　王　华　张国臣　周　红（女）　郭中凡

区政协
主　　席　徐忠友
副 主 席　战晓光（女）　方　明　白　彬

区纪律检查委员会
书　　记　苏　荆（女）

区法院

院　　长　王博杰（女）

区检察院

检 察 长　卢　炬

长春宽城经济开发区

主　　任　邹　娜（女，代管，6月免）

副 主 任　刘成斌　万家坤　赵海英（女）　务　宏

【二道区】

中共二道区委

书　　记　黄宪昱

副 书 记　王　吉　卢天恒

常　　委　黄宪昱　王　吉　卢天恒　刘　嫱（女）
　　　　　刘绍峰　刘占方　秦锡春　张玉和　林继东
　　　　　卢　健　朱　艳（女）

区人大常委会

主　　任　孙慧颖

副 主 任　李永利　陈国彦　辛　华（女）　蔡　鸿

区人民政府

区　　长　王　吉

副 区 长　刘占方　林继东　魏东岩　宋今东
　　　　　姚　珺（女）　张万财

区政协

主　　席　孙爱华（女）

副 主 席　王怀忠　曹正礼　布　和

区纪律检查委员会

书　　记　卢　健

区法院

院　　长　齐兆云（女）

区检察院

检 察 长　刘志民

【绿园区】

中共绿园区委

书　　记　程　宇

副 书 记　薛文革　高庆福

常　　委　程　宇　薛文革　高庆福　徐伟民
　　　　　李　瑞（女）　高丽丽（女）　杨宝昌
　　　　　杨万来　王　涛　曲喜军

区人大常委会

主　　任　王丽秀（女）

副 主 任　付彩霞（女）　杜玉凤（女）　侯　伟
　　　　　杨自山

区人民政府

区　　长　薛文革

副 区 长　李　瑞（女）　王　涛　曲　杰　吕长春
　　　　　王景耀　贾玉彬

区政协

主　　席　陈志勇

副 主 席　刘永久　马　学　郭　丽（女）

区纪律检查委员会

书　　记　徐伟民

区法院

院　　长　田　良

区检察院

检 察 长　邢立明

【双阳区】

中共双阳区委

书　　记　唐铁生

副 书 记　马国成　史延文

常　　委　王天行　谷延年　王醒时　韩玉明　李铁刚
　　　　　甄玉刚　滕广涛　范云波（女）

区人大常委会

主　　任　朴连玉（12月免）　唐铁生（兼，12月任）

副 主 任　许占有　索若达　谭大东　李洪波

区人民政府

区　　长　马国成

常务副区长　谷延年

副 区 长　李铁刚　冯国刚　贾秀丽（女）　朱君宝

区政协

主　　席　张立新

副 主 席　史春林　满星宇（女，回族）

区纪律检查委员会

书　　记　王天行

区法院

院　　长　贾晓红（女）

区检察院

检 察 长　孙冠夫（3月免）
　　　　　兰　舰（3月代，12月任）

【农安县】

中共农安县委

书　　记　韩明玉

副 书 记　孙　宁　王立春（女）

常　　委　韩明玉　孙　宁　王立春　徐志成　李凤良
　　　　　赵建国　张凯楠　蔡景海　崔　博　焦明元
　　　　　林凤生

县人大常委会

主　　任　蔡　光

副 主 任　张淑梅（女）　宗喜洪　李景忠（12月免）
　　　　　陈有德（12月任）

县人民政府

县　　长　孙　宁

副 县 长　李凤良　刘生贵　李兴涛　林凤生　玄立民

胡超著

县政协

主　　席　于德斌

副 主 席　贾树飞　冷德杰　张昌峰

县纪律检查委员会

书　　记　崔　博

县法院

院　　长　姚建新（女）

县检察院

检 察 长　吕　芃

【榆树市】

中共榆树市委

书　　记　冯善国

副 书 记　高中会　徐　宁（女）

常　　委　赵国军　常　建　徐　阁　林小明　金　海
霍秀田　郑学华　王开远

市人大常委会

主　　任　孙忠兴

副 主 任　王伟成　王百陆　李长寿　庄桂良

市人民政府

市　　长　高中会

副 市 长　冯善国　高中会　徐　宁（女）　赵国军
常　健　高洪洲　高广野（至11月）
闫　伟　俞　申（11月任）
牟兆彬（11月任）

市政协委员会

主　　席　马　光

副 主 席　王是非　张　媛（女）　吴喜庆

市纪律检查委员会

书　　记　王开远

市法院

院　　长　孙青山

市检察院

检 察 长　孙　涛（12月免）　周显光（12月任）

【德惠市】

中共德惠市委

书　　记　左　毅

副 书 记　赫　哲　赵文波

常　　委　左　毅　赫　哲　赵文波　白松巍
王海瑛（女）　王　莹（女）　王　涛
王　涵　孔宪权　杨旭辉　尚祖军　王　中

市人大常委会

主　　任　王克瑜

副 主 任　宋云官　韩国明　张国东　李建国

市人民政府

市　　长　赫　哲

副 市 长　白松巍　王海瑛　国英波（8月任）
王　涵　丁日伟　刘海涛　褚双龙

市政协

主　　席　于树军

副 主 席　张国占　张孝权

市纪律检查委员会

书　　记　杨旭辉

市法院

院　　长　袁中山

市检察院

检 察 长　许永光（7月任）

【九台区】

中共九台区委

书　　记　史长友

副 书 记　李洪亮　王树民

常　　委　史长友　李洪亮　王树民（12月免）
于海山　李国辉　孔庆丰　李树国　祁桂东
王　萍（女）　王　健　赵国俊

区人大常委会

主　　任　史长友（12月免）　王树民（12月任）

副 主 任　李元君　肖志华　徐建侠

区人民政府

区　　长　李洪亮

副 区 长　于海山　李树国　李　金　李雪峰　夏　新

区政协

主　　席　徐　林

副 主 席　逯占元　李德军　王宝石

区纪律检查委员会

书　　记　王　健

区法院

党组书记、院长　张纹阁

区检察院

党组书记、检察长　李　序

2017年长春市国民经济和社会发展统计公报

长春市统计局

2017年，面对错综复杂的国内外宏观环境，全市上下在市委、市政府的坚强领导下，以习近平新时代中国特色社会主义思想为引领，深入贯彻落实党的十八大、十九大精神，坚持稳中求进的工作总基调和“打先锋、站排头”的总体要求，以供给侧结构性改革为主线，解放思想，抢抓机遇，创新发展，不断推动重点产业发展，扩大有效需求，加快培育新动能，全市经济运行稳的格局更加巩固、进的动力更加强劲、好的态势更加明显，经济社会保持平稳健康发展，各项社会事业全面进步，民生福祉持续改善。

一、综合

初步核算，全年实现地区生产总值6530亿元，按不变价格计算，比2016年增长8.0%。其中，第一产业增加值315.1亿元，比2016年增长3.8%；第二产业增加值3175.2亿元，增长7.5%；第三产业增加值3039.7亿元，增长9.0%。三次产业结构为4.8：48.6：46.6。对经济增长的贡献率分别为2.8%、47.0%和50.2%。人均生产总值达到86931元（按户籍年平均人口数计算），比2016年增长8.3%，折合13361美元。

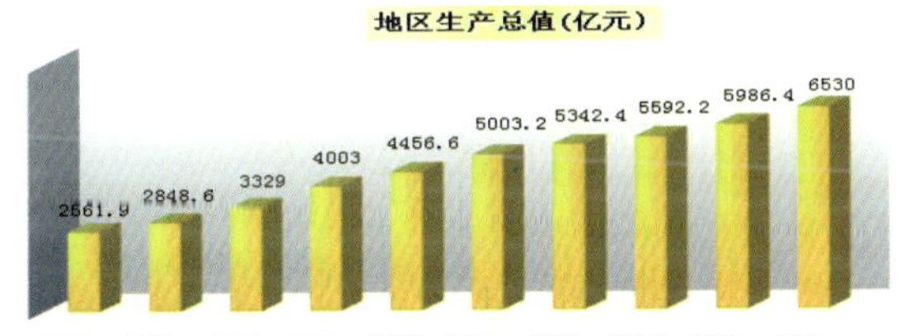

全市一般预算全口径财政收入1208.9亿元，增长5.1%。全市地方财政收入450.1亿元，增长8.3%，其中，税收收入340.1亿元，增长9.8%。地方财政支出875.7亿元，增长13.6%，其中，社会保障和就业支出108.0亿元，下降3.2%；医疗卫生与计划生育支出68.7亿元，增长1.8%；交通运输支出49.1亿元，增长126.3%；农林水支出101.4亿元，增长76.5%；住房保障支出30.2亿元，增长14.0%。

全年居民消费价格总水平比2016年上涨1.3%，涨幅缩小0.1个百分点。从各类商品及服务价格变动情况看，医疗保健价格上涨9.2%，教育文化和娱乐价格上涨2.0%，居住价格上涨1.3%，其他用品和服务价格上涨1.0%，交通和通信价格上涨0.8%；食品烟酒价格下降0.5%，衣着价格下降0.2%；生活用品及服务价格持平。

工业生产者出厂价格上升0.39%，涨幅扩大0.82个百分点。其中，生产资料价格上升2.80%，生活资料价格下降1.34%；轻工业产品价格下降0.64%，重工业产品价格上升0.58%。工业生产者购进价格上升0.82%，涨幅扩大2.54个百分点。

二、农业

全年完成农林牧渔业增加值324.3亿元，比2016年增长3.8%。其中，种植业增加值174.2亿元，增长3.2%；林业增加值2.1亿元，增长3.4%；牧业增加值135.8亿元，增长4.8%；渔业增加值3亿元，增长7%；农林牧渔服务业增加值9.2亿元，增长3%。

全年农作物总播种面积134.1万公顷，比2016年下降0.6%。粮食总产量达到993.1万吨，增加4.7万吨。其中，玉米产量813.3万吨，下降1.9%；水稻产量144.2万吨，增长5.8%。猪出栏618.8万头，增长3%；牛出栏104.6万头，下降4.9%；羊出栏41.1万只，增长1.9%；家禽出栏2.7亿只，增长3.4%。肉类产量达到113.2万吨，增长0.1%；禽蛋产量36.1万吨，增长4%；牛奶产量7.3万吨，增长11%。

主要农副产品产量

指标	单位	2017年	比2016年增长%
粮食总产量	万吨	993.1	0.5
蔬菜总产量	万吨	303.2	12.2
肉类总产量	万吨	113.2	0.1
禽蛋总产量	万吨	36.1	4.0
牛奶总产量	万吨	7.3	11.0
出栏生猪	万头	618.8	3.0
出栏家禽	亿只	2.7	3.4

2017年，全年农业机械总动力为700万千瓦，比2016年增长6.1%；全市蔬菜耕地面积为77600公顷，增长1%；蔬菜总产值104.8亿元，增长6%。全市有效使用绿色食品标识产品147

个，有机食品109个，无公害农产品160个，认定无公害产品基地19个，面积1.79万公顷。

农业支持保护补贴20.5亿元，玉米、大豆生产者补贴22.8亿元，农机购置补贴3.2亿元。全市高标准建设省级新农建设重点村74个，落实新农村建设项目5大类111项，获得省新农村建设项目补助资金2960万元；获评吉林省美丽乡村18个。

全市农产品加工企业实现产值2246亿元，比2016年增长8%。新建续建农产品加工业项目105个，完成投资193.5亿元。省级以上和市级龙头企业数量分别发展到110户和247户。

三、工业建筑业

全年完成规模以上工业增加值2654.6亿元，比2016年增长9%。其中，轻工业实现增加值421.1亿元，增长7.5%；重工业实现增加值2233.4亿元，增长9.3%。分经济类型看，国有企业实现增加值1258亿元，增长10.4%；集体企业实现增加值1.1亿元，下降20%；股份制企业实现增加值1055亿元，增长7.2%；外商及港澳台商投资企业实现增加值330.5亿元，增长8.9%；其他经济类型企业实现增加值10亿元，增长19.4%。

全年完成规模以上工业总产值10357.9亿元，比2016年增长10.7%。汽车制造业完成产值6015.7亿元，增长11.6%，占规模以上工业总产值的58.1%；农副食品加工业完成产值1281.7亿元，增长6.2%，占规模以上工业总产值的12.4%；生物与医药工业完成产值186.2亿元，增长19.3%，占1.8%；光电子信息工业完成产值160.1亿元，增长18%，占1.5%；建材工业完成产值713.4亿元，增长12.6%，占6.9%；能源工业完成产值576.3亿元，增长4.9%，占5.6%；装备制造业完成产值844.1亿元，增长7.9%，占8.1%。产值前30户重点工业企业完成工业总产值6938.1亿元，增长9.7%，占规模以上工业总产值的比重达到67%。

规模以上工业总产值（亿元）

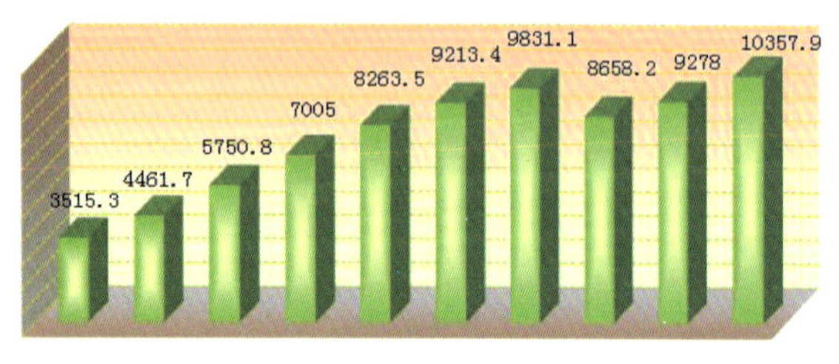

主要工业产品产量

产品	单位	产量	比2016年增减%
汽车	万辆	282.4	11.2
#轿车	万辆	186.2	1.8
#公路客车	辆	2570	310.5
#载货汽车	万辆	15.7	36.5
铁路客车	辆	222	9.9
动车组	辆	640	-34.4
变压器	万千伏安	663.4	88.4
橡胶轮胎外胎	万条	369.7	4.6
中小型拖拉机	台	3479	-37.1
工业自动调节仪表与控制系统	万台	4	-16.5
发电量	亿千瓦时	234.4	4.4
水泥	万吨	1364	-15.9
原煤	万吨	309.8	18.8
钢材	万吨	17.2	5.1
卷烟	亿支	148.1	3.5
啤酒	万吨	23.5	-10.6
中成药	吨	8775.8	-6.2
饲料	万吨	403.7	9.5
精炼食用植物油	万吨	27.5	-13.1
农用塑料薄膜	万吨	3.8	2
服装	万件	1163.4	7.9

全年实现主营业务收入10551.9亿元，比2016年增长10.4%；利税总额1353亿元，增长0.6%；盈亏相抵后实现利润总额772亿元，增长3.8%。

全年建筑业完成增加值510.1亿元，比2016年增长1.6%。资质以上建筑业完成总产值1279.9亿元，增长8.1%。

四、固定资产投资

全年完成固定资产投资额5194.8亿元，比2016年增长11.5%。其中，房地产开发投资573.8亿元，下降3.8%。新增固定资产3926.4亿元。固定资产交付使用率为75.6%，上升7.7个百分点。房屋面积竣工率19.3%，下降1.4个百分点。

从各产业完成投资情况看，第一产业投资43.3亿元，增长55.4%；第二产业投资2537.8亿元，增长9.7%；第三产业投资2613.7亿元，增长12.8%。从投资主体看，国有经济投资1309.1亿元，增长17.2%；非国有经济投资3885.8亿元，增长9.7%，占固定资产投资的比重为74.8%。民间投资3811.6亿元，增长10%。全市工业投资2537.8亿元，增长9.9%，对固定资产投资增长的贡献率达42.5%。

全市商品房施工面积6687.3万平方米，比2016年增长2.5%。商品房竣工面积905.7万平方米，增长18.9%。商品房销售面积1147.2万平方米，增长12.7%。商品房销售额805亿元，增长20.6%。

2017年，长春市二手房交易8.2万套，交易面积722.9万平方米，增长21.8%。其中，住宅交易7.9万套，交易面积672.8万平方米，增长23.7%。

五、国内贸易

全年实现社会消费品零售总额2922.8亿元，比2016年增长10.3%。分行业看，批发零售贸易业零售额2590.3亿元，增长9.1%。其中，限额以上批发零售贸易业零售额1249.8亿元，增长10.5%；限额以下批发零售贸易业零售额1340.5亿元，增长6.6%。住宿和餐饮业零售额332.5亿元，增长20.5%。其中，限额以上住宿餐饮业零售额34.8亿元，增长12.1%；限额以下住宿餐饮业零售额297.7亿元，增长21.3%。

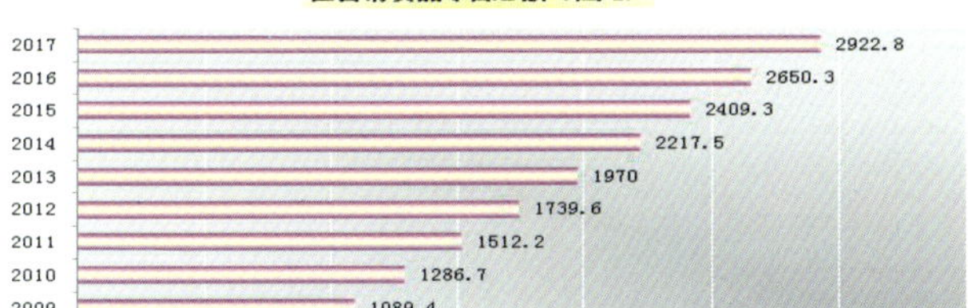

社会消费品零售额及其增速

单位：亿元

指标	2017年	比2016年增长%
社会消费品零售总额	2922.8	10.3
按行业分：		
批发、零售贸易业	2590.3	9.1
其中：限额以上批发零售贸易业	1249.8	10.5
住宿、餐饮业	332.5	20.5

2017年，长春市限额以上批发和零售企业汽车类零售额352.8亿元，增长8.1%；粮油、食品类零售额126.5亿元，增长14.3%；服装鞋帽针纺织品类零售额182.8亿元，增长12.1%；金银珠宝类零售额41.1亿元，增长7.1%；家用电器和音像器材类零售额61.2亿元，增长0.3%；石油及制品零售额164.9亿元，增长16.5%。

六、对外经济旅游会展

全年实现进出口总额952.5亿元，比2016年增长1.9%。其中，进口822.6亿元，增长1.8%；出口129.8亿元，增长2.8%。在出口企业中，一般贸易企业出口96.3亿元，增长10.1%；加工贸易企业出口32.8亿元，下降13.3%。

全年新批外资项目（企业）27个，全年实际利用外资74.2亿美元，比2016年增长14.2%。其中，直接利用外资14亿美元，增长8.6%。

全年来长旅游人数达到7827.8万人次，比2016年增长16.8%。其中，接待入境游客46.5万人次，增长2.8%；接待国内旅游者7781.3万人次，增长16.9%。全年旅游总收入1618.3亿元，增长20.7%。旅游外汇收入35602.2万美元，增长3.5%。

全市举办规模以上会展活动148项，展览面积282万平方米，比2016年分别增长10.2%和10.3%。展会直接收入62亿元，带动其他相关产业收入550亿元，分别增长11.2%和11.5%。

七、交通邮电业

全年公路货物周转量308.1亿吨公里，增长6.1%；旅客周转量为42.6亿人公里，下降7.3%。民航完成货邮吞吐量8.9万吨，增长2.7%；完成旅客吞吐量1166.3万人，增长22.9%。2017年末全市民用汽车保有量159.3万辆，增长10.8%。其中，私人汽车保有量143.3万辆，增长11.9%。

2017年，完成邮电业务总量89.1亿元，下降2.1%。其中，邮政业务总量6.5亿元，增长13.1%；特快专递116万件，增长222.2%；集邮1252万件，下降11.7%；邮政储蓄平均余额3589.3亿元，增长12.1%。电信业务总量82.6亿元，下降3.1%。市话期末到达户数113万户，下降2.8%；农话期末到达户数22万户，下降3.8%；移动电话期末到达户数1220万户，下降1.1%。互联网接入用户580万户，增长15.5%。

八、金融证券保险

截至2017年末，全市拥有银行信社类金融机构49家，保险公司34家，证券公司2家，证券公司分公司28家，证券营业部89家，上市企业24家。

全市金融机构本外币各项存款余额11540.9亿元，比年初增长3.8%。住户存款余额4622.8亿元，比年初增长8.1%。金融，机构本外币各项贷款余额10375.7亿元，比年初增长4.1%。

金融机构本外币存贷款及其增长速度

单位：亿元

指标	2017年	比年初增减%
各项存款余额	11540.9	3.8
其中：1.住户存款	4622.8	8.1
2.非金融企业存款	4165.7	–0.4
3.广义政府存款	2100.8	–0.5
各项贷款余额	10375.7	4.1
其中：住户短期贷款	343.0	–2.3
中长期贷款	2289.5	20.9

全市股民账户数达到225.8万户，比2016年增长8.2%。有

价证券成交总额17649.0亿元，增长11.6%。其中，股票交易成交额7535.5亿元，下降19.1%；国债成交额7644.9亿元，增长50.4%；基金成交额2044.2亿元，增长88.6%。

全年保费收入240.7亿元，增长7.1%。其中，财产险保费收入82.6亿元，增长21%；人身险保费收入158.1亿元，增长1.0%。全年赔付总金额74.4亿元，增长8.6%。其中，财产险赔付金额43.5亿元，增长11.9%；人身险赔付金额30.9亿元，增长4.2%。

九、城建

全市完成道路新建和扩建长度22.63公里，全市道路总面积达到7117.8万平方米，道路长度3617.7公里。全市水厂日综合生产能力为126.4万立方米/日，城区使用自来水人数达497.5万人。全市天然气供气总量67871.4万立方米；液化石油气供气总量达到4.9万吨。城区使用天然气、石油液化气户数达到195.8万户。城区集中供热面积达到24560.2万平方米。全市公园绿地面积达到18238公顷，建成区绿化覆盖面积20750公顷，建成区绿化覆盖率41.5%。

十、科技质量技术监督教育

全年专利申请量14995件，授权量8190件，分别比2016年增长12.5%和16%。其中，发明专利申请量6256件，增长7.8%；发明专利授权量2607件，增长31.5%。全年登记的科技成果115项。

全市技术合同成交额达212.8亿元。市科技管理部门共投入科技经费2亿元。全市新认定高新技术企业197户。

全市有法定产品质量检验机构1家，法定计量技术机构1家。全年实施市级产品质量监督抽查1784批次，计量校准设备48000台/件，检验各类器具159000台/件。

2017年，长春市各级各类教育学校1557所（不含幼儿园），其中，在长普通高校40所，成人高校8所，中等职业学校94所，普通高中70所，初中269所，小学1065所，特殊教育10所，工读学校1所。

全市各级各类学校招生人数35.2万人，其中，普通高校12万人，成人高校2.4万人，中等职业学校1.7万人，普通高中4.1万人，初中6.8万人，小学6.3万人，特殊教育110人。

全市各级各类学校在校人数129.2万人，其中在读研究生5.4万人，普通本、专科生43.8万人，成人本专科生5.4万人，中等职业学校在校生4.7万人，普通高中在校生12万人，初中在校生18.5万人，小学在校生39.5万人，特殊教育在校生1085人。

全市各类教育学校专任教师9万人。其中，普通高等学校2.7万人，成人高校954人，民办机构94人，中等职业学校0.4万人，普通高中0.8万人，初中阶段1.8万人，小学3.1万人，特殊教育365人，工读学校29人。

全市学前教育机构1065个，其中，举办幼儿班机构303个，独立设置幼儿园762所，2017年入园儿童5.2万人，在园儿童11.8万人。幼儿园教职工人数1.8万人，其中，专任教师1万人。

十一、文化卫生体育

全市有文化（文物）事业机构265家。其中，艺术表演团体7家，艺术表演场馆5家，公共图书馆12家，艺术馆、文化馆12家，文化站160家，文化艺术科研、科技机构1家，文物保护研究机构1家，文物保护管理机构4家，其他文化事业23家，博物馆23家，文化市场管理机构17家。公共图书馆总藏量565万册，其中少儿图书馆藏量75万册。

全市有各类文化经营场所1390家。其中，互联网上网服务营业场所708家，文化娱乐场所307家，演出场所20家，音像制品营业场所90家，古玩（美术品）经营店265家。市区（含开发区）文化经营场所993家，其中，互联网上网服务营业场所501家，文化娱乐场所219家，演出场所9家，古玩（美术品）经营店264家。

全市有广播电台6座，节目11套，中波发射台和转播台25座，转播台23座，广播人口覆盖率为100%，电视台6座，节目10套，电视人口覆盖率为100%。

全市有国家综合档案馆11个，馆藏档案188万卷，197万件，开放档案16万卷，9万件。

2017年末，全市有卫生医疗机构4380个，下降0.54%。其中，医院、卫生院296所，比2016年减少0.34%。拥有医疗床位4.99万张，增长2.32%。卫生技术人员为4.97万人，增长1.2%。每千人拥有执业医师和执业助理医师2.82人。

2017年末，市辖区建成社区卫生服务中心83家，城区人口覆盖率100%。345.6万农民参加新型合作医疗，常住人口参合率97.15%，筹集资金21.8亿元，有165万参合农民受益，支付补偿金20.5亿元，占筹资总额的94.3%。

全年承办瓦萨国际越野滑雪赛等国际国内大型体育赛事16余项次。开展全民健身活动，完善健身场地设施，改善健身条件，开展各级各类健身活动1326余项次，近百万人次参与活动。

2017年，长春市输送的运动员参加年度国际和国内比赛70项次、获得世界系列比赛冠军5个，全国冠军61个。在第八届日本札幌亚冬会上，长春市输送的运动员获得2金3银1铜，18人次进入前8名，特别是花样滑冰的冰舞比赛，是吉林省长春市在参加亚冬会历史上获得该项目首枚金牌。全年体育彩票销售13.48亿元，占全省销售比例的38%。

十二、环境保护

初步核算，全年全市能源消费总量1970.84万吨标准煤，比2016年增长3.06%。全社会用电量224.8亿千瓦时，增长7.2%全市万元地区生总值能耗下降4.56%。万元规模以上工业增加值综合能源消耗降低率为6.14%。

2017年末，全市环境噪声平均值控制在56.2分贝，道路交通噪声平均值控制在69.4分贝。

全年城区空气环境质量优良级天数276天，占总天数的76.2%，其中，优级天数62天，占17.1%；良级天数214天，占59.1%；空气首要污染物细颗粒物（PM2.5）年日均值每立方米46微克，比2016年持平；二氧化硫年日均值每立方米26微克，比2016年下降2微克；二氧化氮年日均值每立方米40微克，比上年持平；饮用水源水质达标率100%。

十三、人口人民生活社会保障

2017年末，全市户籍总人口为748.9万人。其中，市区人口438.3万人，3县（市）人口310.6万人。全市人口出生率为8.61‰，死亡率15.01‰，自然增长率-6.39‰。

2017年，城镇常住居民人均可支配收入33167.7元，比2016年增长6.8%，其中，工资性收入18287.5元，增长6.7%；经营净收入1148.2元，下降8%；财产净收入2640.4元，增长4.3%；转移净收入11091.6元，增长9.2%。城镇常住居民人均消费支出25873.6元，增长7.4%。农村常住居民人均可支配收入13431元，增长6.8%。

2017年底，全市城镇企业职工基本养老保险参保人数217.7万人，增长3.1%。其中，在职职工154.5万人，增长3.2%；城镇失业保险参保人数97万人，增长1.2%。全年征缴养老保险基金155亿元，增长9.4%；征缴失业保险基金5亿元。全年为63.3万名离退休人员发放养老金175亿元，增长10.8%；为2万名失业人员发放失业金1.5亿元。

2017年，城镇医疗保险参保人数407.4万人，工伤和生育保险参保人数分别达到143.4万人和116.2万人。

2017年，全市开发就业岗位14万个，实现城镇新增就业11.4万人，安置下岗失业人员实现再就业5.6万人，其中就业困难人员再就业1.3万人。截至到2017年年末，全市公益性岗位在岗人数1.8万人，2017年援助388户零就业家庭实现就业。累计实现农村劳动力转移就业109.8万人。到年底，城镇登记失业率为3.51%。

全市建设保障性住房7053套、建筑面积34.2万平方米、总投资额75324.7万元。改造棚户区住宅13377套，回迁安置居民10998户。

截至年末，全市城市居民92152人享受最低生活保障；农村居民113461人享受最低生活保障。累计全年发放城乡低保资金7.8亿元。

全市在民政部门注册养老服务机构有332家，总床位数32036张。其中，国家办养老机构5家，社会力量投资兴办的养老机构233家。农村社会福利服务中心94所。全年销售社会福利彩票12.98亿元。募集善款2467万元，总支出慈善募捐款1741万元，受助群众2.5万人次。

注：1. 本公报各项统计数据为初步统计数。

本公报长春市地区生产总值、各产业增加值绝对数按现价计算，增长速度按可比价格计算。

资料来源：本公报中财政数据来自市财政局；价格指数、城乡居民收支数据来自国家统计局长春调查队；农业机械总动力、农业补贴、农产品加工企业产值等数据来自市农委；二手房交易市场、保障性住房数据来市房地局；货物进出口总额等数据来自长春海关；实际利用外资数据来自市商务局，旅游数据来自市旅游局；会展业数据来自市贸促会；公路货物周转量、旅客周转量数据来自市地方道路运输管理局；民航运输数据来自吉林省民航机场集团公司；民用汽车保有量数据来自省公安厅；邮政业务总量、电信业务总量、移动电话期末户、互联网接入用户数据来自中国邮政集团公司长春市分公司、中国电信股份有限公司吉林分公司、中国移动通信集团吉林有限公司长春分公司、中国联合网络通信有限公司长春分公司；货币金融类数据来自中国人民银行长春中心支行；上市公司数据来自证监会吉林监管局；保险业数据来自保监会吉林监管局；道路新建和扩建、道路面积和长度、水厂日综合生产能力、使用自来水人数、天然气、供热面积等数据来自市城乡建设委员会；公园绿地面积、绿化覆盖率等数据来自市园林局；专利申请量、科技成果、技术合同等数据来自市科技局；质量检验机构等数据来自市质量技术监督局；教育数据来自市教委；文化事业机构、艺术表演团体、博物馆、公共图书馆、文化馆、经营场所和广播电台等数据来市文广新局；档案馆等数据来自市档案局；卫生数据来自市卫生和计划生育委员会；体育数据来自市体育局；环境保护数据来自市环保局；人口数据来市公安局；企业职工养老保险参保人业等数据来自市社保局；医疗保险数据来自市医保局；城镇新增就业、登记失业率等数据来自市就业局；城乡低保、养老服务机构等数据来自市民政局；其他数据均来自市统计局。

2017年主流媒体看长春

人民日报	长春师范大学青马学院在行动	2017年1月5日
	一线反扒18年，亲手抓获1200余人次警察发哥：抓小偷会上瘾　长春火车站　30年坚持助残返乡	2017年1月9日
	吉林长春困难职工张宇田——冬天虽冷但生活暖	2017年1月23日
	十米高台除寒冰，千里之外排故障飞机“体检师”的一天	2017年1月24日
	长春“轮椅姐”不休假	2017年1月30日
	源头预防、动态监管、失信惩戒，长春打出组合拳保障农民工工资支付欠薪不再，安心常在	2017年2月9日
	吉林农安县严查扶贫领域腐败别想打扶贫资金的主意	2017年2月14日
	长春：民警将享20万元意外保险	2017年4月17日
	图片报道：长春特警	2017年4月26日
	以『跳起来摘桃子』的精神干事	2017年5月22日
	长春市直机关食堂强化检查节约要倡导，也得有手段	2017年5月28日
	科学管理，悉心保护伊通火山碧树两相宜	2017年6月9日
	吉林省委常委、市委书记王君正谈法治建设热点难点问题正是普法契机	2017年6月28日
	改革分配制度改变重物轻人知识更有价值了	2017年8月27日
	数百位雕塑家千余作品雕塑长春诗意栖居	2017年9月9日
	长春市团山街道长山花园社区党委书记、居委会主任吴雅琴服务居民一团火	2017年10月3日
	长春发布集聚人才新政20条	2017年11月8日
	优化产业结构改善营商环境	2017年12月17日
	饮马河村改厕记	2017年12月19日
新华社	长春领导班子“季度体检”　“作为不力”或被诫勉调整	2017年5月11日
	吉林省实施“多证合一”改革	2017年7月1日
	创新：打开东北振兴大门的“金钥匙”	2017年8月19日
	“梧桐”栽的好“凤凰”自然来东北下决心搞好营商环境取得初步效果	2017年8月19日
	“智能制造”助推吉林老工业基地“基因重组”	2017年9月7日
	东北营商环境逐渐改善上半年新登记企业数量增速明显	2017年9月7日
	吉林：融入“一带一路”打造向北开放重要窗口	2017年9月7日
	吉林：打通陆海新通道，寻找发展新坐标	2017年9月8日
	吉林“借港出海”畅通陆海新通道	2017年9月20日
	吉林以创新实践回应东北振兴“三忧”	2017年9月22日
	（新华社全媒头条·东北三省再奋进）中流击水在奋进——看东北振兴这五年	2017年10月5日
	东北新产业成长记	2017年10月6日
	长春打响“重生”之战	2017年10月6日
	“长满欧”国际“朋友圈”在扩容集货覆盖欧洲十余国家	2017年10月23日
	长春计划5年引进万名重点人才“智”助振兴	2017年11月7日
	“老”城换“新”展活力——供给侧改革的长春答卷	2017年12月18日

续表

光明日报	《长春：用文化标注城市地图》	2017年4月25日
	《“雕塑城”长春的文化自觉和文化自信》	2017年11月7日
	《中外人士评说“雕塑长春”》	2017年11月7日
	开辟经济发展新格局——长春深化供给侧结构性改革	2017年12月16日
经济日报	立新村“新生记”——吉林省长春市编办帮扶长春市双阳区立新村脱贫纪事	2017年2月15日
	长春实施“暖流计划”这个冬天更温暖	2017年2月16日
	吉林：下好创新这步先手棋	2017年8月5日
	发展潜力怎样变成强劲动力——再访长春看东北振兴新希望	2017年10月13日
	长春推进传统产业品牌化、支柱产业高端化、新兴产业规模化——制造之城再上新台阶	2017年10月14日
	实干迎盛会佳绩增信心——中国地铁首次出口美国	2017年10月16日
	吉林省委常委、长春市委书记王君正代表：加快老工业基地转型升级	2017年10月24日
	中车长客在世界舞台上展现中国装备制造魅力——冲出四海战五洲	2017年10月30日
	汽车摇篮上演“王者归来”	2017年11月1日
	学习贯彻党的十九大精神城市对话·东北重塑供给侧开足马力调整结构	2017年11月8日
	学习贯彻党的十九大精神城市对话·东北重塑供给侧“软环境”越来越硬气	2017年11月9日
中央人民广播电台	长春市推行“实名制银行卡”支付农民工工资有保障	2017年1月16日
	长存地铁一号线试运营东北三省全面进入“地铁时代”	2017年6月30日
	中国一汽创新海外业务发展模式	2017年9月2日
	社区书记吴雅琴	2017年10月3日
	长春首个一带一路中欧班列首发	2017年10月13日
	“中国制造”地铁将出口美国首批列车长春下线	2017年10月16日
	高铁人的梦想	2017年10月18日
	【新时代新气象新作为】“吉星”照耀中国	2017年12月15日
	长春经济实现“双8增长”率先步入合理增长区间	2017年12月18日
中国中央电视台	小鸡儿炖蘑菇小火慢炖出记忆	2017年1月29日
	降雪又降温交通部门供热企业积极应对	2017年2月22日
	九旬老人摔倒昏迷路人温暖相助	2017年2月27日
	空军第十批女飞行员首次单飞	2017年3月17日
	作文披露日本军国主义教育罪证	2017年3月25日
	吉林长春：改革创新引领经济爬坡过坎	2017年4月10日
	北国之春：不负春光赏花正当时	2017年4月26日
	全国助残日：迎接挑战实现梦想	2017年5月21日
	【砥砺奋进的五年】轨道交通改变城市生活	2017年6月27日
	千人宣誓：铭记历史自强不息	2017年7月7日
	暴雨致内涝抢修人员冒雨排水	2017年7月21日
	长白乌铁路开始售票明天通车	2017年8月7日
	养护森林生态留下无价财富	2017年8月11日
	第六届空军航空开放活动昨日举办	2017年8月12日

续表

中国中央电视台	崇德向善见贤思齐吉林朱立红：“轮椅姐”温暖回家路	2017年8月16日
	乘客突发心脏病众人伸手相救	2017年8月21日
	十一届中国东北亚博览会开幕	2017年9月1日
	长春举行抗战胜利纪念活动	2017年9月3日
	吉林警方破获特大网络诈骗案	2017年9月14日
	平均年龄83岁来华讲述日军罪证	2017年9月16日
	鸣笛默哀勿忘国耻	2017年9月18日
	这五年：创新驱动促我行（沙森，是中车长春轨道客车股份有限公司的副总工程师）	2017年10月1日
	十九大代表风采吴亚琴：社区百姓的贴心人	2017年10月2日
	这五年：一带一路尽商机	2017年10月7日
	还看今朝——喜迎十九大特别节目吉林长春：厉害了我的吉林	2017年10月7日
	还看今朝一喜迎十九大特别节目吉林这五年：转型发展谋振兴	2017年10月7日
	轨道列车制造的五年逆转	2017年10月10日
	一汽–解放旧思维风展新红旗	2017年10月10日
	紧邻工业如何换挡提速	2017年10月10日
	你知道吉林一号吗?	2017年10月10日
	吉林一号吉星高照	2017年10月10日
	地球深探之旅	2017年10月10日
	首趟长春至汉堡中欧班列发车	2017年10月13日
	吉林长春：我国首批出口美国地铁列车下线	2017年10月17日
	【十九大时光】社会各界群众喜迎十九大召开	2017年10月18日
	气温骤降长春市开始陆续供热	2017年10月23日
	【十九大代表回基层】学报告传精神共谋美好生活	2017年10月28日
	聚焦十九大：学习十九大精神凝心聚力谋发展	2017年10月30日
	让十九大入耳如脑入心	2017年11月1日
	【十九大精神进基层】	2017年11月3日
	【十九大精神进基层】	2017年11月5日
	【十九大精神进基层】	2017年11月7日
	土地能量怎样激活	2017年11月7日
	严查占用公交专用车道违法行	2017年11月9日
	宣讲覆盖精神入民心	2017年11月24日
CHINA DAILY 中国日报	Changchun pours funding into modern facelift	2017年9月13日
	Changchun aims to become Norheast Asia pivot	2017年9月25日
	Accelerated industrial restructuring drives higher–than–forecast output growth	2017年11月21日
	China to roll out new class of bullet trains	2017年6月30日
	Jinlin group sets goal of putting 60 satellites in orbit by2020	2017年3月28日
	National Famous Historical and Cultural City status achieved	2017年9月13日
	Changchun’sGDP,reforms lead Northeast China	2017年11月21日
	Jinlin races ahead with bullet trains,satellites	2017年10月19日

续表

中国新闻社	长春市委书记驳“投资不过山海关”：一批大企业落户长春	2017年1月9日
	长春绘制全球“招商地图”规划师大产业吸引投资	2017年4月6日
	中国老工业基地长春新年“第一单”引资628亿元	2017年1月4日
	老工业基地城市长春开年前两个月引密集资金	2017年3月5日
	长春推世上“含金量”最高引智新政助力东北振兴	2017年11月8日
	长春投入重金全球揽才谋聚高层次领军人才推经济	2017年11月18日
	长春至汉堡国际货运班列首发欧亚大陆增物流新通道、	2017年10月13日
	老工业基地长春布局“新产业”引超亿级投资密集落户	2017年3月30日
	长春培育振兴“领跑者”百名“工匠”收徒授艺	2017年4月25日
	长春启动建设“东北亚创业谷”	2017年4月25日
	长春史上规模最大城市马拉松鸣枪	2017年5月21日
	长春国际车展开幕云集全球139个汽车品牌	2017年7月15日
中国经济时报	突围拓新路新时代东北振兴长春行	2017年12月18日
	长春：差异化打造飞地特色小镇	2017年7月13日
	长春新区：内引外联助力科企孵化	2017年8月15日
	长春借“净月瓦萨”品牌放大冰雪经济效应	2017年1月16日
大公报文汇报	东北经济回稳长春GDP亮眼	2017年9月4日
	创业弄潮儿振兴东北有后劲	2017年1月11日
	面向港澳地区启动“双创”孵化器	2017年6月3日
	港企掘金循环经济产业	2017年7月12日
	创新科技开发农粮精品	2017年9月12日
	纪念抗战全面爆发祭拜东北抗联英魂黄埔将领聚长春吁反“独”促统	2017年7月8日
	长春获批建设东北地区首家国家级人力资源服务产业园	2017年6月21日
	以开放之姿打造世界级交流合作平台	2017年3月16日
	振兴东北经济与小微企业发展论坛长春召开	2017年1月23日
	2017中国（长春）海外人才创新创业项目大赛圆满落幕	2017年6月29日
香港商报	王君正：长春市要为吉林省振兴打先锋	2017年1月25日
	十九大代表、吉林省委常委、长春市委书记王君正：创新发展全面振兴老东北工业基地	2017年10月22日
	长春闯出一条经济转型升级新路	2017年11月22日
	长春民企贡献逾4成GDP	2017年4月20日
	长春与深企联签经济合作框架协议	2017年5月5日
	中车电焊工述说工匠精神	2017年10月23日
	构建冰雪旅游全产业链发展格局	2017年10月17日
凤凰卫视	长春率先破困境	2017年1月14日
	超800位产学界人士长春献策东北振兴	2017年1月5日
	外资加速布局老工业基地长春	2017年8月21日
	专家学者聚长春献策东北全面振兴	2017年8月20日
	中国极地科学学术年会展极地科研成果	2017年10月28日

续表

农民日报	春耕农机唱主角	2017年3月29日
	长春农博会成农民科普讲堂	2017年8月15日
	吉林德惠：公共文化服务普惠城乡百姓	2017年2月27日
	德惠：秸秆用的好废物变成宝	2017年3月24日
	吉林德惠：精准扶贫看挂图	2017年2月25日
工人日报	长春将中度失能人员纳入医疗照护保险覆盖范围	2017年12月18日
	长春“蓓蕾计划”破解“三点半难题”	2017年4月10日
	焦点关注：一线工人也能当“教授”	2017年3月21日
	长春推出“工匠师徒结对行动”	2017年5月12日
	焊工李万君当选2016年度“感动中国”十大人物	2017年2月11日
中国青年报	三把钥匙开启长春经济“八”字头时代	2017年12月21日
	长春实施“人才新政20条”	2017年11月13日
	联合国助力青年就业：中专技校生也可以留学深造了	2017年10月20日
	长春文青新集聚基地：在乐读书社读懂自己	2017年8月22日
	长春站免费为残疾人大学生送站30年	2017年1月20日

2017年长春市人大常委会制定修订废止及修改法规情况

制定、修订3件地方性法规，打包修改7件法规、废止1件法规。

1. 制定《长春市节约用水条例》

2. 修订《长春市预防和制止家庭暴力条例》

3. 修订《长春市燃气管理条例》

4. 打包修改7件法规，废止1件法规

修改《长春市城市绿化条例》《长春市城市客运出租汽车管理条例》《长春市市政设施管理条例》《长春市城市建设档案管理条例》《长春市机动车停车场管理条例》《长春市气象灾害防御条例》《长春市体育经营活动管理条例》

废止《长春市劳动力市场管理条例》

（陶玉坤）

2017年长春市人民政府政府规章目录

序号	政府规章名称	发文号	备案号	备注
1	长春市城市公共交通基础设施管理办法	政府令第69号	长府规备字〔2017〕1号	
2	长春市餐厨垃圾管理暂行办法	政府令第70号	长府规备字〔2017〕2号	
3	长春市人民政府关于修改《长春市政府投资建设项目审计监督办法》的决定	政府令第71号	长府规备字〔2017〕3号	
4	长春市人民政府关于修改和废止部分政府规章的决定	政府令第72号	长府规备字〔2017〕4号	

（王凤祥）

主题索引

说明

1．本索引采取主题抽取法，以主题词首字按拼音顺序排列为序，首字相同，以第二个字按拼音顺序排列为序，以此类推。

2．索引的主题词后面的数字表示内容所在页码，数字后面的英文字母（a、b、c）表示该页自左至右的栏别，无英文字母的表示当页各栏都有该主题词。

A

B

C

D

E

F

G

H

J

K

L

M

N

O

P

Q

R

S

T

Y

Z